Inhaltsverzeichnis

Zweites Buch

Drittes Buch

Marco Polo.

Nach einem Gemälde aus der früheren Galerie des Monsignore Badia in Rom.

Der Weg ins Innere Asiens
W
O
S
0
1000 km
Ural-Gebirge
Goldene Horde
Genua
Venedig
Tergeste
Spalato
Curzola
Bari
Brindisium
Dalmatia
Konstantinopel
MITTELLÄNDISCHES MEER
Candia
SCHWARZES MEER
Kaukasus
Rum
Tarsus
Trapezus
Sis
Famagusta
Glaza
Haleb
Antiochia
Akkon
Tphiliss
Baku
KASPIS
ARAL SEE
Oxus
Jaffa
Heilig Land
Jerusalem
Aegyptia
Tabris
Bagdad
Kaswin
Meschhed
Merw
Buchara
Samarcan
Kashcar
Pamir
Nishapur
Balch
Amu-Darja
Indus
Arabia
ROTES MEER
Persia
Ormuz

Durch das Zentralreich
N
W
O
S
1000 km
Lena
Baikul-See
Irtisch
Große St
Altai-Gebirge
Karakoran
Wüste „Lange Lop“ Sandmeer
Sutschou
Satschou
Kantschou
Pamir
Kashcar
Jarcan
Tschartschan
Kotan
HSI-HSIA
Kara-moran
Kesmir
CHI

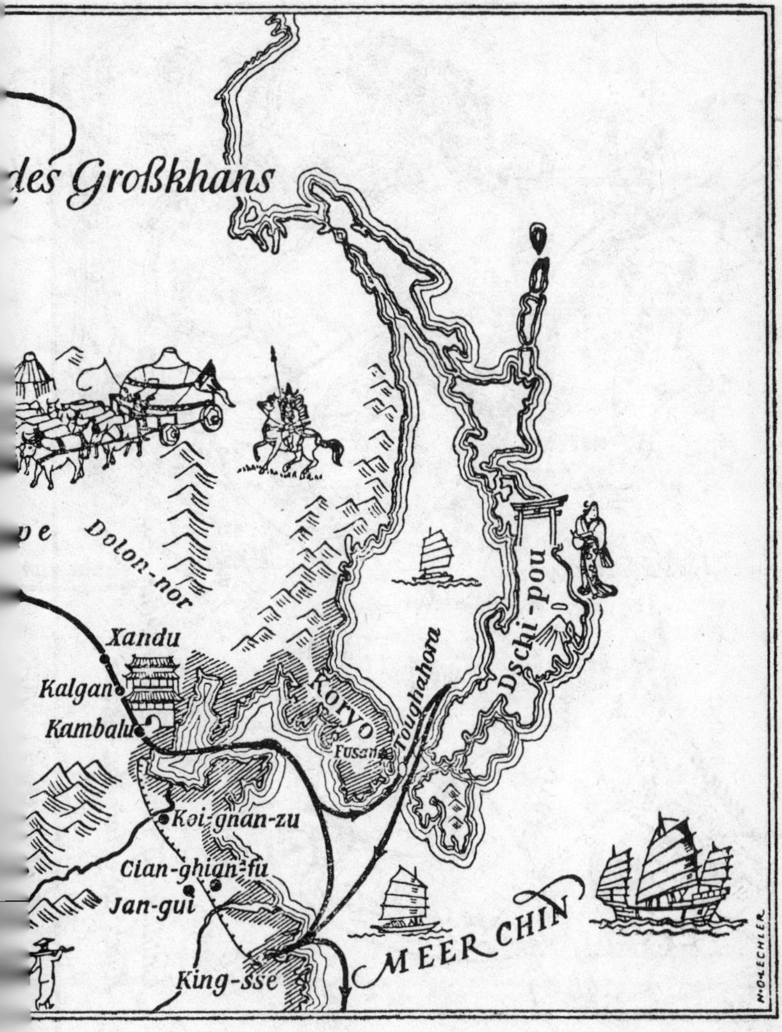

des Großkhans
pe
Dolon-nor
Xandu
Kalgan
Kambalu
Korvo
Fusan
Toughahora
Dschi-pou
Kai-gnan-zu
Cian-ghian-fu
Jan-gui
King-sse
MEER CHIN

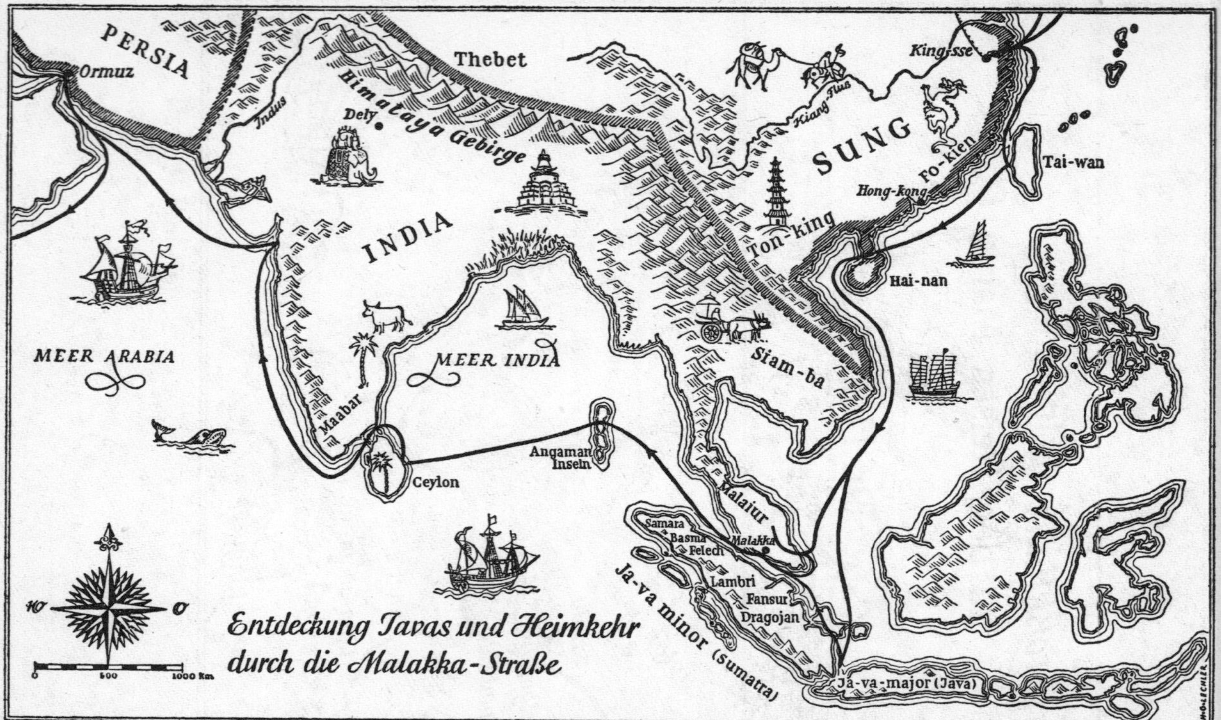

Entdeckung Javas und Heimkehr durch die Malakka-Straße

Einleitung zu den Reisen Marco Polos

von

Dr. Hans Lemke

Andrea Polo da S. Felice, ein im 13. Jahrhundert lebender venezianischer Patrizier und Edelmann, hatte drei Söhne, namens Marco, Maffio und Nicolo, von denen die beiden letzteren, der Oheim und der Vater unseres Autors, Kaufleute von hervorragendem Unternehmungsgeist waren. Sie faßten den Plan zu einer Handelsreise nach Konstantinopel, das dem griechischen Kaiser 1203 durch die vereinigten Waffen Frankreichs und der Republik entrissen worden war. Um das Jahr 1255 müssen sie in jener Stadt auf den Gedanken gekommen sein, in die Länder an der unteren Wolga, die damals unter der Herrschaft der Mongolen standen, weiter vorzudringen. Sie erreichten auch wirklich den Hof Barkas, der im Lande Kiptschak herrschte und sich abwechselnd in den Städten Saraï und Bolgara an der Wolga aufhielt. Als sie aber in ihre Heimat zurückkehren wollten, brach ein Krieg zwischen Barka und dem Mongolenkhan Hulagu aus, und da die Straßen unsicher geworden waren, fürchteten sich die beiden Brüder, auf demselben Wege, den sie gekommen waren, zurückzukehren. Sie wandten sich nach Osten und gelangten nach Bokhara, wo sie zufällig einige Gesandte trafen, die Hulagu an den Großkhan Kublai abgeschickt hatte. Diesen schlossen sie sich an und kamen so an den Hof des Kaisers, der sie mit großem Wohlwollen aufnahm.

Nachdem sie sich mehrere Jahre im fernen Osten aufgehalten hatten, wurden sie 1266 von Kublai-khan mit einer Mission an den Heiligen Stuhl in Rom abgesandt und kamen drei Jahre später wieder in ihrer Vaterstadt Venedig an. Dort traf Nicolo mit seinem Sohne Marco zusammen, der wahrscheinlich 1251 geboren wurde, kurze Zeit nachdem sein Vater die Handelsreise nach Konstantinopel angetreten hatte. Nach längerem Aufenthalte in Venedig kehrten die drei Venezianer als Gesandte des Papstes Gregor X. an den Hof Kublai-khans zurück, wo Marco Polo sich sehr bald eine Art Vertrauensstellung zu erringen wußte; denn er erzählt, er habe im Auftrage des Herrschers häufig Informationsreisen durch China unternehmen müssen und sei sogar drei Jahre lang Statthalter von Yang-tschou gewesen. Es ist unnötig, an dieser Stelle genauere Angaben über Marco Polos Erlebnisse auf seinen Reisen und während seines siebzehnjährigen Aufenthaltes in Ostasien zu machen, da er darüber selbst in seinem Buche berichtet; dasselbe gilt auch von den Ereignissen, die es den drei Venezianern möglich machten, ihre Heimat wieder zu erreichen.

Als sie den Hof des Großkhans Kublai verlassen und nach 24jähriger Abwesenheit Venedig im Jahre 1295 glücklich erreicht hatten, wurden sie dort selbst von ihren nächsten Verwandten nicht erkannt; denn das Gerücht von ihrem Tode hatte sich schon lange vorher verbreitet und allgemeinen Glauben gefunden. Infolge der vielen Strapazen und Sorgen, denen sie in den vorangegangenen Jahren ausgesetzt waren, hatte sich ihr Aussehen sehr verändert; auch in ihrer Kleidung, die aus grobem, abgetragenem Zeug bestand, war nichts, was an den Italiener erinnerte; ihre Muttersprache redeten sie mit einer fremdartigen Betonung und untermischt mit barbarischen Ausdrücken. Das Wohnhaus der Familie Polo, ein schöner und geräumiger Palast, lag in der Straße S. Giovanni Chrisostomo und stand noch im 16. Jahrhundert, wo es unter dem Namen „la corte del Milione" bekannt war. Von diesem Hause hatten einige Verwandte Besitz genommen. Der Zutritt wurde unseren Reisenden verweigert; die Bewohner wollten nicht glauben, daß sie die seien, für die sie sich ausgaben, und es kostete ihnen Mühe, ihren Besitz zurückzuerlangen. Um nun von allen Verwandten anerkannt zu werden und der Stadt Venedig eine richtige Vorstellung von ihrer Bedeutung zu geben, kamen sie auf ein eigentümliches Auskunftsmittel, dessen Einzelheiten wir dem Historiker und Geographen Ramusio (geboren 1485 in Venedig, gestorben 1557 in Padua), der die Tatsachen der Lebensgeschichte Marco Polos nach seiner Rückkehr aus Asien mit Sorgfalt gesammelt hat, verdanken. Seine Kenntnis dieses besonderen Falles hatte Ramusio von seinem Freunde Gasparo Malipiero, der ihm, als er noch jung war, darüber berichtet hatte. Malipiero, ein Senator von einwandsfreier Glaubwürdigkeit, dessen Haus neben dem der Familie Polo stand, hatte die Erzählung von seinem Vater und Großvater, sowie von anderen bejahrten Personen der Nachbarschaft vernommen.

Kurze Zeit nach ihrer Rückkehr veranstalteten die Reisenden ein prächtiges Gastmahl, zu dem ihre zahlreichen Verwandten und Freunde eingeladen wurden. Als letztere sich versammelt hatten, erschienen Nicolo, Maffio und Marco in langen Gewändern von karmoisinrotem Atlas, die bis auf den Boden reichten, wie man sie in jener Zeit bei festlichen Gelegenheiten trug. Als das Wasser zum Waschen der Hände herumgegeben worden war und die Gäste ihre Plätze einzunehmen wünschten, warfen die Gastgeber ihre Kleider ab und zogen ähnliche Gewänder von rotem Damast an, während die ersteren in Stücke zerrissen und unter die Diener verteilt wurden. Nachdem man die ersten Gerichte abgetragen hatte, legten sie

Kleider von karmoisinrotem Sammet an und setzten sich zu Tische, während die damastenen gleichfalls verteilt wurden; und am Schlusse des Festes verschenkten sie ebenso die Sammetgewänder und erschienen nun in einfachen Kleidern, wie sie von den Personen der Gesellschaft getragen wurden. Alle waren über das Gesehene erstaunt und begierig auf das, was nun folgen würde. Sobald nun aber die Tafel aufgehoben und den Dienern der Befehl gegeben worden war, sich zu entfernen, stand Marco Polo auf, ging in ein anstoßendes Zimmer und kehrte mit den drei groben, abgetragenen Anzügen zurück, in denen sie zuerst das Haus betreten hatten. Nun fingen sie an, mit Messern die Säume aufzutrennen und das Futter zu zerschneiden, und brachten eine Menge der kostbarsten Edelsteine, Rubine, Saphire, Diamanten und Smaragde heraus, die mit solchem Geschick in die Kleider eingenäht waren, daß man nicht ahnen konnte, welche kostbaren Schätze sie enthielten. Zur Zeit, als sie den Hof des Großkhans verließen, hatten sie nämlich alle Reichtümer, in deren Besitz sie dort gelangt waren, in Edelsteine umgewechselt, weil sie diese leichter fortschaffen konnten; denn sie waren der Ansicht, daß es ihnen auf einer so langen und beschwerlichen Reise unmöglich sein würde, eine größere Summe in Gold mit sich zu führen. Als sie den ungeheuren Reichtum vor ihren Gästen ausgebreitet hatten, bemächtigte sich der Anwesenden ein Gefühl des Staunens und der Überraschung, und sie waren nun vollständig überzeugt, daß die, welche vor ihnen standen, in Wahrheit die ehrenwerten, edlen Herren aus dem Hause Polo waren, was sie anfangs in Zweifel gezogen hatten, und erwiesen ihren Wirten nun die größte Hochachtung.

Welchen Grad von Glaubwürdigkeit diese Anekdote besitzt, muß dahingestellt bleiben. Ramusio fährt mit der

Bemerkung fort, daß, sobald die Nachricht von der soeben beschriebenen Szene in Venedig bekannt wurde, zahlreiche Bürger aller Stände, von den Nobili herab bis zu den Handwerkern, in das Haus der Familie Polo eilten, um die Reisenden zu begrüßen und ihnen ihre Achtung zu beweisen. Maffio, dem älteren Bruder, wurde ein angesehenes Amt in der Verwaltung der Stadt übertragen; zu Marco Polo kamen die jungen Männer, um das Vergnügen seiner Unterhaltung zu genießen. Da sie ihn höflich und mitteilsam fanden, besuchten sie ihn täglich, und allen gab er freundliche und zuvorkommende Antworten, so daß jeder sich ihm persönlich verpflichtet fühlte. Da Marco Polo bei solchen Gelegenheiten häufig von den gewaltigen Einnahmen des Großkhans sprach, die er zu zehn oder fünfzehn Millionen Golddukaten schätzte, und Berechnungen hinsichtlich des Reichtums und der Bevölkerungsmenge der tatarischen Länder anstellte, die naturgemäß auch in großen Zahlen ausgedrückt werden mußten, erhielt er von seinen Zeitgenossen den Beinamen Messer Marco Milione. „Mit diesem Namen," fügt Ramusio hinzu, „habe ich seiner oft in den öffentlichen Urkunden der Republik erwähnt gefunden, und das Haus, in dem er wohnte, wird von jener Zeit an bis zu dieser Stunde gewöhnlich la corte del Milione genannt."

Einige Zeit nach ihrer Rückkehr kam die Kunde, daß eine genuesische Flotte unter dem Befehle des Lampa Doria vor der Insel Curzola an der dalmatinischen Küste erschienen sei; infolgedessen ging sogleich eine venezianische Flotte, die aus neunzig Galeeren bestand, unter der Führung von Andreas Dandolo in See. Marco Polo erhielt als erfahrener Seemann den Befehl über eins der Schiffe. Die Venezianer wurden geschlagen. Unter den Gefangenen, die die Genuesen machten, befand sich außer Dandolo auch unser Reisender, der im Vordertreffen gestanden hatte und verwundet worden war. Man brachte ihn nach Genua ins Gefängnis, wo seine persönlichen Eigenschaften und seine ungewöhnlichen Lebensschicksale bald bekannt wurden. Er wurde daher von den vornehmsten Einwohnern der Stadt besucht, die alles, was in ihren Kräften stand, taten, um die Strenge seiner Haft zu mildern, indem sie ihn mit zuvorkommender Freundlichkeit behandelten und ihn auf das freigiebigste mit allem, was zu seinem Unterhalt und zu seiner Bequemlichkeit nötig war, versahen.

Seine seltenen Abenteuer waren, wie in seiner Vaterstadt, so auch hier der Gegenstand großer Neugier, und man lauschte seinen Erzählungen — besonders denen, welche von Kataia und dem Großkhan handelten — mit der größten Aufmerksamkeit. Da er seinen Bericht beständig wiederholen mußte, kam er — zum Glück für die geographische Wissenschaft — auf den Gedanken, die Geschichte seiner Reisen niederschreiben zu lassen. Er ließ sich aus Venedig die Originalnotizen kommen, die er in den Händen seines Vaters gelassen hatte, und mit Hilfe dieser Dokumente, von denen er bei mehr als einer Gelegenheit spricht, verfaßte er seinen Reisebericht, der nach seinem Diktat von dem Pisaner Rusticiano in französischer Sprache niedergeschrieben wurde. Neun Jahre später (1307) veranstaltete er eine neue von ihm durchgesehene Abschrift.

Die Gefangenschaft Marco Polos verursachte seinem Vater und seinem Oheim viel Kummer, besonders weil ihnen daran gelegen war, daß er in Venedig eine passende eheliche Verbindung schließen sollte. Dieser Plan war nun vereitelt, und es wurde täglich ungewisser, welchen Ausgang seine Haft nehmen würde; alle Versuche, seine Freiheit durch Geld zu erkaufen, waren fehlgeschlagen. Da ihnen unter diesen Umständen alle Aussicht, Erben für ihre Reichtümer zu bekommen, abgeschnitten war, faßte Nicolo, obwohl er schon ziemlich bejahrt war, den Entschluß, sich zum zweiten Male zu verheiraten.

Endlich, nach vierjähriger Gefangenschaft, wurde Marco durch die Vermittelung der vornehmsten Bürger Genuas entlassen. Als er in die Heimat zurückkehrte, fand er, daß sein Vater inzwischen die Familie mit drei Söhnen vermehrt hatte, deren Namen Stefano, Maffio und Giovanni waren. Als ein Mann von guter Lebensart und Bildung ließ er sich durch diesen Wechsel der Verhältnisse nicht verstimmen, sondern faßte den Plan, gleichfalls zu heiraten. Doch erhielt er aus seiner Ehe keinen Sohn, sondern nur zwei Töchter, Moretta und Fantina. Nach dem Tode seines Vaters errichtete er ihm zum Andenken ein Monument, das zu Ramusios Zeiten noch unter dem Portikus der Kirche San Lorenzo zur rechten Seite des Einganges stand.

Was nun das Lebensalter betrifft, das unser Autor erreichte, oder das Jahr, in welchem er starb, so haben uns seine Landsleute keine sichere Kunde gegeben, und man versuchte auch, wie es scheint, in einer früheren Periode nicht, die Daten sicher zu stellen. Wir wissen nur, daß er sein Testament zu Beginn des Jahres 1324 machte. In der Chronik des Jacopo de Aqui wird erzählt: als Marco Polo auf dem Sterbebette von seinen Freunden ermahnt wurde, diejenigen Teile seines Reisewerkes zu widerrufen, die seinen Zeitgenossen unglaubwürdig erschienen, habe er ihren Rat unmutig zurückgewiesen und zu gleicher Zeit erklärt, daß er, weit entfernt zu übertreiben, nicht einmal die Hälfte der von ihm beobachteten außerordentlichen Dinge erzählt habe.

Einleitung

Zur Einführung in den Schauplatz und die geschichtliche Gestaltung Innerasiens zur Zeit Marco Polos mögen einige genauere Darlegungen am Platze sein.

Das Innere des asiatischen Kontinents ist seit den ältesten Zeiten zu wiederholten Malen Schauplatz und Ausgangspunkt der gewaltigsten Ereignisse gewesen, durch die nicht allein China, Indien und Persien, sondern auch die europäischen Länder mehr oder minder stark in Mitleidenschaft gezogen wurden. Es ist bemerkenswert, daß die Nomadenbevölkerung der von der Natur keineswegs begünstigten Gebiete Hochasiens für einen großen Teil der gesamten Menschheit eine Bedeutung erlangte, die wenigstens in diesem Umfange anderen Nationen nur selten zuteil wurde.

Die erste Barbarenmacht, welche in den chinesischen Annalen erwähnt wird, ist die der Hiung-nu. Das Reich dieses Volkes, dessen Nachkommen die späteren Hunnen waren, soll sich in der heutigen Mongolei gebildet haben, von wo aus zahlreiche Einfälle in die benachbarten Länder stattfanden. Um China vor den Einbrüchen dieses Volkes zu sichern, ließ der Kaiser Schi-hoang-ti die Große Mauer erbauen — ein Werk, dessen Überreste noch heute, nach mehr als 2100 Jahren, einen Beweis für die Tatkraft und den Unternehmungsgeist jenes Herrschers bilden. Es war ein Glück für das Reich der Mitte, daß die Kaiser der Tsin- und der Han-Dynastie mit Energie dem Ansturm der Hunnen zu begegnen wußten; aber es ist auch bekannt, welche verhängnisvollen Nachwirkungen die Ablenkung der Expansionskraft dieses Volkes nach Westen für die Schicksale Europas hatte.

Nach dem Untergange der Hunnenreiche rangen verschiedene Nomadenstämme in Innerasien um die Herrschaft. Im zwölften Jahrhundert eroberten die Tschurtsche einen Teil Chinas und gründeten dort ein Reich, das unter dem Namen Kin bekannt wurde. Es erstreckte sich im Süden bis an den Fluß Hoai, der es von dem Gebiete der chinesischen Song-Dynastie trennte; im Osten wurde es durch das Japanische Meer begrenzt, im Westen durch das Königreich Tangut, das einen Teil der heutigen Provinz Schen-si umfaßte, im Nordwesten endlich von dem Reiche Kara-khitai. Diese Horden waren zu allen Zeiten die Geißel Chinas gewesen, dessen Grenzländer sie unaufhörlich ausplünderten; hatten sie eine Provinz verwüstet, ehe sich noch die Besatzungen zu ihrer Vertreibung vereinigt hatten, so zogen sie sich mit ihrer Beute und ihren Gefangenen durch die große Wüste zurück, wo es schwer war, sie zu verfolgen.

Zu den tatarischen Stämmen, die dem Reiche der Kin tributpflichtig waren, gehörten auch die Mongolen im Süden des Baikalsees, deren Führer Yessugai eine Anzahl Nomadenstämme unter seine Botmäßigkeit gebracht hatte. Als er im Jahre 1175 starb, hinterließ er einen dreizehnjährigen Sohn, namens Temudschin. Die Mehrzahl der Mongolen verschmähte die Herrschaft des Knaben, dessen Anhänger in offener Feldschlacht zunächst geschlagen wurden. Aber in Temudschin steckte eine eiserne Energie; es gelang ihm nach vielen wechselvollen Kämpfen, seiner Gegner Herr zu werden, bis er endlich im Jahre 1206 am Onon, einem Nebenflusse des Amur, eine große Heerschau und Ratsversammlung abhalten konnte, bei der er den größten Teil der nomadischen Streitmacht Hochasiens um sich versammelt sah. Er nahm den Namen Dschingiskhan an und faßte den Entschluß, die benachbarten Reiche anzugreifen.

Zunächst brachte er das Reich der Kin in seine Gewalt; alsdann wandte er sich gegen Chuaresm, das damals außer dem heutigen Chiwa einen großen Teil Turkestans und Persiens umfaßte. Auf der einen Seite setzten seine Heere den Krieg in China fort, auf der anderen richteten sie in Samarkand und Buchara ein Blutbad an, plünderten die Ufer des Sind und des Euphrat, drangen durch Georgien in die Krim ein, verheerten einen Teil Rußlands und griffen die Bulgaren an der oberen Wolga an.

Nach Beendigung des Krieges in Persien marschierte Dschingiskhan gegen das Königreich Tangut, dessen Bevölkerung er vernichtete; doch mitten in seinem Siegeszuge ereilte ihn 1227 der Tod. Die einen berichten, er sei an einer schweren Krankheit zugrunde gegangen; andere wiederum behaupten, eines seiner Weiber hätte ihn vergiftet. Sterbend soll er seinen Söhnen befohlen haben, die Eroberung der Welt zu vollenden.

Unter den ersten Nachfolgern Dschingiskhans ließen sich die Mongolen im Norden des Kaspischen Meeres, am Kaukasus und am Schwarzen Meere nieder. Sie plünderten Rußland aus, das während zweier Jahrhunderte unter ihrer Herrschaft stand. Polen und Ungarn wurden verheert, der Thron des Kalifen von Bagdad gestürzt und ganz China und ein Teil von Indien bis zum Ganges unterworfen.

Dieses Reich, das sich beinahe über ganz Asien erstreckte, war zu ausgedehnt, als daß es von einem einzigen Herrscher hätte regiert werden können; es wurde daher in vier Monarchien geteilt. China und die tatarischen Länder bis zum Altaigebirge machten das Gebiet der Nachfolger Dschingiskhans aus, deren vierter Peking zu seiner Residenz erwählte. Den Kaiser von China erkannten die drei anderen mongolischen Reiche, welche ebensoviel Zweigen der Familie Dschingiskhans angehörten, als ihren Oberherrn an. Die Gegenden westlich vom Altai bis zum

Gihon gehörten zur Erbschaft derer, die von Dschagatai abstammten; die Länder im Norden des Kaspischen und Schwarzen Meeres gehorchten den Nachkommen Dschudschis, und endlich Persien wurde von Fürsten beherrscht, die ebenso wie die chinesischen Kaiser von Tului, Dschingiskhans jüngstem Sohne, abstammten.

Diese vier Monarchien trugen den Keim der Auflösung in sich. Während des Wachstums der mongolischen Macht hatten Einigkeit und Gehorsam alle Kräfte zusammengehalten. Als aber die Eroberungszüge zum Stillstand gekommen waren, entstanden unter den Nachfolgern Dschingiskhans zahllose Thronstreitigkeiten, die fast immer mit den Waffen ausgefochten wurden. Nach den Verordnungen des Gründers der Dynastie sollte jeder neue Herrscher von den Mitgliedern seiner Familie in einer Versammlung gewählt werden; ihre Zustimmung und ihre feierliche Anerkennung konnten allein die königliche Gewalt sanktionieren. Auf dieses Vorrecht pochend, griffen die Dschingiskhanschen Prinzen, deren Zahl sich ins ungeheure vermehrt hatte, bei jedem Thronwechsel zu den Waffen, bekämpften sich gegenseitig und führten Kriege mit ihren Oberherren. Die Erzählung ihrer blutigen Streitigkeiten füllt die ganze Geschichte der Reiche Dschagatais und Dschudschis aus, von denen das eine in der Mitte des vierzehnten, das andere gegen Ende des fünfzehnten Jahrhunderts unterging.

Zum Verständnis der Erzählungen Marco Polos ist es nötig, genauere Einzelheiten über die Nachkommen Dschingiskhans anzugeben. Von vier Söhnen, die sich während seines Lebens ausgezeichnet hatten, überlebten ihn drei. Der älteste, dessen Name von den orientalischen Historikern Dschudschi geschrieben wird, starb kurze Zeit vor seinem Vater und hinterließ einen Sohn, Batu, der über die westlichen Tataren herrschte, jedoch nicht Kaiser wurde und 1256 starb. Der zweite, Dschagatai, erhielt als Erbteil die Länder jenseits des Oxus und Turkestan. Obwohl er der ältere war, stand er in Lehnsabhängigkeit von Oktai, dem dritten Sohne Dschingiskhans, den dieser zu seinem Nachfolger erwählt hatte. Als Oktai-khan mit der Eroberung der Provinzen Ho-nan und Schen-si beschäftigt war, bestellte er seinen jüngeren Bruder Tului zum Regenten bis zu seiner Rückkehr nach Karakorum, der damaligen Residenz der Mongolenkaiser. Im Jahre 1234 war die Eroberung der nördlichen Provinzen Chinas oder des Reiches der Kin vollendet; ein Jahr später fiel sein Neffe und Feldherr Batu in Rußland ein, nahm Moskau, verwüstete Polen und Ungarn und verbreitete Schrecken in ganz Europa, dessen Fürsten Gesandte an seinen Hof schickten. Mesopotamien, Syrien und das Reich der Seldschuken in Kleinasien waren den Einfällen der Heere Oktais ausgesetzt, bis durch seinen Tod im Jahre 1241 den ferneren Operationen Einhalt getan wurde und die Generäle es nötig fanden, in das Innere des Reiches zurückzukehren. Die Herrschaft riß eines seiner Weiber, Turakina, an sich; vier Jahre übte sie die Regentschaft aus und setzte dann ihren Sohn Kuyuk, der aber bereits 1248 starb, auf den Thron. Ein anderes Interregnum fand bis zur Erhebung Mangus statt, der ein Sohn Tuluis, also ein Enkel Dschingiskhans war. Persien und Khorasan waren der Reichsanteil Tuluis gewesen, der 1232 starb, als er unter dem Befehl seines Bruders Oktai an der westlichen Grenze Chinas kämpfte. Tului hinterließ vier Söhne, die alle Hervorragendes leisteten: Mangu, Kublai, Hulagu und Arik-Buga. Als Mangu 1251 die Regierung übernommen hatte, machte er Kublai zum Vizekönig in China und gab Hulagu die Herrschaft über die südlichen Provinzen. Im Jahre 1259 starb er an einer Seuche, die unter seinen Truppen herrschte, während eines Feldzuges in China. Kublai befand sich damals gerade in der Provinz Hu-kuang; er schloß mit dem Kaiser der Song-Dynastie einen günstigen Frieden, kehrte nach Norden zurück und wurde 1260 zu Kai-ping-fu zum Großkhan ausgerufen. Man erzählt, er habe einige Zeit gezögert, den Titel anzunehmen, und sich erst nach Ankunft einer Gesandtschaft seines Bruders Hulagu, der ihn in seinem Vorhaben ermutigte, dazu bereit erklärt. Diese Gesandten waren vielleicht dieselben, mit denen Nicolo und Maffio Polo in Buchara zusammentrafen.

Kublai gab durch die Eroberung Chinas und Tibets dem Reiche die weiteste Ausdehnung; er war zugleich der letzte, welcher die Oberherrschaft über die gesamten mongolischen Eroberungen ausübte. Dieser Fürst zeichnete sich vor anderen Mongolenherrschern dadurch aus, daß er die Bildung der Chinesen annahm und sie bei seinem durch die fortwährenden Kriege verwilderten Volke einzuführen strebte. Er stellte gelehrte und erfahrene Männer an die Spitze der verschiedenen Verwaltungszweige und förderte Künste und Gewerbe nach chinesischem Muster.

Unter Kublais Regierung kam Marco Polo mit seinem Vater und Oheim in das Land und an den Hof des Großkhans, und durch ihn geschützt und gefördert konnte der Fremde genaue Beobachtungen anstellen, die nicht allein noch heute von allgemeinem Interesse sind, sondern bei dem stabilen, fast unveränderten Kulturzustande jener Länder auch als Informationsquellen die größte Bedeutung erlangt haben.

Als die Mongolen die östlichen Länder in ihre Gewalt gebracht hatten und die Grenzen der europäischen Reiche bedrohten, fürchteten deren Herrscher, daß die wilden Schwärme auch ihren Ländern gefährlich werden könnten; sie sannen daher auf allerlei Mittel, diesem Unheil zu begegnen.

Man hatte gehört, daß einzelne Führer der Mongolen Anhänger der christlichen Religion waren. Der Papst schickte daher Mönche zu jenen Horden, um sie im Namen Christi vom weiteren Vordringen zurückzuhalten und sie womöglich für den katholischen Glauben zu gewinnen. So reiste Ascelin mit drei anderen Mönchen an den Hof Bajoth-noy-khans nach Persien; der Franziskaner Piano di Carpini durchquerte als Gesandter des Papstes unter beständigen Entbehrungen und Gefahren die weiten Länder Innerasiens und gelangte an den Hof des Großkhans Kuyuk, der gerade um jene Zeit den Thron bestiegen hatte. Ludwig der Heilige schickte den Minoritenmönch Rubruquis mit mehreren Begleitern zu den Mongolen; dieser kam an den Hof des Kaisers Mangu und gab ebenso wie seine Vorgänger eine anschauliche Schilderung von allem, was er auf seiner Reise gesehen und erlebt hatte.

Man hatte ferner von ungeheuren Reichtümern gehört, die an den Herrschersitzen der mongolischen Scharen und namentlich am Hofe des Großkhans aufgehäuft sein sollten. Es ist daher verständlich, daß einige mutige Kaufleute des Abendlandes den Gefahren trotzten, mit denen bei den unsicheren Verhältnissen jener Zeit eine Reise an die tatarischen Höfe verbunden war; zu ihnen gehörten die Venezianer, deren Reisen und Beobachtungen den Inhalt dieses Buches bilden.

Es ist schon darauf hingewiesen worden, daß Marco Polo sein Reisewerk ursprünglich in französischer Sprache verfaßt hat. Die Beweise für die Richtigkeit dieser Tatsache, die erst in den letzten Jahrzehnten allgemeine Anerkennung fand, sind bei Pauthier (Le livre de Marco Polo, Paris 1865) und Yule (The book of Ser Marco Polo, London 1903) zusammengestellt. Der französische Text wurde im Jahre 1824 von der Pariser geographischen Gesellschaft veröffentlicht. Das Manuskript, dem er entnommen ist, befindet sich in der Pariser Bibliothèque Nationale. Es ist ziemlich sicher, daß mehrere alte Ausgaben, wie z. B. die italienische Crusca und eine alte lateinische Übersetzung, auf den „geographischen Text" zurückgehen.

Außer dem genannten gibt es noch andere französische Manuskripte, die, wie Pauthier annimmt, von Marco Polo selbst und zwar in späterer Zeit durchgesehen worden sind und für die er daher den höchsten Grad von Autorität in Anspruch nimmt. Seiner Ausgabe der Reisen des Venezianers liegen diese Manuskripte zugrunde. Ferner ist die lateinische Übersetzung des Dominikanermönches Pipino von Bologna zu erwähnen, welche in den letzten Lebensjahren Marco Polos angefertigt zu sein scheint. Ob unser Autor bei der Abfassung der Ausgabe Pipinos selbst mitgewirkt hat, wie Baldelli-Boni und Bianconi glauben, muß dahingestellt bleiben.

Die italienische Ausgabe, welche Ramusio von den Reisen Marco Polos veranstaltet hat, ist in Venedig zwei Jahre nach dem Tode dieses berühmten Gelehrten erschienen und befindet sich im zweiten Bande der von ihm veröffentlichten „Navigazioni e Viaggi". Mancherlei Umstände sprechen dafür, daß Ramusio den lateinischen Text Pipinos benutzt hat, so z. B. die Tatsache, daß bei ihm gleichfalls die historischen Kapitel am Ende des Werkes fehlen, ebenso die Erzählung von den drei Magiern. Dafür enthält Ramusios Ausgabe viele Nachrichten über die Geschichte und Geographie Asiens, die in allen anderen Manuskripten fehlen und zum großen Teil von hohem Interesse sind. Auf welche Quellen diese Mitteilungen zurückgehen, ist uns nicht bekannt; jedenfalls sind zwingende Beweise dafür, daß man es mit Zusätzen aus späterer Zeit zu tun hat, von niemandem gegeben worden.

Bei dem lebhaften Interesse, das man gegenwärtig in Deutschland der Geographie und Kulturgeschichte Ostasiens entgegenbringt, muß es als ein Übelstand erscheinen, daß jeder, der sich über die Reisen Marco Polos zu unterrichten wünscht, lediglich auf englische, französische und italienische Ausgaben angewiesen ist. Es existiert zwar eine deutsche Übersetzung, die von A. Bürck mit Zusätzen von K. F. Neumann im Jahre 1845 veröffentlicht wurde; indessen ist sie im Buchhandel schon längst vollständig vergriffen.

Einen im wesentlichen unveränderten Neudruck des Bürckschen Buches zu besorgen, erschien untunlich. Einerseits war die Übertragung nicht frei von Mängeln, andererseits enthielt der von Bürck und Neumann gegebene Kommentar zahlreiche Angaben, die mit dem gegenwärtigen Stande der geographischen Wissenschaft nicht mehr im Einklang stehen. Man wird daraus den genannten Gelehrten keinen Vorwurf machen dürfen; um die Mitte des letzten Jahrhunderts waren uns weite Gebiete des asiatischen Kontinents, und zumal diejenigen, durch welche der Reiseweg Marco Polos führte, so wenig bekannt, daß Irrtümer und Unklarheiten sich nur schwer vermeiden ließen. Heutzutage ist die Aufgabe eine viel leichtere; die zahlreichen Reisen europäischer Forscher nach Ostturkestan, Tibet, China und Indien haben uns mit diesen Ländern hinreichend bekannt gemacht, und infolgedessen war es kein zu schwieriges Unternehmen, einen hoffentlich einwandsfreien neuen Kommentar anzufertigen.

Bürck hat seiner Übersetzung den italienischen Text

Ramusios zugrunde gelegt, der freilich als eine spätere Bearbeitung des französischen Reiseberichtes Marco Polos anzusehen ist, aber vor dem letzteren den Vorzug größerer Ausführlichkeit besitzt. Ich habe diese Übertragung beibehalten, ich habe sie indessen verbessert, wo es mir nötig schien. Außerdem wurden mehrere Abschnitte eingefügt, die bei Ramusio und infolgedessen auch bei Bürck fehlen: nämlich die Erzählung von den drei Magiern und eine Anzahl historischer Kapitel am Ende des Werkes, in denen von den Kämpfen zwischen mehreren Mongolenfürsten die Rede ist.

Berlin. Pfingsten 1906. Dr. Hans Lemke.

Vorwort zur 2. Auflage

Die 2. Auflage der Reisen des Venezianers Marco Polo weist gegenüber der ersten einige Veränderungen auf, auf die ich an dieser Stelle kurz hinweisen will.

Dem Reiseberichte ist der von dem Venezianer verfaßte Prolog vorangestellt worden, der nicht allein durch seine eigenartige Form, sondern auch durch seinen Inhalt Interesse erwecken wird; denn er enthält Angaben über die Entstehung des Buches während der Gefangenschaft Marco Polos in Genua.

Das Register ist neu hinzugefügt worden.

Einige Anmerkungen wurden verbessert, andere neu hinzugefügt. Zu einer wesentlichen Vergrößerung des Kommentars, wie sie mir in einigen Besprechungen des Buches empfohlen wurde, konnte ich mich nicht entschließen. Meiner Ansicht nach dürften die vorhandenen Anmerkungen zum Verständnis des Ramusianischen Textes genügen. Wer sich für weitläufige philologische Untersuchungen interessiert, mag die Ausgabe Pauthiers zu Rate ziehen, während für weitergehende Ansprüche auf anderen Gebieten die von Henri Cordier herausgegebene dritte Auflage von Yules „Book of Ser Marco Polo“ in Betracht kommt.

30. September 1907. Dr. Hans Lemke.

Die Reisen des Venezianers Marco Polo

Prolog

Ihr Kaiser, Könige, Herzöge, Fürsten, Grafen und Ritter, und alle anderen, die ihr den Wunsch habt, Kunde zu erlangen von den mannigfachen Rassen des Menschengeschlechts und den verschiedenen Königreichen, Provinzen und Ländern in den östlichen Teilen der Welt — lest dieses Buch und ihr werdet darin die wunderbarsten und merkwürdigsten Beschreibungen der Völker, besonders in Armenien, Persien, Indien und im Lande der Tataren finden, wie sie in dem vorliegenden Werke von Marco Polo niedergelegt worden sind, einem weisen und gelehrten Bürger der Stadt Venedig, der einen scharfen Unterschied macht zwischen dem, was er mit eigenen Augen sah, und dem, was ihm andere mitgeteilt haben. Denn dieses Buch soll nur wahre und zuverlässige Angaben enthalten. Man muß auch wissen, daß seit der Erschaffung Adams bis auf den heutigen Tag kein Mensch, mag er nun Heide, Sarazene oder Christ sein oder einem anderen Stamme und Geschlechte angehören, jemals so viele und so große Dinge gesehen hat wie der obenerwähnte Marco Polo. Da dieser den Wunsch hatte, alle Dinge, die er sah und hörte, zu veröffentlichen, zu Nutz und Frommen aller Menschen, die sie nicht mit eigenen Augen sehen konnten, so ließ er im Jahre 1298 unseres Herrn im Gefängnis zu Genua alles, was in dem vorliegenden Werke enthalten ist, von dem Herrn Rustigielo, einem Bürger der Stadt Pisa, der in Genua in demselben Gefängnis weilte, niederschreiben; und er teilte das Werk in drei Teile.

Erstes Buch

1. Kapitel.

Allgemeine Erzählung.

1. Der Leser möge wissen, daß zu der Zeit, als Balduin II. Kaiser war von Konstantinopel,[1]) wo ein Statthalter des Dogen von Venedig sich befand,[2]) im Jahre 1250 unseres Herrn, Nicolo Polo, der Vater Marcos, und Maffio, der Bruder Nicolos, Venezianer aus edler Familie und ehrenwerte und wohlunterrichtete Männer, nach jener Stadt mit einer reichen Schiffsladung von Waren kamen. Nach reiflicher Überlegung, was sie ferner unternehmen sollten, faßten sie den Entschluß, ihre Reise durch das Schwarze Meer fortzusetzen, um ihr Handelskapital zu vermehren. In dieser Absicht machten sie Einkäufe von vielen schönen und kostbaren Edelsteinen, verließen Konstantinopel und fuhren durch jenes Meer nach einem Hafen, Soldadia[3]) genannt, von wo sie zu Lande weiter-

---

[1]) Balduin II., Graf von Flandern und Vetter Ludwigs IX. von Frankreich, war der letzte der lateinischen Kaiser von Konstantinopel.

[2]) Die Stelle in Ramusios Text: „dove all'hora soleva stare un podestà di Venetia, per nome di messer lo Doge“ findet sich weder in den französischen noch in den lateinischen Ausgaben, auch nicht in dem italienischen Text, welchen Boni veröffentlicht hat.

[3]) Soldaia ist das heutige Sudak, welches im russischen Gouvernement Taurien am Schwarzen Meer und am Südabhang der Krimschen Berge liegt. Bereits im 8. Jahrhundert war es ein wichtiger Handelsplatz der Byzantiner, im 13. und 14. kam es nacheinander in den Besitz der Venezianer und Genuesen. Rubru-

reisten, bis sie den Hof eines mächtigen Herrn der westlichen Tataren, namens Barka,[4]) erreichten, der in den Städten Bolgar und Assara[5]) seinen Sitz hatte und im Rufe stand, einer der freigebigsten und gebildetsten Fürsten zu

---

quis, ein Zeitgenosse Marco Polos, beschreibt die Stadt folgendermaßen: „Gegen die Mitte der genannten Provinz nach Süden zu, wie auf einem schiefen Winkel, steht eine Stadt, Soldaia genannt, gerade Synopolis gegenüber. Dort kommen alle türkischen Kaufleute hin, welche nach den nördlichen Gegenden ziehen, um Handel zu treiben, und auch diejenigen, welche von Rußland kommen und nach der Türkei gelangen wollen." Unter der Türkei hat man hier Kleinasien zu verstehen.

4) Dieser tatarische Fürst ist der Bruder Batu's, des Sohnes Dschudschis, des ältesten Sohnes Dschingiskhans. Batu erbte von den Ländern seines Großvaters das Khanat Kiptschak (Reich der goldenen Horde), welches sich im Osten bis an die Dsungarei, im Süden bis zum Sir Darja, Aralsee und Kaspischen Meer und im Westen nach Rußland hinein erstreckte.

5) Bolgara, das heutige Dorf Bolgary im Gouvernement Kasan, am rechten Ufer der Wolga, war die Sommerresidenz der Khane von Kiptschak. Von der alten Hauptstadt sind nur noch Trümmer und Mauerreste übrig geblieben. Grabsteine, die man daselbst gefunden hat, enthalten tatarische, arabische und armenische Inschriften, von denen die letzteren bis ins 6. Jahrhundert zurückgehen.

Die Winterresidenz Assara oder Sarai wurde im 13. Jahrhundert von Batu am linken Ufer der Achtuba gegründet. Der arabische Geograph Abulfeda, welcher von 1273 bis 1331 lebte, beschreibt sie folgendermaßen: „Sarai, eine große Stadt, königliche Residenz der nördlichen Tataren, welche heutzutage Usbeken genannt werden, liegt in einer Ebene. Vom Kaspischen Meere, das östlich und südlich von ihr liegt, ist sie ungefähr zwei Tagereisen entfernt. Der Fluß Atol (Wolga) fließt an ihr vorüber, von Norden und Westen nach Süden und Osten, bis er in das Schwarze Meer fällt. An seinem nördlichen Ufer liegt Sarai, wo ein großer Markt für die türkischen Kaufleute ist."

Im Jahre 1480 wurde Sarai von den Russen zerstört. Das weite Trümmerfeld befindet sich bei der bedeutenden Kreisstadt Zarew im Gouvernement Astrachan.

sein, den man bislang unter den Stämmen der Tatarei gekannt hatte. Er war erfreut über die Ankunft unserer Reisenden und empfing sie mit Auszeichnung. Als sie die Juwelen, welche sie mitgebracht hatten, vor ihm niederlegten und erkannten, daß sie ihm wohlgefielen, boten sie sie ihm zum Geschenk an. Der Khan bewunderte die freigebige Höflichkeit der beiden Brüder, und weil er sich von ihnen an Großmut nicht übertreffen lassen wollte, ließ er ihnen nicht allein den doppelten Wert der Juwelen auszahlen, sondern fügte dem auch noch verschiedene reiche Geschenke bei.

Als sie ein Jahr in den Ländern dieses Fürsten gelebt hatten, überkam sie der Wunsch, in ihr Vaterland zurückzukehren; sie wurden aber daran verhindert, weil ein Krieg zwischen ihrem Gönner und einem andern Khane, namens Alau, ausbrach, der die östlichen Tataren beherrschte.[6]) In einer Schlacht, die von den beiden Armeen geliefert

---

[6]) Die östlichen Tataren, deren Land sich nicht weiter nach Osten ausdehnte als die Provinzen Persien und Khorasan, wurden so genannt, um sie von den westlichen (richtiger nordwestlichen) Tataren zu unterscheiden, welche die der Wolga benachbarten Gegenden bewohnten. Ihr Fürst, der hier Ala-u heißt, ist der berühmte Hulagu, der Sohn Tuluis, und mit Mangu und Kublai (welche letzteren seine Brüder waren), der Enkel Dschingiskhans. Von seinem Bruder Mangu bestimmt, in den südlichen Provinzen des Reiches zu regieren, verließ er Karakorum und überschritt im Jahre 1255 den Gihon oder Oxus mit einem großen Heere. 256 vernichtete er die Sekte der Ismaeliten, wandte seine Waffen gegen Bagdad, das er 1258 einnahm, und ließ Mostasem Billah, den letzten Abassiden, hinrichten. Nach dem Tode Mangus, 1259, wurde Hulagu der wirkliche Herrscher vom persischen und babylonischen Irak mit Khorasan; doch bewahrte er eine wenn auch nur dem Namen nach achtungsvolle Ergebenheit gegen seinen Bruder Kublai, der als das Haupt der Familie anerkannt wurde und in China regierte. Er starb im Jahre 1265 in seiner Hauptstadt Tauris oder Tabris.

wurde, siegte der letztere, und Barkas Truppen erlitten eine vollkommene Niederlage. Da die Straßen infolge dieses Ereignisses für Reisende unsicher geworden waren, konnten unsere Venezianer es nicht wagen, auf dem Wege, den sie gekommen waren, zurückzukehren; und es wurde ihnen als die einzige Möglichkeit, Konstantinopel zu erreichen, empfohlen, sich in östlicher Richtung auf eine wenig besuchte Straße zu begeben, die an den Grenzen von Barkas Gebiet entlang führte. Demzufolge nahmen sie ihren Weg nach einer Stadt, namens Oukaka,[7]) die an den Grenzen des Königreichs der westlichen Tataren liegt. Als sie diesen Platz verlassen hatten und weiter wanderten, setzten sie über den Tigris, einen der vier Flüsse des Paradieses,[8]) und kamen in eine Wüste, die sich siebzehn Tagereisen weit ausdehnte, in welcher sie weder Stadt und Schloß noch ein eigentliches Gebäude fanden, sondern nur Tataren mit ihren Herden, die unter Zelten oder auf dem freien Felde lagerten. Als sie diese durchwandert hatten, erreichten sie endlich eine wohlgebaute Stadt, namens Bokhara, in einer Provinz desselben Namens, die zum Reiche Persien gehörte, aber unter einem Fürsten stand, der Barak hieß.[9])

---

[7]) Abulfeda sagt von dieser Stadt: „Okak ist eine kleine Stadt im Lande Sarai; sie erstreckt sich längs der Wolga auf ihrem westlichen Ufer und liegt mitten zwischen Sarai und Bolgara ungefähr fünfzehn Tagereisen von beiden Städten entfernt."

[8]) Die Reisenden mußten auf dem Wege von Oukaka nach Buchara zwei große Flüsse, die Wolga und den Sir-darja überschreiten. Im Text ist wahrscheinlich die Wolga gemeint, die zu Marco Polos Zeiten auch sonst gelegentlich mit dem Namen Tigris bezeichnet wurde. (Vergl. Pauthier, le livre de Marco Polo, I. S. 8.)

[9]) Barak-khan, ein Urenkel Dschagatais, des zweiten Sohnes von Dschingiskhan, führte einen langen und wechselvollen Krieg mit Abaka, dem Sohne Hulagus, dem er das Königreich Khorasan

1. Kapitel

Es begab sich aber, daß zu dieser Zeit ein Mann von großem Ansehen und außerordentlichen Gaben in Bokhara erschien. Er war abgeschickt als Gesandter des schon erwähnten Alau an den Großkhan, den obersten Fürsten aller Tataren, der Kublai-khan hieß und seinen Herrschersitz am äußersten Ende des Festlandes hatte, in einer Richtung zwischen Nordosten und Osten. Der Gesandte hatte, wie sehr er es auch wünschte, zuvor noch keine Gelegenheit gehabt, Leute aus italischem Lande zu sehen, und war daher sehr erfreut, unsere Reisenden, die jetzt einigermaßen erlernt hatten, sich in tatarischer Sprache auszudrücken, zu treffen und sich mit ihnen zu unterhalten. Nachdem er mehrere Tage in ihrer Gesellschaft gewesen war, schlug er ihnen vor, da ihm ihre Sitten zusagten, sie sollten ihn zum Großkhan begleiten, der über ihr Erscheinen an seinem Hofe sehr erfreut sein würde; denn dieser sei bis jetzt von Leuten aus ihrem Lande noch nicht besucht worden; und er gab ihnen die Versicherung, sie würden ehrenvoll empfangen und reich beschenkt werden. Überzeugt wie sie waren, daß, wenn sie es unternehmen wollten, in ihre Heimat zurückzukehren, sie sich den größten Gefahren aussetzen würden, willigten sie in sein Anerbieten und setzten, sich dem Schutze des Allmächtigen empfehlend, ihre Reise im Gefolge des Gesandten fort, begleitet von mehreren christlichen Dienern, die sie aus Venedig mitgebracht hatten. Die Richtung, die sie dort einschlugen, war zwischen Nordost und Nord, und es verging ein ganzes Jahr, bis sie die kaiserliche Residenz erreichen konnten, wegen der außerordentlichen Schwierigkeiten, die vom Schnee und von den Überschwemmungen der Flüsse veranlaßt wurden und die sie nötigten, zu ver-

---

entreißen wollte. Er wurde aber von letzterem so geschlagen, daß er sich nur mit einem geringen Teil seines Heeres nach Buchara zurückziehen konnte. Er starb im Jahre 1270.

weilen, bis jener geschmolzen war und die Fluten sich wieder verlaufen hatten. Viele bewundernswürdige Dinge sahen sie während ihrer Reise, die wir aber hier nicht erwähnen, weil sie in (geographischer) Ordnung von Marco Polo in den folgenden Büchern beschrieben werden sollen.

2. Als die Reisenden dem Großkhan vorgestellt wurden, empfing sie dieser mit der Huld und Herablassung, die seinem Charakter eigen war, und da sie die ersten Italiener waren, die in diesem Lande erschienen, wurden ihnen zu Ehren Feste gegeben. Er ließ sich freundlich in ein Gespräch mit ihnen ein und erkundigte sich nach den westlichen Teilen der Erde, dem römischen Kaiser und anderen christlichen Königen und Fürsten. Er ließ sich Mitteilungen machen über die Macht derselben, die Größe ihrer Länder, die Art der Gerechtigkeitspflege in ihren Königreichen und Fürstentümern, über ihre Kriegsführung, und vor allem und ganz besonders fragte er sie nach dem Papst, den Angelegenheiten der Kirche, der Gottesverehrung und den heiligen Lehren der Christen. Da sie wohlunterrichtete und bescheidene Männer waren, gaben sie ihm so gut, wie sie es vermochten, Antwort über alle diese Punkte, und weil sie mit der tatarischen (mongolischen) Sprache vollkommen vertraut waren, drückten sie sich immer in geeigneten Worten aus, so daß der Großkhan, bei dem sie in hohen Ehren standen, sie häufig zu sich berufen ließ.

Als er nun alles in Erfahrung gebracht, was ihm die beiden Brüder in so verständiger Weise mitgeteilt hatten, war er mit ihnen sehr zufrieden, und weil er bei sich den Entschluß gefaßt hatte, sie als seine Abgesandten an den Papst zu gebrauchen, machte er ihnen, nachdem er mit seinen Ministern Rat gepflogen hatte, in gar freundlicher Weise den Vorschlag, sie sollten einen seiner Offiziere, namens Khogatal, auf einer Mission an den heiligen Stuhl begleiten. Seine Absicht, sagte er ihnen, wäre, seine Heiligkeit zu bitten, daß er ihm hundert gelehrte Männer schicken möge, die durchaus vertraut seien sowohl mit den Grundsätzen der christlichen Religion als auch mit den sieben Wissenschaften[10]) und die Fähigkeit besässen, den Gelehrten seines Reiches mit klugen und rechten Beweisgründen darzutun, daß der Glaube, zu dem sich die Christen bekennten, höher stehe und auf größerer Wahrheit beruhe als irgend ein anderer; daß die Götter der Tataren und die Götzenbilder, die in ihren Häusern verehrt würden, nichts anderes seien als böse Geister, und daß sie zusammen mit allen Völkern des Ostens in Irrtum begriffen seien, wenn sie dieselben als Gottheiten verehrten. Weiter sagte er ihnen, welches Vergnügen er empfinden würde, wenn sie bei ihrer Rückkehr etwas von dem heiligen Öl aus der Lampe mitbringen wollten, die ewig über dem Grabe unseres Herrn Jesu Christi brennt, für den er hohe Verehrung hege und den er als den wahren Gott anerkenne. Als sie vom großen Khan diese Befehle vernommen hatten, warfen sie sich vor ihm nieder und erklärten ihm, sie seien gehorsam und augenblicklich bereit, das mit Aufopferung aller ihrer Kräfte zu vollführen, was sein kaiserlicher Wille ihnen auferlege. Hierauf befahl er, daß in seinem Namen an den Papst zu Rom Briefe in tatarischer Sprache abgefaßt und ihnen übergeben werden sollten. Auch ließ er ihnen eine goldene Tafel[11]) geben, auf welcher das kaiserliche Zeichen eingegraben war, gemäß dem Gebrauche, den Se. Majestät eingeführt hatte: der, dem diese Tafel verliehen, wird mit samt seinem

---

[10]) Die sieben freien Künste des Mittelalters waren: Grammatik, Logik, Rhetorik, Arithmetik, Geometrie, Musik und Astronomie.

[11]) Diese Kin-pai, d. h. buchstäblich goldene Tafeln, waren Freipässe, die zum erstenmal unter der Sungdynastie in Gebrauch kamen.

Gefolge von den Gouverneuren aller Plätze in den kaiserlichen Ländern von Station zu Station sicher geleitet und ist während der Zeit seines Aufenthaltes in jeder Stadt berechtigt, Lebensmittel und andere Dinge, die er zu seiner Bequemlichkeit nötig hat, zu fordern.

In so ehrenvoller Bestallung nahmen sie ihren Abschied von dem Großkhan und begannen ihre Reise. Kaum aber waren sie zwanzig Tagereisen weit gekommen, als der Offizier, ihr Gefährte, gefährlich erkrankte. In dieser unangenehmen Lage wurde, nachdem sie sich mit allen Gefährten beraten hatten, und mit Zustimmung des Mannes selbst, beschlossen, ihn zurückzulassen. Bei der Fortsetzung ihrer Reise kam es ihnen sehr zustatten, daß sie die königliche Tafel bei sich führten, die ihnen überall, wohin sie kamen, die beste Aufnahme bereitete. Alles was sie brauchten, wurde ihnen ohne Zahlung gewährt, auch wurden ihnen Führer und Begleitung mitgegeben. Aber ungeachtet dieser Vorteile — so groß waren die natürlichen Schwierigkeiten, die sie zu überwinden hatten, die außerordentliche Kälte, der Schnee, das Eis und die Überschwemmungen der Flüsse — konnten sie nur langsam vorwärtsschreiten, und drei Jahre vergingen, bevor sie einen Seehafen in Kleinarmenien, namens Giazza,[12]) erreichten. Von da reisten sie zur See und kamen im Monat April 1269 nach Acre. Dort erfuhren sie zu ihrem nicht geringen Schrecken, daß Papst Clemens IV. vor kurzem gestorben sei.[13]) Ein Legat, den er eingesetzt hatte, namens M. Tebaldo de Vesconti di Piacenza, residierte zu der Zeit in Acre, und diesem statteten sie Bericht ab und erzählten ihm, mit welchen Aufträgen sie von dem Großkhan der

---

[12]) Giazza ist das heutige Ajas im türkischen Wilajet Adana an der Bucht von Alexandrette. Ehemals ein wichtiger Handelsplatz, ist es jetzt völlig verfallen.

[13]) Papst Clemens IV. starb in Viterbo am 23. November 1268.

Tatarei betraut worden seien. Er riet ihnen, unter allen Umständen die Wahl eines anderen Papstes abzuwarten, und wenn diese stattgefunden, bei ihm ihre Botschaft auszurichten. Sie fanden, daß dieser Rat gut sei, und beschlossen, die Zwischenzeit zu einem Besuche bei ihrer Familie zu verwenden. Sie begaben sich daher auf ein Schiff, das nach Negropont fuhr, und gingen von da nach Venedig, wo Nicolo Polo hörte, daß sein Weib, das er bei seiner Abreise schwanger zurückgelassen hatte, gestorben war, nachdem sie ihn mit einem Sohne beschenkt hatte, der den Namen Marco erhalten hatte und jetzt in einem Alter von neunzehn[14]) Jahren stand. Dies ist Marco, von dem das gegenwärtige Buch verfaßt ist, und der darin von all den Dingen berichtet, die er mit eigenen Augen gesehen hat.

3. Während sie sich zwei Jahre in Venedig aufhielten, wurde die Wahl des Papstes fortwährend verzögert, so daß sie fürchteten, es könne dem Großkhan ihr langes Ausbleiben mißfallen oder er könne glauben, sie hätten die Absicht aufgegeben, in sein Land zurückzukehren; sie hielten es daher für ratsam, nach Acre aufzubrechen. Bei dieser Gelegenheit nahmen sie den jungen Marco Polo mit sich. In feierlicher Bestätigung des Legaten besuchten sie Jerusalem und versahen sich mit einigem Öl von der Lampe des heiligen Grabes, wie sie vom Großkhan angewiesen worden waren. Darauf nahmen sie den Brief des Legaten an jenen Fürsten in Empfang, in dem bezeugt wurde, daß sie sich mit Treue bemüht hätten, seine Aufträge auszuführen, und daß das Oberhaupt der christlichen Kirche bis jetzt noch nicht gewählt worden sei. Dann

---

[14]) Die Angaben über das Alter Marco Polos bei der Rückkehr seines Vaters weichen in den verschiedenen Ausgaben voneinander ab. Am wahrscheinlichsten dürfte es sein, daß Marco damals 15 Jahre alt war.

zogen sie weiter nach dem vorerwähnten Hafen Giazza. Kaum aber waren sie abgereist, als der Legat Boten aus Italien empfing, die vom Kollegium der Kardinäle abgesandt worden waren und ihm seine eigene Erhebung auf den päpstlichen Stuhl verkündigten, worauf er den Namen Gregor X. annahm.[15]) Indem er nun bedachte, daß er jetzt selbst imstande sei, den Wünschen des tatarischen Monarchen vollkommen nachzukommen, beeilte er sich, Briefe an den König von Armenien zu schicken,[16]) in denen er ihm seine Wahl mitteilte und ihn bat, im Fall die beiden Gesandten, die auf dem Wege zum Hofe des Großkhans seien, sein Reich noch nicht verlassen hätten, ihnen die Weisung zu geben, sogleich zurückzukehren. Diese Briefe trafen sie schon in Armenien, und mit freudiger Hast gehorchten sie der Aufforderung, noch einmal nach Acre zu eilen, für welchen Zweck ihnen der König eine Galeone gab und zu gleicher Zeit eigene Gesandte schickte, welche dem christlichen Oberhaupte seine Glückwünsche überbringen sollten.

Seine Heiligkeit empfing sie mit großer Auszeichnung, händigte ihnen schleunigst päpstliche Briefe aus und gab ihnen zwei Mönche vom Predigerorden mit, die sich zufällig zur Stelle befanden, erfahrene und gelehrte Männer, sowie kenntnisreiche Theologen. Der eine hieß Fra Nicolo

---

[15]) Der päpstliche Stuhl blieb fast drei Jahre unbesetzt infolge der Kabalen, die im heiligen Kollegium stattfanden; endlich wurde beschlossen, sechs Kardinäle mit der Ernennung des Papstes zu beauftragen. Sie erwählten am 6. September 1271 Tebaldo von Piacenza, der weder Kardinal noch Bischof, sondern nur Erzdiakon von Lüttich war und sich damals in Akkon befand, wo er im Dienste der Christenheit wirkte.

[16]) Der König von Kleinarmenien, von dem hier die Rede ist, war Leo III., der Sohn Haitons I., er regierte von 1269—1289. Das oben erwähnte Ajas war der wichtigste Hafen des Königreiches.

da Vicenza und der andere Fra Guielmo da Tripoli. Diesen gab er die Vollmacht, Priester zu weihen, Bischöfe zu ernennen und Absolution zu erteilen, wie er es selbst tun konnte. Auch übergab er ihnen wertvolle Geschenke und unter diesen verschiedene schöne Kristallvasen, die sie dem Großkhan in seinem Namen und mit seinem Segen überreichen sollten. Sie nahmen Abschied und richteten wiederum ihren Weg nach dem Hafen von Giazza, wo sie landeten und weiter nach Armenien reisten. Hier erfuhren sie, daß der Sultan von Babylonia,[17]) namens Bundokdari, das armenische Land mit einem zahlreichen Heere überfallen und in weiter Ausdehnung überwältigt und verwüstet habe. Darüber erschraken die beiden Mönche, und für ihr Leben fürchtend, beschlossen sie, umzukehren. Sie überlieferten den Venezianern die Briefe und Geschenke, die ihnen vom Papst anvertraut worden waren, begaben sich selbst unter den Schutz des Meisters der Tempelherren und kehrten mit diesem sogleich zur Küste zurück. Nicolo,

---

[17]) Die Geschichtschreiber des Abendlandes nannten zur Zeit der Kreuzzüge Kairo, die Hauptstadt Ägyptens, Babylonia oder Bambellonia. Über den Krieg, den Bibars oder Bundokdari, der Sultan von Ägypten, gegen Armenien führte, berichtet der Historiker Makrizi: „Der Sultan zog mit seinem Heere in Schlachtordnung in die Hauptstadt Sis von Kleinarmenien ein, überließ sie seinen Soldaten zur Plünderung und zerstörte die Schlösser und Gärten des Königs. Truppen, welche in der Richtung des Meeres abgeschickt wurden, bemächtigten sich einiger Schiffe, deren Besatzung sie töteten. Andere Abteilungen, in die Berge entsandt, machten auch dort die Feinde nieder oder nahmen sie gefangen und sammelten zahlreiche Beute. Truppen, welche gegen Ajas vorgingen, fanden die Stadt verlassen, plünderten sie aus und brannten sie nieder. Ungefähr zweitausend Menschen, Franken und Armenier, hatten sich auf ihre Schiffe geflüchtet, die aber alle zum Sinken gebracht wurden. Man sammelte eine unermeßliche Beute.“ Die Ereignisse, von denen hier die Rede ist, müssen um das Jahr 1270 stattgefunden haben.

Maffio und Marco aber gingen unerschrocken den Gefahren und Hindernissen, an die sie schon lange gewöhnt waren, entgegen, überschritten die Grenze von Armenien und verfolgten ihre Reise weiter. Nachdem sie die Wüste mehrere Tagereisen weit durchwandert und manche gefährlichen Orte berührt hatten, kamen sie so weit in einer Richtung von Nordost und Nord, daß sie endlich Nachricht über den Großkhan erhielten, der damals seine Residenz in einer großen und prächtigen Stadt, namens Cle-men-fu,[18]) hatte. Ihre ganze Reise bis zu diesem Orte dauerte nicht weniger als drei und ein halbes Jahr; denn während der Wintermonate konnten sie nur unbedeutende Strecken vorwärts kommen. Als aber der Kaiser hörte, daß sie sich seiner Hauptstadt näherten, schickte er ihnen, nachdem ihm mitgeteilt worden war, wieviel sie zu erdulden hatten, seine Boten vierzig Tagereisen entgegen und gab Befehl, ihnen in allen Plätzen, durch die sie ziehen mußten, jede Bequemlichkeit zu verschaffen. Auf diese Weise und mit dem Segen Gottes wurden sie in Sicherheit an den königlichen Hof geleitet.

4. Bei ihrer Ankunft wurden sie von dem Großkhan in voller Versammlung der tatarischen Fürsten und Herren ehrenvoll und gnädig empfangen. Als sie sich seiner Person näherten, bezeugten sie ihre Ehrerbietung, indem sie sich an der Tür mit dem Angesichte niederwarfen. Er befahl ihnen sogleich, sich zu erheben und ihm die Umstände ihrer Reise zu erzählen, vor allem aber die Unterhaltung mit Sr. Heiligkeit dem Papste. Sie erzählten nun

---

[18]) Clemenfu ist identisch mit Kai-ping-fu, welches in der Mongolei lag, im Norden der großen Mauer, 700 Li oder 70 italienische Meilen von Peking entfernt. Die Stadt wurde 1260 von Kublai-khan erbaut und erhielt den Namen Kai-ping. Als die Mongolen aus China vertrieben wurden, gelangte sie in den Besitz der Mingdynastie; später geriet sie in großen Verfall.

die Ereignisse in guter Ordnung, und der Kaiser hörte ihnen mit besonderer Aufmerksamkeit zu. Die Briefe und die Geschenke vom Papst Gregorius wurden dann vor ihm hingelegt, und nachdem er die ersteren gelesen, lobte er die Treue, den Eifer und den Fleiß seiner Gesandten, und indem er mit gebührender Ehrfurcht das Öl vom heiligen Grabe in Empfang nahm, gab er Befehl, es mit religiöser Sorgfalt aufzubewahren. Er bemerkte Marco Polo und fragte, wer er wäre. Nicolo Polo antwortete, es sei sein Sohn und der Diener Sr. Majestät. Da geruhte der Großkhan, ihn unter seinen besonderen Schutz zu nehmen, und ernannte ihn zu einem seiner Ehrenbegleiter. Infolgedessen wurde nun Marco von allen denen, die zum Hofe gehörten, in hohen Ehren gehalten. In kurzer Zeit wurde er mit den Sitten der Tataren bekannt, wußte sie sich zu eigen zu machen und begriff die verschiedenen Sprachen der Tataren, so daß er sie nicht allein verstand, sondern auch lesen und schreiben konnte. Als sein Herr seine Fähigkeiten erkannte, wollte er erkunden, wie er sich in Geschäftsangelegenheiten anließe, und sandte ihn in einer wichtigen Staatssache nach einer Stadt, namens Karazan,[19]) die sechs Monate von der kaiserlichen Residenz entfernt lag. Bei dieser Gelegenheit benahm sich Marco mit solcher Weisheit und Klugheit in Ausführung der ihm anvertrauten Angelegenheiten, daß er noch höher in der Gnade des Kaisers stieg. Als er nun wahrnahm, daß der Großkhan mit Vergnügen seine Berichte über Sitten und Gebräuche des Volkes und über die Zustände in entfernten Ländern hörte, bemühte er sich auf seinen Reisen, genaue Nachrichten über diese Gegenstände zu erlangen, und machte sich Bemerkungen über alles, was er sah und hörte, um die

---

19) Der Name Karazan bezeichnet eine Stadt oder ein Land, welches in der jetzigen Provinz Jünnan gelegen ist.

Wißbegierde des Kaisers zu befriedigen. Kurz, während der siebzehn Jahre, die er in seinen Diensten zubrachte, zeigte er sich so nützlich, daß er zu vertraulichen Missionen in jeden Teil des Reiches gesandt wurde. Zuweilen reiste er auch in seinen eigenen Angelegenheiten, aber immer mit der Zustimmung und Bestätigung des Großkhans. Unter solchen Umständen geschah es, daß Marco Polo Gelegenheit hatte, auf Grund eigener Beobachtungen und auf Grund von Mitteilungen, die ihm von anderer Seite zugingen, viele Dinge in der östlichen Welt kennen zu lernen, die bis zu seiner Zeit unbekannt waren, und die er fleißig und regelmäßig niederschrieb, wie es sich im folgenden zeigen wird.

5. Unsere Venezianer hatten nun viele Jahre an dem kaiserlichen Hofe gelebt, in dieser Zeit viele Reichtümer in Juwelen und Gold erworben und empfanden große Sehnsucht nach ihrem Vaterlande; und obwohl sie in großen Ehren von dem Khan gehalten wurden, war dieses Gefühl bei ihnen doch vorherrschend. Zum festen Entschlusse aber kamen sie, als sie bedachten, wie hochbetagt der Khan sei; sollte er vor ihrer Abreise sterben, so würde ihnen der öffentliche Beistand fehlen, ohne den sie die unzähligen Schwierigkeiten einer so langen Reise nicht überwinden und ihre Heimat in Sicherheit erreichen könnten, während sie bei seinen Lebzeiten und durch seine Gunst wohl mit Recht hoffen konnten, sie auszuführen. Nicolo Polo ergriff daher eines Tages die Gelegenheit, als er ihn mehr als gewöhnlich freundlich fand, sich ihm zu Füßen zu werfen und ihn für sich und seine Familie zu bitten, daß Seine Majestät ihnen in Gnaden ihre Abreise gestatten möge. Aber weit entfernt, sich diesem Gesuche geneigt zu zeigen, schien er unwillig darüber zu sein und fragte, was für ein Grund sie zu dem Wunsche verleiten könnte, sich all den Unbequemlichkeiten und Gefahren

einer Reise auszusetzen, bei welcher sie leicht ihr Leben verlieren könnten. Wenn sie nach Gewinn strebten, so sollten sie es nur sagen, er wäre bereit, ihnen das doppelte von allem, was sie besäßen, zu geben und ihnen Ehren zu verleihen, soviel sie deren nur wünschten; aber wegen der Liebe, die er zu ihnen hege, müsse er ihre Bitte rund abschlagen.

Um diese Zeit geschah es, daß eine Königin, namens Bolgara, die Gemahlin Argons,[20]) des Königs von Indien, starb; diese beschwor in ihrem Testamente ihren Gemahl, keine andere solle ihre Stelle auf dem Throne und in seinen Neigungen einnehmen, außer wenn sie von ihrer eigenen Familie abstamme, welche sich im Lande Kataia,[21])

---

[20]) Argon, der Sohn Abakas und Enkel Hulagus, folgte seinem Oheim Ahmed-khan-Nikodar auf den Thron von Persien und Khorasan im Jahre 1284. Die im Text erwähnte Gemahlin Argons, welche von den Geschichtschreibern des Ostens Bulghan genannt wird, starb im Jahre 1286. Was den Titel: König von Indien betrifft, der dem Argon beigelegt ist, so ist hervorzuheben, daß im 13. und 14. Jahrhundert das östliche Persien, Khorasan, Afghanistan und Beludschistan nicht selten Indien genannt wurde.

[21]) Die Bezeichnung Kataia für China hängt mit dem Namen des Stammes der Khitan zusammen, die seit Beginn des zehnten Jahrhunderts, nach längerer Seßhaftigkeit im Gebiete des Liaoflusses in der Mandschurei, eine gewaltige Ausdehnung ihrer Macht eingeleitet und sich dadurch zum Vorläufer der großen mongolischen Eroberer gemacht hatten. Unter der Sungdynastie waren die Khitan die gefährlichsten Feinde des chinesischen Reiches; sie drangen siegreich in die nördlichen Provinzen ein und durften es sogar wagen, eine Hauptstadt in der Nähe des heutigen Peking zu gründen. Um das Jahr 1125 dehnten sie ihren Machtbereich weit nach Westen aus, indem sie in die aralokaspischen Niederungen hinabstiegen und das Land bis Samarkand unterwarfen. Ihre Herrschaft über das ganze Inner-Asien sicherte ihnen den großen Vorteil, daß sie zu Zwischenhändlern für den Warenverkehr aus China nach dem Westen wurden. Für Europa wurden sie daher zu den „Seidenleuten“, wie es im Altertum die Serer gewesen waren, und

wo der Großkhan herrsche, befinde. Mit dem Wunsche, dieser feierlichen Bitte nachzukommen, schickte Argon drei von seinen Edlen, zuverlässige Männer, deren Namen Ulatai, Apusca und Goza waren, mit einer zahlreichen Begleitung als seine Gesandten an den großen Khan und bat, er möge ihm eine Jungfrau aus der Verwandtschaft der verstorbenen Königin zur Gemahlin geben. Der Großkhan nahm sie sehr freundlich auf, und unter der Leitung Seiner Majestät wurde eine junge Dame von siebzehn Jahren erwählt, die sehr schön und wohlgebildet war, mit Namen Kogatin, und die den Gesandten, als sie ihnen gezeigt wurde, außerordentlich gefiel. Als alles zu ihrer Abreise bereit und ein zahlreiches Gefolge bestellt war, der künftigen Gemahlin König Argons zu Ehren, wurden sie vom Großkhan auf das huldvollste entlassen und begaben sich mit der Prinzessin auf demselben Wege, den sie gekommen, zurück. Acht Monate waren sie gereist, da wurde ihr Weitermarsch durch neue Kriege gehemmt, die zwischen den tatarischen Fürsten ausgebrochen waren. Sehr gegen ihren Wunsch sahen sie sich daher gezwungen, wieder in die Residenz des Großkhans zurückzukehren, dem sie erzählten, wie es ihnen ergangen wäre.

Gerade zu der Zeit, als sie sich wieder einstellten, kam Marco Polo zufällig von einer Reise, die er mit einigen Schiffen unter seinem Befehl nach verschiedenen Gegenden Ostindiens gemacht hatte, zurück und stattete dem Großkhan Bericht ab über die Länder, die er besucht hatte, und über seine Erlebnisse auf der Seefahrt, welche, wie er sagte, mit der größten Sicherheit ausgeführt worden war.

---

daraus entstand die Verwechselung des nach dem Namen der Khitan geformten Landbegriffes Khitay oder Khatay mit dem alten Sererlande. Die Khitan gingen später, nachdem sie im 12. Jahrhundert dem Stamme der Kin hatten weichen müssen, in das Reich des großen Khans auf. (Thiessen, China, S. 47 u. 48.)

1. Kapitel

Als diese letztere Bemerkung zu Ohren der drei Gesandten kam, die sich sehnten, wieder in ihr Land zurückzukehren, von dem sie nun drei Jahre abwesend waren, suchten sie sogleich unseren Venezianer zu einer Unterredung auf, dessen eifriger Wunsch es gleichfalls war, seine Heimat wiederzusehen, und es wurde zwischen ihnen verabredet, daß erstere, begleitet von ihrer jungen Königin, um eine Audienz bei dem Großkhan nachsuchen und ihm vorstellen sollten, mit welcher Bequemlichkeit und Sicherheit sie ihre Rückreise nach dem Reiche ihres Herrn zur See bewerkstelligen könnten, daß ferner auch die Seereise mit weniger Kosten und in viel kürzerer Zeit ausgeführt werden könnte, auf Grund der Erfahrungen Marco Polos, der vor kurzem nach jenen Gegenden gesegelt sei. Sollte Se. Majestät die Erlaubnis geben, diesen Reiseweg zu wählen, so sollten sie in ihn dringen, es zu gestatten, daß die drei Europäer, als Personen, die erfahren in der Schiffahrt seien, sie bis in die Länder König Argons begleiteten. Als der Großkhan dieses Gesuch hörte, zeigte er durch seine Mienen, daß es ihm sehr mißfiel, weil er der Abreise der Venezianer abgeneigt war. Da er aber fühlte, daß er nicht umhin konnte, seine Zustimmung zu geben, gab er ihren Bitten nach. Hätte er sich nicht selbst durch die Wichtigkeit und Dringlichkeit dieses ganz besonderen Falles dazu veranlaßt gesehen, so würden sie nie auf eine andere Weise seine Erlaubnis erhalten haben, sich aus seinem Dienste zurückzuziehen. Er ließ sie rufen und redete sie mit großer Freundlichkeit und Herablassung an, indem er sie seiner Gewogenheit versicherte und von ihnen das Versprechen verlangte, daß, wenn sie einige Zeit in Europa und bei ihrer Familie zugebracht hätten, sie wieder einmal zu ihm zurückkehren sollten. Darauf ließ er ihnen eine goldene Tafel zustellen, auf welcher sein Befehl eingegraben war, daß ihnen freie und sichere Aufnahme in allen Teilen seiner Staaten mit aller nötigen Unterstützung für sie und ihre Begleiter zu gewähren sei. Auch gab er ihnen Vollmacht, in der Eigenschaft von Gesandten mit dem Papst und den Königen von Frankreich und Spanien zu verhandeln.

Zu gleicher Zeit wurde für die Ausrüstung von vierzehn Schiffen Sorge getragen, von denen jedes einen Mast hatte und bis zu neun Segeln führen konnte; Bau und Einrichtung derselben würden eine lange Beschreibung erfordern, aber um alle Weitschweifigkeit zu vermeiden, soll jetzt nicht die Rede davon sein. Unter diesen Schiffen befanden sich wenigstens vier oder fünf, die mit 250 oder 260 Leuten bemannt waren. Die Gesandten, welche die Königin unter ihrem Schutze hatten, schifften sich ein, zusammen mit Nicolo, Maffio und Marco Polo, nachdem diese vorher Abschied vom Großkhan genommen hatten, der sie mit vielen Rubinen und anderen köstlichen Edelsteinen von großem Werte beschenkte. Auch gab er Befehl, daß die Schiffe mit Vorräten auf zwei Jahre versorgt würden.

6. Nachdem sie ungefähr drei Monate gefahren waren, kamen sie an eine Insel, die in südlicher Richtung lag und Java genannt wird. Diese bot verschiedene Gegenstände dar, die der Beachtung würdig sind und von denen im Laufe des Werkes noch die Rede sein wird. Von dort fuhren sie weiter und brauchten achtzehn Monate in den indischen Meeren, ehe sie imstande waren, den Platz ihrer Bestimmung im Lande König Argons zu erreichen, und während dieses Teils ihrer Reise hatten sie ebenfalls Gelegenheit, viele Dinge zu beobachten, von denen gleichfalls später noch berichtet werden soll. Aber bemerkt muß hier werden, daß sie von dem Tage ihrer Abfahrt an bis zu dem ihrer Ankunft in Indien von den Schiffsleuten und anderen, die mitfuhren, ungefähr 600 Personen durch den

Tod verloren, und von den Gesandten überlebte nur einer, namens Goza, die Reise, während von allen Damen und Dienerinnen nur eine starb.

Bei ihrer Landung erfuhren sie, daß König Argon einige Zeit zuvor gestorben sei und daß die Regierung des Landes für seinen Sohn, der noch sehr jung war, von einem Statthalter, namens Quiacatu,[22]) verwaltet wurde. An diesen wandten sie sich um Auskunft, was mit der Prinzessin geschehen solle, die sie auf Wunsch des letzten Königs hierher geführt hatten. Er gab ihnen zur Antwort, sie sollten die Dame dem Sohne Argons[23]) übersenden, der sich damals in einer Gegend an den Grenzen Persiens befand, die ihren Namen von dem Arbor secco (dürren Baum) hatte, wo eine Armee von 60000 Mann versammelt war, um gewisse Pässe[24]) gegen den Einfall des Feindes zu bewachen. Das geschah nun. Sie aber kehrten nach der Residenz Quiacatus zurück, weil der Weg, den sie nachher zu nehmen hatten, in dieser Richtung lag. Hier

---

[22]) Quiacatu, welcher im Namen des jungen Thronfolgers die Regentschaft übernommen hatte, war der zweite Sohn Abakas und folglich der Bruder Argons.

[23]) Der Fürst, der hier den Namen Casan führt, war der älteste Sohn Argons und kam erst gegen Ende des Jahres 1295 auf den Thron Persiens, fast fünf Jahre nach dem Tode seines Vaters, der ihm seine Residenz in Khorasan angewiesen hatte, und zwar unter der Vormundschaft eines Gouverneurs, namens Nu-roz, auf dessen Veranlassung er später den muselmännischen Glauben mit dem Namen Mahmud annahm.

[24]) Dies sind die Pässe, die den Alten unter den Namen Portae und Pylae Caspiae oder Kaspische Straßen bekannt waren und von östlichen Geographen die Pässe von Khowar oder Khawar genannt werden. In ihrer Nähe liegt das Land, welches Marco Polo Arbor secco nennt, von dem im 22. Kapitel noch besonders die Rede sein wird. Er erwähnt es wiederholt, weil sich dort die Wege trennten, die er nahm, als er nach China reiste und aus jenem Lande wieder zurückkehrte.

jedoch ruhten sie neun Monate lang aus. Als sie Abschied nahmen, gab er ihnen vier goldene Tafeln, von denen jede eine und eine halbe Elle lang und fünf Zoll breit war und drei oder vier Mark Gold wog. Darauf befand sich eine Inschrift, welche den Segen des ewigen Gottes auf den Großkhan herabflehte; sein Name sollte allezeit geehrt und gelobt werden, und ein jeder, der ungehorsam hierin befunden würde, sollte sterben und seine Güter konfisziert werden. Danach stand geschrieben, daß die drei Gesandten als seine Stellvertreter im ganzen Lande mit schuldiger Ehre aufgenommen, ihnen alle Bedürfnisse verabreicht und das nötige Geleit gegeben werden sollte. Alles dieses wurde vollkommen erfüllt, und an manchen Plätzen wurden sie von einer Wache von zweihundert Mann begleitet; auch wären sie ohne diese nicht fortgekommen, da die Regierung Quiacatus nicht beliebt und das Volk geneigt war, Schimpf und Gewalttätigkeit zu begehen, was sie unter der Regierung ihres eigenen Herrn nicht gewagt hätten. Im Verlaufe ihrer Reise erfuhren sie, daß der Großkhan (Kublai) aus dem Leben geschieden sei, wodurch ihnen alle Aussicht abgeschnitten wurde, diese Gegenden wiederzusehen. Endlich erreichten sie die Stadt Trebisond, von wo sie nach Konstantinopel gingen, dann nach Negropont[25]) und zuletzt nach Venedig,

[25]) Der kürzeste Weg von Tabris, welches wahrscheinlich die Hauptstadt Kaikhatus war, führt durch Bedlis in Kurdistan nach Aleppo; aber in jener Zeit hatten die Sultane von Ägypten, mit denen die Könige von Persien in fortwährenden Kriegen lagen, alle Seehäfen Syriens in Besitz genommen und würden wenig Achtung vor den Pässen unserer Reisenden gehabt haben. Auf dem Wege von Georgien nach Trebisond am Schwarzen Meer war die Landreise kürzer und sicherer, da sie sich an diesem Platze unter dem Schutze des christlichen Fürsten befanden, dessen Familie über das kleine unabhängige Königreich Trebisond von 1204 bis 1462 herrschte.

an welchem Orte sie frisch und gesund und mit großen Reichtümern im Jahre 1295 ankamen. Bei dieser Gelegenheit brachten sie Gott, der sie aus so viel Mühe und Arbeit und unzähligen Gefahren befreit und zum Ziele geführt hatte, ihren Dank dar.

Die vorstehende Erzählung mag als ein einleitendes Kapitel betrachtet werden, dessen Zweck es ist, dem Leser zu zeigen, wie Marco Polo Gelegenheit hatte, die Gegenden, die er beschreibt, kennen zu lernen, während er sich so viele Jahre in den östlichen Teilen der Welt aufhielt.

2. Kapitel.

Von Kleinarmenien, von dem Hafen Giazza und den Grenzen dieser Provinz.

Beim Beginn der Beschreibung der Länder, welche Marco Polo in Asien besuchte, und der merkwürdigen Dinge, die er darin gesehen, ist es nötig zu erwähnen, daß wir zwei Armenien unterscheiden, Groß- und Kleinarmenien.[1])

In der deutschen Übersetzung vom Buche „des edeln ritters und lanndtfarerß Marcho polo" (Nürnberg, 1477) ist der Reiseweg vollständiger angegeben. „Von Nigropont," heißt es daselbst, „fuhren sie gen Candia, gen Modena, darnach gen Venedig."

[1]) Die Unterscheidung Armeniens in Groß- und Kleinarmenien stimmt mit dem überein, was wir bei Ptolemaeus und den Geographen des Mittelalters finden, obgleich andere Einteilungen stattgefunden haben, seitdem dieser Teil Asiens dem Ottomanischen Reiche unterworfen ist. Nach Büsching begreift Kleinarmenien den Teil Kappadokiens und Kilikiens, welcher längs der Westseite Großarmeniens und ebenso auf der westlichen Seite des Euphrat liegt. Daß es sich in den Tagen Haitons südlich von Taurus ausbreitete und Cilicia (campestris) umschloß, dafür haben wir die unabweisbare Autorität dieses Geschichtsschreibers, eines Zeitgenossen Marco Polos. In seinem Bericht über die Teile

Der König Kleinarmeniens wohnt in einer Stadt, Sebastos[2]) genannt, und regiert sein Land mit Gerechtigkeit. Das Land hat viele Städte, Festungen und Schlösser, und es fehlt nichts, was dem Menschen zur Nahrung und Bequemlichkeit nötig ist. Wildpret an Vögeln und vierfüßigen Tieren ist genug da. Bemerkt muß aber werden, daß die Luft des Landes nicht besonders gesund ist. In früheren Zeiten wurden seine Bewohner als tapfere und erfahrene Kriegsleute geachtet, aber gegenwärtig sind sie weibisch und weichlich und lieben Essen und Trinken, Müssiggang und Üppigkeit. An der Seeküste liegt eine Stadt, namens Giazza, ein bedeutender Handelsplatz. Ihr Hafen wird von vielen Kaufleuten aus mancherlei Ländern besucht, auch aus Venedig und Genua, die Gewürze und Spezereien, Seiden- und Wollenwaren samt anderen köstlichen Dingen einhandeln, und wer in das Innere der Levante ziehen will, muß gewöhnlich zuerst in diesen Hafen Giazza kommen. Die Grenzen des Landes nach Mittag sind das Land der Verheißung, welches jetzt die Sarazenen innehaben, nach Mitternacht Karamanien, welches von den Turkomanen bewohnt wird, gegen Nordosten liegen die Städte Kaisariah, Sevasta und viele andere, die den Tataren unterworfen sind, und gegen Westen wird es vom Meer bespült, auf dem man zu den Ländern der Christen fährt.

---

und Grenzen Syriens sagt er: „Gegen Morgen grenzt es an Mesopotamien, gegen Mitternacht an Kleinarmenien und zum Teil an das türkische Reich." Marco Polo kam durch Kleinarmenien auf der Reise nach China und durch Großarmenien bei seiner Rückkehr, als er sich von Tabris nach Trebisond begab.

[2]) Sis war die Hauptstadt Kleinarmeniens während der Regierung Leos und Haitons, und es ist anzunehmen, daß Sebastos, welches im Texte erwähnt wird, nur ein anderer Name für Sis ist.

3. Kapitel.

Von dem Lande Turkomania, wo die Städte Kogni, Kaisariah und Sevasta liegen.

Die Einwohner Turkomanias[1]) sind in drei Klassen zu scheiden. Die Turkomanen, die Muhammed verehren und seinem Gesetze folgen, sind ein rohes Volk und aller Bildung bar. Sie wohnen in den Bergen und an schwer zugänglichen Plätzen, wo sie gute Weide für ihr Vieh finden, von dem sie allein leben. Es gibt hier eine ganz vortreffliche Zucht von Pferden, welche Turki genannt, und schöne Maulesel, die zu hohen Preisen verkauft werden. Die anderen Klassen sind Griechen und Armenier, die in Städten und festen Plätzen wohnen und von Handel und Gewerbe leben. Die besten und schönsten Teppiche werden hier gewirkt, auch Seidenstoffe von Karmesin und anderen herrlichen Farben. Zu den bedeutendsten Städten gehören Kogni, Kaisariah und Sevasta, in welcher letzteren St. Blasius die glorreiche Krone des Märtyrertums errang.

---

[1]) Unter Turkomanien versteht man gewöhnlich die Besitzungen der Seldschukendynastie in Kleinasien, die sich von Kilikien und Pamphylien im Süden nach den Küsten des Schwarzen Meeres und von Pisidien und Mysien im Westen nach den Grenzen Kleinarmeniens erstreckten und den größeren Teil von Phrygien und Kappadokien mit Pontus umfaßten. „Das Reich Turquia,“ sagt Haiton, der von dem Lande spricht, welches Marco Polo Turkomanien nennt, „ist sehr groß. Es grenzt nach Morgen an Großarmenien und zum Teil an das Königreich Georgien; nach Abend breitet es sich bis zum Staat Natolien aus, welcher oberhalb des griechischen Meeres liegt; nach Mitternacht hat es keine Grenze mit einem Lande, sondern erstreckt sich längs der Küsten des Schwarzen Meeres hin; nach Mittag grenzt es teils an Kleinarmenien, teils an Kilikien, teils streckt es sich am griechischen Meere hin, der Insel Cypern gegenüber.“

Die drei Städte Turkomaniens, von denen im 3. Kapitel die Rede ist, sind das alte Iconium, Caesarea und Sebaste.

Sie sind alle dem großen Khan unterworfen, dem Kaiser der östlichen Tataren, welcher ihre Statthalter ernennt. — Wir werden jetzt von Großarmenien reden.

4. Kapitel.

Von Großarmenien, in welchem die Städte Arzingan, Argiron und Darziz liegen; vom Schlosse Paipurth; von dem Berge, wo die Arche Noäh stehen blieb; von den Grenzen des Landes und von einer merkwürdigen Ölquelle.

Großarmenien ist eine ausgedehnte Provinz, an deren Eingange die Stadt Arzingan[1]) liegt, wo sich eine Manufaktur von feinem Baumwollentuch befindet, welches Bombazin genannt wird, außerdem eine Menge anderer merkwürdiger Fabriken, die aufzuzählen zu weitläufig sein würde. Es gibt hier die schönsten warmen Quellen und die heilsamsten Bäder, die überhaupt zu finden sind. Seine Einwohner sind großenteils Armenier, aber unter der Herrschaft der Tataren. In diesem Lande gibt es viele Städte, aber Arzingan ist die bedeutendste und der Sitz eines Erzbischofs. Die wichtigsten nach ihr sind Argiron und Darziz.[2]) Im Sommer kommen die östlichen Tataren

---

[1]) Arzingan, die frühere Hauptstadt Großarmeniens, heißt noch heute Erzingan und liegt in fruchtbarer Umgebung ungefähr 150 km südwestlich von Erzerum. Arzingan war schon in vorchristlicher Zeit eine alte und berühmte Stadt, reich an Tempelbauten, welche im 1. Jahrhundert durch König Tigranes II. errichtet worden waren. Später im 4. Jahrhundert wurden daselbst die Tempel durch den Apostel St. Gregorius Illuminator gestürzt und die Stadt zum Bischofssitz Armeniens erhoben, welcher erst später in das jüngere Erzerum verlegt ward. Unter der Herrschaft der Seldschuken und der Mongolen, die Arzingan im Jahre 1242 erobert hatten, also zur Zeit Marco Polos, war der Ort eine bedeutende Industrie- und Handelsstadt.

[2]) Argiron, das heutige Erzerum, heißt richtiger nach Benennung der Araber Arzen er rum, d. i. Stadt Arzen der Römer, weil sie

mit ihrem Vieh in das Land, der guten Weide wegen, die hier vorhanden ist, aber beim Herannahen des Winters ziehen sie fort, weil der Schnee dann so hoch liegt, daß die Pferde keine Nahrung finden würden. Darum ziehen die Tataren wegen der Wärme mit ihrem Vieh nach Süden. Es liegt daselbst ein Schloß, das Paipurth[3]) heißt, an welchem man vorüber muß, wenn man von Trebisond nach Tauris reist, und es befindet sich eine reiche Silbermine darin. In dem mittleren Teile Armeniens gibt es einen großen und hohen Berg, auf welchem, wie man sagt, die Arche Noäh nach der Sintflut stehen geblieben ist.[4]) An

---

die letzte Stadt Armeniens war, welche den Byzantinern gehörte. Ihr ältester einheimischer Name Garin wurde erst zu Anfang des 5. Jahrhunderts durch den Bau einer Festung an ihrer Stelle verdrängt, die den Namen Theodosiopolis erhielt. Letzteren behielt sie als christliche byzantinische Stadt viele Jahrhunderte hindurch, bis er im 11. Jahrhundert durch die arabische Benennung verdrängt wurde, deren Verstümmelung Marco Polo bei den Persern vorfand. Noch heute ist Erzerum durch seine Lage an der Handelsstraße von Trapezunt nach Tabris ein Hauptstapelplatz für die Karawanen und gelangte daher zu einem im Orient seltenen Zustand der Blüte.

Die unter dem Namen Darziz aufgeführte Stadt ist Arsissa, das heutige Artschesch am Wan-See.

[3]) Paipurth ist das alte schon von Kaiser Justinian auf einem hohen Felsen erbaute Kastell Baeberdon; auf den jetzigen Karten erscheint es unter dem Namen Baiburt und liegt im Nordwesten von Erzerum am Tschorochflusse, der sich in der Nähe von Batum in das Schwarze Meer ergießt.

[4]) Ararat ist ursprünglich der Name der Hochebene am mittleren Araxes in Armenien, und von dieser Hochebene ist auch im Alten Testament in der Geschichte von der Sintflut die Rede. Durch ein Mißverständnis wurde aber schon von den ältesten Bibelerklärern der Name auf den höchsten der armenischen Berge übertragen, den die Armenier von alters her Masis nannten. Der letztere ist vulkanischen Ursprungs; der 5160 m hohe Große Ararat war bis ins 15. Jahrhundert tätig und stieß gewaltige Lavaströme

seinem Fuße kann man ihn in nicht weniger als in zwei Tagen umgehen. Hinaufsteigen kann man nicht wegen des Schnees, der oben liegt und nie schmilzt, sondern nach jedem Schneefall noch zunimmt. In den Niederungen jedoch, nach der Ebene zu, wird der Boden durch das Schmelzwasser des Schnees fruchtbar gemacht, und das Pflanzenleben ist daselbst so üppig, daß alles Vieh, welches aus den benachbarten Gegenden dorthin zusammengetrieben wird, das reichste Futter findet. An Armenien nach Südwesten grenzen die Länder Mosul und Maredin, die nachher beschrieben werden sollen, und viele andere, die zu zahlreich sind, als daß man ausführlich darüber reden könnte. Nach Mitternacht zu liegt Zorzania;[5]) dort findet man an der Grenze einen großen Brunnen mit Öl, so daß man viele Kamele damit beladen kann. Nicht zur Speise braucht man dieses Öl, sondern als eine Salbe zur Heilung von Hautkrankheiten an Menschen und Vieh sowie für andere Übel; auch kann man es gut zum Brennen benutzen. In der benachbarten Gegend wird kein anderes für die Lampen gebraucht, und die Leute kommen weit her, um es sich zu holen.

---

meist aus den unteren Teilen seines Gehänges aus; auch aus dem kleinen Ararat ergossen sich große Lavamassen. Obwohl der Gipfel des Berges mit ewigem Schnee bedeckt ist, trägt er doch keine Gletscher. Es fehlen oben die weiten Talkessel, die sonst als Sammelbecken des Firnschnees dienen und die eigentlichen Quellreservoire der Gletscher bilden. Die Vegetation der Bergabhänge ist ziemlich dürftig; eigentliche Wälder sind nicht vorhanden; in der Nähe des ewigen Schnees, dessen Grenzen 3500 bis 4000 m hoch liegen, breiten sich hier und da grüne Matten aus, auf welche die Kurden im Sommer ihre Herden treiben.

[5]) Unter Zorzania ist das Königreich Georgien zu verstehen, welches auf der südlichen Abdachung der Wasserscheide zwischen dem Schwarzen und Kaspischen Meere liegt und Tiflis zur Hauptstadt hat.

5. Kapitel.

Von dem Lande Zorzania und seinen Grenzen; von dem Paß, wo Alexander das eiserne Tor errichtete, und von den Wundern einer Quelle bei Tiflis.

In Zorzania wird der König gewöhnlich David Melik genannt, was in unserer Sprache David der König bedeutet. Ein Teil des Landes ist den Tataren unterworfen, und der andere Teil ist, infolge der Stärke seiner Festungen, im Besitz seiner eingeborenen Fürsten geblieben. Es liegt zwischen zwei Meeren, von denen das eine nach der Nord-(West-) Seite hin das große Meer (Euxinus) und das andere auf der Ostseite der See Abaku (Kaspisches Meer)[1]) genannt wird. Das letztere hat 2800 Meilen im Umfange und die Beschaffenheit eines Sees, denn es steht mit keinem anderen Meere in Verbindung. Es hat verschiedene Inseln mit schönen Städten und Schlössern. Einige von ihnen werden von einem Volke bewohnt, welches vor dem großen Tatarenkhan, als er das Königreich Persien verwüstete, floh und Schutz auf diesen Inseln oder in der Wildnis der Gebirge suchte;[2]) andere Inseln sind unbewohnt. Das Kaspische Meer hat an der Mündung der

---

[1]) Das Kaspische Meer wird von den persischen Schriftstellern gewöhnlich der See von Baku genannt. Die Provinz Baku am Westufer des Sees enthält neben beträchtlichen Schlammvulkanen zahlreiche Gas- und Naphthaquellen, unter denen die letzteren nördlich von der gleichnamigen Hauptstadt liegen. Im Osten der Stadt Baku befinden sich bei Surachanah großartige Quellen von brennenden Gasen, die unter dem Namen der ewigen Feuer von Baku bekannt und Gegenstand besonderer Verehrung der Parsen sind.

[2]) Die im Text angegebenen Ereignisse beziehen sich auf die Eroberung und Verwüstung von Chuaresm durch das Heer Dschingiskhans im Jahre 1221, vor dem sich viele Türken auf die Inseln im Kaspischen Meere flüchteten. Auf einer derselben starb in demselben Jahre der letzte Chuaresm-Schah Alaeddin.

Ströme Überfluß an Fischen, besonders an Stören und Lachsen. In diesem Lande sind alle Wälder voll von Buchsbäumen. Man hat mir gesagt, daß in alten Zeiten die Könige des Landes mit dem Zeichen eines Adlers auf der rechten Schulter geboren wurden. Die Bewohner sind wohlgebildet, kühne Schiffer, ausgezeichnete Bogenschützen und tapfere Kämpfer in der Schlacht. Sie sind Christen und Anhänger der griechischen Kirche; sie tragen ihr Haar kurz nach Art der Geistlichen des Westens. Dies ist dasselbe Land, in welchem Alexander der Große nordwärts vordringen wollte, aber nicht weiter kommen konnte wegen der Enge und Schwierigkeit eines gewissen Passes, der auf der einen Seite vom Meere bespült und auf der anderen von hohen Bergen und Wäldern in der Länge von vier (italienischen) Meilen begrenzt wird, so daß wenige Leute imstande sind, ihn gegen die ganze Welt zu verteidigen. Als Alexander dem Großen der Versuch mißlungen war, ließ er eine große Mauer am Eingange des Passes aufführen und befestigte sie mit Türmen, um die, welche jenseits wohnten, abzuhalten, ihm Schaden zuzufügen. Wegen seiner außerordentlichen Festigkeit hat der Paß den Namen des eisernen Tores erhalten, und es heißt allgemein, Alexander habe die Tataren zwischen zwei Bergen eingeschlossen.[8]) Es ist jedoch nicht richtig, dieses Volk Tataren zu nennen, denn das waren sie in jenen Tagen nicht, sondern Kumani mit einer Mischung von anderen

---

[8]) Dies ist der berühmte Paß zwischen dem Kaukasus und dem Kaspischen Meere, wo die Stadt Derbend liegt, die von den Arabern Bab-al-abuab, das Tor der Tore, von den Türken Demir-capi, des eiserne Tor, und von den Persern Derbend, der große Damm, genannt wird. „Die Eingeborenen sind gewöhnlich der Meinung," sagt P. H. Bruce, „daß die Stadt Derbend von Alexander dem Großen gegründet, und daß die lange Mauer, die bis zum Euxinus reichte, auf seinen Befehl erbaut wurde, um Persien vor den Einfällen der Skythen zu schützen." Als Erbauer der letzteren

Nationen.[4]) Viele Städte und Schlösser gibt es in diesem Lande; was zum Leben gehört, findet sich im Überflusse; viel Seide wird dort hergestellt, ferner seidene, golddurchwirkte Stoffe. Man findet hier auch Geier von außerordentlicher Größe und zwar von einer Gattung, die man Avigi nennt. Die Einwohner gewinnen im allgemeinen ihren Lebensunterhalt durch Handel und Handarbeit. Die gebirgige Beschaffenheit des Landes mit seinen engen und festen Paßwegen hat die Tataren verhindert, das Königreich vollständig zu erobern. Bei einem Mönchskloster, das dem heiligen Leonhard gewidmet ist, sollen folgende wunderbare Dinge stattfinden. In einem Salzwassersee, der vier Tagereisen im Umfange hat und an dessen Ufer die Kirche liegt, erscheinen die Fische nicht eher als am ersten Frühlingstage, und von dieser Zeit bis zum Osterabend werden sie in ungeheurer Menge gefunden; aber von Ostern an werden sie nicht mehr gesehen und auch nicht während der ganzen übrigen Zeit des Jahres. Er heißt der See Gelukhalat.[5]) In den vorher erwähnten See

---

wird auch Yezdegerd II. aus der Sassanidendynastie angegeben, der um die Mitte des 5. Jahrhunderts lebte. Nushirwan aus derselben Familie, der 529 starb, soll sie wieder hergestellt haben; von Timurlenk wurde sie zerstört.

[4]) Die Kumanen gehörten zu den türkischen Stämmen, deren Sprache sich eng an das Osttürkische (Dschaggatai) anschließt. Um die Mitte des 11. Jahrhunderts brachen sie aus dem Lande im Osten der unteren Wolga in Europa ein und breiteten sich am nördlichen Ufer des Schwarzen Meeres bis zur Donau und den östlichen Karpaten aus. Als sie im 13. Jahrhundert von den Mongolen besiegt worden waren, flüchtete ein großer Teil des Volkes nach Ungarn, wo er sich dauernd niederließ und später das Christentum und die magyarische Sprache annahm. Der Name Kumanen leitet sich vielleicht vom türkischen Kum, Sand, her und bedeutet also Sand- oder Steppenbewohner.

[5]) Einige Herausgeber haben die Ansicht vertreten, daß der See von Gelukhalat mit dem Wansee in Armenien identisch

Abaku, der von Bergen eingeschlossen ist, fallen die großen Flüsse Herdil,[6]) Gihon, Kur und Aras mit noch vielen anderen. Die genuesischen Kaufleute haben neuerdings angefangen, ihn zu befahren, und holen von dorther eine Art Seidenzeug, das Ghellie genannt wird. Es gibt eine schöne Stadt in diesem Lande mit Namen Tiflis, die von schönen Vorstädten und zahlreichen befestigten Plätzen umgeben ist.[7]) Sie wird von armenischen und georgischen

---

ist, an dessen Ufer im Nordosten die Stadt Khelat lag, die dem See den Namen gegeben haben soll. Die meisten dagegen behaupten, der See sei nichts anderes als das Kaspische Meer. In dem Texte Pauthiers wird er das Meer von Gelachelan genannt, und es wird von ihm gesagt, daß er eine Ausdehnung von 700 Meilen besitzt. Der Name Gelachelan erinnert an die Landschaft Ghelan an der Südküste des Kaspischen Meeres, welche noch heute als persische Provinz bekannt ist; er würde also „Meer von Ghelan" bedeuten und somit nur ein anderer Name für das Meer von Baku oder das Kaspische Meer sein. Diese Annahme findet eine gewisse Bestätigung in einer Bemerkung des arabischen Geographen Abulfeda, welcher die in Frage kommenden Gebiete Kilo-Kilán nennt. Die Provinz Ghelan oder Ghilan war wegen ihres Seidenhandels berühmt und hat Veranlassung zu der Bezeichnung Ghellie für eine Art von Seidenzeug gegeben.

[6]) Von den Arabern und Türken wird der Wolga der Name Etel gegeben, der hier in Herdil korrumpiert ist. Die Flüsse Kur und Aras (Kura bezw. Araxes) fließen im Süden von Baku in das Kaspische Meer. Der Gihon oder Oxus wird von den orientalischen Schriftstellern Amu-darja genannt und mündet jetzt in den Aralsee. Sein altes, heute trockenes Bett, welches sich westwärts zum Balchanbusen an der Ostseite des Kaspischen Meeres hinzieht und Usboi heißt, läßt sich noch mit ziemlicher Sicherheit erkennen. Es liegen auch historische Beweise dafür vor, daß sich der Fluß bis zum 16. Jahrhundert in das Kaspische Meer ergoß.

[7]) Tiflis ist jetzt Hauptstadt des Generalgouvernements Kaukasien und liegt auf beiden Seiten der Kura. Die mehr als 160 000 Einwohner zählende Bevölkerung besteht aus Armeniern, Russen, Georgiern und Persern. Da Marco Polo von Tabris nach Tre-

Christen, sowie auch von einigen Muhammedanern und Juden bewohnt; doch ist die Anzahl der letzteren nicht groß. Es werden daselbst Seidenzeuge und viele andere Stoffe verfertigt. Die Einwohner sind dem großen Könige der Tataren untertan. Obgleich wir nur von wenigen der Hauptstädte sprechen, muß man doch wissen, daß noch viele andere vorhanden sind, die einzeln zu erwähnen unnötig ist, wenn sie nicht irgendwelche merkwürdigen Dinge enthalten; sollte sich eine Gelegenheit dazu bieten, so sollen diese nachher noch beschrieben werden. — Nachdem wir jetzt von den Ländern, die gegen Mitternacht an Armenien grenzen, geredet haben, wollen wir nun die besprechen, die gegen Mittag und Morgen liegen.

6. Kapitel.

Von der Landschaft Mosul und ihren verschiedenen Bewohnern; von dem Volke der Kurden und von dem Handel dieses Landes.

Mosul[1]) ist ein Land, das von verschiedenen Völkern bewohnt wird; die einen verehren Muhammed und werden Araber genannt. Die anderen bekennen sich zum christ-

---

bisond reiste, hat er die Stadt nicht selbst gesehen, und man muß daher annehmen, daß er das wenige, was er von ihr mitteilt, nach den Berichten anderer gibt.

[1]) Die Stadt Mosul, welche früher die Hauptstadt Mesopotamiens war, steht auf dem westlichen Ufer des Tigris dem alten Ninive gegenüber. Sie wird von Abulfeda und allen morgenländischen Geographen als eine der ausgezeichnetsten Städte der muhammedanischen Herrschaft beschrieben. Gegenwärtig ist Mosul die Hauptstadt des gleichnamigen türkischen Wilajets und besitzt ungefähr 50 000 Einwohner, unter denen Türken, Araber und Kurden die Mehrheit bilden. Obwohl der Handel gegen früher stark zurückgegangen ist, hat die Stadt immer noch eine gewisse Bedeutung für den Transitverkehr zwischen Bagdad und Kurdistan.

lichen Glauben, aber nicht nach den Gesetzen der römischen Kirche, von der sie in vielen Dingen abweichen; sie heißen Nestorianer, Jakobiten und Armenier. Sie haben einen Patriarchen, den sie Jakobit nennen, und von ihm werden Erzbischöfe, Bischöfe und Äbte geweiht und nach allen Gegenden Indiens, nach Kairo, Bagdad und allen Plätzen geschickt, die von Christen bewohnt werden, geradeso wie von dem Papste der römischen Kirche.[2]) Alle die Stoffe von Gold und Seide, die wir Musselin nennen, werden in Mosul angefertigt, und alle die großen Kaufleute, Mossulini genannt, welche Gewürze und Spezereien in Menge von einem Lande zum anderen führen, kommen aus dieser Gegend. In den gebirgigen Teilen wohnt ein Volksstamm, die Kurden, von denen einige Christen der nestorianischen und Jakobiten-Sekte, und andere Muhammedaner sind. Sie sind alle gesetzlose Banditen, die sich damit beschäftigen, die Kaufleute zu berauben. Neben dieser Landschaft liegen noch andere, Mus und Maredin genannt, wo Baumwolle in großer Menge erzeugt wird, aus welcher Tücher, Boccassini mit Namen, und viele andere Fabrikate bereitet werden. Die Einwohner sind Fabrikanten und Kaufleute und alle dem König der Tataren untertan. — Wir werden nun von der Stadt Baldach reden.

---

[2]) Die Nestorianer waren eine Sekte innerhalb der orientalischen Kirche, welche nach Nestorius benannt wurde, der in der ersten Hälfte des 5. Jahrhunderts Patriarch von Konstantinopel war. Sie flüchteten sich vor den Verfolgungen der Reichskirche nach Persien, Mesopotamien und Arabien und verbreiteten sich im Laufe der Zeit allmählich über ganz Asien von Jerusalem bis Peking, bis sie durch Tamerlan fast vollständig unterdrückt wurden.

Die Sekte der Jakobiten erhielt ihren Namen von dem Mönche Jakob Baradaeus. Sie hatte viele Anhänger in Syrien, Persien und Mesopotamien, ist aber gegenwärtig an Zahl sehr zurückgegangen.

7. Kapitel.

Von der großen Stadt Baldach oder Bagadet, vormals Babylon genannt; von der Schiffahrt nach Balsora, welches an dem Meere liegt, das das Indische genannt wird, aber eigentlich der Persische Meerbusen heißt, und von den verschiedenen Wissenschaften, die in dieser Stadt gelehrt werden.

Baldach[1]) ist eine mächtige Stadt, wo früher der Kalif oder der Papst aller Sarazenen wohnte. Ein großer Strom fließt mitten hindurch, auf welchem die Kaufleute ihre Güter in das Indische Meer führen. Die Entfernung wird wegen der Windungen seines Laufes auf siebzehn Tagereisen angegeben. Die, welche die Reise unternehmen, kommen, wenn sie den Fluß verlassen haben, an einen Platz, namens Kisi,[2]) von wo sie in das Meer fahren; aber bevor sie in See gehen, gelangen sie zu einer Stadt, namens Balsara,[3]) in deren Nachbarschaft Haine von Palmbäumen vorhanden sind, welche die besten

---

[1]) Bagdad war über ein halbes Jahrtausend der Sitz der Kalifen und die Hauptstadt des muhammedanischen Weltreichs, nachdem es der zweite der Abassiden Abu Giafur al Mansur (753—775) zur Residenz gewählt hatte. Die Stadt wurde bald der Mittelpunkt des Handels und der arabischen Wissenschaften und Künste, bis sie mit dem Sturze des Kalifates durch die Mongolen unter Hulagu-khan im Jahre 1258 fast völlig zerstört wurde.

[2]) Kisi ist identisch mit der Insel Kais oder Geis an der Ostküste des Persischen Golfs und war lange Zeit einer der Haupthäfen für den Handel mit Indien. Die Insel, welche schon bei Arrian genannt wird und den Namen Cataea führt, ist die einzige im Persischen Meerbusen, die Wald und süßes Wasser besitzt. Ruinen einer Stadt befinden sich auf ihrer Nordseite.

[3]) Balsara, gewöhnlich Balsora geschrieben, aber eigentlich Basrah, ist eine Stadt von großer kommerzieller Wichtigkeit; sie liegt am südwestlichen Ufer des Schat-al-Arab, ungefähr in der Mitte zwischen der Stelle, wo Euphrat und Tigris ihre Fluten vereinigen, und dem Persischen Meerbusen. Basrah ist berühmt durch seine großen Haine von Dattelpalmen.

Datteln der Welt tragen. In Baldach wird golddurchwirktes Seidenzeug hergestellt, ferner Damast und Samt, der mit Tierfiguren verziert ist. Fast alle Perlen, welche von Indien nach Europa kommen, werden an diesem Platze gefaßt und durchstochen. Man kann hier das muhammedanische Gesetz studieren, ferner Magie, Physik, Astronomie und Physiognomie. Baldach ist die vornehmste und ausgedehnteste Stadt, die in diesem Teile der Welt gefunden wird.

8. Kapitel.

Handelt von der Gefangennahme und dem Tode des Kalifen von Baldach und dem Wunder, durch das ein Berg von einem Orte an den andern versetzt wurde.

Der obenerwähnte Kalif, der die größten Schätze zusammengehäuft hatte, die je ein Fürst besessen, kam elendiglich um, und zwar auf folgende Weise. Zu der Zeit, als die tatarischen Fürsten anfingen, ihre Herrschaft auszubreiten, waren unter ihnen vier Brüder, von denen der älteste Mangu hieß und in dem Königssitze der Familie regierte. Nachdem sie das Land Kataia und andere Distrikte in jener Gegend unterworfen hatten, gelüstete es sie nach weiteren Eroberungen; sie faßten den Gedanken an ein großes, allgemeines Reich und nahmen sich vor, die Welt unter sich zu teilen. Zu dem Zwecke verabredeten sie, einer von ihnen sollte nach Osten vorrücken, ein anderer seine Kriegszüge gegen Süden richten, und die beiden letzten ihre Eroberungen auf die übrigen Gegenden ausdehnen. Der südliche Teil fiel Ulau zu, welcher ein gewaltiges Heer sammelte, und nachdem er die Länder, die auf seinem Wege lagen, unterworfen hatte, im Jahre 1250 zum Angriffe auf die Stadt Baldach vorrückte. Da er jedoch von ihrer großen Stärke und der ungeheuren Zahl ihrer Einwohner gehört hatte, wollte er lieber List als Gewalt anwenden, und um den Feind in betreff der Zahl seiner Truppen zu täuschen, die aus 100000 Reitern außer den Fußsoldaten bestanden, stellte er eine Abteilung seiner Armee auf die eine Seite, eine andere auf die andere Seite vor der Stadt auf, so daß sie durch einen Wald versteckt wurde, er selbst aber trat an die Spitze der dritten und rückte kühn vor, bis er nur eine kurze Strecke vom Tore entfernt war. Der Kalif schätzte die augenscheinlich so unbedeutende Truppenmacht zu gering, verließ sich auf die Wirksamkeit des gewöhnlichen Gebetrufs Muhammeds und dachte an nichts geringeres als an die gänzliche Vernichtung des Feindes. So rückte er mit seinen Wachen aus der Stadt. Sobald Ulau die Annäherung des Feindes bemerkte, stellte er sich, als trete er den Rückzug vor ihm an, bis er ihn in den Wald gelockt hatte, wo die anderen Heeresabteilungen aufgestellt waren. Diese schlossen sich nun von beiden Seiten; die Armee des Kalifen wurde umzingelt und vernichtet, er selbst zum Gefangenen gemacht und die Stadt dem Eroberer übergeben. Als Ulau einzog, entdeckte er zu seinem großen Erstaunen einen Turm, der mit Gold gefüllt war. Er berief den Kalifen vor sich, und nachdem er ihm seinen Geiz vorgeworfen, der ihn abgehalten hatte, seine Schätze zur Bildung einer Armee zu verwenden, die seine Hauptstadt gegen den schon lange drohenden Angriff der Feinde verteidigt hätte, gab er Befehl, den Kalifen in denselben Turm ohne Nahrung einzuschließen; und dort kam jener mitten unter seinen Reichtümern um.[1])

Ich glaube, daß unser Herr Jesus Christus es für gut hielt, das Unrecht gegen seine treuen Christen, welche

---

[1]) Mostasem Billah, der letzte der Abassiden-Kalifen von Bagdad, kam im Jahre 1242 zur Regierung und wurde 1258 hingerichtet.

von diesem Kalifen so verfolgt wurden, zu rächen. Von der Zeit seiner Thronbesteigung an im Jahre 1225 ging er Tag und Nacht mit dem Gedanken um, die, welche in seinem Reiche wohnten, zu bekehren, oder bei ihrer Weigerung einen Vorwand zu ihrer Hinrichtung zu finden. Er beriet sich zu dem Zwecke mit den Gelehrten, und so fanden sie eine Stelle im Evangelium, die also lautet: „So ihr werdet einen Glauben haben wie ein Senfkörnlein und werdet zu einem Berge sagen, hebe dich auf von hinnen, so wird er es tun und wird euch nichts unmöglich sein“ (beim Gebet, das zu diesem Zwecke an die göttliche Majestät gerichtet ist); erfreut über die Entdeckung und überzeugt, wie er war, daß das Ding durchaus unmöglich sei, gab er Befehl, es sollten sich alle nestorianischen und jakobitischen Christen, die in großer Zahl in Bagdad wohnten, versammeln. Diesen wurde die Frage vorgelegt, ob sie glaubten, daß alles, was in ihrem Evangelium gesagt wäre, auch wahr sei oder nicht. Sie antworteten, daß alles wahr sei. „Nun denn,“ sagte der Kalif, „wenn es wahr ist, so laßt uns sehen, welcher von euch den Beweis seines Glaubens geben will; denn wenn nicht einer unter euch gefunden wird, dessen Glaube an seinen Herrn auch nur so groß ist wie ein Senfkörnlein, so werde ich gerechtfertigt sein, wenn ich euch von nun an als ein verderbtes, schlechtes und treuloses Volk betrachte. Ich gebe euch demnach zehn Tage, vor deren Ablauf ihr entweder durch die Macht dessen, den ihr anbetet, den Berg, der vor euch steht, entfernen oder das Gesetz unseres Propheten annehmen müßt; in beiden Fällen sollt ihr sicher sein; wollt ihr das aber nicht, so könnt ihr euch darauf vorbereiten, den qualvollsten Tod zu erdulden.“ Die Christen, die da wußten, daß keine Gnade zu erwarten sei und daß er eifrig bemüht sein würde, sie ihres Eigentums zu berauben, zitterten bei seinen Worten für ihr Leben, aber demungeachtet hatten sie Vertrauen auf ihren Heiland, daß er sie aus der Gefahr erlösen würde; sie hielten eine Versammlung ab und berieten sich, zu wem sie ihre Zuflucht nehmen sollten. Es gab keinen anderen Ausweg, als die Allmacht Gottes anzurufen und ihn anzuflehen, er möchte ihnen Rettung senden. Allesamt, groß und klein, warfen sich Tag und Nacht auf die Erde, vergossen Tränen und beteten beständig zu Gott. Als acht Tage vergangen waren, kam endlich eine göttliche Offenbarung im Traume über einen Bischof von tugendhaftem Leben, welche ihn anwies, einen gewissen Schuhmacher (dessen Name nicht bekannt ist), der bloß ein Auge hatte, aufzusuchen; diesen sollte er vor den Berg rufen, da er imstande sei, ihn durch Gottes Gnade zu versetzen. Als er den Schuhmacher gefunden und ihn mit der Offenbarung bekannt gemacht hatte, erwiderte dieser, er fühle sich nicht würdig; denn seine Verdienste seien nicht derart, daß sie ihn zu solcher Gnade berechtigten. Da er jedoch von den armen, geängstigten Christen gedrängt wurde, willigte er endlich ein. Man muß nun wissen, daß er ein Mann von festen Grundsätzen und gottesfürchtiger Rede war, der seinen Sinn rein und treu auf Gott gerichtet hatte, regelmäßig an der Feier der Messe teilnahm und eifrig in den Werken der Nächstenliebe und streng in der Beobachtung der Fasten war. Einstmals trug es sich zu, daß ein hübsches, junges Weib zu ihm in den Laden kam, um sich ein Paar Pantoffeln anmessen zu lassen, und als sie ihm den Fuß reichte, zufällig einen Teil ihres Beines entblößte, dessen Schönheit in ihm eine augenblickliche Begierde erregte; aber schnell faßte er sich, entließ sie sofort und gedachte der Worte des Evangeliums, die da heißen: „Ärgert dich dein Auge, so reiß es aus und wirf es von dir, denn es ist besser, in das Reich Gottes mit einem Auge einzugehen, als zwei

Augen zu haben und in die Hölle geworfen zu werden." Augenblicklich ergriff er eins seiner Schuhmacherwerkzeuge und stieß sich damit das rechte Auge aus. Hierdurch bewies er über allen Zweifel die Echtheit seines Glaubens.

Der bestimmte Tag kam heran, der Gottesdienst wurde zu einer frühen Stunde abgehalten, und eine feierliche Prozession bewegte sich nach der Ebene, wo der Berg stand, das heilige Kreuz aber wurde vorangetragen. Der Kalif, der überzeugt war, daß sich dies als eine eitle Zeremonie erweisen würde, wollte zugegen sein, begleitet von einer Anzahl seiner Wachen, um sie, wenn ihr Vorhaben fehlschlüge, zu vernichten. Hier nun kniete der fromme Handwerker vor dem Kreuze nieder und bat, seine Hände zum Himmel erhebend, den Schöpfer, er möge gnädig auf die Erde niederblicken und zum Ruhm und zur Verherrlichung seines Namens dem Volke beistehen, damit die Aufgabe erfüllt würde, die sie lösen sollten, und seine Gewalt allen denen, die seinen Glauben schmähten, offenbar werde. Als er sein Gebet beendet hatte, rief er mit lauter Stimme: „Im Namen des Vaters, des Sohnes und des Heiligen Geistes befehle ich dir, Berg, hebe dich auf von diesem Platze!" Kaum waren diese Worte gesprochen, so bewegte sich der Berg, und die Erde zitterte zu gleicher Zeit in einer wunderbaren und schrecklichen Weise. Der Kalif und alle die, welche ihn umgaben, waren von Schrecken ergriffen und blieben lange in einem Zustande des Staunens. Viele von den letzteren wurden Christen, und sogar der Kalif nahm heimlich das Christentum an und trug immer ein Kreuz unter seiner Kleidung verborgen, welches nach seinem Tode bei ihm gefunden wurde, und deswegen setzten sie ihn auch nicht im Erbbegräbnis seiner Vorgänger bei. Zum Andenken an diese besondere Gnade, die Gott ihnen zukommen ließ, begingen alle Christen, Nestorianer und Jakobiten, von dieser Zeit an in feierlicher Weise den Tag, an welchem das Wunder stattgefunden hatte.

9. Kapitel.

Von der edlen Stadt Tauris in Irak und von ihren Handelsleuten und anderen Bewohnern.

Tauris[1]) ist eine große Stadt, die zu der Provinz Irak gehört, welche viele andere Städte und befestigte Plätze enthält, aber jene ist die bedeutendste und volkreichste. Die Einwohner beschäftigen sich besonders mit Handel und Manufakturen, welch letztere in verschiedenen Arten von Seidenstoffen bestehen, von denen einige mit Gold durchwirkt werden und hoch im Preise stehen. Die Stadt hat für den Handel eine vorteilhafte Lage, so daß Kaufleute aus Indien, von Baldach, Mosul, Cremessor[2]) und aus verschiedenen Teilen Europas hierher kommen, um zu kaufen

---

[1]) Tabris, gegenwärtig die Hauptstadt der persischen Provinz Aserbeidschan, liegt zwischen dem Urmiasee und dem Kaspischen Meere und erstreckt sich als terrassenförmige Häusermasse am Fuße des 2600 m hohen Sehend Koh längs der Flüsse Spintscha und Adschi. Als Bagdad von Hulagu-khan zerstört worden war, gelangte Tabris als Handelsstadt zu großer Blüte, vornehmlich infolge seiner Nähe an der großen Karawanenstraße, welche von Trapezunt nach Teheran führt. Aber auch in politischer Hinsicht spielte die Stadt eine große Rolle. Nach der Eroberung Persiens durch die Mongolen im Jahre 1255 wurde sie die Hauptresidenz Hulagus und seiner Nachfolger bis zur Gründung von Sultaniyah am Anfang des 14. Jahrhunderts. Später wurde sie von Tamerlan eingenommen und während der Regierung der Sefi-Familie verschiedene Male von den Ottomanen geplündert, kehrte aber immer wieder unter die persische Herrschaft zurück.

[2]) Cremessor ist eine andere Bezeichnung für Germasir, welches warme Gegend bedeutet. Es ist darunter das Gebiet

und eine Menge Waren zu verkaufen. Man kann an diesem Orte köstliche Steine und Perlen im Überfluß bekommen. Die Kaufleute, die sich mit fremdem Handel beschäftigen, erlangen großen Reichtum, aber die Einwohner im allgemeinen sind arm. Sie bestehen aus einer Mischung von verschiedenen Nationen und Sekten, Nestorianern, Armeniern, Jakobiten, Georgiern, Persern und den Anhängern Muhammeds, die die Mehrzahl ausmachen und die eigentlichen Tauriser genannt werden. Jede Klasse der Bewohner hat ihre besondere Sprache. Die Stadt ist von köstlichen Gärten umgeben, welche die schönsten Früchte liefern. Die muhammedanischen Einwohner sind treulos und verräterisch. Nach ihrer Lehre wird, was dem Anhänger eines anderen Glaubens gestohlen und geraubt wird, mit vollem Rechte genommen, und ist der Diebstahl kein Verbrechen, während die, welche von den Händen der Christen den Tod oder ein Unrecht erleiden, als Märtyrer betrachtet werden. Wenn sie daher nicht durch die Gewalt der Herrscher im Zaum gehalten würden, würden sie viele Greuel begehen. Diese Grundsätze sind allen Sarazenen gemein. Bevor sie sterben, kommt ein Priester zu ihnen und fragt, ob sie glauben, daß Muhammed der wahre Prophet Gottes sei. Antworten sie, daß sie das glauben, so wird ihnen die Seligkeit zugesprochen, und infolge der Leichtfertigkeit der Absolution, welche der Ausführung eines jeden schändlichen Dinges freien Raum gibt, ist es ihnen gelungen, einen großen Teil der Tataren zu ihrem Glauben zu bekehren, da diese ihn als eine Befreiung von allem Hindernis, Verbrechen zu begehen, ansehen. — Von Tauris nach Persien hat man zwölf Tagereisen.

---

am Persischen Meerbusen zu verstehen, das sich von der Mündung des Schat-el-Arab bis nach Laristan erstreckt.

10. Kapitel.

Von dem Kloster St. Barsamo in der Nähe von Tauris.

Nicht weit von Tauris liegt ein Kloster, das seinen Namen von dem Heiligen Barsamo hat; es ist wegen seiner Frömmigkeit berühmt. Ein Abt und viele Mönche, welche dem Orden der Karmeliter in ihrer Kleidung gleichen, leben daselbst. Damit sie nicht ein Leben voll Müßiggang führen, beschäftigen sie sich fortwährend mit dem Weben von Gürteln, die sie während der Feier des Gottesdienstes auf den Altar ihres Heiligen legen, und wenn sie nun ihren Umgang in die benachbarten Länder machen, um Almosen zu erbitten (in derselben Weise, wie die Brüder des Ordens vom heiligen Geist es tun), so schenken sie die Gürtel ihren Freunden und Leuten von Rang; man glaubt, die Gürtel seien gut gegen Gichtleiden, und aus diesem Grunde werden sie eifrig von Leuten jeden Standes gesucht.

11. Kapitel.[1]

Von dem großen Reiche Persien.

Persien ist ein großes Reich, das in alten Zeiten sehr berühmt und mächtig war; aber jetzt haben es die Tataren verwüstet und verheert.

---

[1]) Das elfte und zwölfte Kapitel, welches die Erzählung von den drei Königen enthält, ein sonderbares Gemisch christlicher und parsischer Legenden, fehlt in der Ausgabe von Bürck. Nur in einer Anmerkung ist der Inhalt kurz wiedergegeben. Es unterliegt aber keinem Zweifel, daß sie echt sind; denn sie finden sich in den drei Manuskripten, welche von Marco Polo durchgesehen sind, und in einem alten italienischen Abriß. (Vergl. Pauthier, le livre de Marco Polo, I. 61.) Der Herausgeber hat daher die beiden Kapitel aus dem von Pauthier veröffentlichten altfranzösischen Text übersetzt.

In Persien liegt die Stadt Saba,[1]) von welcher die drei Magier aufbrachen, als sie sich auf den Weg machten, um Jesus Christus anzubeten; und in dieser Stadt sind sie nebeneinander begraben in drei großen und schönen Grabmonumenten. Über jedem Grabmal befindet sich ein viereckiges Gebäude, welches sorgfältig erhalten wird. Die Körper sind völlig unversehrt und haben noch Haar und Bart. Einer von ihnen hieß Jaspar, der zweite Melchior und der dritte Balthasar. Marco Polo zog bei den Einwohnern jener Stadt aufs eifrigste Erkundigungen nach den drei Magiern ein, aber er konnte keinen finden, welcher irgend etwas darüber zu berichten wußte, außer daß es drei Könige wären, welche man daselbst in alten Zeiten begraben hätte. Aber an einem Orte, der drei Tagereisen entfernt war, hörte er, was ich euch erzählen will. Er fand dort ein Schloß, das den Namen Cala Ataperistan führt, welcher soviel bedeutet wie „das Schloß der Feueranbeter“. Und diesen Namen besitzt es mit Recht; denn das Volk betet daselbst das Feuer an; und ich werde euch erzählen, weshalb sie es anbeten.

Sie berichten, daß in alten Zeiten drei Könige jenes Reiches aufbrachen, um einen Propheten anzubeten, der damals geboren wurde, und daß sie drei verschiedene Gaben mitbrachten, nämlich Gold, Weihrauch und Myrrhen, um in Erfahrung zu bringen, ob jener Prophet ein Gott,

---

[2]) Die Stadt Saba oder Sawah existiert noch und liegt im Südwesten von Teheran. Unter der Bevölkerung ist die Überlieferung verbreitet, daß Sawah ursprünglich am Ufer eines Sees stand, der aber bei der Geburt Muhammeds auf wunderbare Weise austrocknete. Die Stadt besaß eine der größten Bibliotheken Persiens, die bei der Eroberung durch die Mongolen in Flammen aufging. Nicht weit von Sawah liegt die Stadt Awah, deren Bewohner Schiiten waren, während in Sawah die Sunniten die Mehrheit bildeten. Dieser Unterschied des Bekenntnisses war für beide Städte der Anlaß zu fortwährenden Reibereien.

ein irdischer König oder ein Mensch sei. Denn, sagten sie, wenn er das Gold nimmt, ist er ein irdischer König, nimmt er den Weihrauch, so ist er ein Gott, nimmt er dagegen Myrrhen, so ist er ein Mensch.

Und es geschah, als sie zu der Stelle kamen, wo das Kind geboren wurde, daß der jüngste der drei Könige zuerst eintrat; und er fand das Kind gerade in demselben Alter wie er selbst. Da wurde er sehr bestürzt und ging hinaus. Darauf trat der nächstältere ein, und wie der erste, fand er das Kind von demselben Alter wie er selbst; und er ging auch bestürzt hinaus. Endlich trat der älteste ein, und es begegnete ihm, was den beiden anderen begegnet war; er ging gedankenvoll hinaus. Und als die drei wieder zusammengekommen waren, erzählte ein jeder, was er erlebt und gesehen hatte, so daß sie darüber in große Verwunderung gerieten. Da beschlossen sie, alle drei zusammen einzutreten, und als sie ihren Vorsatz ausführten, fanden sie das Kind dreizehn Tage alt. Sie beteten es an und gaben ihm Gold, Weihrauch und Myrrhen, und das Kind gab ihnen eine geschlossene Büchse. Alsdann reisten die Könige ab, um wieder in ihr Land zurückzukehren.

12. Kapitel.

Was den drei Königen begegnete, als sie in ihre Heimat zurückkehrten.

Als sie mehrere Tagereisen zurückgelegt hatten, sagten sie, sie wollten sehen, was das Kind ihnen gegeben hätte. Sie öffneten die Büchse und fanden darin einen Stein. Bei seinem Anblick gerieten sie über die Gabe des Kindes in große Verwunderung und sie fragten sich, welche Bewandtnis es damit hätte. Deren Bedeutung war aber folgende: Als sie ihre drei Geschenke dargebracht hatten und das Kind sie alle annahm, sagten sie sich in ihrem

Innern, daß es der wahre Gott, der wahre König und der wahre Mensch sei, und sie erkannten, daß der Glaube, der in ihnen zu wurzeln begonnen hatte, so fest sein müsse wie ein harter Stein. Aus diesem Grunde erhielten sie von dem Kinde den Stein; denn es kannte genau ihre Gedanken. Da sie aber nicht wußten, daß der Stein die angegebene Bedeutung besaß, schleuderten sie ihn in einen Brunnen; und sofort stieg vom Himmel ein Feuer in jenen Brunnen, in den der Stein geworfen worden war.

Und als die drei Könige dieses Wunder sahen, erschraken sie heftig und bereuten es sehr, daß sie den Stein fortgeworfen hatten. Denn sie erkannten alsdann, daß er eine große und heilige Bedeutung hatte. Sie nahmen nun von diesem Feuer, brachten es in ihr Land und trugen es in eine reiche und schöne Kirche. Dort wurde es beständig unterhalten und als Gottheit verehrt, und alle Opfer, die man darbrachte, wurden mit diesem Feuer angezündet, und wenn es sich einmal ereignete, daß das Feuer erlosch, gingen die Priester in die anderen Städte der Umgegend, wo Anhänger desselben Glaubens lebten, ließen sich von dem Feuer geben und brachten es in ihre Kirche. Das ist der Grund, weshalb die Leute dieses Landes das Feuer verehren. Und oft machen sie eine Reise von zehn Tagen, um sich dies Feuer zu verschaffen.

So erzählten es dem Marco Polo die Bewohner des Schlosses und versicherten ihm, daß ihr Bericht auf Wahrheit beruhe, und daß einer der drei Könige aus einer Stadt gekommen sei, die den Namen Saba führt, der zweite aus Ava und der dritte aus jenem Schlosse, wo sie das Feuer verehren zusammen mit dem Volke der ganzen Umgebung.

Nachdem ich diese Erzählung mitgeteilt habe, will ich jetzt von den Ländern Persiens und ihren Sitten berichten.

13. Kapitel.

Von dem Lande Persien und den acht Königreichen darin; von den Rossen und Eseln daselbst.

In Persien, welches ein überaus großes und weites Land ist, gibt es viele Königreiche, deren Namen folgende sind: Das erste, in welches man gleich beim Eintritte in das Land gelangt, ist Kasibin;[1]) das zweite, welches nach Süden (westlich) liegt, heißt Kurdistan;[2]) das dritte heißt Lor;[3]) das vierte, gegen Norden gelegene, heißt Suolistan,[4]) das fünfte Spaan,[5]) das sechste Siras,[6]) das siebente Son-

[1]) Die Stadt Kaswin ist der bedeutendste Punkt auf dem Wege von Teheran nach Rescht in der Provinz Ghilan. Sie verdankt diese Bedeutung ihrer geographischen Lage am Kreuzungspunkte der Straßen Rescht- und Tabris-Teheran. Auch früher, als der größte Teil des Verkehrs Persiens mit Europa über Tabris ging, war Kaswin, dank seiner Lage im Zuge der großen Straße von Teheran nach Aserbeidschan, von Wichtigkeit. Kaswin soll von dem Sassaniden Sapor II. im 3. Jahrhundert unserer Zeitrechnung gegründet worden sein. Im Jahre 661 wurde die Stadt durch ein Erdbeben zerstört, aber wieder aufgebaut. Zur Zeit Marco Polos war sie die Hauptstadt der gleichnamigen Provinz.

[2]) Es läßt sich nicht mit Sicherheit entscheiden, ob das im Text erwähnte Kurdistan mit der jetzigen Provinz gleichen Namens oder mit Khusistan, dem alten Susiana, das an der Spitze des Persischen Meerbusens lag, identisch ist.

[3]) Lor ist dasselbe wie Luristan, ein gebirgiges Land im Westen von Isfahan.

[4]) Suolistan oder Schulistan ist das Land der Schulen, eines Volkes, welches lange Zeit einen Teil von Luristan in Besitz genommen hatte, aber im 12. Jahrhundert von den Luren vertrieben wurde und sich alsdann in dem Lande zwischen Schiras und Khusistan niederließ.

[5]) Spaan oder Isfahan liegt im südlichen Teile des persischen Irak und ist wohlbekannt als die prächtige Hauptstadt der Könige aus der Sefi-Familie. Während der Regierung Schah Abbas II. übertraf sie die meisten Städte Asiens an Glanz und Ausdehnung. Im Jahre 1221 kam sie unter die Herrschaft der Mongolen; von Tamerlan wurde sie 1387 völlig zerstört.

[6]) Schiras, die Hauptstadt der Provinz Fars, wurde bald nach

cara,[7]) das achte Timocain,[8]) welches an der äußersten Grenze Persiens liegt. Alle diese Königreiche liegen nach Süden, ausgenommen Timocain, denn das liegt nach Norden, nahe an dem Platze, der Arbor secco (zum dürren Baum) genannt wird. Das Land zeichnet sich durch seine außerordentlich schönen Pferde aus, von denen viele nach Indien geführt und zu hohen Preisen verkauft werden, gewöhnlich zu nicht weniger als 200 turnesischen Pfunden. Auch die größten und schönsten Esel der Welt findet man dort, und sie werden oft zu höheren Preisen als die Pferde verkauft, weil sie leichter zu füttern sind, schwere Lasten tragen und in einem Tage weiter traben können als Pferde und Maulesel, die bei weitem nicht soviel Beschwerden ertragen. Deswegen suchen auch die Kaufleute, welche von einer Provinz in die andere reisen und genötigt sind, weite Wüsten und Sandstriche zu passieren, wo kaum ein Kraut zu finden ist und man wegen der Entfernung der Brunnen oder anderer Wasserplätze lange Tagereisen machen muß, mit besonderem Eifer sich Esel zu verschaffen, die leichter vom Fleck kommen und viel weniger Futter brauchen. Auch der Kamele bedient man sich hier, und diese tragen in gleicher Weise große Lasten und werden mit geringen Kosten unterhalten, doch sind sie

---

der Eroberung des Landes durch die Araber im Jahre 694 gegründet. Unter Abubakr (1226—1260) erlangte das Königreich Schiras eine beträchtliche Machtstellung und umfaßte Fars, Kerman, sowie die Inseln des Persischen Meerbusens. Die Stadt war früher berühmt durch ihre Ausdehnung und die Pracht ihrer Bauten.

[7]) Sonkara oder Schabankara ist im Süden des großen Salzsees zu suchen, der sich östlich von Schiras befindet.

[8]) In dem von Pauthier herausgegebenen altfranzösischen Text heißt es richtiger Tunocain. Man hat darunter den östlichen Teil von Kuhistan zu verstehen, in welchem Tun und Kain die wichtigsten Städte waren. Der Name des Landes ist nichts weiter als eine Kombination der beiden Städtenamen.

nicht so schnell wie die Esel. Die Kaufleute dieser Gegenden führen die Pferde nach Kisi, Ormus und anderen Plätzen an der Küste des Indischen Meeres, wo sie von denen gekauft werden, die sie nach Indien bringen. Dort leben sie, da sie in gemäßigtem Klima geboren sind, wegen der großen Hitze nicht lange. In einigen dieser Gegenden sind die Bewohner wild und blutdürstig und machen ein gewöhnliches Handwerk daraus, sich gegenseitig zu verwunden und zu ermorden. Sie würden auch den Kaufleuten und Reisenden viel Böses antun, wenn sie nicht ihre östlichen Herren fürchteten, die derartige Verbrechen streng bestrafen. Auch ist die Anordnung getroffen, daß auf allen gefährlichen Straßen die Einwohner verpflichtet sind, auf Verlangen der Kaufleute ihnen kräftige und zuverlässige Männer als sicheres Geleit zwischen einem Distrikt und dem anderen zu verschaffen; diese werden mit zwei oder drei Groschen für jedes Lasttier je nach der Entfernung bezahlt. Sie sind Anhänger der muhammedanischen Religion. In den Städten gibt es Kaufleute und zahlreiche Handwerker, welche eine Menge Stoffe von Gold und Seide herstellen. Baumwolle wächst im Überfluß in dieser Gegend, ferner Weizen, Gerste, Hirse und verschiedene andere Arten von Korn, auch Wein und Früchte verschiedener Gattung in Menge. Es könnte jemand sagen, daß die Sarazenen keinen Wein trinken, weil er ihnen vom Gesetz verboten ist; dem mag entgegengehalten werden, daß sie ihr Gewissen in diesem Punkte beruhigen, indem sie sich überreden, daß, wenn sie die Vorsicht brauchen, den Wein über dem Feuer zu kochen, wodurch er teilweise verzehrt und süss wird, sie ihn, ohne dem Gebote zuwider zu handeln, trinken können; mit der Veränderung seines Geschmacks verändern sie seinen Namen und nennen ihn nicht mehr Wein, wiewohl er es in der Tat ist.

14. Kapitel.

Von der Stadt Yasdi und ihren Gewerben und von den Tieren, die in dem Lande zwischen jenem Platze und Kierman gefunden werden.

Yasdi[1]) ist eine beträchtliche Stadt an den Grenzen Persiens, die viel Handel hat. Eine Art Seidenzeug, welches daselbst angefertigt wird, ist bekannt unter dem Namen Yasdi und wird von dort durch die Kaufleute in alle Gegenden der Welt geführt. Die Einwohner gehören dem muhammedanischen Glauben an. Die, welche von dieser Stadt fortreisen, brauchen acht Tage zur Durchquerung einer Ebene, in welcher sie nur drei Plätze finden, wo sie beherbergt werden können. Der Weg führt durch weite Dattelbaumwälder, in denen Überfluß an allerlei Wild und Geflügel herrscht, und solche Reisenden, die Vergnügen an der Jagd finden, können hier gar lustiges Weidwerk treiben. Auch wilde Esel findet man dort. Nach Verlauf von acht Tagen gelangt man in das Königreich Kierman.

15. Kapitel.

Von dem Königreiche Kierman, das von den Alten Karmania genannt wurde; von seinen Gesteinen und Erzen, seinen Gewerben, seinen Falken und der großen Landneigung, die man bemerkt, wenn man diese Provinz verläßt.

Kierman[1]) ist ein Königreich an den östlichen Grenzen Persiens, das früher von seinen eigenen Fürsten in erb-

---

[1]) Die Handelsstadt Jesd liegt fast im Mittelpunkte des heutigen Persiens und zählt ungefähr 40 000 Einwohner. Ihre Lage am Rande der Wüste macht sie zu einem Rastorte der Karawanen zwischen Kerman, Herat, Meschhed und Isfahan, welche die Waren Indiens und Afghanistans nach Westen führen. Berühmt waren früher die Seidenwebereien der Stadt.

[1]) Schon Ptolomaeus und Ammianus Marcellinus erwähnen das Land unter dem Namen Carmania. Gegenwärtig ist es die südöstliche Provinz Persiens. Die Hauptstadt gleichen Namens

licher Nachfolge regiert wurde; aber seitdem die Tataren es ihrer Herrschaft unterworfen haben, setzen diese nach ihrem Belieben Statthalter ein. In den Bergen dieses Landes werden die köstlichen Steine gefunden, die wir Türkise nennen.[2]) Auch gibt es darin Stahl[3]) und Andanico-

---

besitzt etwa 40 000 Einwohner, und zwar Kurden, Perser, Hindu und Armenier; auch leben daselbst gegen 1500 Parsen. Einst war Kerman der Mittelpunkt des Reichtums und des Luxus, die zweite Stadt Persiens, ein Emporium des Handels zwischen Iran, Turan und Indien. Auch jetzt ist die Stadt noch ein Knotenpunkt mehrerer Karawanenstraßen, von denen die nach Herat und Kandahar den persischen Handel mit Indien, die nach Westen und Süden gerichteten den Verkehr mit Schiras und dem Persischen Golfe vermitteln.

[2]) Der orientalische Türkis, eine wasserhaltige phosphorsaure Tonerde, kommt am häufigsten westlich von Herat bei Nischapur in der persischen Provinz Khorasan vor; er übertrifft an Schönheit und Wert die Steine, welche noch jetzt an verschiedenen Stellen Kermans gefunden werden. Von der Türkismine zu Nischapur sagt das Juaher Nameh, ein orientalisches Manuskript über die Edelsteine, daß sie seit ältester Zeit die berühmtesten Türkise liefere, welche Abu Ischaki heißen. Diese seien würdig, die Schatzkammern der Fürsten und Herrscher zu schmücken. Denn sie wendeten das Unglück ab von denen, die sie tragen, sie verschafften die Gunst der Prinzen, vermehrten den Reichtum, erhielten den Scharfblick des Auges, sicherten den Sieg über den Feind und verscheuchten die bösen Träume. Die alten Weisen, so versichert es, pflegten, wenn sie den Neumond erforscht, dann schnell den Blick auf den Firuzeh (Türkis) zu heften.

[3]) Es läßt sich nicht einwandsfrei feststellen, was Marco Polo unter Andanicum verstand. Ramusio befragte häufig persische Kaufleute, welche nach Venedig gekommen waren, und diese erklärten übereinstimmend, es sei eine Art Stahl von so hervorragender Beschaffenheit, daß diejenigen, die in früheren Zeiten einen Spiegel oder ein Schwert aus Andanicum besaßen, derartige Gegenstände wie kostbare Juwelen hochhielten. Marsden glaubte, Andanicum sei nichts anderes als Antimon, doch ist diese Vermutung nicht sehr wahrscheinlich.

adern in reicher Menge. Sie verfertigen hier in großer Vollkommenheit alle Kriegsgeräte wie Sättel, Zäume, Sporen, Schwerter, Bögen, Köcher und überhaupt jede Art von Waffen, die unter diesen Völkern gebraucht werden. Die Frauen und jungen Mädchen stellen mit der Nadel Stickereien aus Seide und Gold in verschiedenen Farben und Mustern her, die allerlei Tiere darstellen und mit anmutigen Verzierungen versehen sind. Diese Arbeiten, die mit Geschmack ausgeführt sind, werden zu Vorhängen, Decken und Kissen für die Schlafstellen der Reichen verwendet. In den Bergen werden die edelsten Falken, die irgendwo die Schwingen heben, angetroffen. Sie sind kleiner als die Wanderfalken, an Brust und Leib und unter dem Schwanze rot, und ihr Flug ist so schnell, daß kein Vogel ihnen entschlüpfen kann. Wenn man Kierman verläßt, so wandert man acht Tage lang auf freundlichem Pfade durch eine Ebene, in der man Rebhühner und anderes Wild im Überflusse findet; auch viele Städte, Schlösser und zerstreute Wohnungen trifft man, bis man endlich an einen beträchtlichen Berghang kommt, der zwei Tagereisen weit hinabsteigt. Fruchtbäume werden in reichem Maße daselbst gefunden; die Gegend aber war früher sehr bevölkert, während sie jetzt ohne Einwohner ist. Man sieht nur Hirten, die ihr Vieh weiden lassen. In dem Teile des Landes, den man durchzieht, bevor man an die Bergneigung kommt, ist die Kälte so groß, daß man sich dagegen nur schwer durch viele Kleider und Pelze schützen kann.

16. Kapitel.

Von der Stadt Kamandu und der Landschaft Reobarle; von gewissen Vögeln, die daselbst gefunden werden; von einer besonderen Art Ochsen und von den Karaunas, einem Räuberstamme.

Wenn man den Hang, von welchem die Rede gewesen ist, überschritten hat, kommt man in eine Ebene, die sich in südlicher Richtung fünf Tagereisen weit ausbreitet. Gleich im Anfange derselben wird eine Stadt, Kamandu genannt,[1]) gefunden, die früher ein großer Platz und von hervorragender Wichtigkeit war, was sie gegenwärtig nicht mehr ist, da sie zu verschiedenen Malen von den Tataren verwüstet und zerstört wurde. Die benachbarte Landschaft heißt Reobarle.[2]) Die Luft ist daselbst sehr warm; sie bringt Weizen, Reis und anderes Korn hervor. In dem Teile, welcher den Hügeln am nächsten liegt, wachsen Granatäpfel, Quitten und verschiedene andere Früchte, unter denen eine Sorte Adamsäpfel, die unserem Klima fehlt, hervorzuheben ist. Turteltauben werden hier in ungeheurer Zahl gefunden; denn es wachsen dort kleine Früchte im Überfluß, die ihnen Futter geben; auch werden sie nicht von den Muhammedanern gegessen. Es gibt daselbst viele Fasanen und Birkhühner,[3]) welch letztere denen anderer Länder nicht gleichen; ihre Farbe ist rot und weiß ge-

---

[1]) Der Name Kamandu oder Camadi ist bisher noch nicht erklärt worden. Man findet ihn bei keinem Geographen oder Reisenden, der über Persien geschrieben hat. Major Smith, der im Jahre 1866 die in Frage kommenden Gegenden bereiste, glaubte Kamandu in den Ruinen einer alten Stadt wiedergefunden zu haben, die er in der Ebene von Jiruft zwischen 28^0 und 29^0 Nordbreite und 57^0 und 58^0 Ostlänge beobachtete. Von den Eingeborenen wird der Ort, der in dem angegebenen Gebiete etwas nördlich von Kerimabad liegt, Dakianus genannt. (Yule, the book of Ser Marco Polo, I. S. 113.)

[2]) Unter Reobarle ist augenscheinlich Rudbar gemeint, eine beschreibende Benennung, wie sie in zahlreichen Fällen auf die Städte und Distrikte Persiens und die benachbarten Länder angewendet worden ist. Sie bedeutet „einen Fluß in einem Tale, das Bett eines Stromes und auch einen Platz, wo viele Ströme laufen.“

[3]) Der Tetrao francolinus oder das Birkhuhn des Morgenlandes hat rote Beine und einen roten Schnabel, wie es Marco Polo beschrieben hat.

mischt, und sie haben rote Schnäbel und Füße. Einige Viehrassen sind von ungewöhnlicher Beschaffenheit, besonders eine Art großer, weißer Ochsen mit glattem Fell und kurzen, dicken und stumpfen Hörnern; sie haben zwischen den Schultern eine höckerige Erhebung oder einen Buckel, der ungefähr zwei Palmen hoch ist. Es sind dies schöne Tiere, die wegen ihrer Stärke große Lasten tragen können. Wenn man ihnen die Bürde aufladen will, knien sie nieder wie die Kamele und erheben sich dann wieder mit der Last.[4]) Auch Schafe findet man dort, so groß wie Esel; sie haben lange und dicke Schwänze, die dreißig Pfund und mehr wiegen, fett sind und köstlich schmecken.[5]) In diesem Lande gibt es viele Städte, die mit hohen und dicken Erdmauern umgeben sind, um die Bewohner gegen die Einfälle der Karaunas zu schützen, die das Land durchschwärmen und alles rauben, was sie erreichen können.[6]) Damit nun der Leser weiß, was das für ein Volk ist, muß erwähnt werden, daß es einen Fürsten gab, namens Nugodar, ein Neffe Zagatais, der in Turkestan

---

[4]) Die im Text erwähnten Buckelochsen sind mit den bekannten indischen Zeburindern identisch.

[5]) Die Fettschwanzschafe sind in verschiedenen Teilen Asiens und Afrikas heimisch und vielfach beschrieben worden.

[6]) Die Karaunas waren eine mongolische Völkerschaft, die sich nach der Eroberung Persiens daselbst niedergelassen hatte und durch ihre Räubereien einen üblen Ruf erlangte. Sie werden oft von den Historikern, die über die Herrschaft der Mongolen in Persien geschrieben haben, erwähnt und zwar zunächst als mongolische Völkerschaft, welche einen ansehnlichen Bestandteil des Heeres bildete, später als wilde, verwegene Räuber, die an der Ostgrenze Persiens ihre Schlupfwinkel besaßen und von dort aus die übrigen Provinzen heimsuchten. Was den Bericht betrifft, den Marco Polo von den Karaunas gibt, so scheint es, daß er sie mit den Belutschen verwechselt hat, deren Rassenmerkmale die Vermutung nahelegen könnten, daß sie ein Mischvolk zwischen Tataren und Indern sind.

regierte.[7]) Dieser Nugodar lebte am Hofe Zagatais und wurde von Ehrgeiz erfaßt, sich selbst zum Herrscher zu machen, und da er gehört hatte, daß es in Indien ein Land gebe, Malabar, welches zu der Zeit von einem Könige, namens As-idin Sultan, beherrscht wurde und noch nicht der Botmäßigkeit der Tataren unterworfen worden war, sammelte er heimlich ein Heer von 10000 Mann aus den

---

[7]) Gleichzeitig mit den Karaunas werden häufig die Nigudaris erwähnt, welche ursprünglich die Truppen des Fürsten Nugodar, der ein Enkel Dschagatais war, gewesen sein sollen. Dieser kann aber nicht mit dem Nugodar identisch sein, von dem Marco Polo spricht; denn was die Historiker von ihm berichten, paßt nicht auf den letzteren. Ferischtah (I. 217 folg. Briggs Ayeen Akbery, II. 101) erzählt, daß im Jahre 1241, zur Zeit der Regierung des Moeseddin Behram, die Mongolen Lahore genommen und hier wie allenthalben als unsinnige, wilde Barbaren gehaust haben. Diese Raubzüge wurden mehrmals wiederholt unter Masud, Behrams Nachfolger. Über Kandahar drangen die Mongolen gegen den Indus vor, raubten die Menschen samt deren Habe und kehrten mit Beute reich beladen nach Sabalistan zurück.

Die Namen der Länder, durch die das Heer Nugodars gezogen sein soll, lassen sich unschwer bestimmen. Balaschan ist das heutige Badakschan, nahe den Quellen des Amu-darja, zwischen diesem Fluß und dem Hindukusch gelegen. Kesmur kann nichts anderes als Kaschmir sein. Als der Nugodar Kaschmir verlassen hatte, wandte er sich gegen das Punjab, dessen Hauptstadt Lahore oder Lahawar ist. Es kann ferner kein Zweifel bestehen, daß der Sultan von Delhi, den Marco Polo Asidin nennt, mit Ghaiassuddin Balban identisch ist, der von 1266 bis 1286 regierte und viele Jahre hindurch zu den mächtigsten Fürsten des Punjab gehörte.

Die Bemerkung Marco Polos „aber zuletzt fiel er in das Land Malabar ein und nahm mit Gewalt die Stadt Delhi" gibt zu einigen Bedenken Anlaß, da diese Stadt von Malabar ziemlich weit entfernt ist. Marsden bezieht Malabar auf Lahore, welches ursprünglich Lahawar hieß. Malabar selbst dafür anzunehmen, hält er für ungereimt.

verworfensten und verzweifeltsten Leuten, die er finden konnte, und trennte sich von seinem Oheim, ohne ihm von seinen Absichten etwas mitzuteilen, rückte durch Balaschan in das Königreich Kesmur ein, wo er wegen der schwierigen und schlechten Wege viele Leute und Vieh verlor, und fiel dann in das Land Malabar ein. Da er so unvermutet über As-idin gekommen war, nahm er ihm mit Gewalt eine Stadt, Dely genannt, mit noch vielen anderen in jener Gegend und begann daselbst zu herrschen. Die Tataren, die er dorthin geführt hatte, Leute von heller Hautfarbe, vermischten sich mit den dunklen indischen Weibern und erzeugten eine Rasse, welcher der Name Karaunas gegeben wurde, was in der Landessprache Mischvolk bedeutet. Das ist das Volk, das seitdem Räubereien betreibt, nicht allein im Lande Reobarle, sondern in jedem anderen, wohin es gelangen kann. In Indien erlangten sie die Kenntnis magischer und teuflischer Künste, vermittels derer sie eine Finsternis hervorbringen können, die das Licht des Tages so sehr verdunkelt, daß die Leute sich gegenseitig nicht sehen können, wenn sie auch nur in geringer Entfernung voneinander stehen. Sobald sie ihre räuberischen Züge unternehmen, üben sie diese Kunst aus, und ihr Nahen wird deshalb nicht bemerkt. Gar häufig ist diese Landschaft der Schauplatz ihrer Untaten, weil die Kaufleute, die aus verschiedenen Gegenden sich in Ormus versammeln und auf die, welche unterwegs von Indien sind, warten, in der Winterzeit ihre von der weiten Reise sehr mitgenommenen Pferde und Maulesel in die Ebene Reobarle senden, wo sie Futter im Überfluß finden und fett werden. Kaum werden die Karaunas dies gewahr, so ergreifen sie die Gelegenheit, einen großen Raubzug zu veranstalten, und machen die Leute, welche das Vieh begleiten, zu Sklaven, wenn sie kein Lösegeld geben können. Marco Polo wurde selbst in eine solche magische Finsternis gehüllt, entkam aber daraus in das Schloß Konsalmi.[8]) Einige seiner Gefährten jedoch wurden gefangen und verkauft, und andere erlagen den Schwertern der Feinde.

17. Kapitel.

Von der Stadt Ormus, die auf einer kleinen Insel nicht weit vom Festland im Indischen Meere liegt; von ihrer Wichtigkeit für den Handel und von dem heißen Winde, der daselbst weht.

Am Ende der vorerwähnten Ebene, die sich in südlicher Richtung fünf Tagereisen weit ausdehnt, befindet sich ein Abhang von etwa zwanzig (italienischen) Meilen, der sehr gefährlich ist wegen der zahlreichen Räuber, von denen die Reisenden beständig angefallen und geplündert werden. Diese Bergneigung führt in eine andere Ebene, die außerordentlich schön ist, zwei Tagereisen weit sich ausbreitet und die Ebene von Ormus genannt wird. Hier überschreitet man eine Menge hübscher Flüsse und Bäche, sieht ein Land, das mit Dattelbäumen bedeckt ist, unter denen man Birkhühner, Papageien und viele andere unserem Klima unbekannte Vögel findet. Zuletzt kommt man an den Ozean, wo auf einer Insel, nicht fern von der Küste, eine Stadt steht, namens Ormus,[1]) deren Hafen von

---

[8]) Die Lage des Schlosses Konsalmi, welches in dem Texte von Pauthier Cono Salmy heißt, läßt sich nicht mit Sicherheit feststellen.

[1]) Die eigentliche alte Stadt Ormus oder Hormus (von Ptolemaeus *Ἅρμουζα πόλις*, von den Lateinern Armuza oder Armuzia, von den Portugiesen Ormuz genannt) lag an der östlichen Küste des Persischen Meerbusens auf dem Festlande in der Provinz Mogostan und im Königreiche Kerman. Der persische Geograph Ibn Haukal, der gegen Ende des 10. Jahrhunderts schrieb, sagt von dieser Stadt: „Hormuz ist der Handelsplatz der Kaufleute in Kirman und ihr erster Seehafen; es hat Moscheen und Marktplätze, und die Kaufleute wohnen in den Vorstädten.“ Der arabische Geograph Abulfeda berichtet: „Hormuz ist der Hafen von Kerman,

Kaufleuten aus allen Gegenden Indiens besucht wird, welche Gewürze und Spezereien, köstliche Steine, Perlen, Gold- und Seidengewebe, Elefantenzähne und eine Menge anderer Waren mitbringen. Diese lassen sie den verschiedenen Handelsleuten ab, die sie durch die ganze Welt verbreiten. Genannte Stadt ist nämlich ein mächtiger Handelsplatz,

---

eine Stadt reich an Palmen und sehr heiß. Jemand, der sie in unseren Tagen besuchte, erzählte mir, das alte Hormuz sei bei dem Einfall der Mongolen zerstört worden, und die Bevölkerung hätte ihren Wohnsitz auf eine Insel im Meer verlegt, die den Namen Zarun führt und nahe dem Festlande im Westen der alten Stadt liegt." Die Insel wurde dem eingeborenen Fürsten im Jahre 1507 von den Portugiesen unter dem berühmten Albuquerque entrissen. „In ihren Händen," sagt Robertson, „wurde Ormus der große Markt, von welchem das persische Reich und alle westlich von ihm gelegenen Provinzen Asiens mit den Erzeugnissen Indiens versehen wurden; und eine Stadt, die sie auf einer dürren Insel, die alles Wassers entbehrte, bauten, wurde einer der vorzüglichsten Sitze des Reichtums, Glanzes und Luxus in der östlichen Welt." Historic. Disq. p. 140.

Im Jahre 1622 eroberte sie Schah Abbas, der von einem englischen Geschwader unterstützt wurde. Die Eroberer rissen die Festungswerke und die öffentlichen Gebäude nieder und verlegten den Handel nach einem Platze an der benachbarten Küste, Gambrûn genannt, der später den Namen Bender Abassi erhielt. Aber inzwischen hatte die Entdeckung des Seeweges um das Kap der guten Hoffnung den Welthandel in neue Bahnen geleitet, so daß der Verkehr über die Häfen des Persischen Meerbusens stark zurückging.

Die Ruinen der alten Stadt Ormus, die auf dem Festlande lag, sind noch deutlich erkennbar und liegen einige Kilometer oberhalb einer kleinen Bucht in der Mitte des jetzigen Bezirkes Minao. Sie haben noch eine beträchtliche Ausdehnung, obwohl sie zum großen Teil infolge der Kultivierung des Bodens der Vernichtung anheimgefallen sind. Sie sind etwas mehr als 10 km von dem Fort Minao entfernt, und der Minao-Fluß bezw. sein steiniges Bett windet sich gegen die Ruinen hinab. Die Bucht, von der oben die Rede war, läßt sich noch gut verfolgen, aber sie ist jetzt völlig verschlammt.

hat Städte und Schlösser, die von ihr abhängig sind, und wird als der Hauptort im Königreiche Kierman angesehen. Der jetzige Herr heißt Rukmedin Achomak, der mit unumschränkter Gewalt regiert, aber zu gleicher Zeit den König von Kierman als seinen Oberherrn anerkennt.[2]) Wenn ein fremder Kaufmann hier stirbt, nimmt er all sein Gut und verleibt es seinem Schatze ein. Während des Sommers bleiben die Einwohner nicht in der Stadt wegen der großen Hitze, welche die Luft ungesund macht, sondern ziehen sich in ihre Gärten längs der Küste oder auf die Inseln der Flüsse zurück, wo sie sich mit einer Art Weidengeflecht ihre Hütten über dem Wasser bauen; diese hegen sie mit Pfählen ein, die auf der einen Seite ins Wasser und auf der anderen in das Uferland getrieben werden, und bedecken die Hütten mit Blättern, um sich vor der Sonne zu schützen. Hier bringen sie die Zeit zu, wenn jeden Tag von der neunten Stunde bis zum Abend ein Landwind so drückend heiß weht, daß alles Atmen gehemmt wird und die Leute, die sich ihm aussetzen, ersticken müssen. Niemand kann seinen bösen Wirkungen entfliehen, wenn er von ihm in der sandigen Ebene überfallen wird. Sobald das Herannahen dieses Windes von den Einwohnern wahrgenommen wird, tauchen sie bis an das

---

[2]) Im Texte von Pauthier heißt der König Ruomedam Ahomet; doch scheint dieser Name eine Korruption von Rukneddin Achmet zu sein. Texeira, ein portugiesischer Reisender, der im Jahre 1570 geboren wurde, schrieb einen Bericht über seine Reise nach Persien, in welchem er auch einen Auszug aus der Geschichte der Könige von Ormus gibt. Von dem zwölften dieser Könige, Rukneddin Mahmud, sagt er folgendes: „Zu seiner Zeit stand das Königreich in hoher Blüte; er besaß tapfere Truppen, die ihm viele Siege erfochten. Er eroberte mehrere Länder und unterwarf das ganze Gebiet, welches sich bis nach Jafar erstreckt. Er herrschte fünfunddreißig Jahre, und als er starb, folgte ihm sein Sohn Amir Seifeddin Nocerat in der Herrschaft.“

Kinn ins Wasser und bleiben in dieser Lage, bis er zu wehen aufhört. Als Beweis für die außerordentliche Hitze, die in diesem Lande herrscht, erzählt Marco Polo folgende Begebenheit, die sich ereignete, als er zufällig in der Gegend weilte. Da der Herr von Ormus vernachlässigt hatte, dem König von Kierman seinen Tribut zu zahlen, entschloß sich jener, ihn in der Jahreszeit einzuholen, wo die vornehmsten Einwohner außerhalb der Stadt auf dem Festlande wohnten, und sandte deshalb eine Truppenmacht ab, die aus 1600 Reitern und 5000 Mann zu Fuß bestand, mitten durch das Land Reobarle, um sie unvermutet zu überfallen. Weil sie jedoch von den Führern irregeleitet wurden, kamen sie nicht vor Anbruch der Nacht an dem bestimmten Platze an und machten Halt, um in einem Haine, nicht weit von Ormus, auszuruhen; aber als sie am anderen Morgen ihren Marsch fortsetzten, wurden sie von jenem heißen Winde überfallen, und alle erstickten; nicht einer entkam, die unglückliche Botschaft seinem Herrn zu überbringen. Als die Leute von Ormus dieses Ereignis erfuhren und die Leichname begraben wollten, damit sie nicht die Luft verpesteten, waren die Körper infolge der furchtbaren Hitze so zerstört, daß die Glieder, wenn man sie aufnahm, vom Rumpfe losrissen, so daß es nötig wurde, die Gräber nahe an der Stelle zu graben, wo die Toten lagen.

18. Kapitel.

Von den zu Ormus gebräuchlichen Schiffsfahrzeugen; von der Jahreszeit, in welcher die Früchte gedeihen, und von der Lebensweise und den Sitten der Einwohner.

Die Fahrzeuge, die man in Ormus baut, sind von der schlechtesten Art und sehr gefährlich. Dies rührt daher, daß keine Nägel bei ihrem Bau verwendet werden können, weil das Holz zu hart ist und so leicht wie irdene Ware zersplittert. Wenn man versucht, einen Nagel hineinzuschlagen, treibt es diesen zurück, wobei der Nagel häufig zerbricht. Die Planken werden so vorsichtig wie nur möglich mit einem eisernen Bohrer nahe an ihren Enden angebohrt und hölzerne Nägel und Pflöcke hineingetrieben; so werden sie zusammengefügt (am Vorder- und Hinterteile). Hierauf werden sie mit einer Art Kabelgarn, das man aus der Schale der indischen Nüsse erhält, zusammengebunden oder vielmehr genäht; die Nüsse sind übrigens sehr groß und mit Fasern gleich Roßhaaren bedeckt; sie werden in Wasser gelegt, bis die zarteren Teile faulen, die Fäden oder Stränge werden frei, und aus ihnen machen sie Fäden, um die Planken zusammenzunähen, die sehr lange unter dem Wasser aushalten. Pech verwendet man nicht zum Schutze der Schiffsböden, sondern man schmiert sie mit einem Öl, das aus Fischfett bereitet wird, ein. Das Fahrzeug hat nur einen Mast, ein Steuer[1]) und ein Deck. Wenn es seine Ladung eingenommen hat, wird es mit Häuten bedeckt, und auf diese Häute stellen sie die Pferde, die sie nach Indien führen. Sie haben keine eisernen Anker, sondern verwenden an ihrer Stelle eine Art von Grundtakel;[2]) die Folge davon ist, daß sie bei schlechtem Wetter, und diese Meere sind sehr stürmisch, häufig an die Küste getrieben werden und zugrunde gehen.

---

[1]) Die Bemerkung, daß ein Schiff nur ein Steuerruder besitzt, könnte überflüssig erscheinen; man muß jedoch beachten, daß die zahllosen „praws", welche die Meere des Ostens bedecken, gewöhnlich mit zwei Rudern versehen sind, und daß Marco Polo solche Fahrzeuge während seiner Reise nach der Straße von Malakka gesehen hat.

[2]) Auch die Fahrzeuge der Malaien besaßen häufig keine eisernen Anker, sondern solche aus hartem Holze, die vermittels schwerer Steine, welche daran befestigt waren, versenkt wurden. Erst da, wo die eingeborenen Völkerschaften mit den Europäern in Berührung kamen, fanden Anker aus Eisen Verwendung.

Die Einwohner des Ortes sind von dunkler Farbe und Muhammedaner. Sie säen ihren Weizen, Reis und andere Körner im Monat November aus und ernten im März. Auch die Früchte werden in diesem Monat abgenommen, mit Ausnahme der Datteln, die im Mai gesammelt werden. Aus den Datteln bereiten sie einen guten Wein. Wenn ihn jedoch Personen, die an dieses Getränk nicht gewöhnt sind, genießen, so stellt sich augenblicklich Durchfall ein; wenn sich aber die Leute von seinen ersten Wirkungen erholt haben, erweist er sich ihnen wohltätig und macht wohl auch fett. Die Nahrung der Eingeborenen ist von der unserigen verschieden; denn wollten sie Weizenbrot und Fleisch essen, so würde ihre Gesundheit darunter leiden. Sie leben hauptsächlich von Datteln und gesalzenen Fischen, sowie von Thunfischen, Cepolen und anderen, die ihnen, wie die Erfahrung sie belehrt hat, gut bekommen. Mit Ausnahme marschiger Gegenden ist der Boden dieses Landes wegen der außerordentlichen Hitze, die alles versengt, nicht mit Gras bedeckt. Bei dem Tode eines Mannes von Rang beweinen ihn die Frauen laut einmal im Laufe jedes Tages vier Wochen nacheinander; auch gibt es hier Leute, die aus solchem Wehklagen ein Gewerbe machen und dafür bezahlt werden, wenn sie über den Leichnamen von Verwandten weinen und schreien.

19. Kapitel.

Von dem Lande, durch welches man kommt, wenn man Ormus verläßt und nach Kierman auf einem anderen Wege zurückkehrt; und von der Bitterkeit des Brotes, die ihre Ursache in der Beschaffenheit des Wassers hat.

Nachdem ich von Ormus geredet habe, muß ich es nun aufschieben, über Indien zu berichten, das ich zum Gegenstande eines besonderen Buches machen werde, und will jetzt nach Kierman in nördlicher Richtung zurückkehren. Wenn man also Ormus verläßt und einen anderen Weg nach jener Gegend einschlägt, tritt man in eine schöne Ebene ein, die im Überfluß alle Arten von Früchten hervorbringt; aber das Brot, welches aus dem Weizen, der in diesem Lande wächst, bereitet wird, kann nicht von denen genossen werden, deren Gaumen nicht daran gewöhnt ist; denn es hat einen bitteren Geschmack, der von der Beschaffenheit des Wassers herrührt, welches bitter und salzhaltig ist. Wohin man blickt, sieht man warme, heilsame Quellen, die zur Heilung von Hautkrankheiten und anderen körperlichen Beschwerden angewendet werden können. Datteln und andere Früchte gibt es dort in Menge.

20. Kapitel.

Von dem wüsten Lande zwischen Kierman und Kobinam und dem bitteren Wasser daselbst.

Wenn man Kierman verläßt und drei Tage wandert, kommt man in eine Wüste, die sich sieben Tagereisen weit erstreckt; hat man diese zurückgelegt, so gelangt man nach Kobinam.[1]) Während der ersten drei Tage von jenen sieben trifft man nur wenig Wasser an, und dieses wenige ist noch mit Salz versetzt, grün wie Gras und von so widrigem Geschmack, daß es nicht zum Trinken zu gebrauchen ist. Wenn man nur ein wenig davon trinkt, führt es schon ab, und dieselbe Wirkung hat das Salz, das aus diesem Wasser bereitet wird. Deshalb müssen diejenigen, welche durch die Wüste reisen, einen Wasser-

[1]) Auf den Karten von Persien (vergl. z. B. Stielers Handatlas, Karte von Iran und Turan) findet man einen Ort Kuhbenan ungefähr in der Mitte zwischen Jesd und Kerman. Es liegt kein Grund vor, die Identität dieser Stadt mit dem von Marco Polo erwähnten Kobinam oder Cabanant, wie es im Texte von Pauthier lautet, zu bezweifeln.

vorrat mit sich nehmen. Das vom Durste gepeinigte Vieh trinkt jedoch das Wasser, worauf sich sofort der Durchfall einstellt. Im Laufe dieser drei Tage sieht man gar keine Wohnung. Alles ist dürr und öde. Vieh ist nicht zu finden, weil kein Futter vorhanden ist. Den zweiten Tag kommt man an einen Fluß mit frischem Wasser, dessen Lauf aber meist unter der Erde fortgeht; an einigen Stellen gibt es jedoch Öffnungen, die durch die Gewalt des Stromes gerissen worden sind; durch diese wird der Fluß sichtbar, und man hat dort Wasser im Überfluß. Hier hält der ermüdete Reisende an, um sich und sein Vieh nach den Beschwerden der vorhergehenden Tage zu erfrischen. Die drei folgenden Tage gleichen den drei früheren, und endlich kommt man an die Stadt Kobinam.

21. Kapitel.

Von der Stadt Kobinam und ihren Gewerben.

Kobinam ist eine große Stadt, deren Einwohner dem Gesetze Muhammeds folgen. Sie verfertigen Spiegel vom herrlichsten polierten Stahl, die außerordentlich groß und sehr schön sind. Viel Antimonium oder Zink wird in dem Lande gefunden, und sie stellen Tutie her, ein ausgezeichnetes Heilmittel für die Augen, zusammen mit Spodium oder Kupferasche, und zwar auf folgende Weise. Es gibt ein Bergwerk im Lande, wo sie eine Erde graben; diese rösten sie in einem glühenden Ofen, auf welchem ein eiserner Rost liegt; der Dampf bleibt daran hängen und wird hart, sobald er erkaltet. Das ist die Tutie, während der grobe und schwere Teil, der nicht aufsteigt, sondern als ausgeglühte Kohle im Ofen zurückbleibt, Spodium wird.[1])

[1]) Schon den Alten war das Messing, eine Legierung von Kupfer und Zink, bekannt, obwohl das reine Zinkmetall erst im 16. Jahrhundert aus China und Ostindien nach Holland gelangte.

22. Kapitel.

Von der Reise nach dem Lande Timochain an den nördlichen Grenzen Persiens und von einer eigentümlichen Baumart.

Wenn man die Stadt Kobinam verläßt, kommt man in eine Wüste, die acht Tagereisen lang ist; sie ist völlig unfruchtbar; weder Baum noch Frucht ist dort zu finden, und das Wasser ist ganz bitter. Die Reisenden müssen daher so viel mit sich nehmen, wie für ihren Unterhalt nötig ist. Das vom Durste gepeinigte Vieh trinkt freilich das Wasser, so wie es in der Wüste vorkommt. Seine Herren machen es ihm so schmackhaft wie nur irgend möglich, indem sie es mit Blumen mischen. Nach acht Tagen erreicht man das Land Timochain, das gegen Norden an den Grenzen Persiens liegt, in dem viele Städte und feste Plätze liegen. Es gibt daselbst eine sehr große Ebene, die merkwürdig ist, weil sie eine Baumart hervorbringt, die der Sonnenbaum und von den Christen „arbor secco“, „der dürre oder fruchtlose Baum“, genannt wird.

Die mineralische Substanz, welche das Kupfer beim Zusammenschmelzen gelb färbte, ein Zinkerz, wurde Cadmia und von den Alchimisten Tutia genannt. Der portugiesische Reisende Texeira (1600) berichtet, daß Tutie in Kerman gefunden wird, und zwar in einer Bergkette, die von der Hauptstadt zwölf Parasangen entfernt ist. Das Erz wird mit Wasser versetzt und in Schmelztiegeln dem Feuer eines Töpferofens ausgesetzt. Sobald es genügend geröstet ist, werden die Tiegel geöffnet und die Tutie nach Ormus zum Verkauf gebracht.

Die Beschreibung, welche Marco Polo von dem Mineral gibt, erinnert an eine Stelle des Galenus (de Simpl. Medic.), wo dieser vom Pompholyx etwa folgendes erzählt: Man findet in den Kupferminen ein Gestein, das die natürliche Cadmia ist. Kleine Stücke der letzteren wirft man in das Feuer des Schmelzofens und verschließt ihn vollständig. Nach einiger Zeit kann man den Dampf der gerösteten Cadmia einsammeln; dieser bildet das Mineral Pompholyx, während der Rückstand, der auf die Erde fällt, Spodos heißt und zum großen Teil eine gute Kupferschmelze geworden ist.

Er hat folgende Eigenschaften: Er ist hochgewachsen mit dickem Stamme, und seine Blätter sind grün, auf der oberen Seite weiß oder grau. Er bringt Hülsen oder Kapseln hervor gleich denen, welche die Walnuß umschließen; sie enthalten aber keine Frucht.[1]) Er hat hartes

---

[1]) Wahrscheinlich ist der von Marco Polo erwähnte Baum nichts anderes als eine Varietät der Platane, auf welche die im Text gegebene Beschreibung einigermaßen paßt. Der Ausdruck „Sonnenbaum“ steht, wie Yule (The travels of Ser Marco Polo, Vol. I. pag. 129) gezeigt hat, im Zusammenhange mit gewissen Legenden, die im Mittelalter verbreitet waren und den Zug Alexanders des Großen in phantastischer Weise behandeln. Die Erzählungen vom Sonnen- und Mondbaume gehen aller Wahrscheinlichkeit nach auf eine Stelle im Pseudo-Callisthenes zurück, wo Alexander in einem Briefe an Aristoteles folgendes erwähnt:

Da kamen einige Bürger zu mir und sagten: „Wir haben dir etwas Merkwürdiges und Sehenswertes zu zeigen, o König; denn wir können dich zu Bäumen führen, die mit menschlicher Stimme sprechen.“ Da führten sie mich in einen Park, in dessen Mitte sich Sonne und Mond befanden und rund um diese eine Wache von Priestern der Sonne und des Mondes. Es standen daselbst die beiden Bäume, von denen sie gesprochen hatten, und die wie Cypressen aussahen; in ihrer Umgebung andere Bäume ähnlich den Myrobolanen Ägyptens und mit ähnlichen Früchten. Ich wandte mich den beiden Bäumen zu, die in der Mitte des Parkes standen, von denen der eine einer männlichen, der andere einer weiblichen Gattung angehörte. Der Name des männlichen Baumes war Sonne und der des weiblichen Baumes Mond, Bezeichnungen, die in jener Sprache Muthu und Emausae lauten. Die Stämme waren mit Häuten von Tieren bedeckt, der Sonnenbaum mit Häuten männlicher Tiere, der Mondbaum mit den Häuten weiblicher Tiere . . . Und als die Sonne unterging, kam eine Stimme in indischer Sprache vom Sonnenbaum her. Da befahl ich den Indern, die mich begleiteten, sie mir zu übersetzen; aber sie waren erschrocken und wollten es nicht.

Marco Polo hat die Erzählungen vom Sonnenbaum der Alexanderlegenden mit einem berühmten Stoffe der christlichen

Holz von gelblicher Farbe, das dem Buchsbaume gleicht. Im Umkreise von hundert Meilen wird keine andere Baumart gefunden, ausgenommen nach der einen Seite hin, wo man in einer Entfernung von zehn Meilen verschiedene Bäume findet. Die Einwohner erzählen, daß daselbst eine Schlacht zwischen Alexander und Darius stattgefunden habe. Die Städte sind mit allen Lebensbedürfnissen wohlversehen; das Klima ist gemäßigt und weder zu heiß noch zu kalt. Das Volk hängt am muhammedanischen Glauben. Es ist im allgemeinen ein hübsches Geschlecht, besonders die Weiber, die meiner Meinung nach die schönsten auf der Welt sind.

23. Kapitel.

Der Alte vom Berge, sein Palast und seine Gärten, seine Gefangenschaft und sein Tod.

Nachdem von diesem Lande gesprochen worden ist, soll über den Alten vom Berge[1]) berichtet werden. Die

---

Legende jener Zeit in Beziehung gebracht, nämlich dem verdorrten Baum, von welchem Maundevile folgendes berichtet: Nicht weit vom Hebron entfernt liegt der Berg Mambre, von dem das Tal seinen Namen hat. Dort steht ein Baum, den die Bewohner den trockenen Baum nennen; sie sagen, er hätte daselbst seit Beginn der Welt gestanden; einstmals war er grün und trug Blätter bis zu der Zeit, als unser Herr am Kreuze starb. Da verdorrte er und mit ihm alle Bäume, welche damals auf der Erde wuchsen.

[1]) In Ägypten bekannte sich eine muselmännische Partei zu der Lehre der Ismaelier, die sich nach Ismael ben Dschiafar al Sadek nannte. Es gehörten dazu mehrere Sekten, welche aus einer Vermischung persischer und indischer Religionssysteme mit dem Islam entsprungen waren. Sie grübelten über den tieferen Sinn des Islams, hatten ihre Mysterien, ihre Weihen und ihre Daïs (d. h. Missionäre, weswegen der Alte vom Berge der Oberdaïs genannt wird). Zu ihnen gehörten auch die Assassinen. Sie teilten sich in Refiks (Laien) und Fedaïs (innerlich Geweihte) und

Landschaft, in welcher seine Residenz lag, erhielt den Namen Mulehet, welches in der Sprache der Sarazenen den Ort der Ketzer bedeutet, und sein Volk den Namen Mulchetites, d. h. Anhänger des ketzerischen Glaubens, wie wir den Namen Patharini auf gewisse Ketzer unter den Christen anwenden. Die folgende Erzählung von diesem Fürsten versichert Marco Polo von verschiedenen

---

unterhielten durch viele Länder geheime Verbindungen. Am glücklichsten war die Sekte der Fatimiden oder Ismaelier in Ägypten gewesen; aber mit dem abnehmenden Glanze der dortigen Kalifenherrschaft schien auch der Fanatismus der Ismaelier minder gefährlich zu werden, bis in Persien Hassan ben Ali, der Stifter der Assassinen, auftrat. Er gab sich für den Sohn eines Muhamemed ben Sabbah Himyari aus, weswegen er gewöhnlich ben Sabbah genannt wird, erkannte den ägyptischen Kalifen als den rechtmäßigen Imam an und durchzog als dessen Missionar oder Daï voll Haß gegen die Seldschukenherrscher, an deren Hofe sein Ehrgeiz sich vergeblich um eine Vezierstelle bemüht hatte, Nordpersien. Er war, sagt Mirkhond, aus Rai gebürtig, lebte lange zu Kairo in Ägypten, dann zu Bagdad, Isfahan, Jesd, Kerman und Damghan, wo er viele Proselyten machte und glücklich den Verfolgungen seines Nebenbuhlers, des Seldschuken-Veziers Nizam al Mulk, entging, der ihn beim Durchzuge durch Rai zu verderben gedachte. Aber der schlaue Hassan vermied Rai und sandte seine beredten Daïs nach Dilem, Alamut und anderen westlichen Festen, wo das Volk für seine Irrlehren gewonnen wurde. Er wanderte selbst nach Kaswin, Dilem und Alamut, das er sich als Sitz seiner Macht ausersehen hatte. Durch List wußte er sich der Feste Alamut zu bemächtigen, die das größte und stärkste von fünfzig Schlössern im Distrikte Rudbar nördlich von Kaswin war. Durch Kauf, Verrat und Bekehrung der Befehlshaber und Besatzungen gingen bald andere Burgen des Landes in Hassans Gewalt über, zuerst Kirdkuh, eine isolierte Festung, die auch Zur Gumbadan (goldner Dom) hieß, sodann Lamsir, unfern Alamut gelegen, das Hassan im Jahre 1101 eroberte. Ähnlich erging es den übrigen Burgen. Seine Macht breitete sich nun beständig weiter über die benachbarten Provinzen aus, so daß er schließlich auf den Gedanken kam, nicht mehr als Glau-

Personen gehört zu haben. Er hieß Aloeddin und seine Religion war die Muhammeds. In einem schönen, von zwei hohen Bergen eingeschlossenen Tale hatte er einen überaus herrlichen Garten anlegen lassen, in welchem die köstlichsten Früchte und die duftigsten Blumen, die man sich nur denken kann, wuchsen. Paläste von mannigfacher Größe und Form waren auf verschiedenen Terrassen über-

---

bensgesandter der ägyptischen Kalifen, sondern als selbständiger Herrscher aufzutreten. Dazu war der Glaube an die Heiligkeit seiner Person nötig und eine zuverlässige Macht, diesen Glauben aufrecht zu erhalten. Stets mit Religionsübungen und der Ausarbeitung seiner Lehrsätze und Ordensregeln, mit der Anhäufung von Manuskripten und astrologischen Instrumenten, sowie mit der Ausfertigung von Blutbefehlen beschäftigt, war er nur den am tiefsten in die Mysterien seines Ordens eingeweihten Fedaïs zugänglich und verließ nie seine Felsenburg. Jede Übertretung seiner Befehle wurde mit der größten Strenge bestraft; dagegen wurden bei seinen Anhängern alle religiösen und sinnlichen Mittel angewendet, um den wildesten Fanatismus zu wecken.

Nach Hassans Tode (1124) ging die Herrschaft des Ordens an Kia Büsürgomid über, der Kommandant der Feste Lamsir war und genau in die Fußtapfen seines Vorgängers trat. Der vierte der Nachfolger, Hassan II., war sehr gelehrt in mathematischem und metaphysischem Wissen, aber noch lasterhafter als die früheren Herrscher. Er erklärte sich selbst als die Person des verheißenen siebenten Imams und hob alle Gebote des Korans auf. Zwar wurde er schon nach wenigen Jahren von seinem Schwager ermordet, aber die von ihm verkündete Lehre blieb unter seinen Anhängern bestehen. Als der schwache Rokneddin, der Mörder seines Vaters, soeben erst den Thron bestiegen hatte (1255 n. Chr. Geb.), erschienen die Mongolen in Iran und Turan. Hulagu erhielt von Mangu-khan den Befehl, gegen die Ismaelier vorzugehen und besiegte im Jahre 1256 den Fürsten der Assassinen. Nach der ersten verlorenen Schlacht warf sich der unerfahrene und feige Rokneddin in die Feste Maimundis, ließ sich aber auf den Rat des Astrologen Nasr-ed-din aus Tus, der den Schutz der Assassinen in Alamut gesucht hatte, verleiten, den Mongolen seine Unterwerfung anzubieten. Dem Mongolenkhane berichtete der

einander gebaut, geschmückt mit goldenen Schildern, mit Gemälden und reichen Seidenstoffen. Man sah in diesen Gebäuden viele Springbrunnen mit klarem, frischem Wasser; an anderen Orten flossen ganze Bäche von Wein, Milch und Honig. In den Palästen hielten sich die schönsten Mädchen auf, die in den Künsten des Gesanges erfahren

---

Astrolog Nasr-ed-din, „ihn dürfe die Festigkeit der Assassinen-Schlösser nicht kümmern, da der Verein der Sterne und Planeten den Verfall ihrer Macht klar vorhersage und die Sonne ihrer Herrschaft schnell vor der neu aufgehenden dem Untergange zueile". Dafür hieß Hulagu den Astrologen in seinem Lager verweilen, erhob ihn später zu seinem Vezier und auf Maraghas Observatorium zu seinem ersten Astronomen und Sterndeuter. Rokneddin mußte seinen eigenen Kommandanten der Burgen, deren er über 100 in Rudbar, Kuhestan und Syrien besaß, den Befehl erteilen, sie mit Hilfe der mongolischen Abgeordneten zu schleifen. Aber die Besatzungen von Alamut, Lamsir und Kirdkuh weigerten sich, zu gehorchen, bis Hulagu selbst vor Lamsir zog, dessen Einwohner ihm schließlich ihre Unterwerfung anboten. Alamuts Besatzung bat sich drei Tage Bedenkzeit und dann freien Abzug aus, der auch gewährt wurde. Die genommene Festung war so stark, daß die Arbeiter bei Zerstörung ihrer Mauern mit Hacken und Beilen kaum etwas auszurichten vermochten. Unermeßlich soll die Beute der Mongolen an Gold und Kostbarkeiten aller Art gewesen sein. Der gelehrte Vezier und Chronist Atamelik Dschowaini, aus dessen Berichten Mirkhond schöpfte, hatte den Auftrag erhalten, die Büchersammlung und die Archive in Alamut zu untersuchen; er legte die Korane und andere kostbare Schriften für Hulagu-khan zur Seite und übergab alle anderen Bücher, zumal die Schriften, welche die geheime Lehre der Sekte betrafen, samt den astronomischen Instrumenten den Flammen. Rokneddin sollte nach Karakorum zu Mangu-khan geschickt werden; er wurde aber am Gihon ermordet. Mangu-khan erließ darauf den Befehl, die ganze Sekte mit Weib und Kind auszurotten, eine Verordnung, die in Rudbar und Kuhestan buchstäblich ausgeführt wurde. Vierzehn Jahre später traf dasselbe Schicksal auch die Assassinen im Libanon und in Syrien, und so erlagen, wie die Geschichtsschreiber berichten, überall die Mörder der offenen Rache der Mongolen.

waren, auf allerlei musikalischen Instrumenten spielen konnten, köstlich tanzten und auf alle Freude und Kurzweil abgerichtet waren. Angetan mit reichen Kleidern, sah man sie fortwährend sich belustigen und den Garten und die Pavillons mit Lust und Freude erfüllen; ihre Aufseherinnen aber waren innerhalb der Gebäude eingeschlossen und durften sich nicht sehen lassen. Diesen Garten von bezaubernder Schönheit hatte der Fürst nicht ohne eine besondere Absicht anlegen lassen. Muhammed hatte nämlich denen, die seinen Geboten folgen, die Freuden des Paradieses versprochen, wo jede Art sinnlichen Genusses in Gesellschaft schöner Weiber gefunden werden sollte; nun wollte der Fürst bei seinen Anhängern den Glauben verbreiten, daß auch er ein Prophet wäre, der dem Muhammed ähnlich sei, und die Gewalt habe, seinen Günstlingen Einlaß in das Paradies zu verschaffen. Damit nun niemand ohne seine Erlaubnis den Weg in dieses köstliche Tal finden könne, ließ er ein festes, uneinnehmbares Schloß am Eingange desselben aufrichten, durch das man nur auf einem geheimen Wege hineingelangen konnte. An seinem Hofe hielt der Fürst auch eine Anzahl Jünglinge von zwölf bis zwanzig Jahren, die er aus denjenigen Einwohnern der benachbarten Gebirge wählte, welche kriegerische Fähigkeiten zeigten und kühn und verwegen zu sein schienen. Diesen erzählte er täglich von dem vom Propheten verkündigten Paradiese und von seiner eigenen Macht, sie in dasselbe einzuführen, und zu gewissen Zeiten ließ er zehn oder zwölf Jünglingen einschläfernde Tränke geben, und wenn sie in einen todähnlichen Schlaf versunken waren, brachte er sie in verschiedene Zimmer der Paläste des Gartens. Wenn sie nun aus diesem tiefen Schlummer erwachten, wurden ihre Sinne berauscht von all den entzückenden Gegenständen, die ihnen schon beschrieben waren, und ein jeder sah sich von lieblichen Mädchen umgeben, die sangen, spielten und seine Blicke durch die bezauberndsten Liebkosungen auf sich zogen; auch bedienten sie ihn mit köstlichen Speisen und herrlichen Weinen, bis er ganz trunken von dem Übermaße des Vergnügens mitten zwischen wirklichen Bächen von Milch und Wein sich sicher im Paradiese wähnte und einen Widerwillen fühlte, jene Freuden zu verlassen. Wenn vier oder fünf Tage in dieser Weise vergangen waren, wurden sie wieder in tiefen Schlaf versetzt und aus dem Garten gebracht. Alsdann führte man sie vor den Fürsten; und von ihm gefragt, wo sie gewesen wären, antworteten sie: „Im Paradiese durch die Gnade Eurer Hoheit," und dann erzählten sie vor dem ganzen Hofe, der ihnen mit Staunen und Neugierde zuhörte, von ihren ungewöhnlichen Erlebnissen. Der Fürst wandte sich alsdann an sie und sagte: „Wir haben die Versicherung unseres Propheten, daß der, welcher seinen Herrn verteidigt, in das Paradies kommen wird, und wenn ihr treu meinem Gebote nachkommt und gehorsam meinen Befehlen seid, so wartet euer dieses glückliche Los!" Durch solche Worte in den höchsten Enthusiasmus versetzt, schätzten sich alle glücklich, die Befehle ihres Herrn zu empfangen, und waren eifrig, in seinem Dienste zu sterben. So geschah es, daß wenn irgend ein benachbarter Herrscher das Mißfallen dieses Fürsten erregte, dieser ihn durch die von ihm erzogenen Meuchelmörder töten ließ; keiner schreckte zurück, sein eigenes Leben daranzusetzen, das sie gering schätzten, wenn sie nur ihres Herrn Befehle ausführen konnten. Seine Schreckensherrschaft wurde infolgedessen in allen umliegenden Ländern aufs schwerste empfunden. Er hatte auch zwei Abgeordnete oder Statthalter, von denen der eine in Damaskus residierte und der andere in Kurdistan, und diese folgten seinem Beispiel und zogen die Jugend zu unbedingtem Gehorsam heran.

So gab es keinen noch so mächtigen Herrscher, der, wenn er sich die Feindschaft des Alten vom Berge zugezogen hatte, dem Tode durch Meuchelmord hätte entgehen können. Da sein Land in dem Reiche Ulaus, des Bruders des Großkhans (Mangu), lag und dieser Fürst von den entsetzlichen Taten Kenntnis erhielt und hörte, daß er die Reisenden, die durch sein Land zogen, ausplündern ließ, sandte er im Jahre 1262 eine seiner Armeen aus, den argen Fürsten in seiner Burg zu belagern. Diese war aber so stark befestigt, daß sie drei Jahre standhielt; endlich wurde der Fürst durch Hungersnot gezwungen, sich zu ergeben, worauf ihn der Sieger hinrichten ließ. Seine Burg wurde niedergerissen und sein Paradiesgarten zerstört.

24. Kapitel.

Von einer Ebene, die sechs Tagereisen lang ist, und einer Wüste die sich dahinter acht Tagereisen weit erstreckt, und die man auf dem Wege nach der Stadt Sapurgan zu durchwandern hat; von den ausgezeichneten Melonen, die daselbst wachsen, und von der Stadt Balach.

Wenn man diese Burg verläßt, führt der Weg über eine weite Ebene und dann durch ein Land, in welchem Hügel und Tal wechseln, wo Weide, Gras und Früchte im Überfluß vorhanden sind, so daß sich daselbst die Armee Ulaus lange und gern aufhielt. Diese Landschaft breitet sich volle sechs Tagereisen weit aus. Sie enthält viele Städte und feste Plätze, und die Einwohner sind Muhammedaner. Dann beginnt eine Wüste, die sich vierzig bis fünfzig Meilen weit ausdehnt. Dort ist kein Wasser zu finden, und der Reisende muß sich damit versorgen, bevor er seinen Marsch beginnt. Da das Vieh keine Tränke findet, bis es die Wüste hinter sich hat, so ist die größte

Eile nötig, damit man möglichst bald einen Wasserplatz erreicht. Am Ende des sechsten Tages gelangt man zu einer Stadt, namens Sapurgan,[1]) die reichlich mit aller Nahrung versehen und sehr berühmt ist, da sie die besten Melonen in der Welt liefert. Diese werden auf folgende Weise aufbewahrt. Sie werden spiralförmig in dünne Scheibchen zerschnitten, wie bei uns die Kürbisse, und wenn sie dann in der Sonne getrocknet worden sind, schickt man sie in großen Massen zum Verkauf in die benachbarten Länder, wo sie sehr gesucht sind, weil sie süß sind wie Honig. Auch gibt es daselbst viel Wild, namentlich Vögel.

Wir verlassen diesen Platz und wollen nun von einem anderen reden, namens Balach,[2]) einer großen und präch-

---

[1]) Im nördlichen Teile des heutigen Afghanistan liegt ungefähr 100 km westlich von Balch eine Stadt, die den Namen Schibirchan führt (vergl. z. B. Stielers Handatlas, Karte von Iran und Turan). Auf sie paßt die Beschreibung, welche Marco Polo von der Stadt Sapurgan gibt. Schwierigkeiten bieten der Erklärung nur die Zeitangaben für die Reise nach Sapurgan. Die Zahl von sechs Tagemärschen ist offenbar viel zu gering, wenn man annimmt, daß Marco Polo aus der Gegend von Damghan aufgebrochen ist.

[2]) Die Stadt Balch im nördlichen Afghanistan in der gleichnamigen Landschaft unter 36° 45′ N. und 66° 42′ O. hat den stolzen Titel „Amu al Bulad“, die Mutter der Städte, aus früheren Zeiten beibehalten, obwohl sie gegenwärtig bei weitem nicht die Bedeutung hat wie in vergangenen Jahrhunderten. Sie besitzt noch eine Zitadelle, mehrere verfallene Moscheen und 15 000 Einwohner, die hauptsächlich Seidenweberei betreiben. In einer fruchtbaren und gut bewässerten Ebene gelegen, war sie früher ein wichtiger Kreuzungspunkt für Karawanen von und nach China. Eine Zeitlang galt Balch als eine Hauptstätte des Buddhismus. Ibn Haukal ist der erste, der uns über die Bedeutung der Stadt im Zeitalter der Samaniden (bis zum Jahre 1004 n. Chr.) einige Nachrichten gibt. Er führt sie als eine der vier Hauptstädte Khorasans auf, zusammen mit Herat, Merw und Nischapur; nach Herat hätte sie die schönste Moschee gehabt . . . Vor den Toren be-

tigen Stadt. Sie war früher noch bedeutender, ist aber von den Tataren, die die Gebäude teilweise zerstörten, wiederholt aufs schwerste heimgesucht worden. Sie hatte viele Paläste aus Marmor und große Plätze, die man noch sehen kann, freilich in zerstörtem Zustande. In dieser Stadt nahm, nach dem Berichte der Einwohner, Alexander die Tochter des Königs Darius zur Gemahlin. Auch hier herrscht die muhammedanische Religion vor. Bis zu dieser Stadt erstreckten sich die Grenzen des Persischen Reiches in nordöstlicher Richtung. Wenn man zwischen Aufgang und Mitternacht weiterzieht, kommt man in zwölf Tagen durch ein Land, wo man keine menschliche Behausung findet, da die Bewohner alle in die festen Plätze des Gebirges geflohen sind, um sich gegen die Angriffe gesetzloser Räuber zu schützen, die diese Gegenden durchschwärmen. Hier ist Wasser in Fülle und Wild verschiedener Art vorhanden. Auch Löwen halten sich in dem Lande auf. Doch ist in dem Hügelzuge während dieser zwölftägigen Reise nicht viel Nahrung zu finden, und der Reisende muß sich mit einem hinreichenden Vorrate für sich und sein Vieh versorgen.

---

fänden sich Gärten und Obstpflanzungen, welche alle Sorten des besten Obstes hervorbrächten; nur Datteln seien nicht vorhanden. Sherif Edrisi (um das Jahr 1150) wiederholt den Bericht Ibn Haukals, fügt aber hinzu: Balch ist die Hauptstadt der Turk und das Hauptquartier ihrer Truppen geworden, die Residenz ihrer Fürsten, Richter und Verwaltungsbehörden; sie hat blühende Vorstädte, eine starke Bevölkerung, viel Industrie und eine große Moschee, welche von Bazaren umgeben ist. Durch Dschingiskhan wurde im Jahre 1220 die ganze Bevölkerung, welche ihm mit Geschenken entgegengezogen war, um dem Übel einer Belagerung zuvorzukommen, hingemordet; seitdem scheint sie sich nie wieder erholt zu haben. Ibn Batuta fand bei seiner Pilgerfahrt um das Jahr 1340 nur Ruinen vor und fluchte dem mongolischen Eroberer, der selbst die Moschee, eine der schönsten und größten der Welt, mit ihren Prachtsäulen zerstört hatte.

25. Kapitel.

Von der Burg Thaikan, von den Sitten der Einwohner und von Salzhügeln.

Am Ende dieser zwölf Tage erreicht man in einer freundlichen und fruchtbaren Gegend eine Burg, namens Thaikan, wo ein großer Kornmarkt abgehalten wird. Die Hügel, die sich südlich von ihr hinziehen, sind sehr hoch.[1]) Einige von ihnen bestehen aus weißem Salz, das außerordentlich hart ist. Die Leute kommen dreißig Meilen weit her, um sich damit zu versorgen, da es als das reinste in der Welt angesehen wird. Es ist jedoch so hart, daß es nur mit eisernen Instrumenten losgeschlagen werden kann. In solcher Menge ist es vorhanden, daß alle Länder der Erde von dorther versorgt werden könnten. Auf den anderen Hügeln wachsen Mandeln und Pistaziennüsse, mit denen die Bewohner einen beträchtlichen Handel

---

[1]) Die Stadt Thaikan Marco Polos existiert noch unter dem Namen Talikan oder Talachan. Ibn Haukal nennt sie die größte Stadt Tokharestans; sie liege in einer Ebene in der Nähe des Gebirges und habe viele Gärten; von Thaikan nach Badakschan seien sieben Tagereisen. Marco Polo setzt dafür nur sechs, drei für die Entfernung von Thaikan nach Scassem und drei weitere von Scassem nach Badakschan. Der Unterschied dieser beiden Angaben ist jedoch nicht sehr beträchtlich. Edrisi sagt von Thaikan, sie sei eine angenehme Stadt, verschieden von einer zweiten gleichnamigen, die aber im Westen von Balch an der Hyrkanischen Kette gelegen ist; sie habe nur ein Viertel der Größe von Balch; umgeben sei sie von Erdwällen; ihre Steinhäuser seien mit Kalk gebaut; sie liege am Ufer eines großen Flusses (ein Nebenfluß des Aksorai, der in den Oxus fließt) in einem Tale, welches viele Weinberge besitzt.

Was das Vorkommen von Salz betrifft, so berichtet Chardin, daß es in Persien weit verbreitet ist. Man trifft dort Ebenen, welche mit Salz bedeckt sind. In Medien und Isfahan wird es in Bergwerken gewonnen, und man transportiert es in großen Quadern wie gehauene Steine.

treiben. Wenn man von Thaikan drei Tage weiter in nordöstlicher Richtung zieht, kommt man in ein bevölkertes Land, das reich an Früchten und Wein ist. Die Bewohner sind blutdürstig und verräterisch. Sie sind auch den Ausschweifungen, besonders dem Trunke ergeben, wozu sie die Güte ihrer süßen Weine verführt. Auf dem Kopfe tragen sie nur eine zehn Spannen lange Schnur, die sie rund binden. Sie sind verwegene Jäger und fangen viele wilde Tiere, tragen aber keine anderen Kleider als die Häute der von ihnen getöteten Tiere, aus welchen sie auch ihre Schuhe verfertigen.

26. Kapitel.

Von der Stadt Scassem und den Stachelschweinen, die daselbst gefunden werden.

Nach einer Reise von drei Tagen erreicht man eine Stadt, namens Scassem,[1] die von einem Herrn regiert wird, dessen Titel dem unserer Barone oder Grafen gleich ist und der in den Bergen noch andere Städte und feste Plätze besitzt. Durch die Mitte der genannten Stadt strömt jetzt ein Fluß von ziemlicher Größe. Hier werden Stachelschweine gefunden, die sich zusammenrollen, wenn die Jäger ihre Hunde auf sie hetzen, und mit großem Grimme die Stacheln ausschießen, mit denen ihre Haut besetzt ist, und damit Menschen und Hunde verwunden. Die Leute dieses Landes haben ihre besondere Sprache. Die Hirten, welche das Vieh hüten, leben in den Bergen und haben ihre Wohnung in den Höhlen; die Herstellung solcher Wohnungen ist nicht schwierig, da die Hügel nicht aus Steinen sondern aus Erde bestehen. Zieht man von

[1] Scassem oder, wie es im Texte von Pauthier heißt, Casem dürfte mit dem Orte Kischm identisch sein, der auf neueren Karten östlich von Talachan gefunden wird.

dannen, so wandert man drei Tage, ohne ein Gebäude zu sehen oder irgendwelchen Lebensbedarf zu finden; doch für die Pferde ist hinreichend Futter vorhanden. Man ist deswegen genötigt, alles das mitzunehmen, was man auf dem Wege braucht. Früh am dritten Tage kommt man in das Land Balaschan.

27. Kapitel.

Von der Provinz Balaschan; von den köstlichen Steinen, die daselbst gefunden werden und dem König anheimfallen; von den Pferden und Falken des Landes; von der heilsamen Luft der Berge und von den Kleidern, mit denen sich die Frauen schmücken.

In dem Lande Balaschan[1]) sind die Einwohner muhammedanischen Glaubens. Es ist ein ausgedehntes Königreich und wird von Fürsten in erblicher Folge beherrscht, die alle von Alexander und der Tochter des Darius, des

---

[1]) Badakschan wird der nordöstliche Teil des heutigen Afghanistan, welcher im Norden des Hindukusch liegt, genannt. Das Haupttal des Landes durchströmt der Koktscha, ein Nebenfluß des Amu-darja. Das Klima ist im Sommer sehr heiß, während der Winter viel Schnee bringt, der die Gebirgspässe ungangbar macht. In den Bergen findet man Kupfer, Silber, Blei, Eisen, Schwefel und Ammoniaksalze; große Steinsalzgruben sind bei Akbulak im Betrieb, unfern des Koktscha am Nordabhange des Hindukusch. Bei Mazar-i-Ilakh befinden sich berühmte Lapislazulibrüche.

Schon Ibn Haukal berichtet, das Land sei gut bebaut und ernähre viele Einwohner. Zahlreiche Gärten befänden sich an den Ufern der Flüsse, und prächtige Viehherden weideten in den Bergen. In Badakschan werde der Rubin und der Lapislazuli gefunden. Von dem Lande haben offenbar die kostbaren Steine den Namen Balassi erhalten. Der Name Sikinan, der bei Marco Polo einen Berg bedeutet, in welchem die Edelsteine gefunden werden, kommt auch bei Ibn Haukal vor, der einen Ort Tschighanian in der Nähe von Scassem erwähnt, obenso bei Edrisi, der Saghanian schreibt.

Königs von Persien, abstammen. Alle diese haben den Titel Zulkarnen geführt, das ist Alexander.[2]) In diesem Lande findet man Edelsteine, die Balaß-Rubine genannt werden und sehr kostbar sind. Sie kommen in den hohen Bergen vor, werden aber nur in einem, namens Sikinan, gesucht. In diesem läßt der König Minen graben, ganz wie für Gold und Silber, und nur auf diese Weise gewinnt man sie; da Todesstrafe darauf gesetzt ist, so wagt niemand, selbst nachzugraben, außer wenn er durch die besondere Gunst Seiner Majestät die Erlaubnis dazu erhält. Gelegentlich gibt sie der König Fremden, die durch sein Land reisen, als Geschenke, da sie von anderen durch Kauf nicht erhalten und auch nicht

---

[2]) Wir besitzen zwar nicht das nötige Material, um die Berufung dieser Fürsten auf eine so erlauchte Abkunft bestätigen oder widerlegen zu können; aber man kann trotzdem mit Sicherheit annehmen, daß derartige Erzählungen in das Reich der Fabel gehören.

Abulfazal, Vezier des Kaisers Akbar, der von den Distrikten Sewad und Bijore spricht, berichtet folgendes: „Zur Zeit Mirza Ulugh Begs (1450) kam der Stamm Sultan, der behauptet, von der Tochter Sultans Sekunder Zulkernain abzustammen, aus Kabul und nahm das Land in Besitz. Sie sagen, Sekunder (Alexander) habe in Kabul einen Schatz unter der Obhut einiger Verwandten gelassen, und Nachkommen der letzteren, die noch ihren Stammbaum besitzen, wohnen jetzt in den bergigen Gegenden.“ (Ayin Akbari, Vol. II. p. 195.) Die Verwandtschaft mit Alexander wird auch von Leut. Macartney erwähnt: „Der König von Derwauz (an den Quellen des Oxus) behauptet, von Alexander dem Großen abzustammen, und seine Ansprüche werden von allen seinen Nachbarn anerkannt.“ (Account of Caubul, App. p. 682.)

Der Name Zul-karnein, welcher „gehörnt“ bedeutet, wurde von den Orientalen dem Alexander (Sekunder) beigelegt wegen der Abbildung seines Kopfes (Jupiter Ammon) auf den griechischen Münzen, die lange in Umlauf waren und später in Persien nachgeahmt wurden.

ohne seine Erlaubnis ausgeführt werden können. Er hat dabei die Absicht, daß die Rubine seines Landes, mit denen sein Ansehen verbunden ist, ihren Wert und ihren hohen Preis bewahren; denn wenn sie nach Belieben gegraben und aus dem Königreiche ausgeführt werden könnten, so würden sie bald ihren Wert verlieren; in so großer Menge sind sie vorhanden. Einige schickt er als Geschenke an Könige und Fürsten, andere gibt er als Tribut ab (an seinen Oberherrn, den Mongolenkaiser), und wieder andere vertauscht er gegen Gold. Diese erlaubt er auszuführen. Es gibt auch Berge im Lande, in welchen man Adern des Steins Lapislazuli findet, welcher die Azurfarbe liefert. Sie sind die besten in der Welt.

Die Silber-, Kupfer- und Bleiminen sind gleichfalls sehr ergiebig. Es ist ein kaltes Land. Die Pferde, die hier geboren werden, sind von vorzüglicher Rasse und laufen sehr schnell. Ihre Hufe sind so hart, daß sie nicht beschlagen zu werden brauchen. Die Einwohner sind imstande, den steilsten Berg hinauf zu galoppieren, wo kein Vieh zu laufen wagen würde. Sie versichern, es sei noch nicht lange her, daß in diesem Lande Rosse lebten, die von Alexanders berühmtem Bukephalus abstammten, und diese wären alle mit einem Male an der Stirn zur Welt gekommen. Diese ganze Zucht aber war im Besitz eines der Oheime des Königs, der, weil er sie seinem Neffen nicht abtreten wollte, hingerichtet wurde, worauf seine Witwe in verzweifeltem Zorn über seinen Mord alle Pferde erwürgen ließ, und so ging diese Rasse der Welt verloren. In den Bergen gibt es Falken von der Art, die Sakerfalken genannt wird; dies sind ganz ausgezeichnete Falken, die sehr schnell fliegen; ferner Laneten oder Lanner. Es gibt daselbst auch treffliche Habichte und Sperber oder Finkenfalken. Die Leute des Landes sind in der Jagd auf Wild und Geflügel wohlerfahren. Guter

Weizen wächst daselbst und eine Art Gerste ohne Grannen[3]). Oliven haben sie nicht, aber sie pressen Öl aus gewissen Nüssen und aus dem Korne, welches Sesam genannt wird und dem Flachssamen gleicht, ausgenommen daß es hellfarbig ist. Das Öl, welches so gewonnen wird, ist besser und duftiger als alles andere. Es wird von den Tataren und anderen Bewohnern dieser Gegenden gebraucht.

In diesem Königreiche gibt es viele Engpässe und Burgen, die Schutz gegen einen feindlichen Einfall gewähren. Die Bewohner sind gute Bogenschützen und kleiden sich gewöhnlich in die Felle wilder Tiere; anderer Stoff zur Bekleidung ist bei ihnen selten. Die Berge geben Weide für eine zahllose Menge von Schafen, die in Herden von vier-, fünf- und sechshundert umherschweifen, alle wild, und obgleich viele gefangen und getötet werden, merkt man doch keine Abnahme. Dieses Gebirge ist sehr hoch, so daß ein Mann vom Morgen bis zur Nacht steigen muß, um den Gipfel zu erreichen. Es breiten sich aber in den Bergen weite Ebenen aus, die mit Gras und Blumen bedeckt sind, und große Ströme mit dem klarsten Wasser stürzen durch die Felsklüfte. In diesen Flüssen findet man Forellen und viele andere Arten schmackhafter Fische. Auf den Höhen der Berge ist die Luft so rein und so heilsam, daß die, welche in den Städten unten im Tal wohnen, sich augenblicklich hinauf begeben, sobald sie vom Fieber oder von anderen Krankheiten befallen werden. Nach einem Aufenthalt von drei Tagen erlangen sie dann ihre Gesundheit wieder. Marco Polo versichert, daß er an seiner eigenen Person diese Wirkung erfahren habe; denn da er beinahe ein Jahr krank in dem Lande daniederlag, wurde ihm der Luftwechsel auf diesen Bergen angeraten,

[3]) Orzo senza scorza, wie Linnées hordeum nudum.

wo er alsbald gesundete. Eine besondere Art der Kleidung ist bei den Frauen der höheren Klasse zu finden; sie tragen nämlich unter dem Gürtel eine Art Hosen, zu denen sie je nach ihren Mitteln hundert, achtzig oder sechzig Ellen feines Baumwollenzeug verwenden, das sie in unzählige Falten legen, um den scheinbaren Umfang ihrer Hüften zu vergrößern; und die werden für die schönsten gehalten, welche die vollsten Hüften haben.

28. Kapitel.

Von dem Lande Bascia, welches südlich von dem vorigen liegt; von dem goldenen Schmucke, den die Einwohner in ihren Ohren tragen, und von ihren Gebräuchen.

Wenn man von Balaschan aus in südlicher Richtung zehn Tage weit reist, so kommt man in das Land Bascia,[1]) dessen Volk eine eigene Sprache hat. Sie beten Götzen-

[1]) Da sich Marco Polo lange Zeit in Badakschan aufgehalten und zahlreiche Nachrichten über die benachbarten Länder gesammelt hat, so unterbricht er seinen Reisebericht, um jene dem Leser mitzuteilen. Marsden und andere Herausgeber haben geglaubt, den Namen Bascia in Peshawar, einer den Engländern gehörenden Stadt in der Nähe der afghanischen Grenze, wieder zu erkennen. Diese Ansicht läßt sich jedoch nicht aufrecht erhalten, da Peshawar erst drei Jahrhunderte später von dem Kaiser Akbar gegründet wurde. Wahrscheinlicher ist die folgende von Pauthier herrührende Erklärung. In der Erzählung von dem Mongolenfürsten Nugodar (16. Kapitel) wird berichtet, dieser sei mit seinem Heere durch Badakschan in das Königreich Kaschmir eingedrungen. Der von Pauthier herausgegebene Text gibt die Marschroute des Heeres etwas genauer an, als es bei Ramusio geschehen ist. Unter den Ländern, die der Nugodar erreichte, bevor er nach Kaschmir zog, wird dort u. a. auch die Provinz Pasiadir genannt, die an der Grenze zwischen Kafiristan und Kohistan zu suchen ist und auch häufig unter dem Namen Paschiai vorkommt. Dieses Paschiai dürfte aller Wahrscheinlichkeit nach mit dem von Marco Polo erwähnten Bascia identisch sein.

bilder an, sind von dunkler Farbe und erfahren in der Kunst der Magie, einem Studium, dem sie sich mit Fleiß ergeben. Sie tragen in ihren Ohren Ringe von Gold und Silber, die mit Perlen und köstlichen Steinen verziert sind. Das Klima des Landes ist stellenweise außerordentlich heiß. Die Nahrung der Einwohner besteht aus Fleisch und Reis.

29. Kapitel.

Von dem Lande Kesmur, das südöstlich gelegen ist; von den Einwohnern, die geschickt in der Magie sind; von ihrer Verbindung mit dem Indischen Meere, und von einer Klasse von Einsiedlern, ihrer Lebensweise und außerordentlichen Enthaltsamkeit.

Kesmur[1]) ist eine Provinz, die sieben Tagereisen von Bascià entfernt liegt. Ihre Einwohner haben auch eine besondere Sprache. Sie sind vor allen anderen in der Kunst der Magie erfahren, und zwar so sehr, daß sie ihre Götzenbilder, obwohl diese von Natur stumm und taub

---

[1]) Der Vasallenstaat Kaschmir an der Nordwestgrenze des britisch-indischen Reiches ist auf allen Seiten von hohen Schneegipfeln umgeben. Die Bevölkerung, von der Marco Polo sagt, sie bestehe aus Götzendienern, das soll wohl heißen aus Buddhisten, ist heutzutage in ihrer überwiegenden Mehrzahl muhammedanischen Glaubens. Kaschmir gehört also zu den Ländern, in denen der Buddhismus im Laufe der Zeit vom Islam verdrängt wurde. Dies hängt mit der politischen Entwickelung des Landes zusammen; Marco Polo berichtet, zu seiner Zeit sei das Land vollkommen unabhängig gewesen. Diese Selbständigkeit ging aber im Jahre 1341 verloren, als infolge innerer Unruhen, die durch den Islam genährt wurden, die letzte eingeborene Königin ihr Reich verlor. Ihr folgten muhammedanische Hindufürsten, bis im Jahre 1586 Akbar das Land dem Reiche von Delhi einverleibte.

Es ist nicht ohne Interesse, die Beschreibung zu lesen, welche Abulfazal, der Vezier des berühmten Mongolenkaisers Akbar und der Verfasser des Buches Ayin Akbari, im Jahre 1570 von Kaschmir gab. „Das Land ist in seiner ganzen Ausdehnung ein Garten mit beständigem Frühling, und die Befestigungen, die ihm die Natur verliehen hat, erheben sich zu erstaunlicher Höhe . . . Regen und

sind, zum Sprechen bringen können; sie können auch den Tag verfinstern und viele andere Wunder bewirken. Sie sind die hervorragendsten unter den götzendienenden Nationen, und von ihnen gehen die Götzenbilder aus, die anderwärts verehrt werden. Von diesem Lande führt eine Wasserstraße zum Indischen Meere. Die Einwohner sind dunkelfarbig, aber durchaus nicht schwarz, und die Weiber, obgleich dunkel, sind doch sehr hübsch. Ihre Nahrung besteht aus Fleisch mit Reis und anderem Korn, doch sind sie gewöhnlich sehr mäßig. In diesem Lande gibt es außer der Hauptstadt noch viele andere Städte und feste Plätze. Man findet dort auch Wälder, Wüsten und schwierige Pässe, welche den Einwohnern Sicherheit gegen feindliche Einfälle geben. Ihr König ist keiner Macht tributpflichtig. Unter der Bevölkerung be-

---

Schnee fällt dort in derselben Jahreszeit wie in Persien und im Reiche der Tataren, und während der periodischen Regengüsse Hindustans treten auch in Kaschmir leichte Regenfälle auf. Der Boden ist teilweise sumpfig, aber der Rest wird von Flüssen und Seen gut bewässert. Veilchen, Rosen, Narzissen und andere Blumen wachsen daselbst wild in unermeßlicher Zahl. Die Häuser, welche aus Holz gebaut sind, haben vier Stockwerke; einige sind noch höher. Ihre Dächer sind mit Tulpen bepflanzt, die im Frühling einen schönen Anblick gewähren."

„In Kaschmir werden Stoffe aus Wolle hergestellt; besonders sind es Schals, welche nach allen Ländern der Erde ausgeführt werden. Abgesehen von Kirschen und Maulbeeren, gibt es dort Früchte im Überfluß, in erster Linie Melonen, Äpfel, Pfirsiche und Aprikosen . . . Die Maulbeerbäume werden hauptsächlich ihrer Blätter wegen angepflanzt, welche die Bewohner als Nahrung für die Seidenraupen benutzen. Die Eier der Seidenraupen werden aus Kelat und Kleintibet eingeführt; aber die aus Kelat sind die besten."

„Die Einwohner nähren sich hauptsächlich von Reis, frischem und getrocknetem Fisch und von Früchten; sie trinken Wein . . . Der Weizen, welcher eine schwarze Farbe hat, ist klein und wird selten bei ihnen gefunden. Sie haben Schafe, die sie Horendu

merkt man zahlreiche Asketen, die gemeinsam leben, strenge Enthaltsamkeit im Essen, Trinken und Umgange mit dem weiblichen Geschlecht beobachten und sich jeder Art sinnlicher Genüsse enthalten, damit sie die Götzen, die sie anbeten, in keiner Weise erzürnen. Diese Leute erreichen ein beträchtliches Alter. Sie besitzen mehrere Klöster, in denen gewisse Obere die Geschäfte unserer Äbte wahrnehmen; bei dem Volke stehen sie in großer Verehrung. Die Eingeborenen dieses Landes berauben kein Geschöpf seines Lebens und vergießen kein Blut, und wenn sie einmal Fleischspeise essen wollen, so lassen sie die Muhammedaner, die im Lande wohnen, das Tier schlachten. Die Korallen, die man aus Europa hierher bringt, werden zu höheren Preisen als in irgend einem anderen Teile der Welt bezahlt.

---

nennen und die eine gewisse Ähnlichkeit mit denen Persiens besitzen. Ihr Fleisch ist äußerst schmackhaft und gesund. Die Kühe sind schwarz und häßlich; aber sie geben Milch im Überfluß, aus der eine ausgezeichnete Butter hergestellt wird."

„Die Bewohner Kaschmirs besitzen eine Sprache, welche ihnen eigentümlich ist. Ihre Bücher sind jedoch in Sanskrit geschrieben, obgleich der Charakter der Schrift eine gewisse Verwandtschaft mit derjenigen des Landes erlangt hat. Sie schreiben auf „Touz", der Rinde eines Baumes, welche sich leicht in Blätter spalten läßt und während vieler Jahre unversehrt bleibt. Alle alten Manuskripte sind auf dieser Rinde geschrieben, und sie bedienen sich einer Tinte, die sich nicht auslöschen läßt. Ursprünglich kannten sie nur die indischen Wissenschaften; aber jetzt beschäftigen sie sich auch mit denen anderer Völker."

„Die angesehensten Männer des Landes sind die Richis, die, obgleich sie sich nicht durch Überlieferungen beengen lassen, zweifellos die wahren Verehrer Gottes sind. Diese Mönche verachten nicht die anderen Sekten und verlangen nichts von ihnen. Sie pflanzen seitwärts der Straßen Fruchtbäume, um den Reisenden Erfrischungen liefern zu können. Sie enthalten sich des Fleischgenusses und des Verkehrs mit dem anderen Geschlecht. Es gibt etwa 2000 Anhänger dieser Sekte in Kaschmir."

Wenn ich nun in derselben Richtung weiter wandern wollte, so würde ich nach Indien kommen; aber ich habe es für zweckmäßig gehalten, die Beschreibung dieses Landes für ein drittes Buch aufzusparen, und will daher nach Balaschan zurückkehren, von dort den geraden Weg nach Kataia verfolgen und, wie es vom Anfange des Werkes an geschehen ist, nicht allein die Länder beschreiben, durch welche der Weg unmittelbar führt, sondern auch die in ihrer Nachbarschaft zur Linken und Rechten.

30. Kapitel.

Von der Landschaft Vokan; von einem dreitägigen Aufstieg, der auf den Gipfel eines hohen Berges führt; von einer besonderen Schafzucht, die daselbst gefunden wird; von der Wirkung, die das Feuer hat, wenn es in großer Höhe angezündet wird, und von dem wilden Leben der Einwohner.

Wenn man vom Lande Balaschan in der Richtung zwischen Nordost und Ost wandert, kommt man an vielen Städten und Wohnungen am Ufer des Flusses vorbei, die dem Bruder des Königs von Balaschan gehören, und nach drei Tagereisen erreicht man eine Landschaft, Vokan[1]) genannt, die sich drei Tagereisen ausbreitet. Die Einwohner sind Muhammedaner, haben eine besondere Sprache, sind sehr gesittet und tapfer im Kriege. Sie haben verschiedene Methoden, wilde Tiere zu fangen. Ihr Herr erhält sein Land als Lehn von Balaschan. Wenn man dieses Land verläßt und drei Tage wandert, immer weiter

---

[1]) Der Reiseweg Marco Polos läßt sich von Badakschan aus mit großer Genauigkeit weiter verfolgen. Der Fluß, von dem am Anfange des Kapitels die Rede ist, stimmt zweifellos mit dem Pandsch überein, einem der Quellflüsse des Amu-darja. Der Oberlauf des Pandsch führt noch jetzt den Namen Wachan-darja von der Landschaft Wachan, durch die er fließt. Letztere ist nichts anderes als das von Marco Polo erwähnte Vokan.

in ostnordöstlicher Richtung, und Berg auf Berg übersteigt, so kommt man endlich auf einen Punkt, wo man glauben könnte, daß die Berggipfel ringsum das Land zum höchsten in der Welt machen.[2]) Hier zwischen zwei Bergreihen

---

[2]) Die Beschreibung des Hochlandes von Pamir gehört zu den interessantesten Teilen des Reiseberichtes. Der Name ist türkisch-tatarischen Ursprungs und bedeutet soviel wie eine unbewohnte Wildnis; und in der Tat ist noch heute das Land außerordentlich dünn bevölkert. Man kann von einem Gebirge, wo die klimatischen Verhältnisse so außerordentlich ungünstig und die Weiden so mager und selten sind, auch nichts anderes erwarten. Bei den umwohnenden Nomaden ist schon seit alters her der Name Bam-i-Duniah, Dach der Welt, im Gebrauch, der sich bis auf die Gegenwart in der Bezeichnung Pamir erhalten hat. Über die morphologische Gliederung des Hochlandes sagt der bekannte schwedische Reisende Sven Hedin etwa folgendes: „Im Pamir lassen sich drei verschiedene Gebiete unterscheiden; im zentralen fließt das Wasser in die Seen Kara-kul und Rang-kul, aus dem peripherischen zum Amu-darja und Tarim. Die abflußlosen Gebiete zeichnen sich vor allem durch die ununterbrochene Nivellierungsarbeit des Wassers aus, die darin besteht, daß alle Produkte der Gesteinsverwitterung von den Rändern nach den tieferen Teilen geführt werden, um sich dort abzulagern und die Unebenheiten des Bodens auszugleichen. Obgleich diese allgemeine Regel auch im Kara-kul-Gebiete gilt, findet man daselbst doch bedeutende Höhenunterschiede, indem die im Westen des Sees gelegenen Berge sich gegen 1200 m über seinen Spiegel erheben. Der See hat selbst eine absolute Höhe von 4000 m und ist bis 230 m tief, was für einen Salzsee im asiatischen Zentralbecken außergewöhnlich viel ist. Hier ist es der Nivellierungsarbeit noch nicht gelungen, die Bodenvertiefungen auszufüllen."

„Die Bergketten, welche die abflußlosen Gebiete des Kara-kul und Rang-kul begrenzen, erreichen eine bedeutende Höhe, und die über sie führenden Pässe sind in den Kamm der Ketten wenig tief eingeschnitten. Der Paß Kalta-davan ist z. B. ebenso hoch wie der Mont-Blanc." (Durch Asiens Wüsten. I. 74 u. ff.)

Es ist nicht wahrscheinlich, daß der von Marco Polo erwähnte See mit dem großen Kara-kul oder dem Rang-kul identisch ist; denn der Weg aus dem Tale des Wachan-darja nach Kaschgar

sieht man einen großen See, aus dem ein schöner, freundlicher Fluß herausströmt. Er bewässert eine ausgedehnte, grüne Ebene. Diese Weide ist so vortrefflich, daß dort das magerste Vieh im Laufe von zehn Tagen fett wird. In der Ebene gibt es eine Menge wilder Tiere, besonders Schafe von außerordentlicher Größe, welche Hörner von drei, vier und sogar sechs Spannen Länge tragen. Aus diesen verfertigen die Schäfer Löffel und allerlei Geschirr zu ihren Speisen; auch machen sie Zäune daraus, ihr Vieh darin zu hegen und es gegen die Wölfe zu schützen, die, wie sie erzählen, das Land heimsuchen und große Verheerungen unter Schafen und Ziegen anrichten. Hörner und Gebeine werden in großer Menge gefunden und daraus Haufen an den Seiten der Straße hergestellt, um die Reisenden sicher zu leiten, wenn der Schnee die Berge bedeckt. Zwölf Tage führt der Weg über eine erhöhte Ebene, die Pamer genannt wird, und da man während dieser ganzen Zeit auf keine Wohnung trifft, so muß man sich vorher mit allem Nötigen versehen. So groß

---

führte ihn jedenfalls weiter östlich vorbei. Welchen der anderen Seen Marco Polo gemeint hat, ob den Sor-kul, den Tschakmakden-kul oder vielleicht den kleinen Kara-kul, wird sich kaum mit Sicherheit entscheiden lassen.

Von Interesse ist noch die Bemerkung Marco Polos, daß auf den Höhen der Berge das Feuer nicht dieselbe Hitze gibt wie in niedrigeren Gegenden, auch nicht so kräftig wirkt bei der Zubereitung der Speisen. In der Sprache der modernen Physik würden sich diese Beobachtungen etwa folgendermaßen wiedergeben lassen: Erhebt man sich innerhalb der Atmosphäre über der Erdoberfläche, so nimmt der Druck der Luft beständig ab und gleichzeitig sinkt auch die Temperatur des siedenden Wassers. Nimmt man z. B. als mittlere Höhe des Hochlandes von Pamir etwa 4000 m an, so erhält man daselbst als Barometerstand ungefähr 460 mm und als Siedepunkt des Wassers 86° Celsius. In diesem Sinne hat also Marco Polo recht, wenn er von der Unwirksamkeit des Feuers auf hohen Bergen spricht.

ist die Höhe der Berge, daß keine Vögel in der Nähe ihrer Gipfel zu sehen sind, und wie außerordentlich es auch scheinen mag, es wurde versichert, daß wegen der Schärfe der Luft Feuer, die angezündet werden, nicht dieselbe Hitze geben wie in niedrigeren Gegenden, auch nicht so kräftig bei der Zubereitung der Speisen wirken.

Wenn man diese Reise von zwölf Tagen zurückgelegt hat, so hat man noch vierzig Tage in derselben Richtung vorwärts zu wandern, über Berge und Täler in stetem Wechsel, viele Flüsse und Wiesenstriche zu überschreiten, ohne eine Wohnung oder irgendwelches Grün zu sehen. Daher muß man alle Lebensmittel mitnehmen. Dieses Land heißt Beloro.[3]) Sogar mitten zwischen den höchsten

---

[3]) Der Name des Landes Beloro kommt schon in dem Reiseberichte des buddhistischen Pilgers Hiwen-tsang vor, der sich im 7. Jahrhundert von China nach Indien begab, um daselbst die heiligen Schriften der Buddhisten zu studieren. „Das Königreich Po-lu-lo (Bolor)," so erzählt er, „hat einen Umfang von ungefähr 4000 Li und liegt inmitten hoher, schneebedeckter Berge. Man erntet daselbst viel Weizen und Bohnen und gräbt Gold und Silber. Wegen des hohen Gewinnes aus den Goldbergwerken ist der Reichtum des Landes sehr beträchtlich. Das Klima ist beständig kalt. Die Bewohner haben eine wilde, gewalttätige Gesinnung; sie besitzen keine Spur von Menschenfreundlichkeit und Gerechtigkeitssinn . . . Ihre Züge sind gewöhnlich und unedel. Sie tragen Kleider aus grober Wolle. Die Charaktere ihrer Schrift erinnern an die Schriftzeichen Indiens; aber ihre Sprache ist von derjenigen anderer Länder verschieden. Es gibt dort mehrere hundert Klöster mit einigen tausend Mönchen, die aber keinen großen Eifer für das Studium zeigen und häufig die Vorschriften übertreten." (Mémoires sur les contrées occidentales, par Hiouen Thsang, traduits par S. Julien, Paris 1857.)

Was die Lage des Landes Bolor betrifft, so läßt sich aus chinesischen Werken mit einiger Wahrscheinlichkeit feststellen, daß ein Teil des heutigen Chitral diesen Namen führte. Die Bezeichnung Bolor Tagh war früher auch für die Gebirgskette im Gebrauch, welche den Ostrand des Hochlandes von Pamir begrenzt und den Tien-schan mit dem Karakorumgebirge verbindet.

dieser Berge wohnt ein wilder, böswilliger und götzendienerischer Stamm, der von Tieren lebt, die er auf der Jagd erlegt, und sich in ihre Felle kleidet.

31. Kapitel.

Von der Stadt Kashcar und dem Handel ihrer Einwohner.

Endlich erreicht man einen Platz, namens Kashcar,[1]) welcher, wie man sagt, früher ein unabhängiges Königreich bildete, aber jetzt der Herrschaft des Großkhans unterworfen ist. Seine Einwohner sind Muhammedaner. Das Land ist groß und enthält viele Städte und Burgen, von denen Kashcar die größte und wichtigste ist. Die Sprache des Volkes ist eine ihm eigentümliche. Sie leben von Handel und Gewerben, besonders von der Fabrikation der Baumwollstoffe. Sie haben hübsche Äcker, Baumgärten

---

[1]) Kaschgar ist heute die Hauptstadt von Kaschgarien im chinesischen Ostturkestan und liegt in einer fruchtbaren Ebene am Kaschgar-darja. Schon im 7. Jahrhundert wurde sie von Hiwen-tsang besucht, der von ihr folgende Beschreibung gibt: „Das Reich Kie-cha (Kaschgar) hat einen Umfang von etwa 5000 Li. Es gibt daselbst viele Sandwüsten und nur wenig Land, das sich für den Ackerbau eignet. Die Ernten sind jedoch reich, und allenthalben sieht man Blumen und Obstbäume . . . Das Klima ist milde und gemäßigt; Winde und Regenfälle stellen sich in regelmäßiger Zeitfolge ein. Die Bewohner zeichnen sich durch ihre Gewalttätigkeit und Wildheit aus; Diebstahl und Betrug sind bei ihnen nichts Ungewöhnliches. Sie kümmern sich wenig um die Pflichten der Moral, auch haben sie nur eine oberflächliche Kenntnis der Wissenschaften. Wenn ein Kind zur Welt kommt, so pflegt man ihm den Kopf mittels Brettchen zusammenzudrücken, um ihm so eine flache Form zu geben. Ihre Gestalt ist gewöhnlich und unschön; sie bemalen ihren Körper und haben grünliche Augäpfel. Ihre Schrift ist eine Nachahmung der indischen; die Sprache unterscheidet sich aber von derjenigen anderer Länder. (Mémoires sur les contrées occidentales, par Hiouen Thsang.)

und Weinberge; Baumwolle wird dort in großen Mengen gewonnen, ferner auch Flachs und Hanf. Kaufleute aus diesem Lande wandern in alle Welt; aber in Wahrheit ist es ein schmutziges, habsüchtiges Volk, das schlecht ißt und noch schlechter trinkt. Außer den Muhammedanern gibt es unter den Einwohnern viele nestorianische Christen, denen es gestattet ist, nach ihren eigenen Satzungen zu leben und Kirchen zu bauen. Dieses Land ist fünf Tagereisen lang.

32. Kapitel.

Von der Stadt Samarcan und der wunderbaren Säule in der Kirche Johannes des Täufers.

Samarcan[1]) ist eine edle Stadt, geschmückt mit schönen Gärten und umgeben von einer Ebene, in der alle Früchte wachsen, die man sich nur wünschen kann. Die Einwohner, teils Christen, teils Muhammedaner,

---

[1]) Marco Polo ist selbst nicht in Samarkand gewesen; was er von der Stadt erzählt, hat er jedenfalls den Berichten nestorianischer Christen entnommen; insbesondere gilt dies von dem Wunder, das sich in der Johannes dem Täufer geweihten Kirche zugetragen haben soll. Samarkand ist eine sehr alte Stadt, welche, wie Pauthier annimmt, mit dem Orte *Μαράκανδα* der griechischen Historiker identisch ist, wo Alexander der Große bei einem Gelage seinen Freund Klitus mit eigener Hand tötete. Der schon mehrfach erwähnte chinesische Reisende Hiwen-tsang, der sich daselbst in der ersten Hälfte des 7. Jahrhunderts aufgehalten hat, berichtet, Sa-mo-kien sei in jener Zeit eine starkbevölkerte Handelsstadt gewesen, wo die kostbarsten Waren der fremden Länder in Menge aufgehäuft würden. Die Bewohner, welche sich durch Tatkraft und Tapferkeit auszeichneten, hätten eine große Geschicklichkeit in der Ausübung verschiedener Künste erlangt. In den ersten Zeiten des Islams war Samarkand eine der berühmtesten Städte Asiens, und noch heute wird es von vielen Muhammedanern als heilige Stadt verehrt. Was die Christen betrifft, welche in dem Berichte Marco Polos eine Rolle spielen, so ist zu erwähnen, daß

sind dem Neffen des Großkhans untertan; doch stehen beide nicht in freundschaftlichem Verhältnisse zueinander, sondern es herrscht im Gegenteil zwischen ihnen ewiger Kampf und Krieg. Die Stadt liegt in nordwestlicher Richtung. Ein Wunder soll, wie man sagt, hier stattgefunden haben und zwar unter folgenden Umständen. Hundertfünfundzwanzig Jahre vor dieser Zeit bekehrte sich ein Fürst, namens Zagatai, der der eigene Bruder des (damals regierenden) Großkhans war, zum Christentume, zu großer Freude der christlichen Einwohner der Stadt, die unter der Gunst und dem Schutz des Fürsten eine Kirche errichteten und Johannes dem Täufer weihten. Sie war so gebaut, daß das ganze Gewicht des runden Daches auf einer Säule im Mittelpunkte ruhte, und unter diese legten sie als Fundament einen Quaderstein, den sie mit Erlaubnis des Fürsten aus einem Tempel genommen hatten, der den Muhammedanern gehörte, die es nicht wagten, ihnen das zu verwehren.[2]) Aber nach dem Tode Zagatais

---

der Ort seit Beginn des 8. Jahrhunderts der Sitz eines Metropoliten der nestorianischen Kirche war. In der Mongolenzeit hatte die Stadt viel zu leiden, besonders durch Dschingiskhan, der sie der Plünderung preisgab und viele ihrer Gebäude zerstörte. Durch Timur wurde sie um das Jahr 1370 in ihrem alten Glanze wiederhergestellt und zur Hauptstadt seines Reiches gemacht. Aber als sie später in die Hände der Usbeken-Tataren fiel, verlor sie viel von ihrer alten Bedeutung.

[2]) Dies ist eine von den Geschichten, die dazu geführt haben, unseres Autors Werk in Mißkredit zu bringen. Wir haben keinen Beweis dafür, daß Dschagatai, der übrigens nicht der Bruder, sondern der Oheim Kublai-khans war, jemals das Christentum angenommen hat. Die Christen erfuhren zwar unter Dschingiskhan und seinen Nachfolgern eine weitgehende Duldung; aber diese hatte nicht so sehr in den religiösen Neigungen jener Herrscher ihren Grund, als vielmehr in dem Hasse gegen die Muhammedaner. Bemerkenswert ist noch ein Anachronismus in der Erzählung Marco Polos. Da Dschagatai um das Jahr 1223 zur

zeigte sein Sohn und Nachfolger keine Neigung, Christ zu werden, und die Muselmänner setzten den Befehl durch, daß ihre Gegner ihnen den Stein wiedergeben sollten, den sie weggeführt hatten, und obgleich die letzteren ihnen eine Entschädigung in Geld geben wollten, waren jene doch nicht bereit, auf den Vorschlag zu hören, weil sie hofften, daß die Wegnahme des Steines die Kirche zerstören würde. In dieser mißlichen Lage hatten die bedrängten Christen keine andere Zuflucht, als mit Tränen und Demut sich dem Schutze des glorreichen St. Johannes des Täufers zu empfehlen. Als der Tag kam, an dem sie den Stein zurückgeben sollten, geschah es, daß durch die Gnade des Heiligen die Säule sich von ihrem Fundament drei Spannen hoch erhob, so daß der Stein mit Leichtigkeit darunter hinweggenommen werden konnte, und in dieser Stellung, ohne eine andere Stütze, ist sie noch heutigentages zu sehen. — Da nun hiervon genug gesagt worden ist, wollen wir zu der Landschaft Karkan übergehen.

33. Kapitel.

Von der Provinz Karkan, deren Einwohner an geschwollenen Beinen und Kröpfen leiden.

Von hier kommt man in die Provinz Karkan,[1]) die sich fünf Tagereisen weit ausdehnt. Ihre Einwohner, zum

---

Regierung kam und 1242 starb, so konnten bis zu der Zeit, wo der Reisebericht geschrieben wurde, höchstens 70 Jahre verflossen sein und nicht 125, wie in unserem Texte steht. Es muß indessen hervorgehoben werden, daß diese Angabe nur bei Ramusio vorkommt. In dem von Pauthier herausgegebenen Texte fehlt sie gänzlich; es heißt daselbst nur: Il fu voirs qu'il n'a encore granment que Sigatay frere charnel au grant Kaan, se fit crestien, qui estoit seigneur de ceste contrée, et de maintes autres.

[1]) Das Land Karkan oder Jarkent, wie es heute heißt, wird

großen Teil Muhammedaner mit einigen nestorianischen Christen, sind Untertanen des Großkhans. In diesem Lande gibt es Nahrungsmittel in Fülle, ferner auch Baumwolle. Die Einwohner sind in Künsten und Gewerben

---

schon in den ersten Jahrhunderten unserer Zeitrechnung von chinesischen Geschichtsschreibern erwähnt. Während der Regierung der Tangdynastie (618—905) führte es den Namen Tscho-kau-kia, unter dem es auch bei Hiwen-tsang beschrieben wird. Die Bevölkerung war zu der Zeit (644), als der chinesische Reisende es besuchte, sehr zahlreich. Weite Flächen des Landes fand er jedoch mit Sand bedeckt; offenbar ist dies die Wüste Takla-makan im Osten der Stadt Jarkent, die Sven Hedin im Jahre 1895 unter gefahrvollen Umständen durchquerte. Hiwen-tsang erwähnt zwei Ströme, von denen der eine sicherlich mit dem Jarkent-darja identisch ist. Die Sprache der Bewohner war von derjenigen Chotans verschieden. Es gab dort zahlreiche buddhistische Klöster, von denen aber viele in Trümmern lagen.

„Jarkent," sagt der persische Verfasser der Sieben Klimate, „war lange eine große und reiche Stadt; aber allmählich nahm ihre Bevölkerung ab, und sie wäre schließlich zu einem Aufenthaltsort wilder Tiere herabgesunken, wenn nicht Mirza Abu Bekr (870—920, einer der türkischen Sultane Kaschgars), der Gefallen an dem Klima und den Gewässern Jarkents fand, sie zur Hauptstadt ausersehen hätte." (Pauthier, le livre de Marco Polo, I. p. 141.)

Der portugiesische Jesuitenpater Goës kam im November 1603 nach einer beschwerlichen Reise von Kabul über Badakschan nach Jarkent, das er Hiarchan nennt. „Die Stadt," so berichtet er, „ist die Residenz des Reiches Kaschgar und berühmt durch das Zusammenströmen zahlreicher Kaufleute und durch die Mannigfaltigkeit der daselbst aufgehäuften Waren. Der Karawanenzug von Kabul endet hier, und neue Karawanen sammeln sich in der Stadt, um weiter bis Kathai vorzudringen."

Die schlechten Trinkwasserverhältnisse, über die schon Marco Polo kurz berichtet, haben sich bis auf den heutigen Tag noch nicht geändert. „Obgleich die Stadt in nächster Nähe eines der größten Ströme Zentralasiens liegt," sagt Sven Hedin, „ist doch ihr Trinkwasser Gift. Es wird durch Kanäle vom Flusse nach Teichen innerhalb der Stadt geleitet, in denen das stillstehende Wasser

erfahren. Sie haben häufig geschwollene Beine und Kröpfe am Halse, eine Krankheit, die von dem schlechten Trinkwasser herrührt. Weiter ist nichts Bemerkenswertes zu berichten.

34. Kapitel.

Von der Stadt Kotan, die reichlich mit allen Bedürfnissen des Lebens versehen ist.

Wenn man den Weg zwischen Nordost und Ost verfolgt, kommt man zunächst in das Land Kotan,[1]) welches

---

fault und sich allmählich mit allem möglichen Schmutz und Abfall vermischt. Diese Bassins werden daher wahre Ansteckungsherde und Bakterienkulturen. Man badet darin, wäscht dort die voller Ungeziefer sitzenden Kleider, spült das Geschirr, schüttet den Abfall von den Mahlzeiten hinein, läßt Hunden und Vieh freien Zutritt und — trinkt dieses verpestete Wasser, das aus einem Zuflußkanal nur dann erneuert wird, wenn der übelriechende Bodenschlamm im Begriff ist, an den Tag zu treten. Infolge dieser Fahrlässigkeit ist in Jarkent unter anderm eine Krankheit, Boghak genannt, sehr häufig, eine Geschwulst, die sich auf der Vorderseite des Halses bildet und mindestens die Größe einer Faust hat, oft aber Kopfgröße erreicht und ihrem unglücklichen Träger ein höchst unnatürliches, abstoßendes Aussehen verleiht."

[1]) Ebenso wie Jarkent ist Chotan eine sehr alte Stadt, deren Sanskritname Kusthâna lautet, während es die Chinesen Yü-thian nannten. In der 1744 gedruckten chinesischen Chronik „Thaitsching-jih-tung-tschi" findet man verschiedene wichtige Mitteilungen über das alte Chotan, die Abel Rémusat in seiner „Histoire de la ville de Khotan" übersetzt hat.

Der Kaiser Wu-ti von der Han-Dynastie, welcher 140—87 v. Chr. regierte, war der erste, der Offiziere nach Chotan schickte, und der Kaiser Ming-ti unterwarf die Stadt im Jahre 73 n. Chr. Seit jener Zeit stand sie in einem mehr oder minder festen Verhältnis zum chinesischen Reiche. Für die folgenden Jahrhunderte gibt das angeführte Werk mehrere wichtige Aufschlüsse über Chotan und seine Bewohner. „Es ist ein reiches, blühendes und gutbevölkertes Land. Die Bewohner sind dem Buddhakultus ergeben.

sich acht Tagereisen weit erstreckt. Es steht unter der Herrschaft des Großkhans und seine Einwohner sind Muhammedaner. Es enthält viele Städte und befestigte

---

Die Frauen haben Zutritt zum geselligen Leben, auch wenn Fremdlinge zugegen sind. Sie tragen das Haar in Flechten und reiten Kamele und Pferde auf dieselbe Weise wie die Männer. Alle Bewohner dieser Gegend haben tiefliegende Augen und eine kräftig hervortretende Nase; sie sind von Charakter sanft und rücksichtsvoll, aber auch listig, schmeichlerisch und heiter, sowie sehr förmlich. Sie verbrennen ihre Toten, worauf die Gebeine gesammelt und begraben werden, und auf dem Grabe wird dem Feo Tho, d. h. Buddha, eine Kapelle errichtet."

Von besonderem Interesse ist, daß ihre Industrie auf einer hohen Stufe stand. Eine der vielen Gesandtschaften, die von Chotan an den Kaiser von China geschickt wurden, brachte ihm unter anderen Geschenken eine Anzahl Glasvasen. Sven Hedin, dessen Werke „Durch Asiens Wüsten" diese Angaben entnommen sind, erzählt, er habe selbst bei Chotan und an anderen Orten Ostturkestans Glasscherben gefunden, die augenscheinlich von kleinen Schüsseln, Kännchen, Schalen und Lotosblumen stammten.

Im Jahre 402 unserer Zeitrechnung begab sich nach dem „Thaitsching-jih-tung-tschi" der buddhistische Pilger Fa-hien nach Chotan, um „nach den Vorschriften des Gesetzes zu suchen". Der König des Landes wies ihm und seinen Begleitern in einem großen Kloster Quartier an, in dem sich dreitausend Mönche befanden. Es gab in dem Reiche vierzehn Klöster von dieser Größe und eine beträchtliche Anzahl kleinerer. An gewissen Tagen des Jahres feierte man mit großem Pomp das Tempelfest, das Fa-hien „Umhertragen der Götterbilder" nennt und von dem er eine anschauliche Schilderung gibt.

„Sieben oder acht Li im Westen der Stadt," sagt der chinesische Pilger, „befindet sich ein Monument, welches der neue Tempel des Königs heißt. Man hat achtzig Jahre daran gebaut, und drei Könige haben sich um seine Fertigstellung bemüht. Es besitzt ungefähr 80 m Höhe, ist mit Skulpturen und in Metall gravierten Inschriften geschmückt und mit Gold und Silber bekleidet. Alle erdenklichen Kostbarkeiten hat man beim Bau des Turmes verwendet. Dem Buddha wurde eine Kapelle gebaut, die wunderbaren Schmuck enthält. Die Säulen, Tore, Fenster und ihre Öff-

Plätze, aber die Hauptstadt, die dem Lande den Namen gegeben hat, ist Kotan. Alles, was man zum menschlichen Leben bedarf, findet man daselbst in reichster Fülle. Auch

---

nungen sind mit Goldblech bekleidet. Die Priester besitzen besondere Zellen, die so schön und reich verziert sind, daß man nicht Worte hat, sie zu beschreiben. Die Fürsten der sechs Königreiche, welche im Osten der Bergkette liegen, schicken dorthin köstliche Gaben und reiche Almosen, von denen nur ein kleiner Teil zur Verwendung gelangt.“ (Fo-kuë-ki, trad. par Abel Rémusat, p. 17—18.)

Auch Hiwen-tsang, der Chotan im Jahre 644 kennen lernte, verbreitet sich sehr ausführlich über die Eigentümlichkeiten des Landes und seiner Bewohner. „Mehr als die Hälfte des Bodens ist eine unfruchtbare Wüste, und die ertragsfähigen Ländereien sind von geringer Ausdehnung. Wirbelwinde und Sandstürme kommen sehr häufig vor . . . Ungefähr hundert Klöster gibt es daselbst, in denen fünftausend Mönche leben.“

Aus den soeben zitierten Textstellen geht mit aller Bestimmtheit hervor, daß bis in das 7. Jahrhundert unserer Zeitrechnung Chotan ein Hauptstützpunkt der buddhistischen Religion war. Dies änderte sich jedoch schnell, als der Islam anfing, sich in Zentralasien zu verbreiten. Sven Hedin erzählt (Durch Asiens Wüsten, II. S. 55), bei den Gräbern der heiligen Imame gäbe es Chronikbücher, die sogenannten Teskerehs, in denen die Eroberung Chotans durch die Araber geschildert wird, und es sei ihm gelungen, eines solchen Teskereh vom Grabe des Imams Dschafer Sadik im Norden von Nija habhaft zu werden. Danach kämpften, als im Anfang des 8. Jahrhunderts einer der arabischen Heerführer, Kuteibe Ibn Muslim, in Ostturkestan eindrang, die Araber fünfundzwanzig Jahre lang gegen Chotan, bevor sie dem Lande die neue Religion aufzwingen konnten. Vielleicht wurde damals der prachtvolle Tempel, den Fa-hien beschreibt, dem Erdboden gleichgemacht; und falls sie ihn haben stehen lassen, sorgten die Mongolen unter Dschingiskhan dafür, als sie die Stadt im Jahre 1220 eroberten, daß er zerstört wurde.

Westlich von Chotan liegt das Dorf Borasan in einer Entfernung von 5 km, wo man noch heute Überreste einer hochentwickelten Kultur findet, die aus einer Zeit stammen, da der Buddhismus in Ostturkestan in voller Blüte stand. Sie bestehen aus Terrakottagegenständen, Buddhabildern aus Bronze, Gemmen,

werden Baumwolle, Flachs, Hanf, Korn, Wein und andere Dinge hergestellt. Die Einwohner haben Landgüter, Weinberge und zahlreiche Gärten. Sie ernähren sich auch durch Handel und Gewerbe; aber sie sind keine guten Soldaten. — Nun wollen wir von der Provinz Peyn reden.

35. Kapitel.

Von der Provinz Peyn; von den Chalcedonen und Jaspissteinen, die in ihrem Flusse gefunden werden, und von einer besonderen Gewohnheit, die die Bewohner bei ihren Ehen haben.

Peyn ist eine Provinz, die sich fünf Tagereisen in der Richtung nach Ostnordost ausdehnt.[1] Sie steht unter der Herrschaft des Großkhans und hat viele Städte und feste

---

Münzen usw. Für die Bewohner Chotans sind diese Dinge, soweit sie nicht aus edlem Metall hergestellt sind, wertlos, und sie geben sie ihren Kindern als Spielzeug. Für den Archäologen aber sind sie von größter Bedeutung, da sie beweisen, daß die durch griechischen Einfluß veredelte antike indische Kunst bis ins Herz Asiens vorgedrungen ist. (Sven Hedin, Durch Asiens Wüsten, II. S. 35.)

Unter den von Sven Hedin in Borasan gesammelten Gegenständen befinden sich aber auch solche, die unzweifelhaft auf den Einfluß persischer Kultur hinweisen; so zeigt z. B. der Typus eines Männerkopfes eine auffallende Ähnlichkeit mit den Bildern der achämenidischen Großkönige in den Ruinen von Persepolis. Daß im Altertum Beziehungen zwischen Persien und Zentralasien bestanden, erwähnt bereits Herodot, der berichtet, daß die Sakier und die Kaspier dem Großkönige einen Jahrestribut von 250 Talenten zahlten. Die Sakier wohnten in dem jetzigen Kaschgarien, wo noch heute viele geographische Namen, wie Seki, Soku-tasch, Tokkusak usw. an sie erinnern dürften. (Sven Hedin, a. a. O. II. 43.)

[1]) Die Bestimmung der Lage des Landes Peyn bietet erhebliche Schwierigkeiten. Pauthier glaubte, den Namen in der Stadt Bai, dem Hauptorte des Militärbezirkes Sairam, der zwischen Aksu und Kutscha liegt, wiederzuerkennen. Es ist indessen sehr unwahrscheinlich, daß sich Marco Polo, nachdem er eben erst Chotan beschrieben hat, einer Gegend zuwendet, die mehr als

Plätze, deren bedeutendste ebenfalls Peyn genannt wird. Durch diese geht ein Fluß, in dessen Bette viele von den Steinen gefunden werden, die man Chalcedon und Jaspis nennt. Alles, was man zum Leben bedarf, findet man hier. Auch Baumwolle wird in dem Lande erzeugt. Die Ein-

---

500 km von dieser Stadt entfernt im Norden der Wüste Takla-makan gelegen ist, um dann im nächsten Kapitel wieder nach Tschertschen im Süden der Wüste zurückzukehren. Man wird daher das Land Peyn in der Nähe der Karawanenstraße zu suchen haben, die von Chotan über Tschertschen nach dem Lop-nor führte. Schon Hiwen-tsang hat mehr als 600 Jahre vor Marco Polo diesen Weg eingeschlagen, als er aus Indien nach China zurückkehrte. Nachdem er von Chotan aufgebrochen war, gelangte er 300 Li östlich der Stadt zu einem Schlachtfelde, wo in früheren Zeiten der König des Landes von dem Heere des chinesischen Kaisers besiegt wurde. Ungefähr 30 Li im Osten des Schlachtfeldes lag die Stadt Pi-mo (Bhimâ), hinter welcher sich in der Richtung auf Ni-jang (Nija) eine Wüste 200 Li weit ausdehnte. Die Stadt Pimo ist wahrscheinlich nichts anderes als das von Marco Polo erwähnte Peyn. Aber so plausibel diese Erklärung auch sein mag, so wenig Erfolg hat es, einen Ort Pima in neueren Karten aufzusuchen. Nimmt man an, daß die Länge eines Li etwas mehr als die Hälfte eines Kilometers beträgt, so findet man allerdings zwischen Chotan und Nija eine Stadt, auf welche die Entfernungsangaben Hiwen-tsangs sehr gut passen; aber diese führt nicht den Namen Pima, sondern Kerija. Trotzdem wird man zu dem Schlusse gelangen, daß beide Bezeichnungen sich auf denselben Ort beziehen. Grenard (zitiert von Yule, the book of Ser Marco Polo, I. p. 192) macht darauf aufmerksam, daß das Wort Pi-mo an das tibetanische byé-ma erinnert, welches Pima gesprochen wird und Sand bedeutet. Der Name bezeichnet also eine Stadt in der Nähe der Sandwüste.

Die Wüste, die auch Marco Polo im folgenden Kapitel erwähnt, hat in vergangenen Zeiten nicht die Ausdehnung gehabt, die sie heute besitzt. Man hat unwiderlegliche Beweise, daß fruchtbare Gegenden, die früher stark bevölkert waren, im Laufe der Zeit vom Sande bedeckt wurden. Schon Hiwen-tsang berichtet von einer Stadt Ho-lao-lo-kia (Râdschapura) nicht weit von Pima, die durch einen Sandregen verschüttet wurde. In der Tat fand Sven Hedin im Norden von Kerija zwischen dem Jurun-kasch

wohner leben von Gewerben und Handel. Sie haben die rohe Gewohnheit, daß, wenn ein Mann von einem Orte zum anderen zieht und zwanzig Tage ausbleibt, seine Frau das Recht hat, wenn es ihr in den Sinn kommt, einen anderen Mann zu nehmen, und der Mann aus demselben Grunde heiraten kann, wo er sich gerade aufhält. Alle vorerwähnten Provinzen, das heißt Kaschkar, Kotan, Peyn usw. bis zur Wüste Lop, liegen in den Grenzen von Turkestan. Demnächst folgt die Provinz Tschartschan.

36. Kapitel.

Von der Provinz Ciarcian (Tschartschan); von den Steinen, die in ihren Flüssen gefunden werden, und von der Flucht der Einwohner in die Wüste beim Heranrücken der tatarischen Armeen.

Ciarcian[1]) ist auch eine Provinz Turkestans und liegt in ostnordöstlicher Richtung. In früheren Zeiten war sie blühend und fruchtbar, ist aber durch die Tataren

---

und dem Kerija-darja die Ruinen einer alten Stadt, zum Teil vom Wüstensande begraben, deren Überreste deutlich erkennen ließen, daß sie aus einer Zeit stammen, wo der Buddhismus im Lande verbreitet war. Aus der Geschwindigkeit, mit der sich die Sanddünen vorwärtsbewegen, zog der schwedische Reisende den Schluß, daß die Stadt vor etwa 1500 Jahren am Rande der Wüste gelegen haben mußte, eine Zeitangabe, die sich recht gut mit dem Berichte Hiwen-tsangs in Einklang bringen läßt.

[1]) Pauthier befand sich im Irrtum, wenn er glaubte, Tschartschan oder Siarciam wäre mit der Stadt Kara-schahr im Nordwesten des Bagrasch-kul identisch. Der Ort ist vielmehr das heutige Tschertschen, welches am Rande der Wüste ungefähr halbwegs zwischen Kerija und dem Lop-nor liegt. Freilich hat die Stadt gegen früher an Bedeutung sehr verloren. Als Sven Hedin sie im Jahre 1900 besuchte, bestand die Einwohnerschaft aus etwa fünfhundert Familien.

schwer verheert worden. Die Einwohner sind Muhammedaner. Ihre Hauptstadt heißt gleichfalls Ciarcian. Verschiedene große Ströme[2]) fließen durch diese Provinz, in denen auch Chalcedone und Jaspise gefunden werden, die man zum Verkauf nach Katai führt, und ihre Menge ist so groß, daß sie einen beträchtlichen Handelsartikel bilden. Das Land von Peyn bis zu diesem Distrikte und durch diesen selbst hindurch ist ganz sandig, und das Wasser darin ist großenteils bitter und schmeckt widrig, nur an einzelnen Orten ist es süß und gut. Wenn eine tatarische Armee durch das Land zieht und die Einwohner sind Feinde der Tataren, so werden sie ausgeplündert, sind sie ihre Freunde, so wird ihr Vieh getötet und verzehrt. Deshalb fliehen sie, sobald ihnen die Ankunft fremder Truppen gemeldet wird, mit ihren Familien und ihrem Vieh zwei Tagereisen weit in die sandige Wüste nach einem Platze, wo sie frisches Wasser finden; und auf diese Weise retten sie sich. Aus demselben Grunde verbergen sie die Frucht nach der Ernte in Höhlen unter dem Sande und nehmen daraus allmonatlich so viel Vorrat, wie sie zum Unterhalte gebrauchen; auch kennt niemand außer ihnen die Plätze, zu denen sie ihre Zuflucht nehmen, weil die Spur ihrer Füße augenblicklich durch den Wind verweht wird. Wenn man von Ciarcian weiterzieht, so geht der Weg fünf Tage lang über Sand, wo das Wasser im allgemeinen, mit Ausnahme einiger Orte, schlecht ist. Sonst gibt es hier nichts Bemerkenswertes. Nach Verlauf von fünf Tagen kommt man zur Stadt Lop an den Grenzen der großen Wüste.

---

[2]) Die Flüsse des Landes, von denen Marco Polo spricht, sind zunächst der Tschertschen-darja, der sich ostwärts gegen den Tarim wendet, ferner der Kara-muran, Mölldscha, Bostan-tograk usw., die alle nach Norden in die Wüste fließen, wo sie im Kampfe mit den Sanddünen ihren Untergang finden.

37. Kapitel.

Von der Stadt Lop; von der Wüste in ihrer Nachbarschaft und von den seltsamen Tönen, die dort die Reisenden hören.

Die Stadt Lop[1]) liegt gegen Nordosten am Anfange der großen Wüste, welche denselben Namen trägt. Sie gehört zum Reiche des Großkhans, und ihre Einwohner sind muhammedanischen Glaubens. Reisende, welche durch die Wüste ziehen wollen, machen gewöhnlich eine

---

[1]) Es gibt jetzt keine Stadt mehr, welche den Namen Lop führt; dagegen existiert auf ungefähr 40° Nordbreite und 90° östlich von Greenwich ein See, der unter diesem Namen bekannt ist und eine gewisse Berühmtheit erlangt hat. In der Nähe des letzteren wird man also die von Marco Polo erwähnte Stadt zu suchen haben. Eine genauere Bestimmung ihrer Lage ist aber so gut wie unmöglich, einmal weil uns historische Nachrichten völlig im Stich lassen, andererseits aber auch weil jener See seit den ältesten Zeiten die Eigentümlichkeit hat, seine Gestalt, Größe und Position fortwährend zu ändern. Auf einer Fläche, die sich mehr als 100 km weit ausdehnt, bewegt er sich, wie Sven Hedin durch Beobachtungen an Ort und Stelle nachgewiesen hat, im Laufe der Jahrhunderte periodisch von Norden nach Süden und von Süden wieder nach Norden zurück. Am Anfang dieses Jahrhunderts scheint er seine südlichste Lage eingenommen zu haben.

Yule vermutete, die Stadt Lop könnte mit dem von Hiwentsang erwähnten Na-po-po identisch sein (The book of Ser Marco Polo, I. p. 197). Diese Frage wird sich kaum mit Sicherheit entscheiden lassen. Das alte Na-po-po oder Laulan, wie es in der Regel genannt wird, lag ungefähr auf 40° 36′ Nordbreite und 89° 53′ östlich von Greenwich am Ufer des Lop-nor, dessen Wassermassen früher das ganze Gebiet südlich von Laulan bedeckten. Am Anfang des 4. Jahrhunderts wurde die Stadt vom Wüstensturm oder von den Gewässern des Sees, als dieser wieder einmal seine Lage änderte, zerstört. Man baute alsdann in ihrer Nähe eine andere, die den Namen Lung-tschöng oder Drachenstadt führte; aber diese ging gleichfalls in den Jahren 1308—1311 durch eine Sturmflut zugrunde. (Himly, Petermanns Mitteilungen, 1902, Heft 12.)

beträchtliche Zeit an diesem Platze Halt, um sich von den Beschwerden zu erholen, aber auch um die nötigen Vorbereitungen zu ihrer Weiterreise zu treffen. Zu diesem Zwecke beladen sie eine Anzahl starker Esel und Kamele mit Mundvorrat und mit ihren Waren. Wird ersterer aufgezehrt, bevor sie die Reise vollendet haben, so töten und essen sie die Lasttiere; man nimmt aber gewöhnlich lieber Kamele zu dem Zuge, weil sie schwerere Lasten

---

Die Lopwüste kommt schon in dem Reisebericht des buddhistischen Wallfahrers Fa-hien vor, der ebenso wie Marco Polo von bösen Geistern spricht, welche die Gegend unsicher machen. „In der Wüste," sagt Fa-hien, „gibt es zahlreiche böse Dämonen; häufig wehen Schirokkowinde, die den Reisenden, wenn er mit ihnen zusammentrifft, töten. Vögel sind nicht vorhanden, auch findet man keine wilden Tiere; aber soweit das Auge reicht, ist der Weg durch die Gebeine von Menschen kenntlich gemacht, die bei dem Versuche, die Wüste zu durchqueren, ums Leben gekommen sind." Auch Hiwen-tsang berichtet ähnliches: „Wenn man Nija verläßt und gegen Osten wandert, gelangt man in eine große Wüste, wo der Sand ein ungeheures Gebiet bedeckt und in beständiger Bewegung begriffen ist. Die Dünen häufen sich an und zerstreuen sich je nach der Laune des Windes. Die Reisenden finden von Menschen keine Spur, und oft kommt es vor, daß sie sich verirren. Die Wüste erstreckt sich, soweit der Blick reicht, nach allen Seiten, so daß niemand weiß, wohin er sich wenden soll. Aus diesem Grunde haben die Reisenden Knochen von Tieren aufgehäuft, um den Weg kenntlich zu machen. Man findet dort weder Wasser noch Gras, und es treten zuweilen wütende Sturmwinde auf. Wenn diese Winde sich erheben, fallen Menschen und Tiere krank und wie betäubt zu Boden. Manchmal hört man singende und pfeifende Töne, sowie schmerzliche Rufe; aber wenn man sich umsieht und hinhorcht, ist man vollständig verwirrt und unfähig, sich zu orientieren. Daher kommt es, daß häufig die Reisenden in der Wüste ihr Leben verlieren. Diese unheilvollen Vorgänge sind das Werk der Dämonen." (Mémoires sur les contrées occidentales, trad. par S. Julien, II. p. 246.)

Auch noch heute glauben die Bewohner Ostturkestans an das Vorhandensein böser Geister in der Wüste. Als sich Sven

tragen und mit wenig Futter fürlieb nehmen. Für Proviant muß man wenigstens auf einen Monat sorgen, weil man so viel Zeit braucht, um die Wüste auf dem kürzesten Wege zu durchziehen. Eitle Anstrengung würde es sein, wollte man sie ihrer Länge nach durchwandern, da man nicht viel weniger als ein Jahr dazu brauchen würde und man auf so lange Zeit keine Lebensmittel mit sich führen könnte. Während dieser dreißig Tage geht die Reise unaufhörlich über sandige Flächen und kahle Berge hin; aber nach Verlauf eines jeden Tagemarsches hält man an einem Platze, wo Wasser zu finden ist, allerdings nicht in hinreichender Menge für eine große Zahl, aber doch genug für fünfzig bis hundert Personen samt ihren Lasttieren. An drei oder vier von diesen Halteplätzen ist das Wasser salzig und bitter, aber an den anderen, deren wohl achtundzwanzig vorhanden sein mögen, ist es süß und gut. Auf diesem Wege trifft man keine vierfüßigen Tiere und keinen Vogel, weil kein Futter für sie zu finden ist.

Es wird als wohlbekannte Tatsache erzählt, daß diese Wüste der Aufenthaltsort vieler böser Geister ist, welche den Reisenden allerlei sonderbares Blendwerk zu ihrem

---

Hedin im Jahre 1895 in Jarkent aufhielt, wurde ihm erzählt, ein Mann sei vor kurzem in die Wüste gegangen, um Gold zu suchen, aber nicht wieder zurückgekehrt; wer jene Gebiete aufsuche, höre von Zeit zu Zeit Stimmen, die ihn beim Namen rufen; folge er ihnen, so verirre er sich und komme vor Durst um.

Sven Hedin hat selbst die eigentümlichen Laute beobachtet, die auf die Phantasie Marco Polos und anderer Reisenden so stark einwirkten. Der Wüstensturm war zuweilen so furchtbar, daß weder Rufe noch Flintenschüsse ihn zu übertönen vermochten. Man sah nur das nächste Kamel; die übrigen verschwanden in einem undurchdringlichen Schleier. Ein eigentümlich pfeifender, sausender Ton ließ sich hören, sobald die Milliarden von Sandkörnern vorbeieilten. (Durch Asiens Wüsten, I. p. 386.)

Verderben vorführen. Wenn am Tage Leute auf dem Wege zurückbleiben, oder vom Schlaf überfallen, oder irgendwelcher anderer natürlicher Gründe wegen aufgehalten werden, bis die Karawane über einen Hügel gezogen und nicht länger mehr sichtbar ist, so hören sie sich ganz unerwartet bei ihrem Namen rufen, und zwar mit einer Stimme, die ihnen bekannt erscheint. Da sie nun glauben, der Ruf komme von ihren Gefährten, so werden sie von dem rechten Wege abgeführt, und sie müssen, da sie die wahre Richtung nicht finden, zurückbleiben und elendiglich umkommen. In der Nachtzeit glauben sie das Getrappel eines großen Reitertrupps auf der einen oder der anderen Seite des Weges zu hören, und da sie aus dem Geräusche schließen, daß es die Fußtritte ihres Zuges sind, so wenden sie sich nach der Gegend hin, aus der der Lärm kommt; aber beim Anbruche des Tages erkennen sie, daß sie irregeführt und in ihr Verderben gezogen worden sind. Zuweilen nehmen auch am Tage diese Geister die Gestalt ihrer Reisegefährten an, die sie beim Namen rufen und versuchen, sie vom richtigen Wege abzuleiten. Auch wird erzählt, daß einige Personen bei ihrem Zuge durch die Wüste etwas gesehen haben, das ihnen wie ein Trupp bewaffneter Leute erschienen sei, der auf sie losrückte, und aus Furcht, angegriffen und geplündert zu werden, hätten sie die Flucht ergriffen. Da sie nun auf diese Weise den rechten Pfad verloren und nicht gewußt hätten, in welcher Richtung sie ihn wieder aufsuchen sollten, wären sie vor Hunger elendiglich umgekommen. Wunderbar in der Tat und kaum glaublich sind die Geschichten, die von diesen Geistern der Wüste berichtet werden; sie sollen auch zuweilen die Luft mit den Klängen von Musik erfüllen und mit dem Lärm von Trommeln und mit Waffengeklirr, wodurch sie die Reisenden nötigen, sich enger zusammenzuhalten und in strengerer Ordnung zu marschieren. Deswegen halten es die Reisenden auch für nötig, die Vorsicht zu gebrauchen, bevor sie sich der Nachtruhe überlassen, weit vorn ein Signal aufzustellen, welches den Weg zeigt, den sie am anderen Tage weiterziehen wollen, ferner auch jedem Lasttiere eine Glocke umzuhängen, damit sie sich nicht so leicht zerstreuen. Das sind die außerordentlichen Gefahren, denen man unvermeidlich begegnet, wenn man durch diese Wüste zieht.

38. Kapitel.

Von dem Lande Tanguth; von der Stadt Sachion; von der Sitte, die daselbst bei der Geburt eines Knaben herrscht, und von der Verbrennung der Toten.

Wenn man die Reise von dreißig Tagen durch die Wüste vollendet hat, kommt man an eine Stadt, namens Sachion,[1]) welche dem Großkhan gehört. Das Land heißt

[1]) Die Stadt Sa-tschou (40° 12′ Nordbreite und 21° 37′ westlich von Peking) ist ein Vorposten des eigentlichen Chinas am östlichen Rand der großen Sandwüste. Sie soll im ersten Jahrhundert unserer Zeitrechnung als Bollwerk gegen das Nomadenvolk der Hiungnu, die nach der vorwiegenden Auffassung mit den Hunnen der späteren Völkerwanderung identisch sind, befestigt worden sein.

Über Sa-tschou berichtet E. Delmar Morgan bei Gelegenheit einer Besprechung der Reisen des russischen Forschers Prschewalskij. (Proceedings of the Royal Geographical Society, IX. 1887, p. 217—218): „Sa-tschou ist eine der besten Oasen Zentralasiens und liegt unterhalb der Nan-schan-Kette in einer Höhe von 3700 Fuß über dem Meeresspiegel. Sie nimmt ein Gebiet von ungefähr 200 (englischen) Quadratmeilen ein und ist dicht von Chinesen bevölkert. Gerade zwei Monate bevor Prschewalskij die Stadt erreichte, wurde sie von dem Grafen Szechényi besucht (April 1879) und achtzehn Monate später von dem Punditen A-k. Prschewalskij sowohl wie Szechényi erwähnen einige merkwürdige Höhlen in einem Tale in der Nähe von Sa-tschou, wo sich buddhistische Götterbilder aus Ton befinden.“

Tanguth. Die Bewohner sind Götzendiener. Es gibt Turkomanen unter ihnen, ferner einige nestorianische Christen und Muhammedaner. Die, welche Götzen anbeten, reden eine Sprache, die von der der übrigen Bewohner verschieden ist. Die Stadt liegt gegen Ostnordost. Sie sind kein handel-, sondern ein ackerbautreibendes Volk. Es gibt im Lande eine Menge Klöster und Priestersitze, die mit Götzenbildern von allen möglichen Gestalten und Formen angefüllt sind. Diese Götzenbilder be-

---

Was den Namen Tangut betrifft, der nach Marco Polo das Land bezeichnet, in welchem Sa-tschou liegt, so wird noch heute der größte Teil der Bevölkerung des Kuku-nor- und des Tsaidamgebietes Kara-Tanguten oder schwarze Tanguten nach der Farbe ihrer Zelte genannt. Im Kuku-nor-Bereiche und weiter im Süden haben sie nur Zeltlager, die sie entweder in langen Reihen an den Bergabhängen oder aber auch in kreisförmiger Anordnung auf ebenen Talflächen aufstellen. Sie gelten als sehr räuberisch und werden von den Pilgerkarawanen, die den Weg von Si-ning-fu nach Lhasa durch das Kuku-nor-Gebiet nehmen, gefürchtet, da sie mutig und energisch sind. Ihre Bewaffnung, die aus Gabelflinten, Handschwertern und Lanzen besteht, ist jedenfalls besser als die vieler chinesischer Soldaten, und durch die Unbilden des Klimas, den harten Winter und die primitiven Zeltwohnungen sind sie ebenso sehr abgehärtet wie ihre Pferde. Sie sind alle Buddhisten und stellen ein großes Kontingent der Lamas in den Klöstern an den Grenzgebieten gegen Kan-su und Sse-tschuan. Ackerbautreibende Tangutenstämme kommen in dem Lande Am-do vor, welches zur Provinz Kan-su gehört.

Die Begräbniszeremonien sind heute viel einfacher als zur Zeit Marco Polos. K. Futterer, dessen Werke „Durch Asien" auch die oben wiedergegebenen Bemerkungen entnommen sind, berichtet darüber folgendes: „Die Tanguten verfahren mit ihren Toten, selbst hohe Lamas und Fürsten nicht ausgenommen, höchst pietätlos. Entweder setzt man sie einfach aus, den Hunden, Wölfen und Raubvögeln zum Fraß, oder man wirft sie ins Wasser. Wenn ein Toter bald und rasch von den Tieren aufgezehrt wird, gilt das für ein Zeichen, daß er im Leben kein Bösewicht war; wenn er aber lange liegen bleibt, so hat er kein gutes Leben geführt."

trachten die Bewohner mit der größten Ehrfurcht und bringen ihnen Opfer dar, und bei der Geburt eines Sohnes empfehlen sie ihn dem Schutze eines dieser Götzen. Ihm zu Ehren zieht der Vater einen Widder bis nach Ablauf eines Jahres in seinem Hause auf; dann wird an dem besonderen Festtage des Götzen der Sohn mit dem Widder vor ihn geführt und das Tier daselbst geopfert. Das Fleisch lassen sie kochen, bis sie ein langes Gebet gesprochen haben, in dem sie den Götzen um die Erhaltung der Gesundheit ihres Kindes anflehen, und sie glauben, daß er während dieser Zeit den besten Saft des Fleisches eingesogen habe. Das abgekochte Fleisch tragen sie dann nach Hause, versammeln alle ihre Verwandten und Freunde und verzehren es in andächtiger Festlichkeit. Die Knochen bewahren sie in hübschen Urnen auf. Die Priester bekommen als ihren Anteil den Kopf, die Füße, die Eingeweide und die Haut, außerdem einige Stücke Fleisch. Bei Leichenbegängnissen haben diese Heiden ebenfalls besondere Zeremonien. Beim Tode einer Person von Rang, deren Körper verbrannt werden soll, rufen die Verwandten die Sterndeuter zusammen und machen sie mit dem Jahre, dem Tage und der

---

Marco Polo nennt die Bewohner des Landes Tangut Götzendiener; darunter sind hier wie auch an vielen anderen Stellen seines Buches Anhänger des Buddhismus zu verstehen, und zwar derjenigen Richtung, die man als Lamaismus zu bezeichnen pflegt. Letzterer, der seinen Hauptsitz in Tibet hat, entstand im 7. Jahrhundert unserer Zeitrechnung, als die buddhistische Lehre in jenes Gebirgsland eindrang und sich in merkwürdiger Weise mit Elementen tibetanischer Mythologie und Geisterverehrung durchsetzte. Dieser Anpassung an den alten Volksglauben verdankt der Lamaismus seinen Einfluß und seine feste Begründung; aber dadurch ist andererseits auch die ursprünglich einfache Lehre Gautama Buddhas wesentlich verändert und entstellt worden. Den Perioden der Entartung folgten Reformationen und Gründungen von Sekten, unter denen die tibetanische Sekte der Gelug-pa heute die mächtigste ist. (Vergl. Futterer, Durch Asien, I. S. 173.)

Stunde bekannt, in welcher der Hingeschiedene geboren wurde; darauf befragen jene das Horoskop, und wenn sie nun die Konstellation oder das Zeichen und die darin herrschenden Planeten bestimmt haben, zeigen sie den Tag an, an welchem das Leichenbegängnis stattfinden soll. Sollte es vorkommen, daß derselbe Planet zu jener Zeit nicht im Aufsteigen begriffen ist, so lassen sie den Körper eine Woche oder länger und zuweilen volle sechs Monate aufbewahren, bevor sie die Zeremonie ausführen. In der Hoffnung auf günstige Aspekten und aus Furcht vor den Wirkungen eines feindlichen Einflusses wagen es die Verwandten nicht, den Leichnam eher zu verbrennen, als bis die Sterndeuter die geeignete Zeit bestimmt haben. Da es nun in vielen Fällen nötig ist, den Körper lange im Hause zu behalten, so stellen sie, um ihn gegen Fäulnis zu schützen, einen Sarg aus handbreitdicken Brettern her, die gut zusammengefügt und bemalt sind. In diesen legen sie den Leichnam zusammen mit süßduftenden Harzen, Kampfer und anderen Spezereien; die Fugen verstreichen sie mit einer Mischung aus Pech und Kalk, und das Ganze wird dann mit Seide bedeckt. Während dieser Zeit wird der Tisch jeden Tag mit Brot, Wein und anderen Lebensmitteln besetzt, die so lange aufgestellt bleiben, als man Zeit zu einem guten Mahle braucht, und dann glauben sie, daß der Geist, welcher gegenwärtig sei, sich an dem Dampfe der Speisen gesättigt habe. Zuweilen verbieten die Sterndeuter den Verwandten, den Leichnam durch die Haupttür aus dem Hause zu tragen, weil sie aus der Stellung der Gestirne oder aus anderen Erscheinungen erkundet hätten, daß ein derartiges Verfahren Unglück zur Folge haben würde, und der Tote muß deshalb auf einer anderen Seite aus dem Hause getragen werden. In einigen Fällen zwingen sie die Verwandten sogar, die Mauer, die gerade dem günstigen und wohltätigen Planeten gegenübersteht, durchzubrechen und den Toten durch diese Öffnung zu tragen, indem sie ihnen einreden, daß, wenn sie dies nicht täten, der Geist des Abgeschiedenen in Zorn geraten und ihnen Leid zufügen würde. Wenn also irgend ein Unglück ein Haus befällt und eine ihnen nahestehende Person von Mißgeschick, Verlusten oder einem vorzeitigen Tode heimgesucht wird, so versäumen die Astrologen es nicht, das Ereignis dem Umstande zuzuschreiben, daß das Begängnis nicht während des Aufsteigens des Planeten, unter welchem der Verstorbene geboren wurde, stattgefunden habe, sondern zu einer Zeit, als er einem bösen Einflusse ausgesetzt war, oder weil er nicht durch die rechte Tür hinausgetragen wurde. Da die Zeremonie des Verbrennens der Toten außerhalb der Stadt verrichtet werden muß, so errichten sie, immer in einer gewissen Entfernung voneinander, auf dem Wege, den die Prozession nehmen muß, hölzerne Hütten mit Hallen, die sie mit Seide bedecken; in diese wird der Leichnam jedesmal gestellt, sobald sie an ihnen vorbeikommen. Sie setzen Speisen und Getränke davor und wiederholen das, bis sie den festgesetzten Ort erreichen, und glauben, daß der Geist hierdurch erfrischt werde und Kraft sammele, um an der Brandstätte auszuhalten. Auch noch eine andere Zeremonie wird bei solchen Gelegenheiten ausgeführt. Sie nehmen eine Menge Papierstücke, die sie aus der Rinde eines gewissen Baumes verfertigen und mit Figuren von Männern, Weibern, Pferden, Kamelen sowie mit Geldstücken und Kleidern bemalen, und verbrennen sie gleichzeitig mit dem Leichnam in der Überzeugung, der Verstorbene mache in der andern Welt von all diesen Dingen Gebrauch. Und dies geschieht unter dem Schalle rauschender Instrumente. — Da ich nun von dieser Stadt gesprochen habe, sollen andere, die nach Nordwesten liegen, nahe am Anfange der Wüste, demnächst besprochen werden.

39. Kapitel.

Von der Landschaft Kamul und einigen besonderen Gewohnheiten bei der Bewirtung der Fremden.

Kamul[1]) ist eine Landschaft, die innerhalb der großen Provinz Tanguth liegt; sie ist dem Großkhan untertan und enthält viele Städte und Burgen. Die Hauptstadt

[1]) In Kamul oder Hami ist Marco Polo wahrscheinlich selbst nicht gewesen; denn der Ort befindet sich nicht auf dem Wege, den der venezianische Reisende eingeschlagen hat, um nach Kathai zu gelangen. Hami liegt inmitten einer Oase am Südabhange des Karlük-tag und besteht aus drei in geringen Entfernungen voneinander erbauten, mit Mauern umgebenen Städten. Von diesen ist die neue chinesische Stadt zugleich Sitz des Amban und Festung; die sartische und Dunganen-Stadt sieht aus wie ein umwalltes, großes Sartendorf mit niederen Lehmbauten, Gärten und Bäumen, ist aber ohne ständigen Bazar; die dritte, gleichfalls chinesische Stadt endlich besteht in ihrem Hauptteil nur aus einem Bazar, der zwei lange, sich rechtwinklig schneidende Straßen einnimmt und etwa zu gleichen Teilen aus chinesischen Magazinen und offenen sartischen Verkaufsbuden an der nur stellenweise überdeckten Straße besteht. Unter den Einwohnern ist am geringsten das chinesische Element vertreten, wenn man von der wechselnden Besatzung absieht; es wird von Prschewalskij auf nur 1500 von etwa 10 000 Einwohnern angegeben. Den Hauptteil der Bevölkerung bilden die Tarantschen, von denen man annimmt, daß sie mit Mongolen und Turkestanern vermischte Nachkommen der alten Uiguren sind. Sie sind sämtlich sunnitische Muhammedaner und werden daher von den Chinesen, wie alle in China lebenden Muhammedaner, als Choi-Choi bezeichnet. Dieser Name umfaßt auch die durch die Aufstände gegen die Chinesen berüchtigten Dunganen, die ebenfalls in Hami vertreten sind. Ihre Abstammung ist noch zweifelhaft; manche sehen in ihnen echte Chinesen, die nur durch den Islam verändert sind. Andere halten aber die Anschauung für begründet, daß die heutigen Dunganen die Nachkommen der zahlreichen muhammedanischen Westturkestaner sind, die von Dschingiskhan aus Buchara, Samarkand und Fergana in großer Menge nach dem Osten gesandt wurden.

Die vereinigten Städte Hamis machen keinen wohlhabenden Eindruck; am einladendsten sieht noch die alte und Hauptstadt

heißt auch Kamul. Dieser Distrikt liegt inmitten zweier Wüsten, nämlich der großen schon beschriebenen Wüste und einer anderen von geringerer Ausdehnung, die man in drei Tagen durchwandern kann. Die Einwohner sind Götzenanbeter und haben ihre besondere Sprache. Sie leben von den Früchten, die sie im Überfluß besitzen, und sind imstande, alle Bedürfnisse der Reisenden zu befriedigen. Die Männer sind dem Vergnügen ergeben und beschäftigen sich nur mit Musizieren, Singen, Tanzen, Lesen und Schreiben, mit einem Worte, sie sind sehr vergnügungssüchtig. Wenn Fremde kommen und Wohnung und Bequemlichkeit in ihren Häusern verlangen, so macht ihnen das die größte Freude. Sie geben ihren Weibern, Töchtern, Schwestern und anderen weiblichen Verwandten die strengsten Befehle, alle Wünsche ihrer Gäste zu erfüllen, während sie selbst das Haus verlassen und sich auf ihre Villen zurückziehen, von wo sie alles besorgen, was die Familie und der Fremde nötig hat. Dafür erwarten sie jedoch Zahlung, wie ausdrücklich hervorgehoben werden soll. Sie kehren auch nicht in das Haus zurück, solange der Fremde darin wohnt. Diese Sitte, ihre Frauen gelegentlichen Gästen zu überlassen, die dieselben Rechte in Anspruch nehmen wie ihren eigenen Weibern gegenüber, betrachten sie als ein Mittel, ihre Ehre und ihren Ruf zu vergrößern; denn sie sehen die gastfreundliche Aufnahme von Fremden, welche nach den Gefahren und Beschwerden einer langen Reise der Freude und der Erholung bedürfen, als eine ihren Göttern angenehme Hand-

„Komul“ aus, die ganz zwischen Gärten und Bäumen erbaut ist und nur wenig Läden, dafür aber einen Wochenmarkt hat. Das ist der Ort Kamul, von dem Marco Polo berichtet; seine Bedeutung liegt noch heute ebenso wie früher in seiner Lage als Knotenpunkt der großen Karawanenstraßen nach Urumtschi, Turfan, Sa-tschou, An-hsi-tschou und Su-tschou. (Vergl. Futterer, Durch Asien, I. S. 167 u. ff.)

lung an, die der Familie den Segen des Wachstums verleiht, ihren Besitz vermehrt, sie vor allen Gefahren sicherstellt und Glück in allen Unternehmungen zur Folge hat. Die Weiber sind in der Tat sehr hübsch, sehr sinnlich und folglich den Befehlen ihrer Männer in jener Hinsicht gehorsam. Es geschah zur Zeit, als Mangu-khan in diesem Lande Hof hielt, daß die erwähnte ärgerliche Sitte zu seinen Ohren kam; er erließ ein Edikt, welches dem Volke von Kamul streng anbefahl, eine sie so herabwürdigende Gewohnheit aufzugeben, und den Leuten verbot, Fremde zu beherbergen, die ihr Unterkommen in den öffentlichen Karawansereien suchen sollten. Von Ärger und Trauer erfüllt, gehorchten die Einwohner ungefähr drei Jahre dem Befehle ihres Herrn; aber da sie in der Zeit fanden, daß die Erde ihnen nicht mehr die gewohnten Früchte bot und daß viele unglückliche Ereignisse über ihre Familien kamen, so entschlossen sie sich, eine Gesandtschaft an den Großkhan zu schicken, welche ihn in ihrem Namen bitten sollte, er möge ihnen gestatten, die Gewohnheit wieder aufzunehmen, die ihnen feierlich durch ihre Väter von ihren Vorfahren aus den ältesten Zeiten überkommen wäre; denn seitdem sie die Pflichten der Gastfreundschaft gegen Fremde vernachlässigt hätten, habe das Wohlergehen ihrer Familien gelitten, und Unglück sei über sie hereingebrochen. Nachdem der Großkhan diese Klage gehört hatte, erwiderte er: „Da ihr so besorgt seid, in eurer eigenen Schmach und Schande zu verharren, so sei euch gewährt, worum ihr bittet. Geht, lebt fort in euren unwürdigen Gewohnheiten und Sitten und verschafft euch auch in Zukunft durch eure Weiber den Lumpenlohn ihrer Entehrung.“ Mit dieser Antwort kehrten die Gesandten nach Hause zurück, zu großer Freude all des Volkes, welches bis auf den heutigen Tag seine alte Gewohnheit beibehalten hat.

40. Kapitel.

Von der Stadt Cin-ci-talas.

Nächst der Landschaft Kamul folgt die von Cincitalas (Tschintschitalas),[1]) welche zwischen Nordwest und Nord an die Wüste grenzt und sechzehn Tagereisen lang ist. Sie ist dem Großkhan untertan und enthält Städte und verschiedene feste Plätze. Ihre Einwohner bestehen aus drei religiösen Sekten. Wenige von ihnen bekennen sich zu Christus nach der nestorianischen Lehre, andere folgen

---

[1]) Die Landschaft, welche in Pauthiers Texte den Namen Chingintalas führt, ist auf unseren Karten nicht mehr aufzufinden, und man kann nur Vermutungen äußern, wo das Gebiet zur Zeit Marco Polos gelegen haben könnte. Dieser gibt an, daß es zwischen Nordwest und Nord an die Wüste grenzt, jedoch ist hierbei zu berücksichtigen, daß seine Orientierungen nicht immer ganz genau sind; so berichtet er z. B., Kamul liege im Nordwesten und Su-tschou ostnordöstlich von Sa-tschou, während es richtiger Nordnordwest und Ost heißen müßte. Wie man erkennt, enthalten in beiden Fällen die Richtungsbestimmungen Marco Polos einen systematischen Fehler von ungefähr $22^1/_2{}^0$, und man wird daher mit der Möglichkeit rechnen müssen, daß dieselbe Abweichung bei der Orientierung von Chingintalas eine Rolle spielt, daß also mit anderen Worten diese Landschaft nicht in nordnordwestlicher, sondern in nördlicher Richtung zu suchen ist. Er fragt sich nun, von welcher Stadt man auszugehen hat, um in dem angegebenen Azimut Chingintalas zu erreichen; daß es nicht Sa-tschou sein kann, zeigt sofort ein Blick auf die Karte. Denn unter den genannten Bedingungen würde man in das Gebiet von Hami kommen. Man hat demnach von Hami aus in nördlicher Richtung zu suchen. Nun findet man auf neueren Karten (vergl. z. B. Stielers Handatlas, Karte von Innerasien) zwischen dem 46. und 47. Breitengrad und auf dem 94. Meridian östlich von Greenwich am Fuße des Altai-Gebirges eine Gegend, welche den Namen Kyssyintala führt. Die Vermutung, die hier mit aller Reserve ausgesprochen werden soll, ist die, daß Marco Polos Landschaft Chingintalas entweder mit jenem Gebiet identisch ist oder nicht weit davon entfernt liegt.

Muhammed, und die dritte Klasse betet Götzen an. In dieser Landschaft gibt es einen Berg, der Stahl-, Zink- und Antimongruben besitzt. Auch eine Substanz von der Natur des Salamanders wird gefunden, die zu Tuch gewebt und in das Feuer geworfen nicht verbrennt. Die folgende Art, sie zu bereiten, lernte ich von einem meiner Reisegefährten, einem sehr unterrichteten Turkomanen, der Curficar hieß und die Aufsicht über die Bergwerke der Provinz hatte. Die Substanz, welche aus dem Berge gebracht wird, besteht aus Fasern, die denen der Wolle nicht unähnlich sind. Sie wird der Sonne ausgesetzt und getrocknet, dann in einem ehernen Mörser zerstoßen und darauf so lange gewaschen, bis alle erdigen Teile sich davon losgelöst haben; dann spinnen sie sie zu Fäden und weben sie zu Tuch. Um nun das Gewebe weiß zu machen, legen sie es ins Feuer und lassen es ungefähr eine Stunde darin; dann ziehen sie es heraus, unverletzt von den Flammen und weiß wie Schnee. In derselben Weise reinigen sie es später wieder, wenn es Flecken bekommen hat, und es wird dabei keine andere Wäsche als die im Feuer angewendet. Von dem Salamander in Gestalt einer Schlange, der im Feuer leben soll, habe ich in den östlichen Gegenden keine Spur entdecken können.[2]) Man sagt, daß man zu Rom ein leinenes Tuch aus diesem Stoffe aufbewahrt, in welches das Schweißtuch unseres Herrn eingehüllt war, ein Geschenk eines tatarischen Fürsten an den römischen Papst.

---

[2]) Der Berg, in welchem das Mineral „von der Natur des Salamanders“, das wir heute Asbest nennen, gefunden wird, ist wahrscheinlich ein Ausläufer des Altai-Gebirges, wie bereits Yule hervorgehoben hat. (The book of Ser Marco Polo, I. p. 215.) Dieser erwähnt, Asbest käme in dem Tatarenlande Tangu vor, also in einer Gegend, die nicht weit vom Altai entfernt ist.

41. Kapitel.

Von der Landschaft Succuir, wo der Rhabarber wächst, und von wo er in alle Teile der Welt versandt wird.

Wenn man jene Landschaft verläßt und zehn Tage in ostnordöstlicher Richtung weitergeht durch ein Land, wo wenige Wohnungen vorhanden sind und überhaupt wenig, das irgend einer Bemerkung würdig wäre, kommt man in einen Distrikt, Succuir genannt, in welchem viele Städte und Burgen liegen, deren Hauptstadt ebenfalls Succuir heißt.[1]) Die Bewohner sind dem Großkhan unter-

---

[1]) Inmitten eines reichen Oasenlandes liegt die Stadt Sutschou, deren Einwohnerzahl heute auf ungefähr zehntausend geschätzt wird. Sie ist schon 121 v. Chr. gegründet worden. Dschingiskhan zerstörte sie im Jahre 1226, als er der zweihundertjährigen Tangutenherrschaft ein Ende machte. Auch im letzten Jahrhundert hatte die Stadt schwer zu leiden, als die Dunganen sie in Besitz nahmen und die Chinesen sie 1872 wieder zurückeroberten. Hinter langen, öden Festungsmauern liegen volkreiche Straßen, unter denen eine reich an schönen Verkaufsmagazinen ist und auch als Markt dient. Eine große Anzahl von Waren sind europäischer Herkunft und werden über Schang-hai hierher gebracht. Einheimische Erzeugnisse der Industrie und des Gewerbes sind nicht bedeutend vertreten, wohl aber füllen einen großen Teil des Marktes die Produkte des Feld-, Obst- und Gemüsebaues. In den Straßen fallen besonders die Apotheken auf, in denen außer anderen Waren alles mögliche als Heilmittel verabreicht wird, was der Volksaberglaube und die Tradition für ein solches erklärt. (Futterer, Durch Asien, I. S. 217 u. ff.)

Im 15. Jahrhundert besuchte die muhammedanische Gesandtschaft Schah Rokhs die Stadt Su-tschou und berichtete folgendes: Sie ist quadratisch gebaut mit sechzehn gleichen Bazars, jeder fünfzig Ellen im Geviert, alle gut bewässert und rein gefegt. In den Häusern werden Schweine gehalten. An den Bazars befinden sich offene Galerien mit Läden; ein wohlgezimmerter Saal, schön bemalt, bildet den Eingang zu ihnen. Die Stadtmauern sind mit bedeckten Türmen flankiert, die man von zwanzig zu zwanzig Schritten errichtet hat. Jede Seite der im Viereck gebauten Stadt

tan. Die ausgedehnte Provinz, welche diesen und die beiden Distrikte enthält, die später erwähnt werden sollen, heißt Tanguth. Dort findet man auf den Bergen den besten Rhabarber in Fülle. Die Kaufleute, die ihn hier sammeln, versenden ihn in alle Teile der Welt. Es ist eine bekannte Tatsache, daß sie auf der Reise in diese Berge keine anderen Lasttiere mitnehmen dürfen als solche, die an das Land gewöhnt sind. Denn es wächst dort eine giftige Pflanze, deren Genuß das Abfallen der Hufe zur Folge hat. Die Tiere, die aus dem Lande stammen, kennen das Kraut und meiden es sorgsam. Das Volk von Succuir ernährt sich von den Früchten des Feldes und dem Fleische seines Viehes und beschäftigt sich nicht mit Handel. Die Landschaft ist sehr gesund und die Farbe der Eingeborenen braun.

42. Kapitel.

Von Kampion, das die Hauptstadt der Provinz Tanguth ist; von der Beschaffenheit ihrer Götzenbilder und von der Lebensweise derjenigen Götzendiener, die sich dem religiösen Dienste widmen, und von den Gewohnheiten der anderen Einwohner bei ihrer Verheiratung.

Kampion,[1]) die Hauptstadt des Landes Tanguth, ist groß und prächtig und hat die Gerichtsbarkeit über die

---

zeigt vier Tore; man kann sie alle vom Mittelpunkte der Stadt aus erblicken. Über jedem Tore steht ein zweistöckiger Pavillon mit einem Dach in Gestalt eines Eselrückens, nach Art der Chinesen, wie sie sich auch in Mazanderan vorfinden, nur daß sie dort mit farblosen Backsteinen gedeckt sind, bei den Chinesen aber mit Porzellanziegeln. Mehrere Tempel mit Idolen nehmen größere Räume ein; alle findet man reinlich gehalten, das Pflaster besteht aus Backsteinen, die durch ihre Glasur wie Edelsteine glänzen. An den Eingängen der Tempel stehen Knaben, die die Fremden freundlich empfangen und ihnen die Merkwürdigkeiten zeigen.

[1]) Kampion, das heutige Kan-tschou-fu, spielte früher eine große Rolle als Hauptstadt des Reiches der Huei-he (Uiguren)

ganze Provinz. Der größte Teil des Volkes betet Götzen an, aber es gibt auch einige, die dem Gebote Muhammeds folgen, und außerdem einige Christen. Die letzteren besitzen drei große und hübsche Kirchen in der Stadt. Die Götzendiener haben viele Klöster und Abteien, die nach der Art des Landes gebaut sind, und in diesen eine Menge Götzenbilder, welche teils aus Holz, teils aus Lehm, teils aus Stein bestehen und mit Gold bedeckt sind. Sie sind meisterhaft hergestellt. Unter ihnen sind einige sehr groß und andere klein. Erstere haben volle zehn Schritte in der Länge und liegen zurückgebeugt;[2]) die kleineren Figuren

---

850—1028; auch während des Bestehens der Tangutenherrschaft war es eine bedeutende und reiche Stadt. Von Dschingiskhan erstürmt und zerstört, erlangte sie im späteren Mittelalter ihre frühere Macht wieder, steht aber heutigentags hinter Lan-tschou-fu, der Hauptstadt der Provinz Kan-su, zurück. Sie ist bedeutend größer als Su-tschou und hat auch reichere Torbögen und Magazine; einzelne Privathäuser und viele Magazine sind außen bunt verziert und mit Holzornamentik geschmückt. Die Umgebung der Stadt ist reich bevölkert und besteht aus ausgezeichnetem Kulturlande. Zahlreiche mit Mauern und Toren befestigte Dörfer liegen an den Bewässerungskanälen. Die Hauptprodukte des Landes sind Hülsenfrüchte und Getreidearten. In der Nähe der Stadt herrscht auf den Straßen lebhafter Verkehr. Ganze Wagenzüge bringen aus den nicht fern im Südosten gelegenen Gruben Steinkohle herein. (Futterer, Durch Asien, I. S. 235 u. ff.)

[2]) Es handelt sich hier offenbar um Bildsäulen Buddhas, der aber nicht in der gewöhnlichen Haltung, sitzend und mit gekreuzten Beinen oder stehend, dargestellt ist. Schon der chinesische Pilger Hiwen-tsang lernte derartige Statuen im Königreiche Kau-chi-na-kie-lo (Kusinagara) kennen. „Es befindet sich dort," so erzählt er, „ein großer Vihâra aus Backsteinen, in dessen Mitte sich eine Statue erhebt, die den Tathâgata (Buddha) darstellt, wie er in das Nirvâna eingeht; er liegt ausgestreckt, den Kopf gegen Norden gerichtet." An einer anderen Stelle seines Buches berichtet er, zwölf oder dreizehn Li im Osten der Stadt Fan-yen-na (Bamian) könne man in einem Kloster die ruhende Statue Buddhas sehen, der sich in das Nirvâna versenkt; ihre Länge betrüge un-

stehen hinter ihnen und haben das Aussehen von Schülern, die ihre Ehrfurcht bezeugen. Beide, die großen und kleinen, werden mit Andacht verehrt. Diejenigen Personen unter diesen Götzendienern, welche dem Dienste der Religion geweiht sind, führen, nach ihren Ansichten über Moral, ein strengeres Leben als die anderen Klassen und enthalten sich aller fleischlichen Genüsse. Der unerlaubte

---

gefähr 1000 Fuß. (Mémoires sur les contrées occidentales, traduits par S. Julien.) Die persische Gesandtschaft Schah Rokhs hielt sich im Jahre 1420, 140 Jahre später als Marco Polo, in Kan-tschou-fu auf und schenkte den dortigen Tempelanlagen ihre besondere Aufmerksamkeit. Der Bericht bestätigt und ergänzt die Angaben des venezianischen Reisenden. Es heißt darin: „In dieser Stadt Kan-tschou gibt es einen Götzentempel, welcher ungefähr 500 Ghez (500 m) in der Länge und ebensoviel in der Breite mißt. In seiner Mitte sieht man eine 50 Schritt lange Bildsäule in ruhender Stellung; die Sohle des Fußes hat eine Länge von 9 Schritten, der Spann einen Umfang von 21 Ghez. Hinter dem Rücken dieser Statue und oberhalb ihres Kopfes sind andere Idole aufgestellt, welche 1 Ghez hoch sind, außerdem die Figuren von Lamas in Lebensgröße. Haltung und Ausdruck sind so wunderbar getroffen, daß es den Anschein hat, sie seien lebendig. Auch an der Wand stehen Statuen von guter Ausführung. Das große Götzenbild, welches ausgestreckt liegt, hält eine Hand unter den Kopf, während sich die andere auf den Oberschenkel stützt. Es ist mit Gold bedeckt, und man bezeichnet es mit dem Namen Chakamuni fu (Sâkya-Muni Fo, gleichbedeutend mit Gautama Buddha). Die Bewohner begeben sich in Scharen in den Tempel und werfen sich vor dem Bilde nieder, das Haupt zur Erde geneigt. Um dieses Gebäude herum stehen Tempel, welche Karawanseraien gleichen. Im Innern sieht man Vorhänge von golddurchwirkten Stoffen, vergoldete Thronsessel, Stühle, Kerzen und Porzellanvasen.“ (Pauthier, le livre de Marco Polo, I. p. 166, 167.)

Der Tempel, in welchem Marco Polo das Buddhabild sah, ist offenbar „das Kloster des liegenden Buddha“, Wo-fu-sse, das im Jahre 1103 von einer Tangutenkönigin erbaut wurde. Es befanden sich darin drei Statuen, welche Buddha in liegender Haltung darstellten. (Yule, the book of Ser Marco Polo, I. p. 221.)

Umgang mit dem weiblichen Geschlechte wird von diesem Volke gewöhnlich als kein besonderes Vergehen betrachtet, und ihre Meinung dabei ist, daß, wenn ein Weib den Mann um Liebe anspricht, die Verbindung keine Sünde sei, wenn aber ein Mann einen solchen Verkehr begehrt, so ist es Sünde. Sie haben einen Kalender, der dem unserigen ähnlich ist; nach seinen Vorschriften vergießen sie während fünf, vier oder dreier Tage kein Blut und essen kein Fleisch, auch nicht Geflügel, wie es bei uns am Freitage, am Sabbate und an den Vigilien der Heiligen gebräuchlich ist. Die vom weltlichen Stande nehmen wohl dreißig Weiber, einige mehr, andere weniger, je nachdem sie für ihren Unterhalt sorgen können; denn sie erhalten keine Mitgift, sondern müssen im Gegenteil ihren Frauen ein Leibgedinge in Vieh, Sklaven und Geld geben. Das zuerst verheiratete Weib behält immer den höheren Rang in der Familie; aber wenn der Mann bemerkt, daß eine von den Frauen sich gegen die anderen nicht gut benimmt, oder wenn sie ihm sonst auf eine Weise unangenehm wird, so kann er sie fortschicken. Sie wählen sich diejenigen zu Bettgenossen, welche ihnen nahe blutsverwandt sind, und heiraten sogar ihre Schwiegermütter. Vieles andere, was bei uns als große Sünde gilt, wird von ihnen mit Gleichgültigkeit betrachtet, und sie leben in dieser Beziehung wie die Tiere auf dem Felde. In dieser Stadt blieb Marco Polo mit seinem Vater und seinem Oheim ungefähr ein Jahr, da es die Verhältnisse nötig machten.

43. Kapitel.

Von der Stadt Ezina; von den Tieren und den Vögeln, die man dort findet, und von einer Wüste, die sich vierzig Tagereisen weit nach Norden erstreckt.

Wenn man diese Stadt Kampion verläßt und zwölf Tage in nördlicher Richtung reist, so kommt man an eine

Stadt, namens Ezina,[1]) die am Anfange der Sandwüste und in der Provinz Tanguth liegt. Die Einwohner beten Götzen an. Sie haben Kamele und viel Vieh der verschiedensten Rassen. Man findet hier Lanetenfalken und ausgezeichnete Saker. Die Früchte des Bodens und das Fleisch des Viehes reichen für die Bedürfnisse des Landes hin; daher bekümmern sich die Bewohner nicht um den Handel. Reisende, die durch diese Stadt kommen, versorgen sich daselbst mit Lebensmitteln auf vierzehn Tage, weil, wenn sie die Stadt verlassen, um nordwärts zu ziehen, dieser Zeitraum nötig ist, um eine Wüste zu durchwandern, wo keine menschliche Wohnung zu erblicken und auch keine Bewohner zu finden sind, mit Ausnahme sehr weniger, die während des Sommers auf den Bergen und in einigen Tälern leben. In diesen Gegenden, die von wilden Eseln[2]) und anderen gleichfalls wilden Tieren be-

[1]) Die Stadt Ezina lag, wie wir aus der chinesischen Reichsgeographie ersehen, außerhalb der großen Mauer an einem gleichnamigen Flusse, der noch auf unseren heutigen Karten unter dem Namen Hei-ho oder Edsin-gol zu finden ist und aus dem Gebiete von Kan-tschou-fu gegen Norden in die Wüste Gobi fließt. Reclus (Géographie universelle, Asie orientale, p. 159) sagt: „Im Osten von Hami jenseits der Chukur Gobi gibt es auch feste Wohnstätten und die Überreste alter Städte. Eine von ihnen ist vielleicht die Stadt Etsina, von der Marco Polo spricht, wenigstens wird ihr Name in dem des Flusses Az-sind wiedergefunden."

[2]) Die wilden Esel oder Kulane sind über ganz Ostturkestan, Tibet und die Mongolei verbreitet. Sven Hedin, der sie auf seinen Reisen oft beobachtet hat, gibt von ihnen folgende Beschreibung: „Im großen und ganzen erinnert der Kulan an den Maulesel; er scheint mit anderen Worten auf der Grenze zwischen Pferd und Esel, letzterem jedoch näher zu stehen. Die Ohren sind länger als die des Pferdes, aber kleiner als Eselsohren; der Schwanz gleicht dem des Esels und trägt nur am untern Ende Pferdehaare. Auch die Mähne ist wie beim Esel; sie steht aufrecht und hat ein Dezimeter lange Haare. Sie ist schwarz und dünn und geht am Rück-

sucht werden, finden sie Wasser und Fichtenwälder. Hat man die Wüste durchzogen, so kommt man am nördlichen Rande derselben zu einer Stadt, die Karakoran heißt. — Alle Landschaften und Städte, die bis jetzt erwähnt wurden, nämlich Sakion, Kamul, Cincitalas, Succuir, Kampion und Ezina gehören zu der großen Provinz Tanguth.

44. Kapitel.

Von der Stadt Karakoran, der ersten, welche die Tataren zu ihrer Residenz machten.

Die Stadt Karakoran[1]) hat ungefähr drei Meilen im Umfange und ist der erste Platz, in welchem die Tataren

grat in eine fast schwarze Linie über, die sich bis zum Schwanz fortsetzt. Die Farbe des Rückens ist braunrot, die des Bauches weiß. Das Maul ist grau, die Ohren dunkel, inwendig aber weiß... Die Brust ist breit und durch tüchtige Lungen kräftig entwickelt... Die Nüstern sind bedeutend größer als die des Pferdes. Wenn der Kulan umherwittert, schnaubt und sein heiseres Wiehern hören läßt, blähen sie sich zu gewaltigen, von stark angespannten Muskeln umgebenen runden Löchern auf. Die Nüstern des Kulans stehen im Verhältnis zu seinen großen Lungen, und die gesamten Atmungsorgane sind sichtlich für die verdünnte Luft der Berge geschaffen.“ (Durch Asiens Wüsten, II. S. 276.)

[1]) Die Ruinen von Karakorum, dem Hoflager der ehemaligen Mongolenkhane, liegen auf 47⁰ Nordbreite und 102⁰ östlich von Greenwich im Gebiete der Chalka 8 km vom Orchon-Flusse entfernt. In der Geschichte der Mongolen, Su-tung-kian-lu, heißt es: Dschingiskhan habe sein Hoflager am Onon gehabt, sein Sohn und Nachfolger Oktai-khan zu Ho-lin, das im Westen der Gobi liegt. Gegründet wurde die Stadt 755 von Pi-kia, einem Khan der Hoei-hu, der unter der Dynastie der Tang lebte. Nach dem Untergang dieser Turk erhoben die Keraït dasselbe Ho-lin zu ihrem Königssitze unter Tuli-vang-khan; mit dessen Sturze machte es aber Dschingiskhan zu seiner Hauptstadt, indem er dorthin die großen Reichsversammlungen verlegte; so wenigstens erzählt die allgemeine Sage. Gewiß ist, daß daselbst die Nachfolger Dschingiskhans residierten. Der persische Vezier Raschid-ed-din erwähnt in seiner Mongolengeschichte folgendes: „Oktai-khan ließ am Ufer des

in alten Zeiten ihre Residenz aufschlugen. Sie ist mit einem starken Erdwalle umgeben, da nicht viel Steine in diesem Landesteile zu finden sind. Außerhalb des Walles,

---

Flusses Orkun eine große und feste Stadt bauen, die den Namen Karakorum führte. Man richtete zwischen dieser Stadt und China eine Postroute ein und nannte sie Narin yam. Alle fünf Farsangen standen Postpferde, und jede Station hatte eine Garnison von tausend Mann, um den Dienst sicher zu stellen.“

Von Europäern ist Karakorum wiederholt besucht und beschrieben worden. Der erste dieser Reisenden, Piano di Carpine, brach 1246 auf, um Kathai, das Land der Khitan, zu erreichen, und gelangte so nach Karakorum, der Residenz des Großkhans, ein Unternehmen, das wahrscheinlich seit Jahrhunderten von Westen her nicht versucht worden war. Von den späteren Reisenden ist vor allem Ruysbroek (auch Rubruquis genannt) zu erwähnen. Der Bericht dieses von Ludwig dem Heiligen im Jahre 1253 ausgesandten Minoritenmönches ist noch erhalten. Er erzählt, das Lager des Großkhans Mangu heiße Karakorum und liege zehn Tagereisen im Westen von Onon-Cherule, wohin dieser Khan sich zurückgezogen hatte. Der Herrscher bringe in Karakorum die Osterzeit und das Ende des Sommers zu und halte daselbst große Feste ab. Nahe den Stadtbefestigungen habe er ein großes Terrain mit einer Backsteinmauer umgeben; dort befänden sich ein Klostergebäude und ein großer Palast und neben diesem geräumige Wohngebäude und Vorratskammern. Rubruquis fand hier Leute aus den verschiedensten Gegenden, Sarazenen von den Sultanen Indiens, Muhammedaner aus Bagdad, Christen, Russen, Alanen, Georgier, Armenier, Ungarn, auch Franzosen, Deutsche, Flamländer, Engländer usw. In der Stadt hatten die Nestorianer eine schön geschmückte, mit Gold und Scharlach tapezierte Kirche, in der Rubruquis die Bilder der Jungfrau Maria einweihte. Er erwähnt die Sarazenenstraße, wo die Muhammedaner wohnten und der Bazar lag, ferner die Straße der Kathajer (Chinesen), in der sich die Handwerker niedergelassen hatten. Die Muhammedaner besaßen in Karakorum zwei Moscheen, und um den Palast des Großkhans standen zwölf Tempel der verschiedenen Nationen. Die Stadtmauer hatte vier Tore; vor dem Osttor befand sich der Kornmarkt, vor den drei anderen Toren der Viehmarkt, im Westen für Schafe und Ziegen, im Süden für Ochsen und Wagen, im Norden der Roßmarkt.

aber nicht weit von ihm entfernt, steht eine Burg von beträchtlichem Umfange, in welcher sich ein hübscher Palast befindet, den der Gouverneur des Platzes inne hat.

45. Kapitel.

Von dem Ursprunge des Reiches der Tataren; von dem Lande, aus dem sie stammten, und von Un-khan, dem Fürsten des Nordens, auch Priester Johann genannt, dem sie untertan waren.

Die Ereignisse, welche die Herrschaft der Tataren einleiteten, sollen nun erzählt werden. Sie wohnten in den nördlichen Ländern Jorza und Bargu,[1]) jedoch ohne bestimmte Wohnungen, das heißt ohne Städte und feste Plätze; dort gab es aber weite Ebenen, gute Weide, große Ströme und Überfluß an Wasser. Sie hatten keinen Oberherrn und waren nur einem mächtigen Fürsten tributpflichtig, der, wie ich erfahren habe, in ihrer Sprache Unkhan hieß,[2])

---

[1]) Auf einigen Karten führt ein Distrikt am Ufer des Baikalsees den Namen Bargu. Das Land Jorza, das bei Pauthier Ciorcia heißt, lag wahrscheinlich in der heutigen Mandschurei, deren Bewohner früher von den Chinesen Yutschi oder Niutschi, von den Mongolen Tschurtsche genannt wurden.

[2]) Der arabische Geschichtsschreiber Abulfaradsch (Historia dynastiarum) erzählt die in Frage kommenden Ereignisse folgendermaßen: „In demselben Jahre (1202) wurde das Mongolenreich gegründet; zu jener Zeit beherrschte die östlichen Turkvölker, welche Anhänger des Christentums waren, der Fürst Ung-khan, auch König Johannes genannt, aus dem Stamme der Keraït. Es befand sich aber in einem anderen Stamm ein Mann von hohem Ansehen mit Namen Tamujin, welcher von Kindheit an Ung-khan stets in seinen kriegerischen Unternehmungen unterstützt hatte. Diesen verfolgte die Mißgunst seiner Feinde, die ihn bei Ung-khan verleumdeten und nicht eher ruhten, als bis der argwöhnische Fürst den Entschluß faßte, ihn in Fesseln zu legen. Zwei Knaben, welche zu den Dienern Ung-khans gehörten, verrieten jedoch dem Tamujin die Pläne ihres Herrn und gaben ihm die Nacht an, welche Ung-khan zum Angriff auf seinen vermeintlichen Gegner festge-

was, wie einige glauben, dieselbe Bedeutung wie Priester Johann in der unserigen hat. Ihm gaben diese Tataren jährlich den Zehnten von ihrem Vieh. Im Laufe der Zeit vermehrte sich der Stamm so außerordentlich, daß Unkhan oder Priester Johannes[3]) ihre Stärke zu fürchten begann

---

setzt hatte. Sofort befahl Tamujin seiner Familie, die Zelte zu verlassen, und verbarg sich mit seinen Leuten in einem Hinterhalt. Als Ung-khan beim Morgengrauen die Zelte Tamujins angriff, fand er sie leer. Dieser aber und seine Anhänger stürzten aus dem Hinterhalte hervor, warfen sich auf die Gegner und schlugen sie in die Flucht. Später trafen sie noch ein zweites Mal mit ihnen im Kampfe zusammen, bis sie den Fürsten mit den tapfersten unter seinen Leuten getötet und Weiber und Kinder in die Gefangenschaft fortgeführt hatten." (Pauthier, le livre de Marco Polo, I. p. 173, 174.)

[3]) Die seltsame Sage von einem christlichen Könige, Presbyter oder Priester Johannes war im zwölften und dreizehnten Jahrhundert in Europa verbreitet und hat einen großen Einfluß auf den Fortschritt der geographischen und ethnographischen Kenntnisse, soweit sie Asien betreffen, ausgeübt. Man hat allen Grund zu der Annahme, daß sie unter den Anhängern der nestorianischen Kirche entstanden ist. Die erste Nachricht von einem asiatischen Eroberer, der als Priester Johannes bezeichnet wurde, gelangte nach Europa durch den syrischen Bischof von Gabala, welcher im Jahre 1145 den Papst Eugen III. aufsuchte, um ihm einige Beschwerden vorzutragen. Er berichtete, daß einige Zeit vorher ein König und nestorianischer Priester Johannes, der im äußersten Osten residierte und als Nachkomme eines der heiligen drei Könige angesehen würde, mit den Beherrschern Mediens und Persiens einen Krieg begonnen und ihre Hauptstadt Ekbatana in Besitz genommen hätte. Er sei alsdann gegen Jerusalem weiter marschiert, aber am Tigris aufgehalten worden, den er nicht habe überschreiten können; Krankheit in seinem Heere hätte ihn endlich gezwungen, den Rückzug anzutreten. Dieser Erzählung des syrischen Bischofs liegen folgende Tatsachen zugrunde: Der als Priester Johannes bezeichnete Eroberer war der Gründer des Reiches Kara Khitai, welches während der zweiten Hälfte des 12. Jahrhunderts in Asien existierte. Der Fürst, ein Prinz aus der Khitandynastie Liao entkam mit einer Schar von An-

und den Plan faßte, sie in verschiedene Haufen zu teilen, die ihre Wohnungen in angewiesenen Landstrichen nehmen sollten. In dieser Absicht hob er auch, so oft die Gelegenheit sich darbot, z. B. ein Aufstand in einem der ihm unterworfenen Länder, drei oder vier Prozent der Bevölkerung aus und sandte sie zur Unterdrückung des Aufstandes ab, und so wurde ihre Macht nach und nach vermindert. Auch schickte er sie zu anderen Unternehmungen aus und gab ihnen einige von seinen besten Offizieren mit, die darauf zu sehen hatten, daß seine Befehle ausgeführt wurden. Endlich wurden es aber die Tataren gewahr, in welche Sklaverei er sie zu bringen suchte, und sie be-

hängern aus dem nördlichen China, als im Jahre 1125 die Kin jener Dynastie eine Niederlage beibrachten. Er führt bei den chinesischen Historikern den Namen Yeliu Taschi. Nachdem er bei den Uiguren und anderen Völkerschaften im Westen der großen Wüste Aufnahme und Unterstützung gefunden hatte, sammelte er ein Heer und machte eine Reihe von Eroberungen, bis er schließlich seine Herrschaft über Ost- und Westturkestan und die angrenzenden Länder ausgedehnt hatte. Er nahm den Titel Gurkhan an, welcher soviel bedeutet wie oberster Khan, und gründete bei Bala Sagun im Norden des Tien-schan die Hauptstadt seines Reiches, das unter dem Namen Kara Khitai bekannt wurde. Im Jahre 1141 kam er dem Könige von Chuaresm gegen den Seldschukenfürsten Sanjar von Persien zu Hilfe und vernichtete das Heer des letzteren in einer blutigen Schlacht. Zwar dehnte der Gurkhan selbst seine Eroberungen nicht bis nach Persien aus; aber der König von Chuaresm benutzte den Sieg, indem er in jenes Land eindrang, wo er den Schatz und die Städte Sanjars plünderte. (Oppert, der Priester Johannes in Sage und Geschichte, zitiert bei Yule, the book of Ser Marco Polo, I. p. 231. 232.)

Als eine genauere Bekanntschaft mit den asiatischen Ländern den Glauben an die Existenz des Priesters Johannes erschüttert hatte, versetzte man ihn nach Ostafrika und Äthiopien, wo ihn später die Portugiesen aufsuchten. Endlich befestigte sich die Ansicht, daß Abessinien das Reich jener sagenhaften Persönlichkeit sei; wenigstens hieß es noch im 17. Jahrhundert regnum Presbyteri Johannis.

beschlossen, Einigkeit unter sich herzustellen; da sie erkannten, daß ihnen Verderben drohte, faßten sie den Entschluß, von den Plätzen, die sie bewohnten, wegzuziehen, und wandten sich in nördlicher Richtung durch eine weite Wüste, bis sie überzeugt waren, daß die Entfernung ihnen Sicherheit böte; dann weigerten sie sich, länger Unkhan Tribut zu zahlen.

46. Kapitel.

Handelt von Cingiskhan, dem ersten Kaiser der Tataren, und seinem Kriege mit Unkhan, den er besiegte und dessen Reich er in Besitz nahm.

Einige Zeit, nachdem sie in jenes Land eingewandert waren, schritten die Tataren um das Jahr 1187 zur Wahl eines Königs und wählten Cingiskhan, einen Mann von erprobter Rechtlichkeit, großer Weisheit, mächtiger Beredsamkeit und ausgezeichnet durch seine Tapferkeit. Er begann seine Regierung mit so viel Gerechtigkeit und Mäßigung, daß sie ihn herzlicher als eine Gottheit liebten und verehrten, und der Ruhm seiner großen und edlen Eigenschaften breitete sich über jenen Teil der Welt aus, so daß alle Tataren, wie weit sie auch zerstreut waren, sich unter seine Befehle stellten. Da er sich an der Spitze so vieler tapferer Männer sah, wurde er von Sehnsucht erfaßt, aus der Wüste, die ihn umgab, hinauszuziehen; infolgedessen gab er ihnen den Befehl, sich mit Bögen und anderen Waffen zu versehen, die sie als Hirten zu führen gelernt hatten. Und nun machte er sich zum Herrn von Städten und Ländern, und der Erfolg seiner Gerechtigkeit und seiner anderen Tugenden war so groß, daß, wohin er zog, er alles Volk bereit fand, sich ihm zu unterwerfen, und es sich glücklich schätzte, wenn es unter seinen Schutz treten konnte. Auf diese Weise kam er in den Besitz vieler neuer Länder. Auch darf sein Erfolg nicht überraschen, wenn man bedenkt, daß zu dieser Zeit jede Stadt und jede Landschaft entweder vom Volke selbst beherrscht wurde oder ihre kleinen Könige oder Herren hatte; und weil unter ihnen keine allgemeine Verbindung bestand, so war es unmöglich, getrennt einer so furchtbaren Macht zu widerstehen. Nach Unterwerfung dieser Plätze setzte er Statthalter ein, deren Verwaltung so musterhaft war, daß den Bewohnern weder an ihrem Leibe noch an ihrem Eigentume Schaden widerfuhr, auch nahm er die Politik an, in andere Provinzen die Vornehmsten aus dem Volke mit sich zu führen, denen er Gnadenbeweise und Ehren zuteil werden ließ. Als er nun sah, welchen Erfolg seine Unternehmungen hatten, beschloß er noch größere Dinge auszuführen. Daher schickte er Gesandte an den Priester Johann mit einer Botschaft, auf die jener Fürst, wie er wohl wußte, nicht eingehen konnte, denn er verlangte dessen Tochter zum Weibe. Als der Monarch diese Bewerbung vernahm, rief er unwillig aus: „Wie kommt solche Anmaßung über Cingiskhan, der da weiß, daß er mein Knecht ist und es doch wagt, die Hand meiner Tochter zu verlangen? Eilt schleunigst fort,“ sagte er, „und laßt ihn wissen, daß, wenn er seine Bitte wiederholt, er elendiglich umkommen soll.“ Erzürnt über diese Antwort sammelte Cingiskhan eine sehr große Armee, an deren Spitze er in das Reich des Priesters Johann eindrang. In einer großen Ebene, Tenduk genannt, schlug er ein Lager auf und sandte Boten an den Priester Johann mit der Aufforderung, sich zu verteidigen. Dieser marschierte mit einem gewaltigen Heere gleichfalls in die Ebene und stellte es in einer Entfernung von etwa zehn Meilen auf. So standen die Dinge, und Cingiskhan gab seinen Sterndeutern und Magiern den Auftrag, ihm zu sagen, welches von den beiden Heeren in der kommenden Schlacht den

Sieg davontragen würde. Da nahmen diese ein grünes Rohr, spalteten es der Länge nach in zwei Teile und schrieben auf den einen den Namen ihres Herrn und auf den anderen den Namen Unkhans. Dann setzten sie sich auf den Boden in einiger Entfernung voneinander und sagten zum Könige, die beiden Rohrstücke würden während der folgenden Beschwörung, durch die Macht der Götter gezwungen, aufeinander losrücken und miteinander kämpfen, und der Sieg werde dem zufallen, dessen Stück auf das des andern stiege. Das ganze Heer war versammelt, das Schauspiel zu sehen, und während nun die Sterndeuter damit beschäftigt waren, in ihren Zauberbüchern zu lesen, sah man die beiden Stücke sich bewegen und miteinander streiten, und nach kurzer Zeit stellte sich das, welches den Namen Cingiskhan trug, hoch oben auf das Stück des Gegners. Als der König und seine Tataren diesen Vorgang beobachtet hatten, schritten sie mit frohlockender Begeisterung zum Angriffe gegen die Armee Unkhans, durchbrachen ihre Reihen und schlugen sie gänzlich. Unkhan selbst fiel, sein Reich kam in die Hände des Eroberers, und Cingiskhan heiratete seine Tochter. Nach dieser Schlacht fuhr er sechs Jahre lang fort, sich zum Herrn noch vieler anderen Reiche und Städte zu machen, bis er endlich bei der Belagerung einer Burg, Thaigin genannt, von einem Pfeile ins Knie getroffen wurde und an dieser Wunde starb. Er wurde auf dem Berg Altai begraben.[1])

---

[1]) Gaubil (Histoire des Mongols, p. 18) sagt, Dschingiskhan sei im Jahre 1212 bei der Belagerung von Tai-tung-fu durch einen Pfeilschuß verwundet worden, aber nicht daran gestorben. In der Tat setzen die chinesischen Geschichtsschreiber das Datum seines Todes in das Jahr 1227, 15 Jahre später als der Zeitpunkt, der von Marco Polo angegeben worden ist (Li-tai-ki-sse, k. 95, fol. 10; Su-tung-kian-kan-mu, k. 19, fol. 13).

Die orientalischen Geschichtsschreiber erkennen zwar die großen Eigenschaften Dschingiskhans, die er als Gesetzgeber und

Feldherr besaß, an, beurteilen ihn jedoch im übrigen weniger günstig als Marco Polo, dessen Darstellung offenbar ganz auf mongolische Berichte zurückgeht. C. d'Ohsson, der sich in seiner Geschichte der Mongolen auf Angaben persischer und arabischer Historiker stützt, faßt seine Meinung über jenen Eroberer in den folgenden Sätzen zusammen:

„Dschingiskhan hinterließ seinen Söhnen ein ungeheures Reich, das zum größten Teil unbebaut und von Nomaden bewohnt war, während der Rest in den vorangegangenen Kriegsjahren entvölkert wurde. Seine Soldaten, die in den Besitz gewaltiger Reichtümer gelangt waren, betrachteten ihren Führer, der sie über alle anderen Völker erhoben hatte, als ein übernatürliches Wesen, um so mehr als sie sahen, mit welcher Verachtung er die Fürsten der Erde behandelte. Vor ihm war keine der tatarischen Völkerschaften erbärmlicher gewesen als die Mongolen; sie schweiften mit ihren Herden unter einem rauhen Himmel in den entlegensten Gebieten der Tatarei umher; man erwähnt als ein besonderes Zeichen ihrer Armut, daß ihre Fürsten allein im Besitze eiserner Steigbügel waren. Der Anführer einiger kleinen Stämme dieser halbwilden Hirten sieht endlich, nachdem er lange einen hartnäckigen Kampf gegen Unglück und Mißgeschick geführt hatte, seine ehrgeizigen Unternehmungen von Erfolg gekrönt. Er triumphiert zunächst über den Herrscher, dessen Vasall er war; durch die Besiegten, die er unter seinen Fahnen sammelt, verstärkt, unterwirft er allmählich die übrigen tatarischen Völker. Er führt sie nach China und Persien und gibt blühende Länder ihrer Raubgier preis. Seine Eroberungen sind ungeheuer; hundert Völker sehen in ihm ihren Herrn; im Delirium seines Stolzes möchte er die ganze Welt zu seinen Füßen sehen; er behauptet, Gott habe ihm das Reich gegeben; und inmitten seines Zerstörungswerkes vom Tode ereilt, befiehlt er seinen Söhnen, seine gigantischen Pläne zu Ende zu führen."

„Dschingiskhan verdankte seine Triumphe der Stärke des Willens und des Geistes und er bediente sich aller Hilfsmittel, gleichviel welcher Art sie auch sein mochten. List und Treulosigkeit halfen ihm stets da zum Ziele, wo Waffengewalt nichts ausrichtete. Seine alles zerstörende Tätigkeit verbreitete ähnlich den großen Geißeln der Natur weithin Schrecken und nahm den von ihm angegriffenen Völkern den Mut, sich zu verteidigen. Immer nur auf Eroberungen ausgehend, unterließ er nichts, um seine Verachtung der Humanität auf die Spitze zu treiben, und kein Heer

47. Kapitel.

Von den sechs folgenden Kaisern der Tataren und von den Feierlichkeiten, wenn sie zum Begräbnis in den Berg Altai gebracht wurden.

Auf Cingis-khan folgte Cuy-khan, der dritte war Bathuy-khan, der vierte Alacou-khan, der fünfte Mongu-khan, der sechste Kublai-khan,[1]) der größer und mächtiger wurde als alle anderen; denn er erbte, was seine Vorfahren besessen, und erwarb dazu, man kann sagen, den übrigen Teil der Welt. Der Titel Khan oder Kaan ist gleich dem Titel Kaiser in unserer Sprache. Es besteht die unveränderliche Sitte, alle die Großkhane und Fürsten aus dem Geschlechte Cingis-khans zur Bestattung nach einem gewissen hohen Berge, der Altei[2]) heißt, zu schaffen, und wo sie auch

---

war geeigneter, die ehrgeizigen Pläne seines Führers zu verwirklichen, als das seinige. Aus Nomaden zusammengesetzt, welche stets ein Soldatenleben führten und überall ihren Unterhalt fanden, wo Vieh und Pferden Weideplätze zur Verfügung standen, war sein Heer infolge der Gewöhnung an den Krieg und wegen der Schnelligkeit seiner Bewegungen allen Völkern überlegen, um so mehr als die Disziplin, welche Dschingiskhan eingeführt hatte, auf fester Grundlage stand.“ (Histoire des Mongols, I. p. 386.)

[1]) Die Reihe der ersten mongolischen Kaiser, wie sie Marco Polo angibt, ist nicht sehr genau. Orientalische Historiker berichten, der erste Nachfolger Dschingiskhans sei Oktai-khan gewesen, der von 1228—1241 regierte. Auf ihn folgte nach einer Regentschaft von vier Jahren Kuyuk-khan (1246—1247), nach einer zweiten dreijährigen Regentschaft Mangu-khan (1251—1260) und endlich Kublai-khan (1260—1294).

Oktai-khan wird von Marco Polo nicht erwähnt, Cuy-khan dürfte mit Kuyuk-khan identisch sein. Bathuy-khan und Alacou-khan gehören überhaupt nicht in die Reihe hinein; der erstere, welcher in der Regel Batu-khan heißt, war der Herrscher von Kiptschak (der goldenen Horde), der letztere dagegen, Hulagu-khan, regierte über Persien.

[2]) Man könnte versucht sein, bei der Erwähnung des Altai an die große südsibirische Gebirgskette zu denken. Indessen ist

immer sterben mögen, sollte auch die Entfernung hundert Tagereisen weit sein, so werden sie doch zu diesem Berge gebracht. Es ist auch üblich, daß die, welche die Leichname dieser Fürsten zu ihrer Bestattung durch das Land geleiten, alle Personen erwürgen, die ihnen auf der Straße begegnen, indem sie zu ihnen sagen: „Gehet in die andere Welt und dienet dort eurem verstorbenen Herrn!" Denn sie glauben, daß alle, welche sie so töten, wirklich seine Diener im anderen Leben werden. Ähnlich verfahren sie mit den Pferden; sie töten die besten aus dem Marstall des Königs, damit er dort sich ihrer bedienen kann. Als der Leichnam Mongus nach diesem Berge geschafft wurde, erschlugen die Reiter, die ihn begleiteten, in diesem unsinnigen und entsetzlichen Wahne etwa zehntausend Personen, die ihnen in den Weg kamen.[8])

48. Kapitel.

Von dem wandernden Leben der Tataren; von ihren häuslichen Gewohnheiten, ihrer Nahrung und der Tugend und den nützlichen Eigenschaften ihrer Frauen.

Die Tataren haben nirgends feste Wohnsitze, sondern sobald der Winter naht, ziehen sie in die Ebenen wärmerer

---

hier zweifellos ein anderes Gebirge gemeint. In der mongolischen Geschichte des Ssanang Ssetsen kommt der Name Altai ein einziges Mal vor, nämlich da, wo von der Grabstätte Dschingiskhans die Rede ist. Der mongolische Autor sagt nämlich: „So ward nun der Leichnam des Herrschers in der Gegend Jeke-Uetek zwischen der Schattenseite des Altai-khan und der Sonnenseite des Kentei-khan begesetzt." Die beiden Gebirge sind auch auf unseren heutigen Karten zu finden, und zwar im Nordosten der Stadt Urga auf etwa 108° östlicher Länge und 48—49° nördlicher Breite; sie führen den Namen Altan-Ulugui und Kentei.

[8]) Der Kaiser Mangu starb 1259 während der Belagerung der Stadt Ho-tschou in der Provinz Sse-tschuan. Die Geschichtsschreiber der Chinesen und Mongolen berichten nichts über die

Gegenden, um Weide für ihr Vieh zu finden, und im Sommer suchen sie kalte Gegenden in den Bergen auf, wo Wasser und Gras vorhanden ist und ihr Vieh von Pferdefliegen und anderen stechenden Insekten nicht geplagt wird. Während zweier oder dreier Monate steigen sie immer zu höher liegenden Orten empor und suchen frische Weide, da das Gras an keinem Platze hinreichen würde, die ungeheuere Menge ihrer Herden zu ernähren. Ihre Hütten oder Zelte bestehen aus Pfählen, die sie mit Filz bedecken; sie sind ganz rund und so kunstvoll gebaut, daß sie sie in ein Bündel zusammenlegen und leicht mit sich führen können, und zwar auf einer Art Wagen mit vier Rädern. Wenn sie die Zelte wieder aufstellen, bringen sie stets die Tür auf der Südseite an. Außerdem haben sie noch ein vorzügliches Fuhrwerk auf zwei Rädern, welches ebenfalls mit Filz bedeckt und so vortrefflich ist, daß sie darin sitzend einen ganzen Regentag aushalten können, ohne naß zu werden. Diese Wagen werden von Ochsen und Kamelen gezogen, und die Tataren führen ihre Weiber und Kinder, ihr Hausgerät und die Lebensmittel, deren sie bedürfen, darin mit sich. Die Frauen betreiben alle Handelsgeschäfte, sie kaufen und verkaufen und besorgen alle nötigen Dinge für ihre Eheherren und ihre Familien, da die Männer sich nur mit der Jagd und Falkenbeize und dem Waffenhandwerke beschäftigen. Sie haben die besten Falken in der Welt und auch die besten Hunde. Sie leben nur von Fleisch und Milch, von dem Wilde, das ihnen die Jagd gibt, und von einem gewissen kleinen Tiere, das dem Kaninchen nicht unähnlich ist und bei uns Pharaosratte genannt wird; dies Tier wird in den Ebenen während des Sommers überall gefunden. Doch essen sie auch

angebliche Ermordung Tausender von Menschen bei Gelegenheit seines Leichenbegängnisses, und es ist daher nicht ganz sicher, daß die Angaben Marco Polos auf Tatsachen beruhen.

Fleisch jeder Art, von Pferden, Kamelen und sogar von Hunden, wenn diese fett sind. Sie trinken Stutenmilch, welche sie so gut zuzubereiten wissen, daß sie die Eigenschaft und den Wohlgeschmack weißen Weines erhält, und nennen sie dann in ihrer Sprache Kemurs.[1]) Ihre Frauen sind die keuschesten und ehrbarsten in der Welt und lieben und ehren ihre Männer gar sehr. Treulosigkeit in der Ehe wird von ihnen als ein ehrloses, niederträchtiges Laster betrachtet. Und auf der anderen Seite ist es bewunderungswürdig, der Männer Freundlichkeit im Umgange mit ihren Weibern zu sehen, unter denen, wenn ihrer auch zehn oder zwanzig sind, unübertreffliche Ruhe und Einigkeit herrscht. Nie hört man eine beleidigende Sprache unter ihnen, und ihre Aufmerksamkeit ist ganz vom Handel und ihren verschiedenen häuslichen Geschäften sowie von der Besorgung des Lebensbedarfs der Familie, der Aufsicht über die Diener und der Sorge für die Kinder, um welche sie sich gemeinschaftlich kümmern, in Anspruch genommen. Um so preiswürdiger sind die Tugenden der Bescheidenheit und Keuschheit bei den Frauen, als es den Männern gestattet ist, so viel Frauen zu nehmen, wie sie wollen. Der Aufwand, den der Mann für sie zu machen hat, ist nicht groß, und auf der anderen Seite ist der Nutzen beträchtlich, den er aus ihrem Handel und aus ihren sonstigen Arbeiten gewinnt; deshalb bezahlt er, wenn er ein Mädchen zur Frau nimmt, den Eltern ein Heiratsgut. Der Frau, welche zuerst geheiratet wird, erweist man die größte Achtung, auch wird sie als die rechtmäßigste betrachtet,

---

[1]) Das Wort, welches hier Kemurs oder in der lateinischen Ausgabe Chemius lautet, ist nichts anderes als Kumis, eine Stutenmilch, welche in Gärung übergegangen ist. Das Getränk wird auch von neueren Reisenden erwähnt, z. B. von Sven Hedin, der es besonders häufig unter den Tsaidam-Mongolen antraf. (Durch Asiens Wüsten, II. 347.)

was sich auch auf die von ihr geborenen Kinder erstreckt. Infolge dieser unbegrenzten Zahl von Weibern ist die Nachkommenschaft bei ihnen zahlreicher als bei irgend einem anderen Volke. Nach dem Tode des Vaters kann der Sohn alle Weiber, die jener hinterläßt, annehmen, mit Ausnahme seiner eigenen Mutter. Ihre Schwestern können sie nicht zu Weibern nehmen, aber beim Tode ihrer Brüder können sie ihre Schwägerinnen heiraten. Jede Heirat wird mit großer Festlichkeit gefeiert.

49. Kapitel.

Von den Gottheiten des Himmels und der Erde und ihrer Verehrung; von den Kleidern und Waffen der Tataren, ihrem Mute in der Schlacht, ihrer Geduld bei allen Entbehrungen und ihrem Gehorsam gegen die Vorgesetzten.

Die Tataren haben folgenden Glauben: Sie sagen, es gebe einen Gott, groß und erhaben; diesem verbrennen sie täglich Weihrauch und bringen ihm Gebete zur Erlangung geistiger und körperlicher Gesundheit dar. Auch einen anderen Gott verehren sie, der Natigay heißt[1]) und

---

[1]) Der Gott Natigay ist derselbe, der von Piano di Carpine, dem Gesandten des Papstes Innocenz IV. an die Mongolenfürsten, Itoga genannt wird. Der Minoritenmönch erzählt: „Die Mongolen beschäftigen sich sehr eifrig mit Wahrsagen, Vogelflug, Hexereien und Zaubersprüchen. Wenn der Teufel ihnen eine Antwort gibt, glauben sie, daß sie von Gott selbst komme, den sie Itoga nennen." — „Sie ehren und fürchten ihn sehr und weihen ihm Opfer, unter anderem das Erste von ihrem Trinken und Essen." Dieser Bericht stimmt im allgemeinen mit dem überein, was wir von dem ursprünglichen Schamanismus der Tungusen wissen, welche ein höchstes Wesen und außerdem eine Anzahl mächtiger Geister, Ongot genannt, verehren. Diese letzteren führen nach Erman bei den Burjaten den Namen Ongotui, oder Nogat, wie ein anderer Autor berichtet. Moderne Darstellungen schamanistischer Haus-

dessen Bild, mit Filz oder Tuch bedeckt, ein jeder in seinem Hause aufbewahrt. Zu diesem Götzen gesellen sie ein Weib und Kinder und stellen jenes zu seiner linken Seite und diese in ehrerbietiger Haltung vor ihm auf. Ihn betrachten sie als die Gottheit, welche sich um ihre irdischen Angelegenheiten kümmert, ihre Kinder schützt und über ihr Vieh und Getreide wacht. Sie erweisen ihm große Verehrung, und bei ihren Mahlzeiten unterlassen sie es nie, ein fettes Stück Fleisch zu nehmen und damit den Mund des Götzen sowie den seines Weibes und seiner Kinder einzuschmieren. Dann gießen sie etwas von der Brühe, in welcher das Mahl bereitet wurde, zur Tür hinaus, als Opfer für die anderen Geister. Ist dieses geschehen, so glauben sie, daß ihr Götze und seine Familie ihren Anteil erhalten haben, und essen und trinken ohne weitere Zeremonie. Die Reichen unter diesem Volke kleiden sich in Gold und Seide mit Zobel, Hermelin und den Pelzen anderer Tiere. Ihre Waffen sind Bögen, eiserne Kolben und zuweilen auch Speere, aber in der ersteren Waffe sind sie am geschicktesten, da sie schon von Kindheit auf sich derselben auch bei ihren Vergnügungen bedienen. Sie tragen Rüstungen aus den dicken Häuten von Büffeln

---

götter findet man noch bei den Burjaten; Pallas beschreibt sie unter dem Namen Immegiljin folgendermaßen: „Sie werden als Schutzgottheiten der Schafe und Rinder verehrt und bestehen aus zwei Figuren, die nebeneinander hängen und von denen eine des Gottes Weib darstellt. Sie sind weiter nichts als dünne, flache Kissen, deren oberer Teil eine runde Scheibe bildet, von welcher der Körper mit einem langen, wollenen Lappen umgeben herabhängt. Augen, Nase, Brüste und Nabel sind durch Lederknöpfe bezeichnet. Die männliche Figur hat in der Regel am Gürtel das Fußseil, mit dem die Rosse auf der Weide gefesselt werden, während die weibliche, die zuweilen von kleineren Figuren, ihren Kindern, begleitet ist, allerlei Tand und Nähzeug besitzt.“ (Yule, the book of Ser Marco Polo, I. 258.)

und anderen Tieren, die am Feuer getrocknet und dadurch außerordentlich hart werden. Sie sind tapfer in der Schlacht bis zur Verzweiflung, achten ihr Leben gering und stellen sich ohne Zögern allen Gefahren kühn entgegen. Ihre Natur ist grausam. Sie sind fähig, jede Art Entbehrung zu ertragen, und können, wenn es nötig ist, einen Monat von der Milch ihrer Stuten und von solchen wilden Tieren leben, die sie gelegentlich auf der Jagd erbeuten. Ihre Pferde werden nur mit Gras gefüttert und verlangen nicht nach Gerste oder Hafer. Die Männer sind gewöhnt, zwei Tage und zwei Nächte lang auf dem Pferde zu bleiben, ohne abzusteigen, und schlafen so sitzend, während ihre Pferde grasen. Kein Volk auf Erden übertrifft sie an Tapferkeit, keins kann größere Geduld bei Entbehrungen zeigen. Sie sind ihren Führern durchaus gehorsam und werden mit geringen Kosten erhalten. Diese Eigenschaften, denen sie in erster Linie ihre militärische Tüchtigkeit verdanken, haben sie zu Herren der Welt gemacht.

50. Kapitel.

Von den Kriegsheeren der Tataren und der Art, wie sie zusammengestellt werden; von der Ordnung beim Marsch; von ihrem Proviant und von ihrer Art, den Feind anzugreifen.

Wenn einer der großen Tatarenfürsten einen Kriegszug unternimmt, so stellt er sich selbst an die Spitze einer Armee von hunderttausend Pferden und ordnet sie in folgender Weise: Er setzt einen Hauptmann ein über je zehn Mann und andere über je hundert, tausend und zehntausend Mann. So erhalten zehn von den Hauptleuten, die über zehn Mann gesetzt sind, ihre Befehle von dem, der über hundert kommandiert; unter diesen wieder je zehn von dem, der den Befehl über tausend hat. Infolge dieser Anordnung hat jeder Hauptmann nur auf die Führung von zehn Mann oder zehn Truppenkorps zu achten. Wenn der Oberbefehlshaber der hunderttausend Mann eine Truppenabteilung zu irgend einem Dienste fortschicken will, so sendet er den Obersten über zehntausend Mann den Befehl, ihm je tausend Soldaten zu überlassen; diese geben den Befehl an die Hauptleute über tausend weiter, die sich ihrerseits wieder an die über hundert wenden; letztere endlich fordern die Führer der zehn Reiter auf, ihnen die verlangte Truppenzahl zu stellen. So werden hundert Mann jedem Hauptmanne über tausend, und tausend Mann jedem Obersten über zehntausend zur Verfügung gestellt. Diese Aushebung findet ohne Verzug statt, und alle gehorchen blindlings ihren Oberen. Ein Heer von hunderttausend Mann wird ein Tuk genannt, und zehntausend Krieger bilden ein Toman. Wenn nun die Armee in Bewegung ist, so wird eine Truppenabteilung zwei Tagemärsche vorausgeschickt, und andere Truppen marschieren auf den Flanken und im Nachtrab, um das Heer vor einem Überfall zu schützen. Geht der Marsch weit, so nehmen sie nur wenig Gepäck mit, meistens nur die Geräte zum Kochen und zum Aufschlagen des Lagers. Sie leben in der Regel nur von Milch, wie schon gesagt wurde. Ein jeder Mann ist verpflichtet, achtzehn Rosse und Stuten mit sich zu führen, und wenn das Pferd, welches er reitet, ermüdet ist, nimmt er ein frisches. Sie haben kleine Zelte aus Filz, unter welchen sie selbst gegen Regen geschützt sind. Wenn es die Umstände verlangen und ein Unternehmen schnell ausgeführt werden soll, so können sie wohl zehn Tage reiten, ohne gekochte Speisen zu essen; dann leben sie von dem Blute ihrer Pferde, indem sie diesen eine Ader öffnen und davon trinken. Auch haben sie Milch bei sich, die zu Teig verdickt und getrocknet ist. Man bereitet sie auf folgende Weise zu. Sie kochen die Milch, heben den fetten oder rahmigen Teil ab, wenn er aufsteigt, und tun ihn in ein besonderes Gefäß wie Butter; denn solange er in der Milch bliebe, würde er nicht hart werden. Dann stellen sie ihn in die Sonne, bis er zusammengetrocknet ist. Wenn sie sich auf den Marsch begeben, führen sie zehn Pfund mit sich und werfen davon jeden Morgen ein halbes Pfund zusammen mit dem nötigen Wasser in eine Beutelflasche, die wie ein kleiner Schlauch aussieht. Beim Reiten wird der Inhalt heftig durcheinander geschüttelt, so daß eine dünne Suppe daraus entsteht, die sie zu ihrer Mahlzeit machen. Kommen diese Tataren zur Schlacht, so verwickeln sie sich nie in ein Handgemenge mit dem Feinde, sondern umschwärmen ihn und schießen ihre Pfeile ab, zuerst von der einen, dann von der anderen Seite; dann stellen sie sich zuweilen, als wollten sie fliehen, beschießen auf der Flucht ihre Verfolger mit Pfeilen und töten Mann und Roß, gerade als ob sie Stirn gegen Stirn kämpften. Bei dieser Kampfesweise glaubt der Feind oft, er habe den Sieg errungen, während er in der Tat die Schlacht verloren hat; denn sobald die Tataren sehen, daß sie ihm großen Schaden angerichtet haben, kehren sie plötzlich um, erneuern den Kampf, überwältigen seine übrigen Truppen und machen sie trotz aller Gegenanstrengungen zu Gefangenen. Ihre Pferde können geschickt und schnell die Gangart verändern; auf ein gegebenes Zeichen wenden sie sich sogleich nach jeder Richtung, und diese Manöver haben viele Siege herbeigeführt. Alles, was hier erzählt wurde, gilt von den ursprünglichen Sitten der Tataren; aber heutigentages sind sie sehr verdorben. Die, welche in Kathay wohnen, haben ihre eigenen Gesetze verlassen und die Gewohnheiten der Völker angenommen, welche Götzen verehren, und die, welche die östlichen Provinzen bewohnen, haben sich die Sitten der Sarazenen angeeignet.

51. Kapitel.

Von der Gerechtigkeitspflege bei diesen Völkern und von einer eingebildeten Verheiratung, die zwischen verstorbenen Kindern verschiedener Familien veranstaltet wird.

Gerechtigkeit wird bei ihnen in folgender Weise gehandhabt.[1]) Wird eine Person eines Raubes überführt,

---

[1]) Dschingiskhan ließ in mongolischer Sprache und in uigurischen Schriftzeichen eine Gesetzessammlung herausgeben, von welcher uns orientalische Historiker einige Fragmente überliefert haben. Exemplare dieser Sammlung, sagt d'Ohsson (Histoire des Mongols, I. p. 415), die den Titel Ulug-Yassa oder Große Verordnung führt, wurden sehr sorgfältig in den Archiven seiner Nachfolger aufbewahrt. In allen wichtigen Fällen ließen jene Herrscher, wenn sie eine Beratung abhielten, die Rollen herbeibringen, welche die Verordnungen Dschingiskhans enthielten.

Petis de la Croix erzählt in seiner Geschichte Dschingiskhans, es existiere noch unter dem Namen Yasa Genghiscani in der Levante eine Zusammenstellung von Gesetzen, sie sei aber zu seiner Zeit (ums Jahr 1695) in Frankreich völlig unbekannt gewesen. Folgendes berichtet er von den Strafen:

„Das Gesetz gegen Diebstähle verlangt, daß diejenigen, welche sich beträchtliche Vergehen haben zuschulden kommen lassen, z. B. ein Pferd oder ein Rind geraubt haben, mit dem Tode bestraft werden und daß ihr Leib mit einem Säbel mitten durchgeschnitten werden solle. In den Fällen, wo die Todesstrafe nicht zur Anwendung gelangt, sollen die Verbrecher Stockschläge in größerer oder geringerer Zahl erhalten, je nach dem Werte des gestohlenen Gegenstandes. Die Zahl der Schläge endete gewöhnlich auf sieben; man gab sieben, siebzehn, siebenundzwanzig usw. bis einhunderundsieben Schläge. Aber man konnte dieser Strafe entgehen, wenn man neunmal den Wert des gestohlenen Gutes bezahlte. Die Strenge, mit der man das Gesetz beobachtete, sicherte im Reiche des Großkhans vollkommen das Eigentum seiner mongolischen und tatarischen Untertanen."

Derselbe Kodex enthält auch Angaben über die Eheschließung verstorbener Kinder, die fast wörtlich mit der Erzählung Marco Polos übereinstimmen und einen weiteren Beweis für die Zuverlässigkeit des venezianischen Reisenden bilden. (Vergl. Pauthier, a. a. O. I. p. 197. 198.)

auf den nicht die Todesstrafe gesetzt ist, so wird sie zu einer gewissen Anzahl Stockschläge verurteilt, zu sieben, siebzehn, siebenundzwanzig, siebenunddreißig und so fort bis hundert, je nach dem Werte des gestohlenen Gutes und nach den Umständen, die beim Diebstahle stattgefunden haben, und viele sterben an den Folgen dieser Körperstrafe. Wenn einer ein Pferd oder ein anderes Gut stiehlt, weswegen er den Tod verdient, so haut man ihn mit einem Schwerte durch den Bauch mitten auseinander und tötet ihn also. Hat aber der Dieb die Mittel, neunmal den Wert des gestohlenen Gutes zu ersetzen, so entgeht er aller weiteren Strafe. Es ist gebräuchlich, daß jedes Haupt einer Horde oder andere Personen, die viel Vieh besitzen, den Hengsten, Stuten, Kamelen oder Rindern ein Mal einbrennen und sie dann auf irgend eine Weide in die Berge schicken, ohne Hirten zu ihrer Aufsicht mitzugeben; sollte irgend eins von den Tieren sich zu einer anderen Herde gesellen, so wird es dem Eigentümer zurückgegeben. Schafe und Ziegen jedoch haben Leute, die über sie wachen. All ihr Vieh aber ist groß, wohlgenährt und außerordentlich schön. Wenn ein Mann einen Sohn gehabt hat und ein anderer eine Tochter und beide Kinder seit einigen Jahren tot sind, so haben sie die Gewohnheit, eine Ehe zwischen ihnen zu schließen und das verstorbene Mädchen dem verstorbenen Jünglinge zu vermählen; da malen sie menschliche Figuren auf Stücke Papier, welche Diener mit Pferden und anderen Tieren, Kleidungsstücke, Geld und Hausgeräte darstellen, und übergeben alles zusammen mit dem Heiratskontrakte, der in bester Form aufgesetzt wird, den Flammen, damit durch den Rauch, wie sie glauben, diese Dinge zu ihren Kindern in die andere Welt hinübergehen und sie Mann und Frau in gesetzlicher Form werden. Nach dieser Feierlichkeit betrachten sich Väter und Mütter als Verwandte in derselben Weise, als wenn eine wirkliche Verbindung zwischen lebenden Kindern abgeschlossen worden wäre. Nachdem ich so eine Erzählung von den Sitten und Gewohnheiten der Tataren, wenn auch nicht von den glänzenden Taten ihres Großkhans, der alle Tataren beherrscht, gegeben habe, wollen wir nun zu dem früheren Gegenstande zurückkehren, das heißt zu der großen Ebene, die wir durchschritten, als wir innehielten, um die Geschichte dieses Volkes zu erzählen.

52. Kapitel.

Von der Ebene Bargu nahe bei Kara-koran; von den Sitten ihrer Bewohner; von dem Ozean, der vierzig Tagereisen davon entfernt ist; von den Falken, die es in dem Lande an den Küsten gibt, und von der Stellung der nördlichen Gestirne, wie sie sich einem Beobachter in diesen Gegenden zeigt.

Wenn man Kara-koran und das Altaigebirge, den Begräbnisplatz der kaiserlichen Familie der Tataren, wie schon erwähnt wurde, verläßt, kommt man in nördlicher Richtung durch ein Land, welches die Ebene Bargu genannt wird[1]) und sich sechzig Tagereisen weit ausbreitet. Ihre Bewohner heißen Merkiten;[2]) sie sind eine wilde Horde und leben vom Fleisch gewisser Tiere, von denen die größten, die auch zum Reiten gebraucht werden, wie Hirsche aus-

[1]) Von der Ebene Bargu ist bereits in einer früheren Anmerkung gesagt worden, sie sei wahrscheinlich an den Ufern des Baikalsees zu suchen. Auf der Ostseite des letzteren zeigen unsere heutigen Karten ein Bargusin-Gebirge, ferner die Städte Bargusin und Bargusinsk und einen Fluß gleichen Namens, der sich in den Baikalsee ergießt.

[2]) Die Mekrit sind ein Teil der Mongolen, welcher nach Raschid-ed-din aus vier Stämmen bestand, aus den Mekrit im engeren Sinne, den Mudân, den Tudâ-Malin und den Dziun. Sie wohnten in der Nähe der Selengga und ihrer Nebenflüsse in der Gegend des Baikalsees. Dschingiskhan schlug sie zum erstenmal im Jahre 1197; aber erst 1203 wurden alle Stämme gezwungen, sich der Oberherrschaft des Großkhans zu fügen.

sehen.[3]) Auch leben sie von Vögeln, die ihre zahlreichen Seen und Sümpfe besuchen, sowie von Fischen. Im Sommer, wenn die Vögel sich mausern, suchen sie diese Gewässer auf, und da sie dann aus Mangel an Federn nicht fliegen können, werden sie von den Leuten ohne große Schwierigkeit gefangen. Diese Ebene grenzt im Norden an den Ozean. Die Gewohnheiten und Sitten der Bewohner gleichen denen der Tataren, die bereits beschrieben worden sind, und sie sind dem Großkhan untertan. Sie haben weder Korn noch Wein; im Sommer jagen sie, im Winter aber entfliehen alle Vögel und wilden Tiere wegen der unsäglich großen Kälte. Nach vierzig Tagen kommt man, wie gesagt, an den Ozean. In seiner Nähe befindet sich ein Berg, auf dem viele Geier und Wanderfalken nisten. Weder Menschen noch Vieh gibt es dort, und von Vögeln sieht man nur eine Art, Bargelak[4]) genannt, auf die die Falken Jagd machen. Erstere sind ungefähr so groß wie Rebhühner mit Schwänzen wie die Schwalben, Krallen wie die Papageien und schnell im Fluge. Wünscht der Großkhan eine Brut Wanderfalken zu haben, so schickt er an diesen Platz, und auf einer Insel, die an der Küste liegt, gibt es Geierfalken in solcher Menge, daß Se. Majestät so viel erhalten kann, wie es ihm beliebt. Man darf

[3]) Unter den Tieren, die wie Hirsche aussehen und zum Reiten benutzt werden, sind zweifellos Renntiere zu verstehen. In der Tat werden sie noch jetzt von mehreren sibirischen Stämmen in derselben Weise verwendet wie zur Zeit Marco Polos. So erzählt z. B. Erman (Reise um die Erde durch Nordasien und die beiden Ozeane, Berlin, 1833—48), er habe selbst auf dem Rücken des Renntiers eine Reise nach Ochotsk gemacht. Derselbe Reisende erwähnt auch, die Renntiere der Tungusen seien viel schöner und größer als die der Lappländer.

[4]) Es ist nicht leicht festzustellen, welcher Vogel hier gemeint ist. Das wenige, was von dem Bargelak mitgeteilt wird, scheint auf den Pterocles oder das Sandhuhn hinzudeuten. (Yule, a. a. O. I. p. 272.)

nicht glauben, daß man die Geierfalken, die von Europa den Tataren geschickt werden, an den Hof des Großkhans bringt. Sie gelangen nur nach der Levante, die an die Länder der Komanen und Armenier grenzt. Jenes Eiland liegt so hoch im Norden, daß das Polargestirn fast in südlicher Richtung erscheint. Da ich nun von den Gegenden in der Nachbarschaft des nördlichen Ozeans gesprochen habe, wollen wir die Länder, die näher an der Grenze des Großkhans liegen, beschreiben und nach Kampion zurückkehren, von dem schon die Rede gewesen ist.

53. Kapitel.

Von dem Königreiche Erginul, das an Kampion grenzt, und von der Stadt Singui; von Stieren, die mit außerordentlich feinen Haaren bedeckt sind; von dem Tiere, das den Moschus liefert, und von der Art, es zu fangen; von den Sitten der Einwohner dieses Landes und der Schönheit der Weiber.

Wenn man Kampion verläßt und fünf Tage weit nach Osten reist, während welcher Zeit die Reisenden häufig des Nachts von Geisterstimmen erschreckt werden, kommt man in ein Königreich, das Erginul[1]) heißt, welches dem Großkhan untertan ist und zur Provinz Tanguth gehört. An der Grenze dieses Reiches gibt es verschiedene Herrschaften, deren Einwohner, abgesehen von einigen Christen und Turkomanen, im allgemeinen Götzendiener sind. Unter

[1]) Da gegenwärtig ein Land oder eine Stadt Erginul nicht existiert und der Name auch nicht in chinesischen Geschichtswerken zu finden ist, so gingen die Ansichten über die Lage des Ortes weit auseinander. Henri Cordier, der die dritte Auflage von Yules Marco Polo besorgte, hat jedoch darauf aufmerksam gemacht, daß in dem mongolischen Texte des Buches Yuen-tschao-pi-schi die heutige Stadt Liang-tschou-fu den Namen Eritschu führt, der wahrscheinlich mit Erginul identisch ist. Beiläufig sei hier bemerkt, daß die Orthographie des Namens nicht feststeht; in dem Texte Pauthiers heißt es z. B. nicht Erginul, sondern Erguiul.

den vielen Städten und festen Plätzen ist Erginul die Hauptstadt. Reist man von dort nach Südosten, so führt der Weg nach Kataia, und man findet auf dieser Straße eine Stadt, Singui genannt,[2]) in einer Landschaft gleichen Namens, wo viele Städte und Burgen vorhanden sind, die ebenfalls zu Tanguth und zur Herrschaft des Großkhans gehören. Die Bevölkerung dieses Landes besteht hauptsächlich aus Götzendienern, doch gibt es auch einige Muhammedaner und Christen. Hier findet man viele wilde Rinder, die an Größe den Elefanten gleichen; sie haben eine schöne weiße und schwarze Farbe. Das Haar liegt

---

[2]) Unter Singui ist Hsi-ning-fu zu verstehen, eine Stadt in der chinesischen Provinz Kan-su zwischen dem Nan-schan und dem Hoang-ho.

„Die Stadt," so berichtet K. Futterer (Durch Asien, I. S. 257), „hat in ihrem Aussehen etwas Rauhes, wie es häufig Gebirgsstädten eigen ist, und unterscheidet sich dadurch, sowohl was die Leute wie die Gebäude anbelangt, wesentlich von dem mehr Wohlhabenheit verratenden Liang-tschou. Sie ist Sitz eines Gouverneurs und hat etwa 60 000 Einwohner. Der in Hsi-ning-fu befindliche Ministerresident für Tibet hat die Administration über alle nicht chinesischen Einwohner der Distrikte des Küke-nur, des Tsai-dam, von Am-do und Nordost-Tibet bis zum oberen Laufe des Hoang-ho und des Yang-tse-kiang."

„Die Lage von Hsi-ning-fu und seine Umgebung erinnern etwas an Innsbruck; nur fehlt der alpine Charakter, der dieser Stadt eigen ist. Die Bergwände im Süden und Norden erheben sich etwa 500 m über die Talsohle, haben auch einige steil abfallende Felspartien, sind aber sonst rundlich-buckelig in Formen und Umrissen infolge der Lößbedeckung über dem Grundgesteine. Etwas westlich von der Stadt Hsi-ning-fu münden von Norden und Süden große Seitentäler in das Tal des Hsi-ning-ho. In dem von Süden kommenden geht ein großer Saumpfad nach dem berühmten Kloster Kum-bum und an den Hoang-ho nach Kuei-tö-hsien. Durch das von Norden kommende Tal erreicht man das Kloster Altin und weiterhin über das Ta-thung-ho-Tal den Nordrand des Nan-schan-Gebirges bei Su-tschou oder Kan-tschou."

allen Teilen des Körpers glatt an, ausgenommen auf den Schultern, wo es beinahe bis zur Höhe von drei Spannen aufrecht steht. Dieses Haar oder vielmehr diese Wolle ist weiß und zarter und weicher als Seide.[3]) Marco Polo brachte einige dieser Tiere nach Venedig als eine besondere Merkwürdigkeit, als welche sie von allen, die sie sahen, betrachtet wurde. Viele von diesen Rindern, die wild in die Gefangenschaft kamen, hat man gezähmt, und die Rasse, die von ihnen und der gewöhnlichen Kuh ab-

---

[3]) Der Yak, der wilde sowohl wie der zahme, ist in letzter Zeit von zahlreichen Reisenden, die Tibet besuchten, beschrieben worden, so z. B. von Sven Hedin, der den wilden Yak folgendermaßen schildert: „Der Pelz ist dicht und gleichmäßig, die herabhängenden Seitenfransen sind oft so dick, daß sie für das Tier beim Liegen ein richtiges Kissen bilden, und sie scheinen auch für Tibets strengen Winter vollständig auszureichen. Die Farbe ist rabenschwarz, aber die Seiten des Rückens gehen, wenn man sie in einer gewissen Beleuchtung sieht, ein wenig ins Dunkelbraune. Die Zunge hat außerordentlich scharfe, harte Hornwiderhaken. Wie beim zahmen Yak haben sowohl das Zahnfleisch wie die Zunge eine blaugraue Farbe. Das Maul ist sehr breit, die Nüstern ziemlich lang und abgeplattet, auch ein wenig schräg aufwärts gerichtet. Die Hörner sind außerordentlich kräftig und durch ihre scharfen Spitzen furchtbar. Die dichten Wollfransen berühren die Erde, wenn das Tier steht, und bilden, wie gesagt, eine weiche Unterlage, wenn es liegt."

„Wenn der Yak verfolgt wird, läuft er in ziemlich schnellem Trab mit hängendem Schwanz und wenig über den Boden erhobenem Kopf drauflos. Das plumpe Tier hat einen schweren, trottenden Gang, macht aber große Schritte. Übrigens hat der Yak stets den Vorteil, nicht außer Atem zu kommen, was bei seinen Verfolgern in der dünnen Luft bald der Fall ist."

„Kommt man ihm nahe und merkt er, daß Gefahr im Anzug ist, so läuft er gewöhnlich im Galopp mit gesenktem Kopfe und aufgerichtetem Schwanze. Vor Schüssen und Kugeln steht er, und wird er verwundet, so greift er seinen Verfolger an, der dann klug tut, auf seiner Hut zu sein." (Durch Asiens Wüsten, II. S. 287 u. ff.)

stammt, besteht aus edlen Tieren, die viel besser Beschwerden ertragen als irgend eine andere Art. Man gewöhnt sie daran, schwere Lasten zu tragen und zweimal soviel Arbeit in der Wirtschaft zu verrichten wie die gewöhnliche Gattung; sie sind tätig und rüstig. In diesem Lande wird auch der schönste und kostbarste Moschus erzeugt.[4]) Das Tier, welches ihn liefert, ist nicht größer als eine Ziege, ähnelt aber an Gestalt der Antilope. Sein Fell ist gleich dem der Ziege, Füße und Schwanz sind wie die der Antilope, aber es besitzt keine Hörner. Es hat vier vorstehende Hauzähne, zwei oben und zwei unten, die drei Finger lang und im Verhältnis zu ihrer Länge schmal und weiß wie Elfenbein sind. Im ganzen ist es ein hübsches Tier. Zur Zeit des Vollmondes bildet sich eine Blase voll geronnenen Blutes in der Gegend des Nabels, und die, welche sich mit dem Fange beschäftigen, benutzen dazu das Mondlicht; dann ziehen sie die Haut ab und trocknen sie mit ihrem Inhalt an der Sonne. Die Tiere, deren Fleisch man als Leckerbissen schätzt, werden in großer Zahl gefangen. Marco Polo brachte den Kopf und die Füße getrocknet mit nach Venedig. Die Einwohner

[4]) Der Moschus war im Altertum den europäischen Völkern ganz unbekannt; durch die Araber wurde er im Abendlande verbreitet; aber Marco Polo war der erste, der das Moschustier ausführlich beschrieben hat. Dieses ist ein zierliches Tier von der Größe und Gestalt eines Rehes, ohne Geweih, mit schlanken Beinen und kurzem, dicken, beim Männchen an der Spitze behaarten Schwanz. Es bewohnt die Gebirge Hinterasiens vom Amur bis zum Hindukusch und findet sich am häufigsten auf den tibetanischen Abhängen des Himalaya, in der Umgebung des Baikalsees und in den Gebirgen der Mongolei. Einige Stämme fangen es in Schlingen, die Tungusen erlegen es jedoch mit dem Bogen oder locken es durch Blatten, durch Nachahmen des Blökens der Kälber, herbei. In Tibet darf das Tier nur mit Erlaubnis der Regierung gejagt werden, welche auf den Beutel das fürstliche Siegel drückt.

dieses Landes beschäftigen sich mit Handel und Gewerben. Sie haben Korn im Überfluß. Die Ausdehnung des Landes beträgt fünfundzwanzig Tagereisen. Fasanen werden darin gefunden, die zweimal so groß sind wie die unserigen, aber etwas kleiner als ein Pfau. Die Schwanzfedern sind acht bis zehn Palmen lang. Doch gibt es auch andere Fasanen, die an Gestalt und Aussehen den unseren gleichen, sowie auch eine Menge anderer Vögel, von denen einige ein sehr schönes Gefieder haben. Die Einwohner sind Götzendiener. Sie werden leicht dick und haben kleine Nasen. Ihr Haar ist schwarz, aber sie haben kaum etwas Bart oder eigentlich nur wenige zerstreute Haare am Kinn. Die Weiber der vornehmeren Klasse sind gleichfalls frei von überflüssigen Haaren; ihre Haut ist weiß und ihre Gestalt wohlgebildet, aber in ihren Sitten sind sie sehr frei. Die Männer sind weiblicher Gesellschaft sehr ergeben und können nach ihren Gesetzen und Sitten so viele Weiber nehmen, wie sie wollen, vorausgesetzt, daß sie imstande sind, sie zu ernähren. Wenn ein junges Mädchen, mag es auch arm sein, von schöner Gestalt ist, wird es doch von den Reichen gern zum Weibe genommen, und diese machen, um es zu erwerben, den Eltern und Verwandten reiche Geschenke. Denn Schönheit allein wird bei ihnen in hoher Achtung gehalten. Wir wollen nun Abschied von diesem Lande nehmen und von einem anderen reden, das weiter nach Osten liegt.

54. Kapitel.

Von dem Lande Egrigaia und der Stadt Kalacia; von den Sitten ihrer Einwohner und dem Kamelot, der daselbst angefertigt wird.

Wenn man von Erginul östlich acht Tage weiterreist, so kommt man in ein Land, welches Egrigaia heißt.[1]) Es

[1]) Die Stadt Ning-hsia, welche am Westufer des Hoang-ho

gehört ebenfalls noch zur großen Provinz Tanguth und ist dem Großkhan untertan. Viele Städte und Schlösser liegen dort, deren erste Kalacia heißt. Die Einwohner sind meist Götzendiener, aber es gibt auch drei Kirchen der nestorianischen Christen. In dieser Stadt werden schöne Kamelottücher aus Kamelhaar und auch aus weißer Wolle gewirkt, die die feinsten in der Welt sind. Sie werden von den Kaufleuten in großer Menge aufgekauft und nach vielen anderen Ländern, besonders nach Kataia versandt. Wir wollen diese Provinz nun verlassen und von einem anderen Lande reden, das nach (Nord-) Ost liegt und Tenduk heißt. So kommen wir in das Reich des Priesters Johann.

---

auf 38° 32′ nördlicher Breite liegt, führt auf einigen unserer modernen Karten auch den mongolischen Namen Irgai, der schon in der Mongolengeschichte des Ssanang Ssetsen erwähnt wird. Es unterliegt keinem Zweifel, daß Marco Polo diesen Ort meint, wenn er von Egrigaia spricht.

Seit der Eroberung des Landes durch die Chinesen residierten hier nacheinander Statthalter, welche sich im Laufe des 11. Jahrhunderts unabhängig machten und den hochklingenden Titel der älteren Dynastie des Mittelreiches, Hsia, annahmen. Dies geschah unter der Regierung des Tschao-yuen (1032—1048). Die Residenz war Hing-tschou, welcher Ort jetzt Ning-hsia genannt wurde. Nach Raschid-ed-din hieß die Stadt im Tangutischen Ezirkai, im Mongolischen Ezirkayn.

Ning-hsia wurde zum erstenmal von Dschingiskhan im Jahre 1205 belagert und geplündert. Erst 1227 war die völlige Besiegung dieses Reiches, nach der Unterjochung von vierzig anderen Staaten und der Unterwerfung der zwölf großen Könige des Erdbodens, wie der mongolische Geschichtsschreiber sich ausdrückt, der letzte und glänzendste Sieg des Weltstürmers. Von jener Zeit an blieb das Land Ning-hsia eine abhängige Provinz.

Weniger als von Egrigaia wissen wir von Kalacia, das weiter unten im Texte genannt wird. Unter den Städten, die Raschid-ed-din in Tangut und Hsia anführt, heißt eine auch Chaladschan; vielleicht ist dies Marco Polos Kalacia.

55. Kapitel.

Von dem Lande Tenduk, das von Fürsten aus dem Geschlechte des Priesters Johann regiert und besonders von Christen bewohnt wird; von der Weihe ihrer Priester und von einem Volksstamme, der Argon heißt und der schönste und gebildetste in allen diesen Ländern ist.

Tenduk,[1]) das zum Reiche des Priesters Johann gehört, ist eine östliche Provinz, in welcher viele Städte und Schlösser vorhanden sind, die zur Herrschaft des Großkhans gehören; alle Fürsten aus der Familie des Priesters Johann sind abhängig geblieben, seit Cingis, der erste Kaiser, das Land unterjochte. Die Hauptstadt heißt ebenfalls Tenduk. Der jetzige König ist ein Nachkomme des Priesters Johann und heißt Georg.[2]) Er ist Christ und

---

[1]) Von dem Tangkaiser Hiuen-tsong wurde gegen das Jahr 750 n. Chr. die Stadt Thian-te am Hoang-ho erbaut und acht Jahre später zu einem Kiun gemacht, d. h. zu einem Sitze des Militärgouvernements, das sich über das ganze nördliche Gebiet des jetzigen Landes Ordos ausbreitete, sowie über die Gegend weiter nordwärts zwischen dem Hoang-ho und der Kette des In-schan. Dieses Thian-te-kiun, in der vulgären Aussprache Tendek, existiert heute nur noch in Ruinen, die zweihundert Li im Nordwesten von Pildjoo-khai liegen. Der Ort ist das alte Tschung-schau-tsching der Chinesen, d. h. die Wächterstadt der Grenzen der Mitte, und es ist sehr wahrscheinlich, daß Marco Polo diese Stadt meint, wenn er von Tendek oder Tenduk spricht.

[2]) Für die Existenz christlicher Nachkommen des sogenannten Priesters Johann, die in der Mongolei an den Grenzen Chinas residierten, lassen sich nach Pauthier (a. a. O. I. p. 212) folgende Beweise erbringen:

Man liest in der Geschichte der mongolischen Dynastie (Yuen-sse, k. 1 u. 2), daß Un-khan sich zunächst Toh-li nannte und erst später, nachdem er die Kin unterworfen hatte, den erblichen Königstitel annahm. (Im Chinesischen heißt König Wang oder Uang.) Dies war der Grund, weshalb man ihn Un-khan oder Uang-khan nannte. Man liest ebendaselbst, daß Uang-khan, als er vom Fürsten der Naiman geschlagen worden war, sich mit einem Teil seines Heeres nach Ho-si, der „Gegend im Westen des Hoang-ho", zu-

Priester; der größere Teil der Einwohner besteht aus Christen. Dieser König Georg erhält sein Land als Lehen vom Großkhan, freilich nicht die ganzen Besitzungen des früheren Priesters Johann, sondern nur einen Teil derselben, und der Kaiser gibt ihm sowohl wie den übrigen Prinzen seines Hauses seine Töchter und andere Prinzessinnen der königlichen Familie zu Weibern. In diesem Lande findet man in reicher Menge und großer Schönheit den Stein, aus dem die Azurfarbe hergestellt wird. Hier werden gleichfalls Stoffe aus Kamelhaar angefertigt. Das Volk gewinnt seinen Unterhalt aus Ackerbau, Handel und mechanischen Arbeiten. Obgleich der Herrschaft des Großkhans unterworfen, ist der König, wie bereits hervorgehoben wurde, doch Christ, und auch die Regierung des Landes liegt in den Händen von Christen. Unter den Einwohnern gibt es jedoch auch Götzenanbeter und Anhänger Muhammeds. Auch lebt dort eine Volksklasse, die unter dem Namen Argon[3]) bekannt ist, weil sie aus

rückzog. Von Temudschin unterstützt, kehrte er aber bald in das Gebiet seiner Stammesgenossen zurück, die von den Chinesen Khe-li, von den Mongolen Keraït genannt wurden. Der arabische Historiker Abulfaradsch, welcher zur Zeit Argun-khans, eines Nachkommen Dschingiskhans, lebte, bezeugt ausdrücklich, daß Un-khan der nestorianischen Kirche angehörte. (Historia dynastiarum, Oxford, 1663.) Ebenso erzählt der Zeitgenosse Marco Polos, Raschid-ed-din, welcher der Vezier Gazan-khans, des Sohnes Argun-khans, war, daß die Lehre Christi bis zu den Keraït gedrungen sei, daß die beiden Minister Kadak und Tschinghay sich zum christlichen Glauben bekannten und daß die Kaiserin Siurku-kitny-biky, die Nichte des Königs der Keraït, den Muselmännern freundlich begegne, obwohl sie selbst Christin sei. An der Stelle, wo er Dokuz-khatun, die Gemahlin Hulagu-khans, erwähnt, welche eine Angehörige des Stammes der Keraït war, wiederholt Raschid-ed-din noch einmal, daß dieses Volk in seiner Gesamtheit aus Christen bestehe.

[3]) Klaproth war der erste, welcher vermutete, daß Argon dasselbe ist wie Arkhaiun, eine Bezeichnung, welche in den Ge-

einer Mischung von zwei Rassen hervorging, nämlich aus heidnischen Eingeborenen von Tenduk und aus Muhammedanern. Diese sind nicht allein die schönsten Menschen im Lande sondern auch die gebildetsten und geschicktesten Handelsleute.

56. Kapitel.

Von dem Regierungssitze Gog und Magog der Fürsten aus der Familie des Priesters Johann; von den Sitten der Einwohner; von ihren Seidenmanufakturen und von den Silberminen, die daselbst bearbeitet werden.

In diesem Lande (Tenduk) war der Hauptsitz der Regierung der Fürsten, die Priester Johann des Nordens genannt wurden, als sie über die Tataren dieses und der benachbarten Länder herrschten, welche ihre Nachkommen bis zu dieser Stunde inne haben. Der obenerwähnte Georg ist der sechste Nachfolger des Priesters Johann, von dessen Familie er als das Haupt betrachtet wird. Zwei Länderstriche gibt es dort, über welche sie ihre Herrschaft ausüben; diese werden bei uns Gog und Magog,[1]) von den Eingeborenen aber Ung und Mungul genannt; denn in

---

schichtswerken der mongolischen Ära häufig den orientalischen Christen oder deren Klerus beigelegt wurde. Eine befriedigende Erklärung für den Ursprung des Namens läßt sich jedoch nicht angeben, trotz aller Versuche, die gemacht worden sind, eine solche zu finden.

[1]) Diese Stelle ist bei Ramusio ganz unverständlich; der Herausgeber hat sie daher nach dem Texte von Pauthier verbessert. Ihr Sinn dürfte etwa der folgende sein: Das Land Tenduk, in welchem die Nachkommen des Priesters Johannes residierten, wurde in Europa während des Mittelalters Gog und Magog genannt, von den Asiaten aber Ung und Mungul, d. h. das Land der Untertanen des Fürsten der Keraït, welcher von einem chinesischen Kaiser den Ehrennamen Uang oder König erhielt. Die Bezeichnung Land der Mungul oder Mongolen entstand, als Temudschin den Stamm der Keraït unterworfen hatte und dieses Volk sich mit den mongolischen Eroberern vermischte. Die bei-

dieser Provinz gab es zwei Völkerrassen, bevor die Tataren von dort aufbrachen. Ung hießen die ursprünglichen Einwohner des Landes, und Mungul ist der Name, welcher häufig den Tataren beigelegt wurde. Wenn man sieben Tagereisen durch dieses Land zieht, kommt man in der Richtung auf Kataia nach Osten an vielen Städten vorbei, die von Götzendienern sowie von Muhammedanern und nestorianischen Christen bewohnt werden. Die Einwohner gewinnen ihren Unterhalt aus Handel und Gewerben; sie verfertigen schöne, goldene, mit Perlmutter verzierte Gewebe und Seidenzeuge von verschiedener Farbe, die denen in Europa nicht unähnlich sind, außerdem wollene Tücher in großer Zahl. Die Leute sind alle dem Großkhan untertan. Eine der Städte, namens Suydatui,[2]) hat durch die Fabrikation von Waffen und von Ausrüstungsgegenständen für die Truppen große Berühmtheit erlangt. In den bergigen Gegenden des Landes befindet sich ein Platz, Idifa genannt, in dessen Nähe reiche Silbergruben liegen, aus denen man große Mengen des Metalls gewinnt. Auch für die Jagd ist das Land hervorragend geeignet.

---

den Stämme bewohnten alsdann dasselbe Gebiet, das infolgedessen einen zweifachen Namen erhielt, bis die Tataren oder Mongolen das Land verließen, um dem Heere des mongolischen Eroberers zu folgen. Die Ung oder Uang waren, wie Marco Polo ganz richtig sagt, die ursprünglichen Bewohner des Landes, das sie seit dem 9. Jahrhundert im Besitz hatten, nachdem sie von den Khitan aus ihren alten Wohnsitzen vertrieben worden waren.

[2]) Suydatui (Sindacui, Sindachu etc.) ist die Stadt Siun-hwa-fu, welche während der Kindynastie den Namen Siuen-te-chau führte, mehr als einmal belagert und von Dschingiskhan erobert wurde. Sie soll eine Sommerresidenz der letzten mongolischen Kaiser gewesen sein. Noch heute ist sie eine große Stadt und liegt in der Nähe von Kalgan in der Provinz Tschili. (Vergl. Yule, a. a. O. I. p. 295.) In dem Atlas von Stieler kommt sie unter der Bezeichnung Hsüen-hwa vor.

Die Lage des Ortes Idifa ist uns nicht bekannt.

57. Kapitel.

Von der Stadt Cianganor (Schanganor); von verschiedenen Arten von Kranichen, Rebhühnern und Wachteln, die auf Befehl des Großkhans in diesen Ländern gepflegt werden.

Wenn man die letzterwähnte Stadt und das Land verläßt und drei Tage weiterreist, kommt man an eine Stadt Cianga-nor, welches „weißer See" bedeutet.[1]) Bei diesem Platze hat der Großkhan einen Palast, den er sehr gern besucht, weil er von Seen und Strömen, in denen sich Schwäne aufhalten, und von Ebenen umgeben ist, wo man Kraniche, Fasanen, Rebhühner und andere Vögel in

---

1) Der Cianga-nor, nach Marco Polos eigener Erklärung der Weiße See, ist mit dem Tschahan-nor identisch, der etwas nördlich vom 43.° nördl. Breite außerhalb der großen Mauer an der Kiachtastraße liegt. Die Schilderung, die uns der Pater Gerbillon von den Jagdbelustigungen der Mandschuren an dem etwas nördlicher gelegenen Taal-nor als Augenzeuge hinterlassen hat (1689), bestätigt in allen Stücken den Bericht Marco Polos. Am Tschahannor hielt sich die chinesische Gesandtschaft auf, die im Jahre 1689 von Peking aus zu den Verhandlungen des Grenzvertrages nach Nertschinsk gezogen war. Der Tschahansee war von Enten und Schwänen belebt; die zusammengeklappten, auf Kamelen transportierten Kähne wurden hier abgeladen und auf den See gesetzt, um zum Fischfang und zur Vogeljagd zu dienen. Dann zog man zum Taal-nor weiter, der ein noch größeres Jagdrevier darbot. Der See ist etwas salzig, sehr seicht und von Schilfrohr umgeben; sein großer Fischreichtum zieht ungeheure Scharen von Wasservögeln herbei, Enten, Gänse, Schwäne und viele andere Arten. In drei bis vier Netzzügen fing man über 300 000 Fische, alle von einer und derselben Karpfenart. In der Nähe der Seen zeigte man dem Jesuitenpater eine in Felsen gehauene Pagode des Buddha, in der Kisten mit mongolischen Schriften standen. Vor der Felspagode lag ein großer, weißer Marmorstein, zehn bis zwölf Fuß hoch und vier Fuß breit, der mit einer chinesischen Inschrift bedeckt war, die besagte, daß ein angesehener chinesischer Mandarin die Pagode dem Buddha zu Ehren erbaut hatte, und zwar zu einer Zeit, als unter der Mongolendynastie der Yuen der Friede in China zurückgekehrt war.

großer Zahl antrifft. Er findet sein höchstes Vergnügen in der Jagd mit Geierfalken und Sperbern, denn es gibt hier Wild in reicher Fülle. Von Kranichen zählt man fünf Arten. Die erste Gattung ist ganz schwarz wie die Krähen und hat lange Flügel. Die zweite hat noch längere Flügel als die erste, ist aber weiß, und die Flügelfedern sind mit runden Augen bedeckt wie die der Pfauen, aber von glänzender Goldfarbe; der Kopf ist rot und schwarz und von zierlicher Form, der Hals dagegen schwarz und weiß. Im ganzen ist es ein hübscher Vogel. Die dritte Art ist von der Größe der unserigen in Italien. Zu der vierten gehören kleine Kraniche, deren Gefieder rot und azurfarben gestreift ist. Die fünfte ist grau mit rotem und schwarzem Kopfe und sehr groß. In der Nähe dieser Stadt liegt ein Tal, welches von Rebhühnern und Wachteln in Scharen besucht wird. Um ihnen Futter zu verschaffen, läßt der Großkhan Hirse, Buchweizen und andere Körner, die ihnen zusagen, in jeder Jahreszeit aussäen, und es ist streng verboten, die Saat anzurühren, damit es den Vögeln nie an Futter fehlt. Auch viele Wärter sind zur Pflege des Wildes bestellt, damit es weder gefangen noch beunruhigt wird; sie müssen auch den Vögeln während des Winters Hirse streuen, und letztere haben sich an die Fütterung so gewöhnt, daß, sowie das Korn ausgestreut wird und der Wärter pfeift, sie sogleich von allen Orten her zusammenfliegen. Auch hat Se. Majestät eine Menge kleiner Häuser errichten lassen, in welchen sie die Nacht zubringen, und infolge dieser Sorgfalt findet er die schönste Jagd, wenn er das Land besucht. Im Winter aber residiert er dort nicht wegen der strengen Kälte; infolgedessen läßt er sich die Vögel in Kamelladungen überall hinsenden, wo er gerade seinen Hofhalt hat. Wir wollen nun diesen Platz verlassen und unseren Weg drei Tage weit nach Nordosten nehmen.

58. Kapitel.

Von des Großkhans herrlichem Palast in der Stadt Xandu; von seinem Marstalle weißer Zuchtstuten, mit deren Milch er alljährlich ein Opfer darbringt; von den wunderbaren Dingen, die die Sterndeuter bei schlechtem Wetter verrichten; von den Zeremonien, welche sie in der Halle des königlichen Palastes veranstalten, und zwei Beschreibungen von Bettelmönchen und ihrer Lebensweise.

Wenn man von der letztgenannten Stadt wegzieht und drei Tage in nordöstlicher Richtung weiterreist, kommt man an eine Stadt, Xandu genannt, die vom jetzt regierenden Großkhan Kublai erbaut wurde.[1]) In dieser hat er

---

[1]) Xandu, Ciandu oder Schang-tu war die Sommerresidenz Kublai-khans in Kai-ping-fu. Die Ruinen sind noch vorhanden und führen den mongolischen Namen Tschao naiman sume khotan, welcher soviel wie Stadt der 108 Tempel bedeutet. Sie liegen ungefähr 45 km im Nordwesten von Dolon-nor, einer schmutzigen, unansehnlichen Stadt modernen Ursprungs.

Nach Pauthier ist der Name Schang-tu, dessen wörtliche Übersetzung „Residenz des Herrschers" lautet, nur eine nähere Bestimmung, die man dem Worte Lu hinzufügte, um damit einen der 185 Kreise, Lu genannt, zu bezeichnen, in welche unter Kublaikhan das Reich geteilt war. Dieser Kreis Schang-tu war zur Zeit der Tangdynastie das Gebiet der Hi und der Khitan. Die Kin gründeten daselbst, nachdem sie die Khitan unterworfen hatten, die Stadt Huan-tschou. Später entstand im Norden des Luan-ho und östlich von Huan-tschou eine neue Stadt, welche den Namen Kai-ping-fu (bei Marco Polo Clemenfu) erhielt, und diesem Namen wurde, da der Ort zeitweilig die Residenz des Kaisers war, der Titel Schang-tu hinzugesetzt.

Pater Gerbillon sagt von jener Gegend: „Hier liegen noch die Ruinen der alten Stadt Schang-tu, welche die Sommerresidenz der Yuen war. In der Nähe gibt es warme Quellen, die jedoch nicht so heiß sind wie die etwas weiter gegen Nordost am Fuße des Petschaberges gelegenen. Hier in der Nähe war ein großes Jagdrevier, und einige Tagereisen weiter im Norden war das Festlager errichtet, wohin der Kaiser Kang-hi die Versammlung der Fürsten der Khalkas-Mongolen ausgeschrieben hatte."

einen Palast aus Marmor und anderen schönen Steinen errichten lassen, der durch die großartige Anlage und die Kunst der Ausführung Bewunderung erregt. Die eine Hauptseite ist nach der inneren Stadt gerichtet, die andere nach deren Mauern, und von jedem Ende des Gebäudes läuft eine Mauer von sechzehn Meilen im Umfange um die benachbarte Ebene, zu welcher man nur durch den Palast gelangen kann. In dem Bezirke dieses königlichen Parkes liegen reiche und schöne Wiesen, die von vielen Bächen bewässert werden; dort hegt man allerlei Wild, Damhirsche, Rehe und Böcke, die den Falken, Sperbern und anderen Vögeln, die zur Jagd gebraucht werden, zum Unterhalte dienen; die Käfige der letzteren befinden sich auch in jenen Gründen. Die Zahl dieser Vögel beläuft sich auf zweihundert, und der Großkhan begibt sich in eigener Person wenigstens einmal die Woche dorthin, um sie zu besichtigen. Sehr häufig, wenn er in diese Tiergärten reitet, führt er einen oder mehrere Leoparden auf Pferden hinter ihren Wärtern mit sich, und wenn er dann Befehl gibt, sie loszulassen, so erfassen sie augenblicklich einen Hirsch, eine Ziege oder einen Damhirsch, den er für seine Falken bestimmt, und auf diese Weise amüsiert er sich. Mitten in diesen Gärten in einem anmutigen Haine hat er ein königliches Lusthaus erbauen lassen, das auf schönen vergoldeten und bemalten Säulen ruht. Um jede Säule entfaltet ein Drache, der ebenfalls vergoldet ist, seine Flügel, während sein Kopf den Vorsprung des Daches stützt, und seine Krallen sind zur Rechten und Linken am Getäfel ausgestreckt. Das Dach besteht aus Bambusrohr, das ebenfalls vergoldet und mit so schönem Firnis übermalt ist, daß die Nässe ihm keinen Schaden tut. Die Bambusrohre, die dazu gebraucht werden, haben drei Spannen im Umfange und zehn Klafter Länge; man durchschneidet sie von den Enden in zwei gleiche Teile, so daß sie Rinnen bilden, und mit diesen ist das Haus gedeckt; aber um das Dach gegen den Wind zu schützen, ist jedes Rohr mit beiden Enden am Dachstuhl befestigt. Das Gebäude wird auf jeder Seite wie ein Zelt von mehr als zweihundert starken, seidenen Seilen gehalten, da es sonst, wegen der Leichtigkeit des Rohrs, von der Gewalt stark wehender Winde umgerissen werden könnte. Das Ganze ist mit solcher Kunst gebaut, daß alle Teile zerlegt, weggeführt und wieder aufgestellt werden können, wie es Sr. Majestät gefällt. Diesen Platz hat er wegen seiner milden und heilkräftigen Luft als Erholungsort gewählt, und drei Monate des Jahres hält er dort Hof, nämlich im Juni, Juli und August, und jedes Jahr am achtundzwanzigsten Mondtage in dem letzten dieser Monate ist es gebräuchlich, von dort abzureisen und an einen bestimmten Ort zu ziehen, wo gewisse Opfer in folgender Weise dargebracht werden. Man muß wissen, daß Se. Majestät in seinem Marstall ungefähr zehntausend Hengste und Stuten unterhält, die weiß wie Schnee sind, und von der Milch dieser Stuten darf niemand trinken, der nicht zu der von Dschingiskhan abstammenden Familie gehört, mit Ausnahme einer einzigen anderen Familie, die Horiat heißt;[2]) ihr verlieh der Monarch dieses ehrenvolle Privilegium als Belohnung für tapfere Taten in der Schlacht, die in seiner Gegenwart verrichtet wurden. So groß aber ist die

---

[2]) Horiat ist zweifellos dasselbe wie Uirad oder Oirad, ein Name, der soviel wie „Naher Verbündeter“ bedeuten soll. Die Horiat gehörten nicht zu den eigentlich mongolischen Stämmen; aber nachdem sie Dschingiskhan unterworfen hatte, blieben sie ihm eng befreundet. Als Dschingiskhan seinen Gegner Un-khan besiegte, war, wie Ssanang Ssetzen berichtet, Turulji Taischi, der Sohn des Oberhauptes der Oirad, einer der drei Hauptführer der Armee Dschingiskhans. Wahrscheinlich befanden sich die Wohnsitze der Oirad in der Gegend des oberen Jenissei. (Yule, a. a. O. I. p. 308.)

Achtung, die diesen Pferden erwiesen wird, daß niemand es wagt, wenn sie auf den königlichen Wiesen weiden, sich vor sie hinzustellen oder sie in ihren Bewegungen zu hindern. Die Sterndeuter, die in seinen Diensten stehen und tief erfahren in den teuflischen Künsten der Magie sind, haben es ausgesprochen, es sei seine Pflicht, alljährlich am achtundzwanzigsten Mondestage im August die Milch, welche von diesen Stuten genommen wird, in den Wind zu sprengen, als ein Opfer allen Geistern und Götzen, die sie anbeten, um sie gnädig zu stimmen und dem Volke, Mann und Weib, Vieh, Geflügel, dem Korn und anderen Früchten der Erde ihren Schutz zu sichern. Deswegen beobachtet Se. Majestät die erwähnte Regel und begibt sich an diesem bedeutungsvollen Tage nach dem Orte, wo er mit eigener Hand das Milchopfer darbringt. Bei dieser Gelegenheit zeigen die Sterndeuter oder Magier, wie sie genannt werden können, zuweilen ihre Geschicklichkeit in einer bewunderungswürdigen Weise; denn wenn sich der Himmel bewölkt und mit Regen droht, besteigen sie das Dach des Palastes, in welchem der Großkhan zurzeit residiert, halten durch ihre Zaubersprüche den Regen ab und beschwören das Ungewitter; denn wenn es ringsum im Lande regnet, stürmt und donnert, bleibt der Palast selbst von den Elementen unangefochten. Die, welche solche Wunder tun, heißen Tebeth und Kesmir, zwei Klassen von Götzendienern, die in den magischen Künsten tiefer erfahren sind als irgendwelche Leute in anderen Ländern. Sie erklären, diese Werke kämen durch die Heiligkeit ihres Lebens und infolge ihrer Bußübungen zustande, und auf den so erlangten Ruf sich stützend, zeigen sie sich mit unreiner, unanständiger Haltung. Sie waschen sich nicht das Gesicht, kämmen sich nicht das Haar und leben allesamt in schmutziger Weise. Ja, ihre abscheuliche, bestialische

Gewohnheit ist so groß, daß, wenn irgend ein Verbrecher hingerichtet wird, sie den Leichnam mit sich nehmen, sein Fleisch am Feuer rösten und verschlingen.[3]) Von Leuten jedoch, die eines natürlichen Todes sterben, essen sie die Leichname nicht. Außer den schon erwähnten Namen haben sie auch noch einen anderen und heißen Baksi,[4]) ein Name, der sich auf ihre religiöse Sekte oder

---

[3]) Die Tibetaner werden in alten Berichten häufig des Kannibalismus beschuldigt, ob mit Recht oder Unrecht, soll hier unentschieden bleiben. Piano di Carpine sagt von der Bevölkerung Tibets: „Diese Heiden haben eine sehr sonderbare oder vielmehr schreckliche Gewohnheit; wenn in einer Familie der Vater im Begriff ist, den Geist aufzugeben, kommen alle seine Angehörigen zusammen und verzehren den Toten, wie man mir als Tatsache erzählt hat.“ Ähnliche Beschuldigungen wurden von einigen Schriftstellern sogar gegen die Chinesen erhoben. So lesen wir z. B. in den Berichten der arabischen Reisenden des 9. Jahrhunderts: „In China kommt es zuweilen vor, daß der Gouverneur einer Provinz sich gegen den Kaiser empört. Dann wird er geschlachtet und gegessen. In der Tat, die Chinesen essen das Fleisch aller Verbrecher, welche durch das Schwert hingerichtet worden sind.“ Ferner behauptet der Armenier Hayton, der Kannibalismus gehöre zu den Gewohnheiten der Tataren; er erzählt von einem Verrat des Sarazenen Parwana gegen Abaka-khan und fährt folgendermaßen fort: „Er wurde ergriffen und in Stücke geschnitten, und Abaka erließ einen Befehl, daß in jede Speise ein Stück von dem Fleische des Verräters gelegt werden solle. Abaka aß davon selbst und veranlaßte seine Würdenträger, an der Mahlzeit teilzunehmen. Und dies geschah in Übereinstimmung mit den Gebräuchen der Tataren.“ (Vergl. Yule, a. a. O. I. p. 312.) Daß es sich wirklich um einen feststehenden Brauch handelte, ist in allen diesen Fällen doch nicht ganz sicher; soviel wenigstens steht fest, daß man den Anhängern der buddhistischen Lehre, die ja bekanntlich die Tötung eines jeden lebendigen Wesens untersagt, den Vorwurf der Menschenfresserei nicht machen kann.

[4]) Der Name Baksi für die Priester aus Tibet und Kaschmir ist wahrscheinlich eine Korruption des Wortes Bhikschu und bezeichnet ursprünglich einen Bettelmönch, dann aber auch jeden buddhistischen Mönch.

ihren Orden bezieht; wir würden sagen Prediger- oder Minoritenmönche. So erfahren sind sie in ihrer höllischen Kunst, daß man behaupten kann, sie vollbringen, was sie nur wünschen, und wir wollen ein Beispiel geben, obwohl man denken wird, es übersteige die Grenzen alles Glaubens. Wenn der Großkhan in seiner Staatshalle beim Mahle sitzt (wie ausführlicher im folgenden Buche beschrieben werden soll), so ist die Tafel, welche in der Mitte steht, acht Ellen erhöht, und in einiger Entfernung davon steht ein großes Büfett, wo alle Trinkgefäße aufgestellt sind. Nun bewirken sie durch ihre übernatürliche Kunst, daß die Flaschen mit Wein, Milch oder anderen Getränken die Becher von selbst füllen, ohne daß ein Bedienter sie berührt, und die Becher fliegen in einer Entfernung von zehn Schritten durch die Luft bis zur Hand des Großkhans. Sobald er sie geleert hat, kehren sie zu dem Platze zurück, von dem sie gekommen sind, und das geschieht in Gegenwart der Personen, die eingeladen sind, Zeugen solcher Kunst zu sein. Diese Baksis gehen, wenn die Festtage ihrer Götzen nahen, in den Palast des Großkhans und reden ihn also an: „Hoher Herr! Ew. Majestät mögen wissen, daß, wenn die Ehre eines Brandopfers unseren Göttern nicht gegeben wird, sie in ihrem Zorne uns schlechtes Wetter schicken werden, mit Brand im Korne, Pestilenz im Reiche und mit anderen Plagen. Deshalb bitten wir Ew. Majestät, uns eine Anzahl Widder mit schwarzen Köpfen zu gewähren, ferner Weihrauch und Aloe, damit wir die hergebrachten Gebräuche in pflichtgemäßer Feierlichkeit vollbringen können.“ Ihre Worte aber sprechen sie nicht unmittelbar zum Großkhan sondern zu gewissen hohen Staatsbeamten, die sie ihm erst mitteilen. Wenn er sie vernommen hat, so verfehlt er nie, ihre Bitte in allem zu erfüllen. Wenn nun der Tag erscheint, so opfern sie die Widder und verrichten die

Feierlichkeit, indem sie die Brühe, in der das Fleisch gekocht wurde, vor ihren Götzen ausgießen. — Es gibt in diesem Lande große Klöster und Abteien, so groß, daß sie für kleine Städte gelten könnten; einige enthalten wohl zweitausend Mönche, die dem Dienste ihrer Götter geweiht sind, nach den irregeführten religiösen Gebräuchen des Volkes. Diese Mönche sind besser gekleidet als das übrige Volk; sie scheren Haupt- und Barthaare und begehen die Feste ihrer Götzen mit der ausgesuchtesten Feierlichkeit. Sie haben dabei Gesangchöre und brennende Fackeln. Einigen von ihnen ist es erlaubt, Weiber zu nehmen. Auch gibt es noch einen anderen geistlichen Orden, dessen Mitglieder Sensim genannt werden;[5]) sie

---

[5]) Marco Polo spricht an dieser Stelle offenbar von den Tao-sse, den Anhängern des Taoismus, die den Philosophen Lao-tse als ihren Lehrer verehren. Der Taoismus, welcher in den unteren Volksklassen Chinas sehr verbreitet ist, ist im wesentlichen ein Naturkultus, bei dem Geisterbeschwörungen durch die Priester eine gewisse Rolle spielen. Im Laufe der Zeit hat er auch zahlreiche buddhistische Elemente aufgenommen, so besonders den Glauben an die Seelenwanderung. Der Stifter der Sekte, Lao-tse, wurde im Jahre 604 v. Chr. unter der Regierung des Kaisers Ting-wang geboren und starb gegen Ende des 6. Jahrhunderts.

Der chinesische Historiker Sse-ma-tsien, welcher im Jahre 86 v. Chr. starb, berichtet über den Philosophen folgendes: „Lao-tse war aus dem Dorfe Küh-jen im Lehensstaate Chu gebürtig. Sein Geschlechtsname war Li, sein Milchname Erh, sein Mannesname Po-yang, sein posthumer Ehrenname Tan. Er war Beamter im königlichen Archive von Chou. Confucius begab sich nach Chou, um ihn über die Bräuche zu befragen. Lao-tse sagte: Die Menschen, von denen du sprichst, Herr, sind bereits samt ihren Gebeinen vermodert. Wenn der Edle seine Zeit findet, kommt er vorwärts; findet er seine Zeit nicht, so geht er und läßt das Unkraut sich häufen. Ich habe gehört, ein kluger Kaufmann verberge seine Vorräte in der Tiefe, so daß es leer aussieht, und der Edle, obwohl von vollendeter Tugend, erscheine in seinem äußeren Wesen einfältig. Laß ab, Herr, von deinem hochfahren-

üben strenge Enthaltsamkeit und führen ein hartes Leben; denn sie essen nichts anderes als eine Art Nudeln aus Mehlkleie, welche sie so lange in warmes Wasser tauchen, bis die mehligen Teile sich von der Kleie getrennt haben. Diese Sekte betet das Feuer an, und ihre Anhänger werden von den anderen, weil sie nicht wie diese Götzen ver-

---

den Wesen und von deinen vielerlei Wünschen, von deinem äußeren Getue und deinen ausschweifenden Plänen; dies alles ist von keinem Nutzen für dich. Das ist alles, was ich dir zu sagen habe. — Confucius ging fort und sprach zu seinen Schülern: Von den Vögeln weiß ich, daß sie fliegen können, von den Fischen weiß ich, daß sie schwimmen können, von den Vierfüßern weiß ich, daß sie laufen können. Die Laufenden können umgarnt werden, die Schwimmenden können geangelt werden, die Fliegenden können geschossen werden; was jedoch den Drachen anbetrifft, so vermag ich es nicht zu begreifen, wie er auf Wind und Wolken dahinfahrend aufsteigt gen Himmel. Ich habe heute den Lao-tse gesehen; gleicht er nicht dem Drachen?"

„Lao-tse befleißigte sich des Tao und der Tugend. Bei seinen Studien war er bestrebt, verborgen zu bleiben und nicht berühmt zu werden. Er hatte lange in Chou gelebt; da er aber Chous Verfall sah, zog er von dannen und kam an einen Grenzpaß. Da sprach der Befehlshaber des Grenzpasses, Yin-Hi: Herr, da du im Begriffe bist, dich in die Einsamkeit zurückzuziehen, so bemühe dich, um meinetwillen ein Buch zu schreiben. Darauf schrieb Lao-tse ein Buch in zwei Abschnitten, in welchem er in einigen fünftausend Worten vom Tao und der Tugend handelte, und ging fort. Niemand weiß, wo er geendet. Lao-tse war ein Edler, der in der Verborgenheit lebte."

„Die Anhänger des Lao-tse verwerfen die Schule des Confucius, und die Anhänger des Confucius verwerfen den Lao-tse. In den Grundsätzen uneins, können sie sich nicht miteinander verständigen. Wie sollten sie das auch? Nach Lao-tse wird man durch Nichttun von selbst umgewandelt und durch lautere Ruhe von selbst veredelt."

Das Ergebnis seiner schwierigen und tiefsinnigen Spekulationen hat der Philosoph in dem Werke Tao-teh-king niedergelegt. Seine Lehre setzt ihren Ausgangspunkt und ihr Ziel in das Tao, womit Lao-tse das höchste Wesen bezeichnet, welches der Urgrund der

ehren, als Schismatiker betrachtet. Sie scheren ihr Haupt- und Barthaar wie die anderen und tragen hanfene Kleider von schwarzer oder dunkler Farbe; aber auch wenn der Stoff von Seide wäre, würde doch die Farbe dieselbe sein. Sie schlafen auf rohen Matten und erdulden größere Beschwerden als irgend ein anderes Volk. — Wir wollen diesen Gegenstand nun verlassen und von den großen und wundervollen Taten des obersten Herrn und Kaisers Kublai-khan reden.

---

physischen sowie der moralischen Welt ist. Der Mensch soll danach streben, sich in das Tao zu versenken, es zu begreifen und am Ende zu ihm zurückzukehren. Alle wahre Tugend beruht in jenem Einssein mit dem Tao, und das Tun ist nur dann wahrhafte Tugend, wenn es der durch das Tao geläuterten sittlichen Natur selbst entspringt, nicht wenn es durch äußere Ordnung anerzogen wird.

Die Anhänger des Taoismus verstanden ihren Lehrer nicht; sie beschäftigten sich vielmehr mit allerlei magisch-alchimistischen Phantastereien und bevölkerten ihren Himmel mit zahllosen Göttern und Genien, deren Beherrscher Jüh-wang-schang-ti oder der Jadekaiser heißt. Unter den Genien nehmen die Pahsien mit dem Scheusing, dem Gotte des langen Lebens, eine hervorragende Stellung ein. Die Priester werden in Weltgeistliche und Klostergeistliche eingeteilt. An ihrer Spitze stehen die Thien-tse, die als Inkarnation des Jüh-wang-schang-ti gelten. (Vergl. Léon de Rosny, le Taoïsme, Paris, 1892.)

Es bleibt noch übrig, den von Marco Polo gebrauchten Ausdruck Sensim zu erklären. Henri Cordier machte darauf aufmerksam, daß Sensim offenbar dasselbe wie Sien-seng ist, ein Name, welcher von den Mongolen sowohl in der mündlichen Rede als auch in offiziellen Urkunden den Tao-sse gegeben wurde, ebenso den Lamas, welche bei ihnen Bacschi hießen. Die Tao-sse hatten zwei Klöster in Schang-tu, eins im östlichen und ein anderes im westlichen Teil der Stadt. (Yule, a. a. O. I. p. 322.)

Zweites Buch

1. Kapitel.

Von den bewunderungswürdigen Taten Kublai-Khans, des jetzt regierenden Kaisers; von der Schlacht gegen seinen Oheim Nayan und dem Siege über ihn.

1. In diesem Buche haben wir uns vorgenommen, von all den großen und wunderbaren Taten des jetzt regierenden Großkhans, der Kublai-khan heißt, zu berichten. Dieses letztere Wort bedeutet in unserer Sprache Herr der Herren und wird mit vollem Rechte seinem Namen beigefügt; denn an Zahl der Untertanen, an Ausdehnung seiner Länder und an Größe der Einkünfte übertrifft er alle Fürsten, die je dagewesen und noch in der Welt vorhanden sind; auch dient kein Volk einem andern Fürsten mit so unbedingtem Gehorsam. Das wird so deutlich aus unserem Werke hervorgehen, daß sich jeder von der Wahrheit unserer Versicherung überzeugen kann.

Man muß wissen, daß Kublai-khan in gerader und gerechter Linie von Dschingiskhan, dem ersten Kaiser, abstammt, und daß er mit Recht Herr der Tataren ist. Er ist der sechste Großkhan[1]) und trat seine Regierung 1256 an,

---

[1]) Kublai-khan ist, wie bereits an einer früheren Stelle hervorgehoben wurde, der vierte Kaiser, der auf Dschingiskhan folgte. Seine drei Vorgänger heißen Oktai-khan oder Ogodai-khan, Kuyukkhan und Mangu-khan.

Als Kaiser Mangu im Jahre 1259 starb, erhielt sein Bruder Kublai die Nachricht von seinem Tode in der chinesischen Provinz Hu-kuang, wohin er einen Kriegszug unternommen hatte. Er

im siebenundzwanzigsten Jahre seines Lebens. Er erhielt die Herrschaft durch seine große Tapferkeit, seine Tugend und seine Klugheit, entgegen den Absichten seines Bruders, der von vielen tatarischen Fürsten und den Mitgliedern seiner Familie unterstützt wurde. Aber die Nachfolge kam ihm von Rechts wegen zu. Vor seiner Thronbesteigung diente er freiwillig in der Armee und suchte an jedem Kriegszuge teilzunehmen. Er war in seinen Taten stets tapfer und kühn, aber in bezug auf Kriegskunst und militärisches Geschick galt er für den fähigsten und weisesten Feldherrn, der je die Tataren zur Schlacht geführt hat. Von seiner Thronbesteigung an hörte er jedoch auf, persönlich im Felde zu erscheinen, und übergab die Leitung der Kriege seinem Sohne und seinen Hauptleuten, mit einer Ausnahme, von der im folgenden die Rede sein soll. Ein gewisser Fürst Nayan, ein Oheim Kublais,[2]) obwohl er erst dreißig Jahre zählte, war als Amtmann und Pfleger

---

schloß schnell mit dem Kaiser der Song einen günstigen Frieden, in welchem festgesetzt wurde, daß sich letzterer als einen Vasallen des Großkhans ansehen und einen jährlichen Tribut zahlen solle. In einer Reichsversammlung, zu welcher sich die Großen von der Partei Kublais in Kai-ping-fu vereinigten, wurde im Juni 1260 Kublai zum Großkhan aller Tataren erwählt. Doch ließ sich zu gleicher Zeit Arik-Buga, sein jüngerer Bruder, der von Mangukhan an der Spitze eines Heeres in Karakorum zurückgelassen worden war und der seine Anhänger in den mehr nördlich gelegenen Ländern der Mongolen, namentlich auch in Schen-si hatte, in einer Reichsversammlung gleichfalls als Großkhan ausrufen. Doch wurde der Gegenkaiser in mehreren Schlachten geschlagen und mußte sich schließlich ergeben. (d'Ohsson, Histoire des Mongols, II. p. 338.) Kublai-khan war bei seiner Thronbesteigung 44 Jahre alt, nicht 27 Jahre, wie Marco Polo berichtet.

[2]) Es ist nicht ganz sicher, daß Marco Polo recht hat, wenn er Nayan den Oheim Kublai-khans nennt. Die chinesischen Historiker bezeichnen ihn nur als nahen Verwandten des Herrschers. Nayan stammte in fünfter Generation von Utschuguen, einem jüngeren Bruder Dschingiskhans, ab.

über viel Land gestellt und dadurch instand gesetzt worden, ein Heer von vierhunderttausend Pferden ins Feld zu bringen. Seine Vorgänger waren Vasallen des Großkhans gewesen. Getrieben jedoch von jugendlicher Eitelkeit, faßte er, da er sich an der Spitze eines so großen Heeres sah, im Jahre 1286 den Entschluß, seine Lehnsabhängigkeit abzuwerfen und sich zum Selbstherrscher zu machen. In dieser Absicht sandte er heimlich Boten an Kaidu, einen anderen mächtigen Fürsten, dessen Länder nach der großen Türkei zu lagen. Dieser, obgleich ein Neffe des Großkhans, war ihm feindlich gesinnt und im Aufstande gegen ihn begriffen, weil er wegen früherer Vergehen Strafe fürchtete. Kaidu war mit den Anträgen Nayans sehr zufrieden und versprach ihm, eine Armee von hunderttausend Mann zu stellen. Beide Prinzen begannen nun sogleich ihre Truppen zu sammeln, aber das konnte doch nicht so geheim geschehen, daß es nicht zur Kenntnis Kublais kam, der, sobald er von ihrer Rüstung hörte, keine Zeit verlor und alle Pässe, die zu den Ländern Nayans und Kaidus führten, besetzte, um ihnen alle Nachrichten über seine eigenen Maßregeln abzuschneiden. Dann gab er Befehl, mit größter Schnelligkeit alle Truppen zu sammeln, die zehn Tagemärsche von der Stadt Kambalu lagerten. Diese beliefen sich auf dreihundertundsechzigtausend Pferde, denen er ein Heer von hunderttausend Mann zu Fuß beifügte, und zwar waren es die Krieger, die er gewöhnlich um seine Person hatte, besonders seine Falkoniere und Hofbedienten. Im Laufe von zwanzig Tagen stand alles fertig und in Bereitschaft. Hätte er die Armeen versammelt, die zum beständigen Schutze in den verschiedenen Provinzen von Kataia bestellt sind, so wären dazu notwendigerweise dreißig bis vierzig Tage nötig gewesen, in welcher Zeit der Feind Nachricht von seinen Rüstungen erhalten und Gelegenheit gehabt hätte, seine Verbindung zu bewirken und eine solche feste Stellung einzunehmen, die am geeignetsten für seine Pläne gewesen wäre. Des Großkhans Absicht war, durch Schnelligkeit, welche immer die Gefährtin des Sieges ist, den Vorbereitungen Nayans zuvorzukommen, ihn zu überraschen, solange er noch allein stand, und seine Streitkräfte sicherer und wirksamer zu vernichten, als es später möglich gewesen wäre, wenn sich jener mit Kaidu verbunden hätte.[8])

---

[8]) Kublai war eben im Begriff, eine zweite Expedition gegen Japan abzuschicken, nachdem seine erste große Flotte durch einen Sturm vernichtet worden war, als er sein Vorhaben wegen der drohenden Stellung, die Kaidu gegen ihn einnahm, aufgeben mußte. (d'Ohsson, Histoire des Mongols, II. 450 u. ff.) Mehrere Nachkommen Dschingiskhans weigerten sich lange, Kublai anzuerkennen, unter ihnen eben jener Kaidu, der Enkel Oktai-khans. Kaidu machte seine Rechte auf den Thron geltend, aber die Linie Oktais war durch den Kaiser Mangu ihrer Truppen beraubt worden; daher konnte Kaidu seine Ansprüche nicht mit eigenen Waffen geltend machen; im Streite zwischen Kublai und seinem jüngeren Bruder stellte er sich auf die Seite Arik-Bugas. Nach der Unterwerfung dieses Prinzen zog er sich in seine Länder am Ufer des Jmil zurück und suchte dort Truppen zusammenzubringen. Mit viel Geist ausgerüstet, listig und unternehmend, wußte er die Freundschaft der Fürsten zu gewinnen, welche im Uluß Dschudschis herrschten; mit ihrem Beistande machte er sich zum Herrn der dem Jmil benachbarten Gebiete, der alten Lehnsherrschaften Kuyuks und Oktais. Als Kublai ihn fragen ließ, warum er nicht zur Reichsversammlung gekommen sei, und das Verlangen aussprach, ihn zu sehen, ihn um Rat zu fragen und ihm Zeichen seiner Liebe zu geben, schützte Kaidu die gewöhnliche Entschuldigung vor, nämlich die Magerkeit seiner Pferde, zeigte jedoch trotzdem an, daß er sich augenblicklich auf den Weg zum Kaiser machen würde. Aber drei Jahre lang zögerte er unter den verschiedensten Vorwänden, sein Versprechen zu erfüllen; darauf (1268) begann er die Feindseligkeiten. (d'Ohsson, II. 360, 361.)

Bayan, der Feldherr Kublais, den die chinesischen Geschichtsschreiber Pe-yen nennen, hatte im Jahre 1277 die Verbündeten Kaidus geschlagen, so daß sie sich über den Irtisch in das Land

1. Kapitel

Es wird hier die geeignete Stelle sein, in bezug auf die Armee des Großkhans zu bemerken, daß in jeder Provinz

---

der Kirgisen zurückziehen mußten. Zehn Jahre waren seitdem vergangen, als der Prinz Kaidu von neuem einen Bund gegen den Kaiser Kublai bildete. Er wußte die Fürsten Nayan, Kadan und Singtur, welche ihre Länder an den Grenzen Liao-tungs und des Gebietes der Tschurtsche besaßen, auf seine Seite zu ziehen. Diese waren die Urenkel dreier Brüder Dschingiskhans. Nayan hatte ein Heer von etwa 100 000 Mann gesammelt und erwartete die Ankunft Kaidus, der ihm gleichfalls 100 000 Mann zuzuführen versprochen hatte. Der Kaiser, der wohl wußte, wie wichtig es war, die Vereinigung seiner Gegner zu verhindern, befahl seinem Feldherrn Bayan, Karakorum zu nehmen, um Kaidu im Schach zu halten, während er selbst gegen Nayan marschierte. Kublai teilte seine Armee in zwei Korps, von denen das eine, aus Chinesen zusammengesetzt, unter dem Tschurtschegeneral Liting stand, während das andere, aus Mongolen bestehend, von Yissu-temur, dem Enkel des Generals Burdschi, der einer der ersten Feldherren Dschingiskhans war, befehligt wurde. Sie fanden das Heer Nayans am Flusse Liao gelagert und von einer großen Wagenreihe geschützt. Die folgenden Ereignisse schildert Marco Polo so anschaulich, daß man glauben könnte, er habe dem Feldzuge selbst beigewohnt.

Die beiden andern Fürsten Kadan und Singtur wurden im folgenden Jahre gleichfalls besiegt. Es wird berichtet, in diesen Feldzügen seien Feuermaschinen, Kanonen (Ho-pao) zur Verwendung gekommen. (Mailla, Histoire générale de la Chine, IX. 438.)

Nach diesen Erfolgen hatte es Kublai nur noch mit Kaidu zu tun, dessen Gebiet von dem Reiche des Großkhans durch die Wüste Gobi getrennt war. Um die Grenzen besser zu sichern, die beständig den Angriffen Kaidus ausgesetzt waren, gab der Kaiser dem General Bayan den Oberbefehl zu Karakorum mit unbegrenzter Vollmacht. Doch ehe noch Bayan zur Armee stieß, wurden die Truppen Kublais an der Selenga von Kaidu geschlagen. Da hielt es der Kaiser trotz seines hohen Alters für notwendig, gegen seinen Widersacher persönlich zu Felde zu ziehen. Er reiste im Jahre 1289 von Schangtu nach der westlichen Grenze, fand aber keinen Feind mehr; Kaidu hatte sich zurückgezogen. (Mailla, IX. 441, Gaubil, p. 210, d'Ohsson, II. 461.) — Später (1293) wurde Kaidu von Bayan völlig geschlagen

Kataias und Manjis[4]) und auch in anderen Teilen seines Reiches ungehorsame und aufrührerische Personen sich befanden, die zu allen Zeiten geneigt waren, in Rebellion gegen ihren Herrn aufzustehen, und deshalb war es nötig, Armeen in denjenigen Provinzen zu unterhalten, die große Städte und eine dichte Bevölkerung hatten.[5]) Die Truppen waren vier oder fünf Meilen von diesen Städten aufgestellt und konnten einrücken, wenn es ihnen gefiel. Bei diesen Armeen hat der Großkhan den Gebrauch eingeführt, daß

(d'Ohsson, II. 466), und wir hören nichts mehr von seinen Unruhen.

[4]) Unter Kataia ist hier das nördliche China zu verstehen. Manji ist wahrscheinlich aus den chinesischen Worten Man-tse, d. h. südliche Barbaren, hervorgegangen. Der Nordwesten des Reiches der Mitte ist nämlich die Heimat der chinesischen Kultur gewesen, und man nannte in alten Zeiten die Bewohner des Südens Man-tse, eine Name, der ihnen auch, nachdem sie die Bildung des Jao und Schun schon lange angenommen hatten, geblieben ist.

[5]) Während der Regierungszeit Kublai-khans brachen in den chinesischen Provinzen wiederholt Aufstände aus. Durch den Krieg war das Volk sehr mitgenommen worden und der Haß gegen die Mongolen aufs höchste gestiegen. Es bedurfte daher nur einer geringen Veranlassung, um das glimmende Feuer zur lodernden Flamme anzufachen. Überdies war den Statthaltern Kublai-khans der chinesische Volksgeist ganz unbekannt. Die Abgaben, welche die ausgesogene Nation zu zahlen hatte, wurden als sehr drückend empfunden; auch nahmen die Erpressungen der Beamten kein Ende. Unter solchen Umständen war es durchaus nicht zu verwundern, daß die Anhänger der früheren Songdynastie mit der größten Leichtigkeit Scharen von Unzufriedenen an sich zogen und sich tapfer gegen die Regierung verteidigen konnten. Der Hauptsitz der Unruhen befand sich in den Provinzen Fo-kien und Kuang-tung. Dort herrschte Wohlstand und Handel; die Einwohner waren fern vom Regierungssitze und fühlten sich daher imstande, ihre Unabhängigkeit zu behaupten. Die Aufrührer in Fo-kien machten auch sehr große Fortschritte, bis ein großes Mongolenheer ihnen entgegengeschickt wurde, dem es im

sie jedes zweite Jahr wechselten, und das ist auch der Fall bei den Offizieren, die an ihrer Spitze stehen. Infolge solcher Vorsichtsmaßregeln wird das Volk in Ruhe gehalten, und keine Bewegung oder Neuerung irgendwelcher Art ist möglich. Die Truppen werden nicht allein durch die Löhnung aus den kaiserlichen Einnahmen erhalten, sondern sie haben auch Milch und Vieh. Letzteres schicken sie in die Städte zum Verkauf und tauschen dafür alles ein, was sie brauchen. Auf diese Weise sind sie über das Land an verschiedenen Plätzen in einer Entfernung von dreißig, vierzig und sogar sechzig Tagereisen verteilt. Wenn nur die Hälfte dieser Truppenmasse an einem Platze versammelt wäre, so würde ihre Zahl wie ein Wunder erscheinen und allen Glauben übersteigen.

2. Als nun der Großkhan sein Heer in der beschriebenen Weise gesammelt hatte, rückte er gegen die Länder Nayans vor, und zwar in Eilmärschen bei Tag und bei Nacht. So erreichte er sie nach Verlauf von fünfundzwanzig Tagen. Er hatte das Unternehmen in so kluger Weise ins Werk gesetzt, daß weder der Fürst noch irgendeiner seiner Anhänger etwas davon gewahr wurde; denn es waren alle Wege so scharf bewacht, daß jeder, der es versucht hätte, sie zu überschreiten, in Gefangenschaft geraten wäre. Als Kublai an einer gewissen Hügelkette angekommen war, auf deren anderer Seite die Ebene lag, in welcher Nayans Armee lagerte, ließ er seine Truppen Halt machen und gewährte ihnen zwei Tage Ruhe. Während dieser Zeit forderte er seine Astrologen auf, ihm durch die

---

Laufe der Zeit gelang, die Bewegung zu unterdrücken. Ähnlich verliefen die Aufstände in anderen Teilen des Reiches. Die Sieger bemühten sich bei dieser Gelegenheit, ihre Gegner durch Güte zu gewinnen und ihnen die neue Ordnung der Dinge durch mancherlei Zugeständnisse erträglich zu machen. (Vergl. Gützlaff, Geschichte des chinesischen Reiches, S. 399.)

Kraft ihrer Kunst zu sagen und in Gegenwart der ganzen Armee zu erklären, auf welche Seite sich der Sieg neigen werde. Sie erklärten, das Los werde Kublai zufallen. Es ist bei den Großkhanen immer Brauch gewesen, zur Weissagung Zuflucht zu nehmen und dadurch die Truppen zu begeistern. Voll Vertrauen auf den Erfolg bestiegen sie am nächsten Morgen die Berge und zeigten sich plötzlich dem Heere Nayans, das sie nachlässig gelagert fanden, ohne Wachen und Vorposten, während der Fürst selbst in Gesellschaft eines seiner Weiber im Zelte schlief. Er wurde geweckt und beeilte sich, seine Truppen so gut wie möglich aufzustellen, indem er sich darüber beklagte, daß seine Verbindung mit Kaidu nicht schneller zuwege gebracht worden sei. Kublai nahm in einem großen hölzernen Kastell Platz, das von vier Elefanten getragen wurde, deren Leiber mit Panzern von dickem im Feuer gehärteten Leder gedeckt waren; auf den Panzern aber trugen sie Decken von golddurchwirktem Tuch. Im Kastell waren noch viele Armbrust- und Bogenschützen aufgestellt, und darüber wehte die große kaiserliche Fahne, geschmückt mit den Bildern der Sonne und des Mondes. Er stellte seine Armee, die aus dreißig Bataillonen zu Pferde bestand, von denen jedes zehntausend mit Bögen bewaffnete Krieger zählte, in drei großen Abteilungen auf, und die, welche auf der rechten und auf der linken Flanke standen, breitete er so weit aus, daß sie die Armee Nayans überflügeln mußten. Vor jedem Bataillone zu Pferde standen fünfhundert Mann zu Fuß, die mit kurzen Lanzen und Schwertern bewaffnet waren, und sobald die Kavallerie eine Scheinflucht begann, sich hinter die Reiter setzten und sie begleiteten. Sobald sie aber zu neuem Angriffe zurückkehrten, sprang das Fußvolk herunter und tötete mit seinen Lanzen die Pferde des Feindes. Als die Schlachtordnung aufgestellt war, begann ein ungeheures Getön von allerlei

Blasinstrumenten, und darauf erschollen Gesänge, ein Gebrauch der Tataren, bevor sie den Kampf beginnen, der auf ein Zeichen anfängt, welches durch Zymbeln und Trommeln gegeben wird. Dieses wurde auf Befehl des Großkhans zuerst auf beiden Flügeln gegeben, und dann begann eine furchtbar blutige Schlacht. Die Luft war erfüllt von einer Wolke von Pfeilen, die auf jeder Seite niederschossen, und lange Reihen von Männern und Rossen sah man zur Erde niederstürzen. Das laute Rufen und das Kriegsgeschrei der Männer zusammen mit dem Getrappel der Pferde und dem Geräusche der Waffen war so furchtbar, daß, wer es hörte, von Schrecken ergriffen werden mußte. Als die Pfeile verschossen waren, stürzten die Gegner mit Lanzen, Schwertern und eisenbeschlagenen Kolben aufeinander los, und es entstand ein solches Schlachten, und solche Haufen Leichname von Menschen und namentlich von Pferden wurden aufgetürmt, daß es für die eine Partei unmöglich war, gegen die andere vorzurücken. Auf diese Weise blieb das Geschick des Tages lange unentschieden, und der Sieg schwankte zwischen den beiden Parteien vom Morgen bis zum Abend; denn so eifrig waren die Leute Nayans, ihres Herrn Sache zu verfechten, der sehr freundlich und nachsichtig gegen sie war, daß sie alle bereit waren, eher zu sterben, als dem Feinde den Rücken zu kehren. Als jedoch Nayan zuletzt bemerkte, daß er fast umzingelt war, suchte er sich durch die Flucht zu retten, wurde aber alsbald zum Gefangenen gemacht und vor Kublai geführt, der Befehl zu seinem Tode gab. Und folgendermaßen wurde Nayan hingerichtet. Man legte ihn in zwei Teppiche, die so lange hin und her geschüttelt wurden, bis der Geist sich vom Körper gelöst hatte. Man wählte diese Art der Hinrichtung, weil Sonne und Luft nicht Zeugen sein sollten, daß das Blut eines Mitgliedes der kaiserlichen Familie vergossen würde. Diejenigen von seinen

Truppen, welche den Tag überlebt hatten, unterwarfen sich Kublai und schwuren ihm Treue. Es waren Einwohner der vier edlen Provinzen Ciorza, Karli, Barskol und Sitingui.[6])

Nayan hatte sich heimlich der heiligen Taufe unterworfen, sich jedoch nie öffentlich zum Christentume bekannt; bei dieser Gelegenheit hielt er es aber für angebracht, das Zeichen des Kreuzes auf seinen Bannern zu tragen, und er hatte in seiner Armee eine große Anzahl Christen, die unter den Erschlagenen waren. Als die Juden und die Sarazenen sahen, daß das Banner des Kreuzes niedergeworfen war, höhnten sie die Christen damit und sagten: „Seht, das ist die Lage, in welche euer Panier und die, welche ihm folgen, versetzt worden sind!“ Wegen dieser Verspottung fühlten sich die Christen veranlaßt, bei dem Großkhan Klage zu führen, welcher die Spötter vor sich kommen ließ und scharf tadelte. „Wenn das Kreuz Christi,“ sagte er, „sich der Sache Nayans nicht günstig gezeigt hat, so lag der Grund darin, daß jener ein Rebell und Verräter gegen seinen Herrn war, und solchen Elenden darf es keinen Schutz verleihen. Keiner soll es daher wagen, den Gott der Christen zu verhöhnen, der die vollkommene Güte und Gerechtigkeit selbst ist.“

---

[6]) Pauthier, in dessen Text die Provinzen Ciorcia, Cauly, Brascol und Sichuigui genannt werden, teilt über ihre Lage folgendes mit: Die Länder Nayans lagen in der heutigen Mandschurei. Die erste der Provinzen, die bei Marco Polo Ciorcia heißt, war offenbar das Land der Tschurtsche, der Vorfahren der jetzigen Mandschu. Die zweite Provinz Cauly kann nichts anders als Kao-kiu-li sein, ein Name, der ursprünglich für den Lu oder Kreis Thung-ning gebraucht wurde. Die dritte, Barscol, führt einen mongolischen Namen, dessen erste Silbe bars soviel wie Tiger bedeutet, während die Endung einen Fluß bezeichnet. Das Land muß in demselben Gebiete gelegen haben. Die vierte endlich, Sichuigui, war der Kreis Khai-yuen, den der Kara-muren durchströmt, und der von den Chinesen ebenso wie der Fluß He-chui genannt wurde.

2. Kapitel.

Von der Rückkehr des Großkhans in seine Stadt Kambalu, nachdem er diesen Sieg erfochten hatte; von den Ehren, die er den Christen, den Juden, den Muhammedanern und den Götzenanbetern bei ihren verschiedenen Festlichkeiten erweist, und von dem Grunde, den er dafür angibt, daß er kein Christ werden wolle.

Als nun der Großkhan einen so gewaltigen Sieg erfochten hatte, zog er mit großem Pomp und großer Herrlichkeit in die Hauptstadt Kambalu ein.[1]) Dies geschah im Monat November, und er hielt seine Residenz daselbst noch während der Monate Februar und März, in welchen letzteren unser Fest der Ostern fiel. Da er erkannte, daß dieses eins unserer Hauptfeste sei, befahl er allen Christen, vor ihm zu erscheinen und ihre heilige Schrift, welche die vier Evangelien enthält, mit sich zu bringen. Nachdem er das Buch in feierlicher Weise mit Weihrauch hatte beräuchern lassen, küßte er es ehrfürchtig, und das mußten auf seinen Befehl auch alle Großen tun, die zugegen waren. Und diesen Brauch beobachtete er bei jeder der großen Festlichkeiten der Christen zu Ostern und Weihnachten, und ebenso bei den Festlichkeiten der Sarazenen, Juden und Heiden. Als er nach dem Grund eines solchen Verfahrens gefragt wurde, sagte er: „Es gibt vier Propheten, die von den vier verschiedenen Geschlechtern der Welt verehrt und angebetet werden. Die Christen betrachten Jesum Christum als ihren Gott, die Sarazenen Muhammed, die Juden Moses und den Heiden ist Sogomombarkhan[2]) der höchste ihrer Götter. Ich achte und verehre alle vier und bitte den, welcher in Wahrheit der höchste unter ihnen ist, daß er mir helfen wolle.“ Aber aus der Art, wie

---

[1]) Kambalu ist dasselbe wie Peking; im sechsten Kapitel dieses Buches wird mehr davon die Rede sein.

[2]) Sogomombarkhan ist eine Korruption des Namens Sakya-Muni, der dem Stifter der buddhistischen Lehre angehörte.

er sich dabei benahm, konnte man wohl merken, daß er den Glauben der Christen für den treuesten und besten hielt; denn von seinen Bekennern, sagte er, würde nichts verlangt, was nicht heilig und gut sei. Auf keinen Fall aber wollte er ihnen erlauben, daß sie ihren Prozessionen das Kreuz vorantragen ließen, weil die hochverehrte Person Jesu Christi daran gekreuzigt und getötet worden wäre. Man kann vielleicht fragen, warum er sich nicht bekehrte und Christ wurde, wenn er den christlichen Glauben so sehr verehrte. Den Grund dafür gab er Nicolo und Maffio Polo an bei der Gelegenheit, als er sie als seine Abgesandten an den Papst schickte und sie es wagten, einige Worte in bezug auf das Christentum an ihn zu richten. „Weshalb," sagte er, „soll ich ein Christ werden? Ihr selbst müßt erkennen, daß die Christen dieser Länder nichts Wunderbares wissen und ausrichten; dagegen seht ihr, daß die Heiden tun können, was sie wollen. Wenn ich bei Tafel sitze, kommen die mit Wein und anderen Getränken gefüllten Becher von selbst, und ohne daß eine menschliche Hand sie berührt, zu mir her, und ich trinke daraus. Die heidnischen Zauberer haben Gewalt über das böse Wetter und können es in irgend eine Gegend des Himmels bannen; sie haben noch viele andere Gaben solcher Art. Ihr seid Zeugen, daß die Götzen der Heiden die Gabe der Rede haben und vorhersagen, was man von ihnen verlangt. Wenn ich mich nun zu Christi Glauben bekehrte und ein Christ würde, so würden mich die Fürsten meines Hofes und andere Leute, die nicht zu diesem Glauben neigen, fragen, was für Gründe mich bewogen hätten, mich taufen zu lassen und das Christentum anzunehmen. Was für außerordentliche Kräfte haben ihre Priester gezeigt, würden sie sagen, was für Wunder haben sie getan? Die Heiden dagegen erklären, daß, was sie auch ausführen, durch ihre eigene Heiligkeit und den Einfluß ihrer Götzen zustande kommt. Darauf kann ich keine Antwort geben, und sie werden mich für einen Menschen halten, über den ein großer Irrtum Macht hat, während die Heiden, die vermöge ihrer tiefen Kunst solche Wunder bewirken, mich gar leicht ums Leben bringen können. Aber kehrt zu eurem Papst zurück und bittet ihn in meinem Namen, er möge hundert Männer schicken, die wohlerfahren in euren Satzungen sind, damit sie den Heiden entgegengestellt werden können und ihre Macht zeigen; sie sollen sie zurechtweisen und dartun, daß sie selbst über ähnliche Wunderkräfte verfügen, die sie aber nicht ausüben wollen, weil sie des Teufels Werk sind; und sie sollen die Heiden in ihrer Gegenwart zwingen, von solchen Künsten abzulassen. Wenn ich dessen Zeuge sein kann, so werde ich die Heiden und ihre Religion mit einem Interdikt belegen und mich selbst taufen lassen. Meinem Beispiele werden dann alle Fürsten meines Reiches folgen und die Taufe annehmen, und das werden dann nach ihrem Beispiele auch alle meine Untertanen tun, so daß die Christen dieser Länder die noch an Zahl übertreffen werden, die in eurem eigenen Lande wohnen.“ Aus dieser Rede geht klar hervor, daß, wenn der Papst geeignete Männer ausgesandt hätte, das Evangelium zu predigen, der Großkhan das Christentum angenommen haben würde, für welches er, wie man weiß, eine große Vorliebe besaß. Doch kehren wir nun zu unserm Gegenstande zurück und sprechen wir von den Belohnungen und Ehren, die der Kaiser denen verleiht, die sich durch Tapferkeit in der Schlacht hervortun.

3. Kapitel.

Von den Belohnungen, welche denen verliehen werden, die sich in der Schlacht auszeichnen, und von den goldenen Tafeln, die sie erhalten.

Der Großkhan bestellt zwölf der weisesten unter seinen Fürsten, deren Pflicht es ist, sich mit dem Betragen der Obersten und Hauptleute seiner Armee bekannt zu machen, besonders in den Feldzügen und in den Schlachten, und ihm darüber Bericht zu erstatten, damit er, wenn er ihre Verdienste kennen gelernt hat, sie durch Ehren und Auszeichnungen belohnen kann. Er setzt dann diejenigen, welche über hundert Mann gestellt waren, über tausend und gibt ihnen viel Silbergeschirr sowie auch die hergegebrachten Tafeln oder Zeichen des Befehls und des Adels. Die Tafeln, die denen verliehen werden, welche über hundert Mann gesetzt sind, bestehen aus Silber, denen aber, die über tausend, aus Gold oder vergoldetem Silber, und die, welche über zehntausend Mann den Befehl führen, erhalten goldene Tafeln, auf denen das Haupt eines Löwen abgebildet ist; erstere haben ein Gewicht von hundertundzwanzig Saggi[1]) und die mit dem Löwenkopfe zweihundertundzwanzig. Die Inschriften auf den Tafeln beginnen mit folgenden Worten: „Durch die Gewalt und Macht des großen Gottes und durch die Gnade, welche er unserem Reiche angedeihen läßt, sei der Name des Khans gesegnet, und alle, die ungehorsam sind gegen die Befehle der Tafel, sollen Tod und Vernichtung erleiden.“ Die Hauptleute, welche diese Tafeln empfangen, erhalten damit Privilegien, und in der Inschrift ist auseinandergesetzt, was für Pflichten und was für Rechte sie im Befehle haben. Der, welcher an der Spitze von hunderttausend Mann steht oder der Oberbefehlshaber einer großen Armee ist, hat eine goldene Tafel, die dreihundert Saggi wiegt, auf welcher der oben erwähnte Spruch steht, und unten an der Tafel ist ein Löwe eingegraben, mit den Bildern der Sonne und des Mondes. Er übt auch die Privilegien seiner hohen Stelle aus, wie sie auf der prächtigen Tafel angegeben sind. Wenn er ausreitet, wird ein Sonnenschirm über sein Haupt gehalten,

[1]) Der Saggio war ein venezianisches Gewicht und gleich dem sechsten Teil einer Unze.

welcher seinen Rang und die Gewalt anzeigt, und wenn er sich setzt, so nimmt er einen silbernen Sessel. Der Großkhan verleiht auch gewissen von den Großen Tafeln, auf welchen ein Geierfalke abgebildet ist, kraft derer sie ermächtigt sind, die ganze Armee irgend eines großen Fürsten als ihre Ehrenwache mit sich zu führen. Sie können auch die Pferde aus den kaiserlichen Ställen nach ihrem Belieben in Gebrauch nehmen und sich die Pferde irgend eines Offiziers von niederem Range aneignen.

4. Kapitel.

Von der Gestalt des Großkhans; von seinen vier Frauen und von der jährlichen Wahl der jungen Mädchen in der Provinz Ungut.

Kublai, der der Großkhan oder Herr der Herren genannt wird, ist von mittlerer Größe, das ist weder zu groß noch zu klein; seine Glieder sind wohlgebildet und seine ganze Gestalt in den richtigsten Verhältnissen. Er hat eine lichte Gesichtsfarbe, mit leichtem Rot überzogen, wie der liebliche Schein der Rose, was seinem Wesen viel Anmut verleiht. Seine Augen sind dunkel und schön, seine Nase wohlgezogen und vortretend. Er hat vier Frauen ersten Ranges, die als legitim geachtet werden, und der ältestgeborene Sohn einer jeden derselben folgt in der Herrschaft nach dem Tode des Großkhans. Sie haben gleichmäßig den Titel von Kaiserinnen und ihre besonderen Haushaltungen. Keine von ihnen hat weniger als dreihundert auserlesene Jungfrauen von großer Schönheit zu Dienerinnen, ferner auch eine Menge von Edelknaben und anderen Verschnittenen, sowie auch Kammerdamen, so daß die Zahl der Personen, die zu jedem Hofe einer Kaiserin gehören, sich auf zehntausend beläuft. Wenn Se. Majestät die Gesellschaft einer seiner Kaiserinnen wünscht, so sendet er entweder nach ihr oder begibt sich in ihren Palast. Außerdem hat der Großkhan noch eine Menge Beischläferinnen, die zu seinem Gebrauche aus einer Provinz der Tatarei, namens Ungut,[1]) herbeigeführt werden; in der Provinz liegt eine Stadt desselben Namens, deren Einwohner wegen ihrer schönen Gesichtsbildung und ihrer lichten Hautfarbe berühmt sind. Dahin sendet er in jedem zweiten Jahre oder auch öfter, wie es ihm gerade gefällt, seine Beamten, welche für ihn bis zu vier- oder fünfhundert der erlesensten jungen Mädchen nach Maßgabe der Schönheit auswählen, so wie es ihnen in ihren Vorschriften aufgetragen worden ist. Das Verfahren bei der Auswahl ist folgendes. Sobald die Bevollmächtigten ankommen, wird Befehl gegeben, daß alle Jungfrauen der Provinz sich versammeln, und geeignete Personen werden angestellt, sie zu prüfen; nach genauer Untersuchung jeder einzelnen, das heißt ihres Haares, ihrer Gestalt, ihrer Augenbrauen, des Mundes, der Lippen und der anderen Gesichtszüge, sowie der Harmonie der einzelnen Körperteile untereinander, geben sie ihren Wert zu sechzehn, siebzehn, achtzehn, zwanzig oder mehr Karat an, je nach dem größeren oder geringeren Grade ihrer Schönheit. Die vom Großkhan geforderte Zahl zum Preise von vielleicht zwanzig oder zweiundzwanzig Karat, auf die ihre Aufträge lauten, wird dann unter den Erlesenen ausgewählt und an den Hof gebracht. Sobald sie ihm vorgestellt worden

---

[1]) Nach Yule ist Ungut der Name eines Mongolenvolkes, das sonst in der Regel Kungurat genannt wird. Dieser Stamm gab den Fürsten aus dem Hause Dschingiskhans mehr Frauen als irgend ein anderer. Den Kungurat gehörte z. B. Burteh Fujin an, die Lieblingsgemahlin Dschingiskhans und die Mutter seiner vier Erben, ferner die beiden Frauen Dschagatais, zwei von den sieben Frauen Hulagu-khans, eine Gemahlin Mangu-khans und endlich zwei Frauen Kublai-khans. Der Wohnsitz der Kungurat befand sich in der Nähe der großen Mauer. (Yule, a. a. O. I. p. 358.)

sind, läßt er eine neue Prüfung von einem besonderen Ausschusse von Aufsehern vornehmen, und nun findet eine neue Auswahl statt, worauf zwanzig oder dreißig nach einer höheren Schätzung für sein Bett zurückbehalten werden. Diese werden zunächst der besonderen Sorge von Frauen gewisser Großen des Hofes übergeben, deren Pflicht es ist, sie aufmerksam in der Nacht zu beobachten, um sich zu vergewissern, daß sie keine Mängel verhehlt haben, daß sie ruhig schlafen, nicht schnarchen, einen reinen Atem haben und frei von unangenehmem Geruch an allen Teilen des Körpers sind. Wenn sie diese strenge Prüfung überstanden haben, werden sie in Gruppen zu je fünf geteilt, von denen die eine drei Tage und drei Nächte lang in Sr. Majestät innerem Zimmer wartet und jeden Dienst verrichten muß, der verlangt wird. Ist diese Zeit vollendet, so werden sie von einer anderen Partei abgelöst, bis die ganze Zahl ihren Dienst erledigt hat; dann fangen die ersten fünf ihr Amt wieder von vorn an. Aber während die eine Partei im inneren Zimmer waltet, ist eine andere im äußeren benachbarten Zimmer aufgestellt, so daß, wenn Se. Majestät etwas verlangen sollte, wie Trank oder Speise, die ersteren seine Befehle den letzteren weitergeben, von denen die verlangten Dinge sogleich hergebracht werden, und so wird das Amt der Aufwartung bei Sr. Majestät nur von diesen jungen Mädchen verrichtet. Die übrigen unter ihnen, deren Wert zu einer geringeren Taxe geschätzt worden ist, werden verschiedenen Herren der Hofhaltung zuerteilt, bei denen sie im Kochen, in der Anfertigung von Kleidern und anderen nützlichen Dingen unterrichtet werden, und wenn nun irgend ein Herr, der zum Hofe gehört, den Wunsch ausspricht, ein Weib zu nehmen, so gibt ihm der Großkhan eine von diesen Damen mit einer hübschen Mitgift. In dieser Weise sorgt er für sie alle. Man könnte vielleicht fragen, ob die Leute der

Provinz sich nicht gekränkt fühlen, daß ihre Töchter ihnen so gewaltsam vom Kaiser entrissen werden. Sicher nicht, im Gegenteil betrachten sie es als eine Gunst und Ehre, die ihnen erwiesen wird, und die, welche Väter von hübschen Mädchen sind, fühlen sich außerordentlich geschmeichelt, daß Se. Majestät sich herabläßt, eine Wahl unter ihren Töchtern zu treffen. Wenn, sagen sie, meine Tochter unter einem günstigen Sterne und zu gutem Glücke geboren wurde, so kann Se. Majestät am besten für ihr Schicksal sorgen, wenn sie dieselbe adelig verheiratet, was zu tun nicht in meiner Gewalt stehen würde. Wenn auf der anderen Seite die Tochter sich nicht gut benimmt oder irgend ein Mißgeschick sie trifft (wodurch sie für unfähig erklärt wird), so schreibt der Vater diese Ungnade dem bösen Einflusse der Sterne zu.

5. Kapitel.

Von der Zahl der Söhne, die der Großkhan von seinen Weibern erhalten hat, und die er alle zu Königen von verschiedenen Provinzen ernennt; von Cingis, seinem Erstgeborenen; von den Söhnen seiner Beischläferinnen, die er zu Fürsten macht.

Der Großkhan hat zwanzig Söhne von seinen rechtmäßigen Frauen, von denen der älteste, Cingis genannt, bestimmt war, die Würde des Großkhans mit der Herrschaft des Reiches zu erben, und in dieser Würde wurde er zu Lebzeiten seines Vaters bestätigt.[1]) Das Schicksal hatte

[1]) Kublai hatte zuerst die Absicht, den Thron seinem vierten Sohne Numugan zu hinterlassen; aber da dieser Prinz während eines Krieges von Kaidu gefangen genommen und nicht freigegeben wurde, bestimmte er seinen zweiten Sohn Tschingkim zu seinem Nachfolger. Einige Zeit später wurde Numugan in Freiheit gesetzt und kam nach China zurück, hielt aber seine Unzufriedenheit in seinen Reden nicht zurück und zog sich dadurch den Zorn seines Vaters zu. Kublai verbannte ihn, und Numugan starb bald

es anders bestimmt, und er starb früher, hinterließ jedoch einen Sohn, namens Temur, der als Stellvertreter seines Vaters in der Herrschaft nachfolgen wird. Der Charakter dieses Fürsten ist gut; denn er zeichnet sich durch Weisheit und Tapferkeit aus; von letzterer hat er den Beweis in vielen erfolgreichen Schlachten gegeben. Außerdem hat Se. Majestät noch fünfundzwanzig Söhne von den Beischläferinnen, die alle tapfere Soldaten und fortwährend mit militärischen Übungen beschäftigt sind. Diesen hat er den Rang des hohen Adels verliehen. Sieben von seinen legitimen Söhnen stehen an der Spitze großer Provinzen und Königreiche, die sie mit Weisheit und Klugheit beherrschen, wie man von den Söhnen eines Vaters erwarten kann, dessen große Eigenschaften niemals, nach allgemeiner Würdigung, von irgend einem Manne tatarischen Geschlechts übertroffen wurden.

6. Kapitel.

Von dem großen und bewunderungswürdigen Palaste des Großkhans bei der Stadt Kambalu.

Der Großkhan residiert gewöhnlich während dreier Monate des Jahres, nämlich Dezember, Januar und Februar, in der großen Stadt Kambalu, die hoch im Nordosten der

---

darauf. Aber auch Tschingkim, ein Prinz von vorzüglichen Eigenschaften, ging seinem Vater ins Grab voran. Acht Jahre nach dem Tode des präsumtiven Thronerben (1293) machte der General Bayan auf Veranlassung der Witwe Tschingkims den hochbetagten Großkhan darauf aufmerksam, daß er noch keinen Nachfolger bestimmt habe. Darauf ernannte Kublai seinen Enkel Temur, dem er die Regierung zu Karakorum übergab, zu seinem Thronerben und beauftragte Bayan, dem Prinzen seine Erhebung zu verkünden. (Mailla, IX. p. 434—456. — d'Ohsson, II. 503.)

Marco Polo spricht von zwanzig legitimen Söhnen Kublaikhans; in einigen Manuskripten ist sogar die Zahl zweiundzwanzig

Provinz Kataia liegt,[1]) und hier, an der südlichen Seite der neuen Stadt, steht sein großer Palast,[2]) dessen Form und Umfang beschrieben werden soll. Das Ganze bildet ein großes Viereck, das von einer Mauer und einem tiefen Graben umgeben ist; jede Geviertseite hat acht Meilen in

---

angegeben. Demgegenüber muß hervorgehoben werden, daß die chinesischen Annalen nur zehn Söhne des Großkhans kennen, die nach Pauthier folgende Namen führen: To-eurh-tschi-wang, Yu-tsung, Man-ko-la, Na-mu-kan, Hu-ko-tschi, Gai-ya-tschi-wang, Gao-lu-tschi, Kho-kho-tschu, Tho-hoan, Hu-tu-lu.

[1]) Der Name der Hauptstadt Kambalu ist mit dem osttürkischen Wort Khan-baligh identisch und bedeutet „Stadt des Khans". In den ältesten Zeiten war sie die Hauptstadt des Reiches Yen und führte den Namen Yen-king. Später wurde sie die Residenz der Khitan und der Kin. Als Dschingiskhan im Jahre 1212 in das Reich der Kin eindrang und es weit und breit verwüstete, hielt sich der Kaiser Utubu in seiner Hauptstadt, die damals Tschung-tu genannt wurde, nicht mehr für sicher und verlegte seine Residenz nach Kai-föng-fu am Südufer des Hoang-ho. Tschung-tu wurde 1215 von den Truppen Dschingiskhans erobert, die in der Stadt ein großes Blutbad anrichteten und den kaiserlichen Palast in Brand steckten. Im Jahre 1264 verlegte Kublai-khan dorthin seine Residenz und gründete bald darauf in geringer Entfernung die neue Stadt Ta-tu, die bei den Mongolen Taidu oder Daitu hieß. Heutzutage ist sie allgemein unter dem Namen Peking bekannt.

[2]) Der Zeitgenosse Marco Polos, Raschid-ed-din, beschreibt den Palast des Großkhans folgendermaßen: „Der Umkreis der Stadt Khan-baligh wird von siebzehn Türmen flankiert, die in einer Entfernung von einer Parasange aufeinander folgen. Daidu ist so bevölkert, daß selbst außerhalb dieser Türme Wohnungen und große Straßen vorhanden sind. Die Gärten sind reich an Fruchtbäumen, die aus anderen Gegenden eingeführt worden sind. In der Mitte der Stadt hat Kublai-khan seine Residenz eingerichtet, und zwar innerhalb eines weitausgedehnten Palastes, der den Namen Karsi führt."

„Die Säulen und Fliesen dieses Palastes sind alle aus gehauenem Stein oder Marmor hergestellt und gewähren einen prächtigen Anblick. Vier Mauern umgeben und schützen ihn. Der Abstand einer dieser Mauern von der nächsten ist so groß, daß ein

der Länge, und in gleicher Entfernung von jedem Ende liegt ein Eingangstor, wo sich das Volk versammelt, welches hierher aus allen Gegenden kommt. In dieser Ummauerung befindet sich an den vier Seiten ein offener Raum, eine Meile in der Breite, wo die Truppen aufgestellt werden, und hieran stößt wieder eine zweite Mauer, die ein Viereck von sechs Meilen Länge einschließt, drei Tore auf der nördlichen Seite hat, von denen das mittlere größer ist als die beiden anderen und immer verschlossen gehalten wird, außer wenn der Kaiser in den Palast einzieht oder ihn verläßt; die anderen bleiben für die Begleiter und Diener des Kaisers offen. In der Mitte einer jeden Abteilung dieser Mauern liegt ein schönes und geräumiges Gebäude, so daß also in dem Bezirk acht solcher Gebäude stehen, in denen die kaiserlichen Kriegsgeräte aufbewahrt werden, und jedes der Gebäude enthält eine besondere Art des Rüstzeuges. So nehmen z. B. die Zäume, Sättel, Steigbügel und anderes Geschirr, welches zur Ausrüstung der Reiterei gehört, das eine Zeughaus ein; die Bögen, Sehnen, Köcher, Pfeile und anderes

---

mit Kraft abgeschossener Pfeil gerade hinüberfliegt. Der äußere Hof ist für die Palastwachen bestimmt, der folgende für die Prinzen, welche sich dort jeden Morgen versammeln; der dritte Hof wird von den großen Würdenträgern des Heeres eingenommen, der vierte endlich von den Personen, die zur nächsten Umgebung des Herrschers gehören . . . ."

„In Khan-baligh und in Daidu sieht man zwei große, bedeutende Ströme. Sie kommen aus dem Norden, wo sich die Straße befindet, die zum Sommerlager des Khans führt. Am Grenzpaß von Djemdjal vereinigen sie sich zu einem neuen Strom. Innerhalb der Stadt liegt ein ausgedehnter See, so groß wie ein Meer, an dessen einer Seite man einen Damm hergestellt hat, um die Schiffe ins Wasser hinabzulassen. Der Strom bildet in einiger Entfernung einen Kanal und fließt in den Golf, der sich vom Ozean her in die Nähe von Khan-baligh erstreckt."

Material, das zum Schießbedarf gehört, sind in einem anderen Hause zu finden; Panzer, Harnische und Waffenstücke aus Leder in einem dritten usw. In diesem Bezirk steht wieder eine Mauer, die sehr dick und volle zwanzig Fuß hoch ist. Die Zinnen oder Brustwehrzacken sind ganz weiß. Dieser Bezirk bildet wieder ein Viereck von vier Meilen; jede Seite mißt eine Meile; man sieht dort sechs Tore in demselben Verhältnis wie bei der ersten Ummauerung. Er enthält in gleicher Weise acht große Gebäude, in denen sich des Kaisers Garderobe befindet. Der Raum zwischen beiden Mauern ist mit schönen Bäumen geschmückt und enthält Wiesen, auf denen verschiedene Arten von Tieren gehegt werden, z. B. Hirsche, Moschustiere, Rehböcke, Damhirsche und andere dieser Art. Jeder Raum innerhalb der Mauern, der nicht von Gebäuden eingenommen ist, wird auf folgende Weise eingerichtet. Es gibt dort üppige Weiden. Die Wege, welche durch die Wiesen führen, sind drei Fuß erhöht und gepflastert, und es sammelt sich kein Schlamm auf ihnen an und bleibt kein Regenwasser darauf stehen, sondern fließt ab und trägt dazu bei, die Vegetation zu fördern. An dieser Mauer, die vier Meilen umfaßt, steht der Palast des Großkhans, der an Größe so ungeheuer ist, daß er seinesgleichen nie gehabt hat. Er reicht vom nördlichen bis zum südlichen Ende der Mauer und läßt einen Raum oder Hof frei, über den nur Personen von Rang und die militärischen Wachen schreiten dürfen. Er hat kein Oberstock, aber das Dach ist außerordentlich hoch. Der gepflasterte Grund oder die Plattform, auf welcher er steht, erhebt sich zehn Spannen über den äußersten Boden, und eine zwei Schritt breite Marmormauer ist um die Plattform in gleicher Höhe mit ihr aufgeführt; sie umschließt den Grundplan des Gebäudes und faßt das Ganze ein, und die darauf umhergehen, sind von außen sichtbar. Um den äußeren Rand der Mauer läuft ein schönes Geländer mit Säulen, dem das Volk sich nahen darf. Die Wände der großen Hallen und der Zimmer sind mit Drachen in vergoldetem Schnitzwerk, mit Figuren von Kriegern, Vögeln und vierfüßigen Tieren, sowie mit Darstellungen von Schlachten verziert. Die innere oder untere Seite des weitvorspringenden Daches ist so reich geschmückt, daß nichts als Gold und Malerei sich dem Auge darstellt. Auf jeder der vier Seiten des Palastes befindet sich eine große Freitreppe mit Marmorstufen, auf denen man zu der Marmormauer, die das Gebäude umgibt, hinaufsteigt. Die große Halle ist erstaunlich lang und breit und wird zu Gastmählern für eine ungeheure Menge Volkes gebraucht. Der Palast enthält eine große Zahl besonderer Zimmer, die alle außerordentlich schön und so bewunderungswürdig hergestellt sind, daß es unmöglich erscheint, in ihrer Anordnung noch etwas Herrlicheres zu geben. Die Fensterscheiben sind so kunstvoll gearbeitet und so fein, daß sie durchsichtig wie Kristall sind. Am hinteren Teile des Hauptpalastes stehen große Gebäude, die viele Zimmer enthalten, worinnen der Schatz des Monarchen, Gold- und Silberstangen, köstliche Edelsteine und Perlen, sowie auch seine Gefäße von Gold und Silber aufbewahrt werden. Da liegen auch die Zimmer seiner Frauen und Beischläferinnen, und in dieser Zurückgezogenheit erledigt er seine Geschäfte mit Bequemlichkeit; denn dort ist er vor jeder Störung geschützt. Diesem großen Palaste gegenüber, wo der Kaiser residiert, steht ein anderer Palast, der jenem in jeder Beziehung ähnlich und Cingis, des Kaisers ältestem Sohne, zur Residenz angewiesen ist; an dessen Hofe wird dasselbe Zeremoniell beobachtet wie bei seinem Vater, da der Prinz zum Nachfolger in der Regierung des Reiches bestimmt ist. Nicht weit von dem Palaste auf der nördlichen Seite und ungefähr einen Bogenschuß entfernt von der Mauer, die in seiner Nähe steht, befindet sich ein künstlicher Hügel aus Erde, dessen Höhe volle hundert Schritt und dessen Umfang an der Basis ungefähr eine Meile beträgt. Dieser ist mit den schönsten immergrünen Bäumen besetzt; denn sobald Se. Majestät erfährt, daß an irgend einem Platze ein schöner Baum wächst, läßt er ihn mit allen Wurzeln und der umgebenden Erde ausgraben und, wie groß und schwer er auch ist, durch Elefanten zu diesem Hügel schaffen, und weil der Hügel immer grünt, hat er den Namen des grünen Berges erhalten. Auf seinem Gipfel ist ein zierlicher Pavillon errichtet, der gleichfalls völlig grün ist. Alles dieses zusammen, der Berg, die Bäume und das Gebäude, gewähren einen köstlichen und gar wunderbaren Anblick. Gegen Norden, ebenfalls noch im Bezirk der Stadt, sieht man eine große und tiefe Höhlung, die sehr künstlich gebildet ist und die Erde zur Aufschüttung des Berges hergegeben hat. Diese wird durch einen Bach mit Wasser versehen und hat das Aussehen eines Fischteiches, dient aber dazu, das Vieh zu tränken. Der Strom, der von dort über einen Aquädukt läuft, füllt wiederum eine andere tiefe Höhle, die zwischen dem Privatpalaste des Kaisers und dem seines Sohnes Cingis gegraben wurde; die Erde von dieser Stelle hat ebenfalls zur Aufschüttung des Berges gedient. In diesem letzteren Bassin befindet sich eine große Menge der verschiedensten Fische, mit denen die Tafel Sr. Majestät versorgt wird. Der Strom fließt am äußersten Ende des Wasserbehälters heraus, und man hat Vorsichtsmaßregeln getroffen, daß die Fische nicht entschlüpfen können, indem man Gitter von Kupfer oder Eisen an den Stellen des Ein- und des Ausflusses angebracht hat. Der Teich ist auch mit Schwänen und anderen Wasservögeln bevölkert. Von dem einen Palaste bis zum anderen besteht eine Verbindungsbrücke, welche über das Wasser geschlagen wurde. Das ist die Beschreibung des großen

Palastes. Wir wollen nun von der Lage und den Verhältnissen der Stadt Taidu reden.

7. Kapitel.

Von der neuen Stadt Taidu, welche neben der von Kambalu erbaut worden ist; von dem Brauch, der in bezug auf die Unterhaltung der Gesandten beobachtet wird, und von der nächtlichen Polizei der Stadt.

Kambalu liegt an einem großen Flusse in der Provinz Kataia und war in alten Zeiten eine außerordentlich prächtige und königliche Stadt. Der Name selbst bedeutet „die Stadt des Herrschers". Aber da Sr. Majestät von den Sterndeutern gesagt wurde, es sei bestimmt, daß diese Stadt in Rebellion gegen ihren Herrn aufstehen werde, beschloß er, eine andere Hauptstadt auf der entgegengesetzten Seite des Flusses zu bauen, wo der soeben beschriebene Palast steht, so daß die neue und die alte Stadt voneinander nur durch den Strom, welcher dazwischen fließt, getrennt sind. Die neuerbaute Stadt erhielt den Namen Tai-du,[1]) und alle Katajer, das heißt alle die Einwohner, welche Eingeborene der Provinz Kataia sind, mußten die alte Stadt räumen und ihre Wohnung in der neuen nehmen. Einige von den Einwohnern jedoch, deren Ergebenheit

[1]) Der Name Tai-du oder Ta-tu bedeutet „großer Hof". Der Fluß, welcher zwischen der alten und der neuen Stadt liegt, ist der Ta-thung-ho, ein Zufluß des Pei-ho. In Ta-tu befinden sich noch heute die kaiserlichen Paläste und die großen öffentlichen Gebäude, von denen einige aus der Mongolenzeit stammen.

Das gegenwärtige Peking besteht, wie zur Zeit der Mongolen, aus zwei Teilen, die die Form von Rechtecken haben; der eine, der ein fast vollkommenes Quadrat bildet, ist die Tatarenstadt, welche von Kublai-khan erbaut wurde, während der andere mehr die Gestalt eines in die Länge gezogenen Rechtecks besitzt; seine Bewohner sind Chinesen. Die Beschreibung, welche Marco Polo von der Stadt Ta-tu gibt, stimmt in ihren wesentlichen Zügen mit dem heutigen Aussehen Pekings überein.

keinem Verdachte unterlag, erhielten die Erlaubnis, zu bleiben, besonders deshalb, weil die neue Stadt, deren Größe im folgenden beschrieben werden soll, die ungeheure Zahl der alten nicht zu fassen vermochte.

Diese neue Stadt ist in Gestalt eines vollkommenen Vierecks angelegt und hat vierundzwanzig (ital.) Meilen im Umfange, so daß jede Seite nicht mehr und nicht weniger als sechs Meilen lang ist. Sie ist mit Mauern von Erde umgeben, die am Grunde ungefähr zehn Schritt dick sind, aber allmählich nach oben abnehmen, wo die Dicke nicht mehr als drei Schritt beträgt. Diese Mauern sind völlig weiß. Der ganze Plan ist mit großer Regelmäßigkeit angelegt, und die Straßen sind daher im allgemeinen so gerade, daß, wenn man durch eins der Tore über die Mauer kommt und geradeaus sieht, man das entgegengesetzte Tor auf der anderen Seite der Stadt erblickt. Auf den Straßen sind zu beiden Seiten Buden und Kaufläden der verschiedensten Art aufgestellt. Alle Grundstücke innerhalb der Stadt, auf denen die Wohnhäuser aufgeführt sind, haben die Gestalt eines Rechteckes und liegen in gerader Linie nebeneinander, und jeder Besitz bietet hinreichenden Raum für Gebäude mit zugehörigen Höfen und Gärten. Ein solcher wurde jedem Haupte eines Hausstandes angewiesen, das heißt, die und die Person des und des Namens bekam ein Grundstück als ihren Anteil und so fort. Auf diese Weise ist die ganze Stadt in Vierecke geteilt, so daß sie einem Schachbrett gleicht und ihr Plan einen Grad von Regelmäßigkeit und Schönheit zeigt, der unbeschreiblich ist. Der Wall um die Stadt hat zwölf Tore, drei an jeder Geviertseite, und über jedem Tore und in jedem Mauerabschnitte steht ein hübsches Gebäude, so daß auf jeder Seite fünf solcher Gebäude liegen; sie enthalten große Räume, in denen die Waffen der Stadt aufgestellt sind, und jedes Tor wird von tausend Mann bewacht. Dabei muß man aber nicht denken, daß eine solche Streitkraft dort aus Furcht vor Gefahr gegen irgend eine feindliche Macht aufgestellt wird; sie ist bloß eine der Ehre und Würde des Kaisers angemessene Wache. Aber zugestehen muß man, daß die Erklärung der Sterndeuter eine Art von Verdacht gegen die Katajer erregt hat. Im Mittelpunkte der Stadt hängt in einem hohen Gebäude eine große Glocke, welche jede Nacht angeschlagen wird, und nach dem dritten Glockentone darf niemand mehr auf den Straßen gesehen werden, ausgenommen in einer dringenden Angelegenheit, wenn man z. B. einer Frau in Kindesnöten oder einem schwer kranken Menschen Beistand holen will; und sogar in solchen Fällen muß die ausgehende Person ein Licht tragen.

Vor jedem Tore liegt eine Vorstadt, die so ausgedehnt ist, daß sie sich auf beiden Seiten bis zu der Vorstadt des nächsten Tores erstreckt und mit ihr in Verbindung steht, so daß die Zahl der Bewohner in diesen Vorstädten die der inneren Stadt sogar noch übertrifft. In diesen Vorstädten gibt es in gewissen Zwischenräumen von etwa einer Meile Entfernung von der Stadt viele Gasthöfe und Karawansereien, in denen die Kaufleute, die aus verschiedenen Ländern kommen, ihre Herberge nehmen, und jedem besonderen Volke ist auch ein besonderes Gebäude angewiesen, wie wir sagen würden, eins den Lombarden, ein anderes den Deutschen und ein drittes den Franzosen. Die Zahl der öffentlichen Frauen, die sich für Geld hingeben, beläuft sich, wenn man die in der neuen Stadt sowie die in den Vorstädten der alten Stadt zusammenrechnet, auf fünfundzwanzigtausend.[2]) Jedem Hundert und jedem

---

[2]) Das Leben der Kurtisanen Pekings wird in einer chinesischen Novelle geschildert, welche den Titel führt: „Tu-schi-niang wirft entrüstet das Juwelenkästchen in die Fluten.“ Eine englische Übersetzung erschien in dem Buche: „The casket of Gems.

Tausend dieser Personen sind Beamte als Aufseher beigegeben, die unter den Befehlen eines Oberhauptmanns stehen. Aus folgendem Grunde stellt man sie unter eine solche Aufsicht. Wenn Gesandte in irgend einer Angelegenheit, welche die Interessen des Großkhans betrifft, ankommen, so ist es gebräuchlich, sie auf Sr. Majestät Kosten zu unterhalten und in ehrenvollster Weise zu traktieren; dann hat der Hauptmann den Auftrag, allen zur Gesandtschaft Gehörigen eine dieser Kurtisanen zu verschaffen, die jede Nacht durch eine andere ersetzt werden muß. Für diesen Dienst, der als eine Art Tribut betrachtet wird, den sie ihrem Herrn zu geben haben, erhalten sie keine Belohnung. Wachen, in Abteilungen von dreißig oder vierzig Mann, durchziehen während der ganzen Nacht beständig die Straßen und suchen sorgfältig nach Personen, die zu ungehöriger Stunde, das ist nach dem dritten Schlage der großen Glocke, sich vom Hause entfernt haben. Wird irgend jemand unter solchen Umständen angetroffen, so fassen sie ihn augenblicklich, sperren ihn ein, und am anderen Morgen wird er zur Untersuchung vor die zu dem Zwecke angestellten Beamten geführt, die ihn nun nach dem Grade seines Vergehens zu einer schwereren oder leichteren Strafe verurteilen; diese besteht in der Regel in Stockschlägen, der sogenannten Bastonade, und hat zuweilen den Tod zur Folge. Auf diese Weise werden gewöhnlich die Verbrechen im Volke bestraft und zwar aus Abneigung, Blut zu vergießen, was ihre Baksis oder gelehrten Sterndeuter sie zu vermeiden lehren. — Nachdem wir nun so das Innere der Stadt Tai-du beschrieben haben, wollen wir von der Neigung zur Rebellion reden, welche ihre katajischen Einwohner gezeigt haben.

Translated from the Chinese by Samuel Birch, London, 1872.“ Die Erzählung wurde von E. Grisebach ins Deutsche übertragen. (Chinesische Novellen, Berlin, 1886.)

8. Kapitel.

Von den verräterischen Anschlägen, die Stadt Kambalu in Rebellion zu versetzen, und von den Strafen, die über die Urheber dieses Unternehmens verhängt wurden.

Von dem hohen Rate, der aus zwölf Personen besteht und die Macht hat, über die Länder, die Regierung und alle Staatsangelegenheiten zu verfügen, soll noch die Rede sein. Unter diesen befand sich ein Sarazene, namens Achmak,[1]) ein verschlagener und verwegener Mann, dessen Einfluß auf den Großkhan größer war als der aller anderen Mitglieder des Rats, und sein Herr war in seiner Verblendung für ihn so eingenommen, daß er ihm alles zu tun erlaubte. Es wurde jedoch nach seinem Tode entdeckt, daß er durch Zauberkünste Se. Majestät so berückt hatte, daß er ihm in allem, was er ihm mitteilte, Vertrauen schenken mußte. Auf diese Weise konnte er stets nach seinem bösen Gefallen handeln. Er verlieh Statthaltereien und öffentliche

---

[1]) Der Name des mächtigen arabischen Ministers, der bei den Chinesen Ahama heißt, war Ahmed. — Als Kublai-khan den Thron bestieg, vertraute er die Verwaltung der Finanzen seines Reiches einem Muhammedaner aus Buchara, namens Seyid-Edschell, an. Der Minister starb 1270 und hinterließ den Ruf der Rechtschaffenheit. An seine Stelle kam Ahmed aus Fenaket, einer Stadt am Sihun. Dieser verdankte sein Glück der ersten Gemahlin Kublai-khans, Dschambuikhatun, deren Bekanntschaft er gemacht hatte, als sie noch im Hause ihres Vaters Itschi Noyan, eines der Fürsten der Kunkurat, lebte. Er wurde am Hofe der Kaiserin angestellt, und geschickt, wie er war, fand er bald Gelegenheit, die Gunst des Großkhans zu gewinnen, der ihn zum Nachfolger Seyid-Edschells machte. Die Schilderung, welche Marco Polo von Ahmed gibt, ist auf eigene, langjährige Beobachtung gegründet und findet bei anderen Historikern ihre Bestätigung. Nach Ahmeds Tode wurde die Finanzverwaltung einem Uiguren, namens Sanga, übertragen, der ganz in die Fußtapfen seines Vorgängers trat, bis auch er endlich als Opfer seiner Vergehen fiel. (Mailla, IX. 413; Gaubil, 202; d'Ohsson, II. 469.)

Ämter, sprach Gericht über alle Verbrecher, und wenn er geneigt war, irgend jemand, dem er feindselig gesinnt war, zu verderben, so brauchte er nur zu dem Kaiser zu gehen und ihm zu sagen: „Die und die Person hat sich des Majestätsverbrechens schuldig gemacht und verdient den Tod.“ Dann pflegte der Kaiser zu sagen: „Tut, was ihr für das beste haltet,“ worauf er den Verklagten sogleich hinrichten ließ. So mächtig waren die Beweise seiner Gewalt und so groß das Vertrauen, das Se. Majestät auf ihn setzte, daß niemand den Mut hatte, ihm zu widersprechen; auch war kein Mann da, wie hoch auch sein Rang sein mochte, der nicht in Furcht vor ihm gewesen wäre. Wenn jemand von ihm eines Kapitalverbrechens angeklagt wurde, so hatte er, wie ängstlich bemüht er auch war, sich zu verteidigen, keine Mittel, die Beschuldigung zurückzuweisen, weil er sich keinen Fürsprecher verschaffen konnte; denn niemand wagte es, sich dem Willen Achmaks zu widersetzen. Auf diese Weise wurden viele ungerecht zum Tode verdammt. Außerdem erregte kein hübsches Weib seine Sinnlichkeit, das er nicht in seinen Besitz gebracht hätte, indem er es, wenn es noch nicht verheiratet war, zur Frau nahm, oder wenn es bereits verheiratet war, zwang, sich seinen Lüsten zu ergeben. Wenn er Kunde erhielt, daß irgend ein Mann eine hübsche Tochter hatte, so schickte er seine Helfershelfer zu dem Vater des Mädchens mit dem Auftrage, ihm zu sagen: „Was sind deine Absichten in betreff dieser deiner schönen Tochter? Du kannst nicht besser handeln, als sie dem Oberstatthalter, dem Achmak (so nannten sie ihn, weil er des Kaisers Stellvertreter war) zum Weibe zu geben. Wir werden ihn bitten, daß er dir dieses Amt oder jene Stelle auf drei Jahre übergibt.“ Durch solche Versuchung wird er dann veranlaßt, sein Kind hinzugeben, und ist die Angelegenheit so weit geordnet, so geht Achmak zum Kaiser und benachrichtigt Se. Majestät, daß eine gewisse Stelle erledigt, oder daß die Zeit, für welche sie besetzt, an diesem oder jenem Tage abgelaufen sei, und empfiehlt den Vater als den zur Ausübung des Amtes geeigneten Mann. Diesem erteilt Se. Majestät die Zustimmung, und die Ernennung wird augenblicklich vollzogen. Durch solche Mittel, entweder weil die Leute begierig auf hohe Stellen waren oder weil sie sich vor ihm fürchteten, wurden ihm die schönsten jungen Weiber geopfert, unter dem Titel von Gemahlinnen oder als Sklavinnen seiner Lüste. Er hatte fünfundzwanzig Söhne, welche im Besitze der höchsten Stellen im Staate waren, und einige von ihnen, gestützt auf die Macht ihres Vaters, hatten viele ehebrecherische Verbindungen und begingen viele andere ungesetzliche und gewaltsame Handlungen. Achmak hatte auch große Schätze zusammengehäuft; denn jedermann, der eine Anstellung erhielt, fand es für notwendig, ihm ein bedeutendes Geschenk zu machen.

Während eines Zeitraums von zwanzig Jahren übte er diese unbeschränkte Gewalt aus. Zuletzt konnten die Eingeborenen des Landes, das heißt die Katajer, diese immer sich mehrenden Handlungen der Ungerechtigkeit und diese Abscheulichkeiten gegen ihre Familien nicht mehr ertragen und hielten Versammlungen ab, worin sie über die Mittel berieten, um den mächtigen Mann ums Leben zu bringen und einen Aufruhr gegen die Regierung zu erregen. Unter den Männern, die besonders in diese Verschwörung verwickelt waren, befand sich ein Katajer, namens Cen-ku; dieser, ein Befehlshaber über sechstausend Mann, war erbittert wegen der Schändung seiner Mutter, seines Weibes und seiner Tochter den Plan einem seiner Landsleute, namens Van-ku, der Oberst über zehntausend Mann war, mitteilte und vorschlug, ihn zur Ausführung zu bringen, wenn der Großkhan nach Beendigung seines dreimonatlichen Aufenthaltes in Kambalu nach dem Palaste Cian-du abgereist sei und wenn sein Sohn Cingis sich ebenfalls nach dem Platze, den er gewöhnlich um diese Zeit besuchte, zurückgezogen hätte, weil dann die Aufsicht über die Stadt Achmak übergeben war, der seinem Herrn mitzuteilen pflegte, was für Angelegenheiten während dessen Abwesenheit vorgekommen wären, und dafür Zeichen der Zufriedenheit Sr. Majestät empfing. Nachdem Van-ku und Cen-ku solchen Rat zusammen gehalten hatten, teilten sie ihre Pläne einigen der Vornehmsten unter den Katajern mit und durch diese ihren Freunden in vielen anderen Städten. Es wurde demzufolge beschlossen, daß an einem gewissen Tage, unmittelbar wenn die Feuerzeichen gegeben worden wären, sie sich erheben und alle die, welche Bärte trügen, erwürgen sollten, und die Feuerzeichen sollten auch noch an anderen Orten auflodern, damit das ganze Land ihrem Beispiele folge. Was nun aber die Bärte betrifft, so muß man wissen, daß die Katajer von Natur bartlos sind, während die Tataren, Sarazenen und Christen Bärte tragen. Weiter muß man sich erinnern, daß der Großkhan, weil er die Herrschaft über Kataja nicht durch legales Recht, sondern durch die Gewalt der Waffen erworben hatte, kein Vertrauen zu den Einwohnern besaß und deshalb alle Statthaltereien und alle Behörden der Provinzen Tataren, Sarazenen, Christen und Fremden, die zu seinem Haushalte gehörten, anvertraut hatte. Darum war seine Regierung allgemein bei den Eingeborenen verhaßt, die sich von den Tataren als Sklaven und noch schlimmer von den Sarazenen behandelt sahen.

Als sie ihre Pläne fertiggestellt hatten, beschlossen Van-ku und Cen-ku, nachts in den Palast einzudringen, wo der erstere seinen Platz auf einem der königlichen Sitze einnehmen, das Zimmer hell erleuchten lassen und einen Boten an Achmak, der in der alten Stadt residierte, senden sollte, um ihn augenblicklich vor Cingis, des Kaisers Sohn, zu berufen, der — so sollte er sagen — in dieser Nacht angekommen sei. Achmak war sehr erstaunt über diese Nachricht; da er aber gewaltigen Respekt vor dem Prinzen hatte, gehorchte er sofort. Als er das Tor der (neuen) Stadt passierte, begegnete er einem tatarischen Offizier, namens Kogatai, der Oberst über die Wache der zwölftausend Mann war, und dieser fragte ihn, wohin er denn zu so später Stunde gehen wolle. Er antwortete, er gehe, Cingis seine Aufwartung zu machen, dessen Ankunft er soeben vernommen habe. „Wie ist es möglich," sagte der Offizier, „daß er so im geheimen angekommen sein kann, ohne daß ich es beizeiten bemerkt hätte, um einen Teil der Wachen zu seiner Begleitung aufziehen zu lassen?" Die beiden Katajer waren der Überzeugung, daß, wenn es ihnen gelingen sollte, Achmak beiseite zu schaffen, sie nichts weiter zu befürchten haben würden. Als dieser nun in den Palast trat und so viele Lichter brennen sah, warf er sich in üblicher Weise vor Van-ku nieder; denn er glaubte, es sei der Prinz; Cen-ku aber stand da bereit mit einem Schwerte und trennte mit einem Schlage das Haupt vom Rumpfe Achmaks. Kogatai war an der Tür stehen geblieben; als er aber sah, was da vorging, rief er aus, es sei Verrat im Spiele und schoß augenblicklich einen Pfeil auf Van-ku ab, der auf dem Throne saß, und tötete ihn so. Dann rief er seine Leute herbei, die Cen-ku ergriffen, und schickte den Befehl in der Stadt umher, daß kein Mensch bei Todesstrafe sich vor den Türen blicken lassen solle. Als die Katajer jedoch bemerkten, daß die Tataren ihre Verschwörung entdeckt hatten, hielten sie sich, da sie ihrer Führer beraubt waren, von denen der eine tot, der andere gefangen war, in ihren Häusern und konnten den übrigen Städten die verabredeten Zeichen nicht geben.

Kogatai sandte augenblicklich Boten an den Großkhan mit einem umständlichen Bericht über alles, was vorgefallen war, und dieser befahl ihm darauf, er solle eine gründliche Untersuchung über den Verrat anstellen und die, welche er dabei beteiligt finden würde, nach dem Grade ihrer Schuld bestrafen. Am folgenden Tage begann Kogatai die Untersuchung über alle Katajer, und die, welche Haupträdelsführer bei der Verschwörung gewesen waren, wurden zum Tode verurteilt. Dasselbe geschah in den anderen Städten, von denen bekannt wurde, daß sie an dem Verbrechen teilgenommen hatten.

Als Se. Majestät nach Kambalu zurückkehrte, war er begierig, die Ursachen der Erhebung kennen zu lernen, und sah bald ein, daß der schändliche Achmak nebst sieben seiner Söhne (denn alle waren nicht gleich schuldig) die von uns erwähnten Abscheulichkeiten begangen hatte. Er gab Befehl, daß der Schatz, den der Tote in ungeheurer Masse aufgehäuft hatte, aus dessen früherem Wohnsitze in der alten Stadt nach der neuen geschafft werde, wo er in des Kaisers eigenem Schatze niedergelegt wurde. Auch ließ er den Leichnam Achmaks aus dem Grabe nehmen und auf die Straße werfen, daß er von den Hunden zerrissen werde; die Söhne aber, die des Vaters Beispiel in seinen Bosheiten gefolgt waren, ließ er lebendig schinden, und da der Kaiser zugleich die Grundsätze der verfluchten Sekte der Sarazenen in Erwägung zog, daß sie sich nämlich kein Gewissen daraus machen, irgend ein Verbrechen zu begehen und die zu ermorden, die einem anderen Glauben anhängen, so daß der gottlose Achmak mit seinen Söhnen sogar kein Unrecht in seinen Handlungen zu begehen glaubte, so sah er sie fortan mit Verachtung und Abscheu an. Er ließ daher dieses Volk vor sich entbieten und untersagte ihnen viele der Gebräuche, die ihnen von ihrem Gesetze vorgeschrieben waren; künftig sollten ihre Ehen nach der Sitte der Tataren geschlossen werden, und anstatt ihrer Gewohnheit, die Tiere durch Abschneiden der Kehle zu töten, sollten sie den Bauch aufschlitzen. Marco Polo war zu der Zeit, als sich dieses zutrug, am Orte der Begebenheiten.[2]) — Wir wollen nun erzählen, wie der Großkhan seine Leibwache eingerichtet hat.

---

[2]) Der Grund für die Ungnade, in welche die Muhammedaner bei Kublai-khan fielen, wird von d'Ohsson nach Dschami-ut-Tevarikh anders erzählt. Muhammedanische Kaufleute hatten dem Herrscher, der ein leidenschaftlicher Jagdliebhaber war, schöne Falken und Adler aus dem Lande der Kuris und Kirgisen gebracht, wofür er ihnen als Zeichen seiner besonderen Gnade Gerichte von seiner Tafel schickte. Als sie nicht davon essen wollten, fragte Kublai nach dem Grunde. Sie antworteten, sie hielten diese Speisen für unrein; denn sie stammten von Tieren, die nicht nach der Vorschrift ihres Gesetzes getötet worden wären. Die Antwort beleidigte Kublai, und da er überdies von den Christen und Buddhisten an seinem Hofe aufgehetzt wurde, rief er wieder das Dschingiskhansche Gesetz ins Leben, welches bei Todesstrafe verbot, den Schlachttieren die Kehle durchzuschneiden. Er versprach ferner, die Familien und Güter der Schuldigen denen zu geben, welche Verstöße gegen das Gesetz zur Anzeige bringen würden. Sobald das Edikt bekannt wurde, fanden sich Angeber in Fülle. Viele wurden auf Kosten der Muhammedaner reich; Sklaven klagten ihre Herren an, um die Freiheit zu erlangen. Die Verfolgung dauerte sieben Jahre; endlich stellte der Finanzminister Sanga dem Kaiser vor, daß die muhammedanischen Kaufleute nicht mehr nach China kämen und infolgedessen die Zolleinnahmen zurückgingen, worauf Kublai das Gesetz wieder zurücknahm.

Schon zur Zeit, als Ahmed Finanzminister war, hatten sich einmal die Muhammedaner die Ungnade des Großkhans zugezogen. Christen hatten ihnen den üblen Dienst erwiesen, vor dem Fürsten den Koranvers zu zitieren: „Tötet alle die, welche mehrere Götter anbeten.“ Der Kaiser ließ die muselmännischen Doktoren rufen und fragte ihren Führer, ob ihr heiliges Buch derartige Vorschriften enthielte. Als dieser nicht leugnen konnte, entgegnete Kublai: „Glaubt ihr, daß der Koran von Gott gekommen ist?“ — „Ohne Zweifel.“ — „Da Gott euch geboten hat, die Ungläubigen zu töten,“ fuhr der Khan fort, „warum ge-

9. Kapitel.

Von der Leibwache des Großkhans, die aus zwölftausend Mann besteht.

Die Leibwache des Großkhans besteht, wie jedermann bekannt ist, aus zwölftausend Reitern, die Kasitan[1]) genannt werden, welches „treue Soldaten ihres Herrn“

---

horcht ihr ihm nicht?“ — „Weil die Zeit noch nicht gekommen ist; wir können noch nicht.“ — „Aber ich kann euch verderben!“ rief der Fürst zornig und gab Befehl zur Hinrichtung des Mannes. Da baten der Finanzminister Ahmed und andere muhammedanische Beamte von hohem Range den Kaiser, seinen Befehl noch nicht ausführen zu lassen, sondern zuvor andere Muselmänner zu fragen, die besser in den Fragen ihres Glaubens unterrichtet seien. Sie ließen einen Kadi kommen, dem der Fürst dieselbe Frage über jene Stelle des Korans vorlegte. „Es ist wahr,“ antwortete der Kadi, „daß uns Gott befiehlt, diejenigen zu töten, welche mehrere Götter anbeten; aber er meint damit nur die, welche kein höchstes Wesen anerkennen. Da ihr jedoch den Namen Gottes allen euren Befehlen voransetzt, könnt ihr nicht zu derselben Klasse gerechnet werden.“ Kublai war mit dieser Antwort zufrieden und gab dem Kadi Beweise seiner Huld; die muselmännischen Doktoren aber wurden in Freiheit gesetzt. (d'Ohsson, II. 490.)

[1]) Der Name für die zwölftausend Reiter, welche die Leibwache des Großkhans bildeten, zeigt in den verschiedenen Ausgaben keine Übereinstimmung. Während er bei Ramusio Casitan heißt, finden wir z. B. bei Pauthier die Bezeichnung Quesitau oder Questiaus.

Henri Cordier (Yule, a. a. O. I. p. 380) ist der Ansicht, daß der Ursprung des Wortes in dem mongolischen „Keschikten“ zu suchen ist, welches die Leibwache des Khans bedeutet. Es läßt sich von dem Worte Keschik ableiten, das eine Wache bezeichnet, deren Mitglieder abwechselnd Dienst tun. Keschik ist einer der Archaïsmen der mongolischen Sprache; denn jetzt hat das Wort einen anderen Sinn. Wir finden den Ausdruck Kischik für die Palastwache an dem Hofe von Hindustan im Gebrauch, und zwar unter den Großkönigen aus Timurs Hause. Die Wache in Persien, welche die Aufgabe hatte, nachts die Person des Königs zu beschützen, wurde Keschikschi genannt. Die Keschikten bestanden aus einer Tagwache Turgaut, und einer Nachtwache Kebte-ul.

bedeutet. Nicht etwa aus Furcht hat er sich mit dieser Wache umgeben, sondern weil sie der Würde seiner Stellung entspricht. Diese zwölftausend Mann werden von vier Hauptleuten befehligt, von denen jeder über dreitausend gesetzt ist, und jeder von diesen dreitausend ist ohne Unterbrechung während dreier aufeinander folgender Tage und Nächte im Dienst; nach Ablauf dieser Zeit werden sie von einer anderen Abteilung abgelöst. Während der Tageszeit verlassen jedoch die, welche nicht auf Wache sind, keineswegs den Palast, außer wenn sie zum Dienste Sr. Majestät verwendet werden, oder wenn ein Mann durch seine häuslichen Angelegenheiten abgerufen wird, in welchem Falle er um Urlaub bei seinem kommandierenden Hauptmanne nachsuchen muß; und wenn er infolge irgend eines ernsten Zufalles, z. B., daß ein Vater, ein Bruder oder irgend ein naher Verwandter im Sterben liegt, zurückgehalten werden sollte, so muß er sich an Se. Majestät um Verlängerung des Urlaubs wenden. Zur Nachtzeit aber ziehen sich diese Neuntausend in ihre Quartiere zurück.

10. Kapitel.

Von der Art, wie der Großkhan feierlich Hof hält und mit allen seinen Großen bei Tische sitzt; von der Art, wie die goldenen und silbernen Trinkgefäße in der Halle aufgestellt sind und mit Stuten- und Kamelmilch gefüllt werden, und von der Zeremonie, die stattfindet, wenn er trinkt.

Wenn der Großkhan feierlich Hof hält, so sitzen die, welche zugegen sind, in folgender Ordnung. Die Tafel

---

Letztere war lediglich aus Mongolen zusammengesetzt, während sich in der ersteren die Söhne der Vasallenfürsten und Provinzstatthalter befanden. Die Wache des Khans wechselte alle drei Tage und belief sich auf vierhundert Mann. Im Jahre 1330 wurde sie jedoch auf hundert reduziert.

des Herrschers steht vor seinem erhabenen Throne, und er hat seinen Sitz auf der nördlichen Seite, das Gesicht nach Süden gewendet, und nächst ihm zu seiner Linken sitzt die Kaiserin. Ihm zur Rechten, auf etwas niedrigeren Sesseln, sitzen seine Söhne, seine Enkel und andere Personen, die mit ihm blutsverwandt sind, das will sagen, die von dem kaiserlichen Geschlechte abstammen. Der Sitz Cingis',[1]) seines ältesten Sohnes, ist ein wenig über denen der übrigen Söhne erhaben, deren Häupter ziemlich in gleicher Höhe mit den Füßen Sr. Majestät sind. Die anderen Prinzen und die Freiherren haben ihre Plätze an noch niedrigeren Tafeln, und dieselben Regeln werden bei den Damen beobachtet; die Gemahlinnen der Söhne, der Enkel und sonstiger Verwandten des Großkhans sitzen zur linken Hand an Tafeln, die in gleicher Weise niedriger sind. Dann folgen die Frauen der Freiherren und der Ritter, so daß alle nach ihrem verschiedenen Range und ihren Würden an den Plätzen, die ihnen angewiesen und zu denen sie berechtigt sind, sitzen. Die Tafeln zeigen eine solche Anordnung, daß Se. Majestät, welcher auf seinem erhabenen Throne sitzt, das Ganze überschauen kann. Man darf jedoch dabei nicht denken, daß alle die, welche sich bei solchen Gelegenheiten versammeln, an Tafeln gesetzt werden können. Der größere Teil der Ritter und sogar die Freiherren müssen im Gegenteil auf Teppichen sitzend in der Halle schmausen, und außen vor der Halle steht eine

[1]) Schon im sechsten Kapitel wurde Dschingis oder Tschingkim erwähnt, und zwar bei Gelegenheit der Beschreibung des Palastes. Es könnte daher scheinen, als rede Marco Polo noch von einem Lebenden, obwohl er früher ganz richtig den Tod des Thronfolgers mitgeteilt hatte. Dieser Umstand läßt sich jedenfalls so erklären, daß der venezianische Reisende sein Werk nicht allein aus der Erinnerung sondern auch nach Notizen niederschrieb, die er während seines Aufenthaltes in China zu verschiedenen Zeiten gemacht hatte.

große Menge von Leuten, die aus verschiedenen Ländern kommen und viele seltene und merkwürdige Dinge mitbringen. Einige von ihnen sind Lehnsleute, die das Lehn wieder zu erneuern wünschen, das ihnen genommen wurde, und die stets an den bestimmten Tagen öffentlicher Feste oder bei königlichen Hochzeiten erscheinen.

In der Mitte der Halle, wo Se. Majestät an der Tafel sitzt, steht ein großes und prachtvolles Kunstwerk, das die Gestalt eines viereckigen Schreins besitzt, von welchem jede Seite drei Schritt Länge mißt und sehr schön mit Tierfiguren verziert und übergoldet ist. Innen ist es hohl, um ein kostbares Gefäß, das einem Kruge ähnlich ist, aufzunehmen. Dieses wird mit Wein gefüllt und enthält ungefähr eine Tonne. Auf jeder seiner vier Seiten steht ein kleineres Gefäß, das ungefähr ein Oxthoft enthält; das eine ist mit Stutenmilch, das andere mit Kamelmilch gefüllt und so die übrigen nach der Art der Getränke, die gebräuchlich sind. In diesem Büffett befinden sich auch die Trinkgeschirre und Pokale, die Sr. Majestät gehören. Einige von ihnen sind ganz aus gediegenem Golde und so groß, daß, wenn sie mit Wein oder anderem Getränk gefüllt sind, dieses für acht oder zehn Mann hinreichen würde. Vor je zwei Personen, die Sitze an den Tafeln haben, steht eins von diesen Trinkgeschirren, außerdem ein Löffel in Gestalt eines Bechers mit einem Griff. Diese Gefäße sind auch von Gold oder Silber und werden zum Schöpfen des Weins aus den großen Pokalen und zum Trinken benutzt. Das ist der Brauch sowohl bei den Frauen als auch bei den Männern. Die Menge und der Reichtum der goldenen und silbernen Gefäße, die dem Großkhan gehören, ist unglaublich. Hofherren von Rang sind angestellt, deren Pflicht es ist, darauf zu sehen, daß alle Fremden, die gerade zur Zeit des Banketts ankommen und mit der Etikette des Hofes nicht bekannt sind, angemessene Plätze erhalten, und diese Hofmeister gehen überall in der Halle umher und fragen die Gäste, ob sie mit allem recht bedient sind, oder ob irgend einer von ihnen Wein, Milch, Fleisch oder sonst etwas wünscht, worauf dann das Verlangte augenblicklich von den Dienern herbeigebracht wird.

An jeder Tür der Halle oder desjenigen Zimmers, in dem der Kaiser sich gerade befindet, stehen zwei Männer von riesiger Gestalt, einer auf jeder Seite, mit einem Stabe in der Hand, um die Leute abzuhalten, mit den Füßen die Türschwelle zu berühren, und sie zu nötigen, über dieselbe hinweg zu schreiten. Wenn sich einer aus Versehen dieses Vergehens schuldig macht, so nehmen ihm die Wächter das Kleid, welches er für Geld wieder einlösen muß, oder wenn sie das Kleid nicht nehmen, so geben sie ihm ihrem Auftrage gemäß eine Anzahl Schläge. Da aber Fremde mit diesem Verbote unbekannt sein können, so sind Kämmerer da, sie einzuführen und zu warnen. Diese eigentümliche Vorsicht wird gebraucht, weil sie es als ein Zeichen böser Vorbedeutung betrachten, wenn die Türschwelle berührt wird. Beim Hinausgehen aus der Halle aber kommt es vor, daß einige Mitglieder der Gesellschaft trunken sind; darum ist es unmöglich, die zufällige Berührung der Schwelle zu vermeiden, und es wird dann nicht so streng genommen. Die Herren, die am Kredenztische stehen und den Kaiser mit Trank und Speise bedienen, müssen Nase und Mund mit schönen Schleiern oder seidenen Tüchern bedecken, damit seine Speisen und sein Wein nicht von ihrem Atem berührt werden, und wenn er trinken will, so zieht sich der dienende Page, sobald er ihm den Becher gereicht hat, drei Schritte zurück und kniet nieder, worauf die Hofherren und alle, die zugegen sind, sich ebenfalls niederwerfen. Zu gleicher Zeit schlagen die Harfenspieler und andere Musikanten, die in großer Zahl anwesend sind, ihre Instrumente an und lassen sie so lange erklingen, wie der Kaiser trinkt; darauf nimmt die ganze Gesellschaft ihre Plätze wieder ein. Dieser ehrerbietige Gruß wird so oft wiederholt, als Sr. Majestät zu trinken beliebt. Es ist nicht nötig, über die Speisen etwas zu sagen, wie reichlich und köstlich sie zubereitet und mit welcher Pracht und Herrlichkeit sie aufgetragen werden. Ist das Mahl vorüber und werden die Tische entfernt, so treten eine große Zahl verschiedener Leute in die Halle und unter diesen Komödianten, Sänger und Musikanten, sowie auch Gaukler und Zauberer, die ihre Geschicklichkeit vor dem Großkhan zeigen zu großem Vergnügen und Ergötzen aller Zuschauer. Sind diese Spiele beendet, so geht alles auseinander, und jeder begibt sich nach Hause.

11. Kapitel.

Von der großen Feier in allen Provinzen des Großkhans am achtundzwanzigsten September, seinem Geburtstage.

Alle Tataren und anderen Untertanen des Großkhans feiern als Fest den Geburtstag Sr. Majestät, der am achtundzwanzigsten Mondtage im Monat September stattfindet,[1]) und das ist ihr größtes Fest, mit Ausnahme des-

[1]) Nach Mailla (Histoire générale de la Chine, IX. 282) wurde Kublai im achten Monate des Jahres 1216 geboren. Aber weder das Thung-kian-kang-mu noch das Li-tai-ki-sse geben das Datum seiner Geburt an. Das letztere Geschichtswerk sagt nur, der Kaiser hätte 19 Jahre bis zum Ende der Sungdynastie (1279) und darüber hinaus 13 Jahre regiert, und er sei 80 Jahre alt geworden. Da nun Kublai-khan im Frühling des Jahres 1294 starb, so würde daraus folgen, daß er 1214 geboren wurde, und nicht 1216. Man muß jedoch berücksichtigen, daß das Mondjahr, nach welchem die Chinesen rechnen, um 11 Tage kürzer als das Sonnenjahr ist. Reduziert man also die 80 Mondjahre auf Sonnenjahre, so findet man in der Tat die Angaben des Jesuiten Mailla bestätigt. (Vergl. Pauthier, a. a. O. I. 283.)

jenigen, welches am ersten Tage des Jahres begangen wird und das nachher beschrieben werden soll. Der Kaiser bekleidet sich an seinem Geburtstage mit einem überaus köstlichen, goldgewirkten Gewande, und bei dieser Gelegenheit werden zwanzigtausend Fürsten, Freiherren und Oberhauptleute von ihm mit Gewändern bekleidet, die dem seinigen an Farbe und Gestalt ähnlich sind; ihr Stoff ist zwar nicht so prächtig, doch sind sie von Seide und goldschimmernder Farbe, und mit dem Kleide erhalten sie auch einen Gürtel von gelbem Leder, der gar künstlich mit Gold- und Silberfäden gestickt ist, nebst einem Paar Stiefel. Einige der Gewänder sind mit köstlichen Steinen und Perlen verziert im Werte von zwanzigtausend goldenen Byzantinen[2]) und werden den Großen gegeben, die vermöge ihrer Ämter der Person des Kaisers am nächsten stehen und Quiecitan heißen.[3]) Diese Kleider werden an den dreizehn großen Festtagen, die in die dreizehn Monate des Jahres fallen, getragen, und wenn die Herren so köstlich geschmückt erscheinen, so meint man, es seien lauter Könige. Sobald Se. Majestät ein besonderes Kleid anlegt, tragen die Großen seines Hofes ähnliche, aber weniger kostbare Kleider, die stets in Bereitschaft sind. Sie werden nicht jährlich erneuert, sondern sind im Gegenteil so dauerhaft, daß sie wohl zehn Jahre gebraucht werden können. Bei Gelegenheit dieses Festes kann man sich eine Vorstellung von der Pracht am Hofe des Großkhans bilden, die ihresgleichen nicht hat bei irgend einem anderen Monarchen der Welt.

[2]) Im Texte Pauthiers beträgt die Summe nur zehntausend goldene Byzantinen. Die Münze hatte einen Wert von ungefähr 9,50 Mark.

[3]) Statt Quiecitan hat Ramusio Quiecitari. Das Wort ist zweifellos mit dem mongolischen Keschikten identisch, über dessen Bedeutung an einer früheren Stelle (Kap. 9) das Nötige gesagt worden ist.

An dem Geburtstagsfeste des Kaisers senden ihm seine tatarischen Untertanen und auch die Völker eines jeden Königreiches und jeder Provinz wertvolle Geschenke nach eingeführtem Gebrauch. So erscheinen auch viele Leute am Hofe, die um Fürstentümer nachsuchen, auf welche sie Ansprüche haben; diese bringen Geschenke, und Se. Majestät befiehlt darauf dem Gerichtshofe der Zwölf, der diese Angelegenheiten erledigt, ihnen geeignete Länder und Statthaltereien anzuweisen. Auch bitten an diesem Tage alle Christen, Heiden und Sarazenen, mit einem Worte, alle Völker seines Reiches, ihren Gott und ihre Götzen, daß sie den Kaiser segnen und erhalten und ihm langes Leben, Gesundheit und Glück verleihen mögen. Solcher Art und so herrlich sind die Feierlichkeiten bei der Wiederkehr des Geburtstages Sr. Majestät. Wir werden nun von einem anderen Feste reden, welches das Weiße Fest genannt und beim Beginn des Jahres gefeiert wird.

12. Kapitel.

Von dem weißen Feste, welches am ersten Tage des Monats Februar, der der Anfang des Tatarenjahres ist, gefeiert wird; von der Menge der Geschenke, die da gebracht werden, und von den Zeremonien, die an einer Tafel stattfinden, auf welcher der Name des Großkhans geschrieben steht.

Es ist allgemein bekannt, daß die Tataren den Anfang ihres Jahres vom Monat Februar an rechnen,[1] und bei dieser Gelegenheit ist es Brauch, daß der Großkhan samt allen seinen Untertanen weiße Gewänder anlegt, die

[1] Das chinesische Mondjahr beginnt stets mit demjenigen Neumonde, welcher dem Eintritt der Sonne in das Zeichen der Fische unmittelbar vorangeht. Das Jahr ist also beweglich, und der erste Tag des Jahres, der im Chinesischen yuen-tan heißt, fällt sehr häufig in den Zeitraum, der unserem Monat Februar entspricht.

nach ihrer Meinung von glücklicher Bedeutung sind,[2]) und sie ziehen diese Kleider beim Beginn des Jahres in der Hoffnung an, daß ihnen in der Folgezeit nur Glück begegnen werde. An diesem Tage senden die Leute aus allen Provinzen und Königreichen, die Länder und Gerichtsrechte unter dem Großkhan haben, wertvolle Geschenke aus Gold, Silber und köstlichen Steinen mit vielen Stücken weißen Tuches, welches sie beifügen, damit Se. Majestät sich das ganze Jahr hindurch ununterbrochen des Glücks erfreuen und Schätze besitzen möge, die seinen Ausgaben gleichkommen. Aus demselben Grunde machen sich die Großen, Fürsten und alle verschiedenen Rangpersonen des Reiches gegenseitig Geschenke in ihren Häusern mit weißen Gegenständen, umarmen sich mit

---

[2]) Die Gesandten Schah Rokhs berichten ähnliches von der Neujahrsfeier (1421) am Hofe des Tsching-tsu, eines Kaisers der Mingdynastie: „Am 27. Tage des Muharrem benachrichtigte Maulana Kadi seine Gesandten, daß am andern Tage das Neujahrsfest gefeiert würde, daß sich der Kaiser in seinen neuen Palast begeben würde und daß daselbst niemand weiße Kleidung tragen dürfe, weil weiß bei den Katajern die Farbe der Trauer sei. Gegen Mitternacht des 28. kam zu den Gesandten der Se-gin, um sie abzuholen, und führte sie in den neuen Palast, ein hohes Gebäude, an welchem man seit neunzehn Jahren gearbeitet hatte. Während dieser Nacht wurden in den Häusern und Läden so viele Fackeln, Kerzen und Lampen angezündet, daß man hätte glauben können, die Sonne sei bereits aufgegangen. Der Kaiser gab den großen Würdenträgern des Reiches ein Fest; Tafeln wurden für die Gesandten im Thronsaale aufgestellt, und die Emire erhielten die Erlaubnis, im Audienzsaale Platz zu nehmen. Tausende von Menschen saßen einander gegenüber und hielten Waffen und Fächer in ihren Händen, von denen die letzteren nach Art der Katajer farbig bemalt waren. Junge Knaben zeigten ihre Geschicklichkeit in der Vorführung eigenartiger Tänze."

Bemerkenswert in dieser Erzählung ist die Tatsache, daß bei den Chinesen im Gegensatz zu den Mongolen die weiße Farbe ein Zeichen der Trauer ist.

heiterer Miene und sagen (wie wir es auch zu tun pflegen): „Möge gut Glück dich das ganze Jahr begleiten und alles, was du unternimmst, nach Wunsch gedeihen!" Bei dieser Gelegenheit werden eine Menge weißer Pferde Sr. Majestät verehrt, und wenn sie nicht ganz weiß sind, muß es doch die vorherrschende Farbe sein. Weiße Pferde sind in diesem Lande nicht ungewöhnlich.

Es ist weiter Brauch, daß, wenn man dem Großkhan Geschenke macht, letztere in der Zahl neunmal neun gegeben werden. So zum Beispiel sind, wenn eine Provinz ein Geschenk von Pferden sendet, neunmal neun oder einundachtzig Köpfe in dem Zuge; so auch neunmal neun Stücke in Gold oder Tuch. Auf diese Weise erhält der Kaiser an dem Festtage nicht weniger als hunderttausend Pferde. An diesem Tage geschieht es auch, daß alle seine Elefanten, deren Zahl sich auf fünftausend beläuft, in Prozession aufgeführt werden, bedeckt mit Decken von Tuch, die wunderbar und prächtig mit goldenen und seidenen Tier- und Vogelgestalten verziert sind. Jeder derselben trägt auf seinem Rücken zwei Schreine, die mit goldenen und silbernen Gefäßen und anderem Geschirr, das am Hofe gebraucht wird, gefüllt sind. Dann folgt ein Zug Kamele, die in gleicher Weise mit Gegenständen, die zum Hofstaate gehören, beladen sind. Ist dies alles richtig vorbereitet, so ziehen sie vor den Augen Sr. Majestät vorüber, und das gewährt ein gar schönes Schauspiel.

Am Morgen des Festtages, bevor die Tafeln aufgestellt sind, ziehen alle Fürsten, der ganze Adel in seinen verschiedenen Rangklassen, die Ritter, Astrologen, Ärzte und Falkner und viele andere, die öffentliche Ämter bekleiden, mit den Hauptleuten der Armee, den Landpflegern und Amtleuten feierlich in der großen Halle vor dem Kaiser auf. Die, welche keinen Raum finden können, stehen außen vor dem Palaste, jedoch so, daß sie von dem Herrscher gesehen werden. Die Versammlung wird in folgender Weise geordnet. Die ersten Plätze werden den Söhnen und Enkeln Sr. Majestät und der ganzen kaiserlichen Familie angewiesen. Nächst diesen folgen die Könige der Provinzen und die Großen des Reiches nach ihren verschiedenen Graden in regelmäßiger Folge. Wenn nun ein jeder seinem Stande und seiner Ordnung gemäß sitzt, so erhebt sich ein Mann von hohen Würden oder, wie wir sagen würden, ein Großprälat oder Obermarschall und ruft mit lauter Stimme: „Bückt euch und betet an!" worauf sie alle sich neigen und ihr Antlitz zur Erde schlagen. Darauf ruft der Prälat: „Gott segne unseren Kaiser und erhalte ihn lange in der Freude des Glücks!" Darauf antwortet alles Volk: „Gott erhalte den Kaiser." Noch einmal ruft der Prälat: „Möge Gott die Größe und das Glück seines Reiches mehren; möge er alle die, welche dem Kaiser untertan sind, in den Segnungen des Friedens und des Glückes erhalten, und möge Überfluß in allen ihren Ländern herrschen!" Das Volk erwidert abermals: „Gott gebe es!" Dann werfen sie sich viermal nieder.[3]) Ist das geschehen, so schreitet der Prälat zu einem Altar, der reich geschmückt und mit einer roten Tafel versehen ist,

[3]) Aus der bei Pauthier abgedruckten Übersetzung des offiziellen Zeremoniells für die Empfänge am mongolischen Hofe (Yuen-sse, k. 67) mag hier eine Stelle wiedergegeben werden, welche geeignet ist, eine Ergänzung der Mitteilungen Marco Polos zu bilden. „Wenn der Gesang beendet ist, sollen die Minister mit lauter Stimme das folgende Gebet sprechen: Großer Himmel, der du alles bedeckst! Erde, die du unter der Obhut des Himmels ruhst! Wir rufen und flehen euch an, häufet Segen auf das Haupt des Kaisers und der Kaiserin! Gebt, daß sie zehntausend, hunderttausend Jahre leben! Dann soll der erste Kämmerer antworten: Möge sich alles so zutragen, wie es im Gebete gesagt ist. Die Minister sollen sich hinwerfen, wieder aufstehen und zu ihren Sitzen zurückkehren, um einige Tassen Wein zu trinken."

auf welcher der Name des Großkhans geschrieben steht. Neben ihm steht ein Rauchfaß, worin Spezereien angezündet sind; mit diesem beräuchert der Prälat in ehrfürchtiger Weise die Tafel und den Altar für alle, die zugegen sind. Ist diese Feierlichkeit beendet, so kehren sie zu ihren Plätzen zurück und bringen dann ihre verschiedenen Gaben dar, wie oben schon angegeben wurde. Sind diese aufgestellt und hat Se. Majestät einen Blick darauf geworfen, so werden die Tafeln zum Feste gerüstet, und die Gesellschaft, Männer und Frauen, setzt sich in der schon früher beschriebenen Ordnung zu Tisch. Sind die Speisen weggetragen, so treten die Spielleute und Komödianten auf und zeigen sich zum Vergnügen des Hofes, wie es ebenfalls schon beschrieben wurde. Bei dieser Gelegenheit wird ein Löwe Sr. Majestät vorgeführt, der so zahm ist, daß er sich von selbst zu den Füßen Sr. Majestät legt und seinen Herrn erkennt. Sind diese Feste beendet, so geht jedermann nach Hause.

13. Kapitel.

Von der Menge Wild, die während der Wintermonate erlegt und an den Hof gesandt wird.

Wenn der Großkhan in der Hauptstadt von Kataia residiert, das ist während der Monate Dezember, Januar und Februar, zu welcher Zeit eine große Kälte herrscht, gibt er Befehl, daß in den Landschaften Kataias vierzig Tagereisen umher alle Leute ein großes und allgemeines Treibjagen anstellen. Die Amtleute müssen alle größeren Arten Wild, wie wilde Eber, Hirsche, Damhirsche, Rehböcke und Bären, hierher senden. Dies geschieht auf folgende Weise. Alle Leute, die Land in der Provinz besitzen, begeben sich zu den Plätzen, wo diese Tiere sich aufhalten, stellen sich da auf und umschließen sie in einem engen Ringe; da werden sie getötet, teils mit Hunden, teils auch dadurch, daß man sie mit Pfeilen schießt. Die Tiere, die für Se. Majestät bestimmt sind, werden erst ausgeweidet und dann in großen Massen auf Wagen geladen; das tun die Leute, welche innerhalb dreißig Stationen von der Hauptstadt wohnen. Die aber, welche vierzig Stationen weit entfernt sind, senden wegen der großen Entfernung die erlegten Tiere nicht selbst sondern nur die Häute, einige zubereitet, andere noch in rohem Zustande, worauf sie dann für die Armee gebraucht werden, wie es Se. Majestät für geeignet findet.

14. Kapitel.

Von den Leoparden, Luchsen und Löwen, die zur Jagd auf verschiedene Tiere gebraucht werden, und von Adlern, die abgerichtet sind, Wölfe zu packen.

Der Großkhan hat viele Leoparden und Luchse, die zur Jagd gehalten werden, und auch viele Löwen, die größer sind als die babylonischen; sie haben ein prächtiges Fell von schöner Farbe, das der Länge nach gestreift ist, mit weißen, schwarzen und roten Strichen. Sie sind sehr behend, Eber, wilde Stiere und Esel, Bären, Hirsche, Rehböcke und anderes Wild zu greifen. Es ist ein prächtiger Anblick, wenn der Löwe losgelassen ist und das Tier verfolgt, die wilde Begierde und Schnelligkeit zu sehen, mit welcher er es überholt.[1] Zu diesem Zwecke führt Se. Majestät diese Jagdtiere in Käfigen, die auf Wagen stehen, mit sich, und bei ihnen ist ein kleiner Hund eingesperrt, mit welchem sie sich bald befreunden. Man schließt sie so fest ein, weil sie sonst zu aufgeregt und

---

[1]) Aus der Beschreibung geht hervor, daß es sich nicht um Löwen sondern um Tiger handelt.

wütend sein würden, sobald sie das Wild erblicken, so daß es unmöglich wäre, sie unter der nötigen Aufsicht zu halten. Auch hält man es für gut, sie in die dem Winde entgegengesetzte Richtung zu führen, damit das Wild sie nicht wittert und sich alsdann durch Flucht seinen Verfolgern entzieht. Se. Majestät hat auch Adler, die abgerichtet werden, auf Wölfe zu stoßen, und diese sind so groß und stark, daß sich kein Wolf ihren Klauen entreißen kann.

15. Kapitel.

Von zwei Brüdern, welche die obersten Jägermeister des Großkhans sind.

Se. Majestät hat zwei Männer in seinem Dienste, die beide Brüder von einem und demselben Vater und derselben Mutter sind, von denen einer Bayan und der andere Mingan heißt; diese sind, was in der Tatarensprache Civici[1]) und in unserer „Jägermeister“ genannt wird, und haben in ihrem Dienste alle Hunde, Windhunde, Dachshunde und die Bullenbeißer. Jeder befehligt ein Korps von zehntausend Jägern, und das Volk des einen Jägermeisters trägt rote Kleider und das des andern lichtblaue,

---

[1]) Das Wort Civici im Texte Ramusios ist nicht verständlich; wahrscheinlich ist es eine Korruption irgend eines anderen Wortes. Bei Pauthier findet sich die Bezeichnung Cunici, deren Deutung aber gleichfalls mit Schwierigkeiten verbunden ist. Pauthier selbst meint, es sei sehr wahrscheinlich, daß Cunici weiter nichts als eine Transkription der beiden chinesischen Worte kiuen-tschi ist, die soviel wie „Hundekenner“ bedeuten. Andererseits glaubt Professor Schiefner, Cunici sei eine Korruption des Wortes Noghaitschi, welches in Kovalevskis mongolischem Wörterbuch vorkommt und einen Jäger bezeichnet, dem die Obhut über die Hunde anvertraut ist. Wie er hervorhebt, kommt das Wort auch in der Mongolengeschichte Ssanang Ssetzens vor, wo die Übersetzung Schmidts „Aufseher über Hunde“ lautet. (Vergl. Yule, I. 401.)

wenn sie im Dienste sind. Die Zahl all der verschiedenen Hunde, die sie mit sich auf die Jagd führen, beläuft sich auf nicht weniger als fünftausend. Der eine Bruder mit seinem Heere nimmt das Feld zur rechten Hand des Kaisers und der andere mit dem seinigen zur linken ein, und jeder rückt in regelmäßiger Ordnung vor, bis sie einen Landstrich bedecken, den niemand an einem ganzen Tage von einem Ende zum anderen durchqueren könnte. Auf diese Weise kann ihnen kein Wild entschlüpfen. Es ist ein schönes und heiteres Schauspiel, die Jäger in ihrem Treiben und die Klugheit der Hunde zu sehen, wenn sich der Kaiser in der Jagdgesellschaft befindet und die Hirsche, Bären und anderen Tiere nach jeder Richtung hin verfolgt werden. Die beiden Brüder haben die Verpflichtung, den Hof täglich, vom Anfang des Oktober bis Ende März, die Wachteln ausgeschlossen, mit tausend Stück Wild zu versehen, und auch mit Fischen, von denen man eine möglichst große Anzahl herbeischafft, indem man so viel Fisch auf ein Stück Wild rechnet, wie drei Mann in einer Mahlzeit verzehren können.

16. Kapitel.

Von des Großkhans Jagdzug mit seinen Falken und Sperbern; von seinen Falknern und seinen Zelten.

Wenn der Kaiser die gewöhnliche Zeit in seiner Hauptstadt zugebracht hat und der März anfängt, so verläßt er Kambalu, zieht nach Nordosten gegen den großen Ozean, der zwei Tagereisen weit entfernt ist,[1]) und führt zehn-

[1]) Wenn man von Peking aus in nordöstlicher Richtung reist, gelangt man nicht an die Küste des Ozeans. Es ist jedoch schon an einer früheren Stelle darauf hingewiesen worden, daß bei Marco Polo die Kompaßrichtungen nicht sehr genau angegeben sind. In der Regel müssen seine Angaben mit einer Korrektion im Sinne

tausend Falkner und Vogler mit sich, die Falken, Sperber, Saker und Geierfalken zur Beize in großer Zahl abgerichtet haben, um das Wild an den Flüssen hin zu verfolgen. Dieses Jägerkorps hält er jedoch nicht auf einem Platze zusammen, sondern teilt es in mehrere Züge von ein- oder

---

des Uhrzeigers versehen werden. Man würde demnach unter Berücksichtigung dieses Umstandes in die Gegend an der Westküste des Golfes von Liao-tung gelangen. Kublai wird die Jagd in der Nähe des Ozeans begonnen haben; sicherlich setzte er aber seinen Zug weiter nordöstlich fort, wo die Menge der Flüsse, die in den Ozean strömen, der Vogelbeize reiche Ausbeute geben. Es ist nicht ausgeschlossen, daß er dabei bis in das Innere der Mandschurei etwa in die Gegend von Mukden vordrang, die in früherer Zeit wegen ihres Wildreichtums berühmt war. Auch andere Herrscher richteten dorthin ihre Jagdzüge, z. B. Kaiser Kang-hi, über dessen Unternehmen Pater Verbiest (1682) folgende Mitteilungen macht: „Der Kaiser reiste am 23. März ab, um sich in die Provinz Liao-tung, das Land seiner Väter, zu begeben. Dort wollte er ihre Gräber besuchen, und nachdem er die üblichen Zeremonien ausgeführt, seinen Weg in die östliche Tatarei fortsetzen ... Die drei ersten Königinnen begleiteten den Kaiser, jede auf einem vergoldeten Wagen. Die Würdenträger des Reiches waren auch dabei mit allen Großen des Hofes und den vornehmsten Mandarinen jeder Ordnung; sie hatten alle ein sehr großes Gefolge und viel Gepäck, so daß der Kaiser einen Zug von mehr als siebzigtausend Personen mit sich führte ... Von Peking bis zur Provinz Liao-tung ist der Weg, der ungefähr 300 Meilen lang ist, ziemlich eben; in der Provinz selbst beträgt er 400 Meilen; dort ist er aber wegen der Berge weit unebener. Von der Grenze dieser Provinz 400 Meilen weit hinein, ist er sehr schwierig, da er bald von sehr steilen und zerrissenen Felsen, bald von außerordentlich tiefen Tälern und von wüsten Ebenen durchzogen ist, wo man oft zwei oder drei Tage zurücklegen kann, ohne das geringste zu finden." (Du Halde, III. 74.)

In dem Texte Pauthiers heißt es, Kublai-khan hätte von Kambalu aus seinen Jagdzug nach Süden gerichtet, eine Angabe, die sich wohl kaum mit den tatsächlichen Verhältnissen in Übereinstimmung bringen läßt.

zweihundert und mehr Mann, welche die Beize nach verschiedenen Richtungen hin verfolgen, worauf der größere Teil der Beute vor Se. Majestät gebracht wird. Auch nimmt er zehntausend Mann mit, die Taskaol[2]) genannt werden und deren Geschäft es ist, auf der Hut zu stehen; sie werden deshalb in kleinen Trupps von zwei oder drei nicht weit voneinander aufgestellt, so daß sie einen beträchtlichen Strich Landes einnehmen. Jeder von ihnen hat eine Pfeife und eine Kappe, mit denen sie, wenn es nötig ist, die Vögel locken und verwahren können, und wenn der Großkhan den Befehl gibt, die Falken fliegen zu lassen, so brauchen die, welche sie fortschicken, ihnen nicht zu folgen, weil es die Pflicht der anderen ist, so aufzupassen, daß die Vögel nirgends hinfliegen, wo sie nicht gesichert sind und wo sie ihnen nicht augenblicklich, wenn es nötig ist, zu Hilfe kommen können. Jeder Vogel, der Sr. Majestät oder einem seiner Großen gehört, hat ein kleines silbernes Täfelchen, das an seinem Beine befestigt ist, auf welchem der Name des Eigentümers und auch der des Falkners eingegraben ist, so daß man, sobald der Falke gesichert ist, gleich weiß, wem er gehört, und man ihn seinem Eigentümer wieder zustellen kann. Wenn es vorkommt, daß, obgleich der Name dasteht, der Eigentümer nicht gleich ausfindig gemacht werden kann, weil er dem Finder nicht persönlich bekannt ist, so bringt man den Vogel einem Freiherrn, der Bulangazi[3]) heißt, dessen Titel bedeutet, daß er der Aufseher über Dinge ist, deren Eigen-

---

[2]) Es gibt ein türkisches Wort Toskaul, welches Wächter, Wache, Wegehüter bedeutet. (Yule, I. 407).

[3]) Das Wort Bulangazi oder Bulargusi, wie es bei Pauthier heißt, hängt wahrscheinlich mit dem mongolischen Worte balarkhou, den Weg verlieren, irren, zusammen; mit der Endung tschi bedeutet es einen Verwalter herrenloser Gegenstände. (Pauthier, I. 306.)

tümer nicht gefunden werden können. Wenn daher ein Schwert, ein Vogel oder irgend ein anderer Gegenstand gefunden wird und man nicht weiß, wem er gehört, so bringt ihn der Finder sogleich zu diesem Freiherrn, der ihn an sich nimmt und sorgfältig aufbewahrt. Wenn aber jemand irgend etwas findet, was verloren wurde, und es nicht diesem Aufseher überantwortet, so wird er als Dieb betrachtet. Diejenigen, deren Eigentum verloren gegangen ist, wenden sich an jenen Freiherrn, der es ihnen dann zurückstellt. Sein Platz befindet sich immer auf dem erhabensten Punkte des Feldes und ist durch ein besonderes Fähnlein ausgezeichnet, damit er sogleich von denen gefunden wird, die sich an ihn zu wenden haben. Durch diese Anordnung kann also nichts verloren gehen, was nicht wieder zu bekommen wäre.

Wenn Se. Majestät in dieser Weise nach den Küsten des Ozeans zieht, kommen bei dem Jagdvergnügen viele interessante Zwischenfälle vor, und man kann wörtlich sagen, daß sich damit kein anderes Vergnügen in der Welt vergleichen läßt. Wegen der Enge der Pässe in einigen Teilen des Landes, wo Se. Majestät der Jagd obliegt, wird er nur auf zwei Elefanten getragen, zuweilen auch nur auf einem, weil das hier bequemer ist als eine größere Anzahl; unter anderen Umständen aber nimmt er vier Elefanten, auf deren Rücken ein hölzerner Pavillon steht, der sehr zierlich aussieht; das Innere ist mit golddurchwirktem Tuche ausgelegt, und von außen ist er mit Löwenfellen bedeckt. Diese bequeme Einrichtung aber ist für den Kaiser bei seinen Jagdzügen nötig, weil er sehr von der Gicht geplagt wird. In dem Pavillon führt er immer zwölf seiner besten Geierfalken mit sich, außerdem zwölf Freiherren, die besonders hoch in seiner Gunst stehen, damit sie ihm Gesellschaft leisten und ihn erheitern. Seine Begleiter zu Pferde geben ihm Kunde, wenn Kraniche oder andere Vögel in der Nähe sind, worauf er den Vorhang des Pavillons erhebt; und wenn er das Wild erspäht, so läßt er die Falken fliegen, welche auf die Kraniche schießen und sie nach langem Kampfe überwältigen. Der Kaiser liegt auf dem Ruhebette, und der Anblick jener Beize gewährt Sr. Majestät die höchste Freude, wie auch den Herren, die ihm aufwarten, und den Rittern, die ihn umgeben. Nachdem er das Weidmannsvergnügen einige Stunden genossen hat, begibt er sich nach einem Platze, der Kakzarmodin[4]) heißt, wo die Pavillons und Zelte seiner Söhne und auch seiner Barone, der Leibwachen und der Falkner aufgestellt sind; das sind wohl mehr als zehntausend, die ein herrliches Schauspiel gewähren. Das Zelt Sr. Majestät, in welchem er Audienz erteilt, ist so lang und breit, daß zehntausend Soldaten darin aufgestellt werden können und noch Raum lassen für ihre Hauptleute und andere Personen von Rang. Dieses Zelt hat seinen Eingang nach Mittag, und nach der Morgenseite liegt ein anderes Zelt, das mit ihm verbunden ist und einen geräumigen Saal bildet, in dem der Kaiser gewöhnlich mit einigen seiner Fürsten zubringt; und wenn er mit anderen Personen sprechen will, so werden sie ihm in diesem Zimmer vorgeführt. Dahinter steht ein großes und hübsches Gemach, in welchem er schläft; und dort befinden sich auch andere Zelte und Zimmer (für die verschiedenen Leute seines Haushaltes), die aber nicht in unmittelbarer Verbindung mit dem großen Zelte stehen. Diese Hallen und Zimmer sind alle in folgender Weise hergestellt und ausgestattet. Jede derselben wird von drei hölzernen

---

[4]) An welcher Stelle der Mandschurei Kakzarmodin zu suchen ist, läßt sich nicht mit Sicherheit sagen. Katzar bedeutet im Mongolischen ein Land oder eine Gegend und Modun ein Gehölz oder einen Baum. Der Name des Ortes hat also wenig Charakteristisches an sich.

Säulen gestützt, die schön geschnitzt und vergoldet sind. Die Zelte sind außen mit weiß, schwarz und rot gestreiften Löwenhäuten bedeckt und so wohl verwahrt, daß weder Regen noch Wind eindringen kann. Innen sind sie mit Hermelin und Zobelfellen bedeckt, welche köstlicher sind als irgend ein anderes Pelzwerk; denn sie werden, wenn sie so groß sind, daß sie ein Kleid geben, und wenn sie keinen Fehler zeigen, zu zweitausend goldenen Byzantinen geschätzt; sind sie nicht ganz ohne Fehl, zu eintausend. Von den Tataren wird das Fell als König der Pelze bezeichnet. Das Tier, welches in ihrer Sprache Rondes[5]) genannt wird, hat ungefähr die Größe eines Iltis. Mit diesen beiden Arten von Fellen sind die Hallen sowie die Schlafzimmer geschickt und geschmackvoll hergerichtet und abgeteilt. Die Seile, mit denen die Zelte befestigt werden, sind alle von Seide. Nahe am großen Zelte des Kaisers stehen die Zelte seiner Gemahlinnen, die auch schön und prächtig sind. Die Damen haben ebenfalls ihre Geierfalken, ihre Sperber und andere Tiere, mit welchen sie an dem Vergnügen teilnehmen. Die Zahl der Menschen, die in diesem Lager versammelt sind, übersteigt allen Glauben, und ein Zuschauer könnte wähnen, er befinde sich mitten in einer volkreichen Stadt, so groß ist die Volksmenge aus allen Teilen des Reiches. Se. Majestät wird bei solchen Gelegenheiten von seiner ganzen Familie und seinem Haushalte begleitet, das heißt, von seinen Ärzten, Astronomen, Falknern und allen anderen Arten von Hofbeamten.

In diesen Teilen des Landes bleibt der Kaiser bis zum

---

[5]) Der Name Rondes kommt nur bei Ramusio vor und sonst in keiner anderen Ausgabe. Da er sich überdies in keinem Wörterbuche findet, so ist die Vermutung nicht von der Hand zu weisen, daß er durch irgend ein Mißverständnis in Ramusios Text geraten ist.

Osterheiligabend, während welcher Zeit er nicht müde wird, die Seen und Flüsse zu besuchen, wo er Störche, Schwäne, Reiher und eine Menge anderer Vögel fängt. Seine Leute werden auch nach verschiedenen anderen Plätzen geschickt, um ihm Wildpret in Menge zu verschaffen. So vergnügt er sich in seiner Erholungszeit in einer Weise, die niemand, der nicht Augenzeuge ist, begreifen kann; die Herrlichkeit und die Ausdehnung der Jagd ist größer, als sich mit Worten sagen läßt. Es besteht ein strenges Verbot, daß kein Handelsmann, kein Künstler oder Bürger in irgend einer Provinz Sr. Majestät einen Falken, Sperber oder irgend einen anderen Vogel, der zur Beize gebraucht wird, oder einen Jagdhund halten darf; auch ist es nicht erlaubt, daß ein Fürst oder Ritter nach Wildtieren oder Vögeln in der Nachbarschaft des Platzes jagt, wo Se. Majestät seine Residenz aufschlägt (wobei die Entfernung auf fünf Meilen zum Beispiel auf der einen Seite, auf der anderen auf zehn, und fünfzehn vielleicht nach einer dritten Richtung hin bestimmt ist), es müßte denn sein Name in einer Liste aufgezeichnet sein, die der Großfalkner führt, oder er müßte ein besonderes Privilegium haben. Jenseits dieser Grenze ist ihnen die Jagd gestattet. Es besteht jedoch eine Verordnung, nach der es in allen Ländern den Untertanen Sr. Majestät, sie mögen Fürsten, Freiherren oder Bauern sein, verboten ist, Hasen, Rehböcke, Damhirsche, Hirsche oder andere Tiere dieser Art, oder irgendwelche großen Vögel während der Zeit vom März bis zum Oktober zu töten, damit sie zunehmen und sich vermehren können, und da die Verletzung dieses Befehls hart bestraft wird, so vermehrt sich das Wild ins Ungeheure. Wenn die gebräuchliche Zeit vorüber ist, kehrt Se. Majestät auf dem Weg, den er gekommen ist, zurück und setzt das Weidwerk während der ganzen Reise fort.

17. Kapitel.

Von der Menge Menschen, welche beständig in Kambalu ankommen und abreisen, und von dem Handel der Stadt.

Wenn der Großkhan nach seiner Hauptstadt zurückgekehrt ist, hält er einen großen und prächtigen Hof, der drei Tage lang dauert, und währenddessen gibt er seiner Umgebung große Banketts und andere Feste. Die Feierlichkeiten dieser drei Tage sind in der Tat bewunderungswürdig. Die Menge der Einwohner und die Zahl der Häuser in der Stadt sowie in den Vorstädten ringsum (von denen es im ganzen zwölf gibt, entsprechend der Anzahl der Tore) ist unbegreiflich groß. Die Vorstädte sind sogar noch bevölkerter als die eigentliche Stadt, und dort nehmen die Kaufleute und andere, deren Geschäfte sie zur Hauptstadt führen und die dahin in großer Zahl ziehen, weil sie die Residenz des Hofes ist, ihre Wohnung. Wo auch immer der Kaiser seinen Hof hält, dahin wallfahrten diese Leute aus allen Gegenden, um ihre verschiedenen Gewerbe zu betreiben. In den Vorstädten gibt es ebenso hübsche Häuser und stattliche Gebäude wie in der eigentlichen Stadt, den Palast des Großkhans freilich ausgenommen. Keine Leiche darf im Weichbilde der Stadt begraben werden, und die Leichname der Heiden, bei denen es Brauch ist, die Toten zu verbrennen, werden an die gegewöhnliche Stelle jenseits der Vorstädte geschafft. Dort finden auch die Hinrichtungen statt. Lustdirnen dürfen, es müßte denn ganz im geheimen geschehen, ihr Gewerbe nicht in der inneren Stadt betreiben, sondern müssen in den Vorstädten wohnen, wo, wie schon angegeben wurde, sich über fünfundzwanzigtausend aufhalten; auch ist diese Zahl nicht größer als notwendig für die ungeheure Schar von Kaufleuten und anderen Fremden, welche, vom Hof hierher gezogen, beständig ankommen und abreisen. Nach dieser Stadt findet alles, was in der Welt selten und kostbar ist, seinen Weg, und besonders gilt dies von Indien, welches Edelsteine, Perlen und verschiedene Spezereien und Gewürze schickt. Aus den Provinzen Kataias selbst, sowie aus den anderen Ländern des Reiches werden alle wertvollen Waren hierhergebracht, um den Bedarf der Menge, welche ihren Aufenthalt in der Nähe des Hofes nimmt, zu befriedigen. Die Menge der Waren, die hier verkauft wird, übertrifft den Handel aller anderen Plätze; denn nicht weniger als tausend Wagen und Packpferde, die nur mit roher Seide beladen sind, ziehen täglich in die Stadt ein, und goldene Gewebe und Seidenstoffe aller Art werden hier in ungeheurer Menge angefertigt. In der Nachbarschaft der Hauptstadt gibt es viele befestigte und andere Städte, deren Einwohner hauptsächlich vom Hofe leben; sie führen ihre Waren auf den Markt der Hauptstadt und nehmen dagegen solche Dinge mit sich, deren sie selbst bedürfen.

18. Kapitel.

Von einer Art Papiergeld, das der Großkhan ausgeben und in seinem Reiche in Umlauf setzen läßt.

In der Stadt Kambalu befindet sich die Münze des Großkhans, von dem man in Wahrheit sagen kann, daß er das Geheimnis der Alchimisten besitzt, da er die Kunst versteht, Geld auf folgende Weise zu verfertigen.[1]) Er

---

[1]) Die erste Ausgabe von Papiergeld erfolgte in China wahrscheinlich im Laufe des neunten Jahrhunderts. Im Jahre 1160 war man darin so weit gegangen, daß die Banknoten der Regierung einen Nominalwert von 44 Millionen Unzen Silber repräsentierten. Außerdem gab es lokale Noten in Menge, so daß das Reich mit Papiergeld überflutet war, dessen Kurs aber rapide sank.

Die Mongolen fingen mit der Ausgabe von Banknoten im Jahre 1236 an, lange bevor der Sitz ihrer Regierung nach China verlegt

läßt die Schale von solchen Maulbeerbäumen abstreifen, deren Blätter zum Futter der Seidenwürmer dienen, und nimmt davon die dünne innere Rinde, welche sich zwischen der rauheren Borke und dem Holze des Baumes befindet. Diese läßt er einweichen und darauf in einem Mörser zerreiben, bis sie zu Brei geworden ist; daraus wird das Papier gemacht, welches dem aus Baumwolle hergestellten gleicht, aber ganz schwarz ist. Ist dieses fertig, so wird es in Geldstücke von verschiedener Größe zerschnitten, fast viereckig, aber zuweilen etwas länger als breit. Von diesen gilt das kleinste einen kleinen Pfennig, dann ein etwas größeres einen venezianischen Silbergroschen, ein anderes zwei Groschen, dann fünf und zehn, wieder andere einen, zwei, drei bis zu zehn goldenen Byzantinen, und all dieses Papier wird mit großem Gepränge und Aufsehen her-

---

wurde. Nach Pater Gaubil waren solche Scheine in Peking schon unter dem Großkhan Oktai in Umlauf gesetzt worden. „In diesem Jahre," so berichtet der französische Missionar, „machte man Papiergeld; die Scheine hießen Tschao. Das Siegel des Pu-tschin-se oder des Generalschatzmeisters der Provinz wurde darauf gedruckt, und es hatte nun den vollkommenen Wert. Dieses Geld war schon unter den Fürsten Kin in Umlauf gewesen." (Observ. Chronol. p. 192.)

Kublai-khan begann mit der Notenausgabe im ersten Jahre seiner Regierung (1260) und setzte sie zu wiederholten Malen fort, so z. B. 1287, als er zur Hebung der Staatsfinanzen Scheine herstellen ließ, von denen jeder gegen fünf früher ausgegebene von gleichem Nominalwert umgetauscht werden mußte. Das Papiergeld hatte übrigens, wie offiziell festgesetzt wurde, nur die Hälfte seines Nominalwertes in Silber. (Yule, I. 426.)

Gegenwärtig existiert in China kein staatliches Papiergeld; jedoch haben in verschiedenen Städten kleinere Banken das Recht, Noten auszugeben, ohne daß sie von der Regierung kontrolliert werden; aber sie sind verpflichtet, wenigstens die Hälfte des Wertes ihrer in Umlauf befindlichen Noten in Bargeld zu besitzen. Für falsche Scheine sind die Banken nicht haftbar.

gestellt, als wenn es lauter lötig Silber und klares Gold wäre; denn auf jedes Stück schreiben eine Anzahl Beamte, die dazu besonders angestellt sind, nicht allein ihre Namen, sondern drücken auch ihr Siegel darauf, und wenn dieses in regelrechter Weise von allen vollzogen ist, so taucht der oberste Münzmeister, der von Sr. Majestät dazu bestellt ist, das ihm anvertraute Siegel in Zinnober und stempelt damit das Stück Papier, so daß die Form des Siegels zinnoberrot darauf abgedruckt ist; auf diese Weise erhält es volle Kraft als gültige Münze, und wenn es jemand nachmachen wollte, so würde er als Kapitalverbrecher bestraft werden. Wenn das in so großer Menge geprägte Papiergeld in allen Provinzen des Großkhans in Umlauf gesetzt worden ist, wagt niemand, bei Gefahr seines Lebens, sich zu weigern, es als Zahlung anzunehmen. Alle seine Untertanen nehmen es, wohin sie auch ihr Geschäft rufen mag, ohne Zögern an, weil sie es für Waren, die sie gerade kaufen wollen, loswerden, sowie gegen Perlen, Juwelen, Gold oder Silber. Kurz, man kann dafür alle Waren erhalten, welche man kaufen will.

Zu verschiedenen Zeiten im Laufe des Jahres kommen große Handelskarawanen mit den schon oben erwähnten Artikeln und mit goldenen Geweben an, die sie vor Sr. Majestät niederlegen. Darauf ruft er zwölf erfahrene und geschickte Männer, die zu diesem Zwecke erwählt worden sind, und befiehlt ihnen, die Waren genau zu prüfen und den Wert festzustellen, zu welchem sie gekauft werden können. Bei der Summe, die auf das gewissenhafteste angegeben wird, erlaubt er einen vernünftigen Gewinn und zahlt dann augenblicklich jenes Papier dafür, und dagegen haben die Eigentümer nichts einzuwenden, da es, wie schon bemerkt, für ihre eigenen Einkäufe wieder verwendet werden kann; wenn sie Einwohner eines Landes sein sollten, wo diese Art Geld nicht im Umlauf ist, verwenden sie den Betrag für den Einkauf anderer Waren, die sich für ihre eigenen Märkte eignen. Wenn irgend jemand Papiergeld besitzt, welches von langem Gebrauche beschädigt worden ist, so bringt er es in die Münze, wo er mit Bezahlung von nur drei Prozent neue Noten einwechseln kann. Sollte jemand sich gern Gold oder Silber verschaffen wollen, um es zu verarbeiten, z. B. zu Bechern, Gürteln oder anderen Gegenständen, die aus diesen Metallen verfertigt werden, so wendet er sich gleichfalls an die Münze und erhält für sein Papier die Metallstücke, die er braucht. Die sämtlichen Truppen Sr. Majestät werden mit diesem Kurant bezahlt, welches für sie von demselben Werte ist, als wenn es Gold oder Silber wäre. Aus diesem Grunde kann man wohl behaupten, daß der Großkhan über einen größeren Schatz gebietet als irgend ein anderer Monarch in der Welt.

19. Kapitel.

Von dem Rat der zwölf Großbeamten, die für die Angelegenheiten des Heeres bestellt sind, und von zwölf anderen für die allgemeinen Angelegenheiten des Reiches.

Der Großkhan erwählt zwölf große und mächtige Barone, wie schon erwähnt wurde, deren Amt es ist, jede Angelegenheit, welche die Armee betrifft, zu entscheiden, wie zum Beispiel die Versetzung von Truppen von einer Station zur anderen, den Wechsel der über sie gesetzten Hauptleute, die Verwendung von Truppen, wo sie für nötig erachtet werden, und die Zahl derer, die zu irgendwelchen besonderen Diensten verwendet werden sollen, nach dem Grade ihrer Wichtigkeit.[1]) Außer-

[1]) Die mongolischen Annalen (Yuen-sse, k. 85 und 112) geben genaue Einzelheiten über die Organisation der Regierung und besonders über diejenige Kublai-khans.

dem ist es ihr Amt, über die Offiziere zu wachen, die Beweise ihrer Tapferkeit in der Schlacht gegeben, und über die, welche sich gemein und feige gezeigt haben, um

---

„Unter Tai-tsu (Dschingiskhan) war die Regierung eine rein militärische; auch seine ersten Nachfolger, die fast ganz durch Eroberungszüge in Anspruch genommen waren, folgten dem Beispiele des Großkhans. Indessen begann schon Tai-tsung (Oktai-khan) damit, in seinen Ländern eine Zivilverwaltung einzurichten. Er schuf zunächst zehn Verwaltungsbezirke (Lu), an deren Spitze er fähige und gebildete Beamte stellte. Als Tschi-tsu (Kublai-khan) den Thron bestieg, beauftragte er im Jahre 1260 den berühmten chinesischen Gelehrten und Astronomen Hiu-heng, unter den älteren und neueren Verwaltungsvorschriften diejenigen auszuwählen, welche am besten der neuen Ordnung der Dinge entsprächen. Die Beamten, denen die allgemeine Verwaltung des Reiches übertragen wurde, hießen tschung-schu-sing, d. h. Staatssekretäre für alle Provinzen des Reiches; diejenigen, welche mit der Kontrolle über die Militärverwaltung betraut waren, wurden tschu-mi-yuen oder Mitglieder des Bureaus der geheimen Angelegenheiten genannt; die Beamten endlich, welche die Beförderungen und Absetzungen vorzuschlagen hatten, führten den Namen yü-sse-thai.“

Pauthier, der eine genaue Beschreibung des mongolischen Verwaltungssystems gibt, hat den Beweis dafür erbracht, daß unter Kublai-khan ein aus zwölf hohen Beamten zusammengesetztes Ministerkollegium, Siang genannt, die Regierungsgeschäfte erledigte. Es ist sehr wahrscheinlich, daß Marco Polo diese Behörde im Auge hatte, als er von dem Rate der zwölf Barone, der den Namen Sing führt, berichtete. Andererseits ist aber auch die Möglichkeit nicht von der Hand zu weisen, daß der venezianische Reisende die Bezeichnungen Siang und Sing miteinander verwechselte, von denen die letztere, wie oben erwähnt wurde, der Titel der Provinzstatthalter ist.

Marco Polo erwähnt, zu seiner Zeit sei China in vierunddreißig Provinzen eingeteilt worden. Die chinesischen und mongolischen Annalen widersprechen jedoch dieser Angabe; sie kennen nur die folgenden zwölf Provinzen: 1. Tschung-schu-sing, 2. Ling-pe, 3. Liao-yang, 4. Ho-nan, 5. Schen-si, 6. Sse-tschuan, 7. Kan-su, 8. Yün-nan, 9. Kiang-tsche, 10. Kiang-si, 11. Hu-kuang, 12. Tsching-tung.

jene zu einer höheren Stelle zu befördern und diesen einen niederen Platz anzuweisen. Wenn der Oberst über tausend Mann sich in ungeziemender Weise benommen hat, so betrachtet ihn dieser Gerichtshof als unwürdig des Ranges, den er eingenommen, und setzt ihn zum Befehlshaber über hundert Mann herab; wenn er andererseits Eigenschaften gezeigt hat, die ihm Ansprüche auf eine Beförderung geben, so bestellen sie ihn zum Obersten über zehntausend Mann. Alles dieses geschieht jedoch mit Vorwissen und Billigung des Kaisers, dem sie ihre Meinung über des Offiziers Verdienst oder Unwürdigkeit mitteilen, und der, nach Bestätigung ihrer Entscheidung, dem neuernannten Befehlshaber über zehntausend Mann die Tafel oder das Zeichen seines Ranges verleiht, wie wir es schon beschrieben haben; auch gibt er ihm große Geschenke, um andere anzuregen, dieselben Belohnungen zu verdienen.

Der Rat, der aus diesen zwölf Fürsten zusammengesetzt ist, heißt Thai, was oberster Hof bedeutet, weil er niemand anders als dem Kaiser verantwortlich ist. Außer diesem gibt es noch eine andere höchste Verwaltungsbehörde, die gleichfalls aus zwölf Baronen besteht, welche bestellt sind, die Oberaufsicht über alles zu führen, was die Regierung der vierunddreißig Provinzen des Reiches betrifft. Diese haben in Kambalu einen großen und schönen Palast oder Hof, der viele Zimmer und Säle enthält. Für die Verwaltung jeder Provinz ist als Vorsitzender ein Rat mit verschiedenen Beisitzern und Schreibern bestellt, welche die ihnen gehörigen Zimmer in dem Hofe haben und daselbst die Geschäfte für die zu ihrem Amtsbereich gehörigen Provinzen erledigen, in Übereinstimmung mit den Informationen, die sie vom Rate der Zwölf erhalten. Diese haben die Aufgabe, Leute für die Verwaltung der Provinzen auszuwählen, deren Namen dem

Großkhan zur Bestätigung ihrer Anstellung und zur Verleihung von goldenen oder silbernen Tafeln, wie sie zu ihrem Range gehören, vorgelegt werden. Sie haben auch die Oberaufsicht über alles, was sich auf die Eintreibung der Steuern und deren Verwendung bezieht; sie überwachen ferner jede andere Abteilung der Staatsverwaltung mit Ausnahme der Militärbehörden. Dieser Rat wird Sing genannt, eine Bezeichnung, die soviel wie zweiter Verwaltungshof bedeutet, der gleich dem anderen nur dem Großkhan verantwortlich ist. Aber der erste Rat, der Thai genannt wird und die Verwaltung der Kriegsangelegenheiten hat, steht in Rang und Würden höher als der andere.

20. Kapitel.

Von den Plätzen, die auf allen Landstraßen zur Beschaffung der Postpferde bestimmt sind; von den Boten und der Art, wie die Unkosten bestritten werden.

Von Kambalu führen viele Straßen nach den verschiedenen Provinzen, und auf jeder derselben, das heißt auf jeder großen Hauptstraße, sind in einer Entfernung von fünfundzwanzig oder dreißig Meilen, wie gerade die Städte gelegen sind, Stationen mit Häusern zur Verpflegung von Fremden vorhanden, die Jamb[1]) oder Post-

---

[1]) Das Wort Jamb ist wahrscheinlich mongolischen Ursprungs. Marsden ist der Ansicht, daß es mit dem persischen Jam identisch ist, welches einen Gasthof oder ein Posthaus bezeichnet. Die Gesandten des Schah Rokh berichteten: „Der Wohlstand der Katajer nahm zu, je mehr sich die Karawane der Hauptstadt näherte. Sie fand allabendlich ein Jam, das heißt eine gute Herberge.“ (Histoire générale de voyage, VII. 381.)

Der persische Verfasser der Geschichte des Eroberers der Welt (zitiert von d'Ohsson, Histoire des Mongols, I. 406) teilt über diese Verkehrseinrichtung der Mongolen folgendes mit: „Dschingiskhan ließ nach dem Beispiele der Chinesen an den großen

häuser genannt werden. Dieses sind geräumige und hübsche Gebäude, die verschiedene wohlausgestattete Zimmer haben, tapeziert mit Seide und versehen mit allen Dingen, die für Leute von Rang unentbehrlich sind. Sogar Könige können an diesen Stationen in schicklicher Weise untergebracht werden, da alle Bedürfnisse von den Städten und festen Plätzen in der Nachbarschaft herbeigeschafft werden können; für einige besorgt der Hof selbst die Vorräte. An jeder Station werden vierhundert tüchtige Pferde in beständiger Bereitschaft gehalten, so daß alle Boten, die in Sr. Majestät Angelegenheiten gehen und kommen, und alle Gesandten daselbst einkehren und ihre müden Pferde durch frische ersetzen lassen können. Sogar in den bergigen Gegenden, fern von den großen Landstraßen, wo keine Dörfer vorhanden und die Städte weit voneinander

---

Hauptstraßen Poststationen erbauen, um die Reisen der Beamten, der Boten und der Gesandten zu erleichtern. Die Postpferde mußten von den Einwohnern gestellt werden, die auch verpflichtet waren, den Kurieren Lebensmittel sowie Wagen zum Transport der Kontributionen zu liefern . . . Die Sicherheit der Straßen, für welche eine tüchtige Polizei sorgte, machte es den Fremden möglich, durch die Tatarei zu reisen, welche bis dahin infolge des Auftretens zahlreicher Räuberbanden beinahe unzugänglich gewesen war."

Heutzutage befinden sich die meisten chinesischen Verkehrswege in einem recht beklagenswerten Zustande. Man sieht allerdings noch in manchen Provinzen Überreste großer und schöner Straßen, die mit breiten Steinplatten gepflastert und an den Seiten mit prächtigen Bäumen bepflanzt sind. Die stammen vielfach noch aus der Zeit der Sungdynastie, welche sich um die Hebung des Verkehrs große Verdienste erworben hat. Außerdem erleichterte früher ein ausgezeichnetes Kanalsystem das Reisen und den Transport der Waren. Die großartigen Bauten sind aber von der jetzigen Mandschudynastie vernachlässigt worden. Statt sie zu unterhalten, hat man ihren Verfall begünstigt; die Bäume wurden gefällt, die Steinplatten fortgeschleppt und der Erdboden den benachbarten Feldern angeschlossen. Nur die Kanäle haben unter diesem Plünderungssystem weniger zu leiden gehabt.

entfernt sind, hat Se. Majestät auch Gebäude von derselben Art errichten lassen, die mit allen nötigen Dingen versehen sind und den üblichen Bestand von Pferden haben. Er weist Leute an, die dort wohnen müssen, um das Land zu bebauen und zum Dienste der Post bereit zu sein, so daß auf diese Weise große Dörfer entstehen. Infolge dieser Anordnungen kommen und gehen Gesandte an den Hof und die kaiserlichen Boten durch jede Provinz und jedes Königreich mit der größten Bequemlichkeit und Leichtigkeit, und hierin zeigt sich die Größe und Macht des Großkhans vor jedem andern Kaiser und Könige und vor allen Menschen. In seinem Reiche stehen nicht weniger als zweihunderttausend Pferde für die Postverwaltung bereit und zehntausend Gebäude sind mit allen nötigen Einrichtungen versehen. Es ist das wahrhaftig eine so wunderbare und in ihren Wirkungen so erfolgreiche Einrichtung, wie man sie sich nur denken kann. Wenn man fragt, wie es möglich ist, daß die Bevölkerung des Landes die genügende Menge Menschen für diesen Dienst stellen, und auf welche Weise sie ernährt werden kann, so können wir erwidern, daß alle Götzendiener, sowie auch die Sarazenen, nach ihren Verhältnissen sechs, acht oder zehn Weiber haben, von denen sie eine große Zahl von Kindern erhalten, einige von ihnen wohl dreißig Söhne, die alle ihren Vätern mit Waffen folgen können, während bei uns ein Mann nur ein Weib hat, und wenn dieses unfruchtbar sein sollte, mit ihm doch sein Leben zubringen muß und auf diese Weise des Glückes beraubt ist, eine Familie aufzuziehen. Daher kommt es, daß unsere Bevölkerung soviel geringer ist als die ihrige. Was die Nahrung anlangt, so leidet das Volk keinen Mangel, besonders da die Tataren, Katajer und die Einwohner der Provinz Manji großenteils von Reis, Buchweizen und Hirse leben, welche drei Arten Korn in ihrem Boden hundert Maß auf eins geben. Der Weizen mehrt sich freilich nicht in dieser Weise, und da das Brot bei ihnen nicht im Gebrauch ist, so wird er nur zu Nudeln und Pasteten bereitet. Jene drei Kornarten kochen sie in Milch oder mit Fleisch auf. Es gibt dort kein Stück urbares Land, welches sie nicht bebauen, und ihr Vieh von allen Gattungen vermehrt sich außerordentlich, so daß es, wenn sie zu Felde ziehen, kaum einen Mann gibt, der nicht sechs, acht oder mehr Pferde bloß für seinen Gebrauch mit sich führt. Dies alles zeigt, wo die Ursachen für eine so große Bevölkerungszunahme liegen, und welche Verhältnisse sie instand setzen, so reichlich für ihren Unterhalt zu sorgen.

Auf der Strecke zwischen den obengenannten Posthäusern sind alle drei Meilen kleine Dörfer angelegt, deren jedes im Durchschnitt etwa vierzig Hütten enthält. In diesen wohnen die Eilboten, die ebenfalls im Dienste Sr. Majestät angestellt sind. Sie tragen Gürtel um ihren Leib, an welchen mehrere kleine Schellen hängen, damit ihr Kommen schon in der Ferne gehört werden kann, und da sie nur drei Meilen laufen, das heißt von einer dieser Stationen bis zur nächsten, so dient das Schellengeklingel dazu, Nachricht von ihrer Ankunft zu geben, und alsbald macht sich ein neuer Kurier fertig, so daß er augenblicklich nach dem Eintreffen des ersten mit dem Paket forteilen kann. Auf diese Weise wird letzteres so schnell von Station zu Station gebracht, daß Se. Majestät in zwei Tagen und zwei Nächten Nachricht aus großer Entfernung erhält, die für gewöhnlich in nicht weniger als zwölf Tagen zurückgelegt wird, und oft geschieht es, daß in der Erntezeit eine neue Frucht, die am Morgen in Kambalu gepflückt wurde, am Abend des folgenden Tages dem Großkhan in Ciandu überbracht wird, obgleich die Entfernung allgemein als zehn Tage weit angegeben wird. Auf jeder dieser Dreimeilenstationen befindet sich ein Schreiber, dessen Amt es ist, den Tag und die Stunde, an welchem der eine Kurier ankommt und der andere abgeht, zu bemerken, was auch in allen Posthäusern geschieht. Außerdem sind Beamte angestellt, welche allmonatlich an jede Station kommen, ihre Verwaltung untersuchen und die Kuriere strafen, die ihre Pflichten vernachlässigt haben. Alle diese Kuriere sind nicht allein frei von Steuern, sondern erhalten auch von Sr. Majestät eine gute Löhnung. Für die Pferde, die in diesem Dienste verwendet werden, ist auch kein Aufwand nötig, da die Städte und Dörfer in der Nachbarschaft angewiesen sind, ihnen alles zu liefern und sie zu unterhalten. Auf Sr. Majestät Befehl müssen die Amtleute der Hauptstädte von wohlunterrichteten Personen untersuchen lassen, welche Zahl von Pferden jeder Bewohner versorgen kann. Dasselbe geschieht in den kleineren Städten und in den Dörfern, und nach ihren Mitteln werden sie in Anspruch genommen, so daß alle zu beiden Seiten der Stationen den gebührenden Teil beitragen müssen. Der Beitrag, der zur Unterhaltung der Pferde erforderlich ist, wird später jeder Stadt von den Abgaben, die sie dem Großkhan zu zahlen hat, abgezogen, in Übereinstimmung mit den Leistungen der Einwohner.

Man muß jedoch wissen, daß von den vierhundert Pferden nicht alle beständig im Dienste an der Station sind, sondern nur zweihundert, die daselbst einen Monat lang gehalten werden, während welcher Zeit die andere Hälfte auf der Weide ist, und mit Anfang des neuen Monats kommen letztere in den Dienst, während die anderen sich erholen; so lösen sie einander ab. Wo nun aber ein Fluß oder ein See ist, den die Eilboten oder die Postreiter passieren müssen, da sind die benachbarten Städte angewiesen, drei oder vier Kähne zu dem Zwecke in steter Bereitschaft zu halten, und wo in einer Wüste von mehreren Tagereisen keine Wohnung vorhanden ist, da sind die Städte an ihrem Saume genötigt, den Gesandten und anderen Personen, die an den Hof reisen und von dort kommen, Pferde zu liefern, damit sie die Wüste durchziehen können; auch müssen sie ihnen Proviant zukommen lassen. Doch erhalten die Städte, die so in Anspruch genommen werden, von dem Großkhan eine Entschädigung. Wo die Poststationen entfernt von der großen Straße liegen, da wird eine Anzahl von Pferden von Sr. Majestät gehalten und nur ein Teil von den Städten und Dörfern der Landschaft geliefert.

Wenn es nötig ist, daß die Boten mit außerordentlichen Depeschen abgehen, z. B. wenn sie Nachricht von Aufständen in irgend einem Teile des Landes, von der Rebellion eines Fürsten oder von anderen wichtigen Vorgängen bringen sollen, so reiten sie zweihundert oder zuweilen zweihundertundfünfzig Meilen an einem Tage. Bei solchen Gelegenheiten tragen sie die Tafel des Geierfalken als Zeichen, daß sie in dringenden Geschäften reisen und mit größter Schnelligkeit befördert werden müssen. Wenn zwei Boten zusammen von demselben Orte auf guten flüchtigen Rossen abreisen, so beseelt sie der Geist des Wetteifers; sie gürten ihren Leib fest, binden ein Tuch um ihren Kopf und treiben ihre Pferde zu größter Eile an. Sobald sie sich dem Posthause nähern, stoßen sie in ein lautschallendes Horn, damit die Pferde in Bereitschaft sind, wenn sie ankommen. Letztere finden sie frisch und wohlgerüstet zum Ritt; sie springen auf, und indem sie diese so auf jeder Station wechseln, legen sie, ehe der Tag abgelaufen ist, zweihundertundfünfzig Meilen zurück. Im Falle, daß die Sache von höchst dringender Wichtigkeit ist, setzen sie ihren Ritt die Nacht hindurch fort, und wenn gerade der Mond nicht scheinen sollte, werden sie zu der nächsten Station von Leuten zu Fuß geleitet, die vor ihnen her mit Fackeln laufen, wobei sie natürlich nicht mit derselben Eile fortkommen als am Tage, da die Läufer nicht so schnell den Weg zurücklegen. Boten, die einen solchen außerordentlichen Grad von Beschwerden ertragen können, stehen in hohem Ansehen.

21. Kapitel.

Von der Hilfe, die der Großkhan allen Provinzen seines Reiches in Zeiten der Teuerung und des Sterbens angedeihen läßt.

Der Großkhan sendet jedes Jahr Abgeordnete aus, um zu sehen, ob irgendwelche von seinen Untertanen in ihren Kornernten von ungünstigem Wetter, Sturm oder heftigem Regen oder von Heuschrecken, Würmern oder anderen Plagen gelitten haben, und in solchen Fällen steht er nicht allein von der Eintreibung der gewöhnlichen Schatzung ab, sondern versorgt sie aus seinen Kornböden mit so viel Getreide, wie für ihren Unterhalt und für die nächste Aussaat nötig ist. Zu diesem Zwecke läßt er in Zeiten guter Ernten große Mengen geeigneter Kornarten aufkaufen, die in Kornhäusern, welche zu dem Zwecke in den verschiedenen Provinzen eingerichtet sind, aufgehäuft und mit großer Sorgfalt gepflegt werden, so daß das Korn ohne Schaden drei oder vier Jahre lang liegen kann. Es besteht die Verordnung, daß diese Kornhäuser immer voll sind, damit man zur Zeit des Mangels damit versehen ist, und wenn er in solchen Zeiten das Korn gegen Geld hingibt, so verlangt er für vier Maß nicht mehr, als der Käufer für ein Maß auf dem Markte zu zahlen hätte. In ähnlicher Weise vergütet er, wenn ein Viehsterben in irgend einer Landschaft eingetreten ist, den Notleidenden ihren Verlust aus den Viehherden, welche ihm gehören und die er als seinen Zehntenertrag in anderen Provinzen erhalten hat. Alle seine Gedanken sind, man kann es glauben, auf den wichtigen Gegenstand gerichtet, dem Volke, welches er beherrscht, beizustehen, damit es von seiner Arbeit leben und sein Vermögen vergrößern könne. Wir können nicht umhin, eine Eigentümlichkeit Sr. Majestät zu erwähnen. Wenn durch das Einschlagen des Blitzes in eine Viehherde, Rindvieh, Schafe oder andere Haustiere, Schaden angerichtet worden ist, mögen diese nun das Eigentum einer oder mehrerer Personen und mag die Herde auch noch so groß sein, so verlangt er drei Jahre lang keinen Zehnten, bevor das Vieh sich wieder vermehrt, auch fordert er, wenn ein Schiff, mit Waren beladen, vom Blitze getroffen worden ist, keinen Zoll und keinen Anteil von der Ladung; denn er betrachtet diesen Unglücksfall als ein böses Omen. Gott, sagt er, hat selbst sein Mißfallen an des Eigentümers Gütern gezeigt, und er wolle nicht, daß die Dinge, welche das Zeichen des göttlichen Zornes trügen, Eingang fänden in seinen Schatz.

22. Kapitel.

Von den Bäumen, welche der Großkhan an beiden Seiten der Landstraßen pflanzen läßt.

Noch eine andere Anordnung hat der Großkhan getroffen, die zugleich schön und nützlich ist. Er läßt zu beiden Seiten der Landstraßen Bäume pflanzen und zwar von einer solchen Art, die groß und dick wird; sie stehen nur zwei Schritte voneinander entfernt und geben im Sommer Schatten, im Winter aber, wenn das Land verschneit ist, zeigen sie den Weg und bieten dem Reisenden so Beistand und Bequemlichkeit. Das geschieht an allen Landstraßen, wo es die Beschaffenheit des Bodens zuläßt; aber wenn die Wege durch Sandwüsten oder über felsige Gebirge gehen, wo man keine Bäume pflanzen kann, da läßt er Steine setzen und Säulen errichten als Merk- und Wegzeichen.[1]) Auch stellt er Beamte von Rang an, deren Pflicht es ist, darauf zu sehen, daß das alles in geeigneter Weise hergestellt wird und die Wege beständig in Ordnung sind. Außer den für diese Anpflanzungen angegebenen Gründen gibt es noch einen, der den Großkhan dazu veranlaßt hat; seine Wahrsager und Sterndeuter haben nämlich erklärt, daß die, welche Bäume pflanzen, mit langem Leben belohnt werden.

23. Kapitel.

Was man für einen Trank statt des Weines in der Landschaft Kataia hat, und von den Steinen, die wie Kohlen brennen.

Der größere Teil der Einwohner der Provinz Kataia trinkt eine Art Wein, welcher aus Reis mit verschiedenen Gewürzen und Spezereien zubereitet wird. Dieses Getränk oder dieser Wein, wie es genannt werden mag, ist so gut und blumig, daß sie kein besseres wünschen. Er

[1]) Steinerne Wegzeichen sind noch jetzt an zahlreichen Orten im Gebiete der Mongolen und Tibetaner zu sehen. Sven Hedin, der ihnen auf seinen Reisen häufig begegnete, berichtet über einen solchen „Obo“ im Lande der Tsaidammongolen folgendes: „Auf dem linken Ufer erschien etwas talabwärts ein schwarzer Gegenstand, den wir für einen liegenden Yak hielten. Doch als wir näher gekommen waren, erklärten die Leute, daß es ein Nischan, ein Zeichen oder Wegweiser, sei. Wir steuerten dorthin. Groß war unser Erstaunen, hier mitten in der Wildnis einen außerordentlich originellen, hübschen tibetanischen Obo zu finden, der wahrscheinlich errichtet war, um die Götter des Gebirges milde zu stimmen. Er bestand aus gegeneinandergestellten großen, dicht mit Inschriften versehenen Schieferplatten.“ (Durch Asiens Wüsten, II. 319.) Sven Hedin fügt hinzu, 47 Tafeln des Wegweisers seien mit sieben regelmäßig wiederkehrenden Zeichen bedeckt gewesen, die offenbar nichts anderes sein konnten als die bekannte tibetanische Gebetformel „Om mani padme hum!“ (O, das Kleinod im Lotos, Amen.)

ist klar, glänzend und angenehm im Geschmack und berauscht, wenn er erhitzt wird, leichter als irgend ein anderes Getränk.[1])

Durch das ganze Land Kataia findet man einen schwarzen Stein, den man aus den Bergen gräbt, wo er in Adern läuft. Wenn er angezündet wird, brennt er wie Kohle und hält das Feuer weit besser als das Holz, so daß es die ganze Nacht hindurch erhalten werden kann und am Morgen noch brennend gefunden wird. Diese Steine haben keine Flamme, außer daß sie ein wenig auflodern, wenn

---

[1]) In Ermangelung des Traubenweins fabrizieren die Chinesen geistige Getränke aus Getreidearten und verbrauchen sie in großen Mengen. Am verbreitetsten ist das Getränk, welches man durch Gärung des Reises erhält. Ebenso wie bei unseren Weinarten ist die Güte des Reisweins sehr verschieden; der gewöhnliche schmeckt nicht sehr angenehm und ist, obgleich er wenig Alkohol enthält, doch sehr berauschend. Die Chinesen kennen seine Bereitung schon seit mehreren Jahrtausenden.

Um den Reis zum Gären zu bringen, bedient man sich eines Stoffes, den man „Weinmutter" nennt und der aus gutem Weizenmehl mit Kleie besteht. Man verdünnt es mit warmem Wasser und knetet es zu einer Masse, die fester ist als Brotteig. Darauf bringt man es in hölzerne Formen, welche die Gestalt von Backsteinen haben. Die so erhaltenen Stücke von vier bis fünf Pfund legt man auf Bretter in einem hermetisch gegen die äußere Luft verschlossenen Zimmer. Die Fabrikanten erkennen die vollständige Gärung an der rötlichen Farbe, welche die Masse ganz durchdringt. Wenn die Stücke an der frischen Luft getrocknet sind, kommen sie in den Handel.

Die Zubereitung des Gärungsstoffes verlangt viel Sorgfalt und große Übung; denn von seiner Beschaffenheit hängt die Güte des Reisweins ab. Im Norden Chinas nimmt man nicht Reis sondern Hirse. Da die Weinmutter nur aus gegorenem und getrocknetem Getreidemehl besteht, so kann man auch Roggen, Gerste und Hafer dazu verwenden. Manchmal mischt man darunter auch Erbsen- und Bohnenmehl, sowie wohlriechende Kräuter, Mandeln, Baumblätter, Baumrinde usw. Jeder Ort hat seine besonderen Rezepte. (Vergl. Huc, Das chinesische Reich, II. 205.)

sie angezündet werden, aber während ihres Brandes strömen sie viel Hitze aus. Allerdings ist kein Mangel an Holz in dem Lande, aber die Menge der Einwohner ist so ungeheuer, und die Öfen und Bäder, die sie beständig heizen, sind so zahlreich, daß die vorhandene Menge für das Bedürfnis nicht hinreichen würde; denn man pflegt dort wenigstens dreimal die Woche und im Winter womöglich an jedem Tage das Bad zu besuchen. Jeder Mann von Rang und Vermögen hat eins zu seinem eigenen Gebrauche in seinem Hause, und all das vorhandene Holz würde bald für solchen Verbrauch unzureichend erscheinen, während diese Steine in größtem Überflusse vorhanden und sehr wohlfeil zu erhalten sind.[2])

24. Kapitel.

Von der großen und bewunderungswürdigen Wohltätigkeit des Kaisers gegen die Armen von Kambalu und andere Personen, die um Hilfe flehend an seinen Hof kommen.

Es ist schon erzählt worden, daß Se. Majestät große Massen Korn an seine Untertanen (in den Provinzen) verteilen läßt. Wir werden nun von des Kaisers großer Mild-

---

[2]) Steinkohle scheint in jeder der achtzehn Provinzen des chinesischen Reiches vorzukommen, und man kann im Hinblick auf diese Mineralschätze behaupten, daß auf der ganzen Erde China eines der von der Natur am meisten begünstigten Länder ist. Nahe der Hauptstadt wird sie bei Yuen-ming-yuen gegraben, ferner an zahlreichen Stellen in der Richtung der Kalganstraße und in der Umgebung von Hsüen-hwa-fu. Wichtiger werden in Zukunft aber wohl die Kohlenfelder der Provinzen Schan-tung, Hunan, Ho-nan und Schan-si werden, von denen besonders die letztere, wie Freiherr von Richthofen nachgewiesen hat, einen ganz außerordentlichen Reichtum an diesem Mineral aufweist. (Vergl. Yule, a. a. O. I. 442.) Bei Pauthier findet sich die Angabe, daß in China der Gebrauch der Steinkohle schon vor Beginn unserer Zeitrechnung

herzigkeit und Fürsorge gegen die Armen in der Stadt Kambalu reden. Sobald er erfährt, daß irgend eine achtbare Familie, die in guten Vermögensverhältnissen gelebt hat, durch Unglücksfälle arm geworden ist, oder daß sie infolge von Krankheit und Alter nicht mehr für ihren Unterhalt arbeiten und kein Korn zum Leben mehr erschwingen kann, so gibt er einer solchen Familie soviel, wie zu ihrem Jahresaufwande gehört, und zur festgesetzten Zeit erscheinen sie vor den Beamten, welche die Verwaltung der Ausgaben Sr. Majestät unter sich haben und in einem Palaste wohnen, worin sie ihrem Amte vorstehen; diesen übergeben sie ein schriftliches Verzeichnis der Menge Korn, die sie im vergangenen Jahre erhalten haben, worauf sie auch Korn für das gegenwärtige erhalten. In gleicher Weise sorgt er auch für ihre Kleidung, wozu er die Mittel aus seinen Zehnten von Wolle, Seide und Hanf nimmt. Diese Stoffe läßt er zu verschiedenen Arten von Zeugen weben in einem Hause, das zu dem Zwecke eingerichtet worden ist, wo jeder Handwerker einen Tag der Woche im Dienste Sr. Majestät arbeiten muß. Aus diesen Stoffen werden Kleider gemacht, und diese gibt er den armen Familien, denen es an Winter- und Sommerkleidung fehlt. Auch die Bekleidung für seine Armee läßt er verfertigen und in jeder Stadt eine gewisse Menge wollenes Tuch weben, welches von dem Betrage des Zehnten, den er an dem Platze erhebt, bezahlt wird.

Man muß wissen, daß die Tataren, als sie ihren ursprünglichen Gewohnheiten folgten und noch nicht die Religion der Götzenanbeter angenommen hatten, nichts

---

bekannt war. Man liest nämlich in der offiziellen Geschichte der ersten Kaiser aus der Handynastie, die von dem Historiker Panku im ersten Jahrhundert n. Chr. verfaßt worden ist: „Das Fürstentum Yü-tschang bringt Steine hervor, welche brennen und Feuer wie Holz geben.“

vom Almosengeben wußten; wenn ein bedürftiger Mann sich an sie wandte, trieben sie ihn mit Schmähworten von sich und sagten: „Geh mit deinen Klageliedern von böser Zeit, die Gott dir gesandt hat; hätte er dich geliebt, wie es scheint, daß er mich liebt, so würdest du so glücklich sein wie ich." Aber seit die weisen Männer unter den Götzenanbetern und besonders die Baksis, von denen schon die Rede war, Sr. Majestät vorgestellt haben, daß Mildtätigkeit gegen Arme ein gutes Werk ist und sehr gnädig von ihren Gottheiten aufgenommen wird, hilft er der Not der Armen so, wie wir es angegeben haben, und keinem wird Speise verweigert, der kommt und darum bittet. Kein Tag vergeht, an welchem nicht durch die bestimmten Beamten zwanzigtausend Schüsseln Reis, Hirse und Buchweizen verteilt werden, und wegen dieser bewunderungswürdigen und staunenswerten Freigebigkeit, die er gegen die Armen übt, betet ihn das Volk wie eine Gottheit an.

25. Kapitel.

Von den Astrologen der Stadt Kambalu.

Es gibt in der Stadt Kambalu unter den Christen, Sarazenen und Katajern gegen fünftausend Astrologen und Schicksalsdeuter, für deren Nahrung und Kleidung der Großkhan in derselben Weise sorgt, wie er es für die vorerwähnten Familien tut, und die in beständiger Übung ihrer Kunst sind. Sie haben ihre Astrolabien, auf denen die Planetenzeichen, die Stunden, in welchen diese den Meridian passieren, und ihre verschiedenen Aspekten für das ganze Jahr verzeichnet sind. Die Astrologen oder Kalendermacher jeder besonderen Sekte nehmen jährlich die Prüfung ihrer verschiedenen Tafeln vor, um damit den Lauf der himmlischen Körper und ihre Stellung für jeden Mondwechsel zu bestimmen. Sie entdecken damit aus den Pfaden und Konfigurationen der Planeten in den verschiedenen Zeichen, welchen Verlauf das Wetter haben werde, und sagen die besonderen Erscheinungen eines jeden Monats voraus: daß in diesem Monat zum Beispiel Gewitter und Sturm sein werde, in jenem Erdbeben, in einem anderen Donnerschlag und heftiger Regen, wieder in einem anderen Seuchen, Sterben, Krieg, Zwietracht, Verschwörungen. Wie sie es in ihren Astrolabien finden, so erklären sie, werde es sich ereignen, wobei sie jedoch hinzufügen, daß Gott nach seinem Willen mehr oder weniger senden werde, als sie bestimmt haben. Sie schreiben ihre Prophezeiung für das Jahr auf gewisse kleine Vierecke, welche Takuini[1]) genannt werden, und diese ver-

---

[1]) Das Wort Taccuino oder Takwim ist arabischen Ursprungs und bezeichnet einen Kalender, der ursprünglich die Längen und Breiten der Planeten, ihre Konjunktionen und Oppositionen usw. enthielt.

Es gibt zweierlei Arten von Kalendern, welche für den Gebrauch des Volkes auf Veranlassung der chinesischen Regierung herausgegeben werden. Der erste, Wan-nien-schu oder der zehntausendjährige Kalender, umfaßt 397 Jahre, nämlich von 1624 bis 2020. Der zweite, der eine größere Vollständigkeit besitzt, ist der jährliche Kalender; er führt den Namen Schih-hsien-schu, Buch der beständigen Übereinstimmung mit dem Himmel. Er enthält die zyklischen Zeichen des laufenden Jahres, der Monate und aller Tage; die langen und die kurzen Monate, ebenso den Schaltmonat; die Bezeichnung eines jeden Tages durch die fünf Elemente, die achtundzwanzig Konstellationen und die zwölf glücklichen Vorbedeutungen; den Tag und die Stunde des Neu- und Vollmondes, sowie der beiden Viertel, Schang-hsien und Hsia-hsien; Tag und Stunde für die Stellung der Sonne in den vierundzwanzig Zeichen des Tierkreises, berechnet für die wichtigsten Städte Chinas, der Mandschurei, Mongolei und der tributpflichtigen Königreiche; die Stunde des Sonnenaufgangs und Untergangs, die Länge von Tag und Nacht für die wichtigsten Tage des Monats in einer Reihe von Städten; endlich eine Anzahl astrologischer Bemerkungen des

kaufen sie das Stück zu einem Groschen allen Leuten, die begierig sind, einen Blick in die Zukunft zu tun. Diejenigen, deren Weissagungen am richtigsten befunden werden, gelten als die vollkommensten Meister ihrer Kunst und werden demzufolge am meisten geehrt. Wenn jemand die Absicht hat, ein großes Werk auszuführen, sich auf eine weite Handelsreise zu begeben oder irgend ein anderes Unternehmen zu beginnen, und dabei zu erfahren wünscht, welchen Erfolg er haben wird, so wendet er sich an einen dieser Astrologen, legt ihm vor, was für einen Plan er gefaßt hat, und fragt ihn, wie der Himmel in dieser Zeit gestimmt erscheine. Dieser sagt ihm hierauf, daß er, bevor er antworten könne, erfahren müsse, in welchem Jahr, in welchem Monat und in welcher Stunde jener geboren sei, und nachdem er diese Einzelheiten kennen gelernt hat, sucht er nun zu bestimmen, in welcher Beziehung das aufsteigende Gestirn bei seiner Geburt zu den Aspekten der himmlischen Körper zu der Zeit steht, für welche er sich erkundigt. Auf diese Vergleichung begründet er seine Vorhersage des günstigen oder ungünstigen Erfolges.

Man muß wissen, daß die Tataren ihre Zeit nach einem Zyklus von zwölf Jahren berechnen;[2]) dem ersten Jahre

---

Inhalts, welche Tage und Stunden an den verschiedenen Plätzen zur Erledigung dieses oder jenes Geschäfts geeignet sind. (Yule, a. a. O. I. 449.)

[2]) Die vollständige Reihe der Jahre des zwölfjährigen Zyklus ist folgende: Maus, Ochse, Tiger, Hase, Drache, Schlange, Pferd, Widder, Affe, Hahn, Hund, Schwein. Da jedoch diese Periode verhältnismäßig kurz ist und infolgedessen bei der Bezeichnung der Jahre leicht eine Verwechselung vorkommen kann, so wird sie mit einer anderen kombiniert, die eine zehnjährige Dauer besitzt. Auf diese Weise entsteht ein sechzigjähriger Zyklus, dessen Elemente also zwei verschiedene Namen führen. Die Bezeichnungen für die Jahre des zehnjährigen Zyklus sind nicht immer dieselben; häufig verwendet man die Namen der fünf Elemente: Holz, Feuer, Erde, Metall, Wasser, denen man die Benennung „männlich" und

geben sie den Namen des Löwen, dem zweiten den des Ochsen, dem dritten den des Drachen, dem vierten den des Hundes und so den übrigen, bis diese zwölf Jahre abgelaufen sind. Wenn daher jemand gefragt wird, in welchem Jahre er geboren ist, so antwortet er: im Jahre des Löwen, an dem und dem Tage, die und die Stunde und Minute, was alles sorgfältig von seinen Eltern in ein Buch verzeichnet wurde. Nach Vollendung der zwölf Jahre des Zyklus kehren sie zu dem ersten zurück und wiederholen beständig dieselbe Reihenfolge.

26. Kapitel.

Von der Religion der Katajer; von dem Glauben, den sie von der Seele haben, und von einigen ihrer Gebräuche.

Es ist schon bemerkt worden, daß diese Völker Götzendiener sind. Sie haben für die Gottheiten eine Tafel an einem hohen Orte der Wand ihres Zimmers aufgehängt, auf welcher ein Name geschrieben steht, der den hohen, himmlischen und erhabenen Gott[1]) darstellt,

---

„weiblich" hinzufügt. Die ersten Jahre des letzten sechzigjährigen Zyklus, der 1864 begann, erhalten demnach folgende Namen:

1864 = (Männlich) Holz-Maus-Jahr,
1865 = (Weiblich) Holz-Ochse-Jahr,
1866 = (Männlich) Feuer-Tiger-Jahr,
1867 = (Weiblich) Feuer-Hase-Jahr,
1868 = (Männlich) Erde-Drache-Jahr,
1869 = (Weiblich) Erde-Schlange-Jahr,
1870 = (Männlich) Metall-Pferd-Jahr,
1871 = (Weiblich) Metall-Widder-Jahr,
1872 = (Männlich) Wasser-Affe-Jahr,
1873 = (Weiblich) Wasser-Hahn-Jahr,
— — — — — — — — — — — — —
1923 = (Weiblich) Wasser-Schwein-Jahr.

(Vergl. Yule, a. a. O. I. 454.)

[1]) Wie es scheint, beziehen sich die Angaben Marco Polos weniger auf die ursprüngliche Religion der Tataren als vielmehr auf

und diesem weihen sie ihre tägliche Anbetung und zünden ihm Weihrauch an; mit erhobenen Händen, das Gesicht dreimal auf den Boden schlagend, flehen sie ihn um Einsicht und Gesundheit des Leibes an, und weiter bitten sie nichts. Unter ihm auf dem Boden haben sie ein Götzenbild, welches sie Natigai nennen, den sie als den Gott der irdischen Dinge und den Beherrscher alles dessen, was auf der Erde erzeugt wird, betrachten. Sie geben ihm Weib und Kinder und verehren ihn in ähnlicher Weise, indem sie Weihrauch verbrennen, ihre Hände erheben und sich auf den Boden werfen. Diesen bitten sie um günstige Witterung, reiche Ernte, Familienzuwachs und so weiter. Sie glauben, die Seele sei unsterblich, nämlich so, daß sie unmittelbar nach dem Tode des Mannes in einen anderen Leib wandere, und daß demnach, wenn er tugendhaft oder schlecht während seines Lebens gewesen ist, sein zukünftiger Zustand in dem Maße besser oder schlechter sein werde. Wenn er ein armer Mann gewesen ist und sich edel und bescheiden aufgeführt hat, so wird er in erster Folge von einer Edelfrau wieder geboren und er selbst ein Edelmann werden, nächst diesem von einer hochgeborenen adeligen Dame und er ein Adeliger von hohem Range werden, und so beständig auf der Leiter des Daseins aufsteigend, vereinigt er sich endlich mit der Gottheit. Aber wenn er im Gegenteil der Sohn eines Edelmanns gewesen ist und sich unwürdig aufgeführt hat, so wird er in seinem nächsten Zustande der Sohn eines Bauern werden und

die der Chinesen. Über den Gott Natigay ist schon an früherer Stelle das Nötige gesagt worden. Was den hohen, himmlischen und erhabenen Gott betrifft, so liegt es nahe, an den chinesischen Gott des Himmels zu denken, dem noch heute dreimal im Jahre, zur Zeit der Sommer- und Wintersolstitien und zu Beginn des Frühlings, der Kaiser von China zu opfern pflegt. Der Glaube an die Seelenwanderung ist bekanntlich ein Element der buddhistischen Lehre.

zuletzt ein Hund, in beständigem Absteigen zu einer Stufe des Daseins, die immer niedriger ist als die vorhergehende.

Im Umgange sind sie zierlich und höflich;[2]) sie grüßen einander mit großer Artigkeit und mit Ausdrücken des höchsten Vergnügens; dabei zeigen sie eine gute Erziehung und viel Anstand und verzehren ihre Speisen mit großer Sauberkeit. Gegen ihre Eltern zeigen sie die größte Verehrung;[3]) sollte es sich aber ereignen, daß ein Kind un-

---

[2]) Auf Höflichkeit und gute Umgangsformen wird in China seit den ältesten Zeiten großer Wert gelegt. Die alten Klassiker lehren, daß es 300 Regeln für die Zeremonien und 3000 für den Anstand gebe. Man sollte meinen, einen solchen Ballast könnte eine menschliche Rasse auf die Dauer gar nicht ertragen, und trotzdem sieht man, daß den Chinesen ihre Zeremonien ganz in Fleisch und Blut übergegangen sind. Sie haben mit derselben übertriebenen Genauigkeit, mit der bei uns das Hofzeremoniell und der Verkehr zwischen Diplomaten geordnet ist, ihre alltäglichen Umgangsformen geregelt.

Uns Westländern fällt das Verständnis chinesischer Höflichkeit deshalb so schwer, weil wir uns unter Höflichkeit doch eigentlich „wahre Güte, in gehöriger Form zum Ausdruck gebracht", vorstellen. In China dagegen hat die Höflichkeit durchaus nicht diesen Sinn. Sie ist lediglich eine ganz maschinenmäßige Gewohnheit, die wie alles Mechanische nichts von Herz oder Verstand zeigt, sondern sich darauf beschränkt, als ein nötiger Teil des Ganzen zu funktionieren. Der Gebrauch der unzähligen Ehrentitel, der uns lächerlich erscheint, wird nur beibehalten, damit durch sie der Rangunterschied auch gehörig zum Ausdruck gebracht werde. (A. H. Smith, Chinesische Charakterzüge, Würzburg, 1900.)

[3]) Der Begriff „Kindesliebe" hat bei den Chinesen nicht ganz dieselbe Bedeutung wie bei uns. In den chinesischen Klassikern liest man darüber folgendes: Es gibt 3000 Missetaten, welche mit einer der fünf Arten von Strafen geahndet werden; aber keine wird so schwer gesühnt wie Ungehorsam gegen die Eltern. Eines von den vielen landläufigen Sprichwörtern heißt: Von den hundert Tugenden ist gutes Benehmen der Kinder die hauptsächlichste. Außerdem lehrt man in China, daß alle Fehler auf Außerachtlassung der Kindesliebe zurückzuführen sind. Derjenige, welcher sich an frem-

ehrerbietig gegen seine Eltern handelt oder ihnen in ihrer Not nicht beisteht, so ist ein öffentlicher Gerichtshof da, dessen besondere Pflicht es ist, das Verbrechen kindlicher Undankbarkeit, sobald es ihm zu Ohren kommt, mit Strenge zu bestrafen. Übeltäter, die sich verschiedene Vergehen haben zuschulden kommen lassen und ergriffen werden, wirft man ins Gefängnis, gibt sie aber frei, sobald die vom Großkhan bestimmte Zeit kommt, wenn nämlich alle drei Jahre die zu Gefängnis Verurteilten wieder losgelassen werden; doch wird ihnen ein Brandmal auf die Wangen gedrückt, damit sie immerdar erkannt werden.

Der gegenwärtige Großkhan hat alle Glücksspiele und andere Arten von Betrügereien, denen die Leute dieses Landes mehr als alle anderen in der Welt zugetan sind, streng verboten,[4]) und um sie davon abzuschrecken, sagt er:

---

dem Eigentum vergreift, läßt sich in seinem Benehmen als Kind etwas zuschulden kommen; jedem Beamten, der seine Pflicht vernachlässigt, wird Mangel an Kindesliebe vorgeworfen. Wer seinen Freunden untreu wird und in der Schlacht nicht den nötigen Mut zeigt, vernachlässigt seine Kindespflicht. Man sieht also, daß in China die Lehre von der Kindespflicht das ganze moralische Leben erfüllt. (A. H. Smith, Chinesische Charakterzüge.)

[4]) Die Spielleidenschaft hat in China alle Stände und Alter befallen; Männer, Kinder, alles spielt. Aber die Angehörigen der niederen Klassen zeigen darin die größte Hartnäckigkeit. Auf den Straßen großer Städte trifft man häufig tragbare Spielbuden. Zwei Würfel in einer Tasse auf einem Schemel sind für einen Mann, der an seine Arbeit geht, eine fast unwiderstehliche Versuchung. Hat er sich einmal verleiten lassen, vor einer solchen Bude stehen zu bleiben, so ist er schwer davon wegzubringen. Er verliert oft in einigen Stunden die ganze mühsame Ersparnis seiner Arbeit. Kinder finden sich immer in großer Zahl und sehr eifrig an den Spieltischen ein.

Die unglückliche Leidenschaft gewinnt häufig eine solche Macht über den Chinesen, daß er zu allen Mitteln greift, um sie zu befriedigen. Wenn er sein Geld verloren hat, verspielt er Haus, Feld und endlich die Frau, deren Geschick von einem einzigen

„Ich habe euch durch die Gewalt meines Schwertes unterworfen, und folglich gehört mir alles, was ihr besitzt; wenn ihr also spielt, so spielt ihr um mein Eigentum.“ Doch nimmt er deshalb nichts in Willkür. — Die Aufmerksamkeit und Ordnung, welche vom Volke und von den Freiherren beobachtet werden, wenn sie sich Sr. Majestät vorstellen, dürfen wir nicht unbeachtet übergehen. Wenn sie sich aus einer Entfernung von einer halben Meile dem Platze nahen, wo er sich gerade aufhält, so zeigen sie ihre Ehrfurcht vor Sr. Hoheit, indem sie eine demütige, sanfte und ruhige Haltung annehmen, so daß man auch nicht das geringste Geräusch, z. B. einen Schrei oder ein lautes Sprechen hört. Jeder Vornehme führt ein kleines Gefäß bei sich, in welches er spuckt, solange er sich in der Audienzhalle aufhält; denn niemand wagt es, auf den Fußboden zu spucken, und hat er in jenes Gefäß gespuckt, so legt er den Deckel wieder darauf und macht eine Verbeugung. Auch haben sie sehr schöne Stiefel von weißem Leder bei sich, und wenn sie an den Hof kommen, ziehen sie, bevor sie die Halle betreten, wo sie auf die Befehle Sr. Majestät warten, diese weißen Stiefel an und übergeben die, in welchen sie gegangen sind, den Dienern zur Verwahrung. Das geschieht, damit sie die schönen, gar köstlich mit Seide und Gold und in gar mannigfachen Farben gearbeiteten Teppiche nicht beschmutzen.

27. Kapitel.

Von dem Fluße Pulisangan und von der Brücke, die darüber führt.

Bis hierher haben wir in diesem anderen Buche die Lage, Größe und den Handel der Stadt Kambalu be-

Wurfe abhängt. Der chinesische Spieler begnügt sich aber damit noch nicht. Auch um die Kleider, die er auf dem Leibe trägt, spielt er noch, wenn er alles andere verloren hat. (Huc, Das chinesische Reich, II. 202.)

schrieben; dabei haben wir kurz die Gewalt und Pracht und den Reichtum des großen Khans geschildert. Nun erfordert auch die Ordnung, daß wir ebenfalls die anstoßenden Landschaften besichtigen und kurz anzeigen, was darin zu finden ist. Darum als der große Khan mich, Marco, in ferne Lande seines Reiches geschickt hatte, um seine Aufträge auszuführen, blieb ich oft vier Monate auf der Reise; da erkundete ich alle Dinge, denen ich begegnete, mit Fleiß und reiste hierhin und dorthin.

Als ich zehn Miglien von der Hauptstadt entfernt war, fand ich ein großes fließendes Wasser, namens Pulisangan,[1]) welches sich in den großen Ozean ergießt und auf dem viele Schiffe mit reichen Warenladungen segeln. Über den Fluß geht eine sehr hübsche steinerne Brücke, wie sie vielleicht sonst nicht in der Welt zu finden ist; sie ist dreihundert Schritt lang und acht breit,[2]) so daß zehn Mann nebeneinander ganz bequem darüber reiten können. Sie ruht auf vierundzwanzig Bögen und fünfundzwanzig Pfeilern, die im Wasser stehen, alle von Serpentinstein und mit großer Kunst aufgeführt. Auf jeder Seite und von einem Ende zum anderen führt eine schöne

---

[1]) Der Fluß, von dem hier die Rede ist, ist der Hun-ho, ein rechter Nebenfluß des Pei-ho. Der chinesische Name Sang-kan, den Marco Polo erwähnt, war schon im 6. Jahrhundert unserer Zeitrechnung im Gebrauch. Ein dritter, häufig vorkommender Name des Flusses ist Lu-kau-ho.

[2]) Die Lu-kau-Brücke hat in der Geschichte Chinas mehr als einmal eine Rolle gespielt. Sie war z. B. im Jahre 1215 der Schauplatz einer verhängnisvollen Meuterei des Heeres der Kindynastie, welche Dschingiskhan veranlaßte, in das Reich der Kin einzufallen und Peking zu erobern.

Der Bau der Brücke wurde nach Klaproth im Jahre 1189 begonnen. Nachdem sie 1688 teilweise durch Hochwasser zerstört worden war, wurde sie wieder erneuert. Dr. Bretschneider, welcher die Brücke sah, gibt von ihr folgende Beschreibung: Sie ist ungefähr 350 gewöhnliche Schritte lang, 18 breit und besteht

Brustwehr, die aus Marmorplatten und Säulen gar meisterlich gebildet ist. An der Stelle, wo man die Brücke betritt, ist sie etwas breiter als auf ihrer Höhe, aber von dieser aus laufen die Seiten in gerader, gleichmäßiger Linie zueinander fort. Oben am Aufgange steht eine sehr große und hohe Säule, die auf einem Sockel von Marmor ruht, neben der die mächtige Gestalt eines Löwen liegt. Auf der Säule liegt ein gleiches Bildwerk. Da, wo die Brücke sich hinunterneigt, steht eine andere schöne Säule mit ihrem Löwen, einen und einen halben Schritt von der ersteren entfernt, und alle Räume zwischen einer Säule und der anderen, längs der ganzen Brücke, sind mit Marmortafeln gefüllt, die mit kunstvollen Bildwerken verziert und jedesmal in die nächsten Säulen, die über die ganze Brücke gehen, eingefügt sind. Jede Säule steht einen und einen halben Schritt von der anderen entfernt und ist ebenso wie die große mit einem Löwen versehen. Das Ganze gewährt einen prächtigen Anblick. Die Brustwehren haben den Zweck, die Fußgänger vor einem Unfall zu bewahren. Was gesagt worden ist, bezieht sich auf den Abstieg sowie auf den Aufgang der Brücke.

---

aus Sandstein. Auf jeder Seite befinden sich Steingeländer aus 140 quadratischen Säulen von vier Fuß Höhe, jede gekrönt von einem Löwen, der etwas größer als einen Fuß ist. Außerdem sieht man eine Anzahl kleinerer Löwen, welche auf dem Nacken, neben den Beinen, unter den Füßen oder hinter den größeren stehen. Der Raum zwischen den Säulen wird von Steinplatten ausgefüllt. Vier aus Stein gemeißelte Elefanten lehnen sich mit dem Kopf gegen die Ecken des Geländers. Die Brücke wird von elf Bögen getragen. An beiden Enden stehen zwei Pavillons mit gelben Dächern; in ihrem Innern sieht man Marmortafeln, zwei mit Inschriften des Kaisers Kang-hi (1662—1723) und zwei andere mit Inschriften aus der Zeit des Kien-lung (1736—1796). Auf diesen Tafeln wird die Geschichte der Brücke erzählt. (Yule, a. a. O. II. 8.)

28. Kapitel.

Von der Stadt Giogiu.

Wenn man über diese Brücke kommt und dreißig Meilen gegen Westen oder Niedergang reist, gelangt man durch ein Land, das reich ist an schönen Gebäuden, Weinbergen[1]) und wohlbebauten und fruchtbaren Ackerfeldern,

---

[1]) Die Trauben sind in China seit dem frühesten Altertum bekannt gewesen. Es unterliegt keinem Zweifel, daß es in den Provinzen Schan-si und Schen-si viele Jahrhunderte vor Beginn unserer Zeitrechnung Weinberge gab. Der Historiker Sse-ma-tsien erzählt, ein reicher Privatmann hätte einen Weinberg besessen, der alle Jahre zehntausend Maß Wein lieferte. Die vielen unter der Yuen- und Handynastie verfaßten Gesänge sind ein Beweis dafür, daß die Chinesen nicht immer, wie man gewöhnlich annimmt, den Traubenwein gering geschätzt haben.

Nach den Berichten der Historiker hat in China der Weinstock, wie manches andere, viele Revolutionen mit durchgemacht. So oft die Regierung befahl, die Bäume umzuhauen, deren Menge der Getreideernte schädlich war, wurde auch der Weinstock nicht verschont. Unter der Regierung mehrerer Kaiser ging man mit seiner Ausrottung so weit, daß man bald kaum noch seinen Namen kannte. Als er später wieder gepflanzt werden durfte, erschien er vielen als ein ganz neues, bis dahin unbekanntes Gewächs, und so ist wahrscheinlich die Ansicht entstanden, daß man den Weinstock in China erst sehr spät kultiviert und aus dem Westen eingeführt habe.

Heutigentags gibt es in China noch mehrere ausgezeichnete Traubengattungen, und die drei ersten Kaiser der Mandschudynastie, Kang-hi, Yung-tsching und Kien-lung, ließen viele neue Reben aus fremden Ländern kommen und rühmen sich dessen besonders in ihren Schriften. Aber dessen ungeachtet treiben die Chinesen den Weinbau nicht im großen und keltern auch keinen Traubenwein. Man verzehrt die Weintrauben frisch oder getrocknet. Die ungeheure Bevölkerung Chinas und die Notwendigkeit, den Erdboden für die unentbehrlichsten Nahrungsmittel in Anspruch zu nehmen, sind der Grund, daß der Weinbau vernachlässigt wird. (Huc, Das chinesische Reich, II. 204.)

und zu einer schönen und bedeutenden Stadt, die Giogiu[2]) heißt, wo die Götzendiener viele Klöster haben. Die Einwohner leben im allgemeinen von Handel und Gewerben. Sie haben Manufakturen von Gold- und Seidengeweben und der schönsten Art Schleierzeug. Die Herbergen zur Aufnahme von Fremden sind sehr zahlreich. Eine Meile weit über diesen Platz hinaus teilt sich die Straße; der eine Weg geht gen Westen und der andere gen Südosten, ersterer durch die Provinz Kataia und letzterer durch die Provinz Manji.[3]) Von der Stadt Giogiu reist man in zehn Tagen durch Kataia nach dem Königreiche Ta-in-fu; während dieser Zeit kommt man an vielen schönen Städten und festen Plätzen vorüber, in denen Handel und Gewerbe blühen, und dort erblickt man viele Weingärten und wohlbebautes Land. Von hier werden Weintrauben in das Innere von Kataia gebracht, wo kein Wein wächst. Maulbeerbäume sind im Überfluß vorhanden; ihre Blätter ermöglichen es den Einwohnern, große Massen von Seide zu produzieren. Ein hoher Grad von Bildung herrscht unter allen Leuten dieses Landes infolge ihres häufigen Verkehrs mit den Städten, die zahlreich und nicht weit voneinander entfernt sind. In diese kommen beständig die Kaufleute und bringen ihre Güter von einer Stadt zur anderen, wie gerade die Messen abgehalten werden. Wenn man fünf Tage über die zehn, die schon erwähnt wurden, weiterreist, soll man in eine Stadt kommen, die noch weit größer

---

[2]) Die Stadt Tscho-tschou liegt ungefähr 75 km südwestlich von Peking. Auch heute noch teilt sich die Straße südlich von Tscho-tschou in zwei Wege; der eine führt nach Pao-ting-fu und Schan-si, der andere nach Schan-tung und Ho-nan.

[3]) Unter Kataia und Manji versteht Marco Polo die beiden Teile Chinas, welche von dem Hoang-ho getrennt werden. Der nördliche (Kataia) wurde mehrere Male von tatarischen Völkern (Khitan, Kin usw.) erobert, während der südliche, der das Reich der Sung bildete, von Kublai-khan in Besitz genommen wurde.

und schöner ist, namens Achbaluch,[4]) bis wohin sich die Grenzen der Jagdreviere des Kaisers erstrecken, in denen niemand jagen darf, ausgenommen die Prinzen seiner eigenen Familie und die, deren Namen in des Großfalkners Liste eingetragen sind; aber jenseits dieser Grenzen können alle Personen, die vermöge ihres Ranges dazu berechtigt sind, nach Belieben das Wild verfolgen. Es ereignet sich jedoch selten, daß der Großkhan dem Jagdvergnügen in diesem Teile des Landes obliegt, und die Folge davon ist, daß das Wild, besonders die Hasen, sich in solcher Menge vermehren, daß sie alle Saat in der Provinz zerstören. Als dieses einmal zu Ohren Sr. Majestät kam, begab er sich mit seinem ganzen Hofe in das Land, und eine unzählige Menge dieser Tiere wurde getötet.

29. Kapitel.

Von dem Königreiche Ta-in-fu.

Nach einer zehn Tage dauernden Reise von der Stadt Giogiu kommt man, wie schon gesagt, in das Königreich Ta-in-fu, dessen bedeutendste Stadt, die Hauptstadt der Provinz, denselben Namen hat.[1]) Sie ist außerordentlich groß und sehr schön. Ein beträchtlicher Handel wird hier

---

[4]) Achbaluch bedeutet „Weiße Stadt"; es läßt sich jedoch nicht mit Sicherheit feststellen, wo der Ort zu suchen ist.

[1]) Tai-yuen ist eine der wichtigsten Städte der Provinz Schan-si. Im Jahre 1649 unserer Zeitrechnung ließ die jetzige Dynastie eine Tatarenstadt an der südwestlichen Ecke des alten Ortes erbauen. Dieser letztere war zu wiederholten Malen die Hauptstadt Chinas. Der Kaiser Ming-ti aus der Tangdynastie hatte hier im Jahre 723 n. Chr. seine Residenz, und später im Jahre 742 gab er ihr den Namen Pe-king, „Hauptstadt des Nordens". Obgleich der Ort viel von seinem alten Glanze verloren hat, sieht man doch noch einige Überreste von der Herrlichkeit vergangener Zeiten.

getrieben und eine Menge verschiedener kunstvoller Arbeiten hergestellt, besonders Waffen und andere Kriegsvorräte, die hier für die Heere Sr. Majestät bereit liegen. Viele Weinberge gibt es, auf denen Massen von Trauben gesammelt werden, und obgleich in dem ganzen Distrikte von Ta-in-fu keine anderen Trauben gefunden werden als die im unmittelbaren Bezirke der Hauptstadt erzeugten, so liefern diese doch einen hinreichenden Vorrat für die ganze Provinz. Auch andere Früchte wachsen hier in Menge, z. B. der Maulbeerbaum mit den Würmern, welche die Seide liefern.

30. Kapitel.

Von der Stadt Pi-an-fu.

Wenn man Ta-in-fu verläßt und sieben Tagereisen nach Westen zieht, kommt man durch ein schönes Land, in welchem viele Städte und feste Plätze liegen, wo Handel und Gewerbe blühen und die Kaufleute nach verschiedenen Teilen des Landes reisen und mit reichem Gewinn zurückkehren; dann erreicht man endlich eine Stadt, Pi-an-fu,[1]) die außerordentlich groß und sehr berühmt ist. Dort wohnen gleichfalls zahlreiche Kaufleute und Handwerker.

Ebenso wie zur Zeit Marco Polos trifft man noch heute in der Umgebung von Tai-yuen den Weinstock an. Ferner gibt es dort Eisenminen, die zu den bedeutendsten des chinesischen Reiches gehören. (Pauthier, Chine moderne, Paris 1853, pag. 90.)

[1]) Ping-yang-fu liegt nicht, wie Marco Polo sagt, im Westen sondern südsüdwestlich von Tai-yuen-fu und gehört gleichfalls der Provinz Schan-si an. Der Ort ist sehr alt; die Sage weiß zu berichten, daß daselbst der mythische Kaiser Yao im Jahre 2357 vor Beginn unserer Zeitrechnung residierte. (Li-tai-ki-sse, k. 1.) Die Stadt liegt in einem breiten, mit gelbem Löß bedeckten Tal, durch welches der Fen-ho fließt. Sie wurde im letzten Jahrhundert von den Tai-ping zerstört, ist aber jetzt wieder im Aufblühen begriffen.

Auch Seide wird hier in großer Menge erzeugt. Wir wollen nun weiter nichts über diese Plätze sagen, sondern von der ausgezeichneten Stadt Ka-cian-fu reden, vorher aber doch noch eine berühmte Festung, namens Thai-gin, hervorheben.

31. Kapitel.

Von der Festung Thaigin oder Taigin.

Westlich von Pi-an-fu liegt eine große und schöne Festung, die Thai-gin heißt und in alten Zeiten von einem König, namens Dor,[1]) erbaut sein soll. In diesem Kastell befindet sich ein schöner, freundlicher und geräumiger Palast, darinnen ein großer Saal, in welchem die Gemälde von allen berühmten Fürsten, die an diesem Orte regiert haben, aufgehängt sind, eine gar prächtige Sammlung, die zu sehen eine besondere Lust ist. Von dem oben erwähnten Könige Dor erzählt man folgende

---

[1]) Marsden hat zuerst die richtige Vermutung ausgesprochen, daß der Name des Königs nicht Dor lautet, sondern daß es sich an dieser Stelle um den Kaiser der Kin oder der Goldenen Dynastie handelt, der von den Mongolen Altun-khan genannt wird, wovon „roi d'or“ eine wörtliche Übersetzung ist. Man muß sich dabei der Tatsache erinnern, daß ja der Reisebericht Marco Polos ursprünglich in französischer Sprache erschienen ist. Die späteren Herausgeber, unter ihnen Ramusio, haben offenbar die Bezeichnung „roi d'or“ irrtümlicherweise als Eigennamen angesehen.

Tai-king ist der Name einer Festung, die nach der großen Reichsgeographie am westlichen Ufer des Hoang-ho und im Westen der Stadt Yung-tsi liegt. Das Fort führte früher und führt auch noch jetzt den Namen Pu-tsin; aber im Jahre 1011 unserer Zeitrechnung zur Zeit der Sungdynastie wurde der Name in Tai-king-kuan verwandelt. Später richtete man dort zuerst Feuersignale ein; die Truppen der Kin, welche auf eine günstige Gelegenheit warteten, den Übergang über den Fluß zu erzwingen, bemächtigten sich jedoch der Festung und unternahmen von dort aus weitere Eroberungszüge. (Pauthier, le livre de Marco Polo, II. 355.)

Geschichte, die sich mit ihm zugetragen haben soll. Er war nämlich ein großer und mächtiger Herr, hielt sich gar prächtig und vor allem liebte er es, sich durch junge Mädchen von außerordentlicher Schönheit bedienen zu lassen, von denen er eine große Zahl an seinem Hofe unterhielt. Wenn er zur Erholung außerhalb der Festung einen Ausflug machte, wurde er von diesen Mädchen in einem Wagen gezogen, was ohne Mühe geschehen konnte, da der Wagen gar nicht groß war. Sie waren seinem Dienste geweiht und verrichteten alles, was zu seiner Bequemlichkeit und seinem Vergnügen diente. In seiner Regierung ließ er es nicht an Kraft fehlen und er herrschte mit Würde und Gerechtigkeit. Die Werke seines Kastells waren, nach der Sage des Volkes im Lande, über alle Maßen fest. Aber er war ein Vasall Un-khans, der, wie schon angegeben worden ist, bekannt war unter dem Namen Priester Johann, und von Stolz getrieben erhob er sich wider diesen. Als Un-khan dies erfuhr, verdroß es ihn nicht wenig, und das um so mehr, weil es wegen der festen Lage des Kastells vergeblich gewesen wäre, gegen ihn zu marschieren oder auch nur Feindseligkeiten gegen ihn zu beginnen. So verhielten sich die Dinge einige Zeitlang, als sieben Ritter, die seine Lehnsleute waren, vor ihn traten und erklärten, sie würden ausziehen, um sich der Person des Königs Dor zu bemächtigen und ihn lebendig in die Hände ihres Herrn zu liefern. Da verhieß ihnen Un-khan eine große Belohnung und ermutigte sie nur noch mehr. Demgemäß zogen die Ritter hin zu Dors Festung und stellten sich, als wenn sie aus fremdem Lande kämen, und boten ihm ihre Dienste an. Sie verrichteten ihre Pflichten so treu, daß sie die Achtung ihres neuen Herrn gewannen, der sich ihnen besonders gnädig zeigte, so daß sie sich stets in seinem Gefolge aufhielten, wenn er auf die Jagd ging. Als eines Tages der König der Jagd oblag und einen Fluß überschritten hatte, der ihn von seinem Gefolge trennte, welches auf der entgegengesetzten Seite blieb, nahmen diese Ritter die Gelegenheit, die sich zur Ausführung ihres Planes darbot, wahr, zogen ihre Schwerter, umringten den König und führten ihn mit Gewalt fort in das Land Un-khans, ohne daß jener hätte Hilfe von seinen Leuten erhalten können. Als sie an den Hof ihres Herrn und Königs kamen, gab dieser Befehl, dem Gefangenen schlechte, zerrissene Kleider anzulegen, und um ihn durch Schmach recht zu erniedrigen, befahl er ihm, das Vieh zu hüten. In dieser Lage blieb König Dor zwei Jahre; denn es war gut vorgesehen, daß er nicht entfliehen konnte. Nach Verlauf dieser Zeit ließ ihn Un-khan vor sich bringen, und der Mann zitterte vor Furcht, daß man ihn zum Tode führen würde. Aber Un-khan gewährte ihm Verzeihung nach scharfem und strengem Tadel, indem er ihn vor Hochmut und Stolz warnte, der ihn von der Treue zu seinem Oberherrn abwendig machen könne; darauf ließ er ihm wieder die königlichen Kleider geben und sandte ihn mit ehrenvoller Begleitung nach seinem Lande zurück. Von dieser Zeit an bewahrte Dor seine Treue und lebte in Freundschaft mit Un-khan. Das ist es, was mir vom König Dor erzählt worden ist.

32. Kapitel.

Von dem sehr großen und berühmten Fluß, Kara-moran genannt.

Wenn man die Festung Thai-gin verläßt und ungefähr zwanzig Miglien weit zieht, kommt man an einen Fluß, der Kara-moran genannt wird[1]) und so breit und tief ist, daß

[1]) Kara-muran oder schwarzer Fluß ist einer der Namen, den die Mongolen dem Hoang-ho gegeben haben. Heutigentags gibt es in seiner Umgebung in den Provinzen Schan-si und Schen-si keine Seidenzucht mehr.

keine feste Brücke darüber gebaut werden kann. Seine Wasser ergießen sich in den Ozean, wie später noch ausführlicher besprochen werden soll. An seinen Ufern gibt es viele Städte und Burgen, in denen viel Handelsvolk lebt, welches ausgedehnte Geschäfte betreibt. Das an ihm liegende Land bringt allerlei Gewürze und auch Seide in großer Menge hervor. Unglaublich ist die Zahl der Vögel, namentlich der Fasanen, von denen man drei für einen venezianischen Groschen kauft. Es gibt hier auch ganz gewaltige Rohrwaldungen; einige Arten sind einen Fuß und andere einen und einen halben Fuß dick und werden von den Einwohnern zu vielen nützlichen Gegenständen verarbeitet.[2])

33. Kapitel.

Von der Stadt Ka-cian-fu.

Ist man über diesen Fluß gekommen und zwei Tagereisen weitergezogen, so gelangt man zu der Stadt Kacian-fu,[1]) deren Einwohner Götzendiener sind. Sie treiben

---

[2]) Das Bambusrohr kommt in vielen Gegenden Chinas vor, besonders aber in der Provinz Tsche-kiang.

[1]) Ritter sagt: Auf dem Wege zum Fort Thaigin passierte Marco Polo eine große Stadt, Kacianfu, deren Beschreibung aber, wohl infolge eines Schreibfehlers der Kopisten, erst nachträglich mitgeteilt wird. Kacianfu liegt in der Nähe des Kara-muran; es ist nach Klaproths Berichtigung Pu-tschou-fu, das damals Hotschung-fu hieß. (Die Benennungen der Städte wechselten mit den verschiedenen Dynastien.)

Man findet noch heute in der Umgebung von Pu-tschou-fu dreiundzwanzig buddhistische Tempel und Klöster, die zum größten Teil unter den Tang, Sung, Kin und Mongolen gegründet wurden. Es ist dies ein Beweis dafür, daß zur Zeit Marco Polos die buddhistische Religion daselbst in voller Blüte stand und daß die Bevölkerung jener Gegend zu den „Götzendienern" gehörte, wie die Anhänger der Lehre Buddhas bei Marco Polo in der Regel genannt werden. (Pauthier, a. a. O. II. 360.)

einen beträchtlichen Handel und beschäftigen sich mit der Herstellung von vielerlei Stoffen. Das Land bringt in großem Überfluß Seide, Ingwer, Galgant, Spieke und viele andere Spezereien hervor, die unserem Erdteile fast unbekannt sind. Sie fertigen hier köstliche Gewebe aus Seide und Gold an, sowie jede andere Art seidener Stoffe. — Wir werden nun von der edlen und berühmten Stadt Quen-zan-fu im gleichnamigen Reiche reden.

34. Kapitel.

Von der Stadt Quen-zan-fu.

Wenn man von Ka-cian-fu sieben Tagereisen nach Westen weiterzieht, so trifft man fortwährend auf Städte und Handelsplätze und kommt durch viele Gärten und bebaute Gründe an zahlreichen Maulbeerbäumen vorbei, d. h. solchen Bäumen, die zur Erzeugung der Seide verhelfen. Die Einwohner verehren im allgemeinen Götzen, aber es werden auch nestorianische Christen, Turkomanen und Sarazenen daselbst gefunden. Das Wild des Landes gibt der Jagdlust viel Gelegenheit, auch werden dort viele Vögel gefangen. Nach Verlauf dieser sieben Stationen kommt man an die Stadt Quen-zan-fu,[1]) die alte Hauptstadt

[1]) Die Hauptstadt der Provinz Schen-si führte zur Zeit der Mongolen den Namen King-tschou-fu, während sie heute Si-ngan-fu heißt. Sie ist eine große und befestigte Stadt und liegt in einer weiten Ebene in einiger Entfernung des Flusses Wei. Ihre prächtigen Tore erinnern daran, daß sie in früheren Zeiten die Residenz der Kaiser der Sui- und Tangdynastie war. Die Mauern, welche beinahe 10 m hoch sind, werden in geringen Abständen von zahlreichen Türmen flankiert und von einem tiefen Graben umgeben. In der Stadt residiert jetzt der Befehlshaber der acht Banner oder der Armee, die zum Schutze der Grenzen bestimmt ist. Die Garnison bewohnt, wie auch in anderen chinesischen Städten, ein besonderes Viertel.

eines großen, berühmten und mächtigen Königreichs, den Sitz vieler Könige von hoher Abkunft und berühmt in den Waffen. Heutigentages wird sie von dem Sohne des Großkhans, der Mangalu[2]) heißt, regiert, dem sein Vater die Herrschaft darüber verliehen hat. Das Land besitzt einen bedeutenden Handel und hervorragende Gewerbe. Rohe Seide wird in großer Menge erzeugt, köstliche Gewebe aus Gold und alle anderen Arten von seidenen Stoffen werden daselbst bereitet. Auch fertigt man an diesem Platze alle Dinge an, die zur Kriegsrüstung nötig sind. Alle Lebensmittel sind im Überfluß da, und man kann sie zu mäßigem Preise erhalten. Die Einwohner beten im allgemeinen Götzen an, aber es sind auch einige

---

In der Umgebung der Stadt Si-ngan-fu entdeckten im Jahre 1625 chinesische Arbeiter, als sie die Fundamente eines Neubaues ausschachteten, eine in Stein gemeißelte Inschrift zusammen mit Insignien der christlichen Religion. Diese ehrwürdige Urkunde, die unter dem Namen der nestorianischen Tafel bekannt ist, stammt aus dem Jahre 781 unserer Zeitrechnung. Es ist darin von dem Priester, Bischof und Papst von Tsinistan die Rede, und die aufgeklärte Glaubenstoleranz des Kaisers Tai-tsung aus der Handynastie findet in der Urkunde eine begeisterte Lobsprache. (Thiessen, China, I. 44.)

[2]) Mang-ko-la war der dritte Sohn Kublai-khans. Er erhielt von seinem Vater im Jahre 1272 den Titel Ngan-si-wang, d. h. Vizekönig von Schen-si, und starb 1280 in seiner Hauptstadt. Marco Polo, der von ihm als einem Lebenden spricht, muß also zwischen 1270 und 1280 Si-ngan-fu besucht haben. Wir haben allen Grund zu der Annahme, daß seine Anwesenheit in das Jahr 1277 fällt; denn wir lesen in den offiziellen Annalen der Mongolendynastie (Yuen-sse, k. 9, fol. 17), daß zu dieser Zeit ein gewisser Po-lo zum Kommissar des geheimen Rates ernannt wurde. Ferner ist in anderen Geschichtswerken von einer Gesandtschaft die Rede, die um diese Zeit zum König von Annam geschickt wurde. Es spricht viel dafür, daß Marco Polo daran teilgenommen hat und auf seiner Reise die Provinz Schen-si durchquerte. (Vergl. Pauthier, a. a. O. II. 361.)

Christen, Turkomanen und Sarazenen vorhanden. In einer Ebene, die ungefähr fünf Meilen von der Stadt entfernt ist, steht ein bedeutender Palast, der dem Könige Mangalu gehört und herrlich mit vielen Springbrunnen und Bächen innerhalb und außerhalb der Gebäude ausgestattet ist. In seiner Nachbarschaft befindet sich ein schöner Park, der von einer hohen, mit Zinnen gekrönten Mauer umgeben ist; darin werden alle Arten von Wild, vierfüßige Tiere und Vögel, gehegt. Er enthält eine Menge Säle und Gemächer, die mit Malereien in Gold und dem herrlichsten Azur, sowie mit dem schönsten Marmor verziert sind. Mangalu, der ganz in die Fußtapfen seines Vaters tritt, regiert sein Königreich mit Gerechtigkeit und wird von seinem Volke geliebt. Er findet viel Vergnügen an der Jagd und der Falkenbeize.

35. Kapitel.

Von den Grenzen Katajas und Manjis.

Wenn man von der Residenz Mangalus drei Tage westlich zieht, trifft man wiederum auf viele Städte und Burgen, deren Einwohner von Handel und Gewerben leben und in denen Überfluß an Seide vorhanden ist; aber nach Verlauf dieser drei Stationen kommt man in eine Gegend mit Bergen und Tälern, die in der Provinz Kun-kin[1]) liegt.

---

[1]) Der Provinzname Kun-kin ist schwer zu identifizieren. Mit einiger Sicherheit kann man nur behaupten, daß die in Frage kommende Gegend im südlichen Teil der Provinz Schen-si zu suchen ist, und zwar in der Nähe des Flusses Han zwischen dem Tsin-ling-schan und Ta-pa-schan.

Es existiert eine Straße über das Tsin-ling-Gebirge, welche bei Pao-ki am Weiflusse beginnt und bei Pao-tsching nicht weit von Han-tschung endet. Tului, der Sohn Dschingiskhans, soll sie, als er im Jahre 1231 nach der Provinz Ho-nan zog, unter großen Schwierigkeiten zu einer brauchbaren Heerstraße gemacht haben.

Doch fehlt es diesem Landstriche nicht an Einwohnern, die Götzenanbeter sind und das Land bebauen. Sie leben auch von der Jagd, da das Land sehr waldreich ist. In den Wäldern findet man wilde Tiere, wie Löwen (Tiger), Bären, Luchse, Damhirsche, Antilopen, Hirsche und viele andere Tiere, von denen man großen Nutzen zieht. Diese Gegend erstreckt sich zwanzig Tagereisen weit, während welcher der Weg nur über Berge, durch Täler und Wälder führt; doch gibt es hier und dort Städte, wo die Reisenden eine gute Aufnahme finden. Hat man die Reise von zwanzig Tagen nach Westen beendet, so kommt man an einen Ort, der Ach-baluch Manji heißt, was die Weiße Stadt an den Grenzen Manjis bedeutet. Die Einwohner leben von Handel und Handarbeiten. Eine große Menge Ingwer wird hier erzeugt, der durch die ganze Provinz Kataia

---

Denselben Weg schlug Kutan, der Sohn Oktai-khans, ein, der 1235 das Reich der Sung angriff, ferner Mangu-khan 1258 bei Gelegenheit seines letzten Feldzuges. Diese Tatsachen beweisen, daß die Straße, welche von Pao-ki ausgeht, in jener Zeit der gewöhnliche Weg nach der Stadt Han-tschung und der Provinz Ssetschuan war, und wir können daher mit einiger Wahrscheinlichkeit annehmen, daß Marco Polo an dieser Stelle das Tsin-ling-Gebirge überschritt. (Yule, a. a. O. II. 32.)

Was die Stadt Ach-baluch Manji betrifft, von der weiter unten im Text die Rede ist, so läßt sich über deren Lage nichts Sicheres sagen. Klaproth identifiziert sie mit Pe-ma-tsching, einem Orte, der noch heute existiert und ebenso wie Han-tschung in der ausgedehnten und bevölkerten Ebene des Han-kiang liegt.

Wenn man den Oberlauf des Hanflusses weiter gegen Südwesten verfolgt, gelangt man von neuem in ein Gebirgsland, den Parallelzug des Ta-pa-schan, der nicht so hoch ist wie der Tsinling-schan, dafür aber steiler und zerrissener ist als der letztere. Die Straße von Han-tschung nach Tscheng-tu-fu ist noch älter als die weiter im Norden gelegene; denn sie soll aus dem 3. Jahrhundert vor Beginn unserer Zeitrechnung stammen. Diesen Weg legte Marco Polo, wie er am Anfang des nächsten Kapitels erzählt, in zwanzig Tagen zurück.

zu großem Vorteile der Kaufleute versandt wird. Das Land liefert Weizen, Reis und anderes Korn in reichem Maße und zu wohlfeilem Preise. Diese Ebene, die dicht mit Wohnungen besetzt ist, geht zwei Stationen weit fort, worauf man wieder an hohe Berge, Täler und Wälder kommt. Wenn man zwanzig Tage noch weiter nach Westen reist, findet man noch immer das Land bewohnt und zwar von Leuten, die Götzen anbeten und von dem Ertrage des Bodens, sowie auch von der Jagd leben. Hier gibt es ebenfalls außer den Tieren, die wir oben aufgezählt haben, eine große Menge von der Art, welche den Moschus liefern.

36. Kapitel.

Von der Provinz Sin-di-fu und dem großen Flusse Quian.

Wenn man diese zwanzig Stationen durch ein bergiges Land zurückgelegt hat, erreicht man eine Ebene an den Grenzen von Manji, wo eine Landschaft, namens Sindifu,[1])

[1]) Die Provinz Sse-tschuan, deren Hauptstadt Tscheng-tu-fu (bei Marco Polo Sin-di-fu) heißt, ist eine der größten des chinesischen Reiches und besitzt Minen, in denen Gold, Kupfer, Eisen, Blei und Zinn gefunden werden. Tscheng-tu-fu war früher die Residenz des Fürstentums Schu (von den ersten Zeiten der Handynastie bis auf die der Tang) und eine der schönsten Städte Chinas; aber sie wurde in den Kriegen, welche der Aufrichtung der Mongolenherrschaft vorangingen, fast völlig zerstört. Die chinesischen Historiker berichten, sie sei 1236 von den Mongolen erstürmt worden, wobei mehr als eine Million Menschen ihren Tod fanden. Der chinesische Geograph Lu-hua-tschu zitiert eine Stelle aus dem Schu-king, um das hohe Alter der Stadt zu beweisen. Er sagt, sie befände sich unter der Konstellation der Tsing und Kuai (Zwillinge und Krebs), und das Gebiet von Tscheng-tu-fu decke die Westländer wie ein Ziegeldach auf einem hohen Hause.

Der Pater Martin Martini (Nov. Atlas Sinensis 69 u. 70), welcher zur Zeit der Mingdynastie China besuchte und über Tscheng-tu-fu gut unterrichtet war, bestätigt die damalige Bedeutung der Landeshauptstadt. Sie ist, sagt er, eine sehr besuchte Handelsstadt; der Palast des Königs ist herrlich und hat vier Miglien im Um-

sich befindet; denselben Namen führt auch die große und berühmte Hauptstadt, vormals der Sitz reicher und mächtiger Könige. Der Umfang dieser Stadt beträgt zwanzig Meilen; aber heutigentages ist sie geteilt, und zwar aus folgenden Gründen. Der letzte alte König hatte drei Söhne, und da es sein Wunsch war, daß jeder von ihnen nach seinem Tode regieren sollte, nahm er eine Teilung der Stadt vor, indem er einen Teil von dem anderen durch Mauern schied, obgleich das Ganze von einer allgemeinen Umwallung eingeschlossen blieb. Diese drei Brüder wurden demnach Könige, und jeder von ihnen bekam als seinen Anteil einen beträchtlichen Landstrich, da das Land ihres Vaters sehr ausgedehnt und reich war. Aber der Großkhan hat Stadt und Land erobert, die drei Provinzen vernichtet und ihre Erbschaft seinem Reiche einverleibt.

Die Stadt wird von mehreren beträchtlichen Strömen bewässert, welche von den fernen Bergen herabkommen, die Stadt umgeben und sie in verschiedenen Richtungen durchfließen. Einige von diesen Flüssen sind eine halbe Meile breit, andere zweihundert Schritte und sehr tief. Verschiedene große und schöne steinerne Brücken sind darüber geführt, die acht Schritt breit und mehr oder weniger lang sind, je nach der Breite des Stromes. Von einem Ende zum anderen läuft auf jeder Seite eine Reihe von Marmorsäulen, welche das Dach stützen; denn hier haben die Brücken sehr schöne Dächer aus Holz, die mit Male-

---

kreis mit vier Toren. Vor dem Südtor zieht sich eine breite Straße hin mit vielen aus Stein gebauten Arkaden. Durch die ganze Stadt gehen schiffbare Kanäle, die auf beiden Seiten mit Steinquadern eingefaßt sind. Sieben Pagoden sind den Heroen geweiht. Der Boden der Stadt liegt auf Inseln; die Umgebung ist ungemein fruchtbar, auf das trefflichste bewässert und überall so bebaut, daß kein freies Plätzchen übrig bleibt. Zumal gegen Osten hin wandert man drei Tage lang durch das freundlichste, reich bebaute Gefilde und hat wohl hundert Brücken zu überschreiten.

reien von roter Farbe verziert und mit Ziegeln gedeckt sind. Auf der Brücke stehen Läden und Kaufhallen, wo alle Arten Handel getrieben werden. Eins von diesen Häuschen, das größer ist als die übrigen, haben Beamte inne, welche die Abgaben von den Lebensmitteln und Waren und einen Zoll von den Leuten, die über die Brücke gehen, einnehmen. Auf diese Weise soll Se. Majestät täglich die Summe von hundert goldenen Byzantinen erhalten. Diese Flüsse vereinigen ihr Wasser unterhalb der Stadt und bilden den mächtigen Fluß, der Quian genannt wird[2]) und dessen Lauf bis zu seiner Mündung in den großen Ozean hundert Tagereisen lang ist. Von seiner

---

[2]) Der Fluß, den Marco Polo beschreibt, ist der Min-kiang, ein linker Nebenfluß des Yang-tse-kiang oder des Kin-scha-kiang, wie er an seinem Oberlaufe genannt wird. Wenn der venezianische Reisende den Min-kiang für den Quellfluß des Yang-tse hält, so folgt er damit nur dem Beispiele der chinesischen Geographen, die den Min-kiang als den Hauptstrom ansehen und nicht den Kin-scha-kiang, weil ersterer an seiner Mündung nicht nur ansehnlicher und wasserreicher ist, sondern weil er auch, was den in allen Dingen praktisch urteilenden Chinesen als die Hauptsache erscheint, noch auf eine beträchtliche Strecke aufwärts schiffbar ist, während der Kin-scha-kiang in dieser Hinsicht völlig versagt.

Schon das alte Buch Yü-kung hat eine kurze, in den wesentlichsten Teilen richtige Schilderung des Min-kiang gegeben. Eine weit eingehendere Darstellung hat dann Pater Martini in seinem „Novus Atlas Sinensis“ auf ihn verwandt, wo er schreibt: Zuerst wird er (der Yangçukiang) Min-kiang genannt nach den Bergen Min, von denen er seinen Ursprung nimmt, dann mit mächtigen, ungestümen Wassern heranbrausend bespült er die Hauptstadt (Tscheng-tu-fu) selber und teilt sich durch Ablenkung seiner Wogen in verschiedene Zweige und umfaßt so einen großen Teil des Gebietes gleichsam als eine Insel mit seinem Kreise. Bei der Stadt Sinciu heißt er mit verändertem Namen Ta-kiang.

Nach unseren heutigen Kenntnissen entspringt der Min-kiang auf dem hohen Min-schan, einer gewaltigen Gebirgsmasse an der Grenze der Provinzen Sse-tschuan und Kan-su gegen die tibetische Provinz Kuku-nor. Oberhalb der Stadt Kuan-hsien verläßt der Strom

Eigentümlichkeit soll noch in diesem Buche gesprochen werden.

An diesen Flüssen und in den benachbarten Gegenden gibt es viele Städte und feste Plätze, und die Zahl der Schiffe, die mit Ladungen von Waren zur Hauptstadt kommen und wieder gehen, ist groß. Das Volk der Landschaft besteht aus Götzenanbetern. Wenn man von dannen zieht, reist man fünf Stationen teils über eine Ebene und teils durch Täler, wo man viele stattliche Wohnungen, Burgen und kleine Städte sieht. Die Einwohner leben vom Ackerbau. In der Hauptstadt werden viele Gewerbe getrieben, besonders werden feine Zeuge und Flore oder Schleiertücher angefertigt. In diesem Lande, sowie in den schon erwähnten Distrikten, gibt es Löwen, Bären und andere wilde Tiere. Nach Verlauf dieser fünf Tagereisen kommt man in das Land Thebeth.[3])

---

eine 4—500 m tiefe Schlucht und tritt in die Ebene hinaus, wo er sich in eine große Anzahl von Armen teilt, die die Ebene von Tscheng-tu-fu in der vollkommensten Weise bewässern. Die Mehrzahl der Kanäle vereinigt sich weiter im Süden zu einem recht bedeutenden und während des ganzen Jahres schiffbaren Strome, einige von ihnen schlagen jedoch einen selbständigen Lauf ein, der sie allerdings, gemäß der allgemeinen Neigung des Bodens gegen Südost dem Yang-tse-kiang zuführt. (Thiessen, China, I. 311 u. ff.)

[3]) Die Berge, welche die fruchtbare Ebene von Tscheng-tu-fu im Westen begrenzen, erheben sich plötzlich zu der Höhe von 3—4000 m. Gerade am Rande dieser Bergregion, dort wo die große Straße nach Lhassa in sie eintritt, liegt die bedeutende und bevölkerte Stadt Ya-tschou-fu, eine wichtige Handelsstation zwischen der Provinz Sse-tschuan auf der einen Seite und Tibet und dem westlichen Teil von Yün-nan auf der andern. Die heutige politische Grenze zwischen dem eigentlichen China und Tibet liegt im Westen der Stadt Ba-tang und des Kin-scha-kiang, aber noch zu Beginn des letzten Jahrhunderts verlief sie weiter östlich nahe bei Ta-tsien-lu. Wir haben allen Grund zu der Annahme, daß zu Marco Polos Zeiten das tibetanische Gebiet

37. Kapitel.

Von der Provinz Thebeth.

Die Provinz Thebeth wurde gänzlich zerstört und verwüstet zur Zeit, als Mangu-khan seine Waffen in dieses Land trug. In einer Ausdehnung von zwanzig Tagereisen sieht man nichts als zerbrochene Städte und geschleifte Schlösser, und weil die Menschen so gering an Zahl geworden sind, haben sich wilde Tiere und zwar besonders Löwen so sehr vermehrt, daß die Kaufleute und andere Reisende zumal bei Nachtzeit großen Gefahren ausgesetzt sind. Sie sind nicht allein gezwungen, ihre Lebensmittel mit sich zu nehmen, sondern müssen auch, wenn sie an ihre Halteplätze kommen, die äußerste Wachsamkeit und Vorsicht anwenden, damit ihre Pferde von den wilden Tieren nicht gefressen werden. Es wird nämlich in dieser Gegend und besonders in der Nähe der Flüsse ein Rohr gefunden, das zehn Ellen lang ist, drei Spannen im Umfange und drei Spannen Länge von einem Knoten zum anderen hat. Von diesem Rohre, wenn es noch grün ist, machen die Reisenden Bündel und schichten sie, sobald der Abend naht, in einer gewissen Entfernung

---

bis in die Nähe von Ya-tschou-fu reichte. Im Laufe der Zeit wurden aber die Tibeter durch viele Grenzkriege sowie durch die chinesische Zivilisation immer weiter nach Westen gedrängt.

Tibet wurde in den Tagen des Glanzes der Mongolenherrschaft stets zum Hause des Großkhans gerechnet, aber man weiß nicht recht, wie es unter seine Botmäßigkeit kam; denn weder die muhammedanischen noch die chinesischen Historiker berichten über die Eroberung des Landes. Allerdings unternahm 1254 während der Regierung Mangu-khans der mongolische General Uriangkadai, der den Prinzen Kublai auf seinem Zuge gegen Yün-nan begleitet hatte, eine militärische Expedition in das Gebiet der Tibeter. Aber dieser Feldzug, auf den offenbar Marco Polo in seinem Reisebericht anspielt, dauerte nur ganz kurze Zeit und blieb sicherlich auf diejenigen Teile Tibets beschränkt, die an den Grenzen Yün-nans und Sse-tschuans lagen. (Yule, a. a. O. II. 46.)

auf; dann aber zünden sie ein Feuer an, und sobald die Hitze das Rohr ergreift, platzt es mit laut krachendem Getöse. Das Krachen aber ist so stark, daß man es zwei Meilen weit hört; dadurch werden die wilden Tiere erschreckt und fliehen von jener Stelle. Die Kaufleute versehen sich außerdem mit eisernen Fußbändern, die Beine der Pferde zu fesseln, die sonst, von dem Geräusche erschreckt, ihre Halfter zerreißen und davonlaufen würden. Weil sie diese Vorsicht vernachlässigten, haben sehr viele ihre Pferde verloren. So zieht man zwanzig Tage weit durch ein trostlos zerstörtes Land, wo man weder Herberge noch Lebensmittel findet, nur vielleicht einmal in drei oder vier Tagen hat man Gelegenheit, Vorräte mitzunehmen. Nach Verlauf dieser Zeit fängt man an, einige Schlösser und feste Plätze zu entdecken, die auf felsigen Höhen oder auf den Gipfeln von Bergen erbaut sind, und allmählich betritt man ein bewohntes und bebautes Land, wo keine Gefahr von Raubtieren mehr besteht.

Eine schmähliche Gewohnheit, die nur aus der Verblendung des Götzendienstes hervorgehen konnte, herrscht unter dem Volke dieses Landstriches. Diese Leute mögen keine Mädchen heiraten, solange sie noch Jungfrauen sind, sondern verlangen, daß sie vorher Umgang mit dem anderen Geschlechte gehabt haben, und das, versichern sie, sei ihren Göttern wohlgefällig. Darum, sobald eine Karawane mit Kaufleuten ankommt und die Zelte für die Nacht aufgeschlagen worden sind, kommen die Mütter, welche heiratsfähige Töchter haben, und führen diese zur Stelle hin, und eine jede streitet um den Vorzug und bittet die Fremden, ihre Tochter zu nehmen und sich ihrer Gesellschaft zu erfreuen, solange sie in der Nachbarschaft weilen. Die sich durch ihre Schönheit empfehlen, werden natürlich gewählt, und die anderen gehen unzufrieden und ärgerlich nach Hause, jene aber weilen bei den Reisenden, bis sie wieder abreisen.[1]) Die Fremden stellen sie dann ihren Müttern wieder zu und versuchen niemals, sie mit sich fortzuführen. Man erwartet jedoch, daß die Kaufleute ihnen Geschenke in Putz, Ringen oder anderen Zeichen der Dankbarkeit machen, welche die Mädchen mit nach Hause nehmen. Wenn sie nachher heiraten wollen, tragen sie diesen Schmuck um ihren Hals oder an anderen Teilen des Körpers, und diejenige, welche den meisten derartigen Tand besitzt, wird als die beste und reizendste betrachtet und steht daher in höherer Schätzung bei den jungen Männern, welche sich ein Weib erwählen wollen; auch kann sie ihrem Eheherrn keine angenehmere Mitgift bringen als eine große Menge solcher Gaben. Bei ihrer Hochzeitsfeier entfaltet sie ihren Reichtum vor der Versammlung, und der Bräutigam betrachtet ihn als Beweis, daß die Götzen seine Erwählte holdselig vor den Augen

[1]) Der chinesische Verfasser des Wei-tsang-tu-schi, der „Beschreibung Tibets", von der Klaproth 1831 eine Übersetzung veröffentlicht hat, bestätigt im wesentlichen die Angaben Marco Polos. In Tibet, sagt er, sind die Frauen kräftiger als die Männer; die letzteren sind vielfach von einer ziemlich zarten Konstitution. Es kommt häufig vor, daß drei oder vier Brüder aus derselben Familie nur eine Frau nehmen; sie verteilen dann unter sich die Söhne und Töchter, welche aus dieser Verbindung hervorgehen. Wenn eine Frau imstande ist, drei oder vier Brüder zu befriedigen, so erhält sie den Beinamen „die Vollkommene", weil sie das Haus gut in Ordnung hält. Im allgemeinen sind es die Frauen, welche dort Handel treiben. Wenn sie nicht arbeiten, säen, spinnen oder Kleider nähen kann und auch nicht imstande ist, andere Hausarbeiten auszuführen, die zum Unterhalte der Familien nötig sind, so ist sie für jedermann eine Zielscheibe des Spottes. Ehebruch wird nicht als Schmach angesehen. Wenn eine verheiratete Frau einen Fremden als Liebhaber annimmt, so spricht sie darüber ohne Zurückhaltung mit ihrem Gatten, der sich deswegen nicht im geringsten aufregt; und wenn die beiden Eheleute sonst miteinander zufrieden sind, so leben sie in bestem Einverständnis weiter. (Pauthier, le livre de Marco Polo, II. 374.)

der Männer gemacht haben. Von diesem Zeitpunkt an darf kein Mann sich mehr mit der befassen, die das Weib eines anderen geworden ist, und diese Regel wird niemals gebrochen. Dieses heidnische Volk ist treulos und grausam, und weil sie es für kein Verbrechen und keine Schande halten, zu stehlen, so sind sie die größten Diebe der Welt. Sie leben von Jagd und Vogelfang sowie von den Früchten der Erde.

Hier wird das Tier gefunden, welches den Moschus erzeugt, und zwar in solcher Menge, daß der Geruch davon über das ganze Land verbreitet ist. Wie wir schon gesagt haben, bildet sich in der Nähe des Nabels eine Art Geschwür oder Blutblase, die sich einmal des Monats öffnet, so daß das Blut, welches wegen zu großer Fülle herausdringt, Moschus wird. In allen Teilen dieser Gegend ist das Tier in Menge vorhanden, und der Geruch ist überall bemerkbar. Man nennt diese Tiere in der Landessprache Gudderi und fängt sie mit Hunden.[2]) Diese Leute brauchen kein gemünztes Geld, auch nicht das Papiergeld des

---

[2]) Nach Klaproth ist Gudderi ein mongolisches Wort; es wird in der Form Kuderi in Kovalevskis Wörterbuch Nr. 2594 gefunden.

In der alten Übersetzung Marco Polos durch Hieronymus Megiserus, Leipzig, 1611, ist von dem Moschustier ausführlicher die Rede. Wir wollen die betreffende Stelle ihrer Merkwürdigkeit wegen hier wiedergeben. „Das obgemelte Bisam Thier, ist ein schön, kleines Thier, so gross als ein mittelmässige Katz, hat grob Haar, wie ein Hirsch, vnnd stumpfe Klawen an den Füssen, zween lange Zänn oben vnnd zween unten, vnnd bei den Nabel zwischen Haut vnnd Fleisch, hat es ein Blatter voll Blutes, vnnd das Blut ist Bisam, darvon so ein edeler Geruch heraus gehet. Diesen Bisam findet man in vnseren Europeischen Landen gar selten gerecht, Denn er wird gefelschet, ehe er zu vns gebracht wird. Wo er aber gerecht vnnd gut ist, hat er eine köstliche Krafft, so man ihn am Morgen nüchtern nimmt vnnd ein Bälglein auffthut, vnnd daran reucht, oder für die Nasen hält, zeucht es das Blut zu

Großkhans, sondern bedienen sich der Korallen als Münze.[3]) Sie kleiden sich schlecht in Leder, Tierfelle und Stoffe aus Hanf. Sie haben eine besondere Sprache, die der Provinz Thebeth eigentümlich ist, welche an Manji

---

der Nasen heraus, vnnd er mag auch solche Krafft behalten zehen Jahre lang, wo er nicht gefelschet wird. Diss Thier nennen die Tataren Gaddero, die Araber Almisch, die Griechen *Μόσχον*, die Lateiner Animal Moschi vel Gazellan Indicam. Diss Thierlein weidet sich mit wolschmäckenden Kreutern, sonderlich mit Spicanardi, daher der köstliche Geschmack verursacht wird. Alle Monat geschwüllt im das Bälglein oder Blatter beim Nabel, vnnd wird gross, voll eiterig Blut, welches der Bisam ist; vnnd so dasselbe zeitig wird, so empfindet das Bisam thier so hefftiges Jucken vnnd beissen, dass es weder essen noch trinken mag, sondern es walgert vnnd waltzet sich hin vnnd wieder an den Felsen vnnd Steinen, bis das geschwer an der blasen eröffnet wird, vnnd das blut heraus gehet. Dasselbige ist der Bisam. Die Jäger, wenn sie diese Thierlein fangen, so schneiden sie solche Blatter von jhnen. Aber derselbe Bisam ist gemeiniglich vnzeitig, vnnd nicht so gut, als der so in der Wilde gefunden wird, vnnd den die Bisamthier selber heraus trucken.“

[3]) Unter den Produkten Tibets führt die chinesische Geographie Wei-tsang-tu-schi Korallen und Seemuscheln an; zu den Abgaben, die im Jahre 1661 nach China gesandt wurden, gehörten auch rote Korallen. In dem von Pauthier herausgegebenen Texte ist nicht von Korallen sondern von Salz die Rede; jedenfalls steht soviel fest, daß zur Zeit Marco Polos eigentliches Geld unter den Tibetanern nicht in Umlauf war. Später freilich scheint man die Notwendigkeit, Münzen zu prägen, eingesehen zu haben; denn in dem Buche Wei-tsang-tu-schi heißt es: „In Hlassa zirkulieren Silbermünzen, welche ein Thsiang und fünf Fen (eine Mark) wert sind; sie besitzen arabische Zeichnungen und eine tibetanische Inschrift. Man wechselt die Silbermünze gegen Kupfer ein.“

Gegenwärtig wird von den Tibetern vielfach die indische Rupie im Handelsverkehr benutzt. Von der kleineren indischen Münze, der halben oder viertel Rupie, macht man jedoch keinen Gebrauch, sondern man zerlegt im Bedarfsfalle die volle Münze mit Messer und Beil in kleinere Stücke. Derartige Bruchteile kursieren unbeanstandet. Wenn die Wertobjekte unter eine viertel Rupie her-

grenzt. Das Land war vormals so stark und wichtig, daß es in acht Königreiche geteilt wurde, welche viele Städte und Schlösser enthielten. Seine Flüsse, Seen und Berge sind zahlreich. In den Flüssen wird Goldsand in reicher Menge gefunden.[4]) Nicht allein wird die Koralle, wie schon erwähnt, als Geld gebraucht, sondern die Frauen tragen sie auch um den Hals und schmücken damit ihre Götzenbilder. Manufakturen von Kamelot und golddurchwirktem Tuche sind hier vorhanden; Arzeneien und Spezereien werden in dem Lande erzeugt, die nicht zu uns ausgeführt werden. Diese Leute sind Schwarzkünstler, und vermöge ihrer höllischen Kunst verrichten sie die außerordentlichsten und trüglichsten Zaubereien, die man je gesehen und gehört hat. Sie lassen Ungewitter aufsteigen mit zuckenden Blitzen und Donnerschlägen und bringen viele andere wunderbare Dinge hervor. Sie sind allesamt ein böses Geschlecht. Sie haben Hunde, die so groß wie Esel sind, stark genug, alle Arten wilder Tiere zu jagen, besonders wilde Ochsen, die sie Beyamini nennen[5]) und die außerordentlich groß und grimmig sind. Eine der besten Arten von Lanetenfalken gibt es hier und auch Saker, die sehr schnell im Fluge sind, und damit haben

untersteigen, ersetzt der Tibetaner, falls er nicht das chinesische Geld zu Hilfe nimmt, die Münze durch Tauschgegenstände, z. B. Rosenkranzkugeln, Nadeln, Ziegeltee u. dergl. (Vergl. Hackmann, An den Grenzen von China und Tibet, Halle 1904, Seite 93.)

[4]) Nach der großen Reichsgeographie Chinas findet sich Gold im Kin-scha-kiang, der deswegen auch den Namen „Goldsandfluß" erhalten hat. Aber auch an anderen Stellen Osttibets und Ssetschuans scheint der Goldreichtum nicht gering zu sein. So berichtet z. B. der Reisende Hackmann (früher Geistlicher an der deutschen evangelischen Gemeinde in Schang-hai) von einem Goldbergwerk in der Nähe von Ta-tsien-lu.

[5]) Yule ist der Ansicht, daß das Wort Beyamini für Buemini steht, ein Name, mit dem die Venezianer die Auerochsen oder den Bison zu bezeichnen pflegten.

die Einwohner eine gute Vogelbeize. Diese Provinz Thebeth ist dem Großkhan unterworfen, wie alle die anderen Königreiche und Provinzen, die bislang erwähnt wurden. Ihr zunächst liegt die Provinz Kaindu.

38. Kapitel.

Von der Provinz Kaindu.

Kaindu[1]) ist eine westliche Landschaft, die früher ihre eigenen Fürsten hatte, aber seit sie unter die Herrschaft des Großkhans kam, von Statthaltern regiert wird, die jener einsetzt. Was wir gesagt haben, soll jedoch nicht so verstanden werden, daß sie in dem westlichen Teile Asiens gelegen ist, sondern nur, daß sie, wenn wir weiter wandern,

---

[1]) Die Bestimmung der Lage des Landes Kaindu und des Flusses Brius, der in diesem Kapitel weiter unten genannt wird, hat den Kommentatoren Marco Polos viele Schwierigkeiten verursacht. Indessen lassen sich einige Schlüsse aus den Entfernungsangaben ziehen, die an verschiedenen Stellen des Reiseberichtes vorkommen. Danach brauchte Marco Polo von Tscheng-tu-fu bis zur Grenze Tibets fünf Tagereisen, von der Stadt Kaindu durch die Provinz gleichen Namens bis zum Flusse Brius fünfzehn, von letzterem bis Jaci (Jün-nan-fu) fünf und endlich von Jün-nan-fu bis Karazan (Ta-li-fu) zehn Tagereisen. Hieraus ergibt sich zunächst, daß der Fluß Brius halb soweit von Jün-nan-fu entfernt ist wie Ta-li-fu. Zieht man ferner in Betracht, daß der venezianische Reisende jedenfalls von Norden her die Provinz Jün-nan erreicht hat, so kann der Strom, wie ein Blick auf die Karte lehrt, nur der Kin-scha-kiang sein. Diese Annahme findet ihre Bestätigung in der weiteren Mitteilung Marco Polos, daß der Fluß Goldsand mit sich führt.

Der Kin-scha-kiang führt, wie Thiessen in seinem Buche über China hervorhebt, an seinem obersten Laufe den mongolischen Namen Murui ussu (gewundener Strom); aber weiter unten wechselt er die Benennung. Es werden verschiedene andere Bezeichnungen gebräuchlich, unter denen der tibetische Name Dritschu oder Britschu der bekannteste ist. Offenbar ist Britschu mit dem bei Marco Polo auftretenden Worte Brius identisch.

westlich von jenen nordöstlichen Gegenden liegt. Ihre Einwohner sind Götzendiener. Sie enthält viele Städte und Burgen, und die Hauptstadt, die gleich am Anfange der Provinz liegt, heißt gleichfalls Kaindu. In ihrer Nähe befindet sich ein großer Salzsee, in welchem viele Perlen von weißer Farbe, die jedoch nicht rund sind, gefunden

---

Da über den Fluß Brius keine Zweifel mehr obwalten können, ist es auch nicht schwierig, eine richtige Vorstellung von der Lage der Provinz Kaindu zu gewinnen. Wie aus verschiedenen Textstellen hervorgeht, kann damit nur das Gebiet gemeint sein, das von dem großen, südwärts gerichteten Bogen des Kin-scha-kiang begrenzt wird, und durch welches der Ngan-ning-ho von Norden her strömt. Das Tal dieses Flusses führt den Namen Kien-tschang; nahe seinem nördlichen Ende liegt die Stadt Ning-yuan.

Der englische Forschungsreisende Baber, der im Jahre 1877 Sse-tschuan und Jün-nan besuchte, schreibt über das Tal des Ngan-ning-ho folgendes: „Kien-tschang oder, wie es sonst heißt, die Präfektur Ning-yuan gehört vielleicht zu den am wenigsten bekannten Gebieten der achtzehn Provinzen. Zwei oder drei Stellen in dem Buche Marco Polos enthalten die Angabe, daß der Venezianer, nachdem er hohe Berge überschritten hatte, in ein fruchtbares Land kam, das viele Städte und Dörfer besaß und von einer ziemlich sittenlosen Bevölkerung bewohnt wurde. Diese Mitteilungen bilden bis zum heutigen Tage die einzige Beschreibung, die wir von Kaindu, wie er das Gebiet nennt, besitzen.“ (Travels and researches in the interior of China by E. C. Baber, p. 58.) Ferner sagt derselbe Autor an einer anderen Stelle: „Obwohl das Tal Kien-tschang jetzt hauptsächlich von Chinesen bewohnt wird, trifft man dort auch noch häufig Angehörige der Sifan- und Meniastämme, und die meisten Ortschaften besitzen zwei Namen, einen chinesischen und einen anderen, der der Sprache der Eingeborenen entnommen ist. Wahrscheinlich war zu Marco Polos Zeiten die Meniabevölkerung in überwiegender Zahl vorhanden, und das Tal war ein Teil des Meniagebietes. Hätte Marco Polo diesen Namen gehört, so würde er ihn sicher mitgeteilt haben. Aber die chinesische Bevölkerung und die Beamten gebrauchen ihn nicht, sondern bedienen sich der Bezeichnung Tschan-tu oder Tschan-tui, auf welche, wie ich behaupten möchte, Caindu oder besser Ciandu zurückzuführen ist.“ (a. a. O. p. 82.)

werden. So groß aber ist deren Menge, daß, wenn der Großkhan jedermann erlaubte, danach zu suchen, ihr Wert bald sinken würde; die Fischerei ist jedoch allen verboten, die nicht eine besondere Erlaubnis von ihm erhalten. Ein Berg in der Nachbarschaft liefert Türkissteine, deren Gruben aber auch nicht ohne besondere Erlaubnis bearbeitet werden können.

Die Einwohner dieser Landschaft haben dieselbe schamlose und häßliche Gewohnheit, es nicht als eine Schande anzusehen, daß die Reisenden ihre Frauen, Töchter oder Schwestern mißbrauchen, sondern im Gegenteil, wenn Fremde ankommen, bemüht sich jeder Hausherr,

---

Die Eingeborenen der Landschaft Kaindu gehören zu den interessantesten des chinesischen Reiches. In vielen Teilen Chinas, vor allem in den Provinzen Kuei-tschou, Jün-nan und Sse-tschuan, findet man noch heutigentags Stämme, welche mit den Chinesen nichts zu tun haben, vielfach in feindlicher Beziehung zu ihnen stehen und von ihnen als die Ureinwohner der betreffenden Gebiete bezeichnet werden. Die Okkupation der erwähnten Provinzen erfolgte verhältnismäßig spät; erst während der Mongolendynastie ist China ihre wirkliche Herrin geworden. Die damaligen Besitzer dieser Teile des Reiches wurden überwältigt oder in gebirgig-waldige Gegenden zurückgedrängt, aus denen sie nicht zu vertreiben waren. In solchem Terrain halten sie sich noch heute und verteidigen tapfer ihre Selbständigkeit. Bekannt ist äußerst wenig von ihnen, abgesehen von dem, was die Chinesen erzählen.

Unter diesen Stämmen sind die Lolo wohl die merkwürdigsten. Sie sind ein kriegerisches Volk und zum größten Teil noch vollkommen unabhängig. Ihr Hauptgebiet liegt auf der Ostseite des Kien-tschang-Tales; doch traf sie Hackmann, dessen Reisewerke diese Angaben entnommen sind, auch westlich von dem genannten Einschnitt.

Derselbe Autor erwähnt südlich der Stadt Ning-yuan einen großen See, der, wie die Bewohner des Landes erzählen, vor mehreren Jahrhunderten während eines Erdbebens entstanden ist. Es unterliegt wohl keinem Zweifel, daß dies der See ist, den Marco Polo in der Nähe der Hauptstadt Kaindu antraf.

einen von ihnen mit nach Hause zu nehmen und ihm alle Frauen seiner Familie zu übergeben; er läßt ihn als Herrn des Hauses zurück, während er selbst auszieht. Die Frauen hängen sogleich ein Zeichen über die Tür, welches nicht eher wieder weggenommen wird, als bis der Gast seine Reise weiter fortgesetzt hat, worauf der Hausherr wieder zurückkehren kann. Das tun sie zu Ehren ihrer Götzen; denn sie glauben, daß sie durch solche Handlungen der Liebe und Gastfreundschaft gegen Reisende Segen auf sich herabrufen und mit Überfluß an Früchten der Erde gesegnet werden.

Das Geld, dessen sie sich bedienen, wird auf folgende Weise hergestellt. Sie gießen Goldstangen, und diese gelten nach dem Gewicht, ohne irgend einen Stempel. Das ist ihr größeres Geld. Das kleinere ist von folgender Beschaffenheit. Es gibt in diesem Lande Salzquellen, aus denen sie Salz bereiten, indem sie das Wasser in kleinen Pfannen sieden. Wenn es eine Stunde lang gekocht hat, wird es eine Art Teig, welcher zu Kuchen im Werte von zwei Pfennigen verarbeitet wird. Diese Kuchen sind flach an der unteren und hohl an der oberen Seite und werden auf heiße Ziegel an ein Feuer gelegt, damit sie trocken und hart werden. Auf diese letztere Art Münze drückt man den Stempel des Kaisers, und sie darf durch niemand anderes als seine eigenen Beamten hergestellt werden. Achtzig Stück gelten einen Saggio Gold (eine halbe venezianische Unze). Aber wenn sie von den Handelsleuten zu den Einwohnern der Gebirge und nach anderen wenig besuchten Gegenden gebracht werden, so erhalten sie für sechzig, fünfzig oder sogar vierzig solcher Salzkuchen einen Saggio, je nachdem die Einwohner mehr oder weniger zivilisiert, von den Städten weit entfernt und gewöhnt sind, im Lande zu bleiben, da eben Leute in derartigen Verhältnissen nicht immer Absatz für ihr Gold, ihren Moschus und andere Waren haben können. Und sogar zu diesem Preise entspricht es vollkommen den Wünschen solcher Leute, welche den Goldsand aus den Flüssen sammeln, wie schon gemeldet wurde. Dieselben Kaufleute reisen auch durch die Gebirge und andere Gegenden Thebeths, von denen wir gesprochen haben, wo das Salzgeld gleichfalls im Umlauf ist. Ihr Gewinn ist beträchtlich, weil die Landleute das Salz zu ihrer Nahrung brauchen und es als unumgänglich notwendig für ihre Bedürfnisse betrachten, während die Einwohner der Städte zu demselben Zwecke bloß die zerbrochenen Stücke der Kuchen verwenden und die ganzen Kuchen als Geld in Umlauf setzen. Auch in dieser Landschaft werden die Moschustiere in großer Anzahl gefangen und ist der Moschus verhältnismäßig im Überfluß vorhanden. Gute Fische fängt man in dem See. In dem Lande findet man Löwen,[2]) Bären, Rehe, Hirsche und Antilopen. Auch gibt es daselbst zahlreiche Vögel verschiedener Gattung. Der Wein wird nicht aus Trauben bereitet, sondern aus Weizen und Reis, mit Gewürzen gemischt; das ist ein gar köstliches Getränk.

Die Landschaft erzeugt auch Gewürznelken. Der Baum ist klein, die Zweige und Blätter gleichen denen des Lorbeerbaumes, sind aber etwas länger und schmäler. Ihre Blüten sind weiß und klein, wie die Nelken es selbst sind; aber wenn sie reifen, färben sie sich dunkel. Ingwer wächst dort und auch Zimt im Überfluß, außerdem viele andere Gewürze und Spezereien, von denen niemals etwas nach Europa gebracht worden ist. Wenn man die Stadt Kaindu verläßt, so hat man fünfzehn Tage bis zur entgegengesetzten Grenze der Provinz zu reisen. Während dieser

---

[2]) Marco Polo spricht an vielen Stellen seines Buches von Löwen, während aus dem Zusammenhange hervorgeht, daß es richtiger Tiger heißen müßte.

Reise trifft man auf ansehnliche Wohnungen, viele feste Posten und auch für Jagd und Vogelfang geeignete Plätze. Die Einwohner haben die Sitten und Gebräuche, die schon beschrieben worden sind. Nach Verlauf dieser fünfzehn Tage kommt man an den Fluß Brius, der die Provinz begrenzt und in welchem sehr viel Goldsand gefunden wird. Er ergießt sich in den Ozean. Wir wollen nun den Fluß verlassen, da dort nichts Bemerkenswertes weiter vorkommt, und von der Provinz Karaian reden.

39. Kapitel.

Von der großen Provinz Karaian und ihrer Hauptstadt Jaci.

Wenn man den vorerwähnten Fluß passiert hat, kommt man in die Provinz Karaian,[1]) die von solcher Ausdehnung ist, daß sie in sieben Regierungssitze geteilt wird. Sie liegt nach Westen, ihre Einwohner sind Götzenanbeter, und sie ist der Herrschaft des Großkhans unterworfen, der als ihren König seinen Sohn Centemur[2]) ein-

---

[1]) Karajang ist der mongolische Name für die Provinz Jünnan, deren Hauptstadt Marco Polo Jaci nennt, während sie jetzt Jün-nan-fu heißt. Pauthier freilich nimmt an, daß Jaci mit der Stadt Li-kiang im Norden von Ta-li-fu identisch ist. Dem steht jedoch eine Stelle bei Raschid-ed-din entgegen, der bei der Besprechung der Provinzverwaltung Chinas zur Zeit der Mongolen folgendes mitteilt: „Karajang ist ein unabhängiges Königreich, und die Provinzialregierung befindet sich in der Hauptstadt Jachi.“ Andererseits wissen wir aus chinesischen Quellen, daß damals die Hauptstadt der Provinz Tschung-king hieß. Da jedoch Tschungking mit dem späteren Jün-nan-fu übereinstimmt, so folgt daraus die Richtigkeit der oben angegebenen Behauptung. (Yule, a. a. O. II. 67.)

Der von Marco Polo erwähnte See in der Umgebung von Jaci ist der Tien-tschi. Sein Umfang beträgt nach Martini fünfhundert Li.

[2]) Der Vizekönig der Provinz Jün-nan hieß in der Tat Esentemur oder auch Ye-sian Timur, wie ihn die chinesischen Annalen

gesetzt hat, einen reichen, edlen und mächtigen Fürsten, der mit großer Weisheit und Tugend begabt ist und das Königreich mit großer Gerechtigkeit regiert. Wenn man von diesem Flusse fünf Tagereisen nach Westen zieht, so kommt man durch ein reich bewohntes Land und sieht viele Burgen. Die Einwohner leben von Fleisch und den Früchten der Erde. Ihre Sprache ist ihnen eigentümlich und schwer zu erlernen. Die besten Pferde werden in dieser Provinz aufgezogen. Nach Verlauf dieser fünf Tage kommt man in ihre Hauptstadt, welche Jaci heißt und groß und berühmt ist. In ihr findet man Kaufleute und Handwerker mit einer gemischten Bevölkerung, die aus einheimischen Götzendienern, nestorianischen Christen und Sarazenen oder Muhammedanern besteht; aber die ersteren sind in der Mehrheit. Das fruchtbare Land bringt Weizen und Reis hervor. Die Leute jedoch essen kein Weizenbrot, welches sie für ungesund halten, sondern leben von Reis, und aus dem anderen Korne bereiten sie, mit einem Zusatze von Gewürzen, Wein, der klar, hellfarbig und sehr angenehm im Geschmacke ist. Als Geld bedienen sie sich der weißen Porzellanmuscheln, die im Meere gefunden werden, und sie tragen sie auch als Schmuck um ihren Hals. Achtzig solcher Muscheln sind im Werte einem Silbersaggio oder zwei venezianischen Groschen gleich. Auch in diesem Lande gibt es Salzquellen, aus welchen man allen Salzbedarf der Einwohner gewinnt. Die Abgabe auf dieses Salz bringt dem Könige eine reiche Einnahme.

Die Einwohner betrachten es als keine Beleidigung, wenn andere Verbindungen mit ihren Frauen unterhalten, sobald nämlich das Weib mit einem solchen Verhältnisse einverstanden ist. Es gibt hier einen See, der fast hundert Meilen im Umfange hat, in welchem zahlreiche Fische

---

nennen. Er war aber nicht der Sohn sondern der Enkel Kublaikhans; sein Vater Khogatschi war der fünfte Sohn des Herrschers.

verschiedener Art gefangen werden; einige derselben sind von bedeutender Größe. Die Leute haben die Gewohnheit, ungekochtes Fleisch von Geflügel, von Schafen, Ochsen und Büffeln zu essen, das aber auf folgende Weise zubereitet wird. Sie schneiden das Fleisch in kleine Stückchen und legen es dann in Salzbrühe mit einer Beimischung von verschiedenen Gewürzen. So wird es für Personen höherer Stände zubereitet; die ärmere Klasse aber taucht es, nachdem es klein geschnitten ist, bloß in eine Knoblauchbrühe und ißt es, als wenn es gekocht wäre.

40. Kapitel.

Von der Provinz Karazan.

Wenn man von der Stadt Jaci zehn Tage nach Westen reist, gelangt man in die Provinz Karazan, deren Hauptstadt ebenso heißt.[1]) Die Einwohner sind Götzenanbeter. Das

---

[1]) Die Bezeichnungen Karaian und Karazan sind zweifellos vollkommen identisch. Marco Polo reiste durch die Provinz Jünnan zehn Tage nach Westen und gelangte schließlich nach Tali-fu, der zweiten Hauptstadt des Landes, die gleichfalls an einem großen See, dem Örr-hai, liegt. Der Reisende Hackmann, welcher sie vor einigen Jahren besuchte, berichtet von der großen Bedeutung, die sie im letzten Jahrhundert als Stützpunkt der aufständischen Muhammedaner besaß. „Die Provinz Jün-nan ist eins der Hauptverbreitungsgebiete des Islam in China gewesen, und insbesondere die Stadt Tali war ein starker Stützpunkt dieses Glaubens. Jün-nan ist erst seit der Mongolendynastie mit dem chinesischen Reiche verbunden. Damals wurde ein Moslem, Omar, aus Bokhara, Gouverneur der Provinz, und unter dessen Regiment strömten die Muhammedaner, deren Zahl und Einfluß unter den Mongolenkaisern überhaupt in China sehr wuchs, in großer Zahl dorthin. So wurde damals der Grundstock der Bevölkerung dieser Provinz muhammedanisch, wie auch die Provinz Kansu in jener Zeit aus ähnlichen Gründen dem Islam anheimgefallen ist. Die neueste Zeit hat aber einen Wendepunkt

Land gehört zur Herrschaft des Großkhans, und die Regierung wird von seinem Sohne Kogatin[2]) geführt. In den Flüssen wird Gold in kleinen und großen Stücken gefunden, doch gibt es auch Goldadern in den Bergen. Wegen des vielen Goldes hat ein Saggio Gold nur den Wert von sechs Saggi Silber. Sie gebrauchen ebenfalls die schon erwähnten Porzellanmuscheln als Scheidemünze, die jedoch nicht in diesem Lande selbst gefunden, sondern aus Indien eingeführt werden.

Man sieht hier ungeheuer große Schlangen, die zehn Schritt lang sind und zehn Spannen im Umfange haben. Vorn neben dem Kopfe haben sie zwei kurze Beine mit drei Klauen wie die Tigerkatzen; ihre Augen sind größer als ein Vierkreuzerbrot (pane da quattro denari) und glühen wie Feuer. Der Rachen ist groß genug, einen Mann zu verschlingen, die Zähne sind groß und scharf und der ganze Anblick dieser Ungeheuer ist so furchtbar, daß

---

gebracht. Die Muhammedaneraufstände in Jün-nan und Kan-su haben der Regierung das Gefährliche des Islam gezeigt, und man ist radikal gegen ihn vorgegangen. Besonders gilt das von Jün-nan."

„Talifu war hier von den aufständischen Muhammedanern, welche ein unabhängiges Reich für sich zu begründen suchten, nach der Eroberung zur Hauptstadt und zum Sitz ihres Imams, Tu Wen-hsiu, gemacht worden. Es wurde nach furchtbaren Anstrengungen mit Hilfe europäischer Kanonen den Empörern wieder abgenommen (1872). Der Imam gab sich selbst den Tod. Unter den Moslems aber richtete man ein arges Blutbad an und hat sie seitdem sehr scharf unter Aufsicht gehalten. So ist es ihnen bis heute noch nicht wieder erlaubt, in Tali eine Moschee zu erbauen." (An den Grenzen von China und Tibet, S. 290.)

[2]) Kogatin ist der Khogatschi der Chinesen, von dem bereits in einer Anmerkung zum vorigen Kapitel die Rede war. Er wurde im Jahre 1267 von Kublai-khan zum Vizekönig ernannt. Seine Residenz nahm er zu Ta-li-fu, das seitdem eine der zwölf Hauptstädte des mongolischen Kaisertums war.

weder Mann noch Tier sich ihnen ohne Schrecken nahen kann. Noch andere Schlangen findet man, die weniger groß sind und acht, sechs oder fünf Schritt Länge haben. Man fängt sie folgendermaßen. Am Tage rollen sie sich wegen der großen Hitze in Höhlen zusammen, aus denen sie zur Nachtzeit hervorkriechen, um ihren Fraß zu suchen, und wenn sie Tieren begegnen, die sie fassen können, sei es ein Löwe, ein Wolf oder sonst ein anderes Geschöpf, so verschlingen sie dieselben; dann wälzen sie sich nach einem See, einem Brunnen oder Fluß, um zu trinken. Indem sie sich so an dem Ufer hin bewegen, machen sie wegen ihres schweren Leibes tiefe Eindrücke, als wenn ein schwerer Balken über den Sand weg gezogen worden wäre. Die nun, die sich mit der Jagd auf die Schlangen abgeben, merken sich den Weg, den sie am meisten zu nehmen pflegen, und stecken viele Pfähle, mit scharfen eisernen Spitzen versehen, in den Boden und bedecken sie mit Sand, so daß sie nicht gesehen werden können. Wenn nun die Tiere ihren Weg nach den Plätzen, wo sie sich gewöhnlich aufhalten, nehmen, werden sie von jenen Spitzen schwer verwundet und sterben schnell. Sobald die über ihnen fliegenden Krähen bemerken, daß sie tot sind, erheben sie ihr lautes Geschrei; dies ist den Jägern ein Signal; sie eilen schnell zur Stelle, trennen die Haut vom Fleische und nehmen mit Sorgfalt die Galle heraus, die bei ihnen als Heilmittel sehr hochgehalten wird; denn wenn ein toller Hund gebissen hat, wird die Galle im Gewichte eines Denars in Wein aufgelöst und dagegen gebraucht. Auch ist sie bei der Beschleunigung der Geburt von Nutzen, wenn bei den Frauen die Kindesnöte herankommen. Streicht man nur ein wenig davon auf Beulen, Blattern oder andere Ausschläge des Leibes, so lösen sich diese bald auf, und die Galle ist auch heilsam für andere Gebrechen. Das Fleisch des Tieres wird zu hohen Preisen verkauft und an Wohlgeschmack allen anderen Arten Fleisch vorgezogen und von allen Leuten für eine Delikatesse gehalten.[3]) In dieser Provinz sind die Pferde sehr groß und werden jung zum Verkaufe nach Indien geführt. Sie haben den Brauch, den Pferden den Schwanz an einem Gelenke durchzuschneiden, damit sie ihn nicht hin und her werfen, so daß er hängen bleibt, da ihnen das Hin- und Herschlagen desselben beim Reiten als eine häßliche Gewohnheit erscheint. Diese Leute reiten mit langen Steigbügeln, wie die Franzosen es in unserem Erdteile tun, während die Tataren und fast alle anderen Völker sie kurz haben, um desto bequemer den Bogen brauchen zu können, da sie sich in ihren Steigbügeln über das Pferd emporrichten, wenn sie die Pfeile abschießen. Sie tragen eine vollkommene Rüstung von Büffelleder und führen Lanzen, Schilde und Bogen. Alle ihre Pfeile sind vergiftet. Es wurde mir auf das bestimmteste versichert, daß besonders die, welche Böses im Sinne haben, immer Gift bei sich führen, in der Absicht, es zu verschlucken, wenn sie etwa wegen eines Verbrechens ergriffen und der Folter übergeben werden sollten; denn sie begehen lieber Selbstmord, als daß sie sich foltern ließen. Aber ihre Oberherren, die diese Gewohnheit kennen, haben dagegen immer Hundekot bei sich, welchen die Angeklagten gleich darauf hinunterschlucken müssen, worauf sie das Gift wieder von sich geben. So hat man gleich das Gegengift für die List dieser Elenden bereit. Bevor sie dem Großkhan untertan wurden, war dieses Volk folgender schändlichen Gewohnheit ergeben. Wenn ein

[3]) Marsden hat bereits die Ansicht vertreten, daß die von Marco Polo beschriebenen Schlangen nichts anderes als Krokodile sind. Allerdings ist die naturhistorische Schilderung sehr ungenau und ist wahrscheinlich auf phantasievolle chinesische Berichte zurückzuführen.

Fremder von Stand, der persönliche Schönheit mit Tapferkeit vereinigte, seine Herberge in dem Hause eines der Einwohner nahm, so wurde er nächtlicherweile erwürgt, nicht etwa wegen seines Geldes, sondern damit der Geist des Getöteten mit seinem Verstande und seinen anderen schönen Gaben bei der Familie verbliebe, da sie der Meinung waren, sie würden durch ihn Glück und Erfolg in ihren Unternehmungen erlangen. Danach wurde der Mann als ein Glückskind betrachtet, der auf diese Weise die Seele einer adeligen Person in seine Gewalt brachte, und viele mußten ihr Leben darüber lassen. Aber von der Zeit an, als der Großkhan die Regierung des Landes übernahm, hat er die erforderlichen Maßregeln getroffen, um diese unmenschliche und abscheuliche Torheit auszurotten, und infolge strenger Strafen, die er über die Schuldigen verhängen ließ, hat sie aufgehört, zu bestehen.

41. Kapitel.

Von der Provinz Zardandam und der Stadt Vociam.

Wenn man von Karazan fünf Tagereisen westlich zieht, kommt man in die Provinz Zardandam, welche zur Herrschaft des Großkhans gehört und deren Hauptstadt Unciam heißt.[1]) Die Münze dieses Landes besteht in

[1]) Baber schreibt (Travels, p. 171) bei seiner Ankunft am Lan-tsang-kiang (Mekong): Wir befanden uns jetzt an der Grenze zwischen Carajan und Zardandam. „Wenn man fünf Tagereisen westlich zieht, kommt man in die Provinz Zardandam," sagt Marco Polo in genauer Übereinstimmung mit der Anzahl der Stationen von Ta-li-fu bis zur heutigen Grenze von Yung-tschang. Daß dieser Fluß die Grenze zwischen den beiden Provinzen gewesen sein muß, liegt auf der Hand. Ein Blick in jene tiefe Spalte, aus welcher der einzige Ausweg durch eine unter großen Schwierigkeiten hergestellte, in Serpentinen ansteigende Straße gebildet wird, die selbst unter den günstigsten Verhältnissen nicht gefahrlos genannt wer-

Gold nach Gewicht und auch in Porzellanmuscheln. Eine Unze Gold wird für fünf Unzen Silber gegeben und ein Saggio Gold für fünf Saggi Silber, weil es keine Silbergruben in dem Lande gibt, sondern nur Gold; demnach haben die Kaufleute, welche Silber einführen, guten Gewinn. Männer und Weiber haben in diesem Lande die Gewohnheit, ihre Zähne mit dünnen Goldplättchen zu überziehen, die sehr geschickt der Form der Zähne angepaßt werden, welche stets damit bedeckt bleiben. Die Männer machen sich auch dunkle Streifen oder Bänder um ihre Arme und Beine, indem sie sie auf folgende Weise tätowieren. Sie haben fünf zusammengebundene Nadeln, die sie in das Fleisch drücken, bis das Blut herausquillt, und dann reiben sie die Punkte mit einem schwarzfärbenden Stoffe ein, der nicht wieder zu vertilgen ist. Solche dunklen Streifen werden als Schmuck und ehrenvolle Auszeichnung betrachtet. Sie haben für nichts anderes Sinn als für Reiten, Jagen, Waffenspiele und kriegerische Übungen; darum überlassen sie die Leitung der häuslichen Ange-

---

den kann, muß selbst den größten Skeptiker davon überzeugen. Die genaue Entfernungsangabe ist ein Beweis dafür, daß Marco Polo das Gebiet, in welchem Yung-tschang liegt, besucht hat. (Yule, a. a. O. II. 88.)

Was den Namen der Provinz betrifft, so hat zuerst Klaproth darauf hingewiesen, daß Zar-dandan ein persisches Wort ist und „Goldene Zähne“ bedeutet; er führt überdies einige Stellen aus dem Buche Raschid-ed-dins an, aus denen hervorgeht, daß die in Frage kommende Bevölkerung mit demselben Namen bezeichnet wurde. Auch in den chinesischen Annalen werden die Bewohner des Landes häufig Kin-tschi, „Goldene Zähne“, genannt.

Die Hauptstadt des Distriktes, die bei Marco Polo Unciam oder Vocian heißt, ist zweifellos Yung-tschang-fu. In einer Abhandlung über die Pa-yi-Sprache sagt F. W. K. Müller, daß die eigentliche Rechtschreibung des Wortes in dieser Sprache Wan-tschang ist. (Yule, a. a. O. II. 89.) Die Ähnlichkeit der beiden Namen Unciam und Wan-tschang ist unverkennbar.

legenheiten ihren Weibern, die zu ihrer Unterstützung Sklaven haben, welche entweder gekauft werden oder Kriegsgefangene sind.

Dieses Volk hat folgenden eigentümlichen Brauch. Wenn ein Weib ein Kind geboren, das Bett verlassen und den Säugling gewaschen und eingewickelt hat, so nimmt der Mann sogleich den Platz ein, den sie verlassen hat, und das Kind zu sich, das er vierzig Tage lang nährt. In dieser Zeit besuchen ihn die Freunde und Verwandten der Familie und bringen ihm ihre Glückwünsche dar, während die Frau die häuslichen Geschäfte verrichtet, dem Manne Speise und Trank ans Bett bringt und den Säugling an seiner Seite stillt. Dieses Volk verzehrt das Fleisch roh oder in der schon beschriebenen Weise zubereitet und nimmt Reis dazu. Den Wein bereiten sie aus Reis, mit Gewürzen gemischt, und es ist dies ein guter Trank.

In dieser Landschaft haben sie weder Tempel noch Götzenbilder, sondern sie verehren den Ältesten, den Familienvater, dem sie, wie sie sagen, ihr Dasein und alles, was sie besitzen, verdanken. Sie haben gar keine Kenntnis vom Schreiben; auch darf man sich darüber nicht wundern, wenn man die rauhe Natur des Landes betrachtet, welches ganz gebirgig und mit dichten Wäldern bedeckt ist. Im Sommer ist die Luft so schwül und ungesund,[2]) daß die Kaufleute und andere Fremde das Land

---

[2]) Die klimatischen Verhältnisse der Länder zwischen dem Mekong und Saluen sind außerordentlich ungünstig; besonders das Tal des letztgenannten Flusses ist wegen seiner Fiebergefahr verrufen. In dem Buche von Hackmann (S. 332) liest man darüber folgendes: „Von dem Tale des Saluen erzählen die Chinesen mit Schaudern die seltsamsten Geschichten. Verschiedenartige giftige Ausdünstungen entströmen dort dem Boden in roter, gelber und blauer Farbe, besonders tödlich die rote Luft. In den Fluten soll ein scheußliches Ungeheuer hausen, welches die Passanten beim Überschreiten umschlingt und in die Tiefe hinabzieht. Besonders

verlassen müssen, um dem Tode zu entgehen. Wenn die Eingeborenen ein Geschäft abschließen, für das ein Schuldschein ausgestellt werden soll, so nimmt ihr Oberhaupt ein viereckiges Stück Holz und zerlegt es in zwei Stücke; dann werden Zeichen auf jedes der Stücke vermerkt, welche die fragliche Summe angeben, und beide Parteien erhalten eins, gerade wie es mit unseren Kerbhölzern gehalten wird. Wenn der Termin abgelaufen ist und der Schuldner bezahlt hat, übergibt der Gläubiger sein Gegenstück, und beide sind zufriedengestellt.

Weder in dieser Landschaft noch in den Städten Kaindu, Unciam und Jaci findet man Leute, welche die Arzneikunst verstehen. Wenn eine vornehme Person erkrankt, so beruft ihre Familie die Zauberer, welche den Götzen Opfer darbringen; ihnen gibt der Kranke Rechenschaft über sein Gebrechen. Die Zauberer lassen dann Leute kommen, welche rauschende und laute Instrumente spielen, und tanzen danach und lassen Gesänge erschallen zu Ehre und Preis ihrer Götzen, so lange bis der böse Geist in einen von den Tanzenden gefahren ist, worauf der Musiklärm aufhört. Sie befragen nun den Besessenen nach der Ursache der Krankheit des Mannes und nach den Mitteln, die man zu seiner Heilung brauchen soll.

---

soll das früher geschehen sein, als man noch mit einem Fährboot übersetzen mußte. Jetzt überspannt eine starke Brücke den Fluß und mindert diese Gefahr. Entsetzlich sollen die Krankheiten sein, welche hier über den Menschen kommen, manchmal schon wenn er nur eilig durchreist. Nicht nur gewöhnliche Malaria, sondern Fieber mit einem Starrkrampf des Kopfes, der sehr schnell zum Tode führt, dann eine Art Beulenpest wurden mir beschrieben. Bewohner soll es nur sehr wenige in dem Tale geben, und auch diese wenigen sollen in der feuchten Jahreszeit wochenlang ganz aus dem fluchbringenden Distrikte in die Berge entweichen. Obwohl eingehüllt in abergläubische Vorstellungen, sind diese Angaben, wie ich später erfahren habe, in der Hauptsache richtig."

41. Kapitel

Der böse Geist antwortet aus dem Munde dessen, in welchen er gefahren, daß die Krankheit durch eine Beleidigung, die einem gewissen Götzen widerfahren sei, herbeigeführt wurde. Darauf richten die Zauberer ihre Gebete an den Götzen und bitten ihn, dem Sünder zu verzeihen, mit der Bedingung, daß, wenn er geheilt sei, er ein Opfer aus seinem eigenen Blute darbringen würde. Wenn aber der Dämon sieht, daß keine Aussicht auf Besserung vorhanden ist, so sagt er, der Götze sei so schwer beleidigt worden, daß kein Opfer ihn besänftigen könne. Wenn er aber im Gegenteile meint, daß die Heilung leicht von statten gehen werde, so verlangt er, daß ein Opfer von soviel Schafen mit schwarzen Köpfen dargebracht wird, wie Zauberer mit ihren Weibern versammelt sind, und daß das Opfer von ihren Händen verrichtet werde, wodurch, wie er sagt, die Gottheit wieder versöhnt werden könne. Die Verwandten willigen sogleich in alles, was verlangt wird; die Schafe werden geschlachtet, ihr Blut gegen den Himmel gespritzt, die Zauberer, Männer und Frauen, zünden duftiges Aloeholz an und durchräuchern damit das ganze Haus des Kranken. Sie gießen die Brühe, in welcher das Fleisch gesotten wurde, mit etwas Getränk, das sie aus Gewürzen bereiten, in die Luft und lachen, singen und tanzen ringsum und meinen, sie erwiesen ihrem Götzen oder Gotte eine Ehre. Die nächste Frage an den Besessenen ist, ob der Götze mit dem Opfer zufrieden sei, welches ihm dargebracht wurde, oder ob er verlange, daß ihm noch ein anderes geweiht werde, und wenn er antwortet, er sei zufrieden, so setzen sich die Zauberer beiderlei Geschlechts, die mit ihren Gesängen nicht aufgehört haben, nieder, um das Fleisch zu verzehren, welches als Opfer dargebracht wurde, und den Gewürztrank zu trinken, von dem man etwas in die Luft gesprengt hat; das tun sie mit allen Zeichen großer Heiterkeit. Haben sie ihr Mahl beendet und ihren Lohn empfangen, so kehren sie nach Hause zurück, und wenn durch Gottes Vorsicht der Kranke gesund wird, so schreiben sie seine Heilung dem Götzen zu, dem sie das Opfer dargebracht haben; wenn er aber sterben sollte, so erklären sie, daß die Festlichkeiten darum ohne Wirkung geblieben seien, weil die, welche die Speisen hergerichtet, sich erkühnt hätten, davon zu kosten, bevor dem Götzen sein Teil dargebracht worden sei. Dabei muß man wissen, daß diese Zeremonien nicht bei der Krankheit eines jeden Mannes vorgenommen werden, sondern vielleicht nur einoder zweimal im Laufe eines Monats für vornehme und reiche Leute. Sie sind jedoch bei allen heidnischen Einwohnern aller der Provinzen Kataias und Manjis gebräuchlich, unter denen ein Arzt eine seltene Erscheinung ist. Und so spielen die Teufel mit der Verblendung solcher verführten und elenden Völker.

42. Kapitel.

Wie der Großkhan die Eroberung des Königreiches Mien und Bangala ausführte.

Ehe wir weiter fortfahren, wollen wir von einer merkwürdigen Schlacht reden, die sich im Königreiche Unciam ereignete.[1]) Es geschah, daß im Jahre 1272 der Großkhan

[1]) Mit dem Namen Mien bezeichnen die Chinesen das Königreich Birma. Man liest in den „Allgemeinen Jahrbüchern Chinas“ (Li-tai-ki-sse, k. 97, fol. 52) für das Jahr 1277: „Früher hatten die Yuen (Mongolen) Gesandte zum Könige von Mien geschickt, um von ihm Tribut zu fordern; der König war jedoch diesem Verlangen nicht nachgekommen, sondern hatte erzürnt über die Forderung ein großes Heer ausgerüstet, das in den mongolischen Distrikt Yung-tschang eindringen sollte. Der Gouverneur der Provinz Jün-nan schickte Truppen, um ihn zu vertreiben. Als das Heer

eine Armee in die Länder Unciam und Karazan schickte, um sie gegen jeden Angriff zu verteidigen, den Fremde gegen sie ausführen möchten; denn zu dieser Zeit hatte Se. Majestät noch nicht seinen eigenen Söhnen Stellen in der Regierung anvertraut, was er später zu tun pflegte, so z. B. Centemur, für den diese Plätze ein Fürstentum bildeten. Als der König von Mien und Bangala in Indien, der über zahlreiche Untertanen herrschte und reich an Ländern und Schätzen war, vernahm, daß eine Tatarenarmee zu Unciam angekommen sei, faßte er den Entschluß, sogleich vorzurücken, um sie anzugreifen, damit durch ihre Vernichtung der Großkhan von ferneren Versuchen abgeschreckt werde, eine Streitkraft an den Grenzen seines Reiches aufzustellen. Deshalb versammelte er eine sehr große Armee mit einer Menge von Elefanten, deren es sehr viele in diesem Lande gibt, und die auf ihrem Rücken Türme von Holz mit einer Besatzung von zwölf bis sechzehn Soldaten trugen. Mit diesen und einer zahlreichen Armee zu Roß und zu Fuß machte er sich auf den Weg nach Unciam, wo des Großkhans Armee lag, und schlug, um seinen Truppen einige Tage Ruhe zu geben, in nicht großer Entfernung von der Stadt sein Lager auf. Sobald die Annäherung des Königs von Mien mit einer so großen Streitkraft Nestardin, dem Befehlshaber der Truppen des

---

des Königs von Mien geschlagen war, ließ dieser mehr als hundert Forts, die er zu seiner Verteidigung auf den Höhen hatte erbauen lassen, im Stich und zog sich zurück.“ Weiter heißt es in demselben Werke (k. 98, fol. 7): „In diesem Jahre (1283) nahm der Mongolenfürst Siang-ta-ur zusammen mit anderen Heerführern die feste Stadt Kiang-theou im Sturm. Sie schickten Boten ab, die den König auffordern sollten, sich zu unterwerfen. Dieser weigerte sich jedoch. Da zogen sie vor die Hauptstadt Tai-kung, die gleichfalls befestigt war, und bemächtigten sich ihrer samt der Besatzung und den Regierungsbeamten.“ (Pauthier, le livre de Marco Polo, II. 401.)

Großkhans,[2]) bekannt wurde, war dieser, obgleich ein tapferer und geschickter Hauptmann, doch in Besorgnis, da er nicht mehr als zwölftausend Mann, freilich gediente Leute und brave Soldaten, unter seinem Befehle hatte, während der Feind sechzigtausend besaß, außer den Elefanten, die so gerüstet waren, wie wir bereits angegeben haben. Doch zeigte er keine Furcht, sondern stieg in die Ebene von Unciam hinab und nahm eine Stellung ein, in welcher seine Flanke durch einen dichten Wald von großen Bäumen gedeckt war, wohin sich seine Truppen, im Fall eines wütenden Angriffs der Elefanten, dem sie nicht standzuhalten vermochten, zurückziehen konnten, um sie von dort in Sicherheit mit ihren Pfeilen zu beschießen. Er rief die Hauptleute seiner Armee zusammen und ermahnte sie, nicht weniger Tapferkeit bei dieser Gelegenheit zu entfalten als in früheren Kämpfen, und erinnerte sie, daß der Sieg nicht von der Zahl der Leute, sondern von Mut und kriegerischer Erfahrung abhinge. Er stellte ihnen vor, daß die Truppen des Königs von Mien und Bangala im Kriegsdienste ungeübt wären, da sie keine Gelegenheit gehabt hätten, Erfahrung darin zu erlangen; daß sie, anstatt entmutigt zu werden, durch die größere Anzahl ihrer Feinde Vertrauen auf ihre eigene Tapferkeit haben sollten, die ja so oft die Prüfung bestanden hätte; daß ihr Name schon ein Gegenstand des Schreckens sei, nicht nur dem Feinde, sondern der ganzen Welt, und er schloß mit dem Versprechen, sie zum sicheren Siege zu führen.

---

[2]) Nasir-ed-din war der älteste von den fünf Söhnen des Muhammedaners Sayad Ajil, der aus Bokhara stammte und in Jün-nan starb, wo er zu der Zeit, als Kublai unter der Regierung Mangu-khans in das Land eindrang, Statthalter gewesen war. Nasir-ed-din wurde Gouverneur der Provinz Jün-nan und zeichnete sich in dem Kriege gegen die südlichen Völkerschaften von Kiao-tschi (Cochinchina) und Mien (Birma) aus. Er starb im Jahre 1292. (Yule, a. a. O. II. 104.)

42. Kapitel

Als der König von Mien sah, daß die Tataren in die Ebene hinabgestiegen waren, setzte er augenblicklich seine Armee in Bewegung, rückte bis ungefähr eine Meile von dem Feinde vor und führte seine Truppen in Schlachtordnung, stellte die Elefanten an die Front und die Reiterei und das Fußvolk in zwei ausgedehnten Flügeln hinter ihnen auf, doch ließ er zwischen ihnen einen bedeutenden Raum. Hier stellte er sich selbst auf, feuerte seine Leute an, forderte sie auf, mutig zu fechten, und versicherte ihnen, sie würden siegen, nicht allein wegen ihrer überlegenen Zahl, da sie vier gegen einen wären, sondern auch wegen ihrer furchtbaren, gerüsteten Elefantenmacht, deren Gewalt der Feind, der niemals mit solchen Streitern zu tun gehabt hätte, unter keinen Umständen aushalten könnte. Darauf gab er Befehl, eine ungeheure Zahl von Kriegsinstrumenten erschallen zu lassen, und rückte kühn mit seiner ganzen Armee gegen die Tataren vor, welche ruhig standen, keine Bewegung machten, sondern sie an die Verschanzungen herankommen ließen. Dann aber brachen sie hervor mit mutigem Geiste und der größten Begierde, zu kämpfen; aber bald sah man, daß die tatarischen Pferde, die den Anblick solch ungeheurer Tiere mit Türmen nicht gewohnt waren, erschreckt wurden, sich wandten und zu fliehen suchten, und die Reiter konnten sie trotz aller Anstrengung nicht zurückhalten, während der König mit seiner ganzen Truppenmasse in jedem Augenblicke mehr Raum gewann. Als der kluge Feldherr diese unerwartete Unordnung bemerkte, ergriff er sogleich, ohne die Geistesgegenwart zu verlieren, die richtigen Maßregeln und befahl seinen Leuten, abzusteigen und ihre Pferde in den Wald zu führen, wo sie an die Bäume festgebunden wurden. Sobald seine Leute abgestiegen waren, rückten sie, ohne Zeit zu verlieren, zu Fuß gegen die Elefantenlinie vor und schossen rasch und rüstig ihre Pfeile gegen sie ab, während dagegen die, welche in den Türmen waren, sowie auch die übrigen Teile der Armee mit großem Eifer das Schießen erwiderten; aber ihre Pfeile brachten nicht dieselbe Wirkung hervor wie die der Tataren, deren Bogen von kräftigerem Arme gespannt wurde. Die letzteren schossen so unermüdlich und richteten, nach dem Befehle ihres Feldherrn, alle ihre Waffen gegen die Elefanten, daß diese bald mit Pfeilen bedeckt waren, plötzlich das Feld räumten und sich auf die eigenen Leute stürzten, die hinter ihnen aufgestellt waren und so in Verwirrung gebracht wurden. Es war ihren Führern weder mit Gewalt noch mit Geschicklichkeit möglich, sie zu halten. Wild gemacht durch den Schmerz ihrer Wunden und durch das Geschrei der gegen sie anrückenden Feinde, waren sie nicht länger mehr zu bändigen, sondern liefen ohne Ordnung nach allen Richtungen hin, bis sie zuletzt, von Wut und Furcht getrieben, in einen Teil des Waldes stürzten, der von den Tataren nicht besetzt war. Die Folge hiervon war, daß wegen der Dichtigkeit der großen Baumäste und Zweige sie mit lautem Gekrach die hölzernen Türme, die sie auf ihrem Rücken trugen, zerbrachen und die, welche darin saßen, in die Zerstörung mit hineinzogen. Als die Tataren die Verwirrung der Elefanten sahen, faßten sie frischen Mut, zogen Trupp bei Trupp mit vollkommener Ordnung und Regelmäßigkeit zu ihren Pferden, die sie wieder bestiegen, vereinigten ihre verschiedenen Abteilungen, und alsbald begann der blutige und furchtbare Kampf von neuem. Auf der Seite der Truppen des Königs fehlte es nicht an Tapferkeit, er selbst ging durch die Reihen und bat sie, standzuhalten und sich nicht durch den Unfall erschrecken zu lassen, der die Elefanten betroffen hatte. Aber die Tataren waren durch ihr außerordentliches Geschick im Pfeilschießen für sie zu mächtig, und die Feinde empfanden es schmerzlich, daß sie nicht so gewaffnet waren wie die Tataren. Als die Pfeile auf beiden Seiten verschossen waren, griffen die Männer zu ihren Schwertern und eisernen Kolben und kamen heftig miteinander ins Handgemenge. Da sah man nun bald entsetzliche Wunden, abgeschlagene Glieder und Menschenmassen, die zu Boden stürzten, verstümmelt und tot, und es floß so viel Blut, daß es ein Grauen war, das zu sehen. So groß war das Getöse der Waffen und so schrecklich das Brüllen und Schreien, daß der Lärm zum Himmel aufzusteigen schien. Der König von Mien benahm sich als tapferer Feldherr und war überall gegenwärtig, wo sich die größte Gefahr zeigte, feuerte seine Soldaten an und bat sie, mit Kraft standzuhalten. Er ließ neue Schwadronen von der Reserve zur Unterstützung derer, welche erschöpft waren, vorrücken. Als er aber zuletzt sah, daß es unmöglich sei, den Kampf länger aufrecht zu erhalten oder dem gewaltigen Vordringen der Tataren zu widerstehen, daß der größere Teil seiner Truppen entweder getötet oder verwundet und das ganze Feld mit Leichen von Männern und Pferden bedeckt war, während die Überlebenden bereits zurückzuweichen begannen, da sah er ein, es sei das beste, mit den Trümmern der Armee die Flucht zu ergreifen.

Der Verlust dieser Schlacht, welche vom Morgen bis zum Abende dauerte, wurde schwer auf beiden Seiten gefühlt; aber die Tataren waren endlich doch die Sieger, und das war besonders dem Umstande zuzuschreiben, daß die Truppen des Königs von Mien und Bangala nicht bewaffnet waren wie die Tataren und daß die Elefanten, besonders die in den ersten Reihen, nicht genügend geschützt waren, um die ersten Salven der feindlichen Pfeilschüsse abzuhalten; dadurch gaben sie den Feinden Gelegenheit, ihre Reihen zu durchbrechen und sie in Unordnung zu bringen. Ein Punkt von vielleicht noch größerer Wichtigkeit ist, daß der König seinen Angriff auf die Tataren nicht in einer Stellung, wo ihre Flanke durch einen Wald geschützt war, hätte machen, sondern lieber hätte versuchen sollen, sie in das offene Feld zu ziehen, wo sie dem ersten ungestümen Angriff der bewaffneten Elefanten nicht würden widerstanden, und wo er durch Entfaltung der Reiterei seiner beiden Flügel sie würde umringt haben. Als die Tataren den Feind geschlagen und nun ihre Streitkräfte wieder zusammengezogen hatten, kehrten sie zum Walde zurück, in welchen die Elefanten, um Schutz zu suchen, geflohen waren, und wollten sich ihrer bemächtigen. Da fanden sie die Leute, die der Niederlage entgangen waren, beschäftigt, Bäume zu fällen und sich zu verbarrikadieren, um sich zu verteidigen. Aber ihre Verschanzungen wurden bald von den Tataren zerstört, und diese hieben viele nieder und fingen mit dem Beistande derer, die in der Führung der Elefanten Übung hatten, zweihundert von diesen Tieren.[3]) Seit dieser Zeit hat der Großkhan immer

[3]) Diese Schlacht, von der Marco Polo so ausführlich berichtet, wird auch in den offiziellen chinesischen Annalen der Mongolendynastie (Yuen-sse, k. 210, fol. 2) beschrieben. Es heißt daselbst: „Im vierzehnten Jahre tschi-yuan (1277), im dritten Monate, beschlossen die Bewohner von Mien, in das Gebiet einzufallen, das in der Nähe ihrer Grenze liegt, da sie infolge der Aufforderung, sich den Mongolen zu unterwerfen, in Zorn geraten waren. Sie hatten die Absicht, im Lande Teng-yüe und Yungtschang auf steilen Höhen Festungen zu ihrer Verteidigung zu bauen. Alsbald erhielt Hu-tu-kh, vom Range Wen-hu, der im Bezirke Ta-li residierte, Nachricht von diesem Einmarsch, worauf er sogleich den zweiten Militärkommandanten von Ta-li, Go-rh-ho-ta, vom Range Thsien-hu, in Kenntnis setzte. O-ho, der seine Banner und seine Reiterei in Nan-tien aufgestellt hatte, ließ darauf dem Hu-tu-kh melden, er würde mit seinem Heere, das aus vierzig- bis fünfzigtausend Mann zu Fuß, achthundert Elefanten und zehntausend Reitern bestände, Tag und Nacht marschieren, um mit ihm am Ufer eines Flusses zusammenzutreffen. Hu-tu-kh und seinen Generalen standen kaum siebenhundert Mann zur Verfügung. Der Befehlshaber des Heeres von Mien ließ zunächst

Elefanten bei seinen Armeen verwendet, was er früher nicht getan. Die Folgen des Sieges waren, daß Se. Majestät Besitz nahm von den Ländern des Königs von Bangala und Mien und sie seinem Reiche einverleibte.

43. Kapitel.

Von einer wilden Gegend und dem Königreiche Mien.

Wenn man die Provinz Zardandam verläßt, so kommt man auf einen weiten Abhang, den man zwei und einen halben Tag verfolgt, ohne daß man eine Wohnung sieht. Dann erreicht man eine weite Ebene,[1]) auf welcher drei Tage in jeder Woche eine Menge Handelsleute sich versammeln, von denen viele von den benachbarten Bergen herabkommen und Gold mitbringen, um es gegen Silber umzutauschen, welches die Kaufleute, die aus fernen Gegenden hierherkommen, zu diesem Zwecke herbeischaffen, und ein Saggio Gold wird für fünf Saggi Silber gegeben. Es ist den Einwohnern nicht erlaubt, ihr eigenes Gold auszuführen, sondern sie müssen es den Kaufleuten übergeben, welche ihnen dafür die Gegenstände liefern, die sie verlangen, und da nur die Eingeborenen zu ihren Wohnplätzen gelangen können (so hoch und fest ist deren

---

seine Kavallerie kämpfen, darauf die Elefanten und schließlich die Infanterie. Als die Elefanten von den Pfeilschüssen getroffen wurden, kehrten sie um und verließen das Schlachtfeld, und es war ihren Führern unmöglich, sie zurückzuhalten. Sie flüchteten in ein großes Verhau aus zugespitzten Bambusstämmen, wo einige von den Leuten, welche in der Führung der Elefanten Übung hatten, sich ihrer bemächtigten, um sie niederzuhauen.“ Der weitere Verlauf der Schlacht war den Annalen zufolge sehr blutig; die Mongolen verfolgten ihre Gegner mehr als dreißig Li und nahmen siebzehn Forts in Besitz. (Pauthier, le livre de Marco Polo, II. 410.)

[1]) Die weite Ebene, von der Marco Polo in diesem Kapitel spricht, ist das Tal des Irawadi.

Lage und so schwierig der Zutritt), so werden die Geschäfte in der Ebene abgemacht. Über diese Gegend hinaus, nach Süden gegen die Grenzen von Indien, liegt die Stadt Mien. Die Reise dauert fünfzehn Tage durch ein wenig bevölkertes Land und durch Wälder, in denen es viele Elefanten, Rhinozerosse und andere wilde Tiere gibt, aber gar keine menschlichen Wohnungen zu erblicken sind.

44. Kapitel.

Von der Stadt Mien und einem großen Grabmal ihres Königs.

Nachdem man, wie bemerkt, fünfzehn Tage gereist ist, erreicht man die Stadt Mien,[1]) die große und prächtige Hauptstadt des Königreichs. Die Einwohner sind Götzendiener und haben ihre besondere Sprache. Es wird erzählt, daß in diesem Lande vormals ein reicher und mächtiger Monarch regierte, der, als er seinen Tod nahen fühlte, an der Stelle, wo er begraben werden wollte, zu Häupten und Füßen des Grabmals zwei Pyramidentürme aus Marmor errichten ließ, die zehn Schritte hoch und von angemessenem Umfange waren und deren jeder auf der Spitze eine Kugel trug. Eine dieser Pyramiden war mit Platten aus Gold von Daumendicke bedeckt, so daß nichts als Gold zu sehen war, und die andere mit Platten aus

---

[1]) Mien oder Ava liegt auf ungefähr 21° 50′ nördl. Br. und 96° 0′ östl. L. von Greenwich nicht weit von der Stadt Mandalay in einer reichbewässerten und gutbebauten Ebene am südöstlichen Ufer des Irawadi.

Die Beschreibung, welche Marco Polo von den beiden Türmen gibt, die auf ihrer Außenseite ganz mit Gold- und Silberplatten bedeckt waren, läßt keinen Zweifel übrig, daß diese Denkmäler zur Klasse der Stupa gehörten, die in vielen buddhistischen Ländern zu Ehren verstorbener Könige erbaut wurden, wie z. B. der chinesische Pilger Hiwen-tsang an verschiedenen Stellen seines Reisewerkes berichtet.

Silber. Rings um die Kugeln waren kleine Glocken von Gold und Silber aufgehängt, die erklangen, sobald der Wind sie in Bewegung setzte. Das Ganze gewährte ein prächtiges Schauspiel. Das Grab war in gleicher Weise mit goldenen und silbernen Platten bedeckt. Das ließ der König herstellen zu Ehren seiner Seele, und damit sein Andenken nie unterginge. Da der Großkhan den Beschluß gefaßt hatte, diese Stadt in Besitz zu nehmen, sandte er einen tapferen Obersten hierher, um dies auszuführen, und die Armee wurde nach ihrem Wunsche von einigen der Gaukler oder Zauberer begleitet, von denen immer eine große Anzahl am Hofe war. Als diese in die Stadt traten, sahen sie die beiden so reich verzierten Pyramiden, wollten sich aber damit nicht befassen, bis sie nicht Sr. Majestät Befehle erkundet hätten. Als der Großkhan erfuhr, daß sie zum frommen Andenken eines früheren Königs errichtet waren, wollte er nicht, daß sie nur im geringsten angetastet oder beschädigt würden, da die Tataren gewohnt sind, es als eine abscheuliche Handlung zu betrachten, wenn man einen Gegenstand, der einem Toten gehört, wegnimmt. In diesem Lande werden viele Elefanten, große und schöne Ochsen,[2]) außerdem Hirsche, Damhirsche und andere Tiere in großer Menge gefunden.

45. Kapitel.

Von der Provinz Bangala.

Bangala[1]) stößt gegen Mittag an Indien und war noch nicht vom Großkhan eingenommen, als Marco Polo an

[2]) Bos Gaurus lebt noch in einigen Wäldern Birmas; ferner kommt wenigstens im Süden Bos Sondaicus vor, eine wilde Rinderart, welche den gezähmten etwas näher steht. (Yule, a. a. O. II. 114.)

[1]) Bangala ist der richtige Name für die Landschaft, die wir Bengalen nennen. Weder chinesische noch indische Historiker

seinem Hofe weilte. Der Krieg gegen dieses Land beschäftigte Kublais Armee eine geraume Zeit, da das Land fest und sein König mächtig ist, wie schon berichtet wurde. Es hat seine eigene Sprache. Das Volk besteht aus ruchlosen Götzenanbetern, und es gibt Lehrer unter ihnen, die an der Spitze der Schulen stehen, um in den Grundsätzen ihrer heidnischen Religion und der Geisterbeschwörung zu unterrichten, deren Lehre bei allen Ständen, selbst bei den Vornehmsten und den Fürsten des Landes, vorherrschend ist. Ochsen werden hier gefunden, die so groß sind wie Elefanten, aber nicht so dick. Die Einwohner

---

berichten etwas über den Versuch Kublai-khans, diese Provinz zu erobern. Es ist möglich, daß der Herrscher einen derartigen Plan erwogen hat; jedenfalls ist er aber nicht zur Ausführung gelangt.

In dem von Pauthier herausgegebenen Texte heißt es, Bengalen wäre im Jahre 1290, als Marco Polo am Hofe des Großkhans weilte, noch nicht erobert worden. Die Zeitbestimmung, welche in unserem Texte fehlt, ist insofern interessant, als sie beweist, daß der Venezianer nicht früher als 1291 China verlassen haben kann.

Bengalen wurde im Jahre 1203 von einem muhammedanischen Heere besetzt, das unter dem Befehle eines der Generale des Sultans Ghiath-ed-din Ghori von Delhi aufgebrochen war. Dieser Heerführer eroberte die Hauptstadt und unterwarf einen großen Teil des Königreiches. Seit jener Zeit regierten im Lande Statthalter, die von Delhi geschickt wurden, bis zum Jahre 1340, in welchem Bengalen seine Unabhängigkeit wiedererlangte. (Vergl. Ibn Batuta, III. 174—179, IV. 213.) Jedenfalls war das Land zur Zeit Marco Polos eine Provinz des Sultans von Delhi.

Im allgemeinen nennt Marco Polo die Anhänger der buddhistischen Lehre Götzendiener. Die Bewohner Bengalens bekennen sich jedoch zur brahmanischen Religion, über die der venezianische Reisende sehr ungünstige Nachrichten erhalten haben muß, da er von ruchlosen Götzendienern (tres mauvais ydolastres, pessimi idolatrae) spricht. Die im Texte erwähnten Lehrer, welche an der Spitze der Schulen stehen, gehören zweifellos zur Klasse der Brahmanen, deren Aufgabe das Studium ihrer Religion ist.

leben von Fleisch, Milch und Reis, woran sie Überfluß haben. Es wächst viel Baumwolle im Lande, auch blüht der Handel. Spikenarde, Galgant, Ingwer, Zucker und viele Arten von Spezereien gibt es unter den Erzeugnissen des Bodens, die zu kaufen die Kaufleute aus den verschiedenen Teilen Indiens hierher ziehen. Auch handeln sie Eunuchen, deren es eine Menge im Lande gibt, als Sklaven[2]) ein; denn alle Gefangene, die sie im Kriege machen, werden augenblicklich entmannt, und da jeder Fürst und Vornehme wünscht, sie als Wache für seine Frauen zu haben, so erhalten die Kaufleute einen bedeutenden Gewinn, wenn sie sie in andere Königreiche bringen und dort verkaufen. Diese Provinz hat eine Ausdehnung von dreißig Tagen, und an ihrer östlichen Grenze liegt ein Land, namens Kangigu.

46. Kapitel.

Von der Provinz Kangigu.

Kangigu[1]) ist eine Landschaft, die nach Osten liegt und von einem Könige regiert wird. Das Volk betet Götzen an, besitzt eine besondere Sprache und hat sich freiwillig

---

[2]) In Bengalen hat die Sklaverei selbstverständlich schon lange aufgehört. Daß sie aber früher in hoher Blüte stand, dafür haben wir nicht allein das Zeugnis Marco Polos sondern auch das des arabischen Reisenden Ibn Batuta, der das Land um das Jahr 1325 besuchte. Er gibt an, daß er eine Sklavin für zwei und einen halben Golddinar kaufte, während einer seiner Begleiter für einen Knaben zwei Golddinare bezahlte. (Voyages d'Ibn-Batoutah, publiés et traduits par MM. Defrémery et Sanguinetti, IV. 211—212.)

[1]) Mit verhältnismäßig großen Schwierigkeiten ist die Feststellung der Landschaften und Städte verbunden, die in diesem Kapitel sowie in den folgenden angegeben sind. Die Beschreibungen Marco Polos sind so allgemein gehalten, und die von ihm mitgeteilten Namen bieten den verschiedensten Erklärungsversuchen

dem Großkhan unterworfen, dem es einen jährlichen Tribut zahlt. Der König ist sinnlichen Genüssen ergeben. Er hat gegen dreihundert Frauen, und wenn er von einem schönen Weibe hört, so sendet er nach ihm und fügt es jener Zahl bei. Gold wird hier in großer Menge gefunden und auch

---

einen so weiten Spielraum, daß es nicht wundernehmen kann, wenn die Schlußfolgerungen, zu denen die einzelnen Kommentatoren gelangt sind, nur einen geringen Grad von Übereinstimmung zeigen. Eines nur ist sicher; Marco Polo beschreibt im folgenden Provinzen, die er auf seiner Rückreise von Mien nach Tscheng-tu-fu teils selbst besucht, teils nur vom Hörensagen kennen gelernt hat.

Der westlichste Punkt, den der Venezianer auf seiner Reise von Ta-li-fu aus erreichte, ist nicht in Bengalen zu suchen, wie man bei oberflächlicher Betrachtung seines Berichtes glauben könnte. Denn wäre er in jenem Lande gewesen, so hätte er es wohl kaum unterlassen, von den Städten und Flüssen zu erzählen, die auf dem Wege von Ava nach Bengalen liegen, er hätte diese indische Provinz ausführlicher beschrieben und, was vielleicht noch wichtiger ist, er würde keinen Fehler in der Bestimmung ihrer Lage gemacht haben. Aus seinen Mitteilungen scheint nämlich hervorzugehen, daß er sie ebenso wie Mien für eine indochinesische Provinz hielt, während sie doch in Wahrheit einen Teil von Indien bildet. Wir halten es demnach für das Wahrscheinlichste, daß Marco Polo höchstens bis Birma gekommen ist, und lassen es auch dahingestellt sein, ob er die Hauptstadt Ava selbst besucht hat.

Was den Weg betrifft, den der Reisende bei seiner Rückkehr nach Tscheng-tu-fu eingeschlagen hat, so muß man sich zunächst die Frage vorlegen, ob der im Text enthaltenen Beschreibung verschiedener Länder eigene Beobachtungen zugrunde liegen. Henry Yule kommt zu dem Schlusse, daß dies für Kangigu und Amu wahrscheinlich nicht zutrifft; er meint, Marco Polo wäre, als er die Provinz Zardandan in östlicher Richtung verlassen hatte, über Jaci nach dem Westen von Kuei-tschou gezogen und hätte von dort aus weiter nordwärts reisend die Provinz Sse-tschuan und deren Hauptstadt Tscheng-tu-fu erreicht. Über die an den Grenzen von Siam, Birma und Tonking liegenden Gebiete Kangigu und Amu wäre ihm von anderer Seite berichtet worden, während er die Länder Tholoman und Cintigui selbst kennen gelernt hätte. In den Anmerkungen zu den folgenden Kapiteln wird davon aus-

viele Arten von Spezereien; da es aber ein Binnenland ist, fern von der See, so gibt es wenig Gelegenheit, sie zu verkaufen. Die Einwohner leben von Fleisch, Reis und Milch. Sie haben keinen Wein aus Trauben, sondern bereiten ihn aus Reis, mit Gewürzen gemischt. Männer und Frauen lassen sich den ganzen Körper mit Figuren von Tieren und Vögeln tätowieren, und es gibt besondere Künstler unter ihnen, deren einzige Beschäftigung es ist, diesen Schmuck mit der Spitze einer Nadel auf die Hände, die Beine und die Brust zu zeichnen. Wenn diese Punkte mit einem schwarzfärbenden Stoffe überrieben worden sind, so ist es unmöglich, mit Wasser oder mit einem anderen Stoffe die Zeichnung wieder auszulöschen. Die Männer oder die Frauen, welche die größte Menge solcher Figuren auf dem Leibe haben, werden für die schönsten gehalten.

47. Kapitel.

Von der Landschaft Amu.

Amu[1]) liegt gegen Osten, und seine Einwohner sind dem Großkhan unterworfen. Sie sind Götzendiener und

---

führlicher die Rede sein. Hier handelt es sich zunächst um die Bestimmung der Lage von Cangigu.

Schon Pauthier hat darauf hingewiesen, daß Cangigu wahrscheinlich einer der Laosstaaten gewesen ist, der von den chinesischen Historikern Papesifu genannt wurde. Dieses Reich lag im Osten von Ava zwischen Birma, Siam und der chinesischen Provinz Jün-nan. Yule verlegt es etwas weiter nach Tonking in die Gegend zwischen dem Mekong und dem Pa-pien-ho, die auf den Karten den Namen Kianghung führt.

[1]) Die Provinz Tonking oder Annam, welche von den Chinesen auch Nan-yue genannt wird, scheint mit der Landschaft Amu oder Aniu identisch zu sein. Bei der Wiedergabe des Wortes Nan-yue durch Marco Polo ist der Anfangsbuchstabe n fortgefallen, und es ist An-yue oder Aniu übrig geblieben. (Pauthier, le livre de Marco Polo, II. 428.)

leben von dem Fleische ihres Viehes und den Früchten der Erde. Sie haben eine besondere Sprache. Im Lande gibt es viele Pferde und Ochsen, die von reisenden Handelsleuten gekauft und nach Indien geführt werden, auch Büffel in großer Menge, infolge der Weiden und schönen Ebenen. Männer und Frauen tragen Ringe von Gold und Silber an ihren Gelenken, Armen und Beinen, aber die der Frauen sind kostbarer. Die Entfernung zwischen dieser Land-

---

Nan-yue wurde im Jahre 1257 unter der Regierung Oktaikhans von einem mongolischen Heere heimgesucht, das die Hauptstadt des Landes eroberte. Die chinesischen Annalen berichten über dies Ereignis folgendes: „Der mongolische General U-la-su-tai schickte zwei Boten an den König Tsching-ji-kiung von An-nan mit der Aufforderung, Tribut zu zahlen. Dieser ließ sie aber ins Gefängnis werfen. Darauf rückte U-liang-u-tai mit seinem Heere vor, um die Hauptstadt in seine Gewalt zu bringen. Ji-kiung entfloh auf eine Insel des Meeres. Als U-liang-ho-tai gehört hatte, daß seine Gesandten im Gefängnis lägen, die Glieder mit Bambusstäben gefesselt, welche ihnen tief ins Fleisch schnitten, ließ er sie befreien; aber kaum waren sie losgebunden, als einer von ihnen starb. Sogleich befahl der mongolische General seinen Soldaten, die Stadt zu plündern und die Einwohner niederzumetzeln. Die Exekution dauerte neun Tage. — Die Hitze war jedoch so groß, daß das mongolische Heer sie nicht ertragen konnte und gezwungen war, umzukehren.“ (Li-tai-ki-sse, k. 96, fol. 38.)

Weiter heißt es in den chinesischen Annalen für das Jahr 1262: „Ji-kiung, der König von An-nan, kehrte auf die Vorstellungen des Generals U-liang-ho-tai wieder in sein Land zurück, aber er überließ den Thron seinem Sohne Kuang-ping, welcher einen Gesandten an den Kaiser des Reiches der Sung schickte, der ihn um Beistand bitten und zwei Elefanten als Tribut anbieten sollte. Dieser gab dem Kuang-ping die Investitur eines Königs von An-nan, indem er dieser Auszeichnung für Ji-kiung den Titel eines Großkönigs (ta-wang) von An-nan hinzufügte. Darauf schickte jener Gesandte zu den Mongolen, die ihnen seine Unterwerfung anzeigen und das Anerbieten übermitteln sollten, alle drei Jahre einen Tribut zu zahlen, worauf die Mongolen ihm gleichfalls die Investitur bewilligten.“

schatt und der von Kangigu beträgt zwanzig Tagereisen. — Wir wollen nun von einer Provinz, die Tholoman heißt und acht Tage von Amu liegt, reden.

48. Kapitel.

Von Tholoman.

Die Landschaft Tholoman[1]) liegt nach Osten, und ihre Einwohner sind Götzendiener. Sie haben eine besondere Sprache und sind dem Großkhan unterworfen. Die Leute sind groß und wohlgebildet, ihre Farbe neigt sich mehr zum Braunen als zum Lichten. Sie sind gerecht in ihren Handlungen und tapfer im Kriege. Viele ihrer Städte und Burgen liegen auf hohen Bergen. Sie verbrennen die Leiber ihrer Toten, und die Knochen, die nicht zu Asche werden, legen sie in hölzerne Büchsen und bringen sie auf die Berge, wo sie dieselben in Felsenhöhlen verbergen, damit sie nicht von wilden Tieren gefunden werden. Gold gibt es hier im Überfluß. Als kleines Geld gebrauchen sie die Porzellanmuscheln, die aus Indien kommen, und diese Art Münze ist auch in den beiden vorerwähnten Landschaften Kangigu und Amu zu finden. Ihre Speisen und ihr Trank sind dieselben wie die bereits erwähnten.

---

[1]) In den verschiedenen Ausgaben finden sich Differenzen in der Form des Namens. Während die meisten die Landschaft Tholoman nennen, kommt auch gelegentlich die Bezeichnung Coloman vor. Wie dem auch sei, jedenfalls wird man an die unabhängigen Kolo- oder Lolostämme erinnert, welche in der Provinz Jün-nan nordöstlich der Stadt Lin-ngan und im westlichen Teile der Provinz Kuei-tschou leben. Henri Cordier erklärt den Nåmen Toloman folgendermaßen: „Tu-lao“ heißen die Bergbewohner der Präfekturen Lin-ngan und Tscheng-kiang, „man“ bedeutet Barbaren. Die Bedeutung der Zusammensetzung Tu-lao-man ist daher leicht verständlich.

49. Kapitel.

Von den Städten Cintigui, Sidinfu, Gingui, Pazanfu.[1])

Wenn man die Landschaft Tholoman verläßt und weiter nach Osten reist, zieht man zwölf Tage an einem Flusse hin, auf dessen beiden Seiten viele Städte und Schlösser liegen, bis man endlich die große und schöne Stadt Cintigui erreicht. Ihre Einwohner sind Götzendiener und Untertanen des Großkhans. Sie sind Handelsleute und Handwerker. Sie bereiten einen Stoff aus der Rinde gewisser Bäume, der sehr gut aussieht und die gewöhnliche Sommerbekleidung für beide Geschlechter abgibt. Die Männer sind tapfere Krieger. Sie haben kein anderes Geld als das von Sr. Majestät gestempelte Papier.

In dieser Provinz sind die Löwen so zahlreich, daß die Einwohner aus Furcht vor ihren Überfällen bei Nacht nicht außerhalb ihrer Städte schlafen können, und die, welche den Fluß befahren, dürfen nicht wagen, mit ihren Kähnen an den Ufern anzulegen und da zu ruhen; denn man weiß, daß diese Tiere sich in das Wasser stürzen,

---

[1]) In Pauthiers Ausgabe heißt die Überschrift dieses Kapitels: „Ci dit de la province de Cuguy.“ Ferner wird dort die Stadt, zu der man nach zwölf Tagereisen gelangt, nicht Cintigui sondern Fungul genannt. Diese Lesart scheint den Vorzug vor der andern zu verdienen, die der Erklärung unüberwindliche Schwierigkeiten entgegensetzt.

Cuguy oder Cuigiu ist zweifellos die Provinz Kuei-tschou, deren Hauptstadt Kuei-yang-fu heißt. Der Name der letzteren weicht ziemlich stark von Fungul ab; aber dieser Mangel an Übereinstimmung kann nicht überraschen, wenn man bedenkt, daß die Bezeichnung Kuei-yang-fu erst zur Zeit der Mingdynastie aufgekommen ist. Im 13. Jahrhundert wurde die Hauptstadt Wenku-lo genannt, oder in der Umgangssprache Wün-kul, d. h. Fungul. (Pauthier, a. a. O. II. 433.) Die alte Stadt Fungul, die nach der Reichsgeographie 120 Li nördlich von Kuei-yang lag, existiert heute nicht mehr.

an das Fahrzeug schwimmen und die Leute herausziehen; sondern sie müssen in der Mitte des Stromes ankern, wo sie wegen seiner großen Breite sicher sind. In diesem Lande werden auch die größten und wildesten Hunde, die es gibt, gefunden; diese sind so mutig und stark, daß ein Mann mit einem Paar derselben über einen Löwen Herr werden kann. Sollte er mit Pfeil und Bogen bewaffnet und von jenen Tieren begleitet einen Löwen treffen, so hetzt er die unverzagten Hunde auf ihn, und diese greifen ihn auch sogleich an. Der Löwe sucht instinktmäßig einen Baum, vor den er sich stellen kann, damit die Hunde ihn nicht fassen, so daß er seine Feinde vor sich hat. Sobald er die Hunde bemerkt, zieht er sich gegen den Baum zurück, doch tut er dies mit langsamem Schritt und läuft nicht etwa, damit es nicht scheine, als zeige er Furcht, was sein Stolz nicht zugeben würde. Nun sucht er die Hunde zu packen, sie sind aber zu schnell für ihn und springen zurück, er aber geht wieder bedächtigen Schrittes rückwärts; doch bevor er seinen Platz wieder erreicht hat, ist er durch so viele Pfeile verwundet und so oft von den Hunden gebissen worden, daß er vor Schwäche und Blutverlust niederstürzt. Auf diese Weise wird er endlich gefangen oder erlegt.

Hier wird außerordentlich viel Seide gewebt, die in großer Menge in andere Gegenden ausgeführt wird und zwar zu Schiffe auf dem Flusse, welcher an Städten und Burgen vorbeiströmt. Das Volk lebt gänzlich vom Handel. Nach Verlauf von zwölf Tagen kommt man an die Stadt Sidin-fu, von welcher schon berichtet wurde. Von dort erreicht man in zwanzig Tagen Gingui[2]) und in weiteren

[2]) Statt Gingui enthalten einige Ausgaben die Bezeichnung Cuyguy oder Juju. Der Ort ist schon an einer früheren Stelle dieses Buches erwähnt worden; er ist identisch mit der Stadt Tscho-tschou in der Provinz Tschili.

vier Tagen die Stadt Pazanfu,[3]) die zu Kataia gehört und nach Süden liegt, wenn man zur anderen Seite der Provinz zurückkehrt. Die Einwohner beten Götzen an und verbrennen die Leichen ihrer Toten. Auch gibt es hier gewisse Christen, die eine Kirche haben. Sie sind dem Großkhan untertan, und sein Papiergeld kursiert bei ihnen. Sie gewinnen ihren Lebensunterhalt durch Handel und Gewerbe, denn sie haben Seide im Überfluß, aus der sie golddurchwirkte Stoffe herstellen, sowie auch sehr schöne Schärpen. Ein großer Fluß fließt vorüber, auf welchem reiche Warenladungen nach Kambalu geführt werden; denn man hat viele Kanäle gegraben, durch welche die Verbindung mit der Hauptstadt hergestellt ist. Wir wollen aber diese Stadt verlassen und von einer anderen, namens Ciang-lu, reden.

50. Kapitel.

Von der Stadt Ciang-lu.

Ciang-lu[1]) ist eine große Stadt, die gegen Süden und in der Provinz Kataia liegt. Sie gehört zum Reiche des Großkhans. Die Einwohner beten Götzen an und ver-

---

[3]) In dem von Pauthier herausgegebenen Texte heißt die Stadt Cacanfu; sie dürfte mit Ho-kien-fu im Süden von Peking übereinstimmen; sie wird von der großen Straße berührt, die von Tscho-tschou nach Tsi-nan-fu läuft. Die Umgebung der Stadt ist außerordentlich reich an Flüssen und Kanälen, unter denen der Hu-to-ho und ganz besonders der berühmte Kaiserkanal zu nennen sind.

[1]) Der Ort, welcher zur Zeit der Tang und Kin Tschang-lu hieß, wird heute Tsang-tschou genannt. Er liegt gleichfalls in der Provinz Tschili und zwar im Osten von Ho-kien-fu in der Nähe des Kaiserkanals.

Marco Polo erzählt, daß die Einwohner einer Anzahl chinesischer Städte, darunter auch die von Tschang-lu, ihre Toten verbrennen. Heutzutage ist in China die Leichenverbrennung, von

brennen die Leichen ihrer Toten. Das Stempelpapier des Kaisers kursiert bei ihnen. In dieser Stadt und in der sie umgebenden Gegend bereiten sie große Massen von Salz, und zwar auf folgende Weise. In dem Lande wird eine salzhaltige Erde gefunden. Diese schichten sie in große Haufen auf und gießen Wasser darüber, welches durch die Masse dringt, die Salzteile einzieht und sich in Kanälen sammelt, aus denen es in sehr umfangreiche Pfannen gebracht wird, die aber nicht mehr als vier Zoll hoch sind. In diesen wird es sorgsam gesotten, und dann läßt man es kristallisieren. Das so bereitete Salz ist weiß und gut. Die, welche sich hiermit beschäftigen, haben guten Gewinn, und der Großkhan erhält davon beträchtliche Abgaben. Diese Gegend erzeugt eine Menge wohlschmeckender Pfirsiche, die so groß sind, daß einer von ihnen wohl zwei Pfund Marktgewicht hat.

51. Kapitel.

Von der Stadt Ciangli.

Ciangli[1]) ist auch eine Stadt in Kataia, die gegen Süden liegt und dem Großkhan gehört. Ihre Einwohner sind Götzendiener und gebrauchen des Kaisers Papier-

---

wenigen Ausnahmefällen abgesehen, ganz außer Gebrauch gekommen, und wie es scheint, war sie auch zur Zeit Marco Polos nicht durch das ganze Reich verbreitet, sondern nur auf einzelne Provinzen beschränkt.

[1]) Tsi-nan-fu, die Hauptstadt der Provinz Schan-tung, wurde unter der Mongolendynastie Tsi-nan-lu oder Tsi-nan-li genannt. Aus Tsi-nan-li ist dann in der vulgären Aussprache Ciangli entstanden.

Marco Polo erwähnt einen großen und breiten Fluß, der durch die Stadt fließt. Man könnte glauben, daß er damit den Hoang-ho gemeint hat, der gegenwärtig in geringer Entfernung

geld. Sie ist von Cianglu fünf Tagereisen weit entfernt, während welcher man an vielen Städten und Burgen vorüberzieht, die auch zu dem Reiche Sr. Majestät gehören. Es sind das große Handelsplätze, und der Zoll, der in ihnen erhoben wird, ist sehr beträchtlich. Durch diese Stadt strömt ein breiter und tiefer Fluß, auf dem Massen von Waren gefahren werden, die in Seide, Spezereien und anderen wertvollen Artikeln bestehen. — Wir wollen nun diese Stadt verlassen und von einer anderen, namens Tudin-fu, reden.

---

von Tsi-nan-fu vorbeiströmt. Diese Annahme würde jedoch unrichtig sein; denn erst im Jahre 1853 verlegte der Hoang-ho, dessen Mündung bis dahin in der Provinz Kiang-su auf etwa 34° Nordbreite lag, sein Bett und schlug den noch heute bestehenden Lauf in den Golf von Tschili ein.

Schon vor dem Jahre 1194 besaß der Hoang-ho die Richtung, die er heute innehält. Infolge von Schlammassen, die sich auf dem Grunde seines Bettes niedersenkten und es beständig erhöhten, überschwemmte damals der Strom seine Umgebung und setzte von Kai-föng-fu ab seinen Lauf nach Ost oder Ostsüdost fort. Eine Folge dieser Verschiebung war, daß die Gewässer aus dem nordchinesischen Gebirgsrost, aus dem Plateau von Schan-si und vom Nordabhang des Berglandes von Schan-tung ihre Selbständigkeit wiedererlangten, indem es ihnen überlassen blieb, entweder allein für sich oder untereinander vereinigt das Meer zu erreichen. Der so geschaffene Zustand ist derjenige, den Marco Polo am Ende des 13. Jahrhunderts kennen lernte. Der Strom, an dem damals Tsi-nan-fu lag, kann also nicht der Hoang-ho gewesen sein.

Aus chinesischen und anderen Quellen wissen wir, daß vor der letzten großen Veränderung im Laufe des gelben Flusses der Ta-tsing-ho an der Hauptstadt von Schan-tung vorbeifloß. Auf den heutigen Karten ist freilich sein ursprünglicher Lauf nicht mehr erkennbar, da der Hoang-ho im Jahre 1853 zunächst seinen Oberlauf abgelenkt und später den Unterlauf für sich selbst in Besitz genommen hat. Im 13. Jahrhundert muß der Ta-tsing-ho ein nicht unbedeutender Strom gewesen sein, da der venezianische Reisende auf ihm einen lebhaften Schiffsverkehr beobachtete. (Vergl. Thiessen, China, I. 277.)

52. Kapitel.

Von der Stadt Tudinfu.

Wenn man Ciangli verläßt und sechs Tagereisen nach Süden zieht, kommt man in viele Städte und Burgen von beträchtlicher Wichtigkeit und Größe, deren Einwohner Götzen anbeten und die Toten verbrennen. Sie sind dem Großkhan untertan und benutzen das Papiergeld. Sie treiben Handel und Gewerbe und haben Lebensmittel im Überfluß. Am Ende dieser sechs Tage kommt man an eine Stadt, namens Tudinfu,[1]) die vormals eine prächtige Kapitale war, aber der Großkhan unterwarf sie sich durch die Gewalt der Waffen. Sie gewährt einen reizenden Aufenthalt wegen der schönen Gärten, die in ihrer Umgebung liegen und die mit Bäumen, Büschen und herrlichen Früchten prangen. Seide wird hier in großer Menge erzeugt. Die Stadt hat unter ihrer Gerichtsbarkeit elf große Städte des Reiches, die alle Handelsplätze sind und Überfluß an Seide haben. Bevor sie Sr. Majestät unterworfen wurde, war sie der Regierungssitz ihres eigenen Königs. Im Jahre 1272 bestellte Se. Majestät einen der vornehmsten Hauptleute, namens Lukansor, zum Statthalter dieser Hauptstadt und gab ihm Befehl über achtzigtausend Rosse zum Schutze dieses Teiles des Landes. Da dieser Mann sich als Herr eines reichen und ergiebigen Landes sah, wurde er stolz und übermütig und sann auf Rebellion gegen seinen Oberherrn. Darum zog er die ersten Männer der Stadt in seinen Plan, und mit ihrer Hilfe gelang es ihm, den Aufruhr in allen Städten und Festungen der Pro-

---

[1]) Unter der Kindynastie erhielt die Stadt Yen-tschou den Namen Tai-ting-fu, der ziemlich gut mit Marco Polos Tu-din-fu übereinstimmt.

In der Nähe von Yen-tschou liegt das berühmte Kiu-fu, die Vaterstadt des Confucius, die noch heute zahlreiche Andenken an den großen Philosophen besitzt.

vinz zu erregen. Sobald der Kaiser von dieser Verräterei Kunde erhielt, schickte er eine Armee von hunderttausend Mann ab unter dem Befehle zweier Barone, von denen einer Angul und der andere Mongatai hieß. Als Lukansor hörte, daß sich dieses Heer nahte, verlor er keine Zeit, eine nicht weniger zahlreiche Armee zu sammeln, als seine Gegner hatten, und führte sie ihnen so schnell wie möglich entgegen. Beide Heere stießen in erbittertem Kampfe aufeinander; als aber endlich Lukansor getötet wurde, ergriffen seine Truppen die Flucht. Viele wurden vor Se. Majestät gebracht, der die Anführer hinrichten ließ, die anderen aber begnadigte und in seine eigenen Dienste nahm, in welchen sie sich fortan treu erwiesen.[2])

53. Kapitel.

Von der Stadt Singuimatu.

Wenn man von Tudinfu sieben Tage nach Süden weiterzieht, kommt man durch viele Städte und feste Plätze, wo Handel und Gewerbe blühen. Die Einwohner sind Götzendiener und dem Großkhan untertan. Das Land hat viel Wild an Tier und Vogel und Überfluß an allem, was man zum Leben braucht. Nach Verlauf der sieben Tage kommt man in die Stadt Singui-matu,[1]) durch welche,

---

[2]) Nach den chinesischen Chroniken fand der Aufstand im Jahre 1262 statt; statt des Namens Lukansor liest man daselbst Li-tan, während die beiden mongolischen Heerführer Hapitschi und Sse-tien-tschi genannt werden. (Mailla, Histoire générale de la Chine, IX. 298.)

[1]) Pauthier, welcher Singuimatu für Tsi-ning-tschou am Kaiserkanal hält, bemerkt folgendes über die Etymologie jenes Namens: „Man tut gut, sich ins Gedächtnis zurückzurufen, daß die Endungen der Ortsnamen in dem Buche Marco Polos, welche gui oder giu geschrieben werden, wie dschou ausgesprochen werden müssen, und dies ist eine genaue Wiedergabe der Aussprache von tschou,

jedoch mehr auf der südlichen Seite, ein großer und tiefer Fluß strömt; diesen haben die Bewohner in zwei Arme geteilt, von denen einer seinen Lauf nach Morgen nimmt und durch Kataia fließt, während der andere einen westlichen Lauf verfolgt und nach der Provinz Manji führt. Auf diesem Flusse fahren so viele Schiffe, daß ihre Zahl unglaublich erscheinen könnte, und auf ihnen werden von einer Provinz zur anderen alle Arten von Waren und Proviant transportiert. Wahrlich, staunenswert ist die Größe und Zahl der Schiffe, die fortwährend auf- und abziehen, beladen mit Waren vom größten Werte. Wenn man Singuimatu verläßt und weitere sechzehn Tage nach Süden geht, kommt man fortwährend durch Handelsstädte und an Schlössern vorüber. Das Volk im ganzen Lande besteht aus Götzendienern und ist dem Kaiser untertan.

54. Kapitel.

Von dem großen Flusse Kara-moran und von den Städten Koi-gan-zu und Kuan-zu.

Wenn man die Reise von sechzehn Tagen vollendet hat, erreicht man noch einmal den großen Fluß Karamoran.[1]) Seine Quelle liegt in dem Lande, welches dem

---

wie sie zur Zeit der Mongolen üblich war. Tsi-ning-tschou mußte also in der Umgangssprache Tsi-n'-tschou lauten, so wie im Italienischen Singui. Was nun die Bedeutung von matu betrifft, so ist dies ein Name, welcher verschiedenen Anlegeplätzen, die als Häfen zu dienen haben, gegeben wird. Die eigentliche Bedeutung von ma-tu ist Pferdekopf."

[1]) Kara-moran, schwarzer Fluß, ist ein mongolischer Name für den Hoang-ho. Die chinesischen Geographen behaupten, der Fluß besäße zwei Quellen, eine in den Bergen Tsung-ling, die andere in dem bekannten Lop-nor, dessen Gewässer zunächst unterirdisch weiterströmen sollen, um später als Hoang-ho wieder zu-

Könige Unkhan gehörte, der, wie schon gesagt, Priester Johann des Nordens genannt wurde. Der Strom besitzt eine bedeutende Tiefe, und auf seinen Fluten segeln große

---

tage zu treten. Nach der Erzählung des Historikers Sse-ma-tsien wurde die Quelle des gelben Flusses unter der Handynastie etwa um das Jahr 100 v. Chr. von chinesischen Handelskarawanen entdeckt, die das den Fluß aussendende Gebirge nach dem dort reichlich gefundenen und hochgeschätzten Nephritstein benannten. Ferner geben die Annalen der Yuendynastie eine Schilderung von dem obersten Lauf des Stromes. „Der Berg Kuen-lun," so heißt es daselbst, „liegt östlich von dem Sing-so-hai, wo der Hoang-ho seinen Ursprung nimmt. Der gelbe Fluß läuft im Süden dieses Berges hin, später faßt er seinen nördlichen Teil ein. Daher kommt es, daß man sagt, der Strom umgibt drei Seiten des Berges, indem er einen nicht geschlossenen Kreis bildet."

Es ließen sich noch weitere Nachrichten chinesischer Autoren über die Quelle des Hoang-ho mitteilen; aber da sie sich vielfach widersprechen, so kommt man auf diesem Wege nicht zu einem befriedigenden Ergebnis.

Von europäischen Reisenden ist zuerst der Russe Prschewalskij in das Quellgebiet des gelben Flusses vorgedrungen, das er in einer Höhe von 4080 m antraf, nachdem er von Norden her das Gebirge Burchan-budda und dann ein wüstes Hochplateau durchquert hatte. Nach seinen Mitteilungen bildet sich der Hoang-ho aus zwei Wasserläufen, die von Süden und Westen aus den über das Plateau verstreuten Bergen kommen, und tritt alsdann in das breite sumpfige Tal Sing-su-hai, wo er von zahlreichen Quellen gespeist wird.

Die Quelle des Hoang-ho, die bisher noch nicht aufgefunden wurde, wird auf den neuesten und besten Karten in eine geographische Länge von 95° 30′ verlegt, und zwar zwischen die beiden WNW-OSO streichenden Gebirgsketten Schuga im Norden und Bayan-kara im Süden. Der Ebene Odun-tala oder Sing-su-hai, die sich während des Sommers in einen zusammenhängenden, ungeheuren Sumpf verwandelt, gibt Prschewalskij eine Ausdehnung von reichlich 60 mal 30 km. (Thiessen, China, I. 235.)

Über die Veränderungen, die der Unterlauf des Stromes zu verschiedenen Zeiten erfahren hat, ist schon an einer früheren Stelle (Kap. 51) ausführlich berichtet worden.

Schiffe mit voller Ladung dahin. Große Fische werden daselbst in beträchtlicher Menge gefangen. An einer Stelle in diesem Flusse, ungefähr eine Meile vom Meere entfernt, liegt ein Hafen für fünfzehntausend Schiffe, von denen jedes fünfzehn Pferde mit zwanzig Mann und außerdem noch das zur Leitung des Schiffes gehörige Volk und die nötigen Vorräte und den Proviant fassen kann. Diese läßt Se. Majestät fortwährend in Bereitschaft halten, um eine Armee nach einer der Inseln im großen Ozean zu führen, die sich gegen ihn erhoben hat, oder auch nach einem noch so weit entfernten Lande. Die Schiffe liegen nahe am Ufer des Flusses vor Anker, nicht weit von einer Stadt, namens Koi-gan-zu,[2]) welcher auf der anderen Seite eine andere, namens Kuan-zu, gegenüberliegt; aber jene ist ein sehr großer Ort, diese ein kleiner. Wenn man über den Fluß setzt, kommt man in die sehr berühmte Provinz Manji; doch darf man nicht etwa denken, daß ein vollkommener Bericht von der Provinz Kataia gegeben worden ist. Nicht den zwanzigsten Teil habe ich beschrieben. Marco Polo hat bei seinen Reisen durch die Provinz nur solche Städte aufgezeichnet, die er auf seinem Wege fand, und andere übergangen, die hier und dort zur Seite lagen, sowie auch viele dazwischenliegende Plätze, weil eine Beschreibung aller dieser Städte ein viel zu langes Werk geben und wohl den Leser ermüden würde. Wir wollen nun diese Gegenden verlassen und zuerst von der Eroberung der Provinz Manji reden, und dann von ihren Städten, deren Pracht und Reichtümer im folgenden Teile unseres Buches besprochen werden sollen.

---

[2]) Bei Pauthier heißen die beiden Städte Coguiganguy und Caguy. Die erste ist mit Hoai-ngan-fu in der Provinz Kiang-nan identisch. Die kleine Stadt Kuan-zu oder Caguy ist dagegen völlig unbekannt.

55. Kapitel.

Von der edlen Provinz Manji und ihrer Eroberung durch den Großkhan.

Die Provinz Manji ist die prächtigste und reichste, die in der östlichen Welt zu finden ist. Gegen das Jahr 1269 war sie einem Fürsten untertan, der Fanfur[1]) genannt wurde und an Macht und Reichtum alle anderen, die seit einem Jahrhundert in diesem Lande regiert hatten, übertraf. Er war von Natur friedliebend und ein wohlwollender Herr. Er wurde von seinem Volke so geliebt und sein Reich war von so großen Flüssen eingeschlossen, daß ein erfolgreicher Angriff seitens irgend einer Macht allen unmöglich erschien. Dieser Wahn verleitete ihn, sich nicht um Kriegsangelegenheiten zu kümmern, auch bildete er sein Volk nicht im Kriegsdienste aus. Die Städte seines Reiches waren stark befestigt, von tiefen Gräben umgeben, die einen Bogenschuß Breite hatten und mit Wasser gefüllt waren. Er hielt keine Reiterei, weil er keines Angriffs gewärtig war. Seine einzige Sorge war, sich Genüsse zu verschaffen und seinen Vergnügungen zu leben. Er hielt an seinem Hofe tausend schöne Frauen, die seine Person umgaben und in deren Gesellschaft er seine Freude suchte. Er war ein Freund des Friedens und der Gerechtigkeit, die er gewissenhaft aufrecht zu erhalten suchte. Die geringste Unterdrückung oder das kleinste Unrecht, das ein Mann gegen einen anderen beging, wurde ohne Ansehen der Person auf das strengste bestraft. So groß aber war die Wirkung seiner Gerechtigkeit, daß, wenn Kaufhallen, die mit Gütern gefüllt waren, durch die Nachlässigkeit ihrer

---

[1]) Fanfur oder besser Faghfur ist kein Eigenname, auch gehört er nicht der chinesischen Sprache an. Die arabischen und persischen Schriftsteller gebrauchten diese Bezeichnung als Titel für den chinesischen Kaiser. Faghfur ist weiter nichts als eine Übersetzung des chinesischen tien-tse, Sohn des Himmels.

Eigentümer offen gelassen wurden, niemand wagte, einzutreten oder auch nur das geringste daraus zu rauben. Reisende aller Art konnten frei und ohne Furcht bei Nacht und bei Tage durch alle Teile seines Reiches ziehen. Er war gottesfürchtig und mildtätig gegen Arme und Bedürftige. Kinder, welche von ihren elenden Müttern, die dieselben nicht zu ernähren vermochten, ausgesetzt worden waren, ließ er aufheben und Sorge für sie tragen, wohl an die zwanzigtausend. Wenn die Knaben das hinreichende Alter erreicht hatten, ließ er sie in irgend einem Handwerke unterrichten und verheiratete sie nachher an junge Mädchen, die auf dieselbe Weise erzogen worden waren.

Ganz verschieden von der Gemütsart und den Gewohnheiten Fanfurs waren die Kublai-khans, des Kaisers der Tataren, dessen einziges Vergnügen im Kriege, in der Eroberung von Ländern und in der Ausbreitung seines Ruhmes bestand. Nachdem er seiner Herrschaft eine Anzahl von Provinzen und Königreichen zugefügt hatte, richtete er seine Absichten auf die Unterjochung Manjis[2]) und versammelte zu diesem Zwecke eine zahlreiche Armee zu

---

[2]) Im Jahre 1267 faßte Kublai den Plan, das südliche China oder das Reich der Sung anzugreifen. Dort regierte der Kaiser Tu-tsong, auf den sich die nicht ganz zutreffende Schilderung Marco Polos bezieht. Die chinesischen Historien stellen ihn in nicht so freundlichem Lichte dar, vielleicht weil durch ihn und seine schwache Regierung das Unglück über das Reich der Sung herbeigeführt wurde. Tu-tsong wird darin als ein energieloser, schwelgerischer Fürst geschildert, der nur in der Gesellschaft seiner Weiber Vergnügen fand und die Regierungsgeschäfte ganz seinem unwürdigen Minister Kia-sse-tao überließ, der durch seine verkehrten Maßregeln den Untergang des Reiches mit verschuldete. Als im Jahre 1274 Tu-tsong starb, wollten die Großen seinen ältesten Sohn Tschao-sche zum Nachfolger ernennen; allein der erste Minister wünschte auch noch weiter in Macht und Ansehen zu bleiben und setzte daher den zweiten Sohn des Verstorbenen, Tschao-hien,

Roß und zu Fuß, über welche er den Befehl einem General Chinsan Bayan gab, ein Name, der in unserer Sprache „der Hundertäugige“ bedeutet. Auch erhielt er eine Anzahl Schiffe, und mit ihnen machte er sich auf zur Eroberung Manjis. Als er dort landete, forderte er die

---

der nur vier Jahre alt war, auf den Thron. Dieser Fürst erhielt den Beinamen Kong-tsong, und die Kaiserin Siei-schi, seine Großmutter, übte für ihn die Regentschaft aus; das ist dieselbe, von der Marco Polo erzählt.

Die Feindseligkeiten Kublais gegen das Reich der Sung waren eigentlich niemals ganz unterbrochen worden; allein die Schwäche der chinesischen Regierung benutzend, bereitete er jetzt eine große Invasion vor und ernannte die Generale Sse-tien-tse und Bayan zu Feldherren der Armee, die in Hu-kuang einfallen sollte. Eine andere Armee unter dem General Polo-hoan begann ihre Operationen in Kiang-nan. Sse-tien-tse starb unterwegs und überließ Bayan den alleinigen Oberbefehl. Kia-sse-tao schickte den Mongolen zwei Heere entgegen, die aber bald geschlagen wurden. Der unfähige Minister ging noch in demselben Jahre auf Verlangen der Großen des Reiches in die Verbannung. Aber auch der Kaiserinwitwe gelang es nicht, den siegreichen Vormarsch der Feinde aufzuhalten; sie mußte den Mongolen ihre Unterwerfung anzeigen und ihnen einen jährlichen Tribut versprechen. Die Hauptstadt des Reiches, Lin-ngan (jetzt Hang-tschou-fu genannt, Marco Polos Quinsay) wurde Bayan übergeben und der junge Kaiser mit der Regentin und seiner Mutter an den Hof Kublai-khans gebracht. Zwei Brüder des Kong-tsong versuchten noch weiteren Widerstand zu leisten. Der ältere, Toan-tsong, mußte aber bald auf seine Schiffe fliehen. Das Fahrzeug, welches ihn trug, scheiterte bei der Insel Kang-tschu, nur mit Mühe wurde er gerettet und starb nicht lange darauf im Jahre 1278. Nun erhoben die Anhänger der Sung den jüngsten Bruder, Ti-ping, zum Kaiser. Dieser streifte ebenfalls mit der kaiserlichen Familie auf einer Flotte von 800 Schiffen an den Grenzen Chinas umher; allein auch diese wurde von den Mongolen unter Tschang-hong-fan bei der Insel Hai angegriffen und besiegt. Lu-siu-fu, der Minister Ti-pings, warf, als er keine Rettung mehr sah, Weib und Kinder ins Meer, nahm den jungen Kaiser auf seine Schultern und stürzte sich mit ihm in die Fluten, indem er ausrief: „Besser frei sterben, als durch

Bewohner der Stadt Koi-gan-zu auf, sich der Herrschaft seines Kaisers zu unterwerfen. Als sie sich weigerten, rückte er, statt Befehl zur Belagerung zu geben, vor die nächste Stadt, und als er dort eine ähnliche Antwort erhielt, ging er an eine dritte und vierte, wo er stets in derselben Weise abgewiesen wurde. Nun hielt er es nicht länger für ratsam, so viele Städte im Rücken zu lassen, da seine Armee stark war und er eine gleichgroße Streitkraft, die Se. Majestät ihm aus dem Innern zuschicken wollte, erwartete, und er entschloß sich nun, eine von diesen Städten anzugreifen, und da er große Erfahrung und Geschick in der Kriegskunst hatte, brachte er auch den Platz in seine Gewalt, und alle Bewohner fielen unter der Schärfe seines Schwertes. Sobald die Kunde von diesem Ereignis in die anderen Städte kam, wurden die Einwohner von solcher Furcht und solchem Schrecken ergriffen, daß sie aus eigenem Antriebe sich beeilten, ihre Unterwerfung zu erklären. Als dieses ins Werk gesetzt war, rückte er mit der vereinten Kraft seiner beiden Armeen gegen die königliche Stadt Quinsai, die Residenz des Königs Fanfur, welcher alles Entsetzen und alle Furcht eines Mannes empfand, der noch keine Schlacht gesehen und sich niemals mit dem Kriegshandwerk beschäftigt hat. In der Besorgnis um die Sicherheit seiner Person flüchtete er sich auf seine Flotte, die zu dem Zwecke in Bereitschaft lag, schiffte alle seine Schätze und Kostbarkeiten ein und überließ die Sorge um die Stadt seiner Gemahlin mit der

---

schmachvolle Gefangenschaft die Ahnen entehren." Ihm folgte die Kaiserin-Mutter mit ihren Frauen. Die noch übrigen Schiffe der kaiserlichen Flotte wurden im Laufe der Zeit von Stürmen vernichtet. So ging trotz heldenmütiger Aufopferung vieler Großen die Dynastie der Sung zugrunde, die 320 Jahre über China regiert hatte. (Mailla, IX. 302—400; Gaubil, 146—189; d'Ohsson, II. 382—438.)

Anweisung, sie bis aufs äußerste zu verteidigen; denn er glaubte sicher, ihr Geschlecht würde ihr zum Schutz gereichen, für den Fall, daß sie in die Hände des Feindes fiele. Von dort ging er in die See nach gewissen Inseln, wo sehr stark befestigte Plätze waren, und blieb allda bis zu seinem Tode. In dieser Lage wurde die Königin zurückgelassen, und man erzählt, es sei ihr die Weissagung bekannt geworden, welche die Astrologen dem Könige gegeben, daß er niemals seiner Herrschaft beraubt werden würde, außer durch einen Feldherrn, der hundert Augen hätte. Auf diese Erklärung gestützt, hegte sie, wiewohl Quinsai immer mehr bedrängt wurde, Vertrauen, daß die Stadt nicht verloren gehen würde, weil es ihr unmöglich schien, daß ein Sterblicher so viele Augen haben könne. Als sie jedoch nach dem Namen des Feldherrn, der die feindlichen Truppen anführte, fragte und erfuhr, daß er Chinsan Bayan,[3]) welches hundert Augen bedeutet, heiße, wurde sie bei Nennung desselben von Entsetzen ergriffen, da sie nun überzeugt war, daß dieses der Mann sei, der nach der Weissagung der Astrologen ihren Gemahl des Thrones berauben würde. Überwältigt von weiblicher Furcht, entsagte sie allem längeren Widerstande und ergab sich sogleich. Nachdem die Tataren sich so in den Besitz der Hauptstadt gesetzt hatten, brachten sie bald den übrigen Teil des Landes zur Unterwerfung. Die Königin wurde vor Kublai gebracht, der sie ehrenvoll empfing, und es

[3]) Pe-yen war der Name eines der berühmtesten Generale Kublai-khans. Er stammte, wie die chinesischen Historiker melden, aus den „westlichen Ländern". Pe-yen bedeutet einen Mann mit hundert Augen. Was die Bezeichnung Chinsan betrifft, so hat Pauthier darauf hingewiesen, daß das Wort eine ziemlich getreue Transkription des chinesischen Tsching-siang, Staatsminister, ist. Diesen Titel gab Kublai-khan seinem Feldherrn im Jahre 1274, als er ihn an der Spitze einer Armee aussandte, um die letzten Besitzungen der Sungkaiser zu erobern.

wurde eine Vollmacht von dem Kaiser ausgestellt, vermöge derer ihr die Aufrechterhaltung der Würde ihres Ranges gewährt wurde. Da wir die Art und Weise angegeben, in welcher die Eroberung von Manji ausgeführt wurde, wollen wir nun von den verschiedenen Städten dieser Provinz und zuerst von Koi-gan-zu reden.

56. Kapitel.

Von der Stadt Koi-gan-zu.

Koi-gan-zu ist eine sehr schöne und reiche Stadt, die zwischen Südost und Ost am Anfange der Provinz Manji liegt, wo eine ungeheure Zahl von Schiffen anlegt und vorüberzieht, da sie, wie schon bemerkt worden ist, nahe am Ufer des Flusses Kara-moran liegt. Große Warenbestellungen werden in dieser Stadt gemacht, worauf die Güter auf dem Flusse nach verschiedenen anderen Plätzen gebracht werden. Salz wird hier in großer Menge bereitet, jedoch zum Zwecke der Ausfuhr nach anderen Gegenden, und von diesem Salze zieht Se. Majestät große Einkünfte.[1])

57. Kapitel.

Von der Stadt Pau-ghin.

Wenn man Koi-gan-zu verläßt, zieht man eine Tagereise weit nach Südosten auf einem schönen Steindamme hin, der in die Provinz Manji führt. Auf beiden Seiten dieses Steinweges liegen sehr ausgebreitete Seen, deren

---

[1]) Nicht sehr weit von Hoai-ngan-fu entfernt lag zur Zeit der Mongolen und liegt noch jetzt Yen-tsching, die „Salzstadt", welche durch Seen und Kanäle mit Hoai-ngan-fu in Verbindung steht. Dort befand sich seit Jahrhunderten ein großer Salzmarkt, der den Namen Yen-kiang-pu, „Salzmarkt für die Flüsse", führte. (Pauthier, le livre de Marco Polo, II. 463.)

Wasser tief sind und von Schiffen befahren werden;[1]) auch ist außer diesem kein anderer Weg vorhanden, auf dem man in die Provinz eindringen könnte. Man kann jedoch zu Schiffe dahin gelangen, und auf diese Weise zog der Feldherr, der Kublais Truppen anführte, in das Land mit seiner ganzen Streitmacht ein. Nach Verlauf dieser Tagereise erreicht man eine bedeutende Stadt, die Paughin heißt. Die Einwohner beten Götzen an, verbrennen ihre Toten, haben Papiergeld und sind dem Großkhan unterworfen. Sie leben von Handel und Gewerben. Sie haben viel Seide und fertigen aus ihr mit Gold schöne Gewebe an. Alles, was man zum Leben braucht, ist da im Überfluß vorhanden.

58. Kapitel.

Von der Stadt Kain.

In der Entfernung einer Tagereise von Paughin nach Südost zu steht die große und wohlgebaute Stadt Kain.[1]) Ihre Einwohner sind Götzendiener, brauchen das Papiergeld als Kurant und sind dem Großkhan untertan. Handel und Gewerbe blühen bei ihnen. Sie haben Fische im

---

[1]) Diese Steinwege bilden die Dämme des Kaiserkanals und trennen ihn von den Gewässern der benachbarten Seen. „Der Kanal," sagt de Guignes, „ist zu beiden Seiten von einer Chaussee eingefaßt, die ungefähr fünfundzwanzig Fuß breit und zehn bis zwölf Fuß hoch und zuweilen von Schleusen durchschnitten ist. Wir hatten am Morgen Kanäle zu unserer Linken und den See Kao-yu-hu zu unserer Rechten. Dieser See nimmt eine große Fläche ein; sein Durchmesser ist so beträchtlich, daß man kaum das Land auf seiner westlichen Seite erkennen kann."

Die Stadt Pao-ying liegt am Kaiserkanal zwischen den beiden Seen Kao-yu-hu und Ta-tsung-hu.

[1]) Kain ist wohl ein Druckfehler für Kaiu. Die Stadt Kao-yu liegt gleichfalls am Kaiserkanal zwischen den Seen Kao-yu-hu und Lu-yang-hu.

Überfluß und auch Wild, Tier und Geflügel. Besonders Fasanen gibt es dort in großer Zahl, so daß man für ein Stückchen Silber, einen venezianischen Groschen an Wert, drei solche Vögel, so groß wie Pfauhennen, kaufen kann.

59. Kapitel.

Von den Städten Tigui und Cingui.

Wenn man von der letzterwähnten Stadt eine Tagereise weiterzieht, während welcher man viele Dörfer und viel bebautes Land sieht, kommt man in eine Stadt, Ti-gui genannt, die nicht gerade sehr groß ist, aber reich versehen mit allen Lebensbedürfnissen. Die Einwohner sind Götzenanbeter, Untertanen des Großkhans und gebrauchen sein Papiergeld. Sie sind Kaufleute und haben viele Handelsschiffe. Wild, Tier und Geflügel findet man da im Überfluß. Die Stadt ist nach Südosten gelegen, und zu ihrer Linken, das heißt auf ihrer östlichen Seite, kommt man in einer Entfernung von drei Tagereisen an das Meer. In der dazwischenliegenden Ebene findet man viele Salzwerke, wo große Mengen von diesem Stoffe hergestellt werden. Zunächst kommt man an die große und wohlgebaute Stadt Cingui, von wo das Salz in alle benachbarten Provinzen ausgeführt wird. Von diesem Produkte erhebt der Kaiser bedeutende Abgaben, deren Betrag kaum glaublich ist. Auch hier beten die Einwohner Götzen an, brauchen das Papiergeld und sind dem Großkhan unterworfen.[1])

---

[1]) Bei Pauthier heißen die beiden Städte Tigui und Tingui, und diese Lesart scheint den Vorzug zu verdienen, da es unmöglich ist, die Lage der Stadt Cingui, die Ramusio für Tingui hat, festzustellen.

Tigui dürfte nichts anderes als Tai-tschou sein. Der Ort liegt ungefähr 40 bis 50 km im Osten des Kaiserkanals. Tingui

60. Kapitel.

Von der Stadt Jan-gui über welche Marco Polo die Statthalterschaft führte.

Wenn man in südöstlicher Richtung von Cingui fortzieht, kommt man in die wichtige Stadt Jan-gui,[1]) die siebenundzwanzig Städte unter ihrer Gerichtsbarkeit hat und als ein Platz von großer Bedeutung betrachtet werden muß. Sie gehört zum Reiche des Großkhans. Die Bewohner sind Götzendiener und leben von Handarbeiten. Sie verfertigen Waffen und alle Arten kriegerischer Rüstung, weshalb sehr viele Truppen ihr Quartier im Lande haben. Die Stadt ist der Residenzort eines der zwölf Freiherren, die, wie bereits erwähnt, von Sr. Majestät als Landpfleger der Provinzen bestellt sind; an der Stelle eines dieser Barone hatte Marco Polo, im besonderen Auftrage Sr. Majestät, die Verwaltung dieser Stadt während dreier Jahre unter sich.

61. Kapitel.

Von der Provinz Nan-ghin.

Nan-ghin ist der Name einer großen und ausgezeichneten Provinz Manjis und liegt gegen Westen.[1]) Die Be-

---

(bei Ramusio Cingui) soll etwa drei Tagereisen vom Ozean entfernt sein. Wahrscheinlich ist damit Tung-tschou gemeint, das sich auf der Nordseite des Yang-tse in der Nähe seiner Mündung befindet.

[1]) Es besteht kein Zweifel, daß Marco Polo mit Jangui die Stadt Yang-tschou bezeichnet, welche zwischen dem Yang-tse und den großen Seen der Provinz Kiang-su liegt. Ungefähr 35 Jahre nach der Abreise Marco Polos aus China fand der Mönch Odoric in dieser Stadt eine Niederlassung des Franziskanerordens, dem er selbst angehörte, und außerdem drei nestorianische Kirchen. (Yule, a. a. O., II. 154.)

[1]) Nan-ghin hat nichts mit der berühmten Stadt Nan-king zu tun, da letztere im 13. Jahrhundert einen ganz anderen Namen

wohner sind Götzenanbeter, brauchen das Papiergeld als Kurant und treiben bedeutenden Handel. Sie haben rohe Seide und weben goldene und seidene Stoffe in großer Menge nach verschiedenartigen Mustern. Das Land erzeugt Korn im Überfluß und ist reich versehen mit Hausvieh, sowie auch mit Wild, Tier und Geflügel, das gute Jagd bietet. Der Kaiser zieht bedeutende Einkünfte aus dem Lande, besonders von dem Zolle, der von den reichen Waren, mit welchen die Kaufleute handeln, erhoben wird. — Wir wollen nun von der edlen Stadt Sa-jan-fu reden.

62. Kapitel.

Von der Stadt Sa-jan-fu, die mit Hilfe der Herren Nicolo und Maffio Polo erobert wurde.

Sa-jan-fu[1]) ist eine bedeutende Stadt in der Provinz Manji, die zwölf reiche und große Städte unter ihrer Gerichtsbarkeit hat. Sie ist ein Platz mit großem Handel und ausgedehnten Gewerben. Die Einwohner verbrennen ihre

---

besaß. Wahrscheinlich ist die Vermutung Pauthiers richtig, nach welcher Marco Polo Ngan-king, die Hauptstadt der jetzigen Provinz Ngan-hwei, gemeint hat.

[1]) Die Stadt Siang-yang-fu in der Provinz Hu-pe liegt am Südufer des Flusses Han gegenüber der Stadt Fan-tscheng und unweit der Stelle, wo der Tang-ho, der wichtigste Nebenfluß des Han, in letzteren einmündet.

Die Belagerung der Stadt wurde bereits 1268 unter den Generalen Lieutsching und Atschu begonnen; doch konnten sie die Zufuhr an Lebensmitteln, die zu Wasser erfolgte, nicht verhindern. Nachdem sie die Stadt bereits ein Jahr belagert hatten, sahen sie sich in die Notwendigkeit versetzt, gegen Fan-tscheng auf der anderen Seite des Hanflusses, das mit Siang-yang-fu durch mehrere Schiffsbrücken in Verbindung stand, vorzugehen. Die chinesischen Geschichtsschreiber erzählen, daß der General Alihaiya, ein Uigure, mit Kublai-khan von den Ingenieuren des Westens gesprochen habe, die Maschinen zu bauen imstande wären, mit denen man schwere Steine schleudern könne. Auf seinen Rat

Toten und sind Götzenanbeter. Sie sind Untertanen Sr. Majestät und gebrauchen sein Papiergeld. Rohe Seide wird in großer Menge daselbst erzeugt und die schönsten Seidenzeuge mit Gold durchwebt verfertigt. Der Platz ist reich versehen mit allen Dingen, die zu einer großen Stadt gehören, und wegen ihrer ungemein festen Lage konnte sie eine Belagerung von drei Jahren aushalten; denn sie weigerte sich, dem Großkhan ihre Unterwerfung anzuzeigen, sogar nachdem er schon im Besitze der Provinz Manji war. Die Schwierigkeiten, denen man bei der Belagerung begegnete, lagen hauptsächlich darin, daß die Armee sich ihr nicht nähern konnte, abgesehen von der nördlichen Seite; denn die anderen waren von Seen und Flüssen umgeben, auf welchen der Platz fortwährend Zufuhr erhielt, was die Belagerer nicht verhindern konnten. Als der Kaiser von diesen Anstrengungen hörte, verdroß es ihn sehr, daß dieser Platz allein so hartnäckig aushielt,

---

ließ Kublai solche erfahrenen Ingenieure aus Persien kommen, die in seiner Gegenwart zu Ta-tu mit den Katapulten Versuche anstellten. Man schickte sie nach Fan-tscheng, wo sie Steine von fünfhundert Pfund Gewicht in die Stadt schleuderten und ungeheure Breschen in die Wälle legten, in die Alihaiya seine Soldaten vorrücken ließ. So wurde Fan-tscheng im Februar des Jahres 1273 eingenommen. Jetzt wandten sich die Mongolen mit aller Kraft gegen Siang-yang-fu. Katapulte wurden aufgestellt und Steine abgeschossen, die mit donnerähnlichem Krachen niederfielen und Häuser und Türme zertrümmerten. Schrecken verbreitete sich in der belagerten Stadt, und bald mußte sie sich ergeben.

Dieser Bericht, dem chinesische Quellen zugrunde liegen, stimmt in allen Hauptpunkten mit der Erzählung Marco Polos überein. Nur eine Schwierigkeit ergibt sich bei genauerer Prüfung. Der venezianische Reisende stellt es so dar, als ob die lange Belagerung von Siang-yang-fu ihren Anfang genommen hätte, nachdem bereits vorher das ganze Reich Manji in die Gewalt des Großkhans gelangt war. Darin irrt sich jedoch Marco Polo; aus den chinesischen Annalen folgt mit aller Sicherheit, daß mit der Belagerung Siangyangs der Feldzug eröffnet wurde.

da doch das ganze Land zum Gehorsam gebracht worden war. Diese Umstände kamen auch den Brüdern Nicolo und Maffio zu Ohren, die sich am kaiserlichen Hofe aufhielten; da meldeten sie sich sogleich beim Großkhan und baten ihn, er möge es ihnen gestatten, Maschinen von der Art zu bauen, wie man sie im Abendlande gebrauche, die Steine von dreihundert Pfund werfen könnten, wodurch die Gebäude der Stadt zertrümmert und die Einwohner getötet werden würden. Ihr Vorschlag wurde vom Kaiser angenommen und ihr Plan gebilligt; darauf gab er Befehl, daß die geschicktesten Schmiede unter ihre Leitung gestellt würden; unter diesen befanden sich einige nestorianische Christen, welche sich als die erfahrensten Zimmerleute erwiesen. In wenigen Tagen vollendeten sie ganz nach den Angaben der beiden Brüder drei Maschinen. Nun wurde ein Versuch mit ihnen gemacht in Gegenwart des Großkhans und seines ganzen Hofes, und da sah man Steine fliegen, von denen ein jeder dreihundert Pfund wog. Darauf wurden sie auf Schiffe geschafft und zu der Armee geführt. Als sie vor der Stadt Sajanfu aufgestellt waren, fiel der erste Stein, der von ihnen geschleudert wurde, mit solcher Wucht und Gewalt auf ein Gebäude, daß ein großer Teil desselben zerschmettert wurde und in Trümmer fiel. Die Einwohner erschraken über dieses Unheil, welches ihnen als ein Donnerkeil vom Himmel erschien, dermaßen, daß sie sofort an Unterwerfung dachten. Es wurden sogleich Männer zur Unterhandlung aus der Stadt geschickt, und ihre Unterwerfung wurde unter denselben Bedingungen angenommen, welche dem übrigen Teile der Provinz gewährt worden waren. Als sich so ihre Kunsterfahrenheit bewährt hatte, wurde der Ruf und das Vertrauen dieser beiden venezianischen Brüder bei Sr. Majestät und allen seinen Hofleuten gar sehr vermehrt.

63. Kapitel.

Von der Stadt Singui und dem sehr großen Flusse Quian (Kiang).

Wenn man die Stadt Jan-gui verläßt und fünfzehn Meilen weiter nach Südosten zieht, erreicht man die Stadt Singui,[1]) die, obwohl nicht sehr groß, doch ein bedeutender Handelsplatz ist. Die Zahl der Schiffe, die hier verkehren, ist überaus groß, weil sie nahe am Flusse Quian (Kiang) liegt, welches der größte Strom in der Welt ist; er ist an manchen Stellen zehn, an anderen acht und wieder an anderen sechs Meilen breit. Seine Länge bis zu dem Platze, wo er sich ins Meer ergießt, beläuft sich wohl bis auf hundert Tagereisen. Seine gewaltige Größe verdankt er der Unzahl von schiffbaren Flüssen, die ihm ihre Wasser zuführen und ihre Quellen in fernen Ländern haben. Eine große Menge von Hauptstädten und andere

---

[1]) Der Text am Anfange dieses Kapitels scheint in mehreren Ausgaben stark korrumpiert zu sein. Bei Ramusio heißt es z. B.: „Wenn man die Stadt Sajanfu verläßt und fünfzehn Tagereisen weiter nach Südosten zieht, erreicht man die Stadt Singui . . . .“ Wäre diese Lesart richtig, so könnte man der Ansicht Marsdens zustimmen, daß unter Singui die Stadt Kiu-kiang im nördlichen Teile der Provinz Kiang-si zu verstehen ist. Wenn man jedoch bedenkt, daß Marco Polo angibt, er hätte sich auf seiner Reise, die ihn durch die Städte der Provinzen Kiang-su und Tsche-kiang führte, in Singui aufgehalten, so verliert diese Vermutung an Wahrscheinlichkeit. Denn er würde sicherlich nicht unterlassen haben, die Fahrt von Yang-tschou nach Kiu-kiang genauer zu beschreiben. Es scheint demnach die andere Lesart richtig zu sein, wonach Yang-tschou der Ausgangspunkt der weiteren Reiseschilderung ist und Singui von dieser Stadt in einer Entfernung von fünfzehn Meilen liegt. Man gelangt dann zum Orte I-tsching-hien, der zur Mongolenzeit den Namen Tschen-tschou führte und, wie Yule (a. a. O. II. 173) glaubt, mit Marco Polos Singui identisch sein dürfte. Allerdings liegt I-tsching-hien nicht im Südosten sondern im Südwesten von Jangui; doch fällt dieser Richtungsunterschied nicht ins Gewicht, da ja, wie bekannt, die Azimutangaben des Venezianers nicht sehr genau zu sein pflegen.

große Städte liegen an seinen Ufern, und mehr als zweihundert mit sechzehn Provinzen benutzen ihn zur Schiffahrt, wodurch der Warentransport so ungeheuer wird, daß es denen, die nicht Zeuge davon gewesen sind, unglaublich erscheinen mag. Wenn wir jedoch die Länge seines Laufes betrachten und die Menge von Flüssen, die, wie schon bemerkt, mit ihm in Verbindung stehen, so erscheint es nicht wunderbar, daß die Masse und der Wert der Waren und Lebensmittel, die auf ihm nach so vielen verschiedenen Städten gebracht werden, unberechenbar ist. Am nützlichsten ist er aber für den Transport des Salzes, welches nicht allein auf dem Kiang und seinen Nebenflüssen nach den Städten, die an ihren Ufern liegen, gebracht wird, sondern auch von dort nach allen Plätzen im Innern des Landes. Als Marco Polo sich in der Stadt Singui befand, sah er bei einer Gelegenheit nicht weniger als fünftausend Fahrzeuge, und doch gibt es noch andere Städte den Fluß entlang, wo die Zahl noch beträchtlicher ist. Alle diese Fahrzeuge haben eine Art Deck und einen Mast mit einem Segel. Ihre Fracht besteht gewöhnlich aus ungefähr viertausend Kantari oder venezianischen Zentnern bis aufwärts zu zwölftausend Kantari,[2]) welche Last einige von ihnen aufnehmen können. Sie gebrauchen kein hanfenes Tauwerk, außer für die Masten und Segel, sondern benutzen Rohr von der schon beschriebenen Art. Es ist fünfzehn Schritt lang und wird der Länge nach in sehr dünne Stücke gespalten, und indem sie diese zusammenflechten, stellen sie daraus Seile her, die dreihundert Schritt lang sind. Diese werden so geschickt verfertigt, daß sie an Festigkeit und Kraft dem hanfenen Tauwerke gleichkommen. Mit solchen Seilen werden die Schiffe ein jedes mit zehn oder zwölf Pferden auf den

---

[2]) Zwölftausend Kantari sind mehr als fünfhundert Tonnen.

Flüssen vorwärts gezogen, sowohl aufwärts gegen den Strom als auch abwärts. An vielen Stellen sind am Ufer des Flusses Götzentempel und andere Gebäude errichtet, und man sieht eine ununterbrochene Reihe von Dörfern und bewohnten Plätzen.

64. Kapitel.

Von der Stadt Kayn-gui.

Kayn-gui[1]) ist eine kleine Stadt am Ufer des vorerwähnten Flusses, wo jährlich eine sehr große Menge Korn

---

[1]) Der Platz Kayn-gui läßt sich mit Sicherheit bestimmen. Er liegt am Yang-tse gegenüber von Tsching-kiang-fu, da wo der Kaiserkanal in den genannten Strom einmündet. Es kann sich also nur um Kua-tschou handeln. Sir J. F. Davis schreibt (Sketches of China, II. 6): „Zwei Tage verwandten wir auf einen Besuch der halbverlassenen Stadt Kua-tschou, deren Name Kürbisinsel bedeutet. Wir gingen eine weite Strecke oben auf der Stadtmauer entlang, die wie gewöhnlich von großer Dicke war und hinter der Brustwehr eine breite, ebene Plattform besaß. Die Brustwehr selbst hatte eine Höhe von sechs Fuß und eine Dicke von nicht mehr als anderthalb Backsteinen, und die Schießscharten waren offenbar nicht für Kanonen bestimmt, da sie zu hoch lagen. Einen großen Teil des Raumes innerhalb der Wälle nahmen Begräbnisplätze ein, auf denen Zypressen wuchsen; und darin lag schon ein hinreichender Beweis für den Niedergang des Ortes; denn in modernen oder stark bewohnten Städten kann niemand innerhalb der Mauern begraben werden. Fast überall zeigten sich Ruinen, und es schien in der ganzen Stadt nur eine Straße von Bedeutung vorhanden zu sein. In dieser sah man jedoch zahlreiche Läden, und der Verkehr war dort so lebhaft wie auch sonst in chinesischen Straßen.“ (Yule, a. a. O. II. 175.)

Die von Marco Polo erwähnte Insel in der Mitte des Stromes der Stadt Kua-tschou gegenüber wird von den Chinesen Kinschan, goldener Berg, genannt. Dort befindet sich ein berühmtes Buddhistenkloster, welches zur Zeit der Tsin (265 bis 420) gegründet sein soll. Es enthält zahlreiche vergoldete Statuen von großem Wert. Der Kaiser Kang-hi besuchte es bei Gelegenheit seiner Reise in die südlichen Provinzen Chinas.

und Reis gesammelt wird, dessen größten Teil man von dort nach der Stadt Kambalu an den Hof des Großkhans führt; denn durch diese Stadt ist die Verbindungslinie mit Kataia auf Flüssen, Seen und einem weiten, tiefen Kanal hergestellt, welchen letzteren Se. Majestät hat graben lassen, damit die Schiffe von einem großen Flusse zum andern und so zu Wasser von der Provinz Manji bis nach Kambalu gehen können, ohne nötig zu haben, auch nur einen Teil der Fahrt zur See zu machen. Dieser Kanal ist ebenso bewunderungswürdig wie schön, da er eine ungeheure Länge besitzt und den Städten an seinem Ufer viele Vorteile und Wohltaten gewährt. Auf beiden Seiten des Kanals sieht man lange Terrassen und Landstraßen, die das Reisen zu Lande sehr bequem machen. In der Mitte des Flusses, der Stadt Kayn-gui gegenüber, liegt eine Insel ganz aus Felsen; darauf ist ein großer Tempel und ein Kloster gebaut worden, worin zweihundert Mönche, wie man sie nennen kann, wohnen und den Götzendienst verrichten, und dies ist der oberste von vielen anderen Tempeln und Klöstern. — Wir wollen nun von der Stadt Cian-ghian-fu reden.

65. Kapitel.

Von der Stadt Cian-ghian-fu.

Cian-ghian-fu[1]) ist eine Stadt in der Provinz Manji, deren Einwohner Götzendiener sind, dem Großkhan untertan und bei denen das Papiergeld Geltung hat. Sie leben

[1]) Tschin-kiang-fu liegt am Kreuzungspunkt zweier der wichtigsten Wasserstraßen Chinas, des Yang-tse und des Kaiserkanals. Im Jahre 1842 wurde die Stadt nach hartnäckiger Verteidigung von den Engländern erstürmt. Die Verteidiger, zum größten Teil Mandschuren, hatten zuerst ihre Weiber und Kinder, dann sich selbst getötet, um nicht in die Hände des verhaßten Feindes zu fallen. Dreizehn Jahre später hatte der Ort durch Einwanderer wieder

von Handel und Gewerben und sind reich. Sie weben Stoffe von Gold und Seide. Die Jagd auf jede Art Wild ist hier ganz ausgezeichnet, und Lebensmittel sind im Überfluß vorhanden. In dieser Stadt gibt es zwei Kirchen nestorianischer Christen, die im Jahre 1274 erbaut worden sind, als Se. Majestät einen Nestorianer, namens Mar Sachis, zum Statthalter auf drei Jahre machte. Von ihm sind diese Kirchen erbaut worden, da sie vorher nicht vorhanden waren, und sie bestehen noch jetzt. — Wir verlassen nun diesen Platz und sprechen von Tin-gui-gui.

66. Kapitel.

Von der Stadt Tin-gui-gui.

Wenn man Cianghianfu verläßt und drei Tage nach Südosten weiterzieht, kommt man an vielen Städten und Festungsplätzen vorüber, deren Einwohner Götzen anbeten, von Künsten und Gewerben leben, dem Großkhan untertan sind und sein Papiergeld gebrauchen. Nach Verlauf von drei Tagen erreicht man die Stadt Tin-gui-gui,[1]) die groß und schön ist und viel rohe Seide produziert, aus welcher Gewebe verschiedener Arten und Muster angefertigt werden. Alles zum Leben Notwendige findet

---

sehr gewonnen, als die furchtbaren Horden der Tai-ping ihn einnahmen und teilweise zerstörten, und weitere vier Jahre später, im Jahre 1859, fiel er in die Hände der kaiserlichen Truppen, die hier ebenso hausten wie in dem benachbarten Nanking. Die ganze Bevölkerung wurde niedergemetzelt, die Stadt bis auf die Ringmauern und einige Straßen dem Erdboden gleichgemacht.

[1]) Tin-gui-gui, oder wohl richtiger nach der Basler Ausgabe Cinguingui und dem Berliner Manuskript Chin-chin-gui, ist Tschangtschou in der Nähe des Kanals. Die Stadt wurde von Bayan erobert, der, wie die chinesischen Annalen erzählen, alle Einwohner niedermetzeln ließ. (d'Ohsson, II. 409.)

man hier im Überfluß, und die Menge Wild bietet eine ausgezeichnete Jagd. Die Einwohner waren ein hinterlistiges, unmenschliches Geschlecht. Zur Zeit, als Chinsan Bayan oder der Hundertäugige das Land unterwarf, schickte er gewisse alanische Christen[2]) mit einem Teile seiner eigenen Leute ab, sich der Stadt zu bemächtigen, und sobald sie davor erschienen, ließ man sie ohne Widerstand einziehen. Der Platz war mit einer doppelten Mauer umgeben, eine innerhalb der anderen, und die Alanen besetzten die erste Umwallung, wo sie eine bedeutende Menge Wein fanden, und da sie viele Beschwerden und Entbehrungen erduldet hatten, waren sie eifrig beschäftigt, ihren Durst zu stillen, und tranken, ohne sich weiter zu besinnen, so übermäßig, daß sie sich berauschten und darüber einschliefen. Kaum bemerkte das Volk der Stadt, welches sich in der zweiten Umwallung befand, daß seine Feinde ohnmächtig im Schlafe dalagen, so ergriff es die Gelegenheit, sie zu ermorden, und es entkam keiner von ihnen. Als Chinsan Bayan von dem Geschicke dieser seiner Truppen hörte, war er unwillig und ergrimmt wie

---

[2]) Die Überreste der Alanen lebten am nördlichen Rande des Kaukasus, wo sie lange Zeit den Mongolen hartnäckigen Widerstand leisteten, aber sich schließlich dem Khan von Sarai unterwerfen mußten. Der Name, unter dem sie während des Mittelalters in Asien bekannt waren, lautete Aas, wie wir z. B. aus den Schriften Carpinis, Rubruquis' und Ibn Batutas erfahren. Gaubil berichtet, dieses Volk hätte nach seiner Unterwerfung den Mongolen ausgezeichnete Offiziere geliefert. Ferner kennen wir aus der späteren Periode der mongolischen Herrschaft (1336) Briefe an den Papst Benedikt XII. von einigen alanischen Christen, welche hohe Ämter am Hofe zu Cambaluc einnahmen. Raschid-ed-din spricht von den Alanen als Christen, während Ibn Batuta sie Muhammedaner nennt. Schließlich sei erwähnt, daß Angehörige dieses Volkes um dieselbe Zeit (1306) im Dienste der byzantinischen Kaiser fochten. (Yule, a. a. O. II. 180.)

nie und sandte eine andere Armee, den Platz anzugreifen. Als die Stadt in seiner Gewalt war, gab er Befehl, alle Einwohner, alt und jung, ohne Unterschied des Geschlechts, zur Vergeltung dem Schwerte zu überliefern.

67. Kapitel.

Von den Städten Singui und Vagiu.

Singui[1]) ist eine große und prächtige Stadt, deren Umfang zwanzig Meilen beträgt. Die Einwohner sind Götzenanbeter, dem Großkhan untertan und gebrauchen sein Papiergeld. Sie haben eine große Menge roher Seide und verarbeiten sie nicht allein zu ihrem eigenen Verbrauche, da sie sich alle in Seide kleiden, sondern auch für andere Märkte. Es gibt unter ihnen einige sehr reiche Kaufleute, und die Zahl ihrer Einwohner ist so groß, daß sie ein Gegenstand gerechten Staunens ist. Sie sind jedoch sehr feige Leute, die sich nur mit ihrem Handel und ihren Gewerben beschäftigen. Darin entfalten sie allerdings eine große Geschicklichkeit, und wenn sie so unternehmend und kriegerisch wären, wie sie gewerbtätig und erfindungs-

---

1) Von Tschin-kiang-fu führt der große Kanal zunächst durch steiniges Land, dann tritt er in eine weite Ebene ein, in der die Stadt Su-tschou, Marco Polos Singui, liegt. Um die ausgedehnten Vorstädte zu durchfahren, brauchten die Yachten der britischen Gesandtschaft unter Lord Macartney drei Stunden. Überall war der Platz von Kanälen durchschnitten, so daß die Engländer unwillkürlich an Venedig erinnert wurden. Die ungeheure Menge der vor Anker liegenden Dschunken setzte sie in Erstaunen. Die Stadt machte einen freundlichen Eindruck, die Bewohner, welche in großer Zahl die Straßen belebten, schienen wohlhabend zu sein und waren zum großen Teil in Seide gekleidet. Im Westen breitet sich in geringer Entfernung der prächtige Spiegel des Tai-hu aus, ein fischreicher See und ein beliebtes Ausflugsziel für die Bewohner von Su-tschou.

reich sind, so könnten sie (denn so ungeheuer ist ihre Zahl) nicht allein die ganze Provinz Manji unterwerfen, sondern auch noch viel weiter gehen. Es gibt unter ihnen sehr geschickte Ärzte, welche die Natur der Krankheit bestimmen und die geeigneten Mittel dagegen anwenden. Auch gibt es daselbst sehr weise Männer oder, wie wir sie nennen, Philosophen und andere, die Magier und Zauberer genannt werden können. Auf den Bergen in der Nähe der Stadt wächst Rhabarber von vorzüglicher Qualität und wird zu so wohlfeilem Preise verkauft, daß vierzig Pfund von der frischen Wurzel in ihrem Gelde zum Werte eines venezianischen Groschens zu haben sind. Unter der Gerichtsbarkeit von Singui stehen sechzehn bedeutende und reiche, große und kleinere Städte, in denen Handel und Gewerbe blühen. Unter dem Namen Sin-gui ist zu verstehen „die Stadt der Erde", wie unter dem von Quin-sai „die Stadt des Himmels". Wir verlassen nun Singui und wollen von einer anderen Stadt reden, die nur eine Tagereise davon entfernt ist und Va-giu[2]) heißt, wo ebenfalls großer Überfluß an roher Seide vorhanden ist und wo es viele Kaufleute und Künstler gibt. Seidenzeuge von feinster Qualität werden hier gewebt und alsdann nach allen Teilen der Provinz versandt. Da es hier weiter nichts Bemerkenswertes gibt, so wollen wir nun zur ersten Stadt, der Hauptstadt der Provinz Manji, die Quinsai heißt, übergehen.

---

[2]) In dem von Pauthier herausgegebenen Texte werden außer Su-tschou noch drei andere Städte genannt, nämlich Vugui, Vughin und Ciangan, während bei Ramusio nur von Va-giu die Rede ist. Pauthier ist der Ansicht, daß die erste und dritte mit Hu-tschou und Sung-kiang identisch ist. Andere Kommentatoren bringen Ciangan mit der Stadt Kia-hing in Verbindung. Es ist schwer, eine sichere Entscheidung zu treffen.

Der Ort Vughin dürfte mit Wu-kiang am Kaiserkanal übereinstimmen.

68. Kapitel.

Von der edlen und prachtvollen Stadt Quinsai (Kinsai).

1. Wenn man Vagiu verläßt, kommt man im Laufe von drei Tagereisen an vielen Städten, Schlössern und Dörfern vorüber, die alle gut bevölkert und reich sind. Die Leute sind Götzenanbeter und Untertanen des Großkhans. Nach Verlauf von drei Tagen erreicht man die edle und prächtige Stadt Quin-sai,[1]) ein Name, welcher

---

[1]) Die Beschreibung, welche Marco Polo von Hang-tschou gibt, welches damals zu den größten Städten der Welt gehörte, ist einer der interessantesten Teile seines Reisewerks.

Die im Texte gegebene Erklärung des Namens Quinsay ist unrichtig und beweist, wie auch aus anderen Bemerkungen hervorgeht, daß der Venezianer der chinesischen Sprache nicht mächtig war. Quinsay ist nichts anderes als der chinesische Ausdruck King-sse für Residenz.

Hang-tschou ist die Hauptstadt der Provinz Tsche-kiang. Sie hatte in früheren Jahrhunderten ebenso wie viele andere Städte Chinas die verschiedensten Namen. Unter der Sungdynastie hieß sie Lin-ngan-fu, unter den Mongolen Hang-tschou-lu, und erst unter der Regierung der Mandschudynastie erhielt sie wiederum den Namen Hang-tschou-fu, den sie schon zur Zeit der Sui besessen hatte. Die Sung, die von den Niutschi oder Kin im 12. Jahrhundert unserer Zeitrechnung immer weiter nach Süden gedrängt wurden, waren endlich im Jahre 1132 genötigt, hierher ihren Hofhalt zu verlegen. Auf diese Weise gelangte also die Stadt zu dem Namen King-sse.

Hang-tschou liegt auf der nördlichen Seite des Flusses Tsientang, der unfern der Ringmauer vorüberfließt, hier ungefähr eine halbe Stunde breit sein mag und sich nach einem östlichen Laufe von ungefähr 100 km in die nach der Stadt genannte Bai ergießt. Im Westen von Quinsay trifft man den romantischen Si-hu, den „westlichen See“, an dessen Ufern sich prächtige Tempel, Klöster und Landhäuser erheben. Dorthin ziehen sich die Beamten und reichen Kaufleute während der schönen Jahreszeit zurück. Von Hang-tschou kann man sowohl zu Lande auf schönen Alleen, als auch auf dem Wasserwege zum Si-hu gelangen; denn der See steht durch Kanäle mit allen Teilen der Stadt in Verbindung.

„die Himmelsstadt“ bedeutet, den sie vor allen anderen Städten in der Welt verdient wegen ihrer Größe und Schönheit und auch wegen der Kurzweil, Freude und Wollust, die man dort findet, so daß die Einwohner glauben können, sie weilten im Paradiese. Diese Stadt wurde öfter von Marco Polo besucht, der sorgfältig und fleißig alles beobachtete und sich nach allem erkundigte, was sie betraf. Er machte sich Aufzeichnungen, aus denen folgende Einzelheiten wiedergegeben werden sollen. Nach der allgemeinen Schätzung hat die Stadt hundert Meilen im Umfange. Ihre Straßen und Kanäle sind sehr weit, und es gibt daselbst Marktplätze, die eine außerordentlich große Ausdehnung haben, weil sie eine ungeheure Menschenmenge aufnehmen müssen. Auf der einen Seite der Stadt liegt ein See mit frischem, klarem Wasser, auf der andern aber ein Strom, dessen Wasser durch zahlreiche große und kleine Kanäle in die Stadt geleitet wird. Diese führen allen Schmutz in den See und von dort in das Meer, so daß stets eine reine und gesunde Luft in der Stadt vorhanden ist. Überall kann man auf den Gassen gehen, fahren und reiten und daneben auf den Kanälen in Schiffen dahingleiten. Die Straßen und Kanäle sind so groß, daß sie Raum bieten für die Boote auf der einen und für die Wagen auf der andern Seite, welche ganz bequem mit den für die Bedürfnisse der Bewohner nötigen

---

Wegen ihrer günstigen Lage in der Nähe des Meeres und am großen Kanal ist Quinsay seit vielen Jahrhunderten ein Hauptstapelplatz für den Seehandel gewesen, und aus diesem Grunde hat wohl auch die Stadt den Namen Hang-tschou, d. h. Schifferstadt, erhalten. Dieser ausgedehnte Handel ist wahrscheinlich auch die Ursache dafür gewesen, daß sich früher Juden in der Provinz Tsche-kiang und namentlich in Hang-tschou und Ning-po niedergelassen haben, wo bis zum 17. Jahrhundert mehrere Familien seßhaft waren.

Gegenständen dahinfahren können. Man sagt allgemein, daß die Zahl der Brücken, der großen und kleinen, sich auf zwölftausend belaufe. Die, welche über die Hauptkanäle geschlagen sind und in Verbindung mit den vornehmsten Straßen stehen, haben so hohe und mit solcher Kunst aufgerichtete Bögen, daß Schiffe mit ihren Masten unter ihnen wegfahren können, während zu gleicher Zeit über sie Karren und Menschen hinweg ziehen; so gut ist der Auf- und Abstieg von den Straßen der Höhe des Bogens angepaßt. Wären diese Brücken aber nicht so zahlreich, so könnte man nicht so bequem von einem Platze zum andern gelangen.

2. Außerhalb der Stadt zieht sich ein Graben, der sie auf der einen Seite umfaßt, etwa vierzig Meilen hin; er ist sehr breit und mit Wasser gefüllt, welches aus dem vorerwähnten Flusse kommt. Ihn ließen die alten Könige des Landes ausgraben, damit, wenn der Fluß seine Ufer überströmen sollte, das überflüssige Wasser sich in diesen Kanal ergösse. Zu gleicher Zeit sollte er auch als Verteidigungsmittel dienen. Die Erde, die daraus gehoben ward, wurde nach der einen Seite geworfen, und das sieht nun aus, als wenn viele Hügel den Platz umgäben. Es gibt innerhalb der Stadt zehn Hauptmarktplätze, außer den unzähligen Kaufhallen in den Straßen. Jede Seite dieser viereckigen Plätze ist eine halbe Meile lang, und an ihnen läuft die Hauptstraße hin, die vierzig Schritt breit ist und in einer geraden Linie von einem Ende der Stadt zum anderen geht. Es durchschneiden sie viele niedrige und bequeme Brücken. Diese viereckigen Marktplätze, deren Ausdehnung je zwei Meilen beträgt, sind einer von dem anderen vier Meilen entfernt. In paralleler Richtung mit der Hauptstraße, aber auf der anderen Seite der Plätze, läuft ein sehr breiter Kanal, auf dessen näherer Seite geräumige Warenhäuser von Stein aufgeführt sind;

und das geschah zur Bequemlichkeit der Kaufleute, die mit ihren Gütern aus Indien und anderen Gegenden kommen, damit sie einen zweckmäßigen Stand für den Markt haben. Auf jedem der Plätze versammeln sich an drei Tagen in jeder Woche vierzig- bis fünfzigtausend Personen, welche auf den Markt kommen, um sich mit jeglichem Vorrate zu versehen. Da gibt es eine Menge Wild aller Art, wie Rehböcke, Hirsche, Damhirsche, Hasen und Kaninchen mit Rebhühnern, Fasanen, Birkhühnern, Wachteln, Haushühnern, Kapaunen und eine unbeschreiblich große Zahl von Enten und Gänsen; denn diese werden sehr leicht auf dem See aufgezogen, so daß man zum Werte eines venezianischen Silbergroschens ein Paar Gänse und zwei Paar Enten kaufen kann. Da gibt es auch Schlachthäuser und Fleischbänke, wo das Vieh geschlachtet wird, wie Ochsen, Kälber, Böcke und Lämmer, um die Tische der reichen Leute und der hohen Magistratspersonen zu versorgen. Das Volk der niederen Klassen macht sich kein Bedenken daraus, jede andere Art von Fleisch ohne Auswahl, auch wenn es unrein ist, zu verzehren. Zu allen Jahreszeiten gibt es auf den Märkten eine Menge von Kräutern und Früchten aller Art und besonders Birnen von so außerordentlicher Größe, daß eine zehn Pfund wiegt; sie sind innen weiß wie Teig und von angenehmem Geruch. Auch sind zur Zeit der Reife Pfirsiche von lieblichem Geschmack vorhanden, gelbe und weiße. Trauben wachsen hier nicht; sie werden jedoch in gut getrocknetem Zustande aus anderen Gegenden eingeführt. Dasselbe gilt auch von dem Weine, den die Einwohner nicht sehr hochhalten, da sie an ihr eigenes Getränk aus Reis und Gewürzen gewöhnt sind. Von dem Meere, welches fünfundzwanzig Meilen entfernt ist, wird täglich den Fluß aufwärts nach der Stadt eine ungeheure Menge Fische gebracht; auch im See gibt es Fische im

Überfluß, und eine Menge Menschen haben keine andere Beschäftigung, als sie zu fangen. Es gibt verschiedene Arten, je nach der Jahreszeit, und durch den Genuß der Abfälle, die sie aus der Stadt erhalten, werden sie groß und fett. Wenn man die Menge der eingeführten Fische sieht, könnte man glauben, es sei unmöglich, sie zu verkaufen, und doch sind sie in Zeit von wenig Stunden verschwunden; so groß ist die Zahl der Einwohner und zwar der Leute, die sich solchen Luxus erlauben können; denn Fisch und Fleisch wird bei einer Mahlzeit gespeist. Jeder von den zehn Marktplätzen ist mit hohen Wohngebäuden umgeben, in deren unteren Teilen sich Kaufläden befinden, wo alle Arten von Waren lagern und verkauft werden; so unter anderem Spezereien, Gewürze, Tand aller Art und Perlen. In gewissen Läden wird nichts anderes verkauft als der Wein des Landes, den sie beständig brauen und den Leuten frisch zu einem mäßigen Preise ablassen. Die Straßen, die mit den Marktplätzen in Verbindung stehen, sind zahlreich, und in einigen von ihnen gibt es kalte Bäder, in denen Diener beiderlei Geschlechts bereit sind, die Abwaschung bei Männern und Frauen vorzunehmen. Die Besucher dieser Anstalten sind von Kindheit an gewohnt, in kaltem Wasser zu baden, was sie der Gesundheit für sehr zuträglich halten. Doch haben sie an diesen Badeplätzen Zimmer, die mit warmem Wasser versehen sind, zum Gebrauch der Fremden, die, weil sie nicht daran gewöhnt sind, den Schauer des kalten Wassers nicht vertragen können. Alle pflegen sich täglich zu baden und besonders vor ihren Mahlzeiten.

3. In anderen Straßen befinden sich die Wohnungen der Kurtisanen, deren Zahl so groß ist, daß ich es gar nicht wage, sie zu nennen. Und nicht allein bei den Märkten, deren Lage für ihren Aufenthalt am geeignetsten ist, sondern in jedem Teile der Stadt sind sie zu finden, präch-

tig aufgeputzt und außerordentlich parfümiert, in schön eingerichteten Häusern und umgeben von zahlreichen Dienerinnen. Diese Frauenzimmer sind erfahren und vollkommen in den Künsten der Verlockung und Betörung, die sie schmeichlerisch für die Personen eines jeden Standes anzuwenden verstehen, so daß Fremde, die einmal ihre Reize gekostet haben, in einen Zustand der Verzauberung versetzt werden und von ihren buhlerischen Künsten so berückt sind, daß sie die Bestrickung nie wieder verwinden können; berauscht von den sinnlichen Genüssen kehren sie in ihre Heimat zurück und erzählen, sie seien in Quinsai oder der Himmelsstadt gewesen, und sehnen sich nach der Zeit, wo sie in das Paradies wieder zurückgelangen können. In anderen Straßen liegen die Wohnungen der Ärzte und der Astrologen, die auch Unterricht im Lesen und Schreiben, sowie in vielen anderen Künsten erteilen; ihre Zimmer liegen in den Häusern, die den Marktplatz umgeben. Auf den entgegenstehenden Seiten eines jeden dieser Plätze stehen zwei große Gebäude, wo die von Sr. Majestät bestellten Beamten sich befinden, um sogleich Kenntnis zu nehmen von irgendwelchen Mißhelligkeiten, die sich zwischen den fremden Kaufleuten oder unter den Einwohnern der Stadt erheben können. Es ist auch ihr Amt, darauf zu sehen, daß die Wachen auf den verschiedenen Brücken, die in ihren Bezirk gehören (wovon später noch die Rede sein soll), pflichtmäßig besetzt werden, und im Fall der Nachlässigkeit die Ungehorsamen nach ihrem Gutdünken zu bestrafen.

Auf jeder Seite der Hauptstraße, die, wie schon erwähnt, sich von einem Ende der Stadt bis zum anderen erstreckt, befinden sich große Paläste und Häuser mit ihren Gärten, und neben diesen die Wohnungen von Handwerkern, die in ihren Läden arbeiten; zu jeder Stunde des Tages sieht man große Menschenmassen, die den verschiedensten Berufszweigen angehören, kommen und gehen, so daß es unmöglich erscheint, die Nahrung für den Unterhalt so vieler herbeizuschaffen; aber man wird gleich auf andere Gedanken kommen, wenn man sieht, wie jeder Marktplatz mit Verkäufern besetzt ist, die den ganzen Raum mit den Vorräten, die sie auf Karren und Booten herbeigeschafft haben, bedecken und alles verkaufen. Wenn man zum Beispiel den winzigen Gegenstand, den Pfeffer, nimmt, so kann man sich einen Begriff machen von der Menge von Vorräten an Fleisch, Wein, Gewürzen und ähnlichen Dingen, die zum Unterhalte der Einwohner Quinsais verbraucht werden; da erfuhr Marco Polo von einem Beamten, der bei Sr. Majestät Zoll angestellt ist, daß der tägliche Bedarf an Pfeffer sich auf dreiundvierzig Lasten beläuft, jede Last zu zweihundertdreiundvierzig Pfund.

4. Die Einwohner der Stadt sind Götzenanbeter und gebrauchen des Kaisers Papiergeld als Münze. Die Männer sowie die Frauen sind von weißer Gesichtsfarbe und ein hübsches Volk. Der größere Teil von ihnen kleidet sich immer in Seide, denn diese wird in ungeheurer Menge in dem Kreise von Quinsai erzeugt und außerdem von Kaufleuten aus anderen Provinzen eingeführt. Von den Gewerben des Platzes werden zwölf für vornehmer als die anderen gehalten, weil sie von allgemeinerem Nutzen sind; für ein jedes derselben sind tausend Werkstätten da, und jede Werkstatt beschäftigt zehn, fünfzehn oder zwanzig Handwerker und in einigen Fällen wohl auch vierzig unter ihren verschiedenen Meistern. Die reichen Meister aber arbeiten nicht selbst mit ihren Händen, sondern nehmen gar vornehme Mienen an und stolzieren einher. So enthalten sich auch ihre Weiber der Arbeit. Sie sind sehr schön, wie bemerkt worden ist, und werden in zärtlichen und schmachtenden Gewohnheiten aufge-

zogen. Die Pracht ihrer Kleidung in Seide und Juwelenschmuck kann man sich kaum vorstellen. Obgleich nach den Gesetzen ihrer alten Könige jeder Bürger das Gewerbe seines Vaters ausüben muß, so ist es ihnen doch gestattet, wenn sie reich geworden sind, sich der Handarbeit zu enthalten und Leute zu stellen, die in dem väterlichen Gewerbe für sie arbeiten. Ihre Häuser sind schön gebaut und reich mit Schnitzwerk verziert. Sie finden ein solches Vergnügen an Ornamenten, an Gemälden und phantastischen Bauwerken, daß die Summen, die sie für solche Gegenstände verschwenden, ungeheuer sind. Die eingeborenen Bewohner von Quinsai sind von Natur friedfertig und nach dem Beispiele ihrer früheren Könige, die selbst unkriegerisch waren, an die Sitten des Friedens und der Ruhe gewöhnt. Der Gebrauch der Waffen ist ihnen unbekannt, und sie haben auch keine in ihren Häusern. Tumult und Balgerei sind bei ihnen unerhört. Ihre Handels- und Gewerbeangelegenheiten erledigen sie mit vollkommener Aufrichtigkeit und Rechtschaffenheit. Sie sind freundlich untereinander, und Leute, welche eine und dieselbe Straße bewohnen, Männer und Frauen, bilden, obwohl sie bloß Nachbarn sind, gleichsam eine Familie. In ihren häuslichen Sitten sind sie frei von Eifersucht oder Argwohn gegen ihre Frauen, denen große Achtung entgegengebracht wird, und jeder Mann würde als infam betrachtet werden, der es sich herausnehmen wollte, unanständige Ausdrücke gegen ein Weib zu gebrauchen. Gegen Fremde, welche ihre Stadt des Handels wegen besuchen, benehmen sie sich herzlich, laden sie freundlich in ihre Häuser ein, zeigen ihnen die gastfreundlichste Aufmerksamkeit und geben ihnen besten Rat und Beistand in ihren Handelsverrichtungen. Außerdem lieben sie den Anblick des Militärs nicht, selbst die Wachen des Großkhans nicht ausgenommen, da sie daran erinnert werden, daß sie durch sie der Regierung ihrer eigenen Könige und Herren beraubt wurden.

5. An den Ufern des Sees stehen viele schöne und geräumige Gebäude, die Leuten von Rang und hohen Magistratspersonen gehören. Auch sind viele Götzentempel mit ihren Abteien vorhanden, in denen sich zahlreiche Mönche aufhalten, die den Dienst bei den Idolen verrichten. Ziemlich in der Mitte liegen zwei Inseln, auf denen ein prächtiger Palast steht, mit einer unglaublichen Zahl von Zimmern und besonderen Pavillons. Wenn die Einwohner der Stadt eine Hochzeit feiern oder ein großes Bankett geben wollen, so gehen sie auf eine dieser Inseln, wo sie alles bereit finden, was sie nur verlangen können, Gefäße, Schüsseln, Tellertücher usw., welche auf allgemeine Kosten der Bürger, die auch die Paläste erbauen ließen, angeschafft und unterhalten werden. Es kann wohl geschehen, daß dort gleichzeitig hundert Partien zu Hochzeiten und anderen Festen versammelt sind; diese erhalten aber trotzdem alle ihre besonderen Zimmer und Pavillons, die so zweckmäßig liegen, daß keine Gesellschaft mit der anderen zusammentrifft und sie stört. Außerdem gibt es noch auf dem See eine Menge von Lustkähnen oder Gondeln, von denen eine zehn, fünfzehn bis zwanzig Personen aufnehmen kann, da sie fünfzehn bis zwanzig Schritt lang, mit einem weiten und ebenen Boden versehen ist und sich nicht auf eine Seite neigt, wenn sie durch das Wasser geht. Die Leute nun, die ihre Lust an solchem Vergnügen haben und sich daran erfreuen wollen, entweder in Gesellschaft ihrer Frauen oder in der von Herren, mieten eine dieser Barken, die immer in bester Ordnung erhalten werden, mit Sitzen und Tischen und mit jeder Art Gerät, das zur Unterhaltung nötig ist. Die Kajüten haben ein flaches Dach oder Oberdeck, auf dem die Schiffsleute ihren Platz einnehmen und mit Hilfe langer Stangen, die sie bis auf den Boden des

Sees stoßen, der nicht mehr als einen oder zwei Faden tief ist, die Barken an den Bestimmungsort führen. Diese Kajüten sind immer mit verschiedenen Farben und Figuren ausgemalt; auch sind alle Teile des Fahrzeuges mit Malereien verziert. Auf beiden Seiten sind Fenster angebracht, die geschlossen und geöffnet werden können, um der Gesellschaft, wenn sie an der Tafel sitzt, Gelegenheit zu geben, nach jeder Richtung hinauszuschauen und ihre Augen an dem Wechsel und der Schönheit der Szenerie, die an ihnen vorüberzieht, zu ergötzen; und wahrlich, der Genuß, der auf solche Weise auf dem Wasser geboten wird, übertrifft jeden anderen, der auf dem Lande gewährt werden kann; denn da sich der See auf der einen Seite längs der ganzen Stadt ausbreitet, so hat man, wenn man in dem Boote steht, in einer gewissen Entfernung vom Ufer eine Aussicht auf ihre ganze Größe und Schönheit, ihre Paläste, Tempel, Klöster und Gärten, mit Bäumen von mächtiger Größe, die an des Ufers Rande sich erheben, während man sich zu gleicher Zeit an dem Anblicke der anderen Boote ergötzen kann, die ebenso eingerichtet beständig vorüberziehen und in gleicher Weise mit Gesellschaften gefüllt sind, welche ihrem Vergnügen nachgehen. Es denken aber die Einwohner dieses Platzes, sobald ihr Tagewerk vorbei und ihre Handelsgeschäfte vollzogen sind, an nichts anderes, als wie sie die übrigen Stunden mit ihren Frauen oder Geliebten auf Lustpartien zubringen können, entweder in den Barken oder bei einer Fahrt durch die Stadt in Wagen, von welchen letzteren eine Beschreibung zu geben hier wohl der Platz ist, da sie einen Teil der Vergnügungen dieses Volkes ausmachen.

Zunächst muß man wissen, daß die Straßen von Quinsai alle mit Kieseln und Backsteinen gepflastert sind, und dasselbe gilt auch von den Landstraßen, die durch die Provinz Manji führen und auf denen die Reisenden nach jeder Gegend hinziehen können, ohne ihre Füße zu beschmutzen; aber da die Kuriere Sr. Majestät, die mit großer Eile zu Pferde reiten, das Pflaster nicht gebrauchen können, so hat man einen Teil des Weges auf einer Seite ihretwegen ungepflastert gelassen. Die Hauptstraße der Stadt, die, wie bereits erwähnt, von einem Ende zum anderen geht, ist auf jeder Seite zehn Schritt breit mit Kieseln und Backsteinen gepflastert, während der zwischenliegende Teil mit Sand bedeckt und mit gewölbten Rinnen versehen ist, um das Regenwasser in die benachbarten Kanäle zu leiten, so daß die Straße immer trocken bleibt. Auf diesem Sande fahren die Wagen beständig hin und her. Sie sind lang, bedeckt, haben Vorhänge und Kissen von Seide und können sechs Personen aufnehmen. Männer und Frauen, die eine Lustfahrt machen wollen, mieten sie wohl täglich zu diesem Zwecke, und da kann man zu jeder Stunde zahlreiche Wagen sehen, die in der Mitte der Straße dahinfahren. Einige von ihnen besuchen Gärten, wo die Gesellschaft von den Verwaltern des Platzes eingeführt und an schattigen Orten, welche die Gärtner dazu hergerichtet haben, freundlich empfangen wird, und hier bringen die Männer mit ihren Frauen den ganzen Tag zu und kehren, wenn es spät wird, in derselben Weise nach Hause zurück, wie sie gekommen sind.

6. Es ist bei dem Volke zu Quinsai Brauch, daß die Eltern bei der Geburt eines Kindes sogleich den Tag, die Stunde und die Minute der Entbindung aufzeichnen. Dann fragen sie die Astrologen, unter welchem Zeichen oder Himmelsaspekte das Kind geboren worden ist, und die Antwort wird ebenfalls sehr sorgfältig aufgeschrieben. Wenn es nun zum Manne geworden ist und dieser ein kaufmännisches Geschäft oder eine Reise unternehmen oder einen Heiratsvertrag abschließen will, so wird jenes Zeugnis zu dem Astrologen gebracht, der es prüft, die

Umstände genau abwägt und nun gewisse orakelartige Worte sagt, auf welche diese Leute, da sie sie zuweilen durch den Erfolg gerechtfertigt finden, großes Vertrauen setzen. Die Astrologen oder Magier werden in großer Zahl auf jedem Marktplatze angetroffen, und keine Hochzeit wird eher gefeiert, bis nicht die Meinung eines der Astrologen gehört worden ist.

Es ist weiter Brauch, bei dem Tode einer vornehmen und reichen Person folgende Zeremonien zu beobachten. Die Verwandten, Männer und Frauen, legen grobe Gewänder an und begleiten den Leichnam nach dem zum Verbrennen bestimmten Platze. Die Prozession wird auch, während sie sich vorwärts bewegt, von Musikanten begleitet, die auf ihren Instrumenten spielen; auch werden Gebete zu den Götzen mit lauter Stimme gesungen. Wenn sie zur Stelle kommen, werfen sie viele Stücke Baumwollenpapier, auf denen die Bilder von Dienern, Dienerinnen, Pferden und Kamelen gemalt sind, sowie auch mit Gold durchwirkte Seide und Gold- und Silbermünzen in die Flammen. Sie glauben nämlich, der Dahingeschiedene werde im andern Leben alle diese Gegenstände, die erstgenannten in ihrem natürlichen Zustande von Fleisch und Blut, mit samt dem Golde und Seidenzeuge besitzen. Sobald der Scheiterhaufen verbrannt ist, tönen alle Instrumente zu gleicher Zeit und machen einen lauten und langanhaltenden Lärm, und sie glauben, durch diese Zeremonie würden ihre Götzen veranlaßt, die Seele des Mannes, dessen Körper zu Asche verbrannt wurde, aufzunehmen, so daß er in der anderen Welt neu geboren wird und wieder zum Leben eingeht.

7. In jeder Straße dieser Stadt befinden sich steinerne Gebäude oder Türme, wohin die Einwohner ihre Habe schaffen können, wenn etwa Feuer in irgend einem Bezirke ausbricht, ein Unglück, das durchaus nicht ungewöhn-

lich ist, da alle Häuser zumeist aus Holz erbaut sind. Auf Anordnung Sr. Majestät ist eine Wache von zehn Mann unter einem Dache auf allen Hauptbrücken aufgestellt, von denen fünf bei Tage und fünf bei Nacht Dienst tun. In jedem der Wachthäuser befindet sich ein lauttönendes Instrument aus Holz, ferner ein anderes aus Metall, nebst einer Wasseruhr (horiulo), von welcher letzteren die Stunden bei Tag und Nacht angezeigt werden. Sobald die erste Stunde der Nacht vorbei ist, führt einer der Wächter einen einzigen Schlag auf das hölzerne Instrument und auf den metallenen Gong (bacino), wodurch den Leuten in der Nachbarschaft verkündet wird, daß es ein Uhr ist. Nach Verlauf der zweiten werden zwei Schläge getan und so fort, indem die Zahl der Schläge zunimmt, wie die Stunden vorrücken. Die Wache darf nicht schlafen und muß immer bereit sein. Am Morgen, sobald die Sonne scheint, wird wieder ein einziger Schlag gegeben, wie am Abend, und so fort von Stunde zu Stunde. Einige dieser Wächter durchziehen die Stadt, um nachzusehen, ob jemand nach Ablauf der bestimmten Stunde noch Feuer oder Licht brennt. Sobald sie dieses Vergehen entdecken, heften sie ein Zeichen an die Tür, und am Morgen wird der Eigentümer des Hauses vor den Magistrat gerufen, von dem er, wenn er nicht eine genügende Entschuldigung für die Übertretung des Gesetzes findet, zu einer Strafe verurteilt wird. Sollten sie jemand außer dem Hause zu ungesetzlicher Stunde finden, so fangen sie ihn und sperren ihn ein, und am Morgen wird er vor denselben Gerichtshof geführt. Wenn sie am Tage irgend eine Person treffen, die wegen Lähmung oder wegen eines anderen Gebrechens unfähig ist zu arbeiten, so bringen sie dieselbe in eins der Hospitäler, deren mehrere in jedem Teile der Stadt liegen. Sie wurden von den alten Königen gegründet und auf das freigebigste ausgestattet. Wenn der Mann geheilt ist, muß er in irgend einem Geschäfte arbeiten. Sobald ein Feuer in einem Hause ausbricht, machen sie Lärm, indem sie auf die hölzernen Maschinen schlagen, worauf die Wächter von allen Brücken innerhalb einer gewissen Entfernung herbeieilen, um es zu löschen und um die Güter der Kaufleute und anderer Personen zu retten, indem sie dieselben in die steinernen Türme schaffen, die wir schon erwähnt haben. Die Güter werden zuweilen auch in Boote geladen und nach den Inseln im See gebracht. Sogar bei solchen Gelegenheiten wagen die Einwohner es nicht, aus ihren Häusern zu gehen, wenn etwa das Feuer bei Nacht ausbricht, und nur die sind zugegen, deren Güter wirklich fortgeschafft werden müssen, nebst der zum Beistande versammelten Wache, die selten in einer kleineren Anzahl als zu ein- und zweitausend Mann beteiligt ist. Auch in Fällen von Tumult und Aufruhr unter den Bürgern sind die Dienste dieser Polizeiwache nötig; aber unabhängig von ihnen hält Se. Majestät immer eine bedeutende Truppenmacht, Fußvolk und Reiterei, gerüstet in der Stadt und in der Nachbarschaft. Den Befehl darüber gibt er seinen geschicktesten Hauptleuten und solchen, auf die er das größte Vertrauen setzen kann, wegen der außerordentlichen Wichtigkeit dieser Provinz und besonders wegen ihrer edlen Hauptstadt, welche an Größe und Reichtum jede andere Stadt in der Welt übertrifft. Für die Nachtwachen sind Hügel von Erde aufgeworfen in einer Meile Entfernung voneinander, auf deren Gipfel ein hölzernes Haus steht mit einem Schallbrette, welches mit einem hölzernen Hammer von der dort aufgestellten Wache geschlagen wird und dessen Schall man in weiter Entfernung hören kann. Wenn nicht Vorsichtsmaßregeln solcher Art getroffen wären, so würde beim Ausbruche einer Feuersbrunst die halbe Stadt in Gefahr sein, in Flammen aufzugehen, und sie sind auch unumgänglich nötig bei einer

Volksbewegung, da bei dem gegebenen Zeichen die Wächter der verschiedenen Brücken sich bewaffnen und sich an den Ort begeben, wo ihre Gegenwart verlangt wird.

8. Als der Großkhan die Provinz Manji, die bis dahin ein Königreich gewesen war, seiner Herrschaft unterwarf, hielt er es für zweckmäßig, sie in neun Teile zu zerlegen, über deren jeden er einen König oder Vizekönig setzte, der als oberster Statthalter des Kreises die Gerichtsbarkeit über das Volk ausübt. Diese senden jährlich einen Bericht an Kommissionäre, die von Sr. Majestät bestellt sind, über den Betrag der Einkünfte, sowie über jede andere Angelegenheit, die zu ihrer Jurisdiktion gehört. Nach dem dritten Jahre wechseln sie, wie alle anderen öffentlichen Beamten. Einer von diesen neun Vizekönigen hält seinen Hof in der Stadt Quinsai und hat Macht über mehr als hundertundvierzig Haupt- und andere Städte, die alle groß und reich sind. Auch darf man sich über diese Zahl nicht wundern, wenn man bedenkt, daß in der ganzen Provinz Manji nicht weniger als zwölfhundert Städte vorhanden sind, die eine große Bevölkerung von gewerbtätigen und reichen Bewohnern haben. In jeder dieser Städte hält Se. Majestät eine Besatzung, die sich an einigen Plätzen auf tausend, an anderen auf zehn- oder zwanzigtausend Mann beläuft, je nachdem er glaubt, daß die Bevölkerung der Stadt mehr oder weniger mächtig ist. Man darf aber nicht etwa meinen, daß alle diese Truppen Tataren sind; im Gegenteil, sie sind hauptsächlich Eingeborene der Provinz Kataia. Die Tataren sind alle Reiter, und Reiterei kann nicht in der Umgebung der Städte aufgestellt werden, welche in den niedrigen, marschigen Teilen der Provinz liegen, sondern nur in festen trockenen Gegenden, wo solche Truppen sich gut zu Pferde bewegen können. Nach ersteren sendet er Katajer und solche Soldaten aus der Provinz Manji, die militärisches Geschick haben; denn er

hat verordnet, daß alljährlich von allen seinen Untertanen diejenigen ausgehoben werden, welche sich am besten zum Tragen der Waffen eignen, und diese läßt er zum Dienste bei seinen zahlreichen Besatzungen einschreiben, welche als ebensoviele Armeen betrachtet werden können. Aber die Soldaten, die in der Provinz Manji ausgehoben werden, verwendet er nicht zum Dienste in ihrem Heimatlande, sondern im Gegenteil, er schickt sie zu anderen Besatzungen, die vielleicht zwanzig Tagereisen weit entfernt sind, wo sie vier oder fünf Jahre bleiben, nach deren Verlauf sie wieder nach Hause zurückkehren können, und andere werden abgesendet, sie zu ersetzen. Diese Anordnung ist auch bei den Katajern getroffen. Der größere Teil der Einkünfte der Städte, welche in den Schatz des Großkhans fließen, wird zur Erhaltung dieser Besatzungen verwendet. Wenn es vorkommt, daß sich eine Stadt empört (und es ist nicht ungewöhnlich bei diesem Volke, daß es, durch irgend eine plötzliche Erbitterung erregt, oder in der Trunkenheit seine Statthalter und Amtleute ermordet), so wird ein Teil der Besatzung einer benachbarten Stadt sogleich mit dem Befehle abgeschickt, die Stadt zu zerstören, wo ein so gefährlicher Aufruhr ausgebrochen ist; denn es würde ein sehr langweiliges Unternehmen sein, eine Armee aus einer anderen Provinz zu schicken, die zwei Monate auf ihrem Marsche zubringen könnte. Zu diesem Zwecke erhält die Stadt Quinsai beständig eine Besatzung von dreißigtausend Mann, und die geringste Zahl, die in irgend einen Platz gelegt ist, beläuft sich auf tausend.

9. Es bleibt nun noch übrig, von einem sehr schönen Palaste zu reden, der früher die Residenz des Königs Fakfur war, dessen Vorfahren ein Landstück von zehn Meilen im Umfange mit Mauern einschlossen und in drei Teile zerlegten. Zu dem in der Mitte gelegenen ging man durch ein hohes Portal ein, und auf beiden Seiten befand

sich eine prächtige Kolonnade auf einer sehr großen und ausgedehnten flachen Terrasse, deren Dächer von Pfeilerreihen getragen wurden, die mit dem schönsten Azur und Gold verziert waren. Die Säulenhalle, die dem Eingange gegenüber an der vorderen Seite des Hofes lag, war noch größer als die anderen, ihr Dach war reich verziert, die Pfeiler vergoldet und die Wände der Innenseite mit ausgezeichneten Gemälden geschmückt, welche die Geschichte der früheren Könige darstellten. Hier hielt König Fakfur an gewissen Tagen, die dem Dienste der Götzen gewidmet waren, jährlich Hof und gab seinen Großen, den ersten Magistratspersonen und den reichen Bürgern Quinsais ein Fest und ein Bankett. Unter diesen Säulenhallen (loggie) konnte man zu gleicher Zeit zehntausend Personen ganz bequem an der Tafel sitzen sehen. Die Festlichkeit dauerte zehn oder zwölf Tage, und die Pracht, die bei dieser Gelegenheit in Seide, Gold und Edelsteinen entfaltet wurde, übertraf alle Einbildung; denn jeder Gast bemühte sich, von Ehrgeiz beseelt, so viel Glanz zu zeigen, als es ihm seine Verhältnisse erlaubten. Hinter der zuletzt erwähnten Halle, die dem großen Portale gegenübersteht, befand sich eine Mauer mit einem Durchgange, welche den äußeren Hof von dem inneren schied; wenn man da hineintrat, gelangte man an ein großes Gebäude, das wie ein Kloster mit seinen Zellen (claustro) gestaltet war; seine Säulenreihen trugen einen Portikus, der die Zellengebäude (detto claustro) umgab und in verschiedene Zimmer führte, die für den Gebrauch des Königs und der Königin bestimmt waren. Diese Säulen oder Pfeiler waren in ähnlicher Weise verziert wie die Wände. Aus dem Zellenhofe kam man in einen bedeckten Gang oder Korridor, der sechs Schritt breit und so lang war, daß er bis an den Rand des Sees führte. An jeder Seite dieses Korridors befanden sich zehn entsprechende Eingänge zu zehn langen Zellenhöfen, die von einem Portikus umgeben waren[2]), und jeder Zellenhof hatte fünfzig Zimmer mit den zugehörigen Gärten, die Residenz von tausend jungen Frauen, welche der König in seinem Dienst hielt.

Zuweilen von seiner Königin begleitet und ein anderes Mal von einem Teile jener Frauen, besuchte er den See, um sich daselbst in Barken, die mit Seide gedeckt waren, zu vergnügen und die Götzentempel, die an des Sees Ufer stehen, zu besuchen. Die beiden anderen Abteilungen dieses Serails hatten die schönsten Anlagen, Haine, Gewässer, herrliche Gärten voller Fruchtbäume und auch Gehege für alle Arten von Jagdwild, wie Antilopen, Hirsche, Hasen und Kaninchen. Auch hier vergnügte sich der König in Gesellschaft seiner Damen, von denen einige in Wagen fuhren, andere zu Pferde ritten. Keine männliche Person durfte bei diesen Partien zugegen sein; indessen waren die Frauen geübt, mit Hunden die Tiere, die wir erwähnt haben, zu jagen. Waren sie ermüdet, so zogen sie sich in die Lusthaine an den Ufern des Sees zurück, legten ihre Kleider ab und sprangen in das Wasser, lustig herumschwimmend, die einen dahin, die anderen dorthin. Der König sah diesem Schauspiele zu. Darauf kehrten sie in den Palast zurück. Zuweilen ließ er das Mittagsmahl in einem dieser Haine auftragen, wo die Zweige und das Laub der hohen Bäume dichten Schatten boten, und dieselben Damen umgaben und bedienten ihn. So brachte er seine Zeit hin unter den entnervenden Reizen seiner Frauen und in völliger Unkenntnis des Kriegshandwerks, und die Folge davon war, daß seine Weichlichkeit und seine Feigheit dem Großkhan erlaubten, ihn seiner glänzenden Herrschaft zu berauben und ihn schmachvoll

---

[2]) Rispondevano in questo andito dieci corti da una banda e dieci dall' altra, fabricate a modo di claustri lunghi con li loro portichi intorno.

vom Throne zu jagen, wie schon erzählt wurde. Alle diese Dinge wurden mir, als ich in der Stadt weilte, von einem reichen Kaufmanne aus Quinsai mitgeteilt, der, als ich ihn sah, sehr alt, aber früher der vertraute Diener des Königs Fakfur gewesen und mit jedem Umstande seines Lebens bekannt war. Da er den Palast in seinem ursprünglichen Zustande gekannt hatte, wünschte er mich hinzuführen und ihn mir zu zeigen. Gegenwärtig ist er die Residenz des vom Großkhan eingesetzten Vizekönigs; die Kolonnaden sind noch in der Weise erhalten, wie sie früher waren, aber die Zimmer der Frauen sind verfallen und nur ihre Fundamente noch sichtbar. Die Mauer, welche den Park und die Gärten einschloß, war ebenfalls eingestürzt, und weder Tiere noch Bäume fand man mehr darin.

10. Fünfundzwanzig Meilen von dieser Stadt in nordöstlicher Richtung liegt das Meer, und dort steht eine Stadt, Gampu genannt,[3]) wo ein außerordentlich schöner

---

[3]) Das Mündungsgebiet des Tsien-tang hat seit den Tagen Marco Polos große Veränderungen erfahren. Die See kommt jetzt viel näher an die Stadt heran, und der obere Teil der Bai von Hang-tschou bedeckt wahrscheinlich die Gegend, in welcher früher der Hafen und die Stadt Kanpu lag.

Klaproth vermutete, Kanpu sei der Hafen, den arabische Reisende mehrmals besuchten und mit dem Namen Khanfu zu bezeichnen pflegten, wobei es ihnen begegnete, daß sie bei der Beschreibung von Einzelheiten die Hafenstadt mit Hang-tschou-fu verwechselten. Neumann ist anderer Ansicht; er behauptet, das Khanfu der Araber sei mit Canton identisch. Abulfeda jedoch stellt ausdrücklich fest, daß zu seiner Zeit Khanfu unter dem Namen Khansa (Kinsay) bekannt war, und er spricht von dem Süßwassersee Sikhu (Si-hu). Außerdem erwähnt er allerdings noch eine andere Stadt Khanqu, die wahrscheinlich nichts anderes als Canton ist. (Yule, a. a. O. II. 199.)

Die Städte Hang-tschou und Khanfu gehörten früher dem Mündungsgebiete des Yang-tse an. Bei der Beschreibung der Provinz Yang-tschou ist in dem alten Buche Yü-kung die Rede von den „drei Kiang“. Was dieser Ausdruck bedeutet, ist zuerst von

Hafen vorhanden ist, der von allen den Schiffen, die Waren aus Indien bringen, besucht wird. Der Fluß, der an der Stadt Quinsai vorüberfließt, bildet da, wo er in die See fällt, den Hafen. Beständig sind Boote in Bewegung, welche die Güter den Fluß auf und ab führen, und die Waren, die zur Ausfuhr bestimmt sind, werden an Bord der Schiffe gebracht, die nach verschiedenen Teilen Indiens und Kataias gehen.

Edkins (Journal North China Asiat. Soc. II. 77—84) eingehend untersucht worden. Es gab im chinesischen Altertum drei Mündungsarme des Yang-tse. Der nördliche Kiang entsprach dem jetzigen Unterlauf; der mittlere verließ das heutige Tal in der Gegend von Wuhu, strömte durch das Gebiet des Tai-hu und mündete an der Stelle von Hang-tschou in das Meer. Der südliche Kiang endlich zweigte etwas unterhalb von Ngan-king-fu aus dem Haupttale ab, lief über Ning-kuo-fu nach dem südlichen Teil der Seengruppe, die damals ungefähr die Lage des Tai-hu einnahm, und mündete am Platz der späteren Stadt Schao-hsing-fu.

Die hydrographischen Verhältnisse dieser Gegenden haben sich im Laufe der Zeit zum Teil durch Eingriffe von Menschenhand erheblich geändert. Zahlreiche Kanäle sind daselbst entstanden, die eingerahmt werden durch das Riesenwerk des Hai-tang (Meeresdamm), eines etwa 200 km langen doppelten Schutzdammes, der von der Mündung des Wusungflusses an bis zum Osttor von Hang-tschou-fu das ganze Ufer des Deltalandes umsäumt. Er hatte eine doppelte Aufgabe, erstens das Hinterland vor den Meeresfluten zu schützen, und ferner allen Kanälen das zu ihrem Betriebe notwendige Wasser zu sichern; denn auf der ganzen Länge der erwähnten Küstenstrecke mündet kein einziger Fluß in den Ozean, sondern die Kanäle werden sämtlich gegen das Meer durch den Damm gesperrt, damit sie ihr Wasser dem Yang-tse zulenken. Wie sehr der Bestand dieses Meeresdammes für die von ihm umschlossene Ebene eine Lebensfrage ist, geht aus der Tatsache hervor, daß vor etwa fünfzig Jahren nach einem Durchbruche des Walls eine Fläche von 150 qkm vom Meerwasser überschwemmt wurde. Vielleicht wurde auch die von Marco Polo erwähnte Hafenstadt Kanpu durch ein derartiges Ereignis zerstört. (Thiessen, China, I. 355.)

Marco Polo war gerade in der Stadt zu der Zeit, als der jährliche Bericht von Sr. Majestät Kommissionären über den Betrag der Einkünfte und die Zahl der Einwohner abgestattet wurde, und hatte Gelegenheit, zu bemerken, daß die letzteren auf einhundertundsechzig Tomans von Feuerstätten einregistriert waren, und da ein Toman soviel wie zehntausend ist, so folgt, daß die ganze Stadt eine Million sechsmalhunderttausend Familien enthalten haben muß. Auf diese ungeheure Bevölkerung kam aber nur eine Kirche nestorianischer Christen. Jeder Familienvater oder Hausherr muß einen Zettel über der Tür seines Hauses anheften, auf welchem die Namen aller einzelnen Personen, der männlichen und weiblichen, geschrieben stehen, sowie auch die Zahl seiner Pferde. Wenn eine Person stirbt oder die Wohnung verläßt, so wird der Name ausgestrichen, und wird ein Kind geboren, so wird sein Name der Liste zugefügt. Auf diese Weise erlangen die Großbeamten der Provinz und die Amtleute der Städte stets Kenntnis von der genauen Zahl der Einwohner. Dieselbe Ordnung besteht in der ganzen Provinz Kataia ebenso wie in Manji. In gleicher Weise müssen die Inhaber der Gasthöfe und öffentlichen Hotels die Namen derer, die bei ihnen gelegentlich Wohnung nehmen, in ein Buch einschreiben, wobei sie den Tag und die Stunde ihrer Ankunft und ihrer Abreise anzugeben haben; davon wird täglich eine Abschrift an die Magistratspersonen abgegeben, die sich, wie bereits erwähnt wurde, zur Aufsicht auf den Marktplätzen befinden. Es ist in der Provinz Manji die Gewohnheit, daß die Leute der bedürftigen Volksklassen, die ihre Familien nicht erhalten können, ihre Kinder an die Reichen verkaufen, damit sie eine bessere Erziehung erhalten, die ihnen von den mittellosen Eltern nicht geboten werden kann.

69. Kapitel.

Von den Einkünften des Großkhans.

Wir wollen nun von den Einkünften reden, die der Großkhan aus der Stadt Quinsai und den Plätzen zieht, die unter ihrer Gerichtsbarkeit stehen und den neunten Bezirk oder das Königreich Manji bilden. Zuerst erhebt er vom Salze, dem ergiebigsten Artikel, eine jährliche Abgabe von achtzig Tomans Gold; da jeder Toman achtzigtausend Saggi ausmacht und jeder Saggio einem venezianischen Dukaten gleich ist, so beläuft sich die Summe auf sechs Millionen viermalhunderttausend Dukaten. Diese ungeheure Einnahme wird begreiflich, wenn man bedenkt, daß die Provinz am Meere liegt und in der Menge von Lagunen und Salzseen das Wasser während der Sommerhitze kristallisiert und man auf diese Weise eine Masse Salz gewinnt, die hinreichend ist für den Bedarf von fünf anderen Bezirken der Provinz. Auch wird viel Zucker gebaut, der, wie alle anderen Gewürze, dreiundeindrittel Prozent liefert. Ebensoviel wird auch vom Wein oder von dem aus Reis gekochten Getränk erhoben. Die zwölf Klassen der Handwerker, von denen, wie bereits erwähnt, jede tausend Werkstätten besitzt, und die Kaufleute, sowohl die, welche Güter in die Stadt bringen, als auch die, welche sie in das Innere schaffen oder zur See ausführen, zahlen eine Abgabe von dreiundeindrittel Prozent; kommen aber die Waren zur See aus fernen Ländern und Gegenden, z. B. aus Indien, so zahlen sie zehn Prozent. So wird auch von allen Erzeugnissen des Landes, vom Vieh, von den Pflanzenprodukten des Bodens und der Seide dem Könige eine Abgabe gezahlt. Marco Polo ist dabei gewesen, als die Rechnung aufgestellt wurde, und erfuhr bei dieser Gelegenheit, daß die Einkünfte Sr. Majestät, mit Ausnahme der Abgaben, welche vom Salze erhoben werden, jährlich die Summe von zweihundertundzehn

Tomans (jeder Toman zu achtzigtausend Goldsaggi) oder sechzehn Millionen achtmalhunderttausend Dukaten betragen.

70. Kapitel.

Von der Stadt Ta-pin-zu.

Wenn man die Stadt Quinsai verläßt und eine Tagereise nach Südosten zieht, kommt man an Häusern, Villen und prächtigen Gärten vorüber, wo alle Arten Gewächse im Überfluß gezogen werden, und erreicht die Stadt Ta-pin-zu,[1]) welche unter die Gerichtsbarkeit von Quinsai gehört. Die Einwohner beten Götzen an, gebrauchen Papiergeld, verbrennen die Leichen ihrer Toten, sind dem Großkhan untertan und leben von Handel und Gewerben. — Da dieser Platz nichts Besonderes enthält, wollen wir von der Stadt Uguiu reden.

71. Kapitel.

Von der Stadt Uguiu.

Von Ta-pin-zu wiederum drei Tage nach Südosten reisend, gelangt man in die Stadt Uguiu,[1]) und noch zwei Tagereisen weiter in derselben Richtung kommt man in beständiger Folge an vielen Städten, Schlössern und anderen bewohnten Plätzen vorüber; die ganze Gegend ist so stark bevölkert, daß sie dem Fremden wie eine einzige ausgedehnte Stadt erscheint. Alle diese Orte sind von Quinsai abhängig. Das Volk betet Götzen an, und das

---

[1]) Pauthier ist der Ansicht, daß Marco Polos Ta-pin-zu mit Schao-hsing-fu identisch ist.

[1]) Marco Polo reiste von Hang-tschou aus nach Süden. Die Stadt Uguiu heißt in Pauthiers Text Vugui. Zur Zeit der Mongolen existierte in jener Gegend ein Ort Wu-tschou, das heutige Kin-hua-fu. Dieser Platz dürfte mit Uguiu übereinstimmen.

Land liefert alle Lebensbedürfnisse in großem Überfluß. Hier wird Rohr von größerer Dicke und Länge gefunden als anderwärts, denn es hat hier vier Spannen im Umfange und ist fünfzehn Schritt lang.

72. Kapitel.

Von den Städten Gengui, Zengian und Gieza.

Reist man zwei Tagereisen in derselben Richtung weiter, so kommt man an die Stadt Gengui,[1]) und immer weiter nach Südosten ziehend, begegnet man anderen volkreichen Städten, deren Bewohner Handel treiben und das Land bebauen. In diesem Teile der Provinz Manji sind keine Schafe zu sehen, aber Ochsen, Kühe, Büffel, Ziegen und Schweine in großer Menge. Nach Verlauf des vierten Tages kommt man an die Stadt Zengian, die auf einem Hügel erbaut ist, der wie eine Insel in dem Flusse steht, welcher in zwei Arme getrennt die Stadt zu umarmen scheint. Diese beiden Arme verfolgen eine entgegengesetzte Richtung, der eine nimmt seinen Lauf nach Südosten und der andere nach Nordwesten. Die zuletzt erwähnten Städte befinden sich gleichfalls unter der Herrschaft des Großkhans und stehen unter Quinsais Gerichtsbarkeit. Das Volk betet Götzen an und lebt vom Handel. In dem Lande ist Überfluß an Wild, Tier und Geflügel. Wenn man drei Tage weiterzieht, kommt man an die große und edle Stadt Gieza, die letzte, die unter

---

[1]) Bei Pauthier heißt die Stadt nicht Gengui, sondern Guiguy; sie führt heute den Namen Kin-tschou und liegt am Tsien-tang auf etwa 29° Nordbreite.

Mit Zengian, welches weiter unten im Texte genannt wird, ist der Ort Sui-tschang-hien gemeint, der gleichfalls in der Provinz Tsche-kiang ungefähr in der Mitte zwischen Kiu-tschou und Tschu-tschou liegt. Gieza endlich ist nichts anderes als die Stadt Tschu-tschou.

der Gerichtsbarkeit Quinsais steht. Verläßt man diese Stadt, so tritt man in ein anderes Reich oder Vizekönigtum (Kreis) von Manji ein, das Kon-cha heißt.

73. Kapitel.

Von dem Königreiche oder Vizekönigtume Kon-cha und seiner Hauptstadt Fu-giu.

Wenn man die letzte Stadt des Königreichs oder Vizekönigtums Quinsai, die Gieza heißt, verläßt, so kommt man in das von Kon-cha,[1]) dessen Hauptstadt Fu-giu heißt. Zieht man sechs Tagereisen durch dieses Land in südöstlicher Richtung über Hügel und durch Täler, so kommt man fortwährend durch Städte und Dörfer, wo alles, was man zum Leben braucht, im Überfluß vorhanden ist; auch gibt es dort gute Jagd, besonders auf wildes Geflügel. Die Leute sind Götzenanbeter, dem Großkhan unterworfen und treiben Handel. In diesen Gegenden gibt es außerordentlich starke Löwen (Tiger). Ingwer und auch Galgant wachsen dort in großer Menge, sowie auch andere Gewürze und Spezereien. Für Geld im Werte eines venezianischen Silbergroschens kann man achtzig Pfund frischen Ingwer erhalten; in solchem Überfluß ist er vorhanden.

---

[1]) Der Name Kon-cha, den Marco Polo der Provinz Fo-kien beilegt, ist noch nicht in befriedigender Weise erklärt. Klaproth und Neumann bemerken darüber folgendes: Fo-kien und Kiangtsche — so hieß damals Tsche-kiang mit Teilen der heutigen Provinz Kiang-si — bildeten bis zum Jahre 1297 einen der zwölf Lu des Reiches, welcher von Kiang-tsche (Marco Polos Kon-cha) den Namen führte. Kon-cha oder Kiang-tsche umfaßte also ein bei weitem größeres Gebiet als die heutige Provinz Fo-kien. Pauthier dagegen glaubt, Kon-cha sei mit dem Worte Kien-kue, Königreich Kien, identisch, weil dies Gebiet im 8. Jahrhundert ein Fürstentum gebildet hatte, dessen Hauptstadt Kien-tschou, das heutige Kien-ning-fu, war.

Die Hauptstadt der Provinz Fo-kien, Marco Polos Fu-giu, heißt heute Fu-tschou.

Es gibt da auch eine Pflanze, die alle Eigentümlichkeiten des wahren Safrans, seine Farbe und seinen Geruch hat und doch kein eigentlicher Safran ist. Sie wird allgemein geschätzt, und da sie bei allen Mahlzeiten verwendet wird, so hat sie einen hohen Preis.

Die Bewohner dieses Landes essen Menschenfleisch, das sie für delikater als irgend ein anderes halten, wenn nämlich die Person nicht an einer Krankheit gestorben ist. Wenn sie in die Schlacht ziehen, lassen sie ihr Haar lose um ihre Ohren fliegen und bemalen ihre Gesichter mit feinster Azurfarbe. Sie bewaffnen sich mit Lanzen und Schwertern und marschieren alle zu Fuß, mit Ausnahme des Anführers, der zu Pferde reitet. Sie sind ein sehr wildes Menschengeschlecht, so daß sie, wenn sie ihre Feinde in der Schlacht erschlagen, gierig ihr Blut trinken und nachher ihr Fleisch verschlingen.[2]) Verlassen wir das und reden wir von der Stadt Que-lin-fu.

---

[2]) Marco Polos Erzählung von einem kriegerischen Volke, welches sich bemalt und Menschenfresserei treibt, bezieht sich offenbar auf eingeborene Stämme, welche noch heute in den Bergen zwischen Fo-kien, Tsche-kiang und Kiang-si ihre Unabhängigkeit behauptet haben. Davis erwähnt bei der Besprechung des oberen Teils der Provinz Kuang-tung folgendes: „Die chinesischen Historiker geben den Eingeborenen dieser wilden Gegend den Namen Man (Barbaren) und berichten, sie seien vor verhältnismäßig kurzer Zeit unterworfen und dem Reiche der Mitte angegliedert worden. Viele Reisenden haben einen ausgesprochen malayischen Typus in den Gesichtszügen der Eingeborenen dieser Provinz beobachtet, und es ist sehr wahrscheinlich, daß die Bevölkerung von Kuang-tung und Fo-kien ursprünglich derselben unzivilisierten Rasse angehörte, die wir noch heute in ihrer ganzen Wildheit an der Ostküste Formosas antreffen.“ Ferner teilt uns Martini mit, daß selbst noch im 17. Jahrhundert das Gebirge in der Nähe von Ting-tschou in Fo-kien eine Zufluchtsstätte wilder Stämme bildete, welche infolge des unzugänglichen Charakters der Gegend imstande waren, ihre Unabhängigkeit zu behaupten.“ (Yule, the book of Ser Marco Polo, II. 228.)

74. Kapitel.

Von der Stadt Que-lin-fu.

Hat man die Reise von sechs Tagen, wie im vorigen Kapitel angegeben wurde, vollendet, so kommt man an die Stadt Que-lin-fu,[1]) die von beträchtlichem Umfange ist und sehr schöne Brücken hat, die bis zu hundert Schritt lang und acht Schritt breit sind. Die Frauen dieses Platzes sind sehr hübsch und leben in Vergnügen und Lust. Es wird hier viel rohe Seide erzeugt, und man fertigt auch seidene Stoffe verschiedener Art an. Auch Baumwollenzeug mit farbigen Fäden wird gewebt und zum Verkaufe nach allen Teilen der Provinz Manji gebracht. Die Bewohner beschäftigen sich sehr mit Handel und führen Massen von Ingwer und Galgant[2]) aus. Man hat mir gesagt, doch sah ich das Tier nicht selbst, daß es an diesem Platze eine Hühnerart gibt, die keine Federn hat, sondern deren Haut mit schwarzem Haare überzogen ist, welches dem Katzenfelle gleicht. Das muß ein sonderbarer

---

[1]) Schon Pater Martini hat die richtige Ansicht ausgesprochen, daß Quelinfu die Stadt Kien-ning-fu in Fo-kien ist.

[2]) Galgant ist eine aromatische Wurzel und gehört zu den Drogen, die früher mehr im Gebrauch waren als jetzt. Es gibt zwei Arten: 1. Der große oder Javagalgant, welcher in neuerer Zeit in Europa selten eingeführt und benutzt wird, dafür aber auf den indischen Basaren vorkommt. 2. Der kleine oder Chinagalgant, der von Canton noch London importiert wird. Er wächst in Schan-si, Fo-kien und Kuang-tung und heißt bei den Chinesen Liang-kiang, milder Ingwer.

Das Kuang-tung hsin-yü („Neue Mitteilungen über Kuangtung“), ein chinesisches Werk, das von der Geographie und den Erzeugnissen jener Provinz handelt, enthält die folgende, die Galgantwurzel betreffende Bemerkung: „Die Wurzel dieser Pflanze ist eine ingwerartige Droge; ihr Same erscheint als rote Cardamome im Handel und soll unreif genossen abtreibende Wirkung haben; die Eingeborenen benutzen ihn in süßen Reiswein eingelegt als Gewürz zu Fleisch und Fisch. Gegen Ende des Winters hat

Anblick sein.[3]) Sie legen Eier wie andere Hühner und sind sehr schmackhaft. Die Menge Löwen, die dort herumstreifen, machen das Reisen durch das Land gefährlich, darum reisen die Leute immer nur in großen Gesellschaften.

75. Kapitel.

Von der Stadt Un-guen.

Wenn man die Stadt Que-lin-fu verläßt und drei Tage weiterreist, so kommt man beständig durch Städte und Burgen, deren Einwohner Götzendiener sind und Seide im Überfluß haben, die sie in großer Masse ausführen, und erreicht die Stadt Un-guen,[1]) wo man Zucker in großer

---

er das Aussehen des Bernsteins und einen aromatisch bitteren Geschmack. Die Wurzel dient nicht als Nahrung, wird jedoch ganz allgemein als Medizin verwendet und ist daher ein begehrter Artikel.“ (F. Hirth, Chinesische Studien, S. 88.)

Chinesische Autoren erwähnen, daß die Provinz Sse-tschuan und das südliche Schen-si in früheren Zeiten wegen ihres Ingwers berühmt waren. Ingwer wird heute noch in großen Mengen von Han-kou aus exportiert. Auch in den südlichen Provinzen des chinesischen Reiches kommt er überall vor. (Yule, a. a. O. II. 229.)

[3]) Dasselbe Tier oder ein ähnliches wird von Du Halde folgendermaßen beschrieben: Man findet in der Provinz Sse-tschuan Hühner, deren Federn der Schafwolle ähnlich sind; sie sind sehr klein und haben kurze Füße; die chinesischen Damen haben viel Gefallen an den Tieren und ziehen sie zum Vergnügen auf.

Dieselben Hühner, doch von weißer Farbe, werden auch von dem Missionar Odorich aus Pordenone erwähnt, der um das Jahr 1317 über Armenien und Indien nach Ostasien zog und etwa fünf Jahre in China weilte. Die Chinesen nennen sie Sammethaarhühner; der lateinische Name ist Gallus lanatus.

[1]) Pauthier hält Unguen für die Stadt Hu-kuan, Yule dagegen für Min-tsing-hien. Marco Polos Bemerkung, daß die Stadt fünfzehn Meilen von Fu-tschou entfernt ist, scheint am besten auf letztgenannten Ort zu passen.

Menge herstellt, den man nach der Stadt Kambalu an den Hof des Großkhans sendet. Ehe Un-guen unter die Herrschaft des Großkhans kam, waren die Einwohner nicht mit der Kunst bekannt, feinen Zucker zu bereiten; sie kochten ihn in so unvollkommener Weise, daß er, wenn er abgekühlt war, ein dunkler Teig blieb. Aber als diese Stadt dem Großkhan gehorsam wurde, waren einige Leute aus Babylon am Hofe, die gingen nach Un-guen und lehrten die Einwohner, den Zucker mit der Asche gewisser Bäume zu raffinieren.[2])

76. Kapitel.

Von der Stadt Kan-giu (oder richtiger Fugiu).

Wenn man in derselben Richtung fünfzehn Meilen weiterzieht, kommt man zur Stadt Kan-giu (Fugiu), die zum Königreiche oder Vizekönigtume Kon-cha, einem der neun Kreise Manjis, gehört.[1]) In diesem Platze liegt eine

---

[2]) Der Zucker ist in China sehr gewöhnlich und billig; man gewinnt ihn aus dem Zuckerrohre, das besonders in den südlichen Provinzen gebaut wird. Die Chinesen verstehen es auch heute noch nicht recht, ihn zu reinigen und ihm die weiße Farbe zu geben, den er in europäischen Raffinerien annimmt. Aus den Fabriken kommt er als Farinzucker oder einfach kristallisiert in den Handel.

Es ist allgemein bekannt, daß alkalische Substanzen, die man z. B. aus Pflanzenasche gewinnen kann, bei der Reinigung des Zuckers eine Rolle spielen.

Unter Babylon hat man, wie auch sonst bei Marco Polo, Kairo zu verstehen. Der Zucker dieser Stadt war während des Mittelalters sehr berühmt.

[1]) Kangiu hält Marsden merkwürdigerweise für Canton; das ist aber sicherlich eine zu gewagte Hypothese, da wir dann ganz aus Marco Polos Reiseroute herausgerissen und viel zu weit nach Süden versetzt würden. Dabei ist zu bemerken, daß die meisten

große Armee zum Schutze des Landes, die immer zum Ausmarsche bereit sein muß, wenn irgend eine Stadt Miene zum Aufruhr macht. Durch die Mitte der Stadt strömt ein Fluß, der eine Meile breit ist und an dessen beiden Uferseiten große und hübsche Gebäude stehen. Vor diesen sieht man eine große Menge von Schiffen liegen, die Waren an Bord haben, besonders Zucker, der auch hier in großen Mengen hergestellt wird. Viele Schiffe kommen aus Indien in diesen Hafen, befrachtet von Kaufleuten, die reiche Lager von Juwelen und Perlen mitbringen, durch deren Verkauf sie einen beträchtlichen Gewinn erhalten. Dieser Fluß ergießt sich in das Meer, nicht fern von dem Hafen, der Zai-tum heißt. Die Schiffe, die aus Indien kommen, fahren den Fluß bis zu der Stadt hinauf, welche reich an Vorräten aller Art ist und herrliche Gärten und köstliche Früchte besitzt.

Ausgaben statt Kangiu die Bezeichnung Fugiu oder Fugui haben, was Fu-tschou-fu wäre, und diese Lesart ist zweifellos die richtige.

Der Fluß, von dem im Texte die Rede ist, führt jetzt den Namen Min-kiang; er ist die wichtigste Wasserader der Provinz Fo-kien. Die Länge seines durchschnittlich von Nordwest nach Südost gerichteten Laufes dürfte etwas über 800 km betragen, also nahezu der des Oderflusses gleichkommen. Da alle Verästelungen des Flußnetzes bis nahe an den Ursprung für kleinere Boote schiffbar sind, so begünstigt der Min-kiang den Verkehr zwischen den Provinzen Fo-kien und Kiang-si, also in das Gebiet des Yang-tse hinüber. Breite und Tiefe des Stromes sind auch im Unterlaufe, der nicht in einer ausgedehnten Ebene fließt, sondern streckenweise beiderseits von bedeutenden Bergen malerisch eingefaßt wird, recht wechselnd. Große Seeschiffe können den Fluß von der Mündung aus noch etwa 30 km hinauffahren, nicht allzu große Meeresdschunken gelangen noch bis zur altberühmten Brücke von Fu-tschou-fu, diesem bald tausend Jahre alten, auf fünfzig Granitpfeilern ruhenden Riesenbau. (Thiessen, China, I. 376.)

77. Kapitel.

Von der Stadt und dem Hafen Zaitum und der Stadt Tin-gui.

Wenn man die Stadt Fu-giu verläßt und über den Fluß setzt, um in südöstlicher Richtung weiterzuziehen, reist man fünf Tage lang durch ein wohlbebautes Land, an vielen Städten, Burgen und prächtigen, großen Wohnungen vorüber, die mit allen Vorräten reich versehen sind. Der Weg führt über Hügel, durch Ebenen und Wälder, in denen man die Bäume findet, aus denen der Kampfer bereitet wird.[1]) Das Land ist auch reich an Wild. Die Einwohner sind Götzendiener. Sie sind dem Großkhan untertan und stehen unter der Gerichtsbarkeit von Fu-giu. Nach Verlauf der fünf Tage kommt man an die edle und schöne Stadt Zaitum,[2]) die einen Hafen an der

---

[1]) Der Laurus camphora, ein großer Baum, kommt in Fokien außerordentlich häufig vor.

[2]) Zaitum ist die berühmte Handelsstadt Tsiuan-tschou-fu auf ungefähr 27° Nordbreite. Wie in früheren Jahrhunderten in der Blütezeit des Kalifats der Hafen Kanfu das Hauptemporium Chinas im Verkehr mit dem Auslande war, so im Mittelalter zu Marco Polos (1290) und Ibn Batutas (1340) Zeit der Hafen Zaitum, als dort noch die Mongolenkaiser herrschten. Abulfeda erzählt in dem Kapitel, welches von dem Lande Sina handelt, Zaitun sei eine berühmte Handelsstadt der Siner und nach den Berichten der Reisenden an einem von Schiffen häufig besuchten Golfe gelegen. Die Aussprache des Namens sei ganz wie bei den Arabern die Benennung der Olive (Zaitun). Aber schon vor ihm war Ibn Batuta auf seiner Gesandtschaftsreise von Indien nach China in demselben Hafen, den er im Arabischen El Zaitun nennt, gelandet und er bemerkt ausdrücklich, daß es dort keine Oliven gebe, wie man vielleicht aus dem Namen schließen könnte. Es war eine große Stadt, wo man damals die kostbarsten bunten Seidenzeuge und Satins webte. Der Hafen sei, sagt Ibn Batuta, einer der schönsten der Welt; hundert große Dschunken und unzählige kleinere Fahrzeuge lagen dort vor Anker. Tief setzte die Hafenbucht landeinwärts bis zur Einmündung des Flusses, an dem die Stadt, die zwischen lauter Gärten liegt, erbaut ist. Eine starke

Seeküste hat, der berühmt ist wegen der vielen Schiffe, die dort mit Waren beladen ankommen; diese Waren gelangen nachher in alle Teile der Provinz Manji. Die Menge Pfeffer, die hier lagert, ist so groß, daß der, welcher für den Bedarf der westlichen Teile der Welt nach Alexandria geführt wird, im Vergleich damit unbedeutend ist und vielleicht nicht mehr als den hundertsten Teil ausmachen würde. Es ist in der Tat unmöglich, sich eine Vorstellung von der Zahl der Kaufleute und der Masse der Güter in diesem Hafen zu machen, der als einer der größten und bequemsten der Welt betrachtet wird. Der Großkhan zieht einen ungeheuren Zoll von diesem Platze, da jeder Kaufmann zehn Prozent von seinen Waren zahlen muß. Die Schiffe werden von den Kaufleuten zu dreißig Prozent mit feinen Waren, zu vierundvierzig mit Pfeffer, zu vierzig mit Aloe und anderen Spezereien und allgemeinen Handelsartikeln beladen, so daß die Kaufleute berechnen, daß ihre Abgaben, Zoll und Fracht eingerechnet, sich auf die Hälfte der Ladung belaufen, und doch ist der Gewinn von der Hälfte, die ihnen übrig bleibt, so beträchtlich, daß sie immer wieder und gern auf denselben Markt mit

---

muselmännische Kaufmannschaft empfing den berühmten Glaubensgenossen sehr gastlich. Ibn Batuta schiffte sich bei seiner Rückkehr nach Indien wieder in demselben Hafen auf einem muhammedanischen Schiffe ein.

Der Mönch Odorich, der in der ersten Hälfte des 14. Jahrhunderts China besuchte und auf dem Landwege von Canton nach Tsiuan-tschou-fu reiste, gibt von der Stadt folgende Beschreibung: „Nachdem ich große und kleine Städte in großer Zahl passiert hatte, gelangte ich zu der berühmten Stadt Zayton... Sie ist sehr reich an allen für den menschlichen Unterhalt notwendigen Dingen; z. B. kann man drei Pfund acht Unzen Zucker für weniger als einen halben Groschen bekommen. Die Stadt ist doppelt so groß wie Bologna, und es gibt daselbst Klöster, in denen alle Mönche Götzenanbeter sind. In einem derselben, das ich besuchte, befanden sich dreitausend Mönche."

neuen Gütern kommen. Die Einwohner sind Götzendiener und haben Überfluß an allen Lebensmitteln; es ist ein köstliches Land, und die Leute sind friedfertig, üppiger und weichlicher Ruhe ergeben. Sehr viele Leute kommen aus den inneren Teilen Indiens, um ihren Körper mit Tätowierungen verzieren zu lassen, wie wir es schon beschrieben haben, und die Stadt ist berühmt wegen der Künstler, die darin erfahren sind.

Der Fluß, der am Hafen von Zaitum vorüberfließt, ist groß und reißend und ein Arm von dem, der an der Stadt Quinsai vorbeiströmt.[3]) An dem Orte, wo er sich

---

[3]) Diese Stelle, die einen geographischen Irrtum enthält, findet sich allein im Texte Ramusios. Hirth bemerkt darüber folgendes:

„Marco Polo hatte die Reise auf Flußbooten entweder selbst mitgemacht, oder darüber berichten hören; daß man an der Grenze von Fo-kien umsteigen muß, um etwa einen Tag lang zu Fuß zu gehen, ist von ihm gegenüber der mehrere Wochen dauernden Bootfahrt übersehen worden; ihm genügt es, mitgeteilt zu haben, daß dort der Fluß von Zaitun abzweigt. Gerade an jener Stelle aber liegt die Stadt Lung-tsüan, die wir aus chinesischen Aufzeichnungen als den Hauptfabrikort für die schweren Seladonporzellane jener Zeit kennen."

„Ich habe bereits erwähnt, welche Rolle in dieser Periode von der Stadt King-tê-chên gespielt wurde; Porzellane, die nur für den Hof verfertigt und als fein und kostbar geschildert werden, sind schwerlich als die Handelsartikel des Hafens von Zaitun anzusehen, die nach Marco Polo so erstaunlich billig waren, und von denen Ibn Batuta, der arabische Reisende des 14. Jahrhunderts, sagt, daß sie in die ganze Welt ausgeführt wurden. Colonel Yules Vermutung, daß Marco Polos Tingui mit King-tê-chên identisch sei, steht daher auf schwachen Füßen. Ebenso steht es mit der Ansicht Pauthiers, des Herausgebers des altfranzösischen Textes von Marco Polos Reisen. Pauthier denkt an eine Porzellanfabrikstadt Tê-hua, ganz in der Nähe von Tsiuan-tschou-fu, aus welcher Stadt das später so berühmte Blanc de Chine, oder elfenbeinweiße Porzellan kam. Von Tê-hua aber sagen uns chine-

von dem Hauptstrome trennt, steht die Stadt Tingui. Von diesem Platze ist nichts weiter zu bemerken, als daß daselbst Becher oder Vasen und Schüsseln aus Porzellan angefertigt werden, und das geschieht, wie man mir erklärt hat, auf folgende Weise. Sie sammeln eine gewisse Art von Erde, die sie wie Erz graben, in große Haufen, so daß sie dem Winde, dem Regen und der Sonne wohl dreißig bis vierzig Jahre lang ausgesetzt ist, während welcher Zeit man sie ganz ungestört läßt. So wird sie für die Verarbeitung zu den oben erwähnten Gefäßen geläutert und gereinigt. Dann werden geeignete Farben

---

sische Aufzeichnungen, daß dort erst während der Dynastie Ming das erste Porzellan verfertigt wurde, also geraume Zeit nach der Ankunft Marco Polos.“ (Hirth, Chinesische Studien, S. 54 u. 55.)

Wenn wir uns auch der Ansicht Hirths anschließen, daß Marco Polos Tingui mit der Stadt Lung-tsüan identisch ist, so ist es doch nicht überflüssig, einige Mitteilungen über King-tê-chên, den Hauptsitz der chinesischen Porzellanindustrie, zu machen. King-tê-chên liegt östlich vom Po-yang-See am Ufer eines großen Flusses, der sich in diesen See ergießt, und ist nicht eigentlich eine Stadt, d. h. nicht mit Mauern umgeben, hat aber mehrere hunderttausend Einwohner, die fast alle von der Fabrikation des Porzellans oder vom Handel leben. Zu jeder Tageszeit sieht man dichte Rauchwolken oder Feuersäulen sich erheben, welche King-tê-chên den Anblick einer europäischen Großstadt geben. Mehr als fünfhundert einzelne Fabriken und Tausende von Öfen sind unaufhörlich damit beschäftigt, jene ungeheure Menge von Gefäßen herzustellen, die man in alle Provinzen Chinas versendet. (Huc, Das chinesische Reich, II. 234.)

In neuerer Zeit wird ein großer Teil des Porzellans in den Provinzen Kuang-tung und Fo-kien hergestellt, und es bildet noch heute einen Exportartikel von Amoy und Tsiuan-tschou; aber es ist von minderwertiger Qualität. In dem chinesischen Handelsführer wird Pakwiha zwischen Amoy und Tschang-tschou als der Ort bezeichnet, wo die gewöhnliche blaue Ware, welche man in so großen Mengen nach Indien exportiert, fabrikmäßig hergestellt wird.

darauf gebracht und die Ware im Ofen gebacken. Die Personen also, welche die Erde graben lassen, sammeln sie für ihre Kinder und Kindeskinder. Eine große Masse dieser Ware wird in der Stadt verkauft, und für einen venezianischen Groschen kann man acht Porzellanbecher bekommen.

Wir haben nun das Vizekönigtum Koncha beschrieben, einen der neun Kreise Manjis, aus dem Se. Majestät eben so große Einkünfte zieht wie aus Quinsai. Von den anderen wollen wir nicht sprechen, weil Marco Polo daselbst nur die Städte Quinsai und Koncha besucht hat. Es mag noch bemerkt werden, daß in der ganzen Provinz Manji eine allgemeine Sprache und Schrift vorherrschend ist; doch gibt es in den verschiedenen Teilen des Landes eine große Dialektverschiedenheit, wie wir es zwischen den Genuesen, Mailändern, Florentinern und den Dialekten der anderen italienischen Länder finden, deren Einwohner, obwohl sie alle eine besondere Sprache haben, sich doch gegenseitig verständlich machen können.

Da Marco Polo noch nicht über alle Gegenstände, deren Besprechung er sich vorgenommen, geschrieben hat, will er jetzt dieses zweite Buch schließen und ein anderes mit einer Beschreibung der Länder und Provinzen Indiens beginnen; er unterscheidet Groß-, Klein- und Mittelindien, Länder, die er im Dienste des Großkhans besucht hat, als ihn dieser in verschiedenen Geschäftsangelegenheiten dorthin schickte, und später, als er in Gesellschaft seines Vaters und seines Oheims auf der Rückreise die Königin begleitete, die für König Argon bestimmt war. Er wird Gelegenheit haben, viele außerordentliche Dinge, die er in diesen Ländern gesehen hat, zu berichten; aber zu gleicher Zeit wird er auch andere erzählen, die ihm von glaubwürdigen Personen mitgeteilt oder die ihm auf der Seekarte der Küsten Indiens gezeigt wurden.

Drittes Buch

1. Kapitel.

Von Groß-, Klein- und Mittel-Indien; von den Sitten und Gebräuchen der Bewohner; von vielen merkwürdigen und außerordentlichen Dingen, die man daselbst sieht, und zuerst von ihren Schiffsfahrzeugen.

Nachdem wir in den vorhergehenden Teilen unseres Werkes von so vielen Provinzen und Ländern gesprochen haben, wollen wir sie nun verlassen und zu Indien übergehen und von den merkwürdigen Dingen, die daselbst zu finden sind, reden. Wir wollen mit einer Beschreibung der Handelsschiffe anfangen, die von Tannenholz gebaut sind. Sie haben ein einziges Deck, und unter diesem ist der Raum in sechzig kleine Kajüten oder mehr oder weniger, je nach der Größe der Fahrzeuge, geteilt, die zum Aufenthalt und zur Bequemlichkeit der Kaufleute eingerichtet sind. Sie sind mit einem guten Steuerruder versehen. Sie besitzen vier Masten mit ebensovielen Segeln, und einige haben zwei Masten, die man aufrichten und niederlassen kann, wie es eben nötig ist. Es gibt auch andere Schiffe, das sind die größten; diese haben außer jenen Kajüten bis zu dreißig Verschlägen oder Abteilungen im Kielraum, die aus dicken ineinandergefügten Planken hergestellt sind. Diese Einrichtung hat man gegen einen etwaigen Unfall getroffen, durch den das Schiff ein Leck erhält, wenn es z. B. an einen Felsen stößt oder einen Schlag von einem Walfisch bekommt, ein Umstand, der sich nicht selten ereignet; denn wenn man bei Nacht segelt, so ruft die Bewegung durch die Wogen einen weißen Schaum hervor, der die Aufmerksamkeit des hungrigen Tieres erregt. In der Erwartung, Fraß zu finden, bricht es heftig gegen die Stelle vor, schlägt gegen das Schiff und zerstößt nicht selten den Boden. Das Wasser strömt nun an der Stelle ein, wo der Schaden geschehen ist, und nimmt seinen Weg zu dem Abzugraume oder Brunnen, der immer leer gehalten wird. Sobald die Schiffsleute das Leck entdecken, entfernen sie sogleich die Güter aus der Abteilung, in die das Wasser strömt; dieses kann aber nicht in die anderen Verschläge gelangen, weil die vorzüglich gebauten Bretterwände dicht sind. Darauf wird der Schaden ausgebessert, und die Güter wieder an die Stelle gebracht, von wo sie weggeschafft worden waren. Die Schiffe sind doppelplankig, das heißt, ihre Planken sind nochmals mit Brettern überschlagen. Sie sind innen und außen mit Werg kalfatert und mit eisernen Nägeln befestigt. Sie sind nicht mit Pech bekleidet, weil dies Material im Lande nicht vorkommt, sondern der Boden wird in folgender Weise überschmiert. Die Leute nehmen ungelöschten Kalk und Werg, das sie klein schneiden; beides stoßen sie zusammen, mengen es mit Öl, das sie von einem gewissen Baume erhalten, und machen aus dem Ganzen eine Art Salbe, welche lange klebrig und zähe bleibt und zu dem Zwecke noch besser geeignet ist als das Pech.

Die größten Seeschiffe brauchen eine Mannschaft von dreihundert Leuten, andere zweihundert und einige nur hundertfünfzig, je nachdem sie größer oder kleiner sind. Sie sind mit fünf- bis sechstausend Körben Pfeffer beladen. In früheren Zeiten trugen sie größere Lasten als gegenwärtig, aber da die Gewalt der See an mehreren Orten die Inseln zerrissen hat und besonders an einigen der Haupthäfen, so fehlt es für solche schweren Schiffe an Wassertiefe, und sie haben deshalb in den letzten Zeiten kleinere gebaut. Diese Schiffe werden auch mit Rudern fortbewegt, deren jedes von vier Männern bedient wird. Die von der größeren Klasse werden von zwei oder drei großen Barken begleitet, die ungefähr tausend Pfefferkörbe tragen können und mit sechzig, achtzig oder hundert Matrosen bemannt sind. Diese kleinen Schiffe gebraucht man oft, um die großen zu ziehen, wenn sie unter Ruder gehen, oder auch, wenn sie unter Segel sind, sobald der Wind etwas widrig ist, aber nicht, wenn er gerade von hinten weht, weil in diesem Falle die Segel der größeren Schiffe denen der kleineren den Wind abfangen müssen, die infolgedessen in den Grund gebohrt werden würden. Die Schiffe führen auch bis zu zehn kleine Boote mit sich, um die Anker auszuwerfen, zu fischen, und zu einer Menge anderer Dienste. Diese werden an der Seite des Schiffes aufgehängt und ins Wasser gelassen, wenn man sie braucht. Auch die Barken haben ihre kleinen Boote. Wenn ein Schiff ein Jahr oder darüber auf der Reise gewesen ist und der Ausbesserung bedarf, so gibt man ihm noch einen Bretterverschlag über den ersten, so daß dieser die dritte Wand bildet, welche in derselben Weise kalfatert und bestrichen wird wie die anderen, und das wird, wenn neue Ausbesserungen nötig sind, bis zu sechs Lagen wiederholt; dann erst wird das Schiff als unbrauchbar beiseite getan und nicht mehr zum Seedienste verwendet. — Da wir so die Schiffahrt beschrieben haben, wollen wir nun in der Erzählung über Indien fortfahren; aber zuerst wollen wir von gewissen Inseln in dem Teile des Ozeans, in welchem wir uns jetzt befinden, reden und mit der Insel anfangen, die Zipangu heißt.

2. Kapitel.

Von der Insel Zipangu.

Zipangu[1]) ist eine Insel im östlichen Ozean, die ungefähr fünfzehnhundert Meilen von dem Festlande und

[1]) Marco Polo ist der erste Europäer gewesen, welcher Kunde

den Gestaden Manjis entfernt liegt. Sie ist sehr groß, ihre Einwohner sind von heller Gesichtsfarbe, wohlgebildet und haben gute Sitten. Ihre Religion ist Götzendienst. Sie sind unabhängig von jeder fremden Macht und werden nur von ihren eigenen Königen regiert. Sie haben Gold im größten Überfluß, seine Quellen sind unerschöpflich, aber da der König die Ausfuhr nicht gestattet, so kommen wenig Kaufleute in das Land, auch wird die Insel selten von Schiffen aus fernen Gegenden besucht. Diesem Umstande müssen wir den ungeheuren Reichtum in dem Palaste des Königs zuschreiben, wenn das wahr ist, was uns von denen erzählt wurde, die Zutritt zum Palaste haben. Das ganze Dach ist mit Goldplatten versehen, gerade so wie wir die Häuser, oder richtiger die Kirchen, mit Blei decken. Die Decke der Säle besteht aus demselben köstlichen Metall; viele Zimmer haben kleine Tische, die von dickem, massivem Golde gearbeitet

---

von der Existenz des japanischen Inselreiches erhielt. Mit dem Worte Zipangu gab er die chinesische Bezeichnung Dschi-pen-Kuë oder Dschi-pon wieder, welche die Japaner in Nippon oder Nihon umgewandelt und allgemein als Bezeichnung ihres Landes an Stelle älterer einheimischer Benennungen angenommen haben. Das Wort Nihon stammt von nitsu, Sonne, und hon, Aufgang, Ursprung, und wurde von den Chinesen in demselben Sinne angewandt, in welchem den Europäern die Bezeichnungen Levante, Orient und Morgenland geläufig sind.

Nippon heißt bei den romanischen Völkern Japon, bei den germanischen Japan, Namen, welche durch die Portugiesen bezw. Holländer eingeführt wurden, von den Japanern nicht angewandt werden und als Korruptionen des Wortes Dschi-pen zu betrachten sind. (Rein, Japan, I. 8.)

Die Entfernung der südlichen Insel von der chinesischen Küste bei Ning-po beträgt nicht mehr als fünfhundert italienische Meilen, und Marsden meint daher mit Recht, daß Marco Polo von chinesischen Meilen oder Li spricht, da er ja nur chinesische Berichte wiedergibt.

sind, und auch die Fenster zeigen goldene Verzierungen. So ungeheuer sind die Reichtümer des Palastes, daß es unmöglich ist, sich eine Idee davon zu machen. Auf dieser Insel gibt es auch Perlen in großer Menge, die von roter Farbe, rund und sehr groß sind, den weißen Perlen an Wert gleich, ja sie haben einen noch höheren Preis. Es ist bei einem Teile der Einwohner Brauch, die Toten zu begraben, bei den anderen, sie zu verbrennen.[2]) Erstere legen eine Perle in den Mund der Leiche. — Auch findet man daselbst viele köstliche Edelsteine.

Als der große Khan Kublai hörte, daß die Insel Zipangu so reich sei, dachte er daran, sie in seine Ge-

---

[2]) Die japanische Totenbestattung ist in der Regel ein Begräbnis auf einem Friedhofe neben einem Buddhatempel, seltener eine Verbrennung. Im ersten Falle ist der Sarg, in den der Verstorbene 24 Stunden nach dem Tode gelegt wird, ein schwerer Kasten aus weißem Holze, welcher den Leichnam in sitzender oder gestreckter Stellung aufnimmt, wobei der Kopf auf einem mit Teeblättern gefüllten Kissen ruht. Der Tote wird so beigesetzt, daß der Kopf nach Norden, die Füße nach Süden gerichtet sind. Bei Shintoisten und einigen buddhistischen Sekten pflegt man ihn in ein weißes Tuch zu hüllen; andere Buddhisten wählen dafür das aus Papier bereitete, mit Schriftzeichen der Palisprache bedeckte Totenhemd.

Die Feuerbestattung wurde früher nur von der Monto-Sekte allgemein geübt, hat sich aber in neuerer Zeit auch auf andere Bekenntnisse ausgedehnt. Die erste bekannte Kremation ist die des berühmten Priesters Dosho um das Jahr 700, welche seine Schüler den gegebenen Weisungen gemäß ausführten. Bald fand die Sache auch anderwärts, sogar in den höchsten Kreisen Anklang. Vom Jahre 1654 ab ist jedoch kein Kaiser auf diese Art mehr bestattet worden.

Die Vorrichtungen für die Feuerbestattung sind in Japan einfacher als bei uns und ihre Kosten gering. In drei Klassen wurde früher das Verbrennen für $^{3}/_{4}$, $1^{1}/_{2}$ und $1^{3}/_{4}$ Yen bewirkt, worauf die Anverwandten des Verstorbenen seine Asche und Knochenreste sammelten und in einer Urne beisetzten. (Rein, Japan, I. 595.)

walt zu bringen und seinem Reiche einzuverleiben. Um diesen Plan zu verwirklichen, rüstete er eine große Flotte aus und schiffte ein großes Truppenkorps ein unter dem Befehle zweier seiner besten Kriegsobersten, von denen einer Abbakatan und der andere Vosancin hieß. Diese fuhren von den Häfen Zaitun und Quinsai ab, durchsegelten die dazwischenliegende See und erreichten die Insel in Sicherheit;[3]) aber infolge der Eifersucht, die sich

[3]) Als Kublai-khan China unterworfen hatte, faßte er den Plan, seine Herrschaft über die japanischen Inseln auszudehnen, die in jener Zeit wegen ihres angeblichen Reichtums an Schätzen von sich reden machten. Koreanische Abgesandte überbrachten dem 91. Mikado Go-Uda-Tenno, der von 1275 bis 1287 den Thron einnahm, einen Brief, dessen Insolenz den Hof empörte; denn in ihm verlangte der Mongolenfürst mit klaren Worten Unterwerfung und Tributzahlung, also Dinge, an welche Japan nicht gewöhnt war. Man wies die Abgesandten mit ihrem Gesuche nach Kamakura an Tokimune, der damals Shikken, d. h. Regent oder Ministerpräsident war. Dieser wies sie entrüstet ab; aber Kublai-khan schickte neue Gesandtschaften und ließ seine Forderung wiederholen, jedoch mit keinem besseren Erfolge. Darauf überzog er von Korea aus die zunächst gelegenen japanischen Inseln mit Krieg, ließ auf 450 Dschunken ein Heer auf Tshushima und Iki landen und sie in Besitz nehmen. Dann wandten sich die Mongolen nach Kiushu, wo jedoch japanische Streitkräfte die Küste besetzt hatten und zum Empfange bereit waren, so daß sie mit Verlust wieder abzogen (1275). Drei Jahre darauf landete ein neuer Gesandter Kublai-khans in Nagato. Der Shikken ließ ihn vor sich nach Kamakura bringen und enthaupten, und dies wiederholte sich noch einmal. Bald darauf erschien der Feind auf mehreren tausend chinesischen und koreanischen Dschunken bei Tshushima, landete wieder auf Kiushu, und zwar nach japanischen, offenbar übertriebenen Angaben mit mehr als 100 000 Mann, worunter 10 000 Koreaner waren. Das verbreitete Schrecken über ganz Japan, zumal die ersten herbeigeeilten Truppen geschlagen wurden. Wie in solchen ernsten Zeiten immer, begab sich der Mikado zum Tempel seiner Urahnin, der Sonnengöttin Amaterasu, um Opfer darzubringen und ihre Hilfe zu erflehen. Hojo Tokimune aber sammelte alle verfügbaren Truppen des Landes, rückte

zwischen den beiden Befehlshabern erhob, von denen einer des anderen Pläne mit Verachtung behandelte und der Ausführung seiner Befehle entgegen war, konnten sie keine Stadt oder Festung in ihre Gewalt bringen, mit Ausnahme einer einzigen, die mit Sturm genommen wurde, als sich ihre Besatzung geweigert hatte, sich zu unterwerfen. Es wurde befohlen, sie alle der Schärfe des Schwertes zu übergeben, und demzufolge wurden allen die Köpfe abgeschlagen, mit Ausnahme von acht Personen; diese waren durch die Macht eines teuflischen Zaubers, der sich in einem Amulet oder Juwel am rechten

---

dem Feinde entgegen und schlug ihn in der Nähe von Takashima. Ein schrecklicher Taifun kam den Japanern zu Hilfe, erfaßte und vernichtete den größten Teil der in ihren Dschunken fliehenden Feinde (1281).

Die chinesischen Historiker, welche dieser tatarischen Invasion Erwähnung tun, stimmen im wesentlichen mit den japanischen Berichterstattern überein. (Rein, Japan, I. 341.)

Nach chinesischen Berichten rüstete Kublai 1283 eine weitere Flotte gegen Japan aus, zu deren Oberbefehlshaber der General Atagaï ernannt wurde. Schiffe wurden gebaut, Seeleute in den Küstenprovinzen zu großem Schaden des Handels mit Gewalt ausgehoben; niemand im Rate des Kaisers billigte das Unternehmen; da schob Kublai die Ausführung noch auf, weil er sich mit einer anderen Expedition gegen Ton-king und Cochinchina beschäftigen mußte. Endlich im Jahre 1286 sollte die Flotte abgehen; doch hörte schließlich der Kaiser auf den Rat Liou-siuens, des Präsidenten des Tribunals der Mandarine, und gab den gewagten Krieg gegen Japan auf; der eigentliche Grund jedoch, der ihn veranlaßte, die für ihn so lockende Expedition zu unterlassen, war die drohende Stellung, welche Kaidu gegen ihn einnahm. (Mailla, IX. 418; d'Ohsson, II. 444, 447, 450.)

Die Namen der beiden Führer, welche die später vom Sturme zerstreute Flotte befehligten, lauten bei Marco Polo Abbakatan und Vosancin. Der erste ist wahrscheinlich der Asikan der Japaner, den Gaubil Argan nennt, während der letztere vielleicht Fan-wen-hu mit dem chinesischen Titel Tsiang-kiun ist, also Fan-tsiang-kiun. (Yule, a. a. O. II. 261.)

Arm zwischen Haut und Fleisch befand, gegen die Kraft des Eisens gesichert und konnten dadurch weder getötet noch verwundet werden. Als man dieses entdeckte, wurden sie mit einer schweren hölzernen Keule geschlagen und starben sogleich.

Einige Zeit darauf geschah es, daß ein Nordwind mit großer Gewalt zu wehen begann, und die Schiffe der Tataren, welche an der Küste des Eilandes lagen, wurden wirr durcheinander getrieben. Es wurde daher in einem Rate der Hauptleute an Bord beschlossen, das Land wieder zu verlassen, sobald man nur loskommen könne, und als die Truppen wieder eingeschifft waren, stach man in See. Der Sturm jedoch stieg zu solcher Heftigkeit, daß zahlreiche Schiffe zugrunde gingen. Die Leute, die zu ihnen gehörten, hatten sich auf Schiffstrümmern an eine Insel gerettet, die ungefähr vier Meilen von der Küste von Zipangu lag. Die anderen Schiffe, die nicht so nahe dem Lande waren, litten nicht unter dem Sturme; diejenigen aber, auf denen sich die beiden Führer mit den obersten Hauptleuten befanden, deren Rang sie berechtigte, über hunderttausend oder zehntausend Mann zu kommandieren, richteten ihren Lauf heimwärts und kehrten zum Großkhan zurück. Die dreißigtausend Tataren, die auf der Insel blieben, an welcher sie gestrandet waren, sahen sich nun ohne Schiffe und von ihren Führern verlassen, ohne Waffen und Vorräte, und erwarteten nichts weniger, als gefangen zu werden oder elendiglich umzukommen, besonders da die Insel keine Wohnungen bot, wo sie hätten Schutz suchen und sich erholen können. Sobald der Sturm aufhörte und die See eben und ruhig wurde, kam das Volk von der Hauptinsel Zipangu in zahlreichen Booten mit einer großen Macht herüber, um diese schiffbrüchigen Tataren zu Gefangenen zu machen, und als sie gelandet waren, gingen sie aus, sie zu suchen, aber in sehr unordentlicher Weise. Die Tataren dagegen handelten mit kluger Vorsicht und verbargen sich im Innern der Insel in den Bergen; während der Feind, um sie zu suchen, auf einem Wege herbeiströmte, liefen sie an der Küste auf einem anderen herum, worauf sie zu dem Platze kamen, wo die Flotte vor Anker lag. Da sie die Boote alle verlassen fanden, aber mit fliegenden Flaggen, bemächtigten sie sich ihrer, stießen von der Insel ab und rückten vor die Hauptstadt von Zipangu, in welche man sie, weil sie die Flaggen führten, ohne Bedenken einziehen ließ. Hier fanden sie wenig Einwohner außer den Frauen, die sie zu ihrem eigenen Gebrauche zurückbehielten, und alle anderen verjagten sie. Als der König hörte, was sich ereignet hatte, war er sehr betrübt und gab sogleich Befehl zu einer strengen Belagerung der Stadt und ließ die Ein- und Ausgänge so sorgfältig bewachen, daß weder jemand in die Stadt kommen noch auch aus ihr entfliehen konnte, sechs Monate, so lange, wie die Belagerung dauerte. Nach Verlauf dieser Zeit verzweifelten die Tataren, daß ihnen Hilfe kommen würde, und ergaben sich auf die Bedingung, daß man sie am Leben ließe. Diese Ereignisse fanden im Jahre 1264 statt. Als der Großkhan einige Jahre später erfuhr, wie es seinem unglücklichen Volke in Zipangu ergangen und daß dieses große Unglück nur aus der Uneinigkeit der beiden Obersten entstanden sei, ließ er dem einen den Kopf abschlagen, den anderen schickte er auf ein wildes Eiland, genannt Zorza, wo diejenigen, die den Tod verwirkt haben, folgendermaßen bestraft werden. Man wickelt ihnen beide Arme in eine frisch abgezogene Büffelhaut, die fest zugenäht wird; sobald diese trocknet, preßt sie den Körper so zusammen, daß der Gefangene sich nicht rühren oder in irgend einer Weise helfen kann und so elendiglich umkommt.

3. Kapitel.

Von der Art der Götzenbilder, die in Zipangu verehrt werden, und von den Einwohnern, die Menschenfleisch essen.

Auf der Insel Zipangu und den anderen in ihrer Nachbarschaft liegenden werden die Götzen in verschiedener Gestalt dargestellt; einige von ihnen haben Köpfe wie Ochsen, andere wie Schweine, Hunde, Ziegen und andere Tiere. Einige von ihnen haben einen Kopf und zwei Gesichter, andere drei Köpfe, von denen einer an seiner richtigen Stelle und auf jeder Schulter einer ist. Einige besitzen vier Arme, andere zehn und einige hundert. Diejenigen, welche die größte Zahl haben, werden als die mächtigsten betrachtet, und es wird ihnen daher auch die meiste Verehrung gewidmet.[1]) Wenn sie von Christen gefragt werden, warum sie ihren Göttern so verschiedene Gestalten geben, so antworten sie, daß es ihre Väter vor ihnen so getan hätten. „Die, welche vor uns waren, übergaben sie uns so und so werden wir sie unseren Nachkommen überlassen.“ Die verschiedenen Zeremonien, die vor diesen Götzen vorgenommen werden, sind so gräßlich und teuflisch, daß es gottlos und abscheulich wäre, davon in unserem Buche zu berichten. Der Leser möge jedoch wissen, daß die abgöttischen Einwohner dieser Inseln, sobald sie einen Feind ergreifen, der nicht die Mittel hat, ein Lösegeld aufzubringen, alle ihre Verwandten und Freunde in ihr Haus laden und den Gefangenen schlachten, seinen Leib zurichten und beim Gastmahl verzehren. Sie sagen auch, Menschenfleisch sei das wohlschmeckendste, das in der Welt zu finden ist.

---

[1]) Die Beschreibung der Götterbilder erinnert mehr an tibetanische als an japanische Darstellungen. Auch im übrigen ist der Inhalt dieses Kapitels nicht einwandfrei.

4. Kapitel.

Von dem Meere Cin (Tschin) zwischen dieser Insel und der Provinz Manji.

Man muß wissen, daß das Meer, in welchem die Insel Zipangu liegt, das Meer Cin genannt wird,[1] was so viel heißt wie die See, die gegen Manji liegt, und in der Sprache der Inseln wird es Manji Cin genannt. Dieses Meer Cin ist so weit und groß, daß die erfahrensten Seeleute und Piloten, welche durch dasselbe segeln und die Wahrheit kennen, der Meinung sind, es lägen darin nicht weniger als siebentausendvierhundertvierzig Inseln, die fast alle bewohnt seien, und es wüchsen dort keine

---

[1]) Über die Bedeutung und Entstehung des Namens Tschin oder, was auf dasselbe hinausläuft, China für das Reich der Mitte gehen die Ansichten noch weit auseinander. Richthofen und Yule nehmen an, daß in der hinterindischen Halbinsel von Urzeiten her ein malayischer Name Tschin oder Dschina für das ganze Küstenland vom südlichen China bis hinab nach Cochinchina gebräuchlich war. Durch die Seefahrer des Altertums könnte dieser Name nach dem Occident mitgebracht worden sein, wenigstens kam auf dem Seewege immer eine ähnliche Bezeichnung für die östlichen Küsten nach Europa hinüber, während der über Land erkundete Name wechselte. Als das heutige Ton-king von den Han-Kaisern gänzlich unterworfen und dem Reiche als Provinz einverleibt wurde, erhielt diese den offiziellen Namen Dschinan, der wohl jenem malayischen Worte nachgebildet war und dann weiterhin zur Entstehung von „China“ führte, indem er sich allmählich, mit den Fortschritten der westlichen Seefahrer, zunächst auf das heutige Südchina und dann viel später auf das ganze Staatsgebiet ausdehnte. (Thiessen, China, I. 88.) Eine Stütze erhält diese Ansicht durch die Bemerkung Marco Polos, daß das Meer zwischen Manji und Zipangu in der Sprache der Inseln, die ja bekanntlich zum großen Teil von Malayen bewohnt werden, Tschin genannt wird.

Was nun diese Inseln selbst betrifft, deren Zahl im Texte auf 7440 angegeben wird, so hat man wohl in erster Linie an die Riu-kiu, Tai-wan, die Philippinen, einige Sundainseln usw. zu denken.

Bäume, die nicht einen guten und angenehmen Duft hätten, ferner gäbe es daselbst viele Spezereien und Gewürze und eine Menge Aloe, sowie Pfeffer in großem Überfluß, weißen und schwarzen. Es ist unmöglich, den Wert des Goldes und anderer Dinge, die auf den Inseln gefunden werden, zu schätzen; aber ihre Entfernung von dem Festlande ist so groß und die Schiffahrt mit so viel Schwierigkeiten und Nöten verbunden, daß die Handelsschiffe von den Häfen Zaitum und Quinsai keinen großen Gewinn haben, da sie ein ganzes Jahr zu ihrer Reise gebrauchen, indem sie im Winter ausfahren und im Sommer zurückkommen; denn in diesen Gegenden herrschen nur zwei Winde, der eine während des Winters, der andere während des Sommers, so daß sie den einen für die Hin-, den anderen für die Herreise benutzen müssen.[2]) Diese Länder sind sehr entfernt von dem Festlande Indiens. Wenn wir dieses Meer das von Cin nennen, so müssen wir darunter doch nur einen Teil des Ozeans verstehen; denn wie wir von dem Englischen oder dem Ägäischen Meere reden, so sprechen die östlichen Völker von dem Meere Cin und dem Indischen Meere, während alle zusammen unter

---

[2]) Der Monsuncharakter der Winde an der Ostküste Asiens ist längst bekannt. Daß hier Monsunwinde und mit ihnen echtes Monsunwetter sogar in hohe Breiten hinauf und weit ins Inland hinein sich erstrecken, hat Woeikof (Über das Klima von Ostasien, Zeitschrift für Meteorologie, V. 39) zuerst zur allgemeinen Kenntnis gebracht. Im Winter herrschen strenge Landwinde aus Nordwest vor, im Sommer Seewinde aus Südwest, Süd und Südost. Die ersteren sind trocken und klar, die letzteren trübe und regenbringend; es tritt daher vom Winter zum Sommer ein schroffer Klimawechsel ein. (Hann, Lehrb. d. Meteorol., 445.) Im südchinesischen Meer herrscht während des Sommers der Südwestmonsun, im Winter dagegen der Nordostmonsun. Die Winde treten häufig so stark auf, daß es für ein Segelschiff unmöglich ist, dagegen anzukreuzen.

der allgemeinen Bezeichnung der Ozean begriffen sind. — Wir wollen nun nicht weiter von diesen Ländern und Inseln und ihrer Lage reden, da ich sie nicht persönlich besucht habe und sie nicht unter der Herrschaft des Großkhans stehen. Wir kehren nun nach Zaitum zurück.

5. Kapitel.

Von dem Meerbusen Cheinan und seinen Flüssen.

Wenn man den Hafen von Zaitum verläßt und gegen Niedergang fünfzehnhundert Meilen weit segelt, so kommt man an den Meerbusen Cheinan,[1] der sich so weit ausdehnt, daß man zwei Monate braucht, um ihn zu durchsegeln von seiner nördlichen Küste an, wo er an den südlichen Teil der Provinz Manji stößt, bis zu den Ländern Ania,[2] Tholoman und vielen anderen, die wir bereits erwähnt haben. In diesem Meerbusen gibt es eine Menge Inseln, die zum großen Teile an den Küsten stark bevölkert sind. An den Stellen aber, wo die Flüsse münden, wird viel Goldsand aus dem Meere gesammelt. Auch Kupfer und viele andere Dinge werden auf den Inseln gefunden, und mit diesen wird Handel getrieben, indem die eine Insel liefert, was eine andere nicht hervorbringt. Sie handeln auch mit den Völkern des Festlandes, indem sie

---

[1]) Unter dem Meerbusen Cheinan ist der Golf von Tonking und der Teil des südchinesischen Meeres zu verstehen, welcher östlich von der Insel Hai-nan liegt. Das Wort Cheinan (Hai-nan) bedeutet Südmeer.

[2]) Ania wird von den Kommentatoren für Annam oder Tonking gehalten; die Chinesen, welche nie ein Wort mit A anfangen, sprechen es Ngan-nan aus. Was Tholoman betrifft, so geht aus den Worten Marco Polos nicht hervor, daß es am Meere liegt; der Venezianer will nur die allgemeine Lage des Meerbusens von Cheinan zu jenen Ländern angeben.

ihr Gold und ihr Kupfer gegen solche Gegenstände, die sie gebrauchen, austauschen. Auf den meisten wächst Korn in großem Überfluß. Dieser Meerbusen ist so groß und die Einwohner sind so zahlreich, daß er wie eine andere Welt erscheint.

6. Kapitel.

Von dem Lande Ziamba; von dem Könige dieses Landes, und wie er dem Großkhan tributpflichtig wurde.

Wir nehmen nun unsere frühere Länderbeschreibung wieder auf. Wenn man Zaitum verläßt und fünfzehnhundert Meilen weit durch diesen Meerbusen segelt, wie schon angegeben wurde, so kommt man an ein Land, das Ziamba[1]) heißt und sehr reich und groß ist. Es wird von

---

[1]) Die Bezeichnung Ziamba, welche wahrscheinlich indischen Ursprungs ist, scheint in früheren Jahrhunderten von den Westasiaten einem Königreiche beigelegt zu sein, das die ganze Küste zwischen Ton-king und Kambodscha umfaßte. Es wurde von den Chinesen Tschen-tsching genannt. Im Jahre 1471 eroberte der König von Ton-king das Land, und die eingeborene Bevölkerung von Ziamba wurde bis auf einen kleinen Rest vernichtet, der die Berge der Provinz Binh-thuan in Cochinchina bewohnte. (Yule, a. a. O., II. 268.)

Der von Marco Polo erwähnte General Sagatu tritt in chinesischen Geschichtswerken unter dem Namen Sotu auf. Der König von Cochinchina huldigte dem Großkhan nach dem Falle des Reiches der Sung und zahlte Tribut; der mongolische Kaiser aber stellte dem alten und schwachen Manne einen Regenten zur Seite, den dieser jedoch auf Veranlassung seines Sohnes gefangen nehmen ließ. Kublai schickte im Jahre 1281 den General Sotu gegen den aufrührerischen Fürsten. Dieser flüchtete mit seinem Sohne, der das Heer von Cochinchina befehligte, in das Gebirge und hielt den mongolischen General mit Versprechungen hin. Sotu aber mußte sich zurückziehen, als er hörte, daß beträchtliche Streitkräfte anrückten, um ihn von der Flotte abzuschneiden.

seinen eigenen Königen regiert und hat seine besondere Sprache. Die Einwohner sind Götzenanbeter. Ein jährlicher Tribut an Elefanten und Aloeholz wird dem Großkhan bezahlt; die Ereignisse, die dazu geführt haben, sollen erzählt werden. Gegen das Jahr 1268, als Kublai von dem großen Reichtume dieses Königreichs Kunde erhalten hatte, beschloß er, eine große Streitkraft, Fußvolk und Reiterei, zu seiner Eroberung auszuschicken, und so wurde das Land von einer mächtigen Armee überfallen, die unter den Befehl eines seiner Generale, namens Sagatu, gestellt war. Der König hieß Akkambale und war im Alter sehr vorgerückt; er hielt sich nicht für mächtig, um im Felde den Truppen des Großkhans Widerstand zu leisten, und zog sich in seine festen Plätze zurück, wo er Sicherheit fand und sich tapfer verteidigte. Die offenen Städte jedoch und die Wohnplätze in den Ebenen wurden in der Zwischenzeit überwältigt und verwüstet, und da der König sah, daß sein ganzes Land von dem Feinde zerstört werden würde, so schickte er Gesandte an den Großkhan, um ihm vorzustellen, er, der König, sei ein alter Mann, der immer sein Reich in Ruhe und Ordnung erhalten habe;

Zu derselben Zeit (1283), als er die Generale Kulie und Nasired-din zur Eroberung des westlichen Jün-nan aussandte, der König von Mien geschlagen und tributpflichtig gemacht und eine neue Flotte gegen Japan ausgerüstet wurde, schickte Kublai abermals ein Heer unter seinem Sohne Togan und dem General Sotu gegen Ton-king und Cochinchina. Die mongolischen Truppen hatten einen schweren Stand in den heißen und gebirgigen Ländern; sie verloren verschiedene Schlachten, und Sotu fiel in einer derselben im Jahre 1285. Der Krieg wurde nun unter Togan mit wechselndem Erfolge weitergeführt; trotzdem dieser Prinz aber im Jahre 1288 eine schwere Niederlage erlitt, erklärten doch die Könige von Ton-king und Cochinchina ihre Unterwerfung. (Mailla, IX. 414; XII. 11; d'Ohsson, II. 441, 445, 448; Gaubil, Notice hist. sur la Cochinchine; Gaubil, Mém. hist. sur la Tong-king.)

er wolle es vor der drohenden Vernichtung retten und sei daher bereit, wenn die feindliche Armee zurückgezogen werde, einen jährlichen Tribut an Elefanten und wohlriechendem Holze zu zahlen. Der Großkhan hörte diesen Vorschlag, und von Mitleid getrieben schickte er sogleich den Befehl an Sagatu ab, er solle sich mit der unter seinem Kommando befindlichen Macht zurückziehen und zur Eroberung anderer Länder übergehen. Das geschah denn auch ohne Aufschub. Von dieser Zeit an schickte der König dem Kaiser als Tribut eine große Menge von Aloeholz mit fünfundzwanzig der größten und schönsten Elefanten, welche in seinem Lande zu finden waren. So geschah es, daß der König von Ziamba dem Großkhan untertan wurde.

Da wir nun dies erzählt haben, wollen wir noch einiges über diesen König und sein Land melden. Zuerst muß man wissen, daß in seinem Reiche kein junges, schönes Mädchen sich verheiraten kann, bevor es ihm nicht vorgestellt worden ist. Diejenigen, welche ihm angenehm erscheinen, behält er eine Zeitlang, und wenn sie entlassen werden, gibt er ihnen eine Summe Geldes, damit sie, nach ihrem Range im Leben, eine passende Heirat finden können. Marco Polo besuchte im Jahre 1280 diesen Platz, zu welcher Zeit der König dreihundertfünfundzwanzig Kinder, männliche und weibliche, hatte. Viele der ersteren hatten sich als tapfere Soldaten ausgezeichnet. Das Land ist reich an Elefanten und Aloeholz. Es gibt auch viele Wälder von Ebenbäumen, deren Holz von schöner schwarzer Farbe ist und zu verschiedenen schönen Gerätschaften verarbeitet wird. Weiter gibt es nichts Besonderes hier zu melden. Wir wollen diesen Platz verlassen und nun von der Insel reden, die das große Giava (Java major) genannt wird.

7. Kapitel.

Von der Insel Java (Giava).

Wenn man Ziamba verläßt und zwischen Süden und Südosten fünfzehnhundert Meilen weit steuert, so kommt man an eine große Insel, die Java heißt[1]) und nach den Berichten einiger sehr wohlunterrichteter Schiffer die größte in der Welt ist, da sie einen Umfang von ungefähr drei-

---

[1]) Der Umfang, den Marco Polo der Insel Java beilegt, ist übertrieben; aber auch der Missionar Odorich gibt dafür genau dieselbe Zahl an. Offenbar haben beide Reisende aus arabischen Quellen geschöpft.

In den ältesten Zeiten, im 2. Jahrhundert n. Chr., nennt Ptolemaeus das Land Jabadiu (Jawa-dwîpa wird in der Sanskritliteratur vor dieser Zeit erwähnt) ein fruchtbares und goldreiches Gebiet, in dem eine hohe Kultur herrscht. Später übten die von Vorderindien her einwandernden Hindus einen starken und nachhaltigen Einfluß auf Sitten und Kultur der Einwohner aus. Die brahmanischen und buddhistischen Lehren verbreiteten sich auf Java und bestanden an manchen Stellen lange Zeit friedlich nebeneinander. Eines der ältesten Reiche war Mendang Kamulan, auch Mendang i bhumi genannt, welches bis gegen 850 n. Chr. bestanden haben soll. Im 9. Jahrhundert, vielleicht noch früher, wagten es arabische und persische Seefahrer, mit ihren gebrechlichen Fahrzeugen Indien und China zu besuchen. Die ersten Reisenden blieben zwar nur kurze Zeit im malayischen Archipel, aber ihnen folgten Kaufleute, welche die Lehre des Propheten unter den Eingeborenen verbreiteten. Den mächtigen Hindureichen Padjadjaran und Madjapahit auf Java wurde durch den zunehmenden Einfluß der Muhammedaner der Untergang bereitet. Als die Holländer nach Java kamen, bestand noch das große Reich Mataram, welches im 16. Jahrhundert begründet wurde.

Die Holländer drangen zuerst in die westliche Provinz Bantam ein und hatten harte Kämpfe mit den Portugiesen zu bestehen. Allmählich gewannen sie die Oberhand; besonders unter Jan Pieterss Coen wurde ihre Herrschaft am Anfange des 17. Jahrhunderts mächtig ausgebreitet. Aber noch jahrelang waren Kämpfe und Verhandlungen mit den inländischen Fürsten nötig, um nach

tausend Meilen hat. Sie steht unter der Herrschaft nur eines Königs, auch zahlen die Einwohner keinen Tribut an irgend eine andere Macht. Sie sind Götzenanbeter. Das Land ist reich an Vorräten aller Art. Pfeffer, Muskatnüsse, Spikenarde, Galgant, Kubeben, Gewürznelken und alle die anderen köstlichen Gewürze und Spezereien sind die Erzeugnisse dieser Insel, weshalb sie von vielen warenbeladenen Schiffen besucht wird, die den Eigentümern einen großen Gewinn bringen. Die Masse Gold, die daselbst gesammelt wird, übersteigt alle Berechnung und allen Glauben. Von dort haben die Kaufleute von Zaitum und von Manji im allgemeinen das Gold in sehr großer Menge geholt und holen es noch heutigentages, und von dort bringt man den größten Teil der Gewürze, welche in der ganzen Welt verbreitet werden. Daß der Großkhan die Insel nicht unter seine Botmäßigkeit gebracht hat, muß man der Länge der Reise und den Gefahren der Schiffahrt zuschreiben.

---

und nach ganz Java der holländischen Oberhoheit zu unterwerfen. (Vergl. Veth: Java. Haarlem 1878; Preyer: Indomalayische Streifzüge. Leipzig 1903.)

Marco Polo hat recht, wenn er sagt, daß zu der Zeit, als er in China weilte, der Großkhan noch keinen Versuch gemacht hatte, die Insel in seine Gewalt zu bringen; aber er tat es bald nach der Abreise des Venezianers. Als sein Gesandter, ein Chinese, namens Meng-ki, dem Könige die Aufforderung überbrachte, die Oberhoheit des Großkhans anzuerkennen, wurde er im Gesichte wie ein Dieb gebrandmarkt und so in seine Heimat zurückgeschickt. Eine große Kriegsmacht versammelte sich sogleich in den Häfen der Provinz Fo-kien, um diese Beleidigung zu rächen; sie segelte zu Beginn des Jahres 1293 ab, konnte jedoch bis zum Herbste die Landung nicht bewerkstelligen. Nach einigen vorübergehenden Erfolgen wurde das Heer gezwungen, sich mit einem Verlust von 3000 Mann wieder einzuschiffen. Der Tod Kublais verhinderte die Wiederaufnahme des Krieges. (Gaubil, 217, 224.)

8. Kapitel.

Von den Inseln Sondur und Kondur und von dem Lande Lochak.

Wenn man die Insel Java verläßt und siebenhundert Meilen weit zwischen Süden und Südwesten steuert, so kommt man zu zwei Inseln, von denen die größere Sondur und die andere Kondur[1]) heißt. Da sie beide unbewohnt sind, so ist es nicht nötig, darüber mehr zu sagen. Ist man fünfzig Meilen weit von diesen Inseln in südwestlicher Richtung gesegelt, so erreicht man eine große und reiche Provinz, die einen Teil des Festlandes bildet und Lochak[2]) heißt. Ihre Einwohner sind Götzenanbeter. Sie haben eine ihnen eigentümliche Sprache und werden von ihrem eigenen Könige regiert, der keinem anderen Tribut zahlt; denn die Lage des Landes ist so, daß es vor jedem

---

[1]) Da man Grund zu der Annahme hat, daß Kondur die Insel Condore unweit der Küste von Cochinchina ist, so ist es klar, daß die Richtungs- und Entfernungsangaben am Anfange dieses Kapitels mit den tatsächlichen Verhältnissen nicht in Übereinstimmung zu bringen sind, da ein südwestlicher Kurs von Java aus nicht an die Küste von Cambodja sondern in den offenen Indischen Ozean führt. Es ist daher sehr wahrscheinlich, daß es an Stelle von Java im Texte Ziamba heißen muß.

Die Inselgruppe wird in den arabischen Reiseberichten des 9. Jahrhunderts Sundar Fulat genannt (Fulat ist dasselbe Wort wie das malayische Pulo im Plural) und galt als die letzte Station auf der Reise nach China, von wo es einen Monat entfernt war. (Yule, a. a. O., II. 277.)

[2]) An Stelle von Lochak findet sich in Pauthiers Text die Bezeichnung Soucat. Es läßt sich kaum mit Sicherheit feststellen, welches Land Marco Polo gemeint haben könnte. Am wahrscheinlichsten dürfte noch die von Marsden ausgesprochene Ansicht sein, daß Lochak ein Teil von Cambodja ist, dessen Hauptstadt Loech hieß, wie Gaspar de Cruz berichtet, der sie während der Regierung des Königs Sebastian von Portugal besuchte. Jedenfalls ist die Behauptung Pauthiers, Soucat sei mit der großen Insel Borneo identisch, zu verwerfen.

feindlichen Angriffe geschützt ist. Wäre es angreifbar, so würde der Großkhan nicht gesäumt haben, es unter seine Botmäßigkeit zu bringen. In diesem Lande wächst Sandelholz in reicher Menge. Gold ist in unglaublicher Menge vorhanden; Elefanten werden daselbst gefunden, und die Jagd mit Hunden und Vögeln bietet reiche Ausbeute dar. Von hier holt man alle Porzellanmuscheln, welche in andere Länder ausgeführt und daselbst als Münze gebraucht werden, wie schon bemerkt worden ist. Hier ziehen sie eine Art Frucht, die Berchi genannt wird; sie besitzt die Größe einer Melone und hat einen köstlichen Geschmack. Abgesehen von diesen Dingen gibt es weiter nichts Bemerkenswertes, außer daß das Land wild und bergig ist und wenig von Fremden besucht wird; denn das sucht der König, so gut er es kann, zu verhindern, damit seine Schätze und andere geheime Dinge seines Reiches dem übrigen Teile der Welt so wenig wie möglich bekannt werden.

9. Kapitel.

Von der Insel Pentan und dem Königreiche Malaiur.

Wenn man von Lochak nach Mittag fünfhundert Meilen weitersegelt, so kommt man an eine Insel, die Pentan heißt;[1]) ihre Küste ist wild und unbebaut, aber es gibt da Wälder von wohlriechenden Bäumen in Menge. Zwischen der Provinz Lochak und dieser Insel Pentan ist die See in einer Ausdehnung von sechzig Meilen nicht mehr als vier Faden tief, was diejenigen, welche sie befahren, nötigt, die Ruder ihrer Schiffe einzuziehen (damit

---

1) Pentan ist die Insel, welche heute in der Regel Bintang genannt wird, und liegt an der östlichen Mündung der Straße von Malakka. Die Richtung von Cambodja nach der Insel ist fast genau Süd, und auch die Entfernung weicht nicht wesentlich von den Angaben Marco Polos ab.

sie nicht den Grund berühren). Wenn man diese sechzig Meilen nach Südosten gesegelt ist und dann noch dreißig Meilen weiterfährt, kommt man an eine Insel, die für sich ein Königreich bildet und Malaiur genannt wird,[2]) was zugleich auch der Name ihrer Hauptstadt ist. Die Bewohner werden von einem Könige regiert und haben ihre besondere Sprache. Die Stadt ist groß und wohlgebaut. Ein beträchtlicher Handel wird dort getrieben mit Gewürzen und Spezereien, an denen der Platz Überfluß hat. Nichts Bemerkenswertes bietet sich sonst dar. Wir verlassen diesen Platz und wollen nun von Java minor reden.

10. Kapitel.

Von der Insel Java minor.

Wenn man die Insel Pentan verläßt und in südöstlicher Richtung ungefähr hundert Meilen weitersegelt, kommt man zur Insel Klein-Java[1]) (Giava minore, Java minor), die, wie gering man auch ihre Größe annehmen

---

[2]) Das Königreich Malaiur lag auf der Westseite der Halbinsel von Malakka. Im Jahre 1252 unserer Zeitrechnung wurde Sri Iskander Schah, der in diesem Lande regierte, von Madjapahit, dem Könige von Java, angegriffen. Er mußte sich zunächst nach Norden und später in den westlichen Teil der Halbinsel flüchten, wo er eine neue Stadt gründete, der er den Namen Malakka gab. (Pauthier, le livre de Marco Polo, II. 565.)

[1]) Die Insel Java minor führt heute den Namen Sumatra; sie war schon den arabischen Seefahrern, welche im 12. Jahrhundert Indien und China besuchten, wohlbekannt. Später setzten sich dort die Portugiesen, dann die Holländer und Engländer fest. Die Niederländer landeten zum erstenmal unter Führung der Gebrüder Cornelius und Frederik de Houtman im Jahre 1599 in Atjeh, hatten aber im Anfang sehr wenig Erfolg. Sie fochten harte Kämpfe mit ihren Rivalen, den Portugiesen, aus, sowie mit den einheimischen Fürsten, und erst im Jahre 1741, nach Eroberung der portugiesischen Kolonie Malakka auf dem Festlande, gelang es ihnen, ihre Herrschaft auf Sumatra allmählich mehr und

mag, doch nicht weniger als zweitausend Meilen im Umfange hat. Auf dieser Insel gibt es acht Königreiche, die von ebensovielen Königen beherrscht werden, und jedes Königreich hat seine eigene Sprache, die verschieden von der aller anderen ist. Das Volk betet Götzen an. Die Insel hat Schätze im Überfluß und alle Arten von Gewürzen, Aloeholz, Sandelholz, Ebenholz und viele andere Arten von Spezereien, die wegen der Länge der Reise und der gefährlichen Schiffahrt nicht in unser Land gebracht werden, sondern ihren Weg in die Provinzen Manji und Kataia finden.

Wir wollen nun besonders von der Lebensweise der Einwohner eines jeden Königreichs erzählen; aber zuerst ist es nötig, zu bemerken, daß die Insel so weit südwärts liegt, daß man den Nordstern nicht sehen kann. Sechs von den acht Königreichen wurden von Marco Polo besucht, und diese will er beschreiben; über die anderen beiden aber, die er zu sehen keine Gelegenheit hatte, will er nichts sagen.

11. Kapitel.

Von dem Königreiche Felech auf der Insel Java minor.

Wir wollen mit dem Königreiche Felech[1]) beginnen, welches eins von den achten ist. Seine Einwohner sind

---

mehr auszubreiten. Weiter im Süden bestand vordem in der Gegend von Padang das mächtige Reich Menangkabau, das jedoch im Laufe des 17. Jahrhunderts in Verfall geriet. Die Engländer, welche von den Holländern aus Bantam (West-Java) vertrieben worden waren, begannen im südlichen Sumatra sich niederzulassen; sie besetzten Silebar, Batang, Kapas und Benkulen und blieben auch trotz aller Angriffe im Besitz mehrerer fester Punkte. Erst im Jahre 1824 gelangte Holland in den alleinigen Besitz der ganzen Insel, und von da an datiert eigentlich die systematische Pazifikation und die wirtschaftliche Erschließung Sumatras. (Preyer, Indomalayische Streifzüge, 107.)

[1]) Das Königreich Felech lag im nordwestlichen Teil der

zum größten Teile Götzendiener, aber viele, die an der Seeküste wohnen, haben sich durch die sarazenischen Kaufleute, welche sie beständig besuchen, zur Religion Muhammeds bekehren lassen. Diejenigen, welche die Berge bewohnen, leben in viehischer Art. Sie essen Menschenfleisch und ohne Unterschied alle anderen Arten Fleisch, reines und unreines. Ihre Verehrung ist auf verschiedene Dinge gerichtet, denn jeder verehrt den ganzen Tag, was sich zuerst seinem Auge darbietet, wenn er sich am Morgen erhebt.

12. Kapitel.

Von dem zweiten Königreiche, Basma genannt.

Wenn man das letzterwähnte Königreich verläßt, kommt man in das von Basma,[1]) welches unabhängig von den anderen ist und seine eigene Sprache hat. Die

---

Insel; es ist wahrscheinlich mit dem Gebiete in der Umgebung von Diamant Point identisch, das in neuerer Zeit Tandjong Perlak hieß. Marsden macht die Bemerkung, daß das malayische Wort Perlak von den Arabern, die für p keinen Buchstaben haben, wie Ferlak ausgesprochen wurde, und dies erklärt, warum Marco Polo Ferlec oder Felech geschrieben hat.

Die Behauptung Marco Polos, fügt Marsden hinzu, daß um das Jahr 1291 zur Zeit seines Aufenthaltes auf der Insel Muhammedaner sich daselbst niedergelassen hätten, wird durch die Angaben der Annalen der Fürsten von Malakka bestätigt. Diese berichten, daß sich auf der Halbinsel die muhammedanische Religion während der Regierung eines Königs verbreitete, der 1276 den Thron bestieg und im Jahre 1333 starb.

[1]) Basma hält Marsden für das Königreich Pasey, das die Araber Basam und die Portugiesen Paçem nannten. Wir haben das Land an der Nordküste von Sumatra zu suchen, und zwar dort, wo der 97. Längengrad östlich von Greenwich die Insel trifft.

Das Königreich Pasey spielte in der Geschichte der malayischen Staaten eine beträchtliche Rolle. Es wurde in der zweiten

Leute erkennen den Großkhan als ihren Herrn an, zahlen ihm aber keinen Tribut, und ihre Entfernung ist so groß, daß Sr. Majestät Truppen nicht hierher geschickt werden können. Dem Namen nach ist ihm aber die ganze Insel untertan, und wenn Schiffe des Weges fahren, ergreifen die Bewohner die Gelegenheit, ihm seltene und kuriose Dinge zu schicken und besonders eine gute Art Falken.

In dem Lande gibt es viele wilde Elefanten und Rhinozerosse, welch letztere weit kleiner sind als die Elefanten, aber ihre Füße sind sich ähnlich. Ihre Haut gleicht der eines Büffels. Vorn am Kopfe haben sie ein einziges Horn, aber mit dieser Waffe stoßen und verletzen sie die nicht, welche sie angreifen, sondern gebrauchen hierzu nur ihre Zunge, die mit langen scharfen Stacheln bewaffnet ist, und ihre Knie oder Füße; wenn sie einen Menschen angreifen, stoßen sie ihn mit den Füßen nieder, trampeln auf ihm herum und zerreißen ihn mit der Zunge. Ihr Kopf ist gleich dem eines wilden Ebers, und sie tragen ihn tief am Boden. Sie wühlen mit Ergötzen in Sumpf und Schlamm und sind schmutzig in ihren Gewohnheiten. Doch lassen sich diese Tiere nicht durch Jungfrauen (donzelle) fangen, wie man bei uns wähnt, sondern sind im Gegenteil sehr wild und scheu. In diesem Landstriche

---

Hälfte des 13. Jahrhunderts von Melek-el-Saleh gegründet, dessen Enkel Melek-el-Mahmud das Reich Samudra an Pasey angliederte. Der Sohn dieses Herrschers wurde von den Truppen des Königs von Madjapahit besiegt und verlor den Thron an seinen Gegner. Bis zum Ende des 15. Jahrhunderts blieb Pasey mit Madjapahit vereinigt. Erst als die alte Hauptstadt des javanischen Reiches gefallen war, änderten sich in Pasey die politischen Verhältnisse. Das Land geriet zeitweise in die Gewalt der Könige von Atjeh oder erlangte seine Selbständigkeit wieder, je nachdem diese Fürsten kriegerisch und mächtig oder durch innere Unruhen geschwächt waren. (Histoire des rois de Pasey, traduite du Malay par A. Marre, Paris 1874.)

werden Affen verschiedener Art gefunden und Geier, die so schwarz wie Raben, außerordentlich groß und ganz besonders gut zur Beize sind.

Man muß wissen, daß das, was über die getrockneten Leiber kleiner menschlicher Kreaturen, die aus Indien gebracht werden, berichtet wird, ein leeres Märchen ist; solche angeblichen Menschen werden auf dieser Insel in folgender Weise hergestellt. Es gibt in dem Lande eine Affenart, die nicht sehr groß ist und ein menschenähnliches Gesicht hat. Die Leute, die sich damit abgeben, sie zu fangen, scheren ihnen das Haar ab und lassen es nur um das Kinn und die anderen Teile stehen, wo es am menschlichen Körper ebenfalls wächst. Sie trocknen sie dann und präparieren sie mit Kampfer und anderen Spezereien, und wenn sie diese Tiere in der angegebenen Weise präpariert haben, so daß sie ganz kleinen Menschen ähnlich sind, legen sie sie in hölzerne Kästen und verkaufen sie den Handelsleuten, die sie in alle Welt versenden. Aber das ist bloß ein Betrug, und sie verfahren so, wie wir es angegeben haben, und weder in Indien noch in irgend einem anderen Lande, wie wild es auch sei, sind Pygmäen von so kleiner Gestalt wie diese Affen gefunden worden. — Da wir genug von diesem Königreiche gesagt haben, das sonst nichts Bemerkenswertes darbietet, wollen wir nun von einem anderen, namens Samara, reden.

13. Kapitel.

Von dem dritten Königreiche, Samara genannt.

Wenn man Basma verläßt, so kommt man in das Königreich Samara,[1]) eins von denen, in welche die Insel

[1]) Das Königreich Samara oder Samudra lag wahrscheinlich

geteilt ist. In diesem brachte Marco Polo fünf Monate zu, während welcher er mit seiner Begleitung, sehr gegen seinen Willen, daselbst zurückgehalten wurde; denn der Wind war ihnen ungünstig, und sie mußten die zur Schiffahrt günstige Jahreszeit abwarten. Der Nordstern ist hier nicht sichtbar, auch nicht die Sterne, die den Wagen bilden.[2]) Die Leute sind Götzenanbeter. Sie werden von einem mächtigen Fürsten beherrscht, der sich selbst als Vasallen des Großkhans bezeichnet.

Da es nötig war, so lange Zeit auf dieser Insel zu verweilen, ließ er sich mit seiner Gesellschaft, die aus ungefähr zweitausend Personen bestand, an der Küste nieder, und um sich gegen die Feindseligkeiten der Wilden zu schützen, welche einzelne Herumirrende ergreifen, schlachten und fressen, ließ er rings auf der Landseite einen großen und tiefen Graben ausstechen, der auf beiden Seiten in den Hafen auslief, wo die Schiffe lagen, und an dem Graben ließ er noch mehrere Blockhäuser oder Redouten aus Holz, das dort in Menge vorkommt, errichten, und durch diese Art von Festungswerken verteidigt, erhielt

---

an der Nordküste der Insel zwischen dem 96. und 97. Längengrad dort, wo sich heute die Stadt Samalanga befindet. Der arabische Reisende Ibn Batuta verweilte auf seiner Reise nach China um das Jahr 1346 fünfzehn Tage am Hofe von Samudra. Er nennt das Land Samatrah. Der König, der damals regierte, hieß Al-Malik Al-Dhahir; er war ein tapferer und mächtiger Herrscher, aber auch ein eifriger Anhänger des Islams. Ibn Batuta berichtet, die Hauptstadt, welche vier Meilen von dem Hafen Sarha entfernt lag, sei durch ihre Größe und Schönheit berühmt gewesen.

[2]) In einem nur fünf Grad vom Äquator entfernten Lande ist der Polarstern unsichtbar; dagegen bleibt der Große Bär nur einen Teil des Jahres unter dem Horizonte. Marco Polo wird sich wohl im September oder Oktober in Sumatra aufgehalten haben; denn um diese Zeit erfolgt die untere Kulmination des Großen Bären um Mitternacht, so daß das Sternbild in jenen Breiten von einem Beobachter nicht gesehen werden kann.

er die Gesellschaft während der fünf Monate ihres Aufenthaltes in vollkommener Sicherheit. So groß aber war das Vertrauen, das man den Eingeborenen eingeflößt hatte, daß sie Lebensmittel und andere notwendige Dinge nach einer mit ihnen geschlossenen Übereinkunft herbeischafften.

Kein feinerer Fisch für die Tafel kann in irgend einem Teile der Welt gefunden werden als der, den man hier fängt. Weizen wird nicht gebaut, sondern das Volk lebt von Reis. Sie haben auch keinen Wein, sondern bereiten aus einem Baum, welcher der Dattelpalme gleicht,[3]) ein köstliches Getränk auf folgende Weise. Sie schneiden einen Zweig ab und hängen an die Stelle ein Gefäß, in welches der Saft aus der Wunde träufelt. Das Gefäß füllt sich im Laufe eines Tages und einer Nacht. Die Eigenschaften dieses Trankes sind so heilsam, daß er gegen Wassersucht hilft, sowie gegen Lungen- und Leberleiden. Wenn man sieht, daß diese Stämme keinen Saft mehr geben, so bewässert man die Bäume, indem man aus dem Flusse so viel Wasser herbeischafft, wie zu dem Zwecke nötig ist; und ist dieses geschehen, so läuft der Saft wie vorher. Einige Bäume geben roten, andere weißen Saft. Die indischen Nüsse wachsen auch hier in der Größe eines Mannskopfes und enthalten eine Substanz, die süß und angenehm im Geschmack und weiß wie Milch ist. Die Höhlung dieses Fleisches ist mit einer Flüssigkeit so klar wie Wasser gefüllt, die kühl, duftiger und schmackhafter als Wein oder irgend ein anderes Getränk ist. Die Einwohner essen Fleisch aller Art, gutes und schlechtes ohne Unterschied.

---

[3]) Der im Texte beschriebene Baum ist der Areng Saccharifera, der von den Malayen Gomuti genannt wird.

14. Kapitel.

Von dem vierten Königreiche, Dragojan genannt.

Dragojan[1]) ist ein Königreich, das von seinem eigenen Fürsten beherrscht wird und seine besondere Sprache hat. Seine Einwohner sind roh, verehren Götzen und erkennen die Oberhoheit des Großkhans an. Sie haben folgenden schauderhaften Gebrauch, wenn eins der Glieder der Familie von einer Krankheit befallen ist. Die Verwandten des Kranken schicken zu den Zauberern, von denen sie verlangen, wenn er die Symptome untersucht hat, daß er die Erklärung gebe, ob der Kranke wieder gesunden werde oder nicht. Diese antworten nach der Meinung, die ihnen der böse Geist eingibt, entweder, er werde gesund werden oder sterben. Wenn die Entscheidung dahin lautet, daß er nicht wieder gesund wird, so rufen die Verwandten gewisse Leute, deren Amt es ist, und die das Geschäft mit Sicherheit ausführen, dem Leidenden den Mund zu verschließen, bis er erstickt ist. Ist dieses geschehen, so schneiden sie den Leichnam in Stücke, richten ihn zum Mahle her, und wenn er so zubereitet ist, versammeln sich die Verwandten und essen ihn in festlichem Zusammensein ganz auf und lassen nicht einmal das Mark in den Knochen übrig. Würde ein Stückchen von dem Leibe übrig bleiben, so würden Würmer daraus; diese Würmer würden aus Mangel an weiterer Nahrung sterben, und ihr Tod würde für die Seele des Verstorbenen entsetzliche Strafen zur Folge haben. Dann sammeln sie die Knochen, legen sie in kleine zierliche Kästen und tragen sie in ge-

[1]) Dragojan wird von Valentyn und anderen niederländischen Schriftstellern für Indragiri, welches zwischen dem 102. und 104. Längengrad liegt, gehalten. Yule dagegen nimmt an, das Königreich müsse in der Nähe von Pedir, also westlich von Samudra, gelegen haben. Es ist unmöglich, eine sichere Entscheidung zwischen diesen widerstreitenden Ansichten zu treffen.

wisse Höhlen in den Bergen, wo sie sicher gegen die Angriffe wilder Tiere sind. Wenn sie irgend einen Menschen ergreifen können, der nicht in ihren Distrikt gehört und kein Lösegeld zahlen kann, so töten und fressen sie ihn.

15. Kapitel.

Von dem fünften Königreiche, Lambri genannt.

Lambri[1]) hat in gleicher Weise seinen eigenen König und seine besondere Sprache. Die Leute beten ebenfalls Götzen an und nennen sich Vasallen des Großkhans. Das Land bringt Verzino (Brasilien- oder Färbeholz) in großem Überfluß hervor, und auch Kampfer mit einer Menge anderer Spezereien. Sie säen eine gewisse Pflanze, die dem Verzino gleicht, und wenn sie aufschießt, verpflanzen sie sie an eine andere Stelle, worin man sie drei Tage läßt. Sie wird dann mit den Wurzeln herausgerissen und als Färbestoff gebraucht. Marco Polo brachte einigen

---

[1]) Über das Königreich Lambri finden wir bei Yule folgende Angaben: „De Barros beschreibt die neunundzwanzig Königreiche, welche bei Beginn der portugiesischen Eroberungskriege an der Küste von Sumatra lagen; er fängt mit Daya an, geht dann nach Norden herum und nennt als nächstes in der Reihe das Königreich Lambrij und darauf Achem. Daraus würde sich ergeben, daß Lambri zwischen Daya und Atjeh liegt . . . Diese Lage würde es zu einem der ersten Punkte Sumatras machen, der von den Seefahrern auf ihrer Fahrt von Arabien und Indien angetroffen wird, und es scheint, daß es früher einmal seinen Namen der ganzen Insel gegeben hat. So spricht z. B. Raschid-ed-din von der großen Insel Lamuri, welche jenseits von Ceylon liegt und an das Land Sumatra grenzt. Auch Odorich reiste von Indien über den Ozean nach einem Lande, namens Lamori, wo er den Polarstern nicht mehr sehen konnte; er spricht vom Kampfer, Gold und Aloeholz, welches dort gewonnen wird, und gelangte von dort zum Lande Sumoltra auf derselben Insel."

Samen von dieser Pflanze mit nach Venedig und säete ihn daselbst aus, aber da das Klima nicht warm genug war, ging er nicht auf. In diesem Königreiche werden Männer gefunden mit Schwänzen, die eine Spanne lang und dem eines Hundes ähnlich, aber nicht mit Haaren bedeckt sind.[2]) Die große Mehrheit der Bevölkerung zeigt diese eigenartige Bildung; doch leben sie nur in den Bergen und bewohnen keine Städte. Das Rhinozeros ist ein gewöhnlicher Bewohner der Wälder, und es gibt daselbst auch alle Arten Wild, Tier und Vogel.

16. Kapitel.

Von dem sechsten Königreiche, Fanfur genannt, wo man Mehl aus Bäumen bereitet.

Fanfur[1]) ist ein Königreich derselben Insel, das von seinen eigenen Fürsten beherrscht wird; das Volk verehrt gleichfalls Götzen und erkennt den Großkhan als Oberherrn an. In diesem Teile des Landes gibt es eine Art Kampfer, der weit vorzüglicher ist als irgend ein anderer; er wird Fanfurkampfer genannt und mit Gold aufgewogen. Es gibt dort keinen Weizen und auch kein anderes Korn, sondern die Speise der Einwohner besteht aus Reis mit Milch und aus dem Weine, welcher in der Weise aus

---

[2]) Marco Polos Erzählung von Bergbewohnern mit Schwänzen scheint ihren Ursprung in dem Namen des Orang-Utang oder „Wilden Menschen“ zu haben.

[1]) Der Name Fansur kommt schon in der Geographie des Arabers Abulfeda vor, wo es heißt, die Stadt Fansur liege an der Südküste von Sumatra. Yule ist der Ansicht, Fansur sei mit dem Lande Baros identisch, welches in den malayischen Chroniken häufig genannt wird. Marre, der Herausgeber und Übersetzer der Geschichte der Könige von Pasey, gibt an, daß an der Westküste Sumatras ein wichtiger Handelsplatz, namens Baros, existierte, der durch seinen Kampfer im ganzen Orient berühmt war.

Bäumen gewonnen wird, wie im Kapitel von Samara beschrieben wurde. Sie haben auch einen Baum, von dem sie in eigentümlicher Weise Brot erhalten. Der Stamm ist hoch und so dick, daß ihn kaum zwei Männer umspannen können.[2]) Wenn von diesem die äußere Rinde abgestreift wird, so wird das Holz ungefähr drei Zoll dick gefunden, und der innerste Teil ist mit Mark gefüllt, das eine Art Mehl gibt, welches dem vom Carvolo[3]) bereiteten ähnlich ist. Das Mark wird in Gefäße geworfen, die mit Wasser gefüllt sind, und mit einem Stabe umgerührt, damit die Fasern und andere Unreinigkeiten aufsteigen und die reinen Mehlteile sich am Boden absetzen. Ist dieses geschehen, so wird das Wasser abgegossen und das zurückbleibende Mehl von allen ungehörigen Zutaten gereinigt; man verwendet es, indem man Kuchen und verschiedene andere Arten Backwerk daraus bereitet. Es gleicht dem Gerstenbrote, und Marco Polo hat davon gegessen und einiges mit nach Venedig gebracht. Das Holz des Baumes, das, wie schon erwähnt wurde, ungefähr drei Zoll dick ist, gleicht dem Eisen darin, daß es, wenn es ins Wasser geworfen wird, augenblicklich untersinkt. Es kann von einem Ende zum anderen lang gespalten werden wie das Bambusrohr. Die Eingeborenen fertigen daraus kurze Lanzen an; wären sie sehr lang, so würden sie so schwer sein, daß man sie nicht tragen oder handhaben könnte. Sie sind an einem Ende scharf zugespitzt und im Feuer gehärtet, so daß sie jede Rüstung durchbohren können, und sind in vieler Beziehung dem Eisen vorzuziehen. — Nun haben wir genug über dieses Königreich, einen von den Teilen der Insel, gesprochen. Von

---

[2]) Der Sagobaum.

[3]) Das Wort Carvolo in Ramusios Text ist in italienischen Wörterbüchern nicht zu finden. Im Portugiesischen bedeutet carvalho die Eiche.

den anderen Königreichen, die den übrigen Teil ausmachen, wollen wir nichts sagen, weil Marco Polo sie nicht besuchte. Wir gehen weiter und wollen zunächst eine kleine Insel, die Nokueran heißt, beschreiben.

17. Kapitel.

Von der Insel Nokueran.

Wenn man Java (minor) und das Königreich Lambri verläßt und ungefähr hundertundfünfzig Meilen weitersegelt, kommt man an zwei Inseln, von denen eine Nokueran, die andere Angaman heißt. Nokueran[1]) wird von keinem Könige regiert, und die Bewohner sind von dem Zustande der Tiere wenig entfernt; alle, Männer und Weiber, gehen nackt und haben keinen Teil des Körpers bedeckt. Sie sind Götzenanbeter. Ihre Wälder sind voll der edelsten und köstlichsten Bäume, welche die indischen Nüsse tragen, sowie der weißen und roten Sandelbäume; auch kommen dort Gewürznelken und Färbeholzbäume vor, außerdem verschiedene Spezereien. Weiter vorwärtsschreitend, wollen wir von Angaman reden.

18. Kapitel.

Von der Insel Angaman.

Angaman[1]) ist eine sehr große Insel, die von keinem Könige beherrscht wird. Die Einwohner sind Götzen-

---

[1]) Nokueran ist Nikobar. Unter dem Namen Nikobaren wird eine Gruppe kleiner Inseln zusammengefaßt, welche im südöstlichen Teile der Bai von Bengalen zwischen 6° und 10° Nordbreite liegen. Ebenso wie die weiter im Norden befindlichen Andamanen bilden sie eine unterseeische Fortsetzung des an der Westseite Hinterindiens gelegenen Arakangebirges. Auf beiden Inselgruppen kennt man zahlreiche Vulkane.

[1]) Schon vier Jahrhunderte vor Marco Polo berichtete der

diener und ein sehr viehisches Geschlecht; sie haben Kopf, Augen und Zähne ganz wie die Hunde. Sie sind grausam von Natur und töten und fressen alle die, welche nicht von ihrem eigenen Volke sind, sobald sie ihrer habhaft werden können. Ihre Nahrung besteht aus Reis, Milch und Fleisch jeder Art. Sie haben indische Nüsse, Paradiesäpfel[2]) und viele andere Früchte, die unseren einheimischen Arten ähnlich sind.

19. Kapitel.

Von der Insel Zeilan.

Wenn man die Insel Angaman verläßt und in etwas südlicher Richtung nach Westen tausend Meilen weit segelt, so zeigt sich die Insel Zeilan. Diese ist gegenwärtig bei ihrer Größe in allen Verhältnissen die beste Insel der Welt. Sie hat zweitausendundvierhundert Meilen im Umfange,[1]) aber in alten Zeiten war sie noch größer, denn

---

arabische Kaufmann Soleyman über die Gruppe der Andamanen folgendes: „Jenseits der Inseln Lendjabalu gibt es zwei Inseln, welche durch ein Meer getrennt sind und Andamanen heißen. Die Bewohner treiben Menschenfresserei; ihre Hautfarbe ist schwarz, ihr Haar kraus; Gesicht und Augen haben einen schrecklichen Ausdruck. Ihre Füße sind ungefähr eine Elle lang. Sie gehen nackt umher und besitzen keine Kähne. Wenn sie Kähne hätten, würden sie alle Menschen, welche dort vorbeifahren, auffressen.“ (Pauthier, a. a. O. II. 580.)

[2]) Unter den Paradiesäpfeln ist der Pisang, musa paradisiaca Linn., zu verstehen.

[1]) Ceylon gehört zu denjenigen Inseln des Indischen Ozeans, die schon zur Zeit der Griechen und Römer im Abendlande bekannt waren. Strabo erzählt, während der Regierung Alexanders des Großen seien die ersten Nachrichten über Taprobane nach dem Westen gelangt. Der Name Taprobane hängt wahrscheinlich mit dem indischen Worte Tamraparna zusammen, welches Kupferblatt bedeutet. Die Eingeborenen nannten die Insel Lanka. Diese Be-

da maß sie volle dreitausendsechshundert Meilen, wie wir es auf den Karten finden, die im Besitze der Schiffer dieser Meere sind. Aber die Nordwinde, welche mit ungeheurer Gewalt daherstürmen, haben die Berge zernagt und mürbe gemacht, so daß sie an einigen Teilen zusammengestürzt und in die See gefallen sind, und die Insel hat deswegen nicht mehr ihre ursprüngliche Gestalt behalten. Sie wird von einem Könige beherrscht, der Sandernaz heißt.[2]) Die Bewohner sind Götzenanbeter und unabhängig von allen anderen Staaten. Männer und Frauen gehen nackt und haben nur ein Tuch um den mittleren Teil ihres Leibes geschlungen. Sie besitzen kein anderes Korn als Reis und Sesam, aus welchem letzteren sie Öl bereiten. Ihre Nahrung besteht aus Milch, Reis und Fleisch, und sie trinken den Wein, der von Bäumen abgezogen wird, wie wir es schon beschrieben haben. Hier gibt es das beste Sappan- (Färbe-) Holz, welches man finden kann. Die Insel bringt schönere und kostbarere Rubine als irgend ein anderer Teil der Welt hervor, und auch Saphire, Topase, Amethyste, Granaten und viele an-

---

zeichnung, deren wörtliche Übersetzung „böse Geister“ lautet, wurde von den Indern des Festlandes gebraucht, weil sie glaubten, das Land wäre von bösen Dämonen bewohnt.

Seit dem sechsten Jahrhundert v. Chr. herrschten auf Ceylon Fürsten, die aus Nordindien stammten. Um das Jahr 250 v. Chr. verbreitete sich dort die Lehre Buddhas, und schon ein Jahrhundert später war die Insel der Ausgangspunkt für die Bestrebungen, in Hinterindien eine höhere Kultur zu verbreiten.

Die Behauptung Marco Polos, Ceylon sei im Laufe der Zeit durch die Wirkung des Windes und des Meeres teilweise zerstört worden, findet sich bereits in alten indischen Geschichtswerken; sie ist aber zweifellos nichts weiter als eine Legende.

[2]) Zu jener Zeit herrschte in Ceylon der König Kalikala Sahitya Sargwajnya, der einen siegreichen Feldzug gegen die Malayen führte. Vielleicht ist der Name Sandernaz, den Marco Polo erwähnt, nichts weiter als eine Korruption des Wortes Sargwajnya.

dere köstliche Edelsteine. Der König soll den größten Rubin besitzen, den man je gesehen hat; er ist eine Spanne lang und armdick, glänzt über alle Maßen und hat keinen einzigen Flecken. Er glüht wie Feuer und ist so kostbar, daß man seinen Wert nach Geld gar nicht schätzen kann. Der Großkhan Kublai schickte seine Gesandten an diesen König mit dem Verlangen, er möge ihm den Rubin abtreten, er solle den Wert einer Stadt dafür erhalten. Die Antwort des Königs aber lautete, er würde ihn nicht um alle Schätze der Welt verkaufen; auch könnte er ihn unter keiner Bedingung aus seinem Reiche lassen, weil er ein Juwel sei, das ihm von seinen Vorfahren auf dem Throne vererbt wurde. Deshalb konnte der Großkhan den Stein nicht erlangen. Die Einwohner dieser Insel sind durchaus nicht kriegerisch, sondern im Gegenteil feig und furchtsam, und wenn einmal Soldaten nötig sind, so werden sie aus anderen Ländern der Nachbarschaft von den Sarazenen geholt.

20. Kapitel.

Von der Provinz Maabar.

1. Wenn man die Insel Zeilan verläßt und sechzig Meilen in westlicher Richtung weitersegelt, so gelangt man zu der großen Provinz Maabar,[1]) die kein Eiland,

---

[1]) El Maabar ist ein arabisches Wort und bezeichnet die Küste Vorderindiens im Osten von Kap Comorin gegenüber dem Nordrande der Insel Ceylon.

Vielfach sind die Worte Maabar und Malabar miteinander verwechselt worden, die zu zwei ganz verschiedenen Gegenden gehören, von denen die erste im Nordosten, die letztere im Nordwesten von Kap Comorin liegt. Es ist sicher, daß Malabar bei Abulfeda unter dem Namen Manibar vorkommt; denn dieser Geograph sagt, Manibar liege im Osten von Guzarat und Maabar beginne drei oder vier Tagereisen im Osten von Manibar an einer Stelle,

sondern ein Teil des Festlandes von Ostindien ist, wie es genannt wird, weil es das edelste und reichste Land der Welt ist. Es wird von vier Königen regiert, von denen der vornehmste Sender-bandi[2]) heißt. In seinem Reiche befindet sich eine Perlenfischerei[3]) in einem Meerbusen,

---

die Ras Comhari genannt werde, d. h. bei Kap Comorin. Überdies erwähnt Abulfeda eine Stadt zwischen Maabar und der Insel Ceylon, woraus gleichfalls hervorgeht, daß Maabar die Coromandelküste ist. Übrigens unterscheidet auch Marco Polo Malabar, das bei ihm den Namen Melibar führt, von Maabar. (Pauthier, a. a. O. II. 600.)

[2]) Der König Sender-bandi oder Sonder bandi davar, wie er bei Pauthier heißt, ist wahrscheinlich mit dem Fürsten Sundara identisch, der in indischen Geschichtswerken genannt wird.

Der berühmte persische Historiker Raschid-ed-din, ein Zeitgenosse Marco Polos, schreibt über Maabar folgendes: „Maabar erstreckt sich von Kulam bis zur Gegend von Silawar über eine Strecke von 300 Parasangen. Das Land besitzt viele Städte und Dörfer, von denen aber nur wenige bekannt sind. Der König heißt Dewar, ein Ausdruck, welcher in der Sprache Maabars den Herrn der Reichtümer bezeichnet. Große Schiffe, die den Namen Dschunken führen, bringen Waren aus China und Manji. Das Land bringt Rubine und wohlriechende Pflanzen hervor, und im Meere gibt es Perlen im Überfluß. Maabar ist, wie auch schon in früheren Zeiten, der Schlüssel Indiens. In den letzten Jahren war Sindar Ledi König, welcher mit seinen drei Brüdern verschiedene Provinzen beherrschte . . .“

[3]) Marco Polos Beschreibung der Perlenfischerei in den indischen Gewässern paßt in vielen Einzelheiten noch auf die heutigen Verhältnisse. Gegenwärtig ist der Hauptplatz der Perlenboote die dürre und öde Küste von Aripo, wo sich zur Zeit des Fanges Fischer, Kaufleute, Musikanten, Taschenspieler und Abenteurer aller Art zu Tausenden versammeln. Die Taucher sind dort in der Regel Malayen und von Kindheit an zu ihrem Handwerk erzogen. Brehm erzählt, von allen Beteiligten werde während der Arbeit der Taucher ein ungeheurer Lärm gemacht, in der Absicht, die gefürchteten Haifische zu verscheuchen, und viele Fischereien würden ohne einen Angriff zu Ende geführt. Gleichwohl verlangen die Taucher, daß Haifischbeschwörer während des Fischens

der zwischen Maabar und der Insel Zeilan liegt, wo das Wasser nicht mehr als zehn bis zwölf, an einigen Stellen nur zwei Faden tief ist. Die Fischerei wird in folgender Weise betrieben. Zahlreiche Kaufleute vereinigen sich zu mehreren Gesellschaften und nehmen viele Schiffe und Boote von verschiedener Größe, die wohlversehen mit Grundtakelwerk sind, so daß sie sicher vor Anker liegen können. Sie nehmen Personen mit, die wohlerfahren sind in der Kunst, nach den Perlmuscheln zu fischen. Letztere bringen die Fischer in Säcken aus Netzwerk, die sie um ihre Leiber befestigt haben, herauf, und dann steigen sie von neuem hinunter, kommen wieder an die Oberfläche, wenn sie nicht länger den Atem anhalten können, und tauchen nach einer kurzen Erholungspause wieder unter, und das tun sie den ganzen Tag und häufen eine Menge von Muscheln auf, die hinreichend wären, alle Länder zu versorgen. Der größere Teil der Perlen, die man durch die Fischerei in diesem Meerbusen erhält, ist rund und schimmernd. Die Stelle, wo die Muscheln in größter Zahl

---

am Strande für sie beten, und teilen gern mit ihnen den Gewinn. Selbst die katholischen Taucher aus der portugiesischen Zeit gehen nicht an ihr Geschäft, ohne Gebetformeln und Sprüche aus der Heiligen Schrift an ihrem Arme zu befestigen.

Gegenüber von Ceylon an dem Landstriche Vorderindiens, den Marco Polo Maabar nennt, werden seit vielen Jahrhunderten Perlenbänke ausgebeutet, und zwar gilt dies besonders von der Küste nordöstlich von Kap Comorin. Als die Messe von Tuticorin unter portugiesischer Herrschaft noch blühte, zogen 50 bis 60000 Kaufleute dorthin. Allein man verfuhr nicht rationell und erschöpfte die Bänke. Im Jahre 1822 zog die englische Verwaltung Indiens aus dem Ertrage der Station Tuticorin im Gebiete von Tinnevelly noch 13000 Pfund Sterling, im Jahre 1830 gegen 10000; nach letzterem Zeitpunkte fehlte die Perlenmuschel in den dortigen Gewässern mehrere Jahre gänzlich. Später war der Ertrag zeitweise wieder sehr befriedigend. (Brehms Tierleben, 1893, X. 447.)

gefunden werden, heißt Betala, an der Küste des Festlandes, und von da breitet sich die Fischerei sechzig Meilen nach Süden aus; und da in diesem Meerbusen große Fische vorkommen, die sich den Tauchern gefährlich zeigen, so führen die Kaufleute Zauberer mit sich, die zu der Klasse der Brahmanen gehören, welche vermöge ihrer höllischen Künste die Gewalt haben, diese Fische so zu zwingen und zu schrecken, daß sie kein Unheil anrichten können; und weil die Fischerei nur am Tage stattfindet, so lösen sie den Zauber am Abend, damit unehrliche Leute, welche sich versucht fühlen möchten, bei Nacht zu tauchen und die Muscheln zu stehlen, durch die Furcht vor diesen raubgierigen Tieren abgeschreckt werden. Die Magier sind zugleich tief erfahren in der Verzauberung aller Arten Tiere und auch der Vögel. Die Fischerei beginnt im April und dauert bis Mitte Mai. Das Privilegium, sie zu betreiben, wird vom Könige gepachtet, dem man nur den zehnten Teil des Ertrages abgibt; den Magiern geben sie den zwanzigsten Teil, und folglich haben sie selbst einen beträchtlichen Gewinn. Ist die oben angegebene Zeit beendet, so findet man keine Muscheln mehr, und die Schiffe werden dann an einen anderen Platz geführt, der volle dreihundert Meilen von dem ersten entfernt liegt, wo sich die Leute im September niederlassen und bis Mitte Oktober fischen. Außer dem Zehnten von den Perlen nimmt der König alle die Muscheln, die groß und wohlgebildet sind, in Anspruch, und da er sehr gut dafür bezahlt, bringen sie ihm die Kaufleute sehr gern.

2. Die Bewohner dieses Landstriches gehen immer nackt, außer daß sie die Teile des Körpers bedecken, wo es die Scham gebietet, und der König geht wie die anderen. Aber er zeichnet sich ehrenvoll durch verschiedene Schmucksachen aus, wie z. B. durch ein Halsband, das mit köstlichen Steinen, Smaragden und Rubinen von un-

geheurem Werte besetzt ist. Auch hängt um seinen Hals eine schöne, seidene Schnur; sie reicht bis zur Brust und enthält hundertvier große und schöne Perlen und Rubine. Mit dieser Zahl hat es eine besondere Bewandtnis; er muß nämlich nach den Regeln seiner Religion so oft täglich ein Gebet zu Ehren der Götter wiederholen, und das beobachteten auch die Könige, seine Vorfahren. Das tägliche Gebet besteht in den Worten: „pacauca, pacauca, pacauca[4])", das wiederholen sie einhundertundviermal. Um jeden Arm trägt er drei goldene Armbänder, die mit Perlen und Juwelen geschmückt sind, an drei verschiedenen Teilen seines Beines goldene Bänder, die in derselben Weise verziert sind, und an seinen Fußzehen sowie an seinen Fingern Ringe von unschätzbarem Werte. Für diesen König ist es freilich ein leichtes Ding, solche königlichen Zeichen zu tragen und soviel Glanz zu entfalten, da die köstlichen Edelsteine und die Perlen alle die Erzeugnisse seines eigenen Landes sind. Er hat mindestens tausend Frauen und Kebsweiber, und wenn er ein Weib sieht, dessen Schönheit ihm gefällt, so gibt er sogleich sein Verlangen kund, es zu besitzen. Auf diese Weise eignete er sich das Weib seines Bruders an, der ein kluger und verständiger Mann war und sich bestimmen ließ, die Sache nicht zu einem Gegenstande des Streites zu machen, obgleich er verschiedene Male auf dem Punkte war, zu den Waffen zu greifen; aber ihre Mutter trat ihnen entgegen, zeigte ihre Brüste und sagte: „Wenn Streit sich zwischen euch erhebt, so reiße ich augenblicklich diese Brüste, die euch ernährt haben, von meinem Leibe." Und dabei blieb die Sache.

---

[4]) Pacauca ist mit dem Sanskritworte bhagavat, der Glückliche, der Vollkommene, identisch und ist einer der Namen Buddhas, den seine Anhänger zusammen mit vielen anderen Namen bei ihren Gebeten beständig wiederholen.

Der König hat um seine Person viele Ritter und Edelleute, und diese nennen sich die Treuen des Königs in dieser Welt und in der anderen. Sie bedienen den König bei Hofe und reiten mit ihm aus; sie stehen immer um ihn, und wenn er ausgeht, begleiten sie ihn. Sie üben große Gewalt in jedem Teile des Königreiches aus. Wenn der König stirbt und sein Leichnam verbrannt wird, dann stürzen sich alle diese treuen Diener freiwillig in die Flammen und werden verbrannt, um ihn in die andere Welt zu begleiten.

Auch folgende Gewohnheit herrscht bei ihnen. Wenn ein König stirbt, so greift der Sohn, der ihm nachfolgt, den Schatz, den jener aufgehäuft hat, nicht an, im Glauben, daß es ein übles Licht auf sein Regierungsgeschick werfen würde, wenn er, im vollen Besitze der Länder, nicht imstande wäre, den Schatz zu bereichern, wie es sein Vater getan. Infolge dieses Vorurteils glaubt man, daß durch die Könige in dem Palaste ungeheure Reichtümer von altersher aufgehäuft worden seien.

Da in diesem Lande keine Pferde erzeugt werden, so geben der König und seine drei Brüder jährlich große Summen Geldes aus, um sie von den Kaufleuten aus Ormus, Diufar, Pecher und Adem[5]) zu kaufen, die sie hierher zum Verkaufe führen und durch diesen Handel reich werden, da sie bis zu fünftausend herbeibringen und für

---

[5]) In der lateinischen Ausgabe sind die Häfen Curmos, Chisi, Durfar, Ser und Eden genannt, in dem Texte Pauthiers dagegen Quis, Hormes und Dufar.

Curmos oder Hormes ist dasselbe wie Ormuz, Adem oder Eden — die Stadt, die noch heute unter dem Namen Aden bekannt ist; von der Insel Kis oder Chisi im persischen Meerbusen war schon früher die Rede. Diufar und Pecher, welche in der Basler Ausgabe Durfar und Ser heißen, scheinen dieselben Plätze wie Escier und Dulfar im 41. und 42. Kapitel dieses Buches zu sein; sie werden weiter unten noch ausführlicher beschrieben werden.

jedes von ihnen fünfhundert Goldsaggi oder hundert Mark Silber erhalten. Da nun nach Ablauf eines Jahres nicht dreihundert am Leben bleiben, weil sie, wie man glaubt, keine geeigneten Leute haben, die für sie sorgen oder ihnen die nötigen Arzneimittel geben, so müssen sie jährlich wieder durch andere Pferde ersetzt werden. Aber meine Meinung ist, daß das Klima des Landes der Pferderasse ungünstig ist; daher werden sie nicht im Lande erzeugt und ist es so schwer, sie zu erhalten. Als Futter geben sie ihnen mit Reis gekochtes Fleisch. Eine große Stute, die von einem schönen Hengste belegt wird, bringt nur ein kleines Füllen von häßlicher Gestalt hervor, das verdrehte Beine hat und zum Reiten untauglich ist.

Der folgende sonderbare Gebrauch herrscht noch in diesem Reiche. Wenn ein Mann, der ein Verbrechen begangen hat, weshalb er verurteilt und zum Tode geführt werden soll, seine Bereitwilligkeit erklärt, sich selbst zur Ehre irgend eines Götzen zu opfern, so setzen ihn seine Verwandten und Freunde augenblicklich in einen Wagen und geben ihm zwölf gut gehärtete und geschärfte Messer. So fahren sie ihn durch die Stadt und rufen mit lauter Stimme, daß dieser brave Mann sich in freiwilligem Tode aus reinem Eifer für die Ehre des Götzen opfern will. Sobald er an den Platz kommt, wo der Spruch des Gesetzes an ihm vollzogen worden wäre, ergreift er zwei von den Messern und ruft aus: „Ich opfere mich selbst zu Ehren dieses oder jenes Götzen!“, stößt sich schnell eins in jede Hüfte, ergreift die anderen, stößt eins in jeden Arm, zwei in den Bauch und zwei in die Brust. Nachdem er sich auf diese Weise alle Messer, mit Ausnahme eines einzigen, in verschiedene Teile seines Leibes getrieben hat, indem er bei jeder Wunde die erwähnten Worte ausruft, stößt er sich das letzte in das Herz und gibt sogleich seinen Geist auf. Darauf verbrennen seine Verwandten den Leichnam mit großer Freude und Lust, und sein Weib, aus Liebe zu ihrem Gatten, stürzt sich in den Scheiterhaufen und verbrennt mit ihrem Manne. Die Frauen, welche das tun, werden gerühmt von den anderen Leuten, und diejenigen, welche es nicht tun, werden verachtet und geschmäht.

3. Die Bewohner dieses Reiches beten Götzen an und besonders den Ochsen; denn dieser, sagen sie, sei heilig, und sie können durch nichts in der Welt bewogen werden, sein Fleisch zu essen. Aber da gibt es eine besondere Klasse von Menschen, die Gavi genannt werden,[6]) welche, obgleich sie sein Fleisch essen, doch das Tier nicht zu töten wagen. Wenn ein Ochse entweder eines natürlichen Todes oder auf andere Weise stirbt, so essen die Gavi von seinem Fleische, und alle Leute beschmieren ihre Häuser mit Kuhdünger. Diese Leute haben die Gewohnheit, sich auf die Erde auf Teppiche zu setzen, und wenn sie gefragt werden, warum sie auf diese Weise sitzen, so antworten

---

[6]) Die Bezeichnung Gavi hängt wahrscheinlich mit dem Sanskritworte „gao", Rind, zusammen, auf das sich das englische Wort „cow" und das deutsche „Kuh" zurückführen läßt.

Über die Verehrung des Rindes in Indien finden sich bei Pauthier folgende Angaben. Die Eingeborenen halten es für eine Undankbarkeit, Tiere zu töten, welche den Menschen so nützlich sind; überdies sind die Rinder Gegenstand eines abergläubischen Kultus. Die Inder reinigen sich mit dem Urin der Kuh, sie verbrennen ihre Exkremente, aus denen sie ein Pulver herstellen, das sie benutzen, um damit Stirn, Brust und Bauch einzureiben. Wenn der Mist frisch ist, machen sie daraus einen Teig, mit dem sie den Fußboden und das ganze Haus bestreichen.

Lord Roberts erzählt in seinem Buche (Einundvierzig Jahre in Indien, Berlin 1904), einer der Gründe für die Entstehung des Sepoyaufstandes im Jahre 1857 sei der Glaube der Eingeborenen gewesen, die neuen Patronen würden mit Kuhschmalz eingefettet, um die Kaste derer zu zerstören, welche die Patronen abbeißen mußten.

sie, es sei ehrenvoll, auf der Erde zu sitzen; denn da wir aus der Erde gekommen sind, so werden wir zur Erde wieder zurückkehren; keiner kann ihre Ehre genug erweisen, und keiner sollte die Erde verachten. Diese Gavi und ihr ganzer Stamm sind die Nachkommen derer, welche den heiligen Apostel Thomas erschlugen, und deshalb kann keiner von ihnen in ein Gebäude treten, wo der Leichnam des gesegneten Apostels ruht, selbst wenn man zehn Leute brauchen wollte, ihn zur Stelle zu führen; er wird durch übernatürliche Gewalt von dem heiligen Körper zurückgetrieben.

Das Land bringt kein anderes Korn hervor als Reis und Sesam. Die Leute gehen mit Schild und Lanze in die Schlacht, aber ohne Bekleidung, und sind ein verächtlich unkriegerisches Geschlecht. Sie töten kein Vieh und keine Art Tier zu ihrer Speise, sondern wenn sie Fleisch von Schafen oder anderem Vieh oder von Vögeln essen wollen, so rufen sie die Sarazenen herbei, die nicht unter dem Einflusse derselben Gesetze und Gewohnheiten stehen. Männer und Frauen waschen zweimal des Tages ihre Leiber in Wasser, am Morgen und am Abend. Bevor diese Abwaschung nicht stattgefunden hat, essen und trinken sie nicht, und die Person, die solchen Brauch vernachlässigt, wird als Ketzer betrachtet. Man muß wissen, daß sie beim Essen sich der rechten Hand bedienen und ihre Nahrung nicht mit der linken berühren. Für jedes reinliche und saubere Werk brauchen sie die Rechte, und die Linke verwenden sie zu den niedrigen Geschäften der Reinigung und zu anderen Dingen, die zu den tierischen Verrichtungen gehören. Sie trinken aus einer besonderen Art von Gefäßen; jedermann hat sein eigenes und bedient sich nie des Trinkgeschirrs eines anderen. Wenn sie trinken, führen sie das Gefäß nicht zum Munde, sondern halten es über den Kopf und gießen es in den Mund und berühren das Geschirr durchaus nicht mit den Lippen. Wenn sie einem Fremden zu trinken reichen, so geben sie ihm ihr Gefäß nicht in die Hand, sondern, wenn er kein eigenes mit sich führt, gießen sie ihm den Wein oder anderes Getränk in seine Hände, aus denen er trinkt wie aus einem Becher.

In diesem Lande herrscht die größte und strengste Gerechtigkeit und jedes Vergehen wird schwer geahndet. Was die Schuldner anlangt, so herrscht folgender Brauch. Wenn die Mahnung zur Zahlung vom Gläubiger wiederholt gemacht worden ist und der Schuldner ihn von einer Zeit zur andern durch trügerische Versprechungen hinhält, so kann der erstere ihn fahnden, indem er einen Kreis um ihn zieht, aus dem jener nicht zu treten wagt, bis er seinen Gläubiger befriedigt, entweder durch Bezahlung, oder indem er ihnen eine angemessene Sicherheit gibt. Sollte er versuchen, zu entfliehen, so macht er sich der Todesstrafe schuldig als einer, der die Regeln der Gerechtigkeit verletzt hat. Zur Zeit, da Messer Marco Polo bei seiner Heimkehr in diesem Lande weilte, war er Augenzeuge eines merkwürdigen Verfahrens solcher Art. Der König schuldete einem gewissen fremden Kaufmanne eine Summe Geldes; und obgleich oft um Zahlung angegangen, hielt er ihn doch lange Zeit mit eitlen Versicherungen hin. Als der König eines Tages zu Pferde ausritt, nahm der Kaufmann die Gelegenheit wahr und beschrieb einen Kreis um ihn und sein Pferd. Sobald der König sah, was geschehen war, hielt er an und ritt nicht weiter und bewegte sich auch nicht eher von der Stelle, als bis die Forderung des Kaufmanns vollkommen befriedigt war. Die Umstehenden sahen mit Verwunderung, was da vorging, und sagten, jener sei der gerechteste König, da er sich selbst den Gesetzen der Gerechtigkeit unterwerfe.

Diese Leute enthalten sich des Weins, der aus Trauben

bereitet wird, und sollte ein Mann entdeckt werden, der solchen Wein tränke, so würde sein Zeugnis vor Gericht nichts gelten. Ein ähnliches Vorurteil besteht gegen die, welche die See befahren; denn das, meinen sie, können nur verzweifelte Leute sein, und sie können nicht als Zeugen zugelassen werden. Sie halten ausschweifenden Umgang mit Frauen für kein Laster. Die Hitze im Lande ist außerordentlich groß, und deshalb gehen die Einwohner nackt. Es regnet dort nicht, außer in den Monaten Juni, Juli und August, und wenn die Luft nicht während dieser drei Monate durch Regen abgekühlt würde, so würde man dort gar nicht leben können.[7])

Es gibt in diesem Lande viele Männer, die erfahren sind in einer Wissenschaft, Physionomia genannt, welche die Natur und Eigenschaften eines Mannes kennen lehrt, ob sie gut oder böse sind; und das erkennen sie gleich, sobald sie den Mann oder das Weib sehen. Sie wissen auch, was es zu bedeuten hat, wenn man einem Tiere oder Vogel begegnet. Diese Leute widmen dem Fluge der Vögel mehr Aufmerksamkeit als andere Menschen in der Welt und sagen daraus Gutes und Böses wahr. An jedem Tage der Woche gibt es eine Stunde, die sie als unheilvoll betrachten, und diese nennen sie Choiach;[8]) so z. B.

---

[7]) Die Erwärmung der größeren Landflächen in den Tropen und den unmittelbar angrenzenden Gebieten ruft während des Sommers andauernde Seewinde hervor, welche über dem erwärmten Lande aufsteigen und Niederschläge erzeugen. Diese periodisch einsetzenden Winde heißen Monsune, und ihre Niederschläge kann man als Monsunregen bezeichnen. Sie folgen dem Zenithstande der Sonne und treten in Indien von Juni bis August auf. (Hann, Lehrbuch der Meteorologie, 343.)

[8]) Choiach ist sicherlich ein stark korrumpiertes Wort, dessen Bedeutung sich nicht feststellen läßt. — Der gewöhnliche bürgerliche Tag wurde in zwölf Tagesstunden und ebensoviel Nachtstunden geteilt. Die Terza begann um 9 Uhr vormittags, die Nona um 3 Uhr nachmittags.

am Montage die Stunde mezza terza, am Dienstage die terza, am Mittwoch die nona, und in diesen Stunden machen sie keine Einkäufe und verrichten keine Geschäfte; denn sie sind überzeugt, daß diese keinen Erfolg haben würden. In gleicher Weise bestimmen sie durch das ganze Jahr die Eigenschaften eines jeden Tages, die in ihren Büchern aufgeschrieben und vermerkt sind. Sie bestimmen die Tagesstunde nach der Länge des Schattens eines Mannes. wenn er aufrecht steht. Wenn ein Kind geboren wird, sei es ein Knabe oder ein Mädchen, so zeichnet der Vater oder die Mutter den Tag der Woche, an welchem die Geburt stattfand, auf, auch den Mondwechsel, in welchem es geschehen, den Namen des Monats und die Stunde. Das geschieht, weil alle künftigen Handlungen ihres Lebens durch die Astrologie geleitet werden. Sobald ein Sohn das Alter von dreizehn Jahren erreicht, wird er seiner Freiheit überlassen und ist nicht länger mehr ein Insasse in seines Vaters Hause. Da geben sie ihm in ihrem Gelde etwa zwanzig bis vierundzwanzig Grot. Mit diesem Gelde halten sie ihn für befähigt, seinen eigenen Lebensunterhalt zu erwerben, wenn er irgend ein Handelsgeschäft unternimmt und daraus Gewinn zieht. Diese Knaben werden nicht müde, den ganzen Tag umherzulaufen und eine Sache an einem Platze zu kaufen und an einem anderen Platze wieder zu verkaufen. In der Zeit, wo die Perlenfischerei stattfindet, gehen sie zur Bai und kaufen von den Fischern oder anderen Leuten fünf, sechs oder mehr Perlen nach ihren Mitteln, bringen sie dann zu Kaufleuten, die wegen der Sonnenhitze in ihren Häusern bleiben, und sagen zu ihnen: „Diese Perlen haben uns so viel gekostet; bitte, gib uns so viel Gewinn, wie du für gut findest.“ Die Kaufleute geben dann etwas über den Preis, zu welchem jene sie erhalten haben. Auf diese Weise machen die Knaben es auch mit anderen Gegenständen und werden ausgezeichnete und sehr kluge Handelsleute. Wenn das Geschäft für den Tag vorüber ist, so bringen sie die Lebensmittel, die zu ihrem Mahle nötig sind, zu ihren Müttern, und diese kochen sie für die Knaben, die niemals etwas auf ihres Vaters Kosten essen.

4. Nicht allein in diesem Königreiche, sondern durch ganz Indien sind alle Tiere und Vögel unähnlich denen in unserem Lande, mit Ausnahme der Wachteln, die ganz den unserigen gleichen. Die anderen sind sehr verschieden. Es gibt da Fledermäuse[9]) so groß wie Geier, und Geier so schwarz wie Raben, und noch weit größer als unsere. Sie sind außerordentlich schnell im Fluge und verfehlen nie, ihren Vogel zu greifen.

In den Tempeln der Bewohner gibt es viele Götzen, die sie als männliche und weibliche Gestalten darstellen, und diesen weihen Väter und Mütter ihre Töchter. Sind diese so geweiht, so müssen sie, wenn der Priester es verlangt, zur Verehrung der Götzen erscheinen, und bei solchen Gelegenheiten singen sie, spielen Instrumente und erhöhen die Festlichkeit durch ihre Gegenwart. Diese jungen Mädchen sind sehr zahlreich und bilden große Banden.[10]) Verschiedene Male in der Woche bringen sie

---

[9]) Zu den bekanntesten Fledermäusen Indiens gehört der Flugfuchs (Pteropus edwardsi), der bei den Eingeborenen Badul, Wurbagul oder Toggul bawali heißt. Er wird 30 cm lang und klaftert 1,1—1,25 m. In Waldungen, Hainen und Gärten tritt er oft in zahlloser Menge auf. Die Singhalesen auf Ceylon verfolgen den Flugfuchs seines Fleisches wegen.

Der indische Vertreter der Geier ist der Kahlkopfgeier (Vultur calvus). Seine Länge beträgt 91 cm. Das Gefieder ist größtenteils bräunlichschwarz.

[10]) Der Abbé Dubois berichtet über die Kurtisanen und Tänzerinnen, welche zu jedem Tempel gehören, folgendes: Diese Frauen nennen sich Dienerinnen und Sklavinnen der Götter; aber das Publikum bezeichnet sie mit dem richtigen Namen Prostituierte.

dem Götzen, dessen Dienste sie geweiht sind, ein Opfer in Speisen, und an diesem Mahle, sagen sie, nimmt der Götze teil. Zu dem Zwecke wird ein Tisch vor ihn gesetzt und auf diesem läßt man die Speisen eine volle Stunde stehen, während welcher die Mädchen nicht aufhören zu singen, zu spielen und in lüsternem Tanze sich zu bewegen. Das dauert so lange, wie ein Mann von Stand Zeit zu seinem Mahle verwenden würde. Sie erklären dann, der Geist des Götzen sei mit dem Anteil an der aufgetragenen Mahlzeit zufrieden, und setzen sich selbst um den Tisch und verzehren, was darauf steht; alsdann gehen sie alle nach Hause. Als Grund, warum diese Mädchen sich versammeln und die angegebenen Zeremonien ausführen, wird folgendes angegeben. Die Priester erklären, daß der männliche Götze aufgebracht und ergrimmt gegen den weiblichen Götzen sei und keine Vereinigung mit ihr haben, auch nicht einmal mit ihr reden wolle, und daß, wenn keine Maßregeln ergriffen würden, Friede und Einigkeit zwischen ihnen herzustellen, das ganze Kloster zugrunde gehen würde, da ihnen die Gnade und der Segen der Gottheiten vorenthalten würde. Deshalb verlangen sie, daß die Geweihten nackt erscheinen, nur mit einem Tuche umgürtet, und daß sie so dem Gott

---

In der Tat, sie sind durch ihren Beruf verpflichtet, ihre Gunstbezeugungen jedem zu gewähren, der danach verlangt, wenn er nur über die nötigen Mittel verfügt. Jeder Tempel, der nur einige Bedeutung hat, hält in seinen Diensten eine Schar von acht oder mehr Mädchen. Ihre gewöhnlichen Verrichtungen bestehen darin, zweimal am Tage, morgens und abends, im Innern des Tempels zu tanzen und zu singen, außerdem aber auch bei allen öffentlichen Zeremonien. Sie tanzen mit ziemlicher Grazie, obgleich ihre Haltung lasziv ist und ihre Gesten es an Anstand fehlen lassen. Ihre Gesänge sind stets Stücke aus obszönen Gedichten, in denen Abenteuer ihrer Götter beschrieben werden. (Moeurs et Institutions des peuples de l'Inde, II. 353.)

und der Göttin Hymnen singen. Diese Leute glauben, daß ersterer sich mit letzterer öfter erfreut.

Diese Leute haben eine Art Bettstelle oder Hütte aus sehr leichtem Rohrwerke; letzteres ist so kunstvoll zusammengefügt, daß, wenn sie darauf ruhen oder schlafen wollen, sie die Vorhänge rings um sich dicht verschließen können, indem sie an einer Schnur ziehen. Das tun sie, um sich vor den Taranteln zu schützen, die sehr schmerzhaft beißen, aber auch um Fliegen und anderes Gewürm abzuhalten, während zu gleicher Zeit die Luft, die doch so nötig ist, die ungeheure Hitze zu mildern, nicht ausgeschlossen wird.[11]) Solche Bequemlichkeiten genießen jedoch nur Personen von Rang und Vermögen. Andere von der niederen Klasse liegen auf der offenen Straße.

In dieser Provinz Maabar[12]) befindet sich der Leich-

---

[11]) Marco Polo beschreibt hier Moskitonetze, die aus einer Art Gaze bestehen und so dicht sind, daß sie den Insekten den Durchgang verwehren.

[12]) Der Missionar Odorich aus Pordenone, der wenige Jahrzehnte später als Marco Polo nach Indien kam, gibt gleichfalls eine Schilderung von dem Zustande der christlichen Kirche in diesem Lande: „In dem Königreiche Maabar befindet sich der heilige Leichnam des Apostels Thomas. Aber die Kirche des heiligen Thomas ist voll von Götzenbildern. In dieser Kirche gibt es ein Bild, das aus Gold und kostbaren Edelsteinen hergestellt ist und einen Halsschmuck trägt, der gleichfalls aus Gold und Edelsteinen besteht. Das Idol, welches in einem goldenen Tabernakel steht, ist so kostbar, daß es unmöglich ist, den Wert des Goldes, der Steine und der Arbeit abzuschätzen; es wurde auf Veranlassung der falschen Christen angefertigt, welche es neben anderen Götzenbildern verehren und zu diesem Zwecke weite Pilgerfahrten unternehmen, wie wir Christen es tun, wenn es sich um den heiligen Jacobus in Galizien und um die Heiligen Peter und Paul in Rom handelt."

„Folgendermaßen wird dieses Götzenbild verehrt: Jeder von ihnen kasteit seinen Körper, wie es ihm gefällt. Die einen schlagen fortwährend ihren Kopf und halten sich nicht für würdig, in Gegen-

nam des glorreichen Märtyrers, des heiligen Thomas, des Apostels, welcher daselbst das Märtyrertum erduldete. Er ruht in einer kleinen Stadt, die selten von Kaufleuten besucht wird, weil sie ihrem Handel wenig darbietet; aber in Andacht kommen eine große Menge Christen und Sarazenen hierher. Die letzteren betrachten ihn als einen großen Propheten und nennen ihn Ananias, was einen heiligen Mann bedeutet. Die Christen, welche hierher pilgern, sammeln Erde von roter Farbe von der Stelle, wo er erschlagen wurde, und nehmen sie ehrfürchtig mit sich fort; später verwenden sie sie oft zur Verrichtung von Wundern und geben sie, in Wasser aufgelöst, den Kranken, wodurch manches Gebrechen geheilt wird. Im Jahre unseres Herrn 1288 wollte ein mächtiger Fürst des Landes, der zur Erntezeit eine ungeheure Menge Reis aufgehäuft und nicht genug Kornböden hatte, wo er alles unterbringen konnte, das geweihte Haus, welches zu der Kirche des heiligen Thomas gehörte, für seine Zwecke benutzen. Da das gegen den Willen der Kirchenpfleger war, so baten sie ihn, doch nicht in dieser Weise ein Gebäude in Beschlag zu nehmen, welches zur Aufnahme der Pilger diene, die dorthin kämen, den Leichnam dieses glorreichen Heiligen zu besuchen. Demungeachtet beharrte er hartnäckig darauf. In der folgenden Nacht erschien ihm der heilige Apostel in einem Gesichte, in der

---

wart dieses Bildes zum Himmel aufzublicken; andere verwunden sich an den Händen und den übrigen Teilen des Körpers mit Messern und Schwertern; andere wiederum, welche den höchsten Grad der Frömmigkeit erreichen wollen, opfern ihre Söhne und Töchter diesem Idole als ihrem höchsten Gotte; und wenn sie ihre Kinder vor dem Götzenbilde getötet haben, sprengen sie ihr Blut umher, wie die Christen es mit dem Weihwasser machen . . ." (L'hystoire merveilleuse du grand Chan de Tartarie, 1529.)

Der Schauplatz dieser Schilderung befand sich wahrscheinlich in dem Orte St. Thomas südlich von Madras.

einen Hand eine kleine Lanze, die er nach der Kehle des Königs richtete, und sagte zu ihm: „Wenn du nicht augenblicklich mein Haus, das du in Beschlag genommen hast, räumst, so werde ich dich elendiglich sterben lassen.“ Der Fürst erwachte in heftiger Unruhe, gab sogleich Befehl zu dem, was von ihm verlangt wurde, und erklärte öffentlich, er habe den Apostel in einem Gesichte erblickt. Eine Menge von Wundern geschehen täglich durch die Vermittelung des gesegneten Heiligen. Die Christen, die die Pflege der Kirche haben, besitzen Wälder von den Bäumen, welche die indischen Nüsse tragen, und daraus ziehen sie die Mittel zu ihrem Unterhalte. Als einen Zoll zahlen sie einem der königlichen Brüder monatlich einen Grot für jeden Baum. Es wird erzählt, daß der Tod dieses hochheiligen Apostels in folgender Weise stattfand. Er lebte in einer Einsiedelei, wo er dem Beten oblag, und war von vielen Pfauen umgeben, ein Vogel, der in diesem Lande in Menge zu finden ist; da kam ein Götzendiener vom Stamme der Gavi, von dem wir schon geredet haben, des Weges und bemerkte den heiligen Mann nicht, schoß einen Pfeil nach einem Pfau und traf den Apostel in die Seite. Da sich der Heilige verwundet sah, hatte er nur noch Zeit, Gott für alle seine Gnade zu danken, und empfahl in seine Hände seinen Geist.

Obgleich die Eingeborenen dieses Landes schwarz sind, werden sie doch nicht so dunkel geboren, wie sie es später durch künstliche Mittel werden; denn sie halten die schwarze Farbe für die Vollendung der Schönheit. Zu diesem Zwecke reiben sie dreimal an jedem Tage die Kinder über und über mit Sesamöl ein. Ihre Gottheiten stellen sie schwarz dar, aber den Teufel malen sie weiß und versichern, daß alle bösen Geister diese Farbe haben. Diejenigen unter ihnen, welche dem Ochsen Verehrung erweisen, führen, wenn sie in die Schlacht ziehen, einige

Haare eines wilden Stiers mit sich, welche sie an den Mähnen ihrer Pferde befestigen, und glauben, jedermann, der sie bei sich führt, sei sicher vor allen Gefahren. Deshalb wird das Haar des wilden Stiers in diesen Ländern zu hohen Preisen verkauft.

21. Kapitel.

Von dem Königreiche Murfili oder Monsul.

Das Königreich Murfili[1]) ist das, in welches man kommt, wenn man das Königreich Maabar verläßt und fünfhundert Meilen nach Mitternacht zieht. Seine Einwohner beten Götzen an und sind unabhängig von jeder anderen Macht. Sie leben von Reis, Fleisch, Fischen und Früchten. In den Bergen dieses Königreichs werden Diamanten gefunden. Während der Regenzeit stürzen die Wasser in heftigen Strömen durch die Felsen und Höhlen, und wenn diese sich gesetzt haben und verflossen sind, gehen die Leute aus und suchen Diamanten in den Betten der Flüsse, wo sie deren viele finden. Man erzählte Messer Marco Polo, daß sie im Sommer, wenn die Hitze unerträglich ist und es nicht regnet, von den Bergen herabsteigen unter vielen Beschwerden und großer Gefahr wegen der Unmasse von Schlangen, die sie da heimsuchen. Nahe am Gipfel sollen tiefe Täler voll von Schluchten und mit Abgründen umgeben sein, worin die Diamanten gefunden werden,

---

[1]) Murfili ist die heutige Stadt Masulipatam im Mündungsgebiete des Kistna und gehörte eine Zeitlang zum Königreiche Golconda, das in noch älteren Zeiten Telingane genannt wurde. Golconda war durch seine Diamantenminen berühmt, welche in dem Alluvialboden unterhalb der Nila Mulla-Berge liegen. Marco Polos Erzählung von der Gewinnung der Diamanten mit Hilfe der Adler und Störche ist eine Sage, die im ganzen Orient verbreitet war; sie findet sich schon in „Tausend und eine Nacht“, wo sie Sindbad der Seefahrer mit ähnlichen Worten erzählt.

und hier bauen viele Adler und weiße Störche ihre Nester, da sie den Schlangen nachstellen, die sie gern verzehren. Die Leute, die Diamanten suchen, stellen sich an den Mündungen der Höhlen oder Schluchten auf und werfen dort Stücke Fleisch hinab, welche die Adler und Störche in die Täler hinunter verfolgen und dann mit sich zu den Gipfeln der Felsen führen. Da hinauf steigen die Leute sogleich, treiben die Vögel fort, und wenn sie die Fleischstücke aufheben, finden sie oft Diamanten, die daran stecken. Sollten die Adler das Fleisch schon verschlungen haben, so wachen die Leute bei ihrem Horste während der Nacht, und am Morgen finden sie die Steine unter dem Unrate, den jene haben herunterfallen lassen. In diesem Lande fertigen sie die feinsten Baumwollzeuge an, die in Indien gefunden werden.

22. Kapitel.

Von der Provinz Lak, Loak oder Lar.

Wenn man den Platz verläßt, wo der glorreiche Apostel St. Thomas ruht, und gegen Untergang zieht, kommt man in die Provinz Lak,[1]) aus der die Brahminen, die über ganz Indien verbreitet sind, ihren Ursprung herleiten. Das sind die besten und ehrenwertesten Kaufleute, die man finden kann. Durch nichts können sie veranlaßt werden, eine Unwahrheit zu sagen, sogar wenn ihr Leben davon abhängen sollte. Sie haben auch einen Abscheu

---

[1]) Marco Polo beschreibt selbst die Lage des Landes Lar ziemlich genau. Wir haben es westlich von Madras zu suchen. Pauthier führt Stellen aus arabischen Schriftstellern an, welche beweisen, daß der Name während des Mittelalters allgemein gebräuchlich war. So sagt Albiruny, man tritt in das Gebiet von Lar ein, wenn man Tanah verläßt, und gelangt zu der Stadt Caimur. Von Khambhalia bis Caimur erstreckte sich das Reich des Balhara, des mächtigsten Fürsten Indiens.

gegen Raub und Diebstahl fremden Eigentums und sind sehr keusch und zufrieden im Besitze nur eines Weibes. Wenn ein fremder Kaufmann, der unbekannt mit den Gebräuchen des Landes ist, mit einem von diesen Leuten bekannt wird und dessen Händen die Besorgung seiner Geschäfte anvertraut, so bewahren die Brahminen seine Güter, verkaufen und geben redlich Rechenschaft über den Fortgang des Handels, wobei sie auf das emsigste auf den Vorteil des Fremden acht haben und keine Belohnung für ihre Mühe verlangen, wenn der Eigentümer ihnen nicht aus freien Stücken eine dankbare Gabe reicht. Sie essen Fleisch und trinken den Wein des Landes, doch töten sie selbst kein Tier, sondern lassen das von den Muhammedanern tun. Die Brahminen tragen ein gewisses Kennzeichen, nämlich eine dicke baumwollene Schnur, die über die Schulter geht und unter dem Arme festgebunden wird, so daß sich die Schnur auf der Brust und über der Schulter zeigt. Der König ist außerordentlich reich und mächtig und findet viel Vergnügen am Besitz von Perlen und köstlichen Edelsteinen. Wenn die Kaufleute von Maabar ihm Steine von vorzüglicher Schönheit bringen, traut er ihrem Worte und gibt ihnen den doppelten Betrag des Einkaufspreises, so daß ihm viele schöne Juwelen angeboten werden. Die Leute des Landes sind große Götzendiener und der Zauberei und der Wahrsagekunst sehr zugetan. Wenn sie Gütereinkäufe machen wollen, so beobachten sie sogleich den Schatten, den ihr Körper im Sonnenscheine wirft, bestimmen die Verhältnisse nach den Regeln ihrer Wissenschaft und schreiten dann zum Kaufe. Sie sind sehr enthaltsam im Essen und erreichen ein hohes Alter. Ihre Zähne erhalten sie durch den Gebrauch einer gewissen Pflanze, die sie zu kauen die Gewohnheit haben. Sie befördert die Verdauung und trägt im allgemeinen zur Gesundheit des Körpers bei.

22. Kapitel

Unter den Eingeborenen dieses Landes gibt es eine Klasse von Leuten, die vorzugsweise sich einem religiösen Leben widmen; sie heißen Tingui[2]) und führen zu Ehren ihrer Gottheiten ein sehr strenges Leben. Sie gehen vollkommen nackt und verbergen keinen Teil ihres Körpers; denn sie sagen, es könne keine Schande in der Nacktheit sein, da sie ja nackt auf die Welt kämen; was die Schamteile betrifft, so sagen sie, da sie bei ihnen nicht die Werkzeuge der Sinne wären, hätten sie keinen Grund, bei ihrer Bloßstellung zu erröten. Sie beten den Ochsen an und tragen eine kleine Stierfigur von vergoldetem Erz oder anderem Metall vorn an ihrer Stirn befestigt. Sie verbrennen auch die Knochen der Ochsen zu Pulver und bereiten daraus eine Salbe, mit der sie in großer Ehrfurcht verschiedene Teile des Körpers überstreichen. Wenn sie jemand begegnen, mit dem sie in freundschaftlichem Verhältnisse stehen, so bestreichen sie die Mitte seiner Stirn mit dieser so zubereiteten Asche. Sie berauben keine Kreatur ihres Lebens, nicht einmal eine Fliege, einen Floh oder eine Laus, denn sie glauben, diese Tiere haben eine Seele; auch essen sie kein Tier, denn sie würden sonst eine Sünde begehen. Sie essen nichts Grünes, weder Kräuter noch Wurzeln, wenn sie nicht trocken sind, denn sie sagen, alles, was grün sei, habe noch eine Seele. Sie brauchen weder Löffel noch Teller, sondern legen ihre Speisen auf die getrockneten Blätter des Adamsapfels, der auch Paradiesapfel genannt wird. Wenn sie ihre Notdurft verrichten wollen, gehen sie an das Meeresufer, ent-

---

[2]) Statt des Wortes Tingui enthalten andere Ausgaben die Bezeichnung Caigui; gemeint ist damit eine Sekte der Djainas, welche auch noch heute existiert. Früher gingen ihre Anhänger nackt umher; jetzt tragen sie jedoch farbige Kleider, welche sie nur während der Mahlzeiten ablegen. Pauthier bringt den Namen Caigui mit dem Sanskritworte Sanghis in Verbindung.

ledigen sich ihrer Bürde im Sande und streuen sie dann in alle Richtungen, damit sie keine Würmer erzeuge, deren darauf folgender Hungertod ihr Gewissen mit einem schweren Vergehen belasten würde. Sie erreichen ein hohes Alter, einige von ihnen sogar bis zu hundertundfünfzig Jahren, in Gesundheit und Kraft, obgleich sie auf der nackten Erde schlafen. Das muß ihrer Mäßigkeit und Keuschheit zugeschrieben werden. Wenn sie sterben, verbrennt man ihre Leiber.

23. Kapitel.

Von der Insel Zeilan.

Ich kann nicht umhin, etwas niederzuschreiben, was ich vergessen habe, als ich von der Insel Zeilan sprach, und was ich erfuhr, als ich dieses Land auf meiner Heimreise besuchte. Auf dieser Insel gibt es einen hohen Berg, der so zerrissen ist und solche Schluchten und Abgründe hat, daß man, wie erzählt wird, ihn nicht besteigen kann, außer mit eisernen Ketten, die man an den Felsen befestigt; mit diesen sollen einige Leute den Gipfel erreicht haben, wo das Grab Adams, unseres Urvaters, sich befinden soll.[1]) Das ist die Sage bei den Sarazenen. Aber

---

[1]) Der Adamspik ist unter allen Bergen Ceylons der bekannteste; schon im 9. Jahrhundert wurde er von arabischen Seefahrern beschrieben. Die gebahnten Pilgerwege, die seit alter Zeit zu seinem Gipfel hinaufführen, sind auch gegenwärtig noch vorhanden. Ibn Batuta unternahm im 14. Jahrhundert eine Pilgerfahrt zu den Fußtapfen Adams, von der er folgendes berichtet: „Den Abdruck des edlen Fußes unseres Vaters Adam sieht man auf einem hohen, schwarzen Felsen. Der Fuß ist in den Stein eingegraben, so daß die Stelle, wo er sich befindet, ganz ausgehöhlt ist. Seine Länge beträgt elf Spannen. Die Bewohner Chinas kamen früher hierher und haben aus dem Steine die große Zehe und einige Stellen ihrer Umgebung herausgelöst und dieses

die Götzenanbeter sagen, daß das Grab den Leib Sogomonbarchans enthalte, welcher der erste Mensch war, der die Götzen erfunden hat, und den sie als eine heilige Person verehren. Er war der Sohn eines Königs der Insel, weihte sich einem einsiedlerischen Leben und begehrte weder Königreiche noch anderen weltlichen Besitz, obgleich ihn sein Vater durch die schönsten Mädchen und durch alle nur erdenkbaren herrlichen Genüsse verlocken und von seinem Vorsatze abbringen wollte. Er ließ sich durch nichts verleiten, und der junge Mann entfloh heimlich auf diesen Berg, wo er in strenger Keuschheit und Enthaltsamkeit endlich sein Leben beschloß. Von den Götzendienern wird er als ein Heiliger betrachtet. Der Vater war in Verzweiflung und ließ ein Bild von seinem Sohne aus Gold und köstlichen Edelsteinen machen und verlangte, daß alle Einwohner der Insel ihn verehren und als eine Gottheit anbeten sollten. Solches war der Ursprung des Götzendienstes in diesem Lande, aber Sogomon-barchan[2])

Bruchstück zum Tempel der Stadt Zeitun gebracht, zu dem sie aus den entferntesten Provinzen pilgern. In den Felsen, der den Abdruck des Fußes enthält, hat man neun Löcher gegraben, in denen die heidnischen Pilger Gold, kostbare Edelsteine und Perlen niederlegen."

Ibn Batuta erwähnt auch die Ketten, deren sich die Pilger bedienen, um den Gipfel des Berges zu erreichen. (Travels of Ibn Batutah, by Sam. Lee, p. 183—192.)

[2]) Mit Sogomon-barchan bezeichnet Marco Polo den Stifter der buddhistischen Religion Gautama Buddha. Sogomon ist eine Transkription des Wortes Sakyamuni, während barchan mit dem mongolischen Ausdrucke burkhan, Gott, übereinstimmt.

Marco Polos Mitteilungen entsprechen völlig den Nachrichten, die sich in der buddhistischen Literatur über das Leben Gautamas finden. Nur wird dort als Heimat des Religionsstifters nicht die Insel Ceylon, sondern der Ort Kapilavastu im Nordosten von Benares angegeben. Im 29. Jahre seines Lebens verließ er plötzlich das Königreich seines Vaters Suddhodana, um sich ganz dem

wird noch für den höchsten unter allen Götzen gehalten. Infolge dieses Glaubens pilgern die Leute aus vielen fernen Ländern zu dem Berge, auf welchem er begraben liegt. Einige von seinen Haaren, seine Zähne und eins seiner Becken werden noch aufbewahrt und mit vieler Feierlichkeit gezeigt. Die Sarazenen jedoch behaupten, daß diese Dinge dem Propheten Adam gehörten, und besuchen in gleicher Weise mit Ehrfurcht den Berg.

Es geschah im Jahre 1281, daß der Großkhan von gewissen Sarazenen, die zur Stelle gewesen waren, den Ruhm dieser Reliquien vernahm, die unserem Urahn gehörten, und ein großes Verlangen fühlte, sie zu besitzen, so daß er eine Gesandtschaft an den König von Zeilan schickte, um sie sich auszubitten. Nach einer langen und beschwerlichen Reise erreichten seine Gesandten endlich den Platz ihrer Bestimmung und erhielten von dem Könige zwei große Backenzähne, mit einigen seiner Haare

---

Studium der Religion und der Philosophie hinzugeben. Alle unsere Quellen stimmen in betreff des Grundes, welchen sie für diesen bedeutungsvollen Schritt angeben, überein. Eine Gottheit erschien ihm in vier Gesichten: unter der Gestalt eines vom Alter gebeugten Mannes, eines Kranken, eines verwesenden Leichnams, und endlich unter der eines ehrwürdigen Mönches. (T. W. Rhys Davids, der Buddhismus.)

Pauthiers Text enthält noch die folgenden merkwürdigen Mitteilungen: „Das erste Mal starb er als Mensch und dann wurde er als Rind wiedergeboren. Als er als Rind gestorben war, wurde er ein Pferd; und also, sagen sie, sei er achtundachtzigmal gestorben und zwar jedesmal in der Gestalt eines Tieres. Als er zuletzt starb, wurde er ein Gott, und sie halten ihn für den größten aller Götter.“ Auch diese Angaben des venezianischen Reisenden finden ihre Belege in den buddhistischen Schriften. Die Anhänger Gautamas glauben allgemein, ihr Lehrer sei vor seiner letzten Geburt mehrere Male auf der Welt erschienen, um die Existenzbedingungen der lebenden Wesen während Millionen von Jahren kennen zu lernen.

und einem schönen Porphyrgefäße. Als der Großkhan Nachricht erhielt, daß seine Boten sich mit solchen Kostbarkeiten näherten, befahl er, daß alles Volk von Kambalu hinaus- und ihnen entgegenginge, und die Reliquien wurden mit großem Pomp und großer Feierlichkeit vor ihn gebracht. — Nachdem wir dieses noch über den Berg von Zeilan gesagt haben, wollen wir zu dem Königreiche Maabar zurückkehren und von der Stadt Kael sprechen.

24. Kapitel.

Von der Stadt Kael.

Kael[1]) ist eine große Stadt, die von Astiar, einem der vier Brüder, einem Könige des Landes Maabar, beherrscht wird; er ist reich an Gold und Juwelen und erhält sein Land im Zustande tiefen Friedens. Deshalb wird diese Stadt gern von fremden Kaufleuten besucht, die von dem Könige freundlich aufgenommen und gut behandelt werden. Alle Schiffe, die von Westen kommen, z. B. aus Ormus, Chisti, Adem und aus verschiedenen Teilen Arabiens, mit Waren und Pferden reich beladen, halten in diesem Hafen, der außerdem ganz vorzüglich für den Handel gelegen ist. Der Fürst hält sich in glänzendster Weise nicht weniger als dreihundert Frauen.

Alle Bewohner dieser Stadt, wie die Eingeborenen Indiens im allgemeinen, haben die Gewohnheit, in ihrem Munde das Blatt, Tembul[2]) genannt, beständig zu kauen; dies geschieht teils aus Gewohnheit, teils wegen seiner

---

[1]) Kael bedeutet in der Tamilsprache einen Tempel und bildet die Endsilbe in den Namen mehrerer Plätze im südlichen Teile der Halbinsel. Man kann also annehmen, daß Marco Polos Kael der Name einer bedeutenden Stadt und eines Handelshafens an der Küste von Tinnevelly nicht fern von Tuticorin war.

[2]) Von den Persern wird das Betelblatt Tembul genannt.

Heilkraft. Wenn sie es kauen, spucken sie den Speichel aus, den es erregt. Vornehme Leute kauen das Blatt mit Kampfer und anderen wohlriechenden Spezereien versetzt, sowie auch mit einer Mischung von ungelöschtem Kalk. Man hat mir gesagt, daß es der Gesundheit sehr zuträglich sei. Wenn jemand einen anderen in der gröbsten und verächtlichsten Weise beleidigen will, so speit er ihm den Saft dieses gekauten Blattes ins Gesicht. So beschimpft geht der Beleidigte vor den König, legt die Umstände seiner Klage dar und erklärt sich bereit, den Streit durch Kampf zu entscheiden. Der König gibt ihm Waffen, die in einem Schwerte und einem kleinen Schilde bestehen, und alles Volk eilt herbei, um Zuschauer des Kampfes zu sein, der so lange dauert, bis einer tot auf dem Platze bleibt. Doch dürfen sie nicht mit der Spitze des Schwertes verwunden, denn das ist vom Könige verboten.

25. Kapitel.

Von dem Königreiche Koulam.

Wenn man Maabar verläßt und fünfhundert Meilen nach Südwesten zieht, kommt man in das Königreich Koulam.[1]) Darin halten sich viele Christen und Juden auf,

---

[1]) Auf neueren Karten findet man an der Küste von Malabar auf 8° 55′ Nordbreite die Stadt Quilon, die früher von den Arabern Kaulem genannt wurde. Der Reisende Ibn Batuta besuchte sie im Jahre 1345 und gibt von ihr folgende Beschreibung: „Am zehnten Tage (nach der Abreise aus Kalikut) kamen wir zur Stadt Kaulem, einem der schönsten Orte von Malabar. Die Marktplätze gewähren einen prächtigen Anblick; die Kaufleute sind unter dem Namen Suly bekannt. Sie sind im Besitze beträchtlicher Reichtümer; einer von ihnen kauft ein Schiff mit seinem ganzen Takelwerk und belädt es mit Waren aus seinem eigenen Magazin. In Kaulem gibt es mehrere muhammedanische Kaufleute, deren Oberhaupt Ala-ed-din Alawedjy aus Aveh im persischen Irak ist. Der

die ihre eigene Sprache reden. Der König ist keinem anderen tributpflichtig. Es wächst hier viel gutes Sappanholz und Pfeffer in großem Überfluß; letzterer wird sowohl in den waldigen als auch in den offenen Teilen des Landes gefunden. Er wird in den Monaten Mai, Juni und Juli gesammelt, und die Bäume, die ihn liefern, werden in Plantagen gezogen. Auch haben sie sehr guten Indigo in großem Überfluß. Sie ziehen ihn aus einem Kraute, das mit den Wurzeln ausgerupft und in Wasserkübel geworfen wird, worin man es liegen läßt, bis es fault; darauf pressen sie den Saft aus. Dieser wird der Sonne ausgesetzt und verdunstet; dann läßt er eine Art Teig zurück, welcher in kleine Stückchen von der Form geschnitten wird, wie wir ihn zu uns gebracht sehen.

Die Hitze während einiger Monate ist so groß, daß sie kaum zu ertragen ist; doch kommen die Kaufleute aus vielen Teilen der Welt hierher, so z. B. aus dem Königreiche Manji und aus Arabien, angezogen durch den großen Gewinn, den sie von den mitgenommenen Waren und Gütern haben. Viele Tiere werden hier gefunden, die verschieden von denen anderer Länder sind. Es gibt hier Löwen,[2]) die ganz schwarz sind, und Papageien verschiedener Art, von denen einige weiß wie Schnee mit roten Füßen und Schnäbeln, andere rot und grün, und

---

Kadi von Kaulem ist ein ausgezeichneter Mann und stammt aus Kazuin. Die große Moschee ist ein wunderbares Bauwerk; sie wurde von dem Kaufmann Khodja Mohaddheb errichtet. Kaulem ist unter den Städten der Küste von Malabar diejenige, welche China am nächsten liegt, und viele chinesische Händler suchen die Stadt auf. Die Muhammedaner sind dort angesehen und geachtet. Der Sultan ist ein Götzenanbeter und heißt Attyrewery; er liebt die Muselmänner und erläßt strenge Verordnungen gegen Räuber und Übeltäter."

[2]) Die schwarzen Löwen, von denen Marco Polo spricht, sind natürlich Panther.

wiederum andere sehr klein sind. Auch die Pfauen sind größer und schöner als die unsrigen und von anderer Bildung und Gestalt, überhaupt ist ihr Hausgeflügel sehr verschieden von dem unsrigen. Und so ist es auch mit den Früchten. Der Grund solcher Verschiedenheit, sagt man, sei in der großen Hitze, die in diesen Gegenden herrscht, zu suchen. Wein wird aus dem Zucker bereitet, den eine gewisse Palmenart liefert. Er ist außerordentlich gut und berauschender als derjenige, der aus Trauben bereitet wird. Die Einwohner haben alles, was zur Nahrung des Menschen nötig ist, im Überfluß, mit Ausnahme des Korns, von dem sie keine andere Art als den Reis besitzen; aber dieser ist in großer Masse vorhanden. Es gibt unter ihnen viele Astrologen und Ärzte, die wohlerfahren in ihrer Kunst sind. Alle, Männer und Frauen, sind schwarz und gehen, mit Ausnahme eines kleinen Stückes Zeug, welches sie vorn vor ihre Leiber binden, ganz nackt. Ihre Sitten sind sehr sinnlich und sie nehmen ihre Blutsverwandten zu Frauen, ihre Schwieger- und Stiefmütter nach dem Tode ihrer Väter und die Witwen ihrer verstorbenen Brüder. Solche Sitten aber herrschen, wie man mir gesagt hat, in ganz Indien.

26. Kapitel.

Von Kumari.

Kumari[1]) ist eine Provinz, wo ein Teil unseres Nordgestirns, welches in Java und ungefähr noch dreißig Meilen von diesem Platze unsichtbar ist, gerade gesehen werden kann, so daß es in der Höhe einer Elle über dem Horizont

[1]) Kumari ist der korrekte Name des äußersten südlichen Vorgebirges von Vorderindien, das bei den Europäern in der Regel Kap Komorin heißt. Schon Ptolomaeus erwähnt es und nennt es *Κομαρία ἄκρον καὶ πόλις*.

erscheint. Das Land ist nicht sehr bebaut, da es hauptsächlich mit Wäldern bedeckt ist, und viele Tiere hausen darin, besonders Affen, die eine solche Gestalt und Größe haben, daß sie Menschen ähnlich sind. Es gibt dort auch langschwänzige Affen, die eine andere Größe haben als jene. Löwen, Leoparden und Luchse gibt es in Menge.

27. Kapitel.

Von dem Königreiche Dely.

Wenn man die Provinz Kumari verläßt und dreihundert Meilen gegen Niedergang zieht, kommt man in das Königreich Dely,[1]) welches seinen eigenen König und seine besondere Sprache hat und keiner anderen Macht Tribut zahlt. Die Bewohner sind Götzendiener. Es gibt hier keine Häfen für die Aufnahme von Schiffen, sondern einen großen Fluß mit einer sicheren Einfahrt. Die Sicherheit und Festigkeit des Landes besteht nicht in der Menge seiner Einwohner, auch nicht in ihrer Tapferkeit, sondern in der Schwierigkeit der Pässe, die man zu überschreiten hat, und die einen feindlichen Einfall fast unmöglich macht. Es bringt große Mengen Pfeffer und Ingwer hervor und viele andere Gewürze. Wird ein Schiff durch Zufall in die Mündung seines Flusses getrieben, das nicht die Absicht hatte, in diesen Hafen einzulaufen, so nehmen es die Bewohner des Landes in Beschlag und konfiszieren alle Güter, die es an Bord hat, indem sie sagen: „Es war

---

[1]) Nach Ptolemaeus lag die Stadt *Ἀλόη*, die mit Ely oder Dely identisch sein dürfte, nicht weit von *Κάρουρα*, einem Orte an der Küste von Malabar, der heute Cannanore heißt. Gegenwärtig ist Dely nur noch der Name eines Vorgebirges im Norden von Cannanore; es war das erste Land an der indischen Küste, das Vasco da Gama im Jahre 1498 beobachtete.

euere Absicht, anderswo hinzugehen, aber unsere Götter haben euch uns zugeführt, damit wir das, was euch gehört, besitzen sollen." Die Schiffe von Manji kommen hierher vor Ablauf der guten Jahreszeit und suchen ihre Güterladungen im Laufe einer Woche oder, wenn es möglich ist, in kürzerer Zeit zu erledigen; denn ein längerer Aufenthalt würde wegen der gefährlichen Sandbänke, die sich längs der Küste hinziehen, unsicher werden, wie gut die Schiffe auch mit hölzernen Ankern, die gegen starke Windstöße halten müssen, versehen sind. Das Land wird von Tigern und vielen anderen Raubtieren heimgesucht.

28. Kapitel.

Von Malabar.

Malabar[1]) ist ein ausgedehntes, gegen Westen gelegenes Königreich in Großindien, bei welchem ich noch verweilen und einige Einzelheiten anführen will. Die Bewohner werden von ihrem eigenen Könige beherrscht, der unabhängig von jeder anderen Macht ist, und haben ihre besondere Sprache. In diesem Lande sieht man den Nordstern ungefähr zwei Faden über dem Horizonte. Hier sowohl wie in dem Königreiche Guzzerat, welches nicht weit entfernt liegt, gibt es zahlreiche Seeräuber, die diese Meere jährlich mit mehr als hundert kleinen Schiffen heimsuchen und alle Kauffahrteischiffe, die des Weges kommen, anfallen und plündern. Auf ihren Fahrten nehmen sie ihre Weiber und ihre Kinder mit sich, und diese begleiten

---

[1]) Unter Malabar versteht man heutzutage die Westküste Vorderindiens südlich vom 14. Breitengrade. Der arabische Geograph Kazwini (gestorben im Jahre 1283) nennt Malabar ein ausgedehntes und bevölkertes Land auf der indischen Halbinsel, das durch seinen Pfefferexport berühmt ist.

sie während des ganzen Sommers. Damit ihnen keine Schiffe entgehen können, stellen sie ihre Fahrzeuge in einer Entfernung von fünf Meilen voneinander auf, so daß zwanzig Schiffe ein Gebiet von hundert Meilen einnehmen. Erblickt eines derselben ein Handelsschiff, so gibt es ein Zeichen mit Feuer oder Rauch; dann ziehen sie sich alle enger zusammen und kapern das Schiff, wenn es vorbeifahren will. Den Schiffsleuten wird nichts zuleide getan, aber sobald sie das Schiff zur Prise gemacht haben, bringen sie sie ans Ufer und empfehlen ihnen, für eine andere Ladung zu sorgen, damit sie, wenn sie wieder des Weges kommen, die Piraten noch einmal mit Beute bereichern.[2])

In diesem Königreiche gibt es Pfeffer, Ingwer, Kubeben und indische Nüsse im Überfluß, und die feinsten und schönsten Baumwollenzeuge, die man in der Welt finden kann, werden hier verfertigt. Die Schiffe von Manji bringen Kupfer als Ballast, und außerdem Goldbrokat, Seidenzeuge, Gazen, Gold- und Silberstangen mit vielen Arten von Spezereien, die es in Malabar nicht gibt, und diese vertauschen sie gegen die Erzeugnisse der Provinz. Es gibt dort auch Kaufleute, welche die Waren von Manji nach Adem bringen, von wo sie nach Alexandrien geschafft werden.

---

[2]) Ibn Batuta bestätigt die Angaben Marco Polos über die Seeräuberei an der Malabarküste: „Der Sultan von Facanaur ist ein Götzendiener, namens Baçadeo. Er hat ungefähr dreißig Kriegsschiffe unter dem Kommando des Muhammedaners Lula. Lezterer ist ein bösartiger Mensch, der Seeräuberei treibt und die Kaufleute ausplündert. Es ist in diesem Lande Brauch, daß jedes Schiff, welches in der Nähe einer Stadt vorbeifährt, dort Anker werfen und dem Fürsten ein Geschenk anbieten muß, das den Namen Hafenabgabe führt. Wird dies unterlassen, so verfolgen die Bewohner sogleich das Schiff und bringen es mit Gewalt in den Hafen. Dort legen sie ihm eine doppelte Abgabe auf und verzögern die Abreise, solange es ihnen gefällt."

Nachdem wir nun vom Königreiche Malabar gesprochen haben, wollen wir das von Guzzerat beschreiben, welches daran grenzt. Wollten wir es unternehmen, über alle Städte Indiens zu schreiben, so würde unser Bericht sehr weitschweifig und wohl auch ermüdend werden. Wir wollen daher nur die berühren, über welche uns etwas Besonderes mitgeteilt worden ist.

29. Kapitel.

Von dem Königreiche Guzzerat.

Das Königreich Guzzerat,[1]) welches auf der westlichen Seite vom Indischen Meere begrenzt ist, wird von einem Könige beherrscht und hat seine besondere Sprache. Der Nordstern scheint hier etwa sechs Faden Höhe zu haben. Dieses Land beherbergt die allergrößten Piraten, die, wenn sie auf ihren Kaperzügen einen reisenden Kaufmann ge-

---

[1]) Guzzerat ist das heutige Gujarat im nordwestlichen Indien; es wird auf der Seeseite von dem Indischen Ozean und dem Golfe von Cutch, im Norden von Rajputana begrenzt. Die Städte Tana, Somnath und Kambaja, die weiter unten erwähnt werden, gehören dem Gebiete von Guzzerat an.

Zur Zeit Marco Polos hieß die Hauptstadt Nehrwalah. Das Land wurde im Jahre 1024 von dem Sultan Mahmud von Ghazni erobert, der den damaligen Herrscher Djamund gefangen nahm und die Hauptstadt ausplündern ließ. Später regierten dort Statthalter des Sultans, die sich nach dem Tode Mahmuds unabhängig machten. In der Folgezeit wurde Guzzerat dem Reiche der Sultane von Delhi einverleibt; aber im fünfzehnten Jahrhundert erlangte es wieder seine Unabhängigkeit unter der Dynastie der Rajputfürsten, welche die muhammedanische Religion angenommen hatten. Die letzteren wurden im Jahre 1572 während der Regierung des Kaisers Akbar vertrieben, und Guzzerat gelangte von neuem in die Gewalt der Herrscher von Delhi; erst im Jahre 1724 nahm dieses Abhängigkeitsverhältnis ein Ende. (Pauthier, a. a. O., II. 659.)

fangen nehmen, ihn nötigen, Seewasser zu trinken, das durch die Wirkung auf die Eingeweide erkennen läßt, ob er Perlen oder Juwelen verschluckt hat, um sie zu verbergen, als er den Feind herannahen sah.

Es gibt hier großen Überfluß an Ingwer, Pfeffer und Indigo. Baumwolle erhält man in großer Menge von einem Baume, der ungefähr sechs Klafter hoch ist und zwanzig Jahre lang trägt; aber die Baumwolle, die von so alten Bäumen gewonnen wird, taugt nicht mehr zum Spinnen, sondern nur zum Verpolstern. Diejenige dagegen, welche von zwölfjährigen Bäumen genommen wird, ist geeignet für Musselin und anderes Zeug, das von größter Feinheit ist.[2]) Eine große Menge von Ziegen-, Büffel-, Ochsen-, Rhinozeros- und anderen Tierfellen wird hier gegerbt, und ganze Schiffsladungen gehen damit nach verschiedenen Teilen Arabiens. Bettdecken werden von rotem und blauem Leder hergestellt; sie sind außerordentlich zart und weich und mit Gold- und Silberfäden gestickt. Auf diesen ruhen die Sarazenen sehr gern. Auch Kissen, die mit Golddraht in Vogel- und Tiergestalten verziert sind, werden an diesem Platze angefertigt, und in einigen Fällen beträgt ihr Wert wohl sechs Mark Silber. Stickereien werden hier mit größerer Kunst und Zartheit hergestellt als in irgend einem anderen Teile der Welt. Weiter wollen wir nun von dem Königreiche reden, das Kanam heißt.

30. Kapitel.

Von dem Königreiche Kanam.

Kanam[1]) ist ein großes und edles Königreich, das gegen Niedergang gelegen ist. Wir sagen nach Niedergang oder Westen, weil Messer Marcos Reise von der

[2]) Der Baum, von dem hier die Rede ist, dürfte Gossipium arboreum sein, der in Südindien häufig vorkommt.

[1]) Der richtige Name ist Tana. Abulfeda sagt von dieser

Morgenseite hierher ging und er von den Ländern in der Richtung redet, wie er sie fand. Das Reich wird von einem Fürsten beherrscht, der keinem anderen Tribut zahlt. Die Bewohner sind Götzendiener und haben eine besondere Sprache. Weder Pfeffer noch Ingwer wächst hier, aber das Land bringt in großer Menge eine Art Weihrauch hervor, der nicht weiß, sondern im Gegenteil von schwarzer Farbe ist. Viele Schiffe besuchen den Platz, um diese Spezerei sowie noch viele andere Artikel zu holen. Sie haben viele Waren und viele Pferde an Bord, die zum Verkauf nach verschiedenen Teilen Indiens geführt werden.

31. Kapitel.

Von dem Königreiche Kambaja.

Kambaja ist auch ein großes Königreich, das nach Niedergang zu liegt und von einem König beherrscht wird, der keinem anderen Tribut zahlt. Es hat seine besondere Sprache.[1]) Die Leute sind Götzenanbeter. In diesem Lande wird der Nordstern noch höher als in einem der

---

Gegend: „Ein Reisender berichtet, Tana liege im östlichen Teile von Guzzerat und im Westen von Malabar. Ibn Said erzählt, sie sei die letzte Stadt der Provinz Lar und habe bei den Kaufleuten einen großen Ruf; alle indischen Bewohner dieser Küste seien Götzendiener."

Die Stadt Tana besteht noch heute; sie liegt ungefähr zwanzig englische Meilen im Norden von Bombay.

[1]) Wenn Marco Polo von Guzzerat redet, so scheint er diesen Namen nicht allein für die bekannte Halbinsel im Nordwesten Vorderindiens zu gebrauchen, sondern auch für den mehr südlichen Teil des Königreiches, das die Stadt Surate enthält und sich die Küste entlang bis Tana oder Bombay erstreckt. Unser Autor schreitet von Süden nach Norden fort. Kambaja ist ein berühmter Hafen, der an dem Meerbusen gleichen Namens liegt.

Ibn Batuta berichtet, Kambaja gehöre wegen der Schönheit seiner Anlage und der Pracht seiner Moscheen zu den interessantesten Städten. Die Mehrzahl der Bewohner bestände aus frem-

vorhergehenden gesehen, weil es noch weiter nach Nordwesten liegt. Der Handel, der hier getrieben wird, ist sehr beträchtlich, und eine große Menge von Indigo wird hergestellt. Es gibt hier Baumwollenzeug und Baumwollentuch in großer Menge. Auch werden von hier viele gegerbte Häute ausgeführt, wofür die Bewohner Gold, Silber und Tutie erhalten. Da es hier weiter nichts Bemerkenswertes gibt, will ich fortfahren und von dem Königreiche Servenath reden.

32. Kapitel.

Von dem Königreiche Servenath.

Servenath[1]) ist auch ein Königreich, das gegen Niedergang liegt, dessen Einwohner Götzendiener sind und von einem Könige regiert werden, der keinen Tribut zahlt; die Einwohner haben ihre besondere Sprache und sind von gutem Charakter. Sie leben von Handel und Gewerben, und der Platz wird von einer Menge von Kaufleuten besucht, die ihre Waren hierher bringen und dafür die des Landes mitnehmen. Man hat mir jedoch gesagt, daß die Priester, die in den Götzentempeln dienen, die treulosesten

---

den Kaufleuten, die dort stattliche Häuser und herrliche Tempel erbauen ließen.

[1]) Servenath, oder korrekter Semenath, ist die Stadt Somnath, die auf 20° 53′ Nordbreite an der südlichen Küste der Halbinsel Gujarat liegt. Der arabische Geograph Bakui erzählt: „Sumenat ist eine berühmte Stadt am Ufer des Meeres, das mit seinen Fluten die Mauern bespült. Es gibt dort einen Tempel und darin ein Götzenbild, das Sumenat heißt und in der Mitte des Tempels in der Luft schwebt. Als der Sultan Yamin Eddulet Mahmud, der Sohn Sebegteghins, sich des Landes bemächtigt hatte, ließ er das Dach, in dem sich ein Magnetstein befand, niederreißen, und alsbald fiel die Statue herab.“ Auch andere arabische Historiker berichten, daß der Sultan einen berühmten Hindutempel zerstörte, sein gigantisches Idol in Stücke brach und die Edelsteine, mit denen es verziert war, raubte.

und grausamsten sind, die es auf der Welt gibt. Wir wollen nun weiter gehen und von dem Königreiche Chesmakoran reden.

33. Kapitel.

Von dem Königreiche Chesmakoran.

Das ist ein sehr großes Land, welches seinen eigenen König und seine besondere Sprache hat.[1]) Einige von seinen Bewohnern sind Götzenanbeter, aber der größere Teil besteht aus Sarazenen. Sie leben von Handel und Gewerben. Sie ernähren sich von Reis und Weizen mit Fleisch und Milch, die sie im Überfluß besitzen. Viele Kaufleute kommen zur See und zu Lande hierher. Das ist die letzte Provinz von Großindien, wenn man nach Nordwesten geht; denn wie es mit Maabar anfängt, so endigt es hier. In der Beschreibung Großindiens haben wir hier nur die Provinzen und Städte angegeben, die an der Meeresküste liegen; denn wollten wir auch von denen reden, die im Inneren des Landes liegen, so würden wir unser Werk zu weit ausdehnen müssen. Wir wollen nur noch von gewissen Inseln reden, von denen eine die der Männer und die andere die der Weiber genannt wird.

34. Kapitel.

Von den Inseln der Männer und der Weiber.

Fern von Chesmakoran, ungefähr fünfhundert Meilen nach Süden, liegen im Ozean zwei Inseln, etwa dreißig Meilen voneinander entfernt. Auf der einen wohnen Männer ohne Frauen, und die heißt die Männerinsel, auf der anderen befinden sich Weiber ohne Männer, und diese wird die Weiberinsel genannt. Die Bewohner beider Inseln

---

[1]) Am wahrscheinlichsten ist die Hypothese Rennels, daß Chesmakoran für Kij-Makran steht. Mekran ist gegenwärtig die südlichste Provinz des persischen Belutschistan; aber zu Marco Polos Zeiten wurde es zu Indien gerechnet.

sind von derselben Rasse und wohlgetaufte Christen. Die Männer besuchen die Insel der Weiber und bleiben mit ihnen drei Monate lang zusammen, nämlich im März, April und Mai, ein jeder Mann in einer besonderen Wohnung mit seiner Frau. Dann kehren sie zur Männerinsel zurück, wo sie den übrigen Teil des Jahres bleiben, ohne Gesellschaft von Frauen. Die Frauen behalten ihre Söhne bei sich, bis diese das Alter von zwölf Jahren erreicht haben, worauf sie zu ihren Vätern geschickt werden. Die Töchter behalten sie bei sich, bis sie heiratsfähig sind, und dann verheiraten sie dieselben an die Männer der anderen Insel. Und das ist so eingeführt wegen der eigentümlichen Beschaffenheit des Klimas, welches den Männern nicht erlaubt, das ganze Jahr hindurch bei ihren Frauen zu bleiben, weil sie sonst sterben würden. Sie haben ihren Bischof, der dem auf der Insel Soccotera untergeordnet ist. Die Männer sorgen für den Unterhalt der Frauen, indem sie das Korn aussäen, aber die letzteren ackern den Boden und sammeln die Frucht ein. Die Insel bringt auch viele andere Früchte hervor. Die Männer leben von Milch, Fleisch, Reis und Fischen, von welchen letzteren sie eine große Menge fangen, da sie tüchtige Fischer sind. Sowohl frisch gefangen als auch gesalzen werden die Fische an die Kaufleute verkauft, die zu der Insel fahren; doch kommen diese hauptsächlich des Ambras wegen her, das hier in großer Menge gesammelt wird.[1])

35. Kapitel.

Von der Insel Soccotera.

Wenn man diese Inseln verläßt und fünfhundert Meilen nach Süden weiterfährt, kommt man an die Insel

[1]) In der Richtung und Entfernung, welche Marco Polo angibt, existieren keine Inseln im Indischen Ozean. Pauthier nimmt an, daß die Kurian-Murian-Inseln an der arabischen Küste gemeint sein können, die halbwegs zwischen Chesmakoran und Sokotra

Soccotera,[1]) die sehr groß ist und Überfluß an allem hat, was zum Lebensunterhalte gehört. Die Einwohner finden viel Ambra an ihren Küsten, das aus den Eingeweiden der Walfische stammt. Da es ein Handelsartikel ist, der viel begehrt wird, so beschäftigen sich die Bewohner hauptsächlich damit, diese Fische zu fangen, und das tun sie vermittels Eisen, die einen Widerhaken haben und die sie so fest in den Walfisch einschlagen, daß sie nicht wieder herausgezogen werden können. An dem Eisen (Harpune) ist ein langes Seil befestigt, das eine Tonne führt, damit man die Stelle erkennen kann, wo sich der Fisch befindet, wenn er tot ist. Dann ziehen sie ihn an das Ufer und nehmen das Ambra aus seinem Leibe, während sie aus seinem Kopfe mehrere Butten Öl gewinnen.

liegen. Die ganze Erzählung von der Männer- und der Weiberinsel scheint nichts weiter als eine Legende zu sein, die unter den arabischen Seefahrern verbreitet war.

[1]) Die Insel Sokotra wird schon in dem „Periplus des Erythräischen Meeres" genannt, der wahrscheinlich im 1. Jahrhundert der christlichen Ära verfaßt ist. Als Erythräisches Meer bezeichnete man damals den Ozean östlich von Arabien bis in den unbekannten Osten hinein, und der Periplus enthält eine Beschreibung der Küsten Südasiens, soweit sie damals bekannt waren. (Thiessen, China, I. 35.)

In dem genannten Werke wird Sokotra eine große, wüste Insel genannt. Einwohner, welche zumeist auf der Nordseite wohnten, gab es nur in geringer Zahl; sie setzten sich aus Arabern, Indern und Griechen zusammen, welche hierher gekommen waren, um Handel zu treiben. Kaufleute aus Muza und gelegentlich aus Limyrica und Barygaza (Malabar und Guzzerat) brachten Reis, Weizen, indischen Musselin und Sklavinnen mit.

Edrisi berichtet, das Hauptprodukt der Insel sei Aloe, und die Mehrzahl der Einwohner bestehe aus Christen; diese seien Nachkommen der Griechen, die durch Alexander den Großen auf Sokotra ansässig gemacht worden waren. Sie gehörten zu der damals im Orient weitverbreiteten nestorianischen Kirche. Gegenwärtig ist von dem früheren Christentum nichts mehr übrig geblieben.

35. Kapitel

Alle diese Leute, Männer wie Frauen, gehen nackt und haben nur eine kleine Bedeckung vorn und hinten, wie die Götzendiener, die wir beschrieben haben. Sie haben kein anderes Korn als Reis, von welchem sie, nebst Fleisch und Milch, leben. Sie sind getaufte Christen und haben einen Erzbischof, der ihr Oberherr und nicht dem Papste untertan ist, sondern einem Patriarchen (Zatolic),[2]) der in der Stadt Bagdad wohnt und ihn einsetzt, oder wenn er von dem Volke selbst erwählt wurde, ihn in seiner Würde bestätigt. Viele Seeräuber kommen zu der Insel mit den Gütern, die sie gekapert haben und die ihnen die Einwohner ohne Bedenken abkaufen, indem sie sich damit rechtfertigen, daß die Dinge den Götzendienern und Sarazenen abgenommen worden seien. Alle Schiffe, die nach der Provinz Adem gehen, legen hier an und machen große Einkäufe von Fischen und Ambra[3]), sowie auch von verschiedenen Baumwollzeugen, die an dem Platze angefertigt werden.

Die Einwohner dieser Insel sind der Zauberei und Hexerei mehr zugetan als irgend ein anderes Volk, obgleich ihnen das von ihrem Erzbischof streng verboten ist, der sie für die Sünde exkommuniziert und in den

---

[2]) Zatolic ist eine venezianische Korruption für Katholikos, den Titel, der dem Haupt der nestorianischen Kirche in Bagdad gegeben wurde.

[3]) Ambra ist eine Absonderung des Potwales; man hält das Produkt für Harnsteine, Darmsteine usw. Früher wandte man Ambra in der Medizin namentlich als magenstärkendes und krampfstillendes Mittel an, ist aber jetzt davon ganz zurückgekommen. Die Substanz ist fettwachsartig, äußerlich grau, innerlich gelb, rot oder gefleckt, und enthält eine große Menge Fett und flüchtiges Öl, welches schwach dumpfig, keineswegs aber angenehm riecht. Der sprüchwörtliche Wohlgeruch der Ambra ist daher eigentlich nicht begründet. Die meisten mit dem Beiworte „ambraduftig“ belegten Parfümerien riechen stark nach Moschus.

Bann tut; sie kümmern sich aber wenig darum, und wenn ein Schiff, das einem Seeräuber gehört, einem der ihrigen Schaden oder Leid zufügen sollte, so bannen sie es unter einem Zauber, daß es zu seinem Kaperzuge nicht fortfahren kann, bevor es nicht die Beschädigten befriedigt hat, und selbst wenn das Piratenschiff einen günstigen Wind haben sollte, so haben sie die Macht, ihn zu drehen, so daß das Schiff zur Insel zurückfahren muß. Sie können auch die See zur Ruhe bringen und nach ihrem Willen wieder Stürme aufsteigen lassen, Schiffbruch herbeiführen und noch manche andere Dinge ins Werk setzen, über die wir weiter nicht ausführlich reden wollen. Wir wollen nun von der Insel Magastar sprechen.

36. Kapitel.

Von der großen Insel Magastar (die jetzt San Lorenzo genannt wird).

Wenn man die Insel Soccotera verläßt und südwestlich tausend Meilen weitersteuert, kommt man nach Magastar,[1])

---

[1]) Die Insel Madagaskar kommt in den verschiedenen Ausgaben unter den Namen Magastar, Madaigascar, Mandaygaster, Mandeigascar vor. Weder in Edrisis noch in Abulfedas Werken ist von ihr die Rede, und unser Autor ist daher wohl der erste, der sie in Europa bekannt machte. Der Name San Lorenzo, den die Insel in der Überschrift dieses Kapitels führt, wurde ihr bei ihrer Entdeckung von den Portugiesen gegeben und ist jedenfalls von Ramusio oder einem der Abschreiber zu näherer Erklärung beigefügt worden. Marco Polo hat seine Nachrichten über Madagaskar von arabischen Kaufleuten erhalten, wie aus seiner Beschreibung leicht zu ersehen ist. Seine Informationen sind aber im einzelnen nicht ganz einwandsfrei. So sagt er z. B., daß Sansibar jenseits der Insel Madagaskar liegt, daß die Einwohner Muhammedaner sind und daß daselbst Elefanten vorkommen. Yule hat die nicht ganz unwahrscheinliche Hypothese aufgestellt, daß einige der Angaben Marco Polos sich nicht auf Madagaskar, sondern auf Mogdischu an der Somaliküste beziehen. In der Tat würden dann die obenerwähnten Schwierigkeiten verschwinden. Auch die Benutzung des Kamelfleisches als Nahrungsmittel war jedenfalls

das ist eine der größten und fruchtbarsten Inseln in der Welt. Ihr Umfang beläuft sich auf dreitausend Meilen. Die Einwohner sind Sarazenen und folgen dem Gesetze Muhammeds. Sie haben vier Scheikhs, was in unserer Sprache durch „Alte“ ausgedrückt werden kann, welche die Regierung unter sich teilen. Das Volk lebt vom Handel und Gewerbe, und es werden dort Elefantenzähne in großer Menge verkauft, da es von diesen Tieren sehr viele in dem Lande gibt, wie auch in Zenzibar, von wo die Ausfuhr gleichfalls sehr beträchtlich ist. Die Hauptspeise, welche die Bewohner zu allen Jahreszeiten genießen, ist Kamelfleisch. Das Fleisch von anderem Vieh dient ihnen auch zur Nahrung, doch ziehen sie jenes vor, da es das gesündeste und schmackhafteste ist, das man auf der Welt finden kann. In den Wäldern gibt es viele rote Sandelholzbäume, und weil diese in so großer Menge gefunden werden, so ist der Preis des Holzes sehr gering. Auch hier gibt es Ambra von Walfischen, und da die Flut es ans Ufer wirft, so wird es zum Verkauf gesammelt. Die Eingeborenen jagen Luchse, Tiger und eine Menge anderer Tiere, wie Hirsche, Antilopen und Damhirsche; auch die Vogelbeize bietet reiche Ausbeute, und die Vögel sind verschieden von denen in unseren Gegenden.

Die Insel wird von Schiffen aus verschiedenen Teilen der Welt besucht; diese bringen Warenladungen, Brokat und Seidenstoffe, welche sie an die Kaufleute der Insel verkaufen oder gegen einheimische Güter austauschen, wobei sie großen Gewinn haben. Nach den zahlreichen

in Mogdischu viel gebräuchlicher als auf Madagaskar, wie die folgende Stelle bei Ibn Batuta zeigt: „Als wir Zaila verlassen hatten, segelten wir fünfzehn Tage über das Meer und kamen nach Makdaschau, einer außerordentlich großen Stadt. Die Eingeborenen halten Kamele in großer Zahl und schlachten sie täglich zu Hunderten.“

Inseln, die weiter im Süden liegen, fahren die Schiffe nicht; Magastar und die Insel Zenzibar werden allein besucht. Das kommt daher, weil die Meeresströmung nach jener Richtung hin mit solch ungeheurer Schnelligkeit geht, daß sie ihre Rückkehr unmöglich machen würde.[2]) Die Schiffe, die von der Küste Malabar nach dieser Insel segeln, führen die Hinreise in zwanzig bis fünfundzwanzig Tagen aus, zu ihrer Rückfahrt aber brauchen sie drei Monate; so stark ist die Wasserströmung, die beständig nach Süden geht.

Die Einwohner der Insel erzählen, daß in einer gewissen Jahreszeit ein wunderbarer Vogel, der Ruch[3]) heißt,

---

[2]) Zwischen 7° und 20° Südbreite existiert im Indischen Ozean eine westlich setzende Äquatorialströmung, die durch die Insel Madagaskar in zwei Arme geteilt wird. Nordwärts von 20° scheinen die Stromfäden nach Norden, südwärts nach Süden auszuweichen; jedenfalls herrscht an der Nordspitze der Insel ein kräftiger Strom, der das Kap d'Ambre von Südosten her nach Westen umspült. Weiter nördlich wird der ungestörte Weststrom beobachtet, der in die weite Bucht von Sansibar hineingelangt und mehr nach Norden umbiegt. Ein anderer Teil des um Madagaskar gelangten Wassers strömt aber nach Süden ab, um in den Mosambikkanal einzutreten. Da der herrschende Wind eine gegen das Land gerichtete Komponente enthält, drängt er den Strom zum Festland hinüber und bewirkt an vorspringenden Stellen des letzteren lokale Verstärkungen, die der Schiffahrt seit mehr als zwei Jahrtausenden bekannt sein dürften. Nach den Untersuchungen der Deutschen Seewarte kommen namentlich südlich von Mosambik und beim Kap Corrientes Versetzungen von 40 bis 69 Seemeilen in allen Jahreszeiten vor.

Der Mosambikstrom muß den Arabern auf ihren ostafrikanischen Fahrten seit alters fühlbar geworden sein. Denn Al Biruni sagt, die Schiffe gehen nicht über Sansibar südwärts hinaus, weil der starke Meeresstrom alsdann die Rückkehr sehr schwierig mache. (Boguslawski, Krümmel; Handbuch der Ozeanographie; II. 327, 470.)

[3]) Die Legende von dem Vogel Roch ist durch die Erzählungen aus „Tausend und eine Nacht“ allgemein bekannt geworden. Da dieses Tier von Marco Polo und seinen Gewährsleuten nach der

aus den südlichen Gegenden hier erscheint. An Gestalt soll er dem Adler gleichen, aber er ist bei weitem größer, denn er ist so groß und stark, daß er einen Elefanten mit seinen Krallen ergreift und mit sich in die Lüfte führt, von wo er ihn auf die Erde fallen läßt, so daß er stirbt; dann senkt er sich auf ihn nieder und verzehrt ihn. Leute, die diesen Vogel gesehen haben, versichern, daß, wenn seine Flügel ausgebreitet sind, sie von einem Ende zum andern sechzehn Schritt messen, und seine Federn seien acht Schritt lang und im Verhältnis dick. Da Messer Marco Polo glaubte, daß diese Geschöpfe Greife sein möchten, wie man sie auf Bildern sieht, halb Vögel, halb Löwen, so fragte er die, welche sagten, daß sie die Vögel gesehen hätten, ganz besonders über diesen Punkt aus; aber diese behaupteten, daß ihre Gestalt durchaus die von Vögeln sei oder, wie man sagen kann, die von Adlern. Als der Großkhan diese wunderbare Erzählung hörte, sandte er Boten nach der Insel unter dem Vorwande, die Freilassung eines seiner Diener zu bewirken, welcher hier zurückgehalten wurde, aber eigentlich, um sich nach den Verhältnissen des Landes und der Wahrheit der wunderbaren Dinge, die davon erzählt wurden, zu erkundigen. Als sie zu Sr. Majestät zurückkehrten, brachten sie, so habe ich gehört, eine Feder des Ruch mit sich, die, wie bestimmt versichert wurde, neunzig Spannen maß, und der Kiel hatte zwei Palmen im Umfang; das war gar wunderbar zu sehen und machte dem Großkhan großes Vergnügen, weshalb er denen, die die Feder mitbrachten, reiche Geschenke geben ließ. Sie brachten auch den Hauzahn eines wilden Bären mit, ein Tier, das so groß wie ein Büffel wird, und dieser Zahn wog vierzehn Pfund. Die Insel hat auch

---

Insel Madagaskar verwiesen wird, so ist es nicht ausgeschlossen, daß die Sage sich mit einem jener ausgestorbenen Vögel beschäftigt, deren riesige Eier auf der genannten Insel gefunden wurden.

Giraffen, Esel und andere wilde Tiere, die sehr verschieden von denen unserer Länder sind. Da ich das gesagt habe, was über diesen Gegenstand nötig war, wollen wir nun von Zenzibar reden.

37. Kapitel.

Von der Insel Zenzibar.

Über die Insel Magastar hinaus liegt die Insel Zenzibar,[1]) die zweitausend Meilen im Umfang haben soll. Die Einwohner beten Götzen an, haben ihre eigene Sprache und zahlen keiner anderen Macht Tribut. Es sind große Leute, aber ihre Höhe ist der Dicke des Leibes nicht angemessen; wäre es anders, so würden sie als Riesen erscheinen. Sie sind jedoch sehr stark und kräftig, und einer von ihnen kann so viel tragen, wie vier Leute unseres Schlages, und ißt für fünf. Sie sind schwarz und gehen nackt. Ihre Scham bedecken sie nur mit einem Stück Zeug. Ihr Haar ist so kraus, daß es sich, selbst wenn man es in Wasser taucht, kaum entwirren läßt. Sie haben große Mäuler, ihre Nasen sind aufwärts gebogen, ihre Ohren lang und ihre Augen so groß und schrecklich, daß sie wie Teufel aussehen. Die Weiber sind gleichfalls häßlich, sie haben weite Mäuler, dicke Nasen und große Augen. Ihre Hände und Köpfe sind über alle Maßen groß. Sie leben

---

[1]) Der Name Sansibar wird heute einer kleinen Insel nahe der Küste von Deutsch-Ostafrika beigelegt; aber es ist sehr wahrscheinlich, daß ihn die Gewährsleute Marco Polos in einem weiteren Sinne gebrauchten. Wenn die arabischen Geographen Sansibar erwähnen, so meinen sie damit die ganze Küste zwischen dem Flusse Djuba und Kap Corrientes, also zwischen dem Äquator und dem südlichen Wendekreise.

Der Hafen der Insel Sansibar ist noch heute ein Hauptstapelplatz für das Elfenbein, das auf dem Festlande gesammelt wird.

von Fleisch, Milch und Datteln. Sie haben keine Weintrauben, aber bereiten eine Art Wein aus Reis und Zucker, dem sie einige Gewürze beimischen, und das ist ein sehr wohlschmeckender Trank, der berauschend ist wie der andere. Auf dieser Insel werden Elefanten in großer Zahl gefunden, und ihre Zähne bilden einen bedeutenden Handelsartikel. Über diese großen Tiere verdient noch bemerkt zu werden, daß ihre Begattungsart nicht so ist wie bei anderen wilden Tieren wegen der Lage des weiblichen Gliedes, sondern daß sie der der Menschen ähnlich ist.

In diesem Lande wird auch die Giraffe oder der Kamelopard gefunden; das ist ein schönes Tier. Der Leib ist schön gestaltet, die Vorderbeine sind lang und hoch, der Hals sehr lang, der Kopf klein. Es ist freundlich und beleidigt niemand; seine Farbe ist licht mit runden roten Flecken, die Höhe seines Halses mit Einschluß des Kopfes mißt drei Schritt. Die Schafe des Landes sind verschieden von den unsrigen; sie sind ganz weiß mit Ausnahme des Kopfes, der schwarz ist, und so ist auch die Farbe der Hunde. Die Tiere sehen überhaupt dort ganz anders aus als bei uns. Viele Handelsschiffe besuchen das Land; sie tauschen die Güter, die sie bringen, gegen Elefantenzähne und Ambra ein, das man in Menge an den Küsten der Insel findet, weil das Meer dort voll von Walfischen ist.

Die Häuptlinge der Insel führen zuweilen Krieg gegeneinander, und ihre Leute zeigen im Kampfe viel Tapferkeit und Todesverachtung. Sie haben keine Pferde, sondern fechten auf Elefanten und Kamelen. Auf die Rücken der Elefanten stellen sie Kastelle, die fünfzehn bis zwanzig Mann enthalten, welche mit Schwertern, Lanzen und Steinen gerüstet sind, denn mit solchen Waffen streiten sie. Kurz vor der Schlacht geben sie ihren Elefanten Wein zu trinken, indem sie glauben, daß sie dadurch aufgeregt und wilder zum Kampfe werden.

38. Kapitel

Von der Menge Inseln im Indischen Meere.

Indem ich von den Provinzen Indiens gesprochen, habe ich nur die bedeutendsten und berühmtesten beschrieben und habe es so auch mit den Inseln gehalten, deren Zahl ins unglaubliche steigt. Ich habe gewiß und wahrhaftig von Seeleuten und ausgezeichneten Piloten aus diesen Ländern gehört und aus den Schriften derer, welche die indischen Meere besucht haben, ersehen, daß die Zahl der Inseln sich auf nicht weniger als zwölftausendsiebenhundert beläuft, die bewohnten und die unbewohnten gerechnet. Der Länderteil, der Großindien[1]) genannt wird, erstreckt sich von Maabar bis Chesmakoran und umfaßt vierzehn große Königreiche, von denen wir zehn aufgezählt haben. Kleinindien fängt bei Ziamba an und erstreckt sich bis Murfili und umfaßt acht Königreiche mit Ausschluß der Inseln, welche sehr zahlreich sind. Wir wollen nun vom zweiten oder von Mittelindien reden, welches Abascia genannt wird.[2])

---

[1]) Unter Großindien versteht Marco Polo die Halbinsel Vorderindien und die Küste bis zum Golf von Oman, unter Kleinindien dagegen Hinterindien; seltsam ist es aber, daß er Abessinien und Arabien mit zu Indien rechnet. Diese dreifache Einteilung mit der Tendenz, das mittlere Indien nach Afrika zu verlegen, hat, wie Yule meint, ihren Grund in den drei arabischen Benennungen Sind, Hind und Zinj, von denen die letztere sich auf die ostafrikanische Küste bezieht, während die beiden ersten diejenigen Gebiete bezeichnen, denen wir heute den Namen Indien geben. Die Einteilung Indiens, die im Jahre 1571 König Sebastian von Portugal vornahm, als er die Statthalterschaften für seine östlichen Besitzungen einrichtete, erinnert bis zu einem gewissen Grade an das Verfahren Marco Polos. Das erste Gebiet erstreckte sich vom Kap Guardafui nach Ceylon, das zweite von Guardafui nach Kap Corrientes, das dritte endlich von Pegu nach China. (Yule, a. a. O., II. 426.)

[2]) Von den arabischen und persischen Schriftstellern scheint keiner den Namen Mittelindien für Abessinien gebraucht zu haben.

39. Kapitel.

Von dem zweiten oder Mittelindien, Abascia (oder Abyssinia) genannt.

Abascia ist ein großes Land, das Mittel- oder zweites Indien genannt wird. Sein Hauptkönig ist ein Christ. Von den anderen Königen, sechs an der Zahl, die dem ersten tributpflichtig sind, sind drei Christen und drei Sarazenen. Man hat mir gesagt, daß sich die Christen dieser Gegenden, damit sie als solche erkannt werden, drei Zeichen (auf das Gesicht) machen, nämlich eins auf die Stirn und auf jede Wange eins; diese letzteren werden mit einem glühenden Eisen eingebrannt, und das kann als eine zweite Taufe mit Feuer, nach der ersten mit Wasser, betrachtet werden. Die Sarazenen haben nur ein Zeichen, das geht ihnen von der Stirn bis auf die halbe Nase. Die Juden, die gleichfalls hier sehr zahlreich sind, haben zwei Zeichen, und diese befinden sich auf den Wangen.

Die Hauptstadt des ersten Königs liegt im Innern des Landes. Die Reiche der sarazenischen Fürsten liegen gegen die Provinz Adem. Die Bekehrung dieser Leute zum christlichen Glauben war das Werk des glorreichen Apostels St. Thomas, der erst das Evangelium in dem Königreiche Nubia predigte und seine Einwohner bekehrte, nachher Abascia besuchte und dort durch seine Predigten

---

Bis zum 10. Jahrhundert stand die ganze Küste des Roten Meeres und des Golfes von Aden von Suakin bis nach Berbera unter der Herrschaft der Abessinier.

Die alte Hauptstadt Abessiniens hieß Axuma; sie war der Sitz des Herrschers, der von Alvarez, Barbosa und anderen portugiesischen Autoren Priester Johannes von Äthiopien genannt wurde. Merkwürdig ist, daß Marco Polos Bericht über den christlichen König Abessiniens den Portugiesen Anlaß gegeben hat, diesen Fürsten als Oberhaupt der christlichen Kirche in Afrika zu bezeichnen und ihn Priester Johannes zu nennen.

und seine Wunder dasselbe Ergebnis erzielte. Dann ging er nach der Provinz Maabar, wo er, nachdem er eine ungeheure Menge von Menschen bekehrt hatte, die Krone des Märtyrertums empfing, wie wir schon erzählt haben, und daselbst begraben wurde. Die Leute von Abascia sind tapfere und gute Krieger, da sie mit dem Sultan von Adem,[1]) dem Volke von Nubien und vielen anderen, deren Länder an die ihrigen grenzen, in beständiger Fehde liegen. Infolge dieser beständigen Übung in den Waffen werden sie für die besten Soldaten in diesem Teile der Welt gehalten.

Im Jahre 1288, so hat man mir gesagt, faßte dieser große abessinische Fürst den Entschluß, in Person das heilige Grab Christi in Jerusalem zu besuchen, eine Pilgerfahrt, die jedes Jahr von einer großen Anzahl seiner Untertanen ausgeführt wird; aber seine hohen Staatsbeamten rieten ihm davon ab, indem sie ihm die Gefahren vorstellten, denen er sich aussetzen würde, wenn er durch so viele Städte zöge, die den Sarazenen, seinen Feinden, gehörten. Da beschloß er, einen Bischof als seinen Stellvertreter hinzusenden, einen Mann, der in hohem Rufe der Heiligkeit stand und der bei seiner Ankunft zu Jerusalem die Gebete sprach und die Opfer darbrachte, wie ihn der König angewiesen hatte. Als er jedoch von jener Stadt

---

[1]) Marsden hält das an dieser Stelle des Textes erwähnte Adem nicht für die bekannte Hafenstadt an der Südküste Arabiens, sondern für Adel, ein Königreich, das im Norden von Abessinien begrenzt wurde. Mit dem Lande Adel, dessen Haupthafen Zeila ist, führte der König von Abessinien, nach den Berichten mittelalterlicher Historiker, wiederholt Kriege, und es ist daher sehr erklärlich, daß Marco Polo bei dieser Gelegenheit den Namen jenes Landes mit dem der berühmten Seestadt, von der im nächsten Kapitel die Rede ist, verwechselt hat. Was Marsden in dieser Ansicht bestärkt, sind die Worte der Baseler Ausgabe: „Contingit hanc regionem (Abasiam) alia quaedam provincia Aden dicta."

durch das Reich des Sultans von Adem zurückkehrte, ließ ihn dieser vor sich kommen und versuchte ihn zu überreden, Muhammedaner zu werden. Da er sich mit geziemender Festigkeit weigerte, den christlichen Glauben zu verlassen, so ließ ihn der Sultan, der Rache des abessinischen Monarchen trotzend, beschneiden und dann weiterziehen. Als der Bischof zurückkam und Bericht erstattete über die Schmach und Gewalt, der man ihn unterworfen hatte, gab der König sogleich Befehl, eine Armee zu versammeln, an deren Spitze er sich stellte, um den Sultan zu vernichten; dieser seinerseits rief zwei muhammedanische Fürsten, seine Nachbarn, zum Beistande herbei, die auch mit großen Streitkräften zu ihm stießen. In dem Kampfe, der nun folgte, war der abessinische König siegreich, und nachdem er die Stadt Adem genommen hatte, übergab er sie der Plünderung, als Rache für die Beleidigung, die man ihm in der Person seines Bischofs zugefügt hatte.

Die Einwohner dieses Königreichs leben von Weizen, Reis, Fleisch und Milch. Sie pressen Öl aus Sesam und haben Überfluß an aller Art von Lebensmitteln. In dem Lande gibt es Elefanten, Löwen, Giraffen und viele andere Tiere, sowie wilde Esel und Affen, welche die Gestalt von Menschen haben; auch viele Vögel, wilde und Hausgeflügel. Das Land ist sehr reich an Gold und wird viel von Kaufleuten besucht, die großen Gewinn haben. — Wir wollen nun von der Provinz Adem reden.

40. Kapitel.

Von der Provinz Adem.

Die Provinz Adem[1]) wird von einem Könige beherrscht, der den Titel Sultan führt. Die Einwohner sind

[1]) Die Handelsbeziehungen der Stadt Aden waren im Mittel-

alle Sarazenen und verabscheuen die Christen auf das äußerste. In diesem Reiche gibt es viele Städte und Burgen, und es hat die gute Gelegenheit eines vortrefflichen Hafens, der von Schiffen besucht wird, die von Indien mit Gewürzen und Spezereien kommen. Die Kaufleute, welche diese kaufen, um sie nach Alexandria zu führen, laden sie von den Schiffen ab, in welchen sie hergeschafft werden, und bringen die Ladungen an Bord anderer kleinerer Schiffe, mit denen sie einen Meerbusen zwanzig Tage lang befahren, auch mehr oder weniger, je nachdem ihnen das Wetter günstig ist. Haben sie diesen Hafen erreicht, so laden sie dann ihre Waren auf Kamele und lassen sie dreißig Tagereisen durchs Land bis zum Flusse Nil tragen, wo sie wieder in kleine Schiffe, Zerme genannt, verladen werden, in denen man sie stromabwärts nach Kairo und von da auf einem künstlichen Kanale, Kalizene genannt, nach Alexandria schafft. Das ist der

---

alter sehr ausgedehnt; nicht nur nach Indien fuhren von dort die Kaufleute, sondern häufig auch nach China. In der Geschichte der Mingdynastie heißt es, Aden hätte im Jahre 1427 eine Gesandtschaft nach China geschickt. Ferner berichtet Ma-huan (Journal of the Royal Asiatic Society, April 1896): „Im neunzehnten Jahre des Yung-lo (1422) wurde der Eunuch Li als kaiserlicher Gesandter aus China in jenes Land geschickt mit einem Briefe und Geschenken an den König. Bei seiner Ankunft wurde er auf das ehrenvollste empfangen und von dem Könige am Landungsplatze begrüßt.“ (Yule, a. a. O., II. 440.)

Gegenwärtig ist Aden eine schmutzige Stadt inmitten einer öden Landschaft, der fast jede Vegetation fehlt. Die einzige Sehenswürdigkeit ist ein großes Wasserreservoir, das durch künstlichen Ausbau natürlicher Felsschluchten erhalten wurde. Es faßt viele Millionen Liter Wasser und füllt sich bei den seltenen, alle fünf bis sieben Jahre einmal stattfindenden Regengüssen.

Die Bewohner Adens setzen sich aus dunkelfarbigen Arabern und aus Somalinegern zusammen, die von der gegenüberliegenden afrikanischen Küste stammen.

am wenigsten schwierige und der kürzeste Weg, den die Kaufleute mit ihren Gütern, den Erzeugnissen Indiens, von Adem nach Alexandria nehmen können. In diesem Hafen von Adem schiffen die Kaufleute auch eine große Anzahl arabischer Pferde ein, welche sie zum Verkaufe nach allen Königreichen und Inseln Indiens bringen, wo sie dieselben zu teuren Preisen verkaufen und großen Gewinn haben.

Der Sultan von Adem[2]) besitzt ungeheure Schätze; er sammelt sie von dem Zoll auf die Waren, die von Indien kommen, und von dem auf die Güter, die in seinem Hafen als Rückfracht eingeschifft werden, da diese Stadt in jener Gegend zum Austausch von Waren der bedeutendste Markt ist, den alle Handelsschiffe aufsuchen. Man hat mir gesagt, daß, als der Sultan von Babylon[3]) im Jahre 1200 seine Armee zum ersten Male gegen die Stadt Acre führte und diese einnahm, die Stadt Adem ihm dreißigtausend Pferde und vierzigtausend Kamele stellte, und das tat sie aus Haß gegen die Christen. — Wir wollen nun von der Stadt Escier reden.

41. Kapitel.

Von der Stadt Escier.

Der Beherrscher dieser Stadt ist ein Muhammedaner, der sie unter der Oberhoheit des Sultans von Adem mit

---

[2]) Der „Sultan von Aden“ war der Sultan von Yemen, dessen Hauptstadt in Tais nordöstlich von Mokka lag.

[3]) Mit Babylon wurde im Mittelalter die Stadt Kairo bezeichnet. In den historischen Daten ist Marco Polo nicht immer korrekt. Es war im Jahre 1187, als Sultan Saladin die Stadt Akka den Franken entriß; das Land Yemen, in welchem Aden liegt, wurde von Saladins Bruder beherrscht, der ihm sicher Hilfe bei jener Eroberung geleistet hat.

musterhafter Gerechtigkeit regiert. Von letzterer Stadt liegt sie ungefähr vierzig Meilen nach Südosten entfernt.[1]) Ihr sind wieder viele Städte und Burgen untertan. Ihr Hafen ist gut und wird von vielen Handelsschiffen aus Indien besucht, welche eine Menge ausgezeichneter Pferde mitnehmen, die in diesem Lande sehr geschätzt sind und zu teuren Preisen verkauft werden.

Dieser Distrikt erzeugt eine große Menge weißen Weihrauch, der ganz besonders gut ist und Tropfen auf Tropfen aus einem gewissen kleinen Baume quillt, welcher der Tanne ähnlich ist. Die Bewohner zapfen den Baum zu gewissen Zeiten an oder lösen die Rinde los, und aus der Wunde träufelt allmählich der Weihrauch,[2]) der nachher hart wird. Selbst wenn kein Einschnitt gemacht wird, schwitzt infolge der ungeheuren Hitze in jener Gegend das Harz heraus. Es gibt dort auch viele Palmbäume, die gute Datteln im Überfluß liefern. Kein Korn außer Reis und Hirse wird in diesem Lande gebaut, und sie müssen daher das nötige aus anderen Ländern beziehen. Auch wird kein Wein aus Trauben daselbst gekeltert, sondern sie bereiten ein starkes Getränk aus Reis, Zucker und Datteln, und das ist gar köstlich. Sie haben kleine Schafe, deren Ohren nicht da sind, wo sie die anderen Tiere haben, sondern an dieser Stelle wachsen zwei kleine Hörner, und tiefer unten, nach der Nase zu, sind zwei Öffnungen, welche als Ohren dienen.

---

[1]) An der Südküste Arabiens auf ungefähr 14° 40′ N. und 49° 30′ W. liegt die Hafenstadt Schiher oder Schehr, die mit Marco Polos Escier identisch ist.

[2]) Auf den Hügeln in der Umgebung von Schehr und Dhofar wurde der arabische Weihrauch in großen Mengen gewonnen. Barbosa sagt von Schehr: „Sie exportieren viel Weihrauch, der an diesem Platze und im Innern des Landes gefunden wird. . . Der Zentner kostet hier nur 150 Pfennig.“

Diese Leute sind vorzügliche Fischer und fangen die Thunfische in so großer Menge, daß man zwei derselben für einen venezianischen Groschen haben kann. Sie trocknen sie an der Sonne, und da wegen der ungeheuren Hitze das Land gewissermaßen verbrannt und keine Pflanze zu sehen ist, so gewöhnen sie ihr Vieh, Kühe, Schafe, Kamele und Pferde daran, den getrockneten Fisch zu essen, den jene, weil er ihnen fortwährend vorgeworfen wird, nun auch ohne Widerwillen verzehren. Die Fische, die hierzu verwendet werden, sind von kleiner Art; man fängt sie in großer Menge während der Monate März, April und Mai, und wenn sie getrocknet sind, schichtet man sie in den Häusern zum Futter für das Vieh auf. Dieses frißt auch den frisch gefangenen Fisch, aber ist doch mehr an den getrockneten gewöhnt. Wegen des Mangels an Korn bereiten die Eingeborenen aus den größeren Fischen auch eine Art Zwieback, und zwar auf folgende Weise. Sie hacken sie in sehr kleine Stückchen und bereiten aus Mehl eine dicke zähe Flüssigkeit, die sie über die kleinen Stückchen gießen, wodurch das ganze eine Art Teig wird. Diesen formen sie in Brote, welche sie trocknen und der sengenden Sonne aussetzen. Von diesem Zwieback wird ein Vorrat hergestellt, der das ganze Jahr über als Nahrung dient. Der vorerwähnte Weihrauch ist in diesem Lande so wohlfeil, daß er von dem Statthalter der Zentner zu zehn Byzantinen aufgekauft wird, und dieser verkauft ihn wieder den Zentner zu vierzig Byzantinen. Das tut er auf Befehl des Sultans von Adem, der allen Weihrauch, der in dem Lande erzeugt wird, zu dem erwähnten Preise beansprucht und einen großen Gewinn aus dem Wiederverkauf zieht. Weiter ist nichts von dem Platze zu bemerken, und wir wollen nun von der Stadt Dulfar reden.

42. Kapitel.

Von der Stadt Dulfar.

Dulfar[1]) ist eine große und edle Stadt, zwanzig Meilen von Escier in südöstlicher Richtung entfernt. Ihre Einwohner sind Muhammedaner und ihr Oberhaupt ist auch dem Sultan von Aden untertan. Dieser Platz liegt nahe am Meere und hat einen guten Hafen, der von vielen Schiffen besucht wird. Eine Menge arabischer Rosse wird hier aus dem innern Lande hergeführt, welche von den Handelsleuten aufgekauft und nach Indien geschafft werden, wo sie durch deren Wiederverkauf großen Gewinn haben. Auch Weihrauch wird hier erzeugt und von den Handelsleuten gekauft. Dulfar hat andere Städte und Burgen unter seiner Gerichtsbarkeit. — Wir wollen nun von dem Meerbusen von Kalajati reden.

43. Kapitel.

Von der Stadt Kalajati.

Kalajati[1]) ist eine große Stadt, die an einem Meerbusen liegt, der Kalatu heißt, von Dulfar ungefähr fünfzig Meilen nach Südosten entfernt. Die Bewohner folgen dem Gesetze Muhammeds und sind dem Melik von Ormus untertan, der, wenn er von einer anderen Macht angegriffen und hart bedrängt wird, seine Zuflucht zu dieser Stadt nimmt, welche so fest und vorteilhaft gelegen ist, daß sie

---

[1]) Dhofar, das ebenso wie Schehr durch seinen Weihrauchexport berühmt war, liegt nordöstlich von Schehr; jedoch ist die Entfernung größer, als sie Marco Polo angibt. Der Baum, aus dessen Harz der Weihrauch erhalten wird, ist Boswellia Carterii.

[1]) Kalhat lag an der Küste von Oman nicht fern von Maskat. Gegenwärtig sind von der alten Stadt nur noch Ruinen vorhanden. Die Angaben, welche Marco Polo über die Entfernung und Richtung von Kalajati macht, sind ganz ungenau.

nie von einem Feinde genommen wurde. Das Land ringsum liefert keine Art Korn, sondern dieses wird aus anderen Gegenden eingeführt. Der Hafen der Stadt ist gut, und hierher kommen viele Handelsschiffe, welche ihre Stückgüter und Spezereien mit großem Vorteile absetzen, da das Verlangen danach für den Bedarf der Städte und Burgen, die in einiger Entfernung von der Küste liegen, sehr beträchtlich ist. Von diesem Hafen werden auch viele Pferde nach Indien ausgeführt und mit großem Vorteile verkauft.

Die Festung ist so am Eingange des Meerbusens von Kalatu gelegen, daß kein Schiff ohne Erlaubnis ein- oder auslaufen kann. Zuweilen geschieht es, daß der Melik dieser Stadt, der bis zu einem gewissen Grade von dem Könige von Kerman abhängig und ihm tributpflichtig ist, sich empört, weil ihm dieser irgend eine ungewöhnliche Abgabe auferlegt. Wenn er die verlangte Zahlung nicht leisten will und ein Heer abgeschickt wird, ihn dazu zu zwingen, so verläßt er Ormus und nimmt seinen Aufenthalt zu Kalajati, wo er es in der Gewalt hat, jedem Schiff die Ein- und Ausfahrt zu verwehren. Dadurch wird der Handel gehemmt, und der König von Kerman hat großen Verlust an den ihm zukommenden Zöllen, und weil er so in seinen Einnahmen geschädigt wird, sieht er sich gezwungen, den Streit mit dem Melik beizulegen. Das feste Kastell an diesem Platze ist nicht allein der Schlüssel zum Meerbusen selbst, sondern auch für die See, da von dort die Schiffe, die vorübersegeln, zu allen Zeiten gesehen werden. Die Bewohner dieses Landes leben im allgemeinen von Datteln und Fischen, frisch gefangenen oder eingesalzenen, und haben stets großen Vorrat an beiden; aber die vornehmen Leute und diejenigen, welche die Ausgabe bestreiten können, gebrauchen auch Korn, welches sie aus anderen Gegenden beziehen. Wenn man

Kalajati verläßt und dreihundert Meilen nach Nordosten segelt, kommt man zu der Insel Ormus.

44. Kapitel.

Von Ormus.

Auf der Insel Ormus steht eine schöne und große Stadt, welche nahe am Meere erbaut ist. Sie wird von einem Melik beherrscht, dessen Titel dem unseres Markgrafen gleich ist; dieser hat viele Städte und Burgen unter sich. Die Einwohner sind Sarazenen, die sich alle zum Glauben Muhammeds bekennen. Die Hitze, die hier herrscht, ist außerordentlich, aber in jedem Hause befinden sich Ventilatoren, durch welche man nach Belieben Luft in alle Räume und Zimmer einlassen kann. Ohne dieses Hilfsmittel würde es unmöglich sein, an diesem Platze zu leben. Wir wollen nun nicht weiter von dieser Stadt reden, da wir darüber in einem früheren Buche schon berichtet haben, ferner über Kisi und Kermain.

Nachdem ich so zur Genüge über diese Provinzen und Städte Großindiens, welche nahe an der Seeküste liegen, sowie von einigen Ländern Äthiopiens, Mittelindien genannt, geredet habe, will ich nun, bevor ich das Werk zum Abschlusse bringe, noch einmal zurückgehen, um einiges über gewisse Gegenden zu bemerken, die gegen Norden liegen und von denen ich in den vorhergehenden Büchern noch nicht gesprochen habe.

45. Kapitel.

Von einer Landschaft, wo Tataren wohnen, die man wegen der Kälte und des Eises nur schwer besuchen kann; von den Ländern der Finsternis.

Man muß also wissen, daß in den nördlichen Teilen der Welt viele Tataren wohnen unter einem Fürsten, namens Kaidu, der vom Geschlecht Dschingiskhans und dem Großkhan Kublai nahe verwandt ist. Er ist keinem anderen Fürsten unterworfen. Die Bewohner bewahren die Gebräuche und Sitten ihrer Vorfahren und werden als ursprüngliche Tataren betrachtet. Ihr König und seine Armeen schließen sich nicht in Burgen und feste Plätze ein, auch nicht einmal in Städte, sondern bleiben jederzeit auf freien Ebenen, in Tälern oder Wäldern, an denen diese Gegend reich ist. Sie haben kein Korn irgend einer Art, sondern essen Fleisch und Milch und leben untereinander in vollkommener Eintracht, und ihrem Könige, dem sie unbedingten Gehorsam entgegenbringen, ist nichts teurer, als Frieden und Einigkeit unter seinen Untertanen zu erhalten; und das ist die erste Pflicht eines Königs. Sie besitzen ungeheure Herden von Rossen, Kühen, Schafen und anderen Haustieren. In diesen nördlichen Gegenden findet man Bären, die weiß von Farbe und sehr groß sind, denn größtenteils messen sie zwanzig Spannen in der Länge. Da gibt es auch Füchse, deren Fell ganz schwarz ist, wilde Esel in großer Zahl, und gewisse kleine Tiere, die Rondes genannt werden, die die zartesten Felle haben und bei uns Zibelline oder Zobel heißen. Außerdem gibt es noch verschiedene kleine Tiere von dem Marder- und Wieselgeschlechte und solche, welche den Namen Pharaomäuse tragen. Die Schwärme der letzteren gehen ins unglaubliche, aber die Tataren sind so geschickt im Fange dieser Tiere, daß sie ihren Händen nicht entschlüpfen können.

Um das von diesen Völkern bewohnte Land zu erreichen, muß man durch eine weite Ebene, die völlig unbewohnt und wüst ist, eine Reise von vierzehn Tagen machen; in die Ebene fließen zahlreiche Quellen und Gewässer, durch die sie in einen großen Sumpf verwandelt wird. Infolge der langen Dauer der kalten Jahreszeit ist das alles gefroren, mit Ausnahme weniger Monate im

Jahre, wenn die Sonne das Eis schmilzt und den Boden sumpfig macht, so daß man um diese Zeit mit viel mehr Schwierigkeit und Mühsal darüber reist, als wenn alles gefroren ist. Damit jedoch die Kaufleute ihr Land besuchen und ihre Felle kaufen können, in denen der ganze Handel der Völker besteht, haben diese mit großer Anstrengung die sumpfige Wüste für Reisende zugänglich gemacht, indem sie am Ende einer jeden Tagesstation ein hölzernes Haus errichteten, wo Leute hinbestellt sind, deren Amt es ist, die Kaufleute zu empfangen und zu beherbergen und sie am nächsten Tage zu der folgenden Station zu führen, und so kommen sie von Station zu Station, bis sie den Weg durch die Wüste vollendet haben. Um aber über die gefrorene Fläche des Bodens zu kommen, haben sie eine Art Fuhrwerk, das dem nicht unähnlich ist, dessen sich die Eingeborenen der steilen und fast unzugänglichen Berge in der Nachbarschaft unseres eigenen Landes bedienen, und das eine Tragula oder ein Schlitten genannt wird; es ist ohne Räder, mit glattem, ebenem Boden, steigt aber vorn in eine halbbogenförmige Krümmung auf, und so gebaut kann es leicht über das Eis hinlaufen. Um diese kleinen Wagen zu ziehen, richten sie gewisse Tiere ab, die den Hunden ähnlich sind und auch so genannt werden können, obgleich sie beinahe so groß sind wie Esel. Sie sind sehr stark und an das Ziehen gewöhnt. Sechs solcher Hunde sind paarweise an jeden Wagen gespannt, der bloß einen Treiber, der die Hunde lenkt, und einen Kaufmann mit seinem Warengepäck enthält. Wenn die Tagereise beendet ist, verläßt der Kaufmann den Wagen mit dem Hundevorspann und wechselt ihn von Tag zu Tag, bis er endlich seine Reise durch die Wüste vollendet hat, und nachher führt er bei seiner Rückkehr die Pelze mit sich, die ihren Weg zum Verkaufe in unseren Weltteil finden.

45. Kapitel

Jenseits der entferntesten Teile des Landes der Tataren, von wo die Felle geholt werden, gibt es eine andere Gegend, welche sich bis zu den äußersten Grenzen des Nordens der Erde erstreckt und die das Land der Finsternis genannt wird, weil während des größten Teils der Wintermonate keine Sonne dort scheint und der Himmel finster ist in der Weise, wie bei uns gerade gegen die Morgendämmerung, wenn man sagt, sehen und nicht sehen. Die Einwohner dieses Landes sind hübsch und groß, aber von sehr bleicher Gesichtsfarbe. Sie haben keinen König oder Herrn, dem sie unterworfen sind, sondern sie leben ohne Sitte und Gesetz wie das Vieh. Ihr Verstand ist getrübt und sie sind fast schwachsinnig. Die Tataren fallen oft in Raubzügen in das Land ein und nehmen ihnen Vieh und Habe. Dazu benutzen sie die Monate, in denen die Finsternis herrscht, damit ihr Nahen nicht bemerkt wird; aber da sie sich der Richtung nicht versichern können, in welcher sie mit ihrer Beute nach Hause zurückkehren müssen, so schützen sie sich vor Irrwegen, indem sie Stuten reiten, die gerade zu der Zeit Füllen haben; sie lassen die Mütter von letzteren bis zu den Grenzen ihres eigenen Landes begleiten; aber dann bleiben die Füllen beim Eingang in die dunkle Gegend unter besonderer Obhut zurück. Wenn ihr Werk der Finsternis ausgeführt ist und sie die Gegenden des Lichtes wieder sehen wollen, so lassen sie die Zügel auf den Hals ihrer Pferde fallen und diese frei ihren eigenen Lauf nehmen. Durch mütterlichen Instinkt geleitet nehmen die Stuten ihren Weg gerade auf die Stelle zu, wo sie ihre Füllen verlassen haben, und auf diese Weise können die Reiter in Sicherheit ihre Wohnplätze wieder erreichen.

Die Einwohner dieser dunklen Gegend benutzen die Sommerzeit, wenn sie sich beständigen Tageslichtes erfreuen, um eine Menge von Hermelinen, Mardern,

Wieseln, Füchsen und anderen Tieren dieser Art zu erlegen, deren Felle sehr fein und zart sind und daher viel kostbarer als die, welche in den von den Tataren bewohnten Gegenden gefunden werden; aus diesem Grunde unternehmen auch letztere die Raubzüge, von denen oben die Rede war. Während des Sommers bringen diese Leute ihre Felle in die benachbarten Länder, wo sie dieselben mit gutem Gewinne absetzen, und nach dem, was mir gesagt worden ist, werden einige sogar bis in das Land Russia gebracht. Von diesem wollen wir nun zum Schlusse des Werkes reden.

46. Kapitel.

Von der Provinz Russia.[1])

Die Provinz Russia ist sehr groß; sie besteht aus vielen Teilen und grenzt an das Nordland, welches wir als die Gegend der Finsternis beschrieben haben. Seine Einwohner sind Christen und folgen dem Brauche der Griechen in ihren Kirchenämtern. Die Männer sind sehr schön, groß und weiß, die Frauen sind auch weiß und groß, mit blondem Haar, das sie lang tragen. Das Land ist dem König der westlichen Tataren tributpflichtig und grenzt an die östlichen Grenzen seines Reiches. In diesem Lande findet man die Felle von Hermelinen, Wieseln, Zobeln, Mardern, Füchsen und anderen solchen Tieren im Überfluß, und auch viel Wachs. Das Land besitzt zahlreiche

[1]) Zur Zeit Marco Polos waren die Mongolen Herren in Rußland. In den Jahren 1237—1240 hatte Batu, ein Enkel Dschingiskhans, die wichtigsten Städte des Landes erobert, nachdem er dem Großfürsten von Wladimir, Juri II., am Flusse Sit eine Niederlage beigebracht hatte. Als der Großkhan Oktai gestorben war, gründete Batu das Reich der Goldenen Horde und machte Sarai an der Achtuba zu seiner Hauptstadt. Die Herrschaft der Mongolen dauerte bis in die zweite Hälfte des fünfzehnten Jahrhunderts.

Bergwerke, aus denen man eine Menge Silber gewinnt. Russia ist eine sehr kalte Gegend, und man hat mir versichert, daß es sich sogar bis zum nördlichen Ozean erstreckt, wo, wie in einem vorhergehenden Teile des Werkes bereits gesagt worden ist, Geier- und Wanderfalken in großer Zahl gefangen und von dort in viele Länder gebracht werden.

47. Kapitel.[1]

Von der großen Türkei.

In der großen Türkei lebt ein König, namens Kaidu; er ist ein Neffe des Großkhans; denn ein Sohn Ciagatais, ein Bruder des Großkhans, war sein Vater.[2] Er besitzt viele Städte und Schlösser und ist ein großer Herrscher. Er gehört zur tatarischen Rasse, und seine Leute sind gleichfalls Tataren und tapfere Krieger, was nicht wunderbar erscheinen kann, wenn man hört, daß sie von Jugend auf in den Waffen geübt werden; ich will euch erzählen, daß dieser Kaidu immer erst langwierige Kriege mit dem Großkhan führte, bevor er ihm seine Unterwerfung anbot. Man muß wissen, daß die große Türkei im Nordwesten liegt, wenn man Ormus auf dem bereits oben erwähnten Wege

---

[1]) Die historischen Kapitel, die den Schluß des Buches bilden, fehlen in Ramusios Ausgabe; dagegen treten sie z. B. in der französischen Originalausgabe der Geographischen Gesellschaft auf. Was die Reihenfolge der einzelnen Kapitel betrifft, die nicht überall die gleiche ist, so hat der Herausgeber die Anordnung beibehalten, die sich in der englischen Ausgabe von H. Murray, London, 1904, findet.

[2]) Die verwandtschaftlichen Beziehungen zwischen Kublaikhan und Kaidu hat Marco Polo an verschiedenen Stellen seines Buches unrichtig angegeben. Kaidu stammte von Kashin ab, der seinerseits ein Sohn Oktai-khans war, während Kublai-khan von Tuli abstammte. Oktai und Tuli waren Söhne Dschingiskhans.

verläßt; sie liegt jenseits des Flusses Jon und erstreckt sich nordwärts bis zum Gebiete des Großkhans. Kaidu ist schon in zahlreichen Schlachten mit dem Heere des Großkhans zusammengetroffen, und ich will berichten, wie die Feindseligkeiten zwischen beiden entstanden sind. Man muß wissen, daß Kaidu eines Tages an den Großkhan das Verlangen stellte, ihm einige der eroberten Länder zu übergeben, indem er einen Teil der Provinzen Cathay und Manji für sich in Anspruch nahm. Der Großkhan ließ ihm sagen, er wäre durchaus bereit, ihm seinen Anteil zu geben, so wie er es bei seinen anderen Söhnen getan hätte, wenn er sich seinerseits an den Hof begeben und den Ratsverversammlungen beiwohnen wolle, so oft er die Absicht hätte, ihn vor sich zu entbieten; außerdem forderte ihn der Großkhan auf, sich ihm zu unterwerfen, wie es seine anderen Söhne und seine Barone getan hätten; und unter dieser Bedingung, sagte der Großkhan, würde er ihm einen Teil seiner Eroberungen geben. Kaidu, der von Mißtrauen gegen seinen Oheim erfüllt war, wies diese Bedingung zurück, indem er sagte, er sei zwar bereit, ihm in seinem eigenen Lande zu huldigen, aber er würde unter keinen Umständen an den Hof gehen, da er fürchte, man werde ihm nach dem Leben trachten. Auf diese Weise entstand die Feindschaft zwischen dem Großkhan und Kaidu, welche zu einem großen Kriege führte, in dessen Verlaufe blutige Kämpfe in großer Zahl stattfanden. Der Großkhan stellte an den Grenzen des Reiches seines Gegners ein Heer auf, um ihn und seine Leute zu verhindern, Gewalttätigkeiten gegen sein Land und seine Untertanen zu begehen. Aber ungeachtet aller dieser Vorsichtsmaßregeln drang Kaidu in sein Reich ein und traf sehr oft mit den Streitkräften zusammen, die ihm entgegengeschickt worden waren. Jetzt kann König Kaidu, wenn es darauf ankommt, hunderttausend Reiter ins Feld stellen, alles tapfere Soldaten und wohlgeübt in Kampf und Krieg. Außerdem hat er viele Fürsten bei sich, Nachkommen des Kaisers Dschingiskhan, der der Gründer des Reiches war. Wir werden nun dazu übergehen, einige Schlachten zu besprechen, die zwischen Kaidu und dem Heere des Großkhans ausgefochten wurden, aber vorher noch ihre Kampfesweise beschreiben. Wenn sie in den Krieg ziehen, muß jeder sechzig Pfeile mitbringen, von denen dreißig klein sind und auf größere Entfernungen verwendet werden; aber die anderen dreißig sind größer und haben eine breite Spitze; sie benutzen die letzteren im Nahkampf und stoßen damit ihre Gegner in Arme und Gesicht, schneiden ihnen die Sehnen ihrer Bögen entzwei und fügen ihnen anderen großen Schaden zu. Wenn sie alle ihre Pfeile abgeschossen haben, greifen sie zu ihren Schwertern und Keulen und teilen damit wuchtige Schläge aus.

Im Jahre 1266 sammelte König Kaidu zusammen mit seinen Vettern, von denen einer den Namen Jesudar führte, eine ungeheure Zahl von Kriegern und griff zwei Barone des Großkhans an, welche gleichfalls Vettern des Königs Kaidu waren, obwohl sie ihr Land von dem Großkhan erhalten hatten. Einer von ihnen hieß Tibai oder Ciban. Sie stammten von Ciagatai ab, der die christliche Taufe empfangen hatte und ein Bruder des Großkhans war. Kaidu also focht an der Spitze seiner Krieger mit seinen beiden Vettern, denen gleichfalls eine große Streitmacht zur Verfügung stand; denn auf beiden Seiten waren ungefähr hunderttausend Reiter am Kampfe beteiligt. Die Schlacht war sehr blutig, und viele Soldaten verloren ihr Leben; aber schließlich behauptete Kaidu das Feld und fügte seinen Gegnern große Verluste zu. Beide Brüder, die Vettern des Königs Kaidu, entkamen unversehrt, da sie vortreffliche Pferde besaßen, von denen sie schnell in Sicherheit gebracht wurden. Als Kaidu diesen Sieg errungen hatte, wuchs sein Stolz und seine Anmaßung; er kehrte in sein Land zurück, wo er sich volle zwei Jahre friedlich verhielt, ohne die Feindseligkeiten gegen den Großkhan zu erneuern. Nach Ablauf dieser Zeit brachte er jedoch ein großes Heer zusammen; er wußte nämlich, daß Nomogan, ein Sohn des Großkhans, sich in Karakorum zusammen mit Georg, einem Enkel des Priesters Johannes, aufhielt und daß beide Barone ein bedeutendes Reiterheer bei sich hatten. Als Kaidu seine Anhänger versammelt hatte, verließ er sein Land und kam, ohne daß auf dem Marsche ein bemerkenswertes Ereignis vorgefallen wäre, in der Nähe von Karakorum an, wo sich die beiden Barone, der Sohn des Großkhans und der Enkel des Priesters Johannes, zusammen mit ihrer Armee befanden. Die letzteren gerieten keineswegs in Furcht, sondern bereiteten sich mit Eifer und Mut auf den Kampf vor, und nachdem sie ihr ganzes Heer vereinigt hatten, das nicht weniger als sechzigtausend Reiter stark war, gingen sie vor und schlugen ihr Lager in guter Ordnung ungefähr zehn Meilen von König Kaidu entfernt auf, der mit seinen Leuten in derselben Ebene lagerte. Jede Partei blieb in ihrer Stellung bis zum dritten Tage, indem sie sich auf das sorgfältigste zum Kampfe rüstete; denn ihre Zahl war ungefähr gleich und betrug nicht mehr als sechzigtausend Reiter, die mit Bogen und Pfeilen, Schwert, Keule und Schild bewaffnet waren. Beide Heere bestanden aus sechs Abteilungen zu je zehntausend Mann, jede unter einem besonderen Befehlshaber; und als sie auf dem Felde in Schlachtordnung aufgestellt worden waren und auf das Signal warteten, das durch einen Trommelwirbel gegeben werden sollte, sangen sie und spielten ihre Musikinstrumente in einer Weise, die Bewunderung verdiente. Den Tataren ist es nämlich nicht gestattet, eine Schlacht zu beginnen, bevor sie die Trommel ihres Anführers tönen hören; aber in demselben Augenblicke, wo sie erschallt, fangen sie an zu fechten, und es ist bei ihnen Brauch, während sie auf das Signal zum Kampfe warten, sich an Gesang und lieblichem Saitenspiel zu erfreuen. Sobald man den Trommelwirbel vernahm, begann die Schlacht; sie ergriffen ihre Bögen und legten die Pfeile auf die Sehnen. In einem Augenblicke war die Luft von Pfeilen angefüllt, die so dicht wie Regentropfen fielen; man konnte manchen Mann und manches Roß tot niedersinken sehen, und das Geschrei und der Lärm des Kampfes war so groß, daß es kaum möglich gewesen wäre, Gottes Donner zu vernehmen. In der Tat, sie fochten wie Todfeinde. Solange sie Pfeile übrig hatten, hörten die, welche es noch vermochten, nicht auf zu schießen; aber so viele lagen erschlagen und tödlich verwundet auf dem Boden, daß der Kampf keiner Partei einen entscheidenden Sieg zu bringen schien. Da legten sie, als sie ihre Pfeile verschossen hatten, die Bögen beiseite, ergriffen Schwerter und Keulen und begannen, indem sie aufeinander losstürzten, sich schreckliche Wunden zu schlagen. Eine wilde und fürchterliche Schlacht entstand, und das gegenseitige Morden nahm einen solchen Umfang an, daß der Boden sehr bald mit Leichen bedeckt war. Kaidu besonders zeichnete sich durch glänzende Waffentaten aus, und ohne seine persönliche Tapferkeit, die den gesunkenen Mut seiner Anhänger wieder herstellte, wären jene beinahe mehrere Male geschlagen worden. Auf der anderen Seite zeigten sich der Sohn des Großkhans und der Enkel des Priesters Johannes gleichfalls als tapfere Krieger. Mit einem Wort, es war eine der blutigsten Schlachten, die jemals zwischen Tataren stattgefunden hatte; denn sie dauerte bis zum Anbruch der Nacht; und ungeachtet aller Anstrengungen konnte keine Partei die andere aus dem Felde schlagen, und der Kampfplatz war mit so viel Leichen bedeckt. daß er einen bejammernswerten Anblick darbot; manche Frau wurde an jenem Tage zur Witwe, manches Kind zur Waise. Als die Sonne sank, gaben beide Parteien den Kampf auf und kehrten in ihr Lager zurück, um während der Nacht zu ruhen. Am nächsten Morgen jedoch bei Tagesanbruch ließ König Kaidu, dem mitgeteilt worden war, daß der Großkhan eine gewaltige Armee gegen ihn gesandt hatte, seine Leute unter Waffen treten, und nachdem sie ihre Pferde bestiegen hatten, befahl er ihnen, in ihre Heimat zurückzukehren. Ihre Gegner waren von der Schlacht des vorangegangenen Tages so ermattet, daß sie keinen Versuch machten, ihnen zu folgen; sie ließen sie vielmehr abziehen, ohne sie zu belästigen. Kaidus Anhänger setzten ihren Rückzug fort, bis sie nach Samarkand in der großen Türkei kamen.

48. Kapitel.

Was der Großkhan zu dem beleidigenden Verhalten Kaidus sagte.

Den Großkhan ergriff nun ein gewaltiger Zorn gegen Kaidu, der seinen Untertanen und seinem Lande stets soviel Schaden zugefügt hatte, und er sagte sich, daß, wenn jener nicht sein Neffe wäre, er einem schlimmen Tode nicht entgehen würde. Aber seine verwandtschaftlichen Gefühle hinderten ihn, seinen Gegner und dessen Land zu verderben; und so entkam Kaidu aus den Händen des Großkhans. Wir werden jetzt diesen Gegenstand verlassen und eine merkwürdige Geschichte von der Tochter König Kaidus erzählen.

49. Kapitel.

Von der starken und tapferen Tochter König Kaidus.

Man muß wissen, daß damals König Kaidu eine Tochter hatte, die Aigiarm[1]) hieß, ein Name, der in der

---

[1]) In dem lateinischen Text, der von der Pariser Geographi-

tatarischen Sprache Mondschein bedeutet. Dieses Mädchen war so stark, daß es im ganzen Königreiche keinen Jüngling gab, der sie bezwingen konnte, sondern sie besiegte alle. Als ihr Vater, der König, sie zu verheiraten wünschte, weigerte sie sich, indem sie sagte, sie würde niemals einen Gatten nehmen, wenn sie nicht einen Mann fände, der sie durch seine Stärke erobern könnte, worauf ihr der König, ihr Vater, das schriftliche Versprechen gab, daß sie heiraten dürfe, wen sie wolle. Sie ließ nun in verschiedenen Teilen der Welt bekannt machen, daß, wenn ein Jüngling im Kampfe mit ihr sie durch seine Stärke besiegen sollte, sie ihn als Gatten annehmen würde. Diese Ankündigung war kaum bekannt geworden, als auch schon zahlreiche Bewerber aus allen Ländern herbeikamen, um ihr Glück zu versuchen. Der Kampf wurde unter großen Feierlichkeiten ausgefochten. Der König nahm mit einem großen Gefolge aus Herren und Damen in der Haupthalle des Palastes Platz; alsdann trat die Königstochter in die Mitte des Saales, in einem seidenen Gewande und reich geschmückt; als nächster erschien der Jüngling, der gleichfalls mit einem seidenen Gewande bekleidet war. Es war festgesetzt worden, daß der Jüngling, wenn er imstande

---

schen Gesellschaft veröffentlicht wurde, wird der Name des Mädchens Argialcucor geschrieben; Pauthier hat Agiaint und Agyanie. Das Wort stammt aus dem Osttürkischen; in dieser Sprache bedeutet Ai-yaruk den leuchtenden Mond. — Kaidu hatte viele Söhne, aber nur eine Tochter, welche bei Raschid-ed-din Kutulun heißt. Sie pflegte ihren Vater, der sie über alles liebte, ins Feld zu begleiten. Als sie sich mit Ghazan-khan zu verheiraten wünschte, schlug Kaidu ihre Bitte ab. Nach seinem Tode machte sie den Versuch, die Herrschaft an sich zu reißen. (Hammer, Geschichte der Ilchane.)

Yule macht darauf aufmerksam, daß Marco Polos Erzählung von der Tochter König Kaidus an eine Stelle im Nibelungenlied erinnert, wo Brunhilde eine ganz ähnliche Rolle spielt wie die tatarische Königstochter Aigiarm.

wäre, sie mit Gewalt zu Boden zu werfen, sie zur Frau erhalten sollte; wenn er jedoch von der Königstochter besiegt werden sollte, so verlor er an sie hundert Pferde. Auf diese Weise gewann das Mädchen mehr als zehntausend Rosse, da sich keiner fand, der sie besiegen konnte; und dies kann nicht wunderbar erscheinen, denn ihre Glieder waren so stark und sie war so groß und kräftig gebaut, daß man sie beinahe für eine Riesin hätte halten können. Einmal, um das Jahr 1280, erschien ein reicher Königssohn, der sehr schön und jung war, mit einem glänzenden Gefolge und tausend auserlesenen Rossen. Sogleich bei seiner Ankunft gab er bekannt, er sei gekommen, um seine Kräfte mit denen des Fräuleins zu messen. König Kaidu empfing ihn freudig; denn er wünschte sehr, diesen Jüngling als Schwiegersohn zu besitzen, da er wußte, daß er der Sohn des Königs von Pamar war. Aus diesem Grunde sagte Kaidu insgeheim seiner Tochter, es wäre ihm lieb, wenn sie sich bei dieser Gelegenheit besiegen ließe; sie erwiderte jedoch, sie würde dies unter keinen Umständen tun. Darauf nahmen König und Königin ihre Plätze in der Halle ein, zusammen mit einem großen Gefolge von Männern und Frauen; des Königs Tochter bot dieselbe Erscheinung wie sonst dar, ebenso der Königssohn, der sich nicht weniger durch seine Schönheit als durch seine große Stärke auszeichnete. Als sie nun in den Saal getreten waren, wurde mit Rücksicht auf den hohen Rang des Bewerbers die Festsetzung getroffen, daß, wenn der Jüngling besiegt würde, er die tausend Rosse verlieren sollte, die er als Einsatz mitgebracht hatte. Nachdem dieser Vertrag abgeschlossen worden war, begann der Kampf, und alle, die zugegen waren, einschließlich des Königs und der Königin, wünschten herzlich, daß der Prinz den Sieg davontragen und der Gemahl der Prinzessin werden möchte. Aber im Gegensatz zu diesen Hoffnungen gewann die Königstochter nach vielem Stoßen und Zerren den Sieg und warf den jungen Prinzen, der somit seine tausend Rosse verlor, auf das Steinpflaster des Saales nieder. Da gab es in der ganzen Halle niemanden, der nicht seine Niederlage beklagte. Nach diesem Ereignisse begleitete den König seine Tochter in viele Schlachten, und kein Krieger im Heere zeigte eine solche Tapferkeit wie sie; und zuletzt stürzte das Mädchen mitten unter die Feinde, ergriff einen Reiter und schleppte ihn als Gefangenen mit sich, bis sie ihre Landsleute erreicht hatte. Wir wollen jetzt diese Episode verlassen und weiter von einer großen Schlacht berichten, die zwischen Kaidu und Argon stattfand, dem Sohne Abagas, der den Osten beherrschte.

50. Kapitel.

Wie Abaga seinen Sohn Argon mit einem Heere absandte.

Nun herrschte Abaga, der Gebieter des Ostens,[1]) über viele Provinzen und Länder, die an das Reich des Königs Kaidu grenzten, und zwar auf der Seite, wo sich der Baum befand, der in dem Buche Alexanders Arbor secco genannt wird. Abaga sandte, durch den Schaden veranlaßt, den Kaidu seinem Lande zugefügt hatte, seinen Sohn Argon mit einem großen Reiterheere in das Gebiet von Arbor secco bis zum Flusse Jon, wo sie Halt machten, um das Land gegen König Kaidus Volk zu beschützen. Auf diese Weise blieben Argon und seine Leute in der Ebene von Arbor secco und besetzten dort viele Städte und Schlösser. Daraufhin brachte König Kaidu eine große Zahl von Reitern zusammen und gab das Kommando über sie seinem

---

[1]) Die östlichen Tataren bewohnten hauptsächlich Persien und Khorasan.

Bruder Barac,[2]) einem klugen und tapferen Manne, mit dem Befehl, Argon in die Flucht zu schlagen. Barac versprach, den Auftrag zu erfüllen und sein Bestes gegen Argon und dessen Heer zu tun; er marschierte mit seiner Armee, die sehr groß war, ab und rückte viele Tage lang vor, ohne daß ihm ein nennenswerter Unfall zugestoßen wäre, bis er den Fluß Jon erreichte, wo er nur zehn Meilen vom Heere Argons entfernt war. Beide Parteien bereiteten sich sogleich zum Kampfe vor, und in einem sehr hartnäckigen Gefecht, das drei Tage später stattfand, wurde die Armee Baracs überwältigt und unter großem Gemetzel über den Fluß getrieben.

51. Kapitel.

Wie Argon seinem Vater in der Herrschaft nachfolgte.

Bald nach diesem Siege erhielt Argon die Nachricht, daß sein Vater Abaga gestorben wäre, worüber er sehr traurig war, und er machte sich mit allen seinen Anhängern auf den Weg zum Hofe, der vierzig Tagereisen entfernt war, da er die Absicht hatte, die Herrschaft zu übernehmen. Nun hatte Abaga einen Bruder, namens Sultan Acomat,[1]) der zum Islam übergetreten war. Als dieser von

---

[2]) Barac war nicht, wie Marco Polo behauptet, ein Bruder Kaidus, sondern gehörte der Linie Dschagatais an. Im Jahre 1269 rückte Barac, der mit Kaidu verbündet war, in Khorasan ein. Argon war damals ungefähr fünfzehn Jahre alt, und sein Vater Abaka eilte herbei, um den Oberbefehl über das Heer zu übernehmen. Die Schlacht scheint in der Nähe des Oberlaufes des Murghab nördlich von Herat stattgefunden zu haben. Nicht lange darauf wurde Barac aus seinem Lande vertrieben und nahm seine Zuflucht zu König Kaidu. Er starb im Jahre 1270. (Yule, a. a. O., II. 467.)

[1]) Als Abaka im Jahre 1282 gestorben war, riß sein jüngerer Bruder Ahmad, der ursprünglich die christliche Taufe empfangen

Abagas Tode gehört hatte, faßte er sogleich den Plan, die Nachfolge für sich selbst in Anspruch zu nehmen, da er glaubte, Argon wäre zu weit entfernt, um ihn daran hindern zu können. Er sammelte infolgedessen ein gewaltiges Heer, marschierte geraden Weges zum Hofe seines Bruders Abaga und bemächtigte sich der Herrschaft. Er fand daselbst eine ungeheure Menge von Schätzen, wie er sie kaum erwartet hatte, und indem er sie verschwenderisch unter Abagas Barone und Ritter verteilte, gewann er so sehr ihre Herzen, daß sie erklärten, sie wollten keinen anderen als ihn zum Herrn haben. Überdies zeigte sich Sultan Acomat als guter Herrscher und machte sich bei jedermann beliebt. Aber er hatte sich noch nicht lange seiner angemaßten Macht erfreut, als Nachrichten kamen, daß Argon mit einem großen Heere im Anzuge wäre. Acomat zeigte sich nicht beunruhigt, er rief vielmehr mutig seine Barone zusammen, und innerhalb einer Woche hatte er eine ungeheure Zahl von Reitern vereinigt, die alle erklärten, sie wären bereit, gegen Argon zu marschieren, und sie hätten keinen größeren Wunsch, als ihn zu ergreifen und zu töten.

52. Kapitel.

Wie Acomat mit seinen Anhängern auszog, um mit Argon zu kämpfen.

Als Sultan Acomat volle sechzigtausend Reiter zusammengebracht hatte, machte er sich auf den Weg, um mit Argon und dessen Leuten zusammenzutreffen, und nach einem zehntägigen Marsche ließ er halten, da ihm mitgeteilt wurde, daß der Feind nur fünf Tagereisen entfernt

---

hatte, aber später zum Islam übergetreten war, die Herrschaft an sich.

wäre und ebensoviel Truppen besäße wie er Acomat schlug sein Lager in einer großen und günstig gelegenen Ebene auf und kündigte die Absicht an, den Feind daselbst zu erwarten, da der Platz ihm für die Schlacht geeignet erschiene. Als das Lager in Ordnung war, rief er seine Leute zusammen und redete sie folgendermaßen an: „Krieger, wie ihr wißt, sollte ich der Oberherr über alles sein, was mein Bruder Abaga besaß, da ich der Sohn seines Vaters war und ihm bei der Eroberung der Länder und Gebiete, die wir besitzen, meinen Beistand lieh. Freilich ist Argon der Sohn meines Bruders Abaga, und einige behaupten daher, die Nachfolge müßte von Rechts wegen auf ihn übergehen; aber bei aller Achtung vor denen, die diese Ansicht vertreten, sage ich, sie haben unrecht; denn da sein Vater die große Herrschaft ganz für sich besaß, so ist es gerecht, daß ich sie nach seinem Tode erhalte, ich, der eigentlich die Hälfte zu seinen Lebzeiten hätte haben müssen, obwohl ihm infolge meiner Großherzigkeit gestattet wurde, das Ganze für sich zu behalten. Da sich nun die Sache so verhält, wie ich euch sage, so laßt uns, bitte, unser Recht gegen Argon verteidigen, damit das Königreich und die Herrschaft uns allen verbleibe. Denn ich versichere euch, alles, was ich für meine Person begehre, ist Ehre und Ruhm, während ihr als Belohnung die Güter und Besitztümer in allen unseren Ländern und Provinzen erhalten werdet. Ich will dem weiter nichts mehr hinzufügen; denn ich weiß, ihr seid kluge Männer, ihr liebt die Gerechtigkeit und ihr werdet für unsere Ehre euer Bestes tun.“ Als er so gesprochen hatte, riefen alle Anwesenden, Barone und Ritter, wie aus einem Munde, sie würden ihn nicht verlassen, so lange sie lebten, und sie seien bereit, ihm gegen jedermann Beistand zu leisten, insbesondere gegen Argon; vor letzterem hätten sie keine Furcht, sie würden ihn vielmehr als Gefangenen ihrem

Herrn übergeben. Nach diesen Vorgängen blieben Acomat und sein Heer im Lager und erwarteten die Ankunft des Feindes.

53. Kapitel.

Wie Argon mit seinen Baronen Rat hielt, bevor ei Acomat angriff.

Wir kehren zu Argon zurück. Sobald er sichere Kunde von den Bewegungen Acomats erhalten und erfahren hatte, daß jener mit einem so großen Heere ein Lager aufgeschlagen hatte, geriet er in große Bestürzung, doch hielt er es für klug, Mut und Kampfeseifer in Gegenwart seiner Leute zu zeigen. Nachdem er alle seine Barone und weisen Ratgeber in sein Zelt entboten hatte — sein Lager erstreckte sich nämlich über eine weite Fläche — redete er sie folgendermaßen an: „Liebe Brüder und Freunde, ihr wißt wohl, wie sehr euch mein Vater zugetan war; solange er lebte, behandelte er euch als Brüder und Söhne, und ihr wißt, in wie vielen Schlachten ihr an seiner Seite fochtet, und wie ihr ihm halfet, das Land, das er besaß, zu erobern. Ihr wißt auch, daß ich der Sohn dessen bin, der euch so sehr liebte, und daß auch ich euch liebe wie meinen eigenen Körper. Es ist daher recht und billig, daß ihr mich gegen den unterstützt, der gegen alles Recht uns unseres Landes berauben will. Wie ihr ferner gehört habt, ist er nicht ein Anhänger unseres Gesetzes, dem er abtrünnig geworden ist, um als Sarazene Muhammed zu verehren; es würde uns übel anstehen, wollten wir es zulassen, daß Sarazenen über Tataren herrschen. Liebe Brüder und Freunde, alle diese Gründe sollten euch veranlassen, mit Mut und Entschlossenheit euer Äußerstes zu tun, um derartige Folgen zu verhindern. Aus diesem Grunde bitte ich jeden von euch dringend, er möge sich als tapferen Krieger zeigen und mit Eifer darauf bedacht sein, den Sieg in der Schlacht zu erringen, damit die Herrschaft euch und nicht den Sarazenen gehört. Und wahrhaftig, jedermann sollte auf Sieg rechnen, da das Recht auf unserer Seite ist und das Unrecht bei den Feinden. Ich will nichts weiter sagen, sondern nur noch einen jeden von euch anflehen, seine Pflicht zu tun."

54. Kapitel.

Was für eine Antwort die Barone dem Argon gaben.

Als die anwesenden Barone und Ritter Argons Ansprache vernommen hatten, waren sie alle entschlossen, eher zu sterben als zu fliehen; und während sie noch schweigend dastanden und über seine Worte nachdachten, erhob sich einer der großen Barone und hielt folgende Rede: „Teurer Herrscher Argon, teurer Herrscher Argon, wir wissen wohl, daß deine Worte auf Wahrheit beruhen, und ich will daher im Namen aller Krieger, die in dieser Schlacht auf deiner Seite kämpfen werden, offen aussprechen, wir werden dich nicht verlassen, solange noch Blut in unseren Adern rinnt, und wir wollen lieber sterben als auf den Sieg verzichten. Wir haben die feste Zuversicht, daß wir deine Feinde in die Flucht schlagen werden, da das Recht auf unserer Seite ist, während jene für eine ungerechte Sache kämpfen; und aus diesem Grunde möchte ich den Vorschlag machen, daß wir sogleich gegen sie vorrücken, und ich bitte alle unsere Freunde, sich in dieser Schlacht so tapfer zu zeigen, daß die ganze Welt davon reden soll." Nach diesen Worten erklärten alle anderen ihre Zustimmung, und das ganze Heer verlangte stürmisch, unverzüglich gegen den Feind geführt zu werden. Infolgedessen brach Argon mit seinem Heere am nächsten Morgen mutigen Herzens auf, und als sie die weite Ebene erreicht hatten, in der sich Acomats Lager betand, schlugen sie dort gleichfalls ihr Lager auf, in guter Ordnung und in zehn Meilen Entfernung von ihrem Gegner. Alsdann schickte Argon zwei zuverlässige Gesandte mit einer Botschaft an seinen Oheim.

55. Kapitel.

Wie Argon seine Gesandten an Acomat schickte.

Als diese beiden treuen Boten, welche schon sehr bejahrt waren, im feindlichen Lager ankamen, stiegen sie am Zelte Acomats ab, wo jener inmitten zahlreicher Barone saß, und nachdem sie eingetreten waren, begrüßten sie ihn mit großer Höflichkeit. Acomat, der sie genau kannte, empfing sie mit derselben Achtung, hieß sie willkommen und forderte sie auf, sich neben ihn zu setzen. Nach kurzem Verweilen erhob sich einer der beiden Gesandten und überbrachte folgende Botschaft: „Teurer Herrscher Acomat, dein Neffe Argon wundert sich sehr über dein Benehmen, da du ihm die Herrschaft streitig machst und jetzt gekommen bist, um mit ihm in einer blutigen Schlacht zusammenzutreffen; das ist wahrhaftig nicht recht, auch hast du nicht gehandelt, wie ein guter Oheim gegen seinen Neffen handeln sollte. Aus diesem Grunde läßt er dich durch uns herzlich bitten, du möchtest als guter Oheim und Vater ihm wieder zu seinem Rechte verhelfen, so daß keine Schlacht zwischen euch beiden nötig wird; er will dir dann alle Ehren zukommen lassen, und du sollst unter ihm Herr des ganzen Landes sein. Das ist der Auftrag, den dir dein Neffe durch uns übersendet."

56. Kapitel.

Acomats Antwort auf Argons Botschaft.

Als Sultan Acomat die Botschaft seines Neffen Argon gehört hatte, gab er folgende Antwort: „Herr Gesandter, was mein Neffe sagt, hat keinen Sinn; denn das Land gehört mir und nicht ihm; man kann ebensogut sagen, ich hätte es erobert und nicht sein Vater; ihr möget daher meinem Neffen mitteilen, daß, wenn er will, ich ihn zu einem großen Herrn machen und ihm ausgedehnte Ländereien geben werde; und er soll von mir wie ein Sohn behandelt werden und den höchsten Rang nach mir einnehmen. Wenn er jedoch auf meinen Vorschlag nicht eingeht, so möget ihr ihm versichern, werde ich alles, was in meiner Macht steht, tun, um ihn zu töten. So will ich meinen Neffen behandeln, und kein anderes Abkommen werdet ihr jemals bei mir durchsetzen." Als Acomat seine Rede beendet hatte, fragten die Boten wiederum: „Ist dies die ganze Antwort, welche wir erhalten sollen?" „Ja," entgegnete er, „ihr sollt keine andere haben, solange ich lebe." Die Gesandten brachen sofort auf, ritten, so schnell sie konnten, in Argons Lager, stiegen an seinem Zelte ab und berichteten ihm alles, was sich ereignet hatte. Als Argon seines Oheims Botschaft vernommen hatte, geriet er in solchen Zorn, daß er in Gegenwart seines ganzen Gefolges ausrief: „Da mein Oheim mich in dieser Weise mit Beleidigungen gekränkt hat, will ich weder herrschen noch leben, wenn ich an ihm nicht eine solche Rache nehme, daß die ganze Welt davon reden soll." Nach diesen Worten wandte er sich an seine Barone und Ritter: „Jetzt haben wir keine andere Aufgabe, als so schnell wie möglich vorzurücken und diese treulosen Verräter niederzuhauen; ich wünsche sie morgen früh anzugreifen; spannt eure Kräfte bis zum äußersten an, sie zu vernichten." Während der ganzen Nacht bereiteten sie sich auf den Kampf vor, und Sultan Acomat, der durch seine Spione von den Absichten Argons benachrichtigt worden war, traf gleichfalls die nötigen Vorbereitungen und feuerte seine Leute an, sich tapfer zu schlagen.

57. Kapitel.

Die Schlacht zwischen Argon und Acomat.

Als am nächsten Morgen Argon seine Krieger zu den Waffen gerufen und sie nach den Regeln der Kriegskunst in Schlachtordnung aufgestellt hatte, wandte er sich an sie mit einer ermutigenden Ansprache, worauf sie gegen den Feind vorrückten. Acomat hatte das gleiche getan, und die beiden Heere marschierten gegeneinander, ohne daß weitere Reden gehalten wurden. Die Schlacht begann mit einem Hagel von Pfeilen, die so dicht wie der Regen vom Himmel herunterfielen; man konnte überall beobachten, wie Reiter vom Pferde stürzten, und die Schreie und Seufzer derer, die tödlich verwundet auf dem Boden lagen, waren schrecklich anzuhören. Als sie ihre Pfeile verschossen hatten, griffen sie zu ihren Schwertern und Keulen, und die Schlacht wurde so wild und der Lärm so gewaltig, daß es unmöglich gewesen wäre, Gottes Donner zu hören. Das Gemetzel war auf beiden Seiten sehr groß; aber obwohl Argon mit ungewöhnlicher Tapferkeit kämpfte, allen seinen Kriegern ein leuchtendes Vorbild, so war doch schließlich alles vergebens; denn das Glück wandte sich gegen ihn, und seine Leute wurden in die Flucht geschlagen, hartnäckig verfolgt von Acomat und dessen Kriegern, welche unter ihnen ein großes Blutbad anrichteten. Auf der Flucht wurde Argon selbst gefangen genommen, worauf die Verfolgung ein Ende nahm und die Sieger über alle Maßen froh in ihr Zeltlager zurückkehrten. Acomat ließ seinen Neffen Argon in Fesseln legen und scharf bewachen, und da er den Vergnügungen sehr ergeben war, kehrte er an den Hof zurück, um sich der Gesellschaft schöner Weiber zu erfreuen, indem er das Kommando über die Armee einem großen Melik[1]) überließ, mit dem

[1]) Das Wort Melik bedeutet einen Häuptling oder Fürsten. Die Schlacht zwischen Argon und Ahmad fand im Jahre

ausdrücklichen Befehl, Argon scharf zu bewachen und in kurzen Märschen an den Hof zu ziehen, um nicht die Truppen zu ermüden.

58. Kapitel.

Wie Argon befreit wurde.

Nun geschah es, daß ein großer Baron der Tataren, der schon sehr bejahrt war, von Mitleid gegen Argon ergriffen wurde und bei sich sagte, es sei eine große Ruchlosigkeit und Treulosigkeit, den eigenen Herrn so als Gefangenen festzuhalten, und er wolle sein Bestes tun, um ihn in Freiheit zu setzen. Er begann damit, viele andere Barone zu überreden, und sein persönlicher Einfluß war in Anbetracht seines Alters und seines gerechten und weisen Charakters so groß, daß er sie mit Leichtigkeit für das Unternehmen gewann und daß sie versprachen, sich von ihm leiten zu lassen. Der Urheber dieses Unternehmens hieß Boga, und die Führer der Mitverschworenen waren Elcidai, Togan, Tegana, Taga, Tiar, Oulatai und Samagar. Mit ihnen ging Boga zu dem Zelte, wo Argon gefangen gehalten wurde, und sie sagten ihm, sie bereuten es, gegen ihn Partei ergriffen zu haben, und um ihren Irrtum wieder gut zu machen, wären sie gekommen, ihn in Freiheit zu setzen und ihn zu ihrem Herrn zu machen.

59. Kapitel.

Wie Argon die Herrschaft wiedererlangte.

Als Argon Bogas Worte hörte, dachte er zuerst, sie wären gekommen, um ihn zu verspotten, und er war sehr

1284 auf der Ebene von Ak Khoja nahe bei Kazwin statt. Argon floh nach der Niederlage seines Heeres in das Schloß Kalaat, wo er sich bald darauf ergab. Ahmad behandelte den Gefangenen freundlich und weigerte sich, dem Rate seiner Anhänger zu folgen, welche die Hinrichtung Argons forderten.

ärgerlich und gereizt. „Werte Herren," sagte er, „ihr begeht eine große Sünde, wenn ihr mich zum Gegenstande eures Spottes macht; ihr solltet mit dem Unrecht zufrieden sein, das ihr mir schon zugefügt habt, indem ihr euren rechtmäßigen Herrn ins Gefängnis warfet. Ihr wißt, euer Betragen ist unpassend, und ich bitte euch daher, geht eures Weges und macht euch nicht mehr über mich lustig." „Lieber Herr Argon," sagte darauf Boga, „sei versichert, daß wir uns keineswegs über dich lustig machen, sondern was wir sagen, ist vollkommen wahr, und wir beschwören es bei unserem Glauben." Darauf leisteten alle Barone einen Eid, daß sie ihn als ihren Herrn anerkennen wollten, und Argon schwor seinerseits, er würde sie niemals wegen ihres früheren Verhaltens zur Rechenschaft ziehen, sondern sie wert halten, wie sein Vater Abaga es getan hatte. Sobald diese beiderseitigen Eide beschworen waren, befreiten sie Argon aus der Gefangenschaft und nahmen ihn als ihren Herrn an. Alsdann befahl ihnen Argon, ihre Pfeile auf das Zelt abzuschießen, in welchem sich der Melik aufhielt, der das Kommando über die Armee hatte; sie gehorchten seinen Worten, und so wurde der Melik getötet. Dieser hieß Soldan und war einer der vornehmsten Fürsten unter Acomat. Auf diese Weise erlangte Argon die Herrschaft wieder.

60. Kapitel.

Wie Argon seinen Oheim Acomat hinrichten ließ.

Als Argon sich im unbestrittenen Besitze der Herrschaft sah, gab er dem Heere den Befehl, an den Hof zu marschieren. Eines Tages, als Acomat am Hofe in seinem Hauptpalaste ein großes Fest feierte, geschah es, daß ein Bote zu ihm kam und sagte: „Herr, ich bringe dir

Nachrichten, aber nicht solche, wie ich wünschte, sondern sehr schlechte. Du sollst wissen, daß die Barone Argon befreit und ihn zum Herrscher ausgerufen haben. Soldan, dein lieber Freund, ist von ihnen getötet worden; und ich gebe dir die Versicherung, daß sie in Eilmärschen hierher kommen, um dich zu ergreifen und zu töten. Überlege dir sofort, was zu tun ist.“ Als Acomat diese Worte vernahm, war er zuerst von Überraschung und Furcht so betäubt, daß er nicht wußte, was er sagen oder tun sollte. Aber schließlich gab er als tapferer und kluger Mann dem Boten den Befehl, zu keinem Menschen von diesen Nachrichten zu sprechen, und in aller Eile veranlaßte er seine treuesten Anhänger, sich mit Waffen zu versehen und die Pferde zu besteigen. Ohne daß er einem Menschen mitteilte, wohin die Reise ging, machte er sich auf den Weg zum Sultan von Babilonia, da er bei ihm sicher zu sein glaubte. Nach sechs Tagen gelangte er an einen Paß, der sich nicht umgehen ließ. Der Wächter wußte, daß er es mit Acomat zu tun hatte, und begriff, daß jener sich in Sicherheit bringen wollte. Er beschloß, ihn gefangen zu nehmen, was sich leicht ausführen ließ, da Acomat nur wenige Begleiter hatte. Als letzterer in Fesseln lag, bat er flehentlich, man möge ihm die Freiheit geben, und versprach große Schätze. Aber der Wächter des Passes, ein eifriger Anhänger Argons, erwiderte, alle Schätze der Welt würden ihn nicht von seiner Pflicht gegen seinen rechtmäßigen Herrn abbringen. Er ließ infolgedessen Acomat streng bewachen und marschierte mit ihm an den Hof, wo er gerade drei Tage später als Argon eintraf, der über Acomats Flucht sehr beunruhigt war. Als dieser ihm nun als Gefangener ausgeliefert wurde, empfand er die denkbar größte Freude; er ließ sogleich seine Krieger zusammenkommen, und ohne irgend jemand um Rat zu fragen, befahl er einem Soldaten, seinen Oheim niederzuhauen und den Leichnam an einen Platz zu bringen, wo er niemals wieder gesehen werden konnte; und dieser Befehl wurde auf der Stelle ausgeführt.[1]) So endete die Angelegenheit zwischen Argon und seinem Oheim Acomat.

61. Kapitel.

Der Tod Argons.

Als Argon dies alles verrichtet und von dem Hauptpalast zusammen mit der Herrschaft Besitz genommen hatte, kamen alle Barone herbei, die seinem Vater untertan gewesen waren, um ihm als ihrem Herrn zu huldigen, und sie gehorchten ihm in allen Dingen. Später sandte Argon seinen Sohn Casan mit dreißigtausend Reitern nach Arbor secco, welches in jener Gegend liegt, um sein Land und sein Volk zu beschützen. Argon erlangte die Herrschaft im Jahre 1286 der Menschwerdung Jesu Christi, und Acomat hatte sie zwei Jahre besessen. Argon regierte sechs Jahre, nach deren Ablauf er starb, und zwar durch Gift, wie man allgemein annahm.[1])

---

[1]) Der Historiker Wassaf schildert die Vorgänge etwa folgendermaßen: Als Buka, das Haupt der Verschwörer, Argon befreit und den Oberbefehlshaber Alinak getötet hatte, floh Ahmad in der Richtung auf Tabris; er wurde jedoch von einer Schar Karaunas verfolgt und eingeholt. Als der Gefangene vor Argon gebracht wurde, gab dieser sogleich den Befehl zur Hinrichtung.

[1]) Über Argons Tod macht Hammer (Geschichte der Ilchane, I. 391—393) folgende Angaben: Der König, der sich viel mit Alchemie beschäftigte, fragte die indischen Bakschis, wie sie es anstellten, um ihr Leben zu verlängern. Sie erwiderten ihm, eine Mischung von Schwefel und Quecksilber sei das Elixier, das sie gebrauchten. Argon nahm den Trank acht Monate lang zu sich und starb bald darauf.

62. Kapitel.

Wie Quiacatu nach dem Tode Argons die Herrschaft an sich riß.

Als Argon gestorben war, riß sein Oheim Quiacatu[1]) die Herrschaft an sich, was er sehr leicht tun konnte, da Casan so weit entfernt in Arbor secco weilte. Letzterer war sehr erregt, als ihm der Tod seines Vaters und die widerrechtliche Gewalttat Quiacatus zu Ohren kam; aber er konnte seinen Posten in jenem Augenblick aus Furcht vor seinen Feinden nicht verlassen. Er drohte jedoch, er würde schon eine Gelegenheit finden, sich zu rächen, gerade so wie sein Vater sich an Acomat gerächt hatte. Quiacatu blieb im Besitze der Herrschaft, und alle waren ihm untertan, ausgenommen diejenigen, welche auf seiten Casans standen. Er nahm das Weib seines Neffen Argon zu sich und verkehrte mit ihr wie mit seinem eigenen; auch mit anderen Weibern hatte er oft Umgang, denn er war seinen Lüsten sehr ergeben. Quiacatu regierte zwei Jahre und wurde nach Ablauf dieser Zeit mittels Giftes umgebracht.

63. Kapitel.

Wie Baidu die Herrschaft nach dem Tode Quiacatus an sich riß.

Als Quiacatu gestorben war, riß sein Oheim Baidu, der Christ war,[1]) die Herrschaft an sich, und alle ge-

[1]) Als Argon gestorben war, riß im Jahre 1291 Quiacatu, der übrigens nicht der Oheim, sondern der Bruder Argons war, die Herrschaft an sich. Hayton sagt, er sei ein unzuverlässiger und gewissenloser Mann gewesen, der nicht einmal Übung im Gebrauche der Waffen gehabt habe, dafür aber allen Lastern wie ein wildes Tier ergeben gewesen sei. Wegen seines ausschweifenden Lebens verachteten ihn selbst die Tataren.

[1]) Im Jahre 1295 wurde Quiacatu, nachdem Baidu einen erfolgreichen Aufstand gegen ihn unternommen hatte, hingerichtet. Die Behauptung Marco Polos, Baidu sei Christ gewesen, wird durch andere Autoren, z. B. Hayton, bestätigt.

horchten ihm, ausgenommen Casan und sein Heer. Dies geschah im Jahre 1294. Als Casan vernahm, was vorgefallen war, war er gegen Baidu weit mehr ergrimmt als vorher gegen Quiacatu, und indem er drohte, fürchterliche Rache an ihm zu nehmen, beschloß er, nicht länger mehr zu zögern, sondern auf der Stelle gegen ihn zu marschieren. Er rüstete infolgedessen sein Heer aus und begann den Marsch. Als Baidu erfahren hatte, daß Casan im Anzuge wäre, brachte er eine ungeheure Zahl von Kriegern zusammen, rückte volle zehn Tage vor, schlug dann ein Lager auf und erwartete ihn, um ihm eine Schlacht anzubieten. Am zweiten Tage erschien Casan, und sofort begann eine blutige Schlacht, welche mit der völligen Niederlage Baidus endigte, der selbst in dem Kampfe erschlagen wurde. Casan erlangte nun die Herrschaft und begann seine Regierung im Jahre 1294. Auf diese Weise kam das Reich der östlichen Tataren von Abaga auf Casan, der noch heute regiert.

64. Kapitel.

Von den Herrschern der westlichen Tataren.

Der erste Herrscher der Tataren des Westens war Sain, ein großer und mächtiger König. Er eroberte Rußland, das Gebiet der Komanen und Alanen, Lac, Mengiar und Zic, sowie Gucia und Gazaria. Alle diese Provinzen wurden von König Sain erobert. Vor dieser Eroberung gehörten die Bewohner alle zu den Komanen,[1]) aber sie

[1]) Die Komanen, welche der türkischen Rasse angehörten, bewohnten vor der mongolischen Invasion die Gebiete zwischen dem Kaspischen und Schwarzen Meere, sowie die Ebenen im Norden des letzteren. Das Land der Alanen lag am nördlichen Rande des Kaukasus. Lac hält Yule für die Walachei. Die Lage von Mengiar ist unbekannt. Zic dürfte das Gebiet der Circassier

standen nicht unter einer Regierung, und da sie nicht einig waren, verloren sie ihre Länder und zerstreuten sich in den verschiedenen Teilen der Welt; und diejenigen, welche zurückblieben, standen alle zu König Sain im Verhältnis der Leibeigenschaft. Nach König Sain regierte König Patu, nach ihm König Berca, alsdann König Mungletemur, darauf König Totamongur und zuletzt Toctai, welcher noch jetzt regiert.[2]) Nachdem wir so ein Verzeichnis der Könige der westlichen Tataren gegeben haben, wollen wir von einer großen Schlacht berichten, die zwischen Alau, dem Herrscher des Ostens, und Berca, dem Herrscher des Westens, stattfand, ferner auch von der Veranlassung zu diesem Kampfe und seinen Folgen.

65. Kapitel.

Von dem Kriege zwischen Alau und Berca und von der Schlacht zwischen beiden.

Im Jahre 1261 entstand ein großer Streit zwischen König Alau, dem Beherrscher der Tataren des Ostens,

---

sein. Gucia oder Gothia befand sich an der Südküste der Krim, wo damals gothische Stämme lebten. Gazaria endlich nahm den größten Teil der Krim und die nördliche Küste des Asowschen Meeres ein.

[2]) Der König Sain, von dem Marco Polo spricht, ist mit Batu identisch; denn Batu führte den Beinamen Sain-khan, der gute Fürst. Dieser Herrscher leitete den großen tatarischen Heereszug gegen Europa in den Jahren 1240—1242. Er selbst befand sich bei dem südlichen Heere, das gegen Ungarn vordrang, während Baidar, ein Sohn Dschagatais, die Nordarmee bei Liegnitz befehligte.

Das Verzeichnis der Könige des Westens ist so, wie es Marco Polo angibt, nicht ganz vollständig. Auf Batu folgten Sartak, Ulagtschi, Barca, Mangu-Timur, Tudai-Mangu, Tulabuga und Toktai.

und Berca, dem Könige der Tataren des Westens, wegen einer Provinz, die an jedes der beiden Reiche grenzte und von beiden Herrschern in Anspruch genommen wurde. Jeder war zu stolz, um sie dem andern zu überlassen, und sie forderten sich gegenseitig heraus, indem sie erklärten, sie wollten gehen und die Provinz in Besitz nehmen, und sie wollten sehen, wer sie daran zu hindern vermöchte. Als die Ereignisse bis zu diesem Punkte gekommen waren, rief jeder seine Anhänger zu den Waffen, und ihre Rüstungen waren so stark, daß jeder von ihnen innerhalb sechs Monate volle dreihunderttausend Reiter zusammengebracht hatte, die mit allem wohl versehen waren, was sie zum Kriege zu gebrauchen pflegten. Alau, der Herrscher des Ostens, begann nun seinen Marsch mit seinen ganzen Streitkräften, und sie ritten viele Tage, ohne daß sich etwas ereignet hätte, was der Erwähnung wert wäre. Schließlich erreichten sie eine ausgedehnte Ebene, die mitten zwischen dem eisernen Tor und dem See von Sarain[1]) liegt; dort schlugen sie in guter Ordnung ein Lager auf, in dem es nicht an schönen und reichen Zelten fehlte. Alau sagte, er wolle hier warten und sehen, welche Maßregeln Berca treffen werde, da dieser Platz an der Grenze der beiden Reiche lag.

66. Kapitel.

Wie Berca und sein Heer sich auf den Weg machten, um mit Alau zu kämpfen.

Als nun König Berca alle seine Vorbereitungen getroffen und in Erfahrung gebracht hatte, daß Alau im Anmarsch begriffen sei, machte er sich gleichfalls auf den

[1]) Der See von Sarain ist nicht anderes als das Kaspische Meer. Der Name hängt wahrscheinlich mit der Stadt Sarai an

Weg und erreichte rechtzeitig dieselbe Ebene, wo sein Gegner ihn erwartete; dort schlug er ein Lager auf in einer Entfernung von ungefähr zehn Meilen. Bercas Lager war ebenso schön geschmückt wie das Alaus, sein Heer jedoch zahlreicher; denn es bestand aus dreihundertundfünfzigtausend Reitern. Die beiden Armeen ruhten zwei Tage, während welcher Zeit Berca seine Leute zusammenrief und sie folgendermaßen anredete: „Liebe Herren, ihr wißt sicherlich, daß ich euch seit der Zeit, wo ich in den Besitz des Landes kam, wie Brüder und Söhne geliebt habe, und viele unter euch haben mir in zahlreichen großen Schlachten zur Seite gestanden, und ihr habt mir geholfen, einen großen Teil der Länder, die wir besitzen, zu erobern. Ihr wißt, daß ich mit euch alles teile, was ich habe, und ihr solltet dafür euer Bestes tun, meine Ehre zu verteidigen, wie ihr es bisher immer getan habt. Ihr wißt, was für ein großer und mächtiger Herrscher Alau ist und daß er in diesem Streit Unrecht hat, während wir im Rechte sind, und jeder von euch sollte sicher sein, daß wir ihn in der Schlacht besiegen werden, besonders da wir zahlreicher sind als unsere Gegner. Denn wir wissen, er besitzt nur dreihunderttausend Reiter, während wir dreihundertundfünfzigtausend haben, die ebenso gut und vielleicht besser sind als die seinigen. Aus allen diesen Gründen müßt ihr einsehen, daß wir den Sieg erringen werden; da wir jedoch so weit geritten sind, nur um diese Schlacht zu schlagen, so ist es mein Wunsch, daß wir noch drei Tage warten, worauf wir so vorsichtig und in so guter Ordnung vorrücken wollen, daß der Erfolg nicht ausbleiben kann, und ich bitte euch alle, ihr möget euch bei dieser

---

der Wolga zusammen, die unter der Bezeichnung Assara bereits im ersten Buche genannt wurde. An derselben Stelle war auch schon von dem Kriege zwischen Barca und Hulagu-khan die Rede.

Gelegenheit als mutige Männer zeigen, so daß die ganze Welt von euren Taten reden soll. Weiter sage ich nichts, als daß ihr euch, wie ich erwarte, wohl vorbereitet und rüstet."

67. Kapitel.

Alaus Ansprache an seine Krieger.

Als Alau in Erfahrung gebracht hatte, daß Berca mit einem so großen Heere gekommen war, versammelte er gleichfalls seine Hauptleute und sprach zu ihnen folgende Worte: „Liebe Brüder, Söhne und Freunde, ihr wißt, daß ich euch mein ganzes Leben hindurch geschätzt und unterstützt habe, und bis zum heutigen Tage standet ihr auf meiner Seite, als es galt, in so vielen Schlachten den Sieg zu erringen, und niemals kämpftet ihr in einer Schlacht, wo sich der Sieg nicht uns zuwandte. Aus diesem Grunde sind wir hierher gekommen, um mit dem großen Fürsten Berca zu kämpfen; ich weiß wohl, er hat mehr Krieger als wir; aber sie sind nicht so tüchtig, und es erscheint mir nicht zweifelhaft, daß wir sie alle in die Flucht schlagen und ihnen eine Niederlage beibringen. Wie wir durch unsere Spione erfahren haben, beabsichtigen sie, nach drei Tagen eine Schlacht zu liefern, worüber ich mich sehr freue, und ich bitte euch, an diesem Tage gerüstet zu sein und ein Verhalten zu zeigen, wie ich es bisher an euch gewöhnt war. Eins möchte ich euch nur noch ans Herz legen, es ist besser, ehrenvoll auf dem Schlachtfelde zu sterben als eine Niederlage zu erleiden. Jeder von euch möge so kämpfen, daß unsere Ehre unversehrt bleibe und unsere Feinde verjagt und geschlagen werden."

So ermutigten beide Könige ihre Krieger und erwarteten den Tag der Schlacht, indem sie sich aufs beste darauf vorbereiteten.

68. Kapitel.

Von der großen Schlacht zwischen Alau und Berca.

Als der für die Schlacht festgesetzte Tag gekommen war, erhob sich Alau früh am Morgen, rief seine Leute zu den Waffen und ordnete das Heer mit der größten Geschicklichkeit. Er teilte es in dreißig Schwadronen, jede Schwadron zu zehntausend Mann, und gab jeder einen guten Führer und einen guten Hauptmann. Als dies alles geordnet war, gab er seinen Truppen den Befehl, vorzurücken, was sie langsamen Schrittes taten, bis sie die Entfernung zwischen beiden Lagern halbwegs zurückgelegt hatten; dort machten sie Halt und erwarteten die Ankunft des Feindes. Auf der anderen Seite hatte König Berca sein Heer in fünfunddreißig Schwadronen aufgestellt, und zwar in derselben Weise wie Alau, und er gab ihnen gleichfalls den Befehl vorzugehen, was sie taten, bis sie von ihren Gegnern eine halbe Meile entfernt waren. Dort machten sie kurze Zeit Halt und rückten alsdann weiter vor, bis ihre Entfernung ungefähr zwei Armbrustschußweiten betrug. Es befand sich daselbst eine wunderbar schöne, ausgedehnte Ebene, wie sie sein mußte, wenn so viele tausend Reiter in Schlachtordnung aufgestellt werden sollten, unter den beiden mächtigsten Herrschern der Welt, die überdies nahe Verwandte waren; denn sie stammten beide aus der kaiserlichen Linie Dschingiskhans. Als die beiden Heere kurze Zeit einander gegenüber gestanden hatten, ertönte endlich das Signal zum Angriff, worauf beide Gegner solche Schauer von Pfeilen aufeinander abschossen, daß man kaum den Himmel sehen konnte, und viele Krieger und Rosse wurden getötet. Als sie ihre sämtlichen Pfeile verschossen hatten, gingen sie aufeinander mit Schwertern und Keulen los, und die Schlacht wurde darauf so wild, daß der Lärm des Kampfes lauter war als der Donner des Himmels. Der Boden war von Leichen bedeckt und rot von Blut. Beide Könige zeichneten sich durch Tapferkeit aus, und die Krieger, welche ihrem Beispiele folgten, standen nicht hinter ihnen zurück. Die Schlacht nahm in dieser Weise bis zur Dämmerung ihren Fortgang; da begann Berca zu fliehen, und Alaus Leute verfolgten wütend ihre Gegner, indem sie sie erbarmungslos niederschlugen. Nachdem sie die Verfolgung eine kurze Strecke fortgesetzt hatten, rief sie Alau zurück, und sie gingen in ihre Zelte, legten ihre Waffen beiseite und verbanden ihre Wunden; denn sie waren vom Kampfe so erschöpft, daß sie sich auf die Ruhe freuten. Am nächsten Morgen ließ Alau die Toten begraben, Feinde sowohl wie Freunde, und die Verluste waren auf beiden Seiten so groß, daß es unmöglich wäre, sie zu beschreiben. Hierauf kehrte Alau mit allen Kriegern, die in der Schlacht am Leben geblieben waren, in sein Land zurück.

69. Kapitel.

Wie Totamangu König der westlichen Tataren wurde.

Man muß wissen, daß im Westen ein König der Tataren, namens Mongutemur, lebte. Die Herrschaft ging alsdann auf Tolobuga über, einen Jüngling, der noch nicht die Ritterwürde erlangt hatte; aber ein mächtiger Fürst, namens Totamangu, erschlug Tolobuga, unterstützt von einem anderen Könige der Tataren, namens Nogai. Auf diese Weise erlangte Totamangu die Herrschaft; er starb jedoch nach einer kurzen Regierung, worauf Toctai, ein sehr fähiger und kluger Mann, zum Könige erwählt wurde. Inzwischen waren die beiden Söhne Tolobugas soweit herangewachsen, daß sie Waffen tragen konnten und sich durch Verstand und Klugheit auszeichneten. Die beiden

Brüder brachten ein schönes Gefolge zusammen und begaben sich damit an den Hof Toctais; dort fielen sie vor ihm mit so viel Artigkeit und Demut auf die Knie, daß Toctai sie willkommen hieß und sie bat, sich zu erheben. Da sprach der älteste zu dem Könige: „Teurer Herr Toctai, ich will dir, so gut ich es vermag, sagen, weshalb wir an den Hof gekommen sind. Du weißt, wir sind die Söhne Tolobugas, der von Totamangu und Nogai erschlagen wurde. Über Totamangu haben wir nichts zu sagen, da er tot ist; aber wir fordern Gerechtigkeit in bezug auf Nogai wegen der Ermordung unseres Vaters und wir bitten dich, den rechtmäßigen Herrscher, sie uns zu gewähren. Das ist der Grund unseres Besuches an deinem Hofe."

70. Kapitel.

Wie Nogai von Toctai aufgefordert wurde, sich an den Hof zu begeben.

Als Toctai den Jüngling gehört hatte, sah er ein, daß seine Worte auf Wahrheit beruhten, und er erwiderte: „Lieber Freund, ich will gern deine Bitte um Genugtuung, soweit sie sich auf Nogai bezieht, erfüllen; zu diesem Zwecke will ich ihn an den Hof laden und alles tun, was die Gerechtigkeit erfordert." Alsdann sandte Toctai zwei Boten an Nogai und ließ ihn auffordern, an den Hof zu kommen, um sich vor den Söhnen Tolobugas wegen der Ermordung ihres Vaters zu verantworten; aber Nogai lachte über diese Botschaft und sagte den Gesandten, er wolle nicht kommen. Als Toctai Nogais Antwort vernommen hatte, war er sehr erzürnt und erklärte in Gegenwart seiner ganzen Umgebung: „Gott möge mir beistehen, entweder soll Nogai vor mir erscheinen, um den Söhnen

Tolobugas Genugtuung zu geben, oder ich will mit allen meinen Kriegern gegen ihn marschieren und ihn vernichten.“ Er schickte darauf zwei Boten ab, die in aller Eile an den Hof Nogais ritten; und als sie angekommen waren, traten sie vor ihn und grüßten ihn sehr höflich, worauf Nogai sie willkommen hieß. Alsdann sagte einer der beiden Gesandten: „Lieber Herr, Toctai sendet dir die Botschaft, daß, wenn du nicht an seinen Hof kommst, um den Söhnen Tolobugas Genugtuung zu leisten, er gegen dich mit seinem ganzen Heere ziehen und dir allen Schaden zufügen will, der deiner Person und deinem Eigentum gegenüber möglich ist. Überlege dir aus diesem Grunde, welche Maßregeln du ergreifen willst, und übersende ihm durch uns eine Antwort.“ Als Nogai Toctais Botschaft vernommen hatte, war er sehr ärgerlich und gab dem Gesandten folgende Antwort: „Herr Gesandter, kehre zu deinem Gebieter zurück und sage ihm von mir, ich hätte vor seiner Feindschaft wenig Furcht; und sage ihm weiter, wenn er gegen mich ziehen sollte, so würde ich ihn an der Grenze meines Reiches erwarten; denn ich will ihm auf halbem Wege entgegenkommen. Das ist die Botschaft, die ihr eurem Herrn überbringen sollt.“ Der Gesandte eilte zurück, und als Toctai diese Antwort erhalten hatte, schickte er sofort Boten nach allen Teilen seines Reiches und befahl seinen Kriegern, mit ihm gegen König Nogai zu ziehen, und es dauerte nicht lange, so hatte er eine große Armee zusammengebracht. Als Nogai sichere Kunde erhalten hatte, daß Toctai im Begriff war, mit einem gewaltigen Heere gegen ihn zu marschieren, veranstaltete er gleichfalls große Rüstungen, die freilich nicht so bedeutend waren wie diejenigen Toctais; denn obwohl er zu den großen und mächtigen Königen gehörte, war er doch nicht so groß und mächtig wie der andere.

71. Kapitel.

Wie Toctai gegen Nogai vorrückte.

Als die Armee bereit war, begann Toctai seinen Marsch an der Spitze von zweihunderttausend Reitern und erreichte nach einiger Zeit die schöne und ausgedehnte Ebene von Nerghi, wo er ein Lager aufschlug und seinen Gegner erwartete. Bei ihm befanden sich die beiden Söhne Tolobugas, die mit einem stattlichen Gefolge von Reitern gekommen waren, um den Tod ihres Vaters zu rächen. Nogai war ebenfalls im Anmarsch, und zwar mit hundertfünfzigtausend Reitern, alles junge und tapfere Krieger und viel bessere Soldaten als diejenigen Toctais. Er erreichte die Ebene, wo sich zwei Tage vorher Toctai niedergelassen hatte; dort schlug er zehn Meilen von seinem Gegner entfernt das Lager auf. Alsdann versammelte König Toctai seine Heerführer und sagte zu ihnen: „Ihr Herren, wir sind hierher gekommen, um mit König Nogai und seinen Leuten zu fechten, und wir haben gute Gründe, so zu handeln; denn ihr wißt, daß all dieser Haß und Groll auf Nogais Weigerung zurückgeht, den Söhnen Tolobugas Genugtuung zu leisten; und da unsere Sache gerecht ist, haben wir allen Grund, auf Sieg zu hoffen. Seid daher guter Hoffnung; aber auf alle Fälle, weiß ich, seid ihr tapfere Männer, und ihr werdet euer Bestes tun, unsere Feinde zu vernichten.“ Nogai redete gleichfalls seine Leute mit folgenden Worten an: „Liebe Brüder und Freunde, ihr wißt, wir haben manche große und hitzige Schlacht gewonnen und wir haben bessere Krieger besiegt als jene. Aus diesem Grunde könnt ihr guten Mutes sein. Das Recht steht auf unserer Seite; denn ihr wißt wohl, Toctai war nicht mein Herr und konnte mich daher auch nicht zu sich an den Hof laden, um anderen Genugtuung zu leisten. Ich will euch nur noch ans Herz legen, zeichnet euch so in der Schlacht aus, daß man von uns überall reden soll und daß wir und unsere Nachkommen Achtung und Ruhm erwerben." Am nächsten Tage machten sie sich zum Kampfe fertig. Toctai stellte sein Heer in zwanzig Schwadronen auf und versah jede mit einem guten Führer und Hauptmann. Nogais Armee wurde in fünfzehn Schwadronen geteilt. Nach einer langen und verzweifelten Schlacht, in der die beiden Könige und die Söhne Tolobugas Beweise ihrer Tapferkeit gaben, wurde die Armee Toctais völlig geschlagen und unter großem Gemetzel von den Leuten Nogais verfolgt, die zwar weniger zahlreich, dafür aber bessere Soldaten waren als ihre Gegner. Volle sechzigtausend Mann fanden in diesem Kampfe den Tod, aber König Toctai und die beiden Söhne Tolobugas entkamen.[1])

---

[1]) Hammer und d'Ohsson schildern die Ereignisse folgendermaßen: Mangu-Temur, der Großneffe und Nachfolger Barcas starb im Jahre 1281 und hinterließ neun Söhne; auf den Thron gelangte jedoch sein Bruder Tudai-Mangu. Dieser Fürst verkehrte hauptsächlich mit muhammedanischen Theologen und vernachlässigte die Geschäfte der Regierung. Als er im Jahre 1287 abdankte, trat Tulabugha, der Sohn eines älteren Bruders, an seine Stelle, dessen Macht jedoch durch andere Fürsten beinträchtigt wurde. Unter diesen ist hauptsächlich Noghai zu nennen, der mehr als ein halbes Jahrhundert einer der einflußreichsten mongolischen Fürsten war. Noghai überredete Tulabugha, zu ihm zu einer Unterredung zu kommen, und bei dieser Gelegenheit wurde Tulabugha ermordet. Dies geschah im Jahre 1291, und bald darauf erhielt Toctai, ein Sohn Mangu-Temurs, den Thron von Kiptschak.

Einige Jahre später begann der Krieg zwischen Toctai und Noghai, in dessen Verlauf der erstere in einer großen Schlacht nahe dem Ufer des Don geschlagen wurde. Ein zweiter Krieg zwischen denselben Gegnern hatte ein anderes Ergebnis; Noghai erlitt südlich vom Dnjepr eine Niederlage. Als er mit nur wenigen Begleitern entfloh, wurde er von einem russischen Reiter niedergehauen. „Ich bin Noghai," sagte der alte Krieger, „führe mich zu Toctai." Der Russe ergriff den Zügel des Pferdes, um ihn in das Lager zu bringen; aber auf dem Wege dorthin starb Noghai.

72. Kapitel.

Schluß.[1])

Ihr habt nun alles gehört, was wir von den Tataren, Sarazenen und ihren Gebräuchen berichten können, ebenso von den andern Ländern der Welt, soweit unsere Nachforschungen und Erkundigungen reichen. Nur über das Schwarze Meer und die Provinzen an seiner Küste haben wir nichts gesagt, trotzdem wir sie genau kennen. Denn es scheint uns ein zweck- und nutzloses Unternehmen zu sein, von Gegenden zu sprechen, welche alle Tage besucht werden. Es gibt so viele Seeleute, welche fortwährend in jene See fahren, Venezianer, Genuesen, Pisaner und viele andere, daß jedermann sie genau kennt, und das ist der Grund, weshalb ich darüber hinweggehe, ohne davon zu sprechen.

Wie wir es möglich machten, den Hof des Großkhans zu verlassen, habt ihr zu Beginn des Buches gehört, in jenem Kapitel, in welchem wir von all der Unruhe und Angst erzählten, in der sich Maffio, Nicolo und Marco befanden, als sie die Erlaubnis des Großkhans nachsuchten, abreisen zu dürfen; und in demselben Kapitel wurde der glückliche Zufall erwähnt, der unsere Abreise zur Folge hatte. Ihr könnt versichert sein, daß wir ohne diesen Glücksfall niemals fortgekommen wären und trotz aller unserer Bemühungen niemals unsere Heimat wiedergesehen hätten. Doch ich glaube, es war Gottes Wille, daß wir zurück-

---

Sein Gegner schnitt ihm den Kopf ab und übergab ihn dem Könige Toctai, der den Russen fragte, woher er wüßte, daß dies das Haupt Noghais sei. „Er sagte es mir selber," antwortete der Mann. Da ließ ihn Toctai hinrichten, weil er sich angemaßt hatte, einen großen Fürsten zu erschlagen, ohne einen Befehl dafür zu haben. (Yule, a. a. O., II. 497.)

[1]) Dies Schlußkapitel findet sich nur in der italienischen Crusca.

kehren sollten, damit die Menschheit ihr Wissen von der Erde bereichern könnte. Denn es ist schon in der Einleitung am Anfang des Buches gesagt worden, es gab niemals einen Mann, sei es, daß er Christ, Sarazene, Tatar oder Heide gewesen wäre, der so weite Gebiete der Welt besucht hätte wie die edlen und berühmten Bürger der Stadt Venedig, die Herren Marco, der Sohn, und Nicolo Polo.

Dank sei Gott! Amen! Amen!

Register

F.

G.

N.

O.

Q.

T.

U.

V.